CORPUS REFORMATORUM

VOLUMEN XCIII

PARS V

HULDREICH ZWINGLIS SÄMTLICHE WERKE

BAND VI

V. TEIL

1991

THEOLOGISCHER VERLAG ZÜRICH

HULDREICH ZWINGLIS SÄMTLICHE WERKE

Unter Mitwirkung des Zwingli-Vereins in Zürich
und mit Unterstützung des Schweizerischen Nationalfonds zur Förderung
der wissenschaftlichen Forschung
herausgegeben von

Dr. Emil Egli †
Professor an der Universität in Zürich

D. Dr. Georg Finsler †
Religionslehrer am Gymnasium in Basel

D. Dr. Walther Köhler †
Professor an der Universität in Heidelberg

D. Dr. Oskar Farner †
Professor an der Universität in Zürich

D. Fritz Blanke †
Professor an der Universität in Zürich

D. Dr. Leonhard von Muralt †
Professor an der Universität in Zürich

Dr. Edwin Künzli †
Pfarrer in Zürich-Affoltern

Dr. Rudolf Pfister
Professor an der Universität in Zürich

Dr. Joachim Staedtke †
Professor an der Universität in Erlangen

Dr. Fritz Büsser
Professor an der Universität in Zürich

Dr. Markus Jenny
Professor an der Universität in Zürich

BAND VI

V. TEIL

Werke von Sommer bis Herbst 1531,
Nachträge zu den Werken und Briefen

1991

THEOLOGISCHER VERLAG ZÜRICH

Publiziert mit Unterstützung des Schweizerischen Nationalfonds
zur Förderung der Wissenschaften
Auflage: 500 Exemplare

Satz, Druck und Einband durch Stämpfli + Cie AG Bern

CIP-Titelaufnahme der Deutschen Bibliothek

Zwingli, Ulrich:
[Sämtliche Werke]
Huldreich Zwinglis sämtliche Werke / unter Mitwirkung des Zwingli-Vereins in Zürich
hrsg. von Emil Egli ... – Einzig vollst. Ausg. der Werke Zwinglis. –
Zürich: Theol. Verl.

NE: Egli, Emil [Hrsg.]; Zwingli, Ulrich: [Sammlung]

Einzig vollst. Ausg. der Werke Zwinglis
Band 6.
Teil 5. Werke von Sommer bis Herbst 1531. Nachträge zu den Werken und Briefen. –
1991
(Corpus reformatorum; Vol. 93)
ISBN 3-290-10029-4
NE: GT

Vorwort zu den Bänden VI, IV. und V. Teil

Die beiden vorliegenden Bände schliessen die Gesamtausgabe der «Reformationsschriften» Zwinglis durch den Zwingli-Verein ab. Sie begann vor 85 Jahren und brachte zunächst in verhältnismässig rascher Kadenz die Bände I–V (1934) hervor. Parallel dazu erschien das Briefcorpus in den Bänden VII–XI (1910–1935).

Tod und Wegzug der ersten Herausgebergeneration (E. Egli, G. Finsler, W. Köhler), vor allem aber der Zweite Weltkrieg und zwei damit verbundene Verlagswechsel führten dann zu einem Unterbruch von nahezu 30 Jahren. In der Hauptsache von F. Blanke (1900–1967) und L. v. Muralt (1900–1970), später von J. Staedtke (1926–1979) und dem Verfasser dieses Vorworts betreut, erschienen die ersten drei Teile von Band VI 1961, 1968 und 1983. Hatte man ursprünglich mit nur sechs «Schriften»-Bänden gerechnet, drängte sich früh die Notwendigkeit auf, die verbleibenden Schriften Zwinglis aus den Jahren 1527 bis 1531 nicht in einem einzigen Band herauszugeben, sondern auf mehrere Bände zu verteilen. Dabei dachte man zuerst (1961) an zwei, dann (1968) an drei und schliesslich (1983) an vier Bände; jetzt sind es fünf geworden. (Ich verweise zur Chronologie und Begründung dieser Aufteilung auf das Vorwort zu Band VI/III, S. XII–XIV.)

Bei der Planung der kritischen Zwingli-Ausgabe wurde «möglichste Vollständigkeit angestrebt»: «Die Anordnung wird so getroffen, dass von sämtlichen Schriften die Werke exegetischen Inhalts und der Briefwechsel als zwei besondere Gruppen ausgeschieden und an den Schluss verwiesen werden» (Bd. I, S. II). Auch dieser Plan wurde infolge verschiedener Umstände geändert. Zum einen wandte sich W. Köhler (1870–1946) nach dem Abschluss der Brief-Edition einer Ausgabe von Zwinglis Randglossen zur Bibel, zu klassischen Autoren und kirchlichen Schriftstellern zu. Von diesem Unternehmen erschienen in Band XII die ersten 400 Seiten, während 40 weitere Seiten während des Krieges zwar noch gesetzt, jedoch nicht mehr gedruckt werden konnten. Zum andern besorgten O. Farner (1884–1958) und E. Künzli (1917–1980) die

*Ausgabe von Zwinglis Exegetica zum Alten Testament in den Bänden
XIII (1944/63) und XIV (1959).*

*Anlässlich des Abschlusses der Brief-Edition hat Walther Köhler
1934 bemerkt, dass unsere kritische Ausgabe «Huldreich Zwinglis
Sämtliche Werke» im Vergleich zu den früheren Gesamtausgaben
(Briefwechsel Zwinglis und Oekolampads 1536; Opera, ed. Gualther
1544/45; Schuler-Schulthess 1828–1842, Suppl. 1861) sich vor allem
durch einen ausführlichen Sachkommentar auszeichnet: «Schuler-
Schulthess hatten, von einigen wenigen Noten abgesehen, auf jede
Kommentierung verzichtet. Die volle wissenschaftliche Ausnutzung der
Zwingli-Korrespondenz wurde dadurch gehemmt. Diese Schranke
musste fallen und Zwingli hineingestellt werden in die politische und re-
ligiöse Lebendigkeit seiner Zeit und seines Lebens durch anmerkende
Deutung seiner zahlreichen Bezugnahmen auf Personen und Ereignisse.» Und weiter: «... wir verzeichneten auch Korrekturen, Streichungen, Randbemerkungen im Texte, damit das Bild des Ursprünglichen
im Leser möglichst lebendig werden könne» (Z XI, S. VIIf).*

*Diese Ansprüche möchten auch die zwei letzten Bände erfüllen. Trotz
aller Selbstverständlichkeit hierfür lagen zusätzliche Gründe und Voraussetzungen vor. Im Unterschied zu den meisten früheren Schriften
dienten nicht Drucke, sondern Manuskripte Zwinglis als Textgrundlage.
Wie die beigegebenen Faksimile-Aufnahmen zeigen, bereiteten deren
Entzifferung und Interpretation manche Schwierigkeiten. Sie boten jedoch gleichzeitig Gelegenheit, ihrem Entstehungs- und Publikationspro-
zess im weitesten Sinne gründlich nachzugehen: Das gilt im besondern
für die «Fidei expositio» (unsere Nr. 181) und die bisher unbeachteten
bzw. unbekannten Nachträge (vor allem unsere Nrn. 185 bis 187). Darüber hinaus lud das Zusammengehen mit der erfreulich sich ausweiten-
den Zwingliforschung in der zweiten Hälfte des 20. Jahrhunderts (Locher, Pfister, Pollet und Potter sowie Gäbler) auch immer wieder zu wis-
senschaftlicher Auseinandersetzung ein.*

*Die Bände VI/IV und VI/V erscheinen gleichzeitig; die Aufteilung
ist rein technischer Natur. Wie den Angaben zu Einleitung, Text und Bibliographie sowie zum Kommentar der einzelnen Schriften zu entnehmen ist, zeichnen drei bisherige Herausgeber (v. Muralt, Staedtke und
Büsser) als verantwortlich. Zu ihnen kommt neu Markus Jenny für
Zwinglis Lieder (Nrn. 189–191) und die Liturgie (Nr. 193). Wie schon
für Band VI/III konnte ich mich dabei wenigstens bei Nr. 181 («Fidei
expositio») zum Teil auf Vorarbeiten Blankes stützen. Bei der Redaktion der von L. von Muralt bearbeiteten Schriften und der Nachträge
unterstützte mich vor allem Herr Dr. H. Stucki (H. St.). Er bearbeitete
die Nummern 183 («Kalenderspruch») und 192 («De moderatione et*

suavitate satis dictum est») selbständig. Ihm sowie Herrn Dr. H. Meyer und den ehemaligen Assistenten Dr. E. Herkenrath, E. Jermann und Ch. Weichert danke ich für mannigfache Mitwirkung (nicht zuletzt beim Korrekturenlesen) ebenso herzlich wie Herrn Dr. M. Lienhard für philologische Beratung. Dank gebührt schliesslich dem Theologischen Verlag und dem Graphischen Unternehmen Stämpfli + Cie AG in Bern.

Mit den Bänden VI/IV und VI/V wird nun wohl die Reihe «Reformationsschriften» abgeschlossen, nicht aber unsere kritische Zwingli-Ausgabe. Prof. Dr. A. Schindler (ab Winter-Semester 1990 Ordinarius für Kirchen- und Dogmengeschichte und Leiter des Instituts für schweizerische Reformationsgeschichte) wird die Arbeit an den Randglossen weiterführen, Dr. M. Lienhard diejenige an den neutestamentlichen Exegetica Zwinglis.

Mit diesen Bänden nehme ich Abschied von der Zwingli-Edition. Die Teilnahme begann vor nahezu 50 Jahren im kirchengeschichtlichen Seminar bei F. Blanke. Sie setzte sich anfangs der fünfziger Jahre fort, als ich als Assistent am Historischen Seminar L. v. Muralt bei der Vorbereitung von Band VI/I helfen durfte. 1967 wurde ich mit der Edition der noch ausstehenden Bände betraut. Aufs ganze gesehen ist sie mir zuerst im Pfarramt, später dann im Lehramt immer lieber geworden. Zwingli und allen, die zu einem neuen Zwinglibild beitrugen, schulde ich weit mehr, als ich selber leisten konnte.

Zürich, im März 1990 *F. Büsser*

Inhalt

Nachträge zu den Werken

Nachträge zum Briefwechsel

Abbildungen

Quellen- und Literaturverzeichnis

Für die abgekürzt zitierten Hilfsmittel bei der bibliographischen Be-schreibung der alten Drucke wird auf das Verzeichnis in Z I, S. VII*f verwiesen. – Zu den von Leonhard von Muralt herausgegebenen Stük-ken, sowie bei Nr. 172 und 189–191, findet sich jeweils ein Verzeichnis spezieller Quellen und Literatur am Schluß der betreffenden Einleitung. – Die Abkürzungen der lateinischen Autoren der Antike entsprechen den im ThLL, die der griechischen den im Kleinen Pauly (Der Kleine Pauly, Lexikon der Antike..., bearb. und hg. von Konrat Ziegler und Walther Sontheimer, 5 Bde., München 1979) angewandten. Die Abkürzungen der biblischen Bücher richten sich nach RGG, andere hier nicht erklärte Abkürzungen nach Schwertner (Siegfried Schwertner, Internationales Abkürzungsverzeichnis für Theologie und Grenzgebiete, Berlin 1974). Ferner werden abgekürzt: StABE = Staatsarchiv Bern, STAZ = Staatsarchiv Zürich, ZBZ = Zentralbibliothek Zürich. – Die Schriften von und über Zwingli sind gesamthaft von folgenden beiden Arbeiten er-faßt:

Finsler, Georg, Zwingli-Bibliographie, Verzeichnis der gedruckten Schriften von und über Ulrich Zwingli..., Zürich 1897.

Gäbler, Ulrich, Huldrych Zwingli im 20. Jahrhundert, Forschungsbe-richt und annotierte Bibliographie, 1897–1972, Zürich 1975.

ABaslerRef   *Aktensammlung zur Geschichte der Basler Reformation in den Jahren 1519 bis Anfang 1534, ... hg. von Emil Dürr und Paul Roth, 6 Bde., Basel 1921–1950.*

ABernerRef   *Aktensammlung zur Geschichte der Berner-Reformation, 1521–1532, hg. ... von Rudolf Steck und Gustav Tobler, 2 Bde., Bern 1923.*

ADB   *Allgemeine Deutsche Biographie, hg. durch die Historische Commission bei der Königlichen Akademie der Wissenschaften (in München), 55 Bde. und Registerbd., München und Leipzig 1875–1912.*

ARG   *Archiv für Reformationsgeschichte, var. loc. 1903/04ff.*

ASchweizerRef   *Actensammlung zur schweizerischen Reformationsgeschichte in den Jahren 1521–1532 im Anschluss an die gleichzeitigen eidgenössischen Abschiede, bearbeitet und hg. von Johannes Strickler, 5 Bde., Zürich 1878–1884.*

ASD   *Opera omnia Desiderii Erasmi Roterodami recognita et adnotatione critica instructa notisque illustrata, Amsterdam 1969ff.*

AZürcherRef   *Actensammlung zur Geschichte der Zürcher Reformation in den Jahren 1519–1533, ... hg. von Emil Egli, Zürich 1879 (Reprint: Nieuwkoop 1973).*

Baur   *Baur, August, Zwinglis Theologie, ihr Werden und ihr System, 2 Bde., Halle 1885–1889.*

BSRK   *Bekenntnisschriften und Kirchenordnungen der nach Gottes Wort reformierten Kirche, hg. von Wilhelm Niesel, Zollikon-Zürich 1938 (Reprint: Zürich 1985).*

Bucer DS   *Martini Buceri opera omnia, Series I: Deutsche Schriften, im Auftrage der Heidelberger Akademie der Wissenschaften hg. von Robert Stupperich, Gütersloh 1960ff.*

Büsser, Katholisches Zwinglibild   *Büsser, Fritz, Das katholische Zwinglibild, von der Reformation bis zur Gegenwart, Zürich 1968.*

Büsser, Wurzeln   *Büsser, Fritz, Wurzeln der Reformation in Zürich, zum 500. Geburtstag des Reformators Huldrych Zwingli, Leiden 1985, SMRT XXXI.*

CChr   *Corpus christianorum, Series Latina, Turnout 1954ff.*

Coena domini   *Coena domini, Bd. I: Die Abendmahlsliturgie der Reformationskirchen im 16./17. Jahrhundert, hg. von Irmgard Pahl, Freiburg (Schweiz) 1983, Spicilegium Friburgense XXIX.*

CR   *Corpus reformatorum, var. loc. 1834ff.*

CS   *Corpus Schwenckfeldianorum, (Bd. I: A Study of the Earliest Letters of Caspar Schwenckfeld von Ossig; Bd. IIff: Letters and Treatises of Caspar Schwenckfeld von Ossig), 19 Bde., var. loc. 1907–1961.*

CSEL   *Corpus scriptorum ecclesiasticorum Latinorum..., Wien 1866ff.*

Denz.   *Enchiridion symbolorum, definitionum et declarationum de rebus fidei et morum, quod primum edidit Henricus Denzinger et quod funditus retractavit... Adolfus Schönmetzer, 33. Aufl., Barcelona 1965.*

DThC   *Dictionnaire de théologie catholique, contenant l'exposé des doctrines de la théologie catholique, leurs preuves et leur histoire..., 15 Bde., (30 Halbbde.), Tables générales, Paris 1903–1972.*

EA   *Amtliche Sammlung der ältern eidgenössischen Abschiede..., 8 Bde. (vielfach weiter aufgeteilt), var. loc. 1856–1886.*

Egli, Analecta   *Egli, Emil, Analecta reformatoria, 2 Bde., Zürich 1899–1901.*

Eisinger   *Eisinger, Walter, Gesetz und Evangelium bei Huldrych Zwingli, Diss. theol. Heidelberg 1957 (Maschinenschrift).*

Erasmus	*siehe ASD und LB.*
Escher, Glaubensparteien	*Escher, Hermann, Die Glaubensparteien in der Eidgenossenschaft und ihre Beziehungen zum Ausland ... 1527–1531, Frauenfeld 1882.*
EWNT	*Exegetisches Wörterbuch zum Neuen Testament, hg. von Horst Balz und Gerhard Schneider, 3 Bde., Stuttgart 1980–1983.*
Farner	*Farner, Oskar, Huldrych Zwingli, 4 Bde. (Bd. IV: Aus dem Nachlaß hg. von Rudolf Pfister), Zürich 1943–1960.*
Finsler	*Finsler, Georg, Zwingli-Bibliographie, Verzeichnis der gedruckten Schriften von und über Ulrich Zwingli, Zürich 1897.*
Friedberg	*Corpus Iuris Canonici, editio Lipsiensis secunda p. Aemilii Ludovici Richteri curas instr. Aemilius Friedberg, 2 Teile, Leipzig 1879 (Reprint: Graz 1959).*
Gäbler	*Gäbler, Ulrich, Huldrych Zwingli im 20. Jahrhundert, Forschungsbericht und annotierte Bibliographie, 1897–1972, Zürich 1975.*
Georges	*Ausführliches lateinisch-deutsches Handwörterbuch, ... ausgearbeitet von Karl Ernst Georges, unveränderter Nachdruck der 8., verbesserten und vermehrten Auflage von Heinrich Georges, 2 Bde., Darmstadt 1985.*
Gestrich	*Gestrich, Christof, Zwingli als Theologe, Glaube und Geist beim Zürcher Reformator, Diss. theol. Zürich 1965, Zürich 1967.*
Grimm	*Grimm, Jacob und Wilhelm Grimm, Deutsches Wörterbuch, 16 Bde. (mehrfach weiter unterteilt) und Quellenverzeichnis, Leipzig 1854–1971.*
Guggisberg, Zwinglibild	*Guggisberg, Kurt, Das Zwinglibild des Protestantismus im Wandel der Zeiten, Leipzig 1934, QASRG VIII (XI).*
Hauswirth	*Hauswirth, René, Landgraf Philipp von Hessen und Zwingli, Voraussetzungen und Geschichte der politischen Beziehungen zwischen Hessen, Straßburg, Konstanz, Ulrich von Württemberg und reformierten Eidgenossen, 1526–1531, Tübingen/Basel 1968, SKRG XXXV.*
HBBibl	*Heinrich Bullinger, Werke, 1. Abt.: Bibliographie, hg. von Fritz Büsser, Zürich 1972ff.*
HBBW	*Heinrich Bullinger, Werke, 2. Abt.: Briefwechsel, hg. von Fritz Büsser, Zürich 1973ff.*
HBGesA	*Heinrich Bullinger 1504–1575, Gesammelte Aufsätze zum 400. Todestag, hg. von Ulrich Gäbler und Erland Herkenrath, 2 Bde., Zürich 1975, ZBRG VII–VIII.*
HBLS	*Historisch-biographisches Lexikon der Schweiz..., 7 Bde. und Supplement, Neuenburg 1921–1934.*
HBRG	*Heinrich Bullingers Reformationsgeschichte, nach dem Autographon hg. ... von J. J. Hottinger und H. H. Vögeli, 3 Bde., Frauenfeld 1838–1840 (Dazu Register..., bearbeitet von Willy Wuhrmann, Zürich 1913).*

HBTS   *Heinrich Bullinger, Werke, 3. Abt.: Theologische Schriften, hg. von Joachim Staedtke et al., Zürich 1983 ff.*

HDG   *Handbuch der Dogmengeschichte, hg. von Michael Schmaus, Alois Grillmeier und Leo Scheffczyk, Freiburg i. Br./Basel/Wien 1956 ff.*

Hoffmann,   *Hoffmann, Gottfried, Sententiae patrum – Das patristische Ar-*
Sententiae patrum   *gument in der Abendmahlskontroverse zwischen Oekolampad, Zwingli, Luther und Melanchthon, Diss. theol. Heidelberg 1971 (Maschinenschrift).*

HS   *Zwingli, (Huldrych), Hauptschriften, bearbeitet von Fritz Blanke, Oskar Farner (Bd. IV: Oskar Frei), Rudolf Pfister, Zürich 1940 ff.*

HSG   *Handbuch der Schweizer Geschichte, 2 Bde., Zürich 1972–1977.*

Husser   *Husser, Daniel, Caspar Schwenckfeld et ses adeptes entre l'église et les sectes à Strasbourg, in: Strasbourg au cœur religieux du XVIᵉ siècle, hommage à Lucien Febvre, Strasbourg 1977, Société savante d'Alsace et des régions de l'est, Collection «Grandes publications» XII, 511–535.*

IDC   *Reformed Protestantism, Sources of the 16ᵗʰ and 17ᵗʰ Centuries on Microfiche, 1. Switzerland, 1ˢᵗ Catalogue and Supplement 1, ed. by F. Büsser, Zug (and Leiden) (s. a.).*

Jackson/Hinke   *The Latin Works (Bd. I: and the Correspondence) of Huldreich Zwingli, Translations ... edited ... by Samuel Macauley Jackson (Bd. II: ... by William John Hinke, Bd. III: ... by Clarence Nevin Heller), 3 Bde., New York 1912, Philadelphia 1922–1929 (Reprint: Durham, N.C. 1981, 1983, 1987).*

Jacob, Führungsschicht *Jacob, Walter, Politische Führungsschicht und Reformation, Untersuchungen zur Reformation in Zürich 1519–1528, Zürich 1970, ZBRG I.*

Jenny, Einheit   *Jenny, Markus, Die Einheit des Abendmahlsgottesdienstes bei den elsässischen und schweizerischen Reformatoren, Zürich 1968, SDGSTh XXIII.*

JSG   *Jahrbuch für Schweizerische Geschichte ..., 45 Bde., Zürich 1876–1920.*

Jungmann   *Jungmann, Joseph Andreas, Missarum sollemnia, eine genetische Erklärung der römischen Messe, 4., ergänzte Aufl., 2 Bde., Wien 1958.*

Kläui/Imhof   *Kläui, Paul, und Eduard Imhof, Atlas zur Geschichte des Kantons Zürich ..., Zürich 1951.*

Kobelt, Bedeutung   *Kobelt, Eduard, Die Bedeutung der Eidgenossenschaft für Huldrych Zwingli, Zürich 1970, Mitteilungen der Antiquarischen Gesellschaft in Zürich XLV/II (134. Neujahrsblatt).*

Köhler, ZL   *Köhler, Walther, Zwingli und Luther, ihr Streit über das Abendmahl nach seinen politischen und religiösen Beziehungen, 2 Bde., Leipzig 1924–1953, QFRG VI–VII.*

Köhler, Zwinglis Bibliothek	*Köhler, Walther, Huldrych Zwinglis Bibliothek, Zürich 1921, Neujahrsblatt ... zum Besten des Waisenhauses in Zürich LXXXIV.*
Lausberg	*Lausberg, Heinrich, Handbuch der literarischen Rhetorik, eine Grundlegung der Literaturwissenschaft, 2., durch einen Nach- trag vermehrte Auflage, 2 Bde., München 1973.*
Lauterburg, Informationstätigkeit	*Lauterburg, Peter, Die Informationstätigkeit der zürichfreund- lichen Berner, zwei Beispiele aus dem Jahre 1531, in: Zwa XII, 1965, 207–221.*
LB	*Desiderii Erasmi Roterodami Opera omnia emendatiora et auctiora..., 10 Bde., Lugduni Batavorum (Leiden) 1703–1706 (Reprint: London 1962).*
Lexer	*Lexer, Matthias, Mittelhochdeutsches Handwörterbuch..., 3 Bde., Leipzig 1872–1878.*
Liddell-Scott	*A Greek-English Lexicon, Compiled by Henry George Liddell and Robert Scott, New Edition, Revised ... by Henry Stuart Jones, Oxford 1953.*
Locher I	*Locher, Gottfried Wilhelm, Die Theologie Huldrych Zwinglis im Lichte seiner Christologie, 1. Teil: Die Gotteslehre, Zürich 1952, SDGSTh I.*
Locher, Grundzüge	*Locher, Gottfried Wilhelm, Grundzüge der Theologie Huldrych Zwinglis im Vergleich mit derjenigen Martin Luthers und Johan- nes Calvins, in: Zwa XII, 1967, 470–509, 545–595 (wieder abge- druckt in Locher, ZinS 173–274).*
Locher, KiG	*Locher, Gottfried Wilhelm, Zwingli und die schweizerische Reformation, Göttingen 1982, Die Kirche in ihrer Geschichte III/J1.*
Locher, Professio	*Locher, Gottfried Wilhelm, Zu Zwinglis «Professio fidei», Be- obachtungen und Erwägungen zur Pariser Reinschrift der soge- nannten Fidei Expositio, in: Zwa XII, 1968, 689–700.*
Locher, Reformation	*Locher, Gottfried Wilhelm, Die Zwinglische Reformation im Rahmen der europäischen Kirchengeschichte, Göttingen/Zürich 1979.*
Locher, ZinS	*Locher, Gottfried Wilhelm, Huldrych Zwingli in neuer Sicht, zehn Beiträge zur Theologie der Zürcher Reformation, Zürich 1969.*
Locher, Zwinglis Politik	*Locher, Gottfried Wilhelm, Zwinglis Politik – Gründe und Ziele, in: ThZ XXXVI, 1980, 84–102.*
LThK	*Lexikon für Theologie und Kirche..., 2., völlig neu bearbeitete Aufl., 14 Bde., Freiburg 1957–1968.*
Luther	*siehe WA.*
Maron	*Maron, Gottfried, Individualismus und Gemeinschaft bei Cas- par von Schwenckfeld, seine Theologie dargestellt mit besonderer Ausrichtung auf seinen Kirchenbegriff, Stuttgart 1961, Beiheft zum Jahrbuch «Kirche im Osten» II.*

McLaughlin, Radicals	McLaughlin, Robert Emmet, Schwenckfeld and the Strasbourg Radicals, in: MQR LIX, 1985, 268–278.
McLaughlin, Schwenckfeld	McLaughlin, Robert Emmet, Caspar Schwenckfeld, Reluctant Radical, His Life to 1540, New Haven, N.J. 1986.
McLaughlin, Spiritualism	McLaughlin, Robert Emmet, Spiritualism and the Bible: The Case of Caspar Schwenckfeld (1489–1561), in: MQR LIII, 1979, 282–298.
Meyer, Eschatologie	Meyer, Walter Ernst, Huldrych Zwinglis Eschatologie, Reformatorische Wende, Theologie und Geschichtsbild des Zürcher Reformators im Lichte seines eschatologischen Ansatzes, Zürich 1987.
Meyer, Kappeler Krieg	Meyer, Helmut, Der Zweite Kappeler Krieg, die Krise der Schweizerischen Reformation, Zürich 1976.
Mörikofer	Mörikofer, Johann Caspar, Ulrich Zwingli, nach den urkundlichen Quellen, 2 Theile, Leipzig 1867–1869.
MPG	Patrologiae cursus completus..., Series Graeca..., accurante J.-P. Migne, 161 Bde., Petit-Montrouge 1857–1866.
MPL	Patrologiae cursus completus..., Series Latina..., accurante J.-P. Migne, 221 Bde., Paris 1841–1864.
MQR	The Mennonite Quarterly Review, Published by the Mennonite Historical Society for Goshen College, Goshen, Ind. 1927ff.
MVG	Mitteilungen zur vaterländischen Geschichte, hg. vom Historischen Verein in (1919ff: des Kantons) St. Gallen, St. Gallen 1862ff.
Nabholz/Kläui	Nabholz, Hans, und Paul Kläui, Quellenbuch zur Verfassungsgeschichte der Schweizerischen Eidgenossenschaft und der Kantone von den Anfängen bis zur Gegenwart, Aarau 1940.
Näf, Vadian	Näf, Werner, Vadian und seine Stadt St. Gallen, 2 Bde., St. Gallen 1944–1957.
NDB	Neue Deutsche Biographie, hg. von der Historischen Kommission bei der Bayerischen Akademie der Wissenschaften, Berlin 1966ff.
Oechsli, Benennungen	Oechsli, Wilhelm, Die Benennungen der alten Eidgenossenschaft und ihrer Glieder, 2 Teile, in: JSG XLI, 1916, 51–230, und XLII, 1917, 87–233, 253–258.
Oekolampad BA	Briefe und Akten zum Leben Oekolampads, zum vierhundertjährigen Jubiläum der Basler Reformation, hg. von der theologischen Fakultät der Universität Basel, bearbeitet von Ernst Staehelin, 2 Bde., Leipzig 1927–1934, QFRG X, XIX.
Oorthuys	Oorthuys, Gerardus, De anthropologie van Zwingli, Leiden 1905.
Otto	Otto, A., Die Sprichwörter und sprichwörtlichen Redensarten der Römer..., Leipzig 1890 (Dazu: Reinhard Häußler, Nachträge zu A. Otto, Sprichwörter..., Hildesheim 1968).

Pauly-Wissowa

Paulys Real-Encyclopädie der classischen Altertumswissenschaft, Neue Bearbeitung, begonnen von Georg Wissowa, fortgeführt von Wilhelm Kroll, Kurt Witte und Karl Mittelhaus, unter Mitwirkung zahlreicher Fachgenossen hg. von Konrat Ziegler und Walther Jon (1. Reihe: 47 Bde., 2. Reihe: 19 Bde., Supplement: 15 Bde., Register), Stuttgart 1893–1980.

PC

Politische Correspondenz der Stadt Straßburg im Zeitalter der Reformation, 5 Bde., bearb. von Hans Virck, Otto Winckelmann, Harry Gerber und W. Friedensburg, Straßburg/Heidelberg 1882–1933.

Petrus Lombardus, Sent.

Magistri Petri Lombardi sententiae in IV libris distinctae, 2 tomi, Editiones Collegii S. Bonaventurae Ad Claras Aquas, Grottaferrata (Romae) 1971–1981, Spicilegium Bonaventurianum IV–V.

Pfister, Erbsünde

Pfister, Rudolf, Das Problem der Erbsünde bei Zwingli, Leipzig 1939, QASRG IX (XII).

Pfister, Seligkeit

Pfister, Rudolf, Die Seligkeit erwählter Heiden bei Zwingli, eine Untersuchung zu seiner Theologie, Habilitationsschrift theol. Zürich, Biel 1952.

Pollet

Pollet, Jacques Vincent, Artikel «Zwinglianisme», in: DThC XV/II 3745–3928 (Wiederabdruck in: J. V. Pollet, Huldrych Zwingli et le zwinglianisme, Paris 1988, 1–216).

QASRG

Quellen und Abhandlungen zur schweizerischen Reformationsgeschichte (2. Serie der Quellen zur schweizerischen Reformationsgeschichte), hg. vom Zwingliverein in Zürich..., 13 Bde., Basel/Leipzig 1901–1942.

QFRG

Quellen und Forschungen zur Reformationsgeschichte, var. loc. 1921ff.

QGT

Quellen zur Geschichte der Täufer, hg. vom Verein für Reformationsgeschichte, Leipzig/Gütersloh 1930ff.

QGTS

Quellen zur Geschichte der Täufer in der Schweiz, Zürich 1952ff.

QSG

Quellen zur Schweizer Geschichte, hg. von der Allgemeinen Geschichtforschenden Gesellschaft der Schweiz, (Alte Folge), Bd. I–XXV, Basel 1877–1906; Neue Folge, Abt. Iff, Basel/Bern 1908ff.

QSRG

Quellen zur Schweizerischen Reformationsgeschichte, siehe QASRG.

RAC

Reallexikon für Antike und Christentum, Sachwörterbuch zur Auseinandersetzung des Christentums mit der antiken Welt..., Stuttgart 1950ff.

RE

Realencyklopädie für protestantische Theologie und Kirche..., 3., verbesserte und vermehrte Aufl. ... hg. von Albert Hauck, 24 Bde., Leipzig 1896–1913.

RGG
Die Religion in Geschichte und Gegenwart, Handwörterbuch für Theologie und Religionswissenschaft, 3., völlig neu bearbeitete Auflage..., 6 Bde. und Registerbd., Tübingen 1957–1965.

RGST
Reformationsgeschichtliche Studien und Texte, Münster 1906ff.

Rich
Rich, Arthur, Die Anfänge der Theologie Huldrych Zwinglis, Diss. theol. Zürich, Zürich 1949, QAGSP VI.

Rouët de Journel, EP
Enchiridion patristicum, Loci ss. patrum, doctorum, scriptorum ecclesiasticorum, quos in usum scholarum collegit M. J. Rouët de Journel, 23. Aufl., Barcelona 1965.

S
Huldreich Zwingli's Werke, erste vollständige Ausgabe durch Melchior Schuler und Joh. Schulthess (Bde. III–VIII: Huldrici Zuinglii Opera, completa editio prima...), 8 Bde. (II: 3 Abth., VI: 2 tomi), Zürich 1828–1842.

Salat
Salat, Johannes, Reformationschronik 1517–1534, bearbeitet von Ruth Jörg, 3 Bde., Bern 1986, QSG, Neue Folge, 1. Abt.: Chroniken, VIII/I–III.

Scherer-Boccard
Acten des Jahres 1531 aus dem Luzerner Staats-Archiv, hg. von Theodor Scherer-Boccard, in: Archiv für die schweizerische Reformationsgeschichte, hg. auf Veranstaltung des Schweizerischen Piusvereins, II, 1872, 153–492.

Schindler, Kirchenväter
Schindler, Alfred, Zwingli und die Kirchenväter, Zürich 1984, 147. Neujahrsblatt zum Besten des Waisenhauses Zürich.

Schmidt-Clausing, Formulare
Schmidt-Clausing, Fritz, Zwinglis liturgische Formulare, eingeleitet, übertragen und kommentiert, Frankfurt a. M. 1970.

Schmidt-Clausing, Liturgiker
Schmidt-Clausing, Fritz, Zwingli als Liturgiker, Göttingen 1952, Veröffentlichungen der Evangelischen Gesellschaft für Liturgieforschung VII.

Schultz
Schultz, Selina Gerhard, Caspar Schwenckfeld von Ossig (1489–1561), Pennsburg, Pa. 1977.

SDGSTh
Studien zur Dogmengeschichte und systematischen Theologie, Zürich 1952ff.

Séguenny, Crautwald
Bibliotheca dissidentium, Répertoire des non-conformistes religieux des seizième et dix-septième siècles, édité par André Séguenny..., tome VI: Valentin Crautwald..., Baden-Baden 1985, Bibliotheca bibliographica Aureliana C.

SI
Schweizerisches Idiotikon, Wörterbuch der schweizerdeutschen Sprache..., Frauenfeld 1881ff.

SKRG
Schriften zur Kirchen- und Rechtsgeschichte, Darstellungen und Quellen, hg. von Ekkehart Fabian, Tübingen/Basel 1956ff.

Spillmann, St. Gallen
Spillmann, Kurt, Zwingli und die zürcherische Politik gegenüber der Abtei St. Gallen, St. Gallen 1965, MVG XLIV.

Sprüngli
Sprüngli, Bernhard, Beschreibung der Kappelerkriege, auf Grund des 1532 verfaßten Originals erstmals hg. von Leo Weisz, Zürich 1932, Quellen und Studien zur Geschichte der helvetischen Kirche II.

Staehelin, Zwingli	*Staehelin, Rudolf, Huldreich Zwingli, sein Leben und Wirken, nach den Quellen dargestellt, 2 Bde., Basel 1895–1897.*
Stephens	*Stephens, W. Peter, The Theology of Huldrych Zwingli, Oxford 1986.*
Stumpf	*Johannes Stumpfs Schweizer- und Reformationschronik, hg. von Ernst Gagliardi, Hans Müller und Fritz Büsser, 2 Teile, Basel 1952–1955, QSG, Neue Folge, 1. Abt., Bd. V–VI.*
SVRG	*Schriften des Vereins für Reformationsgeschichte, var. loc. 1883ff.*
ThBl	*Theologische Blätter ..., Leipzig 1922–1942.*
ThLL	*Thesaurus linguae Latinae..., Leipzig 1900ff.*
Thomas	*S. Thomae Aquinatis opera omnia, ut sunt in Indice Thomistico... curante Roberto Busa, Indicis Thomistici supplementum, 7 Bde., Stuttgart-Bad Cannstatt 1980 (Siehe auch ältere Ausgaben). Zitiert werden: cg.: Summa contra gentiles (Bd. II 1–152). – S. Th.: Summa theologiae (Bd. II 184–926).*
ThStKr	*Theologische Studien und Kritiken, Zeitschrift für das gesamte Gebiet der Theologie, var. loc. 1828–1947.*
ThW	*Theologisches Wörterbuch zum Neuen Testament, begründet von Gerhard Kittel, ... hg. von Gerhard Friedrich, 10 Bde., Stuttgart 1933–1979.*
TRE	*Theologische Realenzyklopädie, Berlin/New York 1977ff.*
Urner	*Urner, Hans, Die Taufe bei Caspar Schwenckfeld, in: ThLZ LXXIII, 1948, 329–342.*
Vadian BW	*Die Vadianische Briefsammlung der Stadtbibliothek St. Gallen, hg. von Emil Arbenz und Hermann Wartmann, 7 Bde., St. Gallen 1890–1913, MVG XXIV–XXXa.*
Vadian DHS	*Joachim von Watt (Vadian), Deutsche historische Schriften, hg. von Ernst Götzinger, 3 Bde., St. Gallen 1875–1879.*
Vasella, Schlegel	*Vasella, Oskar, Abt Theodul Schlegel von Chur und seine Zeit, 1515–1529, kritische Studien über Religion und Politik in der Zeit der Reformation, Freiburg/Schweiz 1954, ZSKG, Beiheft XIII.*
WA	*D. Martin Luthers Werke, Kritische Gesam(m)tausgabe, Weimar 1883ff.*
Wander	*Deutsches Sprichwörter-Lexikon, ein Hausschatz für das deutsche Volk, hg. von Karl Friedrich Wilhelm Wander, 5 Bde., Leipzig 1867–1880.*
Weber, Datierung	*Weber, Walter, Die Datierung von Zwinglis Schrift «Was Zürich und Bern not ze betrachten sye in dem fünförtischen handel», Versuch einer Lösung, in: Zwa XII, 1965, 222–233.*
Weigelt, Krautwald	*Weigelt, Horst, Valentin Krautwald, der führende Theologe des frühen Schwenckfeldertums, biographische und kirchenhistorische Aspekte, in: Les Dissidents du XVIᵉ siècle entre l'Humanisme et le Catholicisme, Actes du Colloque de Strasbourg*

(5–6 février 1982) publiés par Marc Lienhard, Baden-Baden 1983, Bibliotheca dissidentium, Scripta et studia I, 175–190.

Weigelt, Tradition

Weigelt, Horst, Spiritualistische Tradition im Protestantismus, die Geschichte des Schwenckfeldertums in Schlesien, Berlin 1973, AKG XLIII.

Weiß, Basels Anteil

Weiß, Ernst, Basels Anteil am Kriege gegen Giangiacomo de Medici, den Kastellan von Musso, 1531–1532, ein Beitrag zur politischen Geschichte der Reformationszeit, Basel 1902.

Weisz, Werdmüller

Weisz, Leo, Die Werdmüller, Schicksale eines alten Zürcher Geschlechtes, 3 Bde., Zürich 1949.

Wernle

Wernle, Paul, Der evangelische Glaube, nach den Hauptschriften der Reformatoren, 3 Bde. (I: Luther, II: Zwingli, III: Calvin), Tübingen 1918–1919.

Yoder, Täufertum

Yoder, John Howard, Täufertum und Reformation im Gespräch, dogmengeschichtliche Untersuchung der frühen Gespräche zwischen Schweizerischen Täufern und Reformatoren, Zürich 1968, BSHST XIII.

Z

Huldreich Zwinglis Sämtliche Werke, unter Mitwirkung des Zwingli-Vereins in Zürich ... hg. ..., var. loc. 1905ff., Corpus reformatorum LXXXVIIIff.

ZKG

Zeitschrift für Kirchengeschichte, var. loc. 1877ff.

ZSKG

Zeitschrift für schweizerische Kirchengeschichte..., Stans 1907–1947, Freiburg/Schweiz 1948ff.

ZTB

Zürcher Taschenbuch, hg. ... von einer Gesellschaft zürcherischer Geschichtsfreunde, Zürich 1858ff; Neue Folge, Zürich 1878ff.

Zürcher Pfarrerbuch

Zürcher Pfarrerbuch, 1519–1952, ... hg. von Emanuel Dejung und Willy Wuhrmann, Zürich 1953.

Zwa

Zwingliana, Mitteilungen zur Geschichte Zwinglis und der Reformation (VIff: ... Beiträge zur Geschichte Zwinglis, der Reformation und des Protestantismus in der Schweiz), Zürich 1897ff.

Zwingli

siehe auch HS, Jackson/Hinke, S, Z.

Zwingli, Opera

Opera Huldrychi Zuinglii ... partim quidem ab ipso Latine conscripta, partim vero e vernaculo sermone in Latinum translata, omnia novissime recognita..., 4 Bde., Zürich [1544–1545] (Eingehende Inhaltsangabe: Z I, S.x; IDC EPBU – 476).*

Zwingli, Auswahl

Ulrich Zwingli, Eine Auswahl aus seinen Schriften auf das vierhundertjährige Jubiläum der Zürcher Reformation, ... übersetzt und hg. von Georg Finsler, Walter Köhler, Arnold Rüegg, Zürich 1918.

Zwingli 1519–1919

Ulrich Zwingli, zum Gedächtnis der Zürcher Reformation, 1519–1919, Zürich 1919.

181

Christianae fidei brevis et clara expositio ad regem Christianum

Sommer 1531

Entstehung und Aufbau

Wie andere theologische Werke des Reformators geht auch Zwinglis «Fidei expositio» auf vielfältige Anstöße religiöser und politischer Natur zurück. Aufs Ganze gesehen ist sie in bezug auf Entstehung und Inhalt eigentlich nur zu verstehen und zu würdigen, wenn man sich ein Doppeltes vor Augen hält: daß Zwingli sich seit dem Reichstag von Augsburg im Sommer 1530 nicht nur der anhaltenden Bedrohung durch Kaiser und Papst, sondern auch einer zunehmenden Isolierung im Lager der Protestanten ausgesetzt sah, und daß er darum in seinem letzten Lebensjahr ein regelrechtes «renversement des alliances», ein Bündnis mit Frankreich, ins Auge faßte.

Es ist nicht nötig, an dieser Stelle Zwinglis Bündnispolitik in allen Einzelheiten zu schildern. Wir verweisen statt dessen auf die zusammenfassenden Darstellungen von Leonhard von Muralt (HSG I 500–519) und Gottfried W. Locher (Reformation 514–521; 525–530) sowie auf die wichtigere Spezialliteratur. Dazu gehören neben den älteren Arbeiten von Max Lenz, Hermann Escher und Walther Köhler heute vor allem die sorgfältig dokumentierten Untersuchungen von René Hauswirth («Landgraf Philipp von Hessen und Zwingli») und Helmut Meyer («Der Zweite Kappeler Krieg»). Immerhin soll hier auf die wichtigsten Entwicklungslinien, Fakten und Dokumente hingewiesen werden.

Dabei ist vom Reichstag von Augsburg auszugehen. Dieser hatte den protestantischen Landesherren und Reichsstädten die Gelegenheit geboten, vor Kaiser und Reich über Glauben und Kirchenordnung Rechenschaft abzulegen. Die eindeutig lutherischen Stände haben als gemeinsames Bekenntnis die von Melanchthon verfaßte «Confessio Augu-

stana» (CA) eingereicht, die oberdeutschen Reichsstädte Straßburg, Konstanz, Lindau und Memmingen die von Bucer und Capito verfaßte «Confessio Tetrapolitana» (CT); Zwingli sandte seine «Fidei ratio» (Z VI/II, Nr. 163) und – als Replik auf Ecks «Repulsio articulorum Zwinglii» – Ende August noch seine «De convitiis Eckii epistola ad illustrissimos Germaniae principes» (Z VI/III, Nr. 167). Der Reichtagsabschied über die Glaubensfrage wurde am 22. September 1530 verlesen. Während er auf die CT und Zwinglis Bekenntnis überhaupt nicht eintrat, brachte er für die Lutheraner eine vorübergehende Beruhigung, insofern sie sich bis zum 15. April 1531 bedenken sollten, «ob sie sich der strittig gebliebenen Artikel wegen mit der christlichen Kirche ... bis zu einer Erörterung in einem künftigen Konzil ... einigen wollen oder nicht». Ohne dieses Datum abzuwarten, schlossen sich Ende 1530 die «protestationsverwandten Stände» im Reiche unter Führung von Kursachsen zum Schmalkaldischen Bund zusammen. Die auf den 27. Februar 1531 datierte erste Bundesurkunde wurde von fünf Fürsten (Kurfürst Johann von Sachsen, Herzog Johann Friedrich von Sachsen, den Herzogen Philipp, Otto, Ernst und Franz zu Braunschweig und Lüneburg, Landgraf Philipp von Hessen, Fürst Wolfgang zu Anhalt), zwei Grafen (Gebhard und Albrecht von Mansfeld), acht oberdeutschen Städten (Straßburg, Ulm, Konstanz, Reutlingen, Memmingen, Lindau, Biberach, Isny) und drei Hansestädten (Lübeck, Magdeburg, Bremen) besiegelt (Ekkehard Fabian, Die Entstehung des Schmalkaldischen Bundes und seiner Verfassung, 1524/29–1531/35, 2. Aufl., Tübingen 1962, SKRG I, 349–353).

Trotz der seit Marburg anstehenden Differenzen in der Abendmahlsfrage war für die reformierten Schweizer Städte eine Teilnahme am Schmalkaldischen Bund nicht von vornherein ausgeschlossen. Zum einen waren sie mit zwei besonders wichtigen (Gründungs-)Mitgliedern – Straßburg und Hessen – vertraglich verbunden: Am 5. Januar 1530 hatten Zürich, Bern und Basel die Stadt Straßburg in das «Christliche Burgrecht» aufgenommen (EA IV 1b 498a; Text: 1488–1493), und am 18. November 1530 wurde (allerdings ohne Bern) das «Christliche Verständniß der Städte Zürich, Basel und Straßburg mit Landgraf Philipp von Hessen» geschlossen (EA IV 1b 837b; Text: 1514–1516). Zum andern wäre um die Jahreswende 1530/31 selbst Kursachsen bereit gewesen, Zürich, Bern und Basel in den Schmalkaldischen Bund aufzunehmen, wenn diese sich nur bereit erklärt hätten, dem Abendmahlsartikel der CT zuzustimmen.

Dazu kam es jedoch nicht, obschon gerade jetzt Martin Bucer alles versuchte, um doch noch eine Konkordie in der Abendmahlsfrage zu erreichen. Noch von Augsburg aus begab er sich zunächst nach Coburg zu Gesprächen mit Luther (18.–20. September; vgl. Köhler ZL II 233–235), *dann nach Süddeutschland und in die Schweiz (a. a. O. 241–243). Bei dieser Gelegenheit legte er am 12. Oktober in Zürich dem Rat die CT aus (BucerDS III 395–397). Gewissermaßen als Ergebnis seiner Gespräche mit Luther und Vertretern der eher nach Zürich orientierten Städte in Süddeutschland und der Schweiz verfaßte er sodann Mitte November 1530 eine Bekenntnisschrift über das Abendmahl, die in Form eines Briefes direkt an Herzog Ernst von Lüneburg, in Abschriften aber auch an Oekolampad und Zwingli gerichtet wurde (Text in: Z XI, Nr. 1134).*

Während Oekolampad, und mit diesem Geistliche und Räte in Basel und Schaffhausen, in der Folge Bucers Kompromiss nicht abgeneigt waren (vgl. dazu Oekolampad BA II, Nrn. 819–822), lehnte Zwingli ihn entschieden ab. Bereits am 20. November schrieb er in einer ersten Stellungnahme zuhanden des Zürcher Rates, «das dise epistel zů künftiger zyt nützid denn zangg geberen wirt»; da Bucer wieder mit den «luterischen gsuechen [Kniffen] und abwegen [komme], so gebend wir üch ze erkennen, das wir gantz und gar by der vor abgeredten meinung blyben werdendt, die vast in disem sinn vergriffen ist: Christus lyb ist imm nachtmal gegenwürtig, nit lyplich noch natürlich, sunder sacramentlich, dem reinen, lutren, gotzvorchtigen gmůt. Dann ir werdend sehen, das vorgeben zů nachteil der warheyt nit gůt wirt tůn, und das diss tunckel vermengen der finsternuss und nit dem liecht verhelffen wirt» (Z XI 251$_{3f, 12–19}$; vgl. Z XI, Nrn. 1089f).

Noch schärfer und endgültig wandte sich Zwingli gegen Bucers Konkordienpläne, als dieser am Vorabend des Basler Tages vom 13. und 14. Februar 1531 von ihm die Zustimmung zu einer eigentlichen Konkordienformel verlangte (Text in: Z XI, Nr. 1166, S. 333$_2$–334$_1$; deutsche Übersetzung in: Köhler, ZL II 263f). In einer «epistola irata» vom 12. Februar (Z XI, Nr. 1168) verbat Zwingli sich kategorisch dieses Ansinnen, machte darüber hinaus den Straßburgern ein für allemal klar, daß jedes weitere Bemühen in dieser Sache nutzlos sei: «Was ihr betreibt, muß im Ergebnis deutlich dahin führen, daß eine Einigungsformel zustandekommt, die die Wunden nur äußerlich zudeckt, und die täglich neuen Streit würde ausbrechen lassen. Diese Leute haben eine Messe fast noch papistischer als die Papisten selbst... [und am Ende] Summa summarum: Wir beharren auf unserem Standpunkt; glaube nicht, ich werde jemals anders denken als wir jetzt und bisher gedacht haben, auch wenn die ganze Welt das Gegenteil denkt. Spar dir in dieser Sache die Arbeit und das Papier» (a. a. O., S. 339$_{4–8}$ und 343$_{9–12}$; vgl. Köhler, ZL II 264f).

Obschon Bucer bei den in Basel anwesenden Prädikanten wie bei den Obrigkeiten von Basel und Schaffhausen für seine Pläne mindestens

Verständnis, wenn nicht Unterstützung finden sollte, drang Zwingli mit seiner harten Linie durch. Die Räte in Zürich und Bern unterstützten ihn. Als Ergebnis läßt sich festhalten, daß die reformierten Schweizer Städte die CT zwar für «christlich recht und gut» hielten (vgl. S II/III 87–91; ASchweizerRef III, Nr. 189; S II/III 92–94; ASchweizerRef III, Nr. 244). Einen Beitritt lehnten sie aber selbst auf Kosten des politischen Bündnisses mit den Schmalkaldenern ab, formell in einem Schreiben, das der Rat von Basel am 24. März 1531 an die Dreizehn in Straßburg gerichtet hat (PC II, Nr. 31; Regest in: ASchweizerRef III, Nr. 277). Zur Beurteilung dieses folgenschweren, für Zwingli zuletzt tragisch endenden Entscheides verweisen wir auf Hauswirth 234–236 und Meyer, Kappeler Krieg 53–56.

Eine weitere, nicht weniger fatale Entscheidung traf die Zürcher Obrigkeit fast gleichzeitig: sie beschloß Ende März zugunsten der Graubündner im sog. Müsserkrieg zu intervenieren (vgl. dazu Z VI/IV, Nr. 173 und Nr. 174). Beides zusammen, das Scheitern der Bündnisverhandlungen mit den deutschen Protestanten wie die Intervention im Müsserkrieg brachten nach der Formulierung von René Hauswirth eine «Überanstrengung und Isolierung Zürichs vom Frühjahr bis Herbst 1531» (a. a. O. 236–252).

Nicht ohne Kontakt mit den bisherigen Partnern Philipp von Hessen und Straßburg führte gerade diese «Überanstrengung und Isolierung» Zwingli und Zürich zu seinem letzten außenpolitischen Unternehmen: zum Plan einer Verbindung mit dem bisherigen «Gegner» Frankreich. Neu war ein solcher Plan allerdings nicht. Im Gegenteil: er entsprach unübersehbar auch französischen Wünschen und Bedürfnissen. Frankreich war seinerseits auf Verbündete gegen den Kaiser angewiesen und hatte deswegen schon Ende 1529 zwei Sondergesandte in die Eidgenossenschaft delegiert: Louis Dangerant, Seigneur de Boisrigault und Lambert Meigret. Diese sollten nicht nur (kurzfristig) die Frage ausstehender Soldzahlungen regeln und damit die eidgenössische Wehrkraft für Frankreich erhalten helfen, sondern – gerade darum (und langfristig) – sich um die Beilegung der konfessionellen Streitigkeiten zwischen den reformierten Städten und den Fünf Orten kümmern. Zu diesem Zweck wandten sich jedenfalls am 18. Januar 1530 zwei Schweizer Offiziere in französischen Diensten (Hans Kaltschmid aus Kaiserstuhl und Hans Junker aus Rapperswil) an Zwingli mit dem Vorschlag, daß zu ihrem Schutze «meine herren von Zürich mit sampt anderen Eidtgnoßen zu und mit dem küng in die vereinigung kemmind» (Z X, Nr. 961, S. 405$_{17-19}$). Hauswirth hat das Schicksal dieses ersten Vorschlags von der französischen Werbung über Zwinglis Zögern und die von Michael Gaismair aus Venedig und Philipp von Hessen kommenden Anregungen

*bis zu Entstehung und Bedeutung des sog. «consilium rerum gallica-
rum» (Z X, Nr. 998a) sowie das vorläufige Scheitern der Verhandlungen
nachgezeichnet (Hauswirth 184–193 mit einer überarbeiteten Neufas-
sung des «consilium» als Beilage Nr. 2, S. 261f).*

*Die Verhandlungen wurden im Frühjahr 1531 wieder aufgenommen,
nun von beiden Seiten nicht nur aus politischen Beweggründen, sondern
auch aus religiösen Interessen. Kurz nach Ausbruch des Müsserkrieges
Ende März/Anfang April schickten die Zürcher Heimlichen Räte den
Theologen und Gräzisten Rudolf Ambühl, genannt Collin, nach Solothurn, offiziell um der französischen Soldrückstände willen. Im Gespräch mit Meigret will Collin dabei folgendes erfahren haben: «Dorum,
sitmal die löuf sich jetz uf krieg züchent wider den Keiser, welches der
Küng wol erlyden mag, so will der General an den Küng lassen langen,
ob der Küng ein heimlichen zuoschuob an gelt thuon wölte m. g. herren,
wo ein krieg wider den Keiser angienge, und dessen M. V. (Meister Uol-
rich?) wüssenhaft machen, als bald er antwurt dorum empfacht. Der General rat, M. V. söll durch ein geschribnen brief dem Küng rechtung geben des gloubens der cristenlichen stetten und verantwurten etlich artikel, so man dem Küng falschlich fürgibt, und besunder daß man kein
oberkeit sölle han etc, und den brief dem General zuoschicken etc.» (EA
IV 1b 934 II 2). Das bedeutet: einerseits anerbot sich Meigret, in Paris
um finanzielle Hilfe für den Fall eines Krieges mit dem Kaiser anzufra-
gen; anderseits forderte er Zwingli auf, für den französischen König ein
Glaubensbekenntnis der Städte des Christlichen Burgrechts zu verfassen
und dabei auch Stellung zu falschen Anschuldigungen gegen die Anhänger der Reformation zu nehmen. Diese zusätzliche Thematik in den
französisch-zürcherischen Gesprächen dürfte von beiden Seiten aufge-
rollt worden sein.*

*Bevor wir darauf näher eintreten, ist indes in aller Kürze auf die Ver-
handlungen hinzuweisen, die sich als direkte Folge aus der Begegnung
Collins mit Meigret ergaben. Diese drehten sich um den bereits damals
aufs höchste bedrohten Frieden in der Eidgenossenschaft: Wie Leonhard von Muralt (HSG I 513) knapp, Helmut Meyer (Kappeler Krieg
15–44) detailliert schildern, hatte sich im Frühjahr 1531 die innenpoliti-
sche Lage dramatisch zugespitzt. Zürichs Forderung nach freier Predigt
des Evangeliums nicht nur in den Gemeinen Herrschaften, sondern
selbst in den romtreuen Fünf Orten auf der einen Seite, und die Schmähungen und das Abseitsstehen der Fünf Orte im Müsserkrieg andererseits, bewirkten in Zürich eine immer ausgeprägtere kriegerische Stimmung. Diese fand infolge der Weigerung Berns, an einem von Zwingli
und Zürich beabsichtigten Präventivschlag teilzunehmen, ihren vorläufi-
gen Höhepunkt am 16. Mai 1531, d. h. im Beschluß der in Zürich tagen-*

den evangelischen Stände, Zürich und Bern sollten eine Proviantsperre
gegen die Innerschweizer erlassen (vgl. EA IV 1b 986–988 a). Diese Entwicklung war für die französischen Gesandten so gefährlich, daß sie alle
Hebel in Bewegung setzten, um den Frieden zu erhalten. Parallel zu
Verhandlungen mit den Fünf Orten (vgl. EA IV 1b 973–975; 978f)
wandten sie sich mehrfach auch direkt an Zwingli, zuerst schriftlich
(Z XI, Nrn. 1201; 1202; 1208; 1211; 1212), dann in persona, indem sie
sich selber nach Zürich begaben. Wie ernst sie die Lage beurteilten, mögen ein paar Sätze belegen, die sich in ihrem Brief vom 14. Mai finden –
also zuhanden des Tages, an dem die Proviantsperre beschlossen werden sollte; sie schreiben darin, «das wir allen muglichen flis und erntst
ankeren, damitt gůtt frid und eynigkait zwüschen gemeynen Eydtgnos-
senn gepflantzet unnd volkomenlich sig und belibe»; darum bäten sie Zürich, dafür zu sorgen, «damitt nůtt(!) unfrüntlichs von unsern lieben
herrn und fründen bi üch werd fürgnomen gegen ander ir Eydtgnossen,
sonders das frid und eynigkaitt zwischen dieselbigen gepflantzet werd»
und Zwingli persönlich, «disers schriben wol zů bedencken und im aller
pesten uffnemen und uns zů wüssen thůn, wie wir uns in diser eynung
und fridsamer handel zů richten haben ... Dan wo das [d. h. der Friede in
der Eidgenossenschaft] nitt beschicht, die gantze zergengklicheitt der
Eidtgnoschafft sin wirtt, wo uffrůr und krieg zwüschen derselbigen sin
söltt. Dan wellicher den ander behopten oder gesiget sin söltt, so wer der
teil, der den sig behallten, glicher gstalt geschlagen wie der ander teil»
(Z XI, Nr. 1212, S. 446$_6$–447$_1$; 447$_{15-18}$; 448$_{10-12, 16-20}$; vgl. dazu EA IV
1b 991f 2).

   Damit begnügten sich die französischen Gesandten indes nicht; nur
wenige Tage später, am 20./21. Mai, sprachen sie in Zürich direkt vor,
um hier ihre Friedensbemühungen bei beiden Parteien fortzusetzen,
mündlich bei Zwingli und den Zürcher Räten, brieflich bei den Fünf Orten (vgl. EA IV 1b 996f; 1009f zu b; 1018s). Wie Zwingli am 4. Juni Johannes Oekolampad, Konrad Sam und anderen mitteilte, haben sie dabei sogar die zürcherische Forderung auf freie Predigt des Gotteswortes
übernommen (Z XI, Nr. 1217, S. 460$_4$–461$_9$). Umgekehrt scheinen sie
auch von Zwinglis Plänen befriedigt gewesen zu sein: «S'il (Zwingli)
faict ce qu'il dict, il fera chose qu'il nous semble grandement au bien et
utile du roy et de son royaume» (zit. nach Meyer, Kappeler Krieg 61).
   Welches waren nun aber Zwinglis Pläne? In bezug auf die innerei-
genössische Politik erinnern wir an die vier (bzw. fünf) letztlich ergebnis-
losen Schiedsverhandlungen, die von Mitte Juni bis Mitte August in
Bremgarten stattfanden (vgl. EA IV 1b 1034–1040, mit Anhang
S. 1041–1045: «Was Zürich und Bernn not ze betrachten sye in dem
fünförtischen handel» [unsere Nr. 182, unten S. 164ff]; S. 1049–1053;

1073–1084; 1104–1106; dazu s. auch HBRG III 9–51, sowie Meyer, Kappeler Krieg 33–44).

In unserem Zusammenhang interessanter und wichtiger, aufs ganze gesehen aber ebenfalls ohne Wirkung, waren Zwinglis «französische Pläne», d. h. einerseits die «Epistola de foedere Gallico», anderseits die «Fidei expositio», beide nach einigem Zögern um die Mitte des Jahres 1531 geschrieben. Was die «Epistola de foedere Gallico» (Z XI, Nr. 1254; deutsch in: Walther Köhler, Das Buch der Reformation Huldrych Zwinglis, München 1926, Nr. 263, S. 313–316) betrifft, hat die ältere Forschung die Bedeutung dieses Bündnisprojekts zwischen dem König von Frankreich und den Städten des Christlichen Burgrechtes und einigen weiteren Orten eher übertrieben (so z. B. Leonhard von Muralt, wenn er in HSG I 512 schreibt: «Zwingli hatte begonnen: ‹Es steht fest, daß keine Könige oder Völker in vergangenen Zeiten der Gewalt und Tyrannei des römischen Reiches standhafter Widerstand geleistet haben als die allerchristlichsten Könige der Franzosen und das Schweizervolk.› Zwingli hat also mit voller Klarheit die Bedeutung Frankreichs für die Freiheit des europäischen Staatensystems gegen das habsburgische Universalreich Karls V. erkannt, die Ranke ‹einen militärisch-politischen Protestantismus› genannt hat»). Nach Helmut Meyer handelt es sich «nicht um ein ausgearbeitetes Projekt, sondern um ein Pro memoria an Meigret, der damals vorübergehend nach Frankreich zurückkehren sollte. Inhaltlich sah es gegenseitige Hilfe im Verteidigungsfall vor, wobei die Unterstützung seitens der Eidgenossen durch Truppen, seitens Frankreichs durch Geld erfolgen sollte. Bei einem Angriffskrieg war der Partner erst zur Hilfeleistung verpflichtet, wenn er sich von dessen Berechtigung überzeugt hatte. Ausserdem hatte Franz I. seinen Verbündeten – vorgesehen waren die eidgenössischen Burgrechtsstädte, eventuell Straßburg und Konstanz sowie die neutralen Orte – regelmäßige Zahlungen zu entrichten. Irgendeinen Einfluß vermochte das Dokument nicht mehr auszuüben» (Meyer, Kappeler Krieg 61). Als Zwingli die «Epistola» (und die «Fidei expositio»!) verabschiedete, hatte sich der Reformator schon dem Plan einer Verbindung mit Mailand zugewandt (a. a. O. 63).

Damit sind wir wieder bei der «Fidei expositio». Wie wir schon S. 5 bemerkt haben, erfolgte die Wiederaufnahme der Beziehungen zwischen den französischen Gesandten Meigret (und Dangerant) und Zwingli Ende März 1531 auch aus religiösen Gründen. Diese müssen neben den politischen Plänen sogar vor allem anderen im Auge behalten werden, wenn wir Entstehung und Inhalt der «Fidei expositio» verstehen und würdigen wollen. Zum einen ist aus direkten und indirekten Zeugnissen bekannt, daß Meigret der Reformation Sympathien entgegenge-

bracht und Zwingli-Schriften gelesen hat, sicher das «Anamnema» und die dazugehörige Schrift «De convitiis Eccii» (s. Z XI, Nr. 1087, S. 104₁₆–105₂; Nr. 1202, S. 426). Zum andern weiß man, daß Zürich und Zwingli nicht nur über den Fortgang der reformatorischen Bewegung und die Lage der Evangelischen in Frankreich, insbesondere am Hof, mehr oder weniger im Bild sein mußten, sondern daß sie auch auf dem Weg über Straßburg und Basel mehrfach aufgefordert worden sind, über ihren Glauben Rechenschaft abzulegen und so Verleumdungen entgegenzutreten. Das belegen nicht zuletzt verschiedene Aktenstücke aus dem letzten Viertel des Jahres 1530, die sich im Staatsarchiv Zürich befinden und mindestens als Regesten in ASchweizerRef aufgeführt werden, z. B.: Basel an Zürich, 1. Oktober 1530 (ASchweizerRef II, Nr. 1710; Original Staatsarchiv Zürich, Sign. E I 1.2a; vgl. dazu EA IV 1b 812 g); Geheime Räte von Straßburg an Basel, und «auch für Zürich und Bern in vertrauter weise zum nachdenken», 12. Dezember 1530 (ASchweizerRef II, Nr. 1921; PC I, Nr. 853; Staatsarchiv Zürich, Sign. E I 1.2a); Basel an Zürich, 18. Dezember 1530 (ASchweizerRef II, Nr. 1939; Staatsarchiv Zürich, Sign. E I 1.2a). Viel gewichtiger dürfte indes ein bisher kaum beachteter «weitläufiger bericht über die neuesten vorgänge und verhandlungen am königlichen hof in Paris, in sachen der evangelischen lehre, und ratschläge für die absendung einer botschaft, zum zwecke besserer aufklärung über die absichten der protestantischen stände» gewesen sein, den ein Patricius Fracyanus (Pseudonym) zunächst an die Dreizehn der Stadt Straßburg gerichtet hat. Dieses Schreiben, das auszugsweise in PC I, Nr. 857 abgedruckt ist, wurde am 2. Januar 1531 von Straßburg aus einerseits über Landgraf Philipp an den Kurfürsten von Sachsen weitergeleitet (a. a. O. 56, Anm. 4), kam anderseits aber – vermutlich über Basel – auch nach Zürich (vollständige Abschrift in Staatsarchiv Zürich, Sign. E I 1.2). Strickler bringt davon in ASchweizerRef II, Nr. 1702 ein Regest in fünf Zeilen, versieht das Datum (Oktober 1530) mit einem Fragezeichen und bemerkt dazu: «das actenstück umfasst 17 (resp. 21) eng geschriebene folioseiten und enthält einige stellen von historischem werte». Da das ohne Zweifel zutrifft, geben wir im folgenden einige Abschnitte aus diesem Dokument, die sich geradezu wie Richtlinien für Zwinglis «Fidei expositio» lesen.

Die gewünschte Botschaft sollte ganz allgemein die Verleumdungen entkräften, welche am französischen Hof über Glauben und Leben der Evangelischen kursierten. Im besondern sollte sie darlegen, daß «bi uch die cristen unnd gleubigenn am hechstenn gehorsam iren fürsten und oberkeitenn bewysen, als in des hertzogen von Sachsen und des landgraven gepieten offnbar..., das ouch bi den gleubigen weniger zangckh, unfrid unnd krieg seig, sunnder mehr frid dann bißhar gewesen..., das bi

uch wie anderschwo yeder sin eigen besitzung, gůt und gelt hat ... [und]
das die gemeinschafft der gůter bi uch so allein besteht inn brůderlicher
lieb, wie yeder zů yeder zyt ermanet wirt»; daß es ein «unverschampt
furgebenn [darstellt], nemlich dz bei den Christen die wyber gemein
seyenn» (fol. 4). «Das bi uch die einige sect Christi unnd seim evangelio
nachzuvolgen und kein ander sei, unnd so wol etlich bi uch widerwerti-
ger meinung seien, geachtet werdenn, so sei doch solichs allein uß fleiß,
die warheit an tag zů bringen, entstanden, so lange zyt verborgen gewe-
sen ist, sonst bleibe by den uwern ein Got, ein touff, ein gloub etc., der
einhellig geist der khinder lasse kein trennung zů, wiewol er alle ding er-
forsche, ergründe unnd begere an tag zů bringen, die warheit; ... wenn
sie, die legaten, reden werden wider des sacraments abgoterey, solln sie
gewarsam sin; dann solches hinlegen ist dem gegenteil unlidlich. Es
schryen die bäpstler in Franckrych, das man solch gotslestrung nit lyden
selle; wo es nu fur gůt wurd angesehen, mecht furbracht werden, dz man
die gmeinsame des brots und des lybs Christi als eines sacraments Chri-
sti nit abschlůgi, sonder den uberfluß meß zů halten, so von menschen
uffbracht, und vergeblich nebenfragen; auch wie billich beger man der
apostel bruch wider uffzůbringen» (fol. 5). Schließlich enthält der Bericht
auch noch Ratschläge über die Zusammensetzung der gewünschten De-
legation: es solle eine «botschafft geschickt werdenn, so die frantzesisch
sprach wol kennen ... Dann beckannte red bewegt der menschen
gemůter. Doch wurt fur besser angesehen, dz vernünfftige menner, die
nit französisch können, geschickt werden, dann etwan torechte lüt, die
glich in französischer sprach hoch beredt weren. Zwingly, Oecolampad
oder Carlstat solln keinswegs geschickt werden, dann sie des sacraments
halb zuvil verhaßt sind; andere, ußgenomen Lutherus, mögen wol ko-
menn, doch wie gesagt, dz einer uß den gesandte französisch kende, so
die red vor dem künig thůn solte» (fol. 6).

Zur Sprache gekommen dürfte die in diesem Dokument gewünschte
Botschaft am ehesten an dem bereits genannten Tag von Basel vom 13.
und 14. Februar 1531 sein. In diesem Augenblick scheiterte nicht nur der
Zusammenschluß der evangelischen Schweizer mit dem Schmalkaldi-
schen Bund, sondern es zeichnete sich auch die Gefahr einer kaiserlich-
französischen Koalition gegen den Protestantismus ab. Da ist nämlich
«vorgetragen worden, wie der Kaiser dem König von Frankreich seine
Schwester Leonora vermählt und Freundschaft mit ihm gemacht habe,
so daß zu vermuthen, daß der Kaiser, der den Anhängern des Evange-
liums zuwider sei, von dem König Hülfe gegen dieselben fordern werde,
wie man denn genau erfahren, daß er schon eine Botschaft zu ihm ge-
schickt, welche die Evangelischen ‹uns› schwer verunglimpft habe, als
ob sie diejenigen wären, welche die Weiber mit einander gemein hätten,

*alle Obrigkeit unterdrücken wollten und anderes dergleichen thäten, wo-
durch der König, obwohl er sich früher in dieser Sache nicht übel (‹etwas
geschickt›) gehalten, veranlaßt werden müßte, in seinem Reiche gegen
die Evangelischen zu handeln; es sei auch wohl anzunehmen, daß die
Königin, als des Kaisers Schwester, aus dessen Anreizung dem König
fort und fort in diesem Sinne zureden (‹anhangen›) werde. Um dies ab-
zuwenden, die Unschuld der Evangelischen darzuthun und ihr Vorha-
ben betreffend den wahren christlichen Glauben an den Tag zu bringen,
sei es nothwendig, eine ansehnliche und verständige, der Sprache und
der ‹Practiken› kundige Botschaft abzuordnen, um sie bei dem König zu
entschuldigen. Woher man diese Botschaft nehmen könnte, soll nun för-
derlich berathen und nach Basel geschrieben werden, um es auch dem
Churfürsten von Sachsen und dem Landgrafen von Hessen zu verkünden» (EA IV 1b 902d).*

*Vor diesem allgemeinen Hintergrund – dem Scheitern einer Verbin-
dung mit dem Schmalkaldischen Bund, den Differenzen in der Abendmahlsfrage einerseits, dem Bedürfnis aller Protestanten und der reformierten Burgrechtsstädte im besonderen nach einem Schutz gegenüber
dem Kaiser andererseits, dazu Berichten über Verfolgungen (vgl. z. B.
Z XI, Nr. 1157, S. 301$_{15-17}$) – ist nun nicht nur die Aufnahme der französischen Bündnispläne zu sehen, sondern erst recht die Abfassung von
Zwinglis «Fidei expositio».*

*Dabei verdient festgehalten zu werden, daß auch Zwingli noch am
5. April 1531 Franz I. an erster Stelle zu jenen Königen zählte, die mit
dem Kaiser eins sind in der Ausrottung des Evangeliums (Zwingli an
Vadian, Z XI, Nr. 1192, S. 403$_{3f}$). Andererseits muß er – vermutlich aufgrund der Verhandlungen mit Meigret und Dangerant – von der bekannten humanistischen Haltung, möglicherweise auch von der Lau-
nenhaftigkeit von König Franz I. doch auch Verständnis und Entgegenkommen erwartet haben. Wie schon 1525 den «Commentarius», so
schrieb Zwingli auch 1531 die «Fidei expositio» nicht in französischer,
sondern in lateinischer Sprache, vermutlich ohne zu wissen, daß der humanistisch orientierte «allerchristlichste König» des Lateins nicht mäch-
tig war. Während Zwinglis Entwurf in Zürich blieb, brachte Rudolf Collin eine Reinschrift des Textes in Zusammenhang mit einer Instruktion
des Großen Rats (vgl. EA IV 1b 1117) Ende August 1531 nach Paris;
er soll sie dort am Todestag des Reformators, am 11. Oktober, am Hof
zuhanden des Königs überreicht haben (vgl. Rudolf Collins Schilderung seines Lebens, verdeutscht von Salomon Vögelin, in: ZTB 1859,
212; Konrad Furrer, Rudolf Collin, ein Charakterbild aus der Schweizerischen Reformationsgeschichte, in: Zeitschrift für wissenschaftliche Theologie V, 1862, 388; Meyer, Kappeler Krieg 61 mit Anm. 100).*

Eine weitere Abschrift stellte 1532 Heinrich Bibliander her. Gedruckt wurde die «Fidei expositio» erstmals 1536 von Bullinger herausgegeben, zusammen mit einem «Appendix de eucharistia et missa» (Finsler, Nr. 100).

Was nun den Aufbau der «Fidei expositio» betrifft, so halten wir zunächst allgemein fest, daß wir als Textgrundlage im folgenden Zwinglis Autograph (Staatsarchiv Zürich, Signatur: E I 3.1, Nr. 70; unsere Ausgabe: A) und nicht (wie üblich) den Erstdruck (Finsler, Nr. 100; unsere Ausgabe: D) benützen. Zur Begründung dieses Entscheids verweisen wir auf unsere Bemerkungen zu den Manuskripten, Drucken und Übersetzungen (s. unten S. 39ff) und den tabellarischen Überblick über die verschiedenen Handschriften und ersten Ausgaben (unten S. 14f), insbesondere aber auf die sich gegenseitig ergänzenden Aufsätze von Gottfried W. Locher, Zu Zwinglis «Professio fidei», in: Zwa XII, 1968, 689–700, und Susi Hausammann, Die Textgrundlage von Zwinglis «Fidei expositio», in: Zwa XIII, 1972, 463–472. Gottfried W. Locher und Susi Hausammann kommt mit Joachim Staedtke (vgl. unten Beschreibung der Manuskripte, S. 39–46) das Verdienst zu, mit Nachdruck auf die Priorität der Handschriften – des erwähnten Entwurfs A und der sog. Pariser Reinschrift (Bibliothèque Nationale Paris, Signatur: Man. Lat. 3673 A; unsere Ausgabe: B) und einer Abschrift Heinrich Biblianders (Zentralbibliothek Zürich, Signatur: Ms G 398₁; unsere Ausgabe: C) – vor dem Bullinger-Druck von 1536 (D) hingewiesen zu haben. Sie machten zudem mit Recht auf die für das Verständnis von Zwinglis Abendmahlslehre höchst bedeutsame Tatsache aufmerksam, daß der «Appendix de eucharistia et missa» (S IV 68–78) keineswegs ein späterer Zusatz Bullingers ist, sondern ebenfalls von Zwingli stammt. Wenn wir als Textgrundlage unserer Edition den Entwurf Zwinglis gegenüber der Pariser Reinschrift bevorzugen, hat das indes noch vier besondere Gründe: 1. Schon Susi Hausammann hat gegenüber Gottfried W. Locher geltend gemacht, daß «der genannte Entwurf Zwinglis ... nicht nur der Pariser Reinschrift (B), sondern auch der Abschrift Heinrich Biblianders von 1532 (C) und dem durch Heinrich Bullinger 1536 veranstalteten Erstdruck der Schrift (D) als Vorlage gedient hat» (a. a. O. 464). Konsequent folgerte sie daraus: «Die Textgrundlage für C, D und die späteren Druckausgaben bis hin zur Edition von Schuler/Schultheß und zur Übersetzung der Schrift durch Rudolf Pfister in den Hauptschriften Zwinglis ist nicht B, sondern A, und Sorgfalt, Eigenständigkeit und Tendenz dieser Editionen müssen daher an A, nicht an B gemessen werden» (a. a. O. 465). 2. Gegenüber Gottfried W. Locher hat Susi Hausammann sodann auch bemerkt, «daß Bullinger sich in seinem Erstdruck [zwar] viel getreuer an Zwinglis Autograph gehalten hat, als allgemein

*angenommen wird», daß er «nun allerdings bei aller Treue zu seiner
Vorlage in einer Hinsicht Zwinglis Anweisungen nicht befolgt [hat],
nämlich indem er drei sekundäre Glossen von Zwinglis eigener Hand
unbeachtet ließ» (a. a. O.). Bei diesen drei Glossen (A, fol. 6v; fol. 18r;
fol. 25v, s. unseren Textapparat zu den betreffenden Stellen S. 74₁₈; 108₉)
handelt es sich um nichts anderes als um Zwinglis Anweisungen für
die Umstellungen, welche Entwurf und Reinschrift unterscheiden.
3. Schließlich hat Susi Hausammann auch beobachtet, daß die sog. Pariser Reinschrift «sehr eilig erfolgen mußte. Denn die Reinschrift ist nicht
nur ⟨oft rasch geschrieben⟩ [Locher, a. a. O. 691], sondern sie ist auch
recht flüchtig. Der Text der Pariser Reinschrift ist näher besehen keineswegs durchgehend eine Verbesserung seiner Vorlage» (a. a. O. 467).
4. Eigene Beobachtungen bestätigten nicht nur diese Resultate, sondern
führten schließlich noch zu einer weiteren, ebenso überraschenden wie
eindeutigen Feststellung: Entgegen allen bisherigen Annahmen stammt
die sogenannte Pariser Reinschrift nicht von Zwinglis Hand. Der
Schreiber wird vielmehr vor allem im Umkreis des Zürcher Reformators
zu suchen sein (s. auch unsere Manuskriptbeschreibung unten S. 39–46).*

*In bezug auf Bullingers Bearbeitung des Textes für den Erstdruck
von 1536 hat Susi Hausammann schließlich festgestellt, daß dieser neben Zwinglis Entwurf auch Biblianders Abschrift (C) benützt hat, daß er
dabei neben allerlei orthographischen und drucktechnischen Veränderungen (Einfügung von Titeln und Marginalien) einige eindeutig politisch oder historisch bedingte Abweichungen angebracht hat, daß – aufs
ganze gesehen – Bullingers Edition sich bei näherem Zusehen doch als
eine «hervorragende Leistung erweist» (a. a. O. 470–472).*

*Was den Titel unserer Schrift betrifft, halten wir uns an die übliche
Bezeichnung «Fidei expositio». Zwar fehlt gerade in Zwinglis Entwurf
fol. 1 und damit ein verbindliches Titelblatt. Wenn wir uns nicht Gottfried W. Lochers Vorschlag anschließen, aufgrund einer Überschrift in
der sogenannten Pariser Reinschrift von einer «Professio fidei» zu sprechen (vgl. Locher, Professio 691f; Reformation 340; KiG 52), sondern
mit Susi Hausammann («Textgrundlage») im Anschluß an die Druckausgaben des 16. Jahrhunderts bei der Bezeichnung als «Expositio»
bleiben, dann hat das seine guten Gründe. Einmal findet sich selbst auf
der vordersten Seite der Pariser Reinschrift (mindestens im Zusammenhang mit dem Vorwort!) neben «Ratio et professio» auch der Ausdruck
«Expositio». Dementsprechend bezeichnet auch Gottfried W. Lochers
Kronzeuge Johann Jakob Simmler die Schrift ausdrücklich als «Expositio» (vgl. unten S. 50, Anm. 1). Vor allem aber mußte Zwingli selber
sie so verstanden haben. Er verwendet nicht nur mehrfach in der Praefatio und weiter unten des öftern das Verbum «exponere» (s. unten*

S. 50–51), sondern gestaltet die ganze Schrift als Auslegung des Apostolikums. Das heißt, er lehnt sich in Aufbau und Ductus an das Apostolikum an. Auch wenn er dieses eher als «Kommunikationsmedium mit dem Zeitgenossen», nicht aber als «zentrales Artikulationsmuster seines Glaubens» verwendete (Hans-Martin Barth, Artikel «Apostolisches Glaubensbekenntnis II», in TRE III 556₅₋₇), stellte er sich damit doch in eine Tradition, die so ihre Rechtgläubigkeit darzustellen suchte (vgl. Schindler, Kirchenväter 50–52).

Inhalt

Den Inhalt der «Fidei expositio» ausführlicher zu skizzieren könnte sich fast erübrigen, nachdem August Baur (II 760–776) und Paul Wernle (II 328–358) das getan haben, und zuletzt Gottfried W. Locher 1982 sogar «Hauptprobleme der Theologie Zwinglis» gerade anhand unserer Schrift behandelt hat (KiG 52–59). Wenn wir es im folgenden trotzdem versuchen, geschieht das im Blick auf die Tradition unserer Ausgabe, aber auch weil Gottfried W. Locher ausdrücklich «keine vollständige Inhaltsangabe» liefern, sondern «den inneren Zusammenhang von Zwinglis Theologie» erörtern will. Wie unser Schema (S. 14f) zeigt, hält sich Zwingli – wie schon bemerkt – bei der Disposition der «Fidei expositio» grundsätzlich an das Apostolikum; er erweitert dieses aber um eine Reihe von kürzeren oder längeren Exkursen zu den wichtigsten Streitpunkten (vor allem zum Abendmahl).

Dies hängt wiederum eng mit den Motiven zusammen, welche Zwingli zum Schreiben veranlaßt haben. Es sind, so schreibt er in einer kurzen Widmungsvorrede «An den allerchristlichsten König Franz von Frankreich» (S. 50ff), zwei: einerseits betrachtet er die Verleumdungen, die Evangelischen untergrüben alle weltliche und geistliche Autorität als Wink der Vorsehung, seinen evangelischen Glauben positiv darzulegen; anderseits führt erst recht gerade der Glaube zu solchem Bekennen. Wenn dieser nach Hebr 11, 1 «die Kraft, Festigkeit und Gewißheit des Geistes ist, womit dieser unerschütterlich auf den unsichtbaren Gott vertraut – wer kann da so töricht und schwerfällig sein, daß er nicht zu erklären («exponere») wüßte, ob er auf etwas vertraut oder nicht?»

Damit führt Zwingli direkt hin zum 1. Artikel (S. 53ff) des Credo über «Gott und Gottesdienst». Er unterteilt dieses Thema, das sicher zu den großen Grundlinien seines Denkens gehört, nach Ansicht einzelner Forscher sogar das zentrale Thema von Zwinglis Theologie sein könnte, in drei Abschnitte. Diese handeln (1.) von Gott als dem ungeschaffenen Schöpfer aller Dinge; (2.) vom «legitimus cultus» der Heiligen und der

Überblick über die verschiedenen Manuskripte und ersten Drucke

Apostolicum	Unser Text		Zwingli Autograph (A)		Pariser Handschrift (B)	
	Praefatio	(50–53)	Praefatio	(2r–2v)	Praefatio	(1r
1. Credo in deum patrem omnipotentem, creator caeli et terrae,	1–3 De deo et cultu eius	(53–66)	1–3 De deo et cultu eius	(2v–4v)	1–3 De deo et cultu eius	(2r–5v
2. et in Jesum Christum, filius eius unicum, dominum nostrum,	4 De Christo domino	(66–68)	4 De Christo domino	(4v–5r)	4 De Christo domino	(5v–6r
3. qui conceptus est de spiritu sancto, natus ex Maria virgine,	5	(68f)	5	(5r)	5	(6v
4. passus sub Pontio Pilato, crucifixus,	6	(69f)	6	(5r–5v)	6	(6v
mortuus et sepultus, descendit ad infernam,	7	(70)	7	(5v)	7	(6v
5. tertia die resurrexit a mortuis,	8	(70–72)	8	(5v–6r)	8	(7r–7v
6. ascendit ad coelos, sedet ad dexteram dei patris omnipotentis,	9	(72)	9	(6r)	9	(7v
7. inde venturus est iudicare vivos et mortuos.						
	Purgatorium	(73f)	Purgatorium	(6r–6v)	Purgatorium	(7v–8r
	Appendix de eucharistia et missa	(75–108)			Appendix de eucharistia et missa	(8v–22r
			Praesentia corporis Christi in coena	(6v–10r)		
			Quae sacramentorum virtus	(10r–11v)		
8. Credo in spiritum sanctum,	–		–		–	
9. sanctam ecclesiam catholicam, sanctorum communionem,	10 Ecclesia	(108–111)	10 Ecclesia	(11v–12r)	10 Ecclesia	(22r–22v
	Magistratus	(111–115)	Magistratus	(12r–12v)	Magistratus	(23r–24r
10. remissionem peccatorum,	11 Remissio peccatorum	(116–118)	11 Remissio peccatorum	(12r–13r)	11 Remissio peccatorum	(24r–25r
	Fides et opera	(118–126)	Fides et opera	(13r–15r)	Fides et opera	(25r–28v
11. carnis resurrectionem,	–		–		–	
12. vitam aeternam.	12 Vita aeterna	(126–132)	12 Vita aeterna	(15r–16v)	12 Vita aeterna	(28v–30v
	De catabaptistis	(133–139)	De catabaptistis	(16v–17v)	De catabaptistis	(31r–33r
	Praesentia corporis Christi in coena	(140–155)			Praesentia corporis Christi in coena	(Ir–VIIr
	Quae sacramentorum virtus	(155–162)			Quae sacramentorum virtus	(VIIr–Xr
			Appendix de eucharistia et missa	(18r–25v)		

Sakramente; (3.) von der Güte des dreieinigen Gottes, wie sie in Menschwerdung und Werk Christi sichtbar geworden ist.

1. Wie im «Commentarius» oder im «Anamnema de providentia dei» geht Zwingli in seinen Ausführungen über Gott auch in der «Fidei expositio» (S. 53₁₀ff) von philosophischen Überlegungen aus. Da alles Seiende entweder geschaffen oder ungeschaffen ist, «Ungeschaffenheit», «Ewigkeit» und «Unendlichkeit» aber zusammengehören, «steht fest, daß ungeschaffen einzig und allein Gott ist». Daraus folgt direkt «Ursprung, Quell und Grund unseres Glaubens»: «Wenn wir nämlich sagen ‹Ich glaube an einen Gott, den allmächtigen Vater, Schöpfer Himmels und der Erden›, bekennen und behaupten wir zuversichtlich, daß wir einen untrüglichen Glauben haben». Während Heiden, Ungläubige und Leute, die auf «Geschaffenes» vertrauen, zuletzt immer getäuscht werden (müssen), können diejenigen, die auf den einen, ungeschaffenen ewigen Gott vertrauen, nie eines Irrtums überführt werden. Diese grundsätzlichen Überlegungen führen sofort zu polemischer Abgrenzung: sie richten sich gegen das falsche Vertrauen, das «gewisse Leute törichterweise auf allerheiligste Geschöpfe [die Heiligen] oder auf allerfrömmste Sakramente setzen».

2. Zu diesen zwei in der Reformation besonders heiß umstrittenen Fragen gibt Zwingli im zweiten Abschnitt (S. 56₁₂ff) sofort «die Apologie und die positive Erläuterung» (Locher, KiG 53). «Wir verabschieden oder beseitigen weder die Heiligen noch die Sakramente, wie es uns gewisse Leute unterschieben, sondern halten an ihrer Stellung und Würde fest», d. h. «wir überliefern und lehren als rechte Verehrung (‹legitimus cultus›) der Heiligen und Sakramente die, welche Christus selbst überliefert und gelehrt hat».

Von dieser Basis aus besteht rechte Verehrung der Heiligen, insbesondere auch der «Gottesgebärerin, der Jungfrau», nicht in ihrer Anbetung als Helfer, sondern vielmehr und einzig in ihrer Nachfolge, d. h. im Hören auf die Mahnungen, die nach Joh 8,39 der Heilige Geist ihnen und uns gibt, vor allem aber in der Nachahmung ihres frommen, heiligen und unschuldigen Lebens.

Ähnlich verhält es sich mit den Sakramenten. Die Sakramente sind «Zeichen und Sinnbilder heiliger Dinge», nicht diese Dinge selbst; «sie vergegenwärtigen uns (‹referunt›), was wirklich wesenhaft und natürlich geschehen ist» («quę res verę per essentiam et naturaliter aliquando gestę sunt»), nämlich den Sühnetod Christi am Kreuz und damit verbunden Gottes Wohltaten, Vergebung der Sünden, ein neues Leben. Nach Locher greift Zwingli damit «den Vorwurf, seine Feiern hätten es nur mit leeren Zeichen zu tun, auf. Doch das göttliche ‹vere, per essentiam und naturaliter› gehört der Wirklichkeit des Heils, nicht den Elementen.

*Überhaupt kommt weder Heiligen noch Sakramenten die Kraft zu, die
Gott allein besitzt: Sünden zu vergeben und Gnadengaben zu verleihen»
(a. a. O. 53). Das sind Auffassungen, die Zwingli weiter unten noch ausführlicher entfalten sollte!*

*3. Im Rahmen der Gotteslehre wendet sich Zwingli sodann (S. 61$_{9ff}$)
den klassischen Fragen der Trinität und der göttlichen Eigenschaften
zu. Dabei ist es nach Locher für Zwingli «bezeichnend, daß er in beide
Loci schon die Soteriologie, und zwar als Satisfaktionslehre, hinein-
nimmt und dabei natürlich auch schon die Christologie streift. Desgleichen ist die Lehre vom Sündenfall vorausgesetzt» (a. a. O. 53). Konkret
bringt Zwingli zuerst ein nur kurzes, weil absolut selbstverständliches
Bekenntnis zur stark die Einheit betonenden Trinitätslehre. Dann entwickelt er die Lehre von Inkarnation und Satisfaktion – wie zuletzt im
zweiten Artikel der «Fidei ratio» (Z VI/II 794$_{31ff}$) in strengem Anschluß
an Anselm von Canterbury. Im einzelnen betont Zwingli in diesem dritten Abschnitt neben der Einheit Gottes als eigentliche Grundeigenschaft
Gottes die Güte Gottes: «Wir wissen, daß dieser Gott von Natur gut ist
... Gut aber ist, was mild u n d gerecht ist» (Milde ohne Gerechtigkeit
würde zu Gleichgültigkeit oder Furcht, Gerechtigkeit ohne Milde zu Un-
gerechtigkeit entarten). «Darum bekleidete [Gott] seinen einzigen Sohn
mit dem Fleisch, damit er dem ganzen Erdkreis beides nicht nur zeigte,
sondern Erlösung und Erneuerung zuteil werden ließ» («non modo
ostenderet, sed etiam impenderet, redemptionem et renovationem»). «So
hat Gottes Güte von sich selbst angenommen, was sie uns schenken
wollte», und weiter: «So wurde uns Gottes Sohn zur Bestätigung seiner
Barmherzigkeit gegeben, zum Pfand seiner Vergebung, zur Bezahlung
seiner Gerechtigkeit und zur Richtschnur des Lebens, um uns der Gnade
Gottes gewiß zu machen und uns das Gesetz des Lebens zu verleihen.»
Gottfried W. Locher merkt zu dieser für Zwingli sehr typischen Formulierung ausdrücklich an, «wie die Betonung der Gottheit Christi die
Selbsthingabe Gottes und damit die Sicherheit und Vollkommenheit des
Heils garantiert, die Einheit von Gnade und Gerechtigkeit wie von
Evangelium und Gesetz herbeiführt und den bei den andern Reformato-
ren sakramentalen Begriff des ‹Vergebungspfandes› [‹pignus gratiae›]
für Christus selber reserviert» (a. a. O. 54).*

*Damit kommt Zwingli zum zweiten Hauptartikel des Credo, zur
Lehre «v o m H e r r n C h r i s t u s» in den Abschnitten 4 bis 9 (S. 66$_{9ff}$).
Daß der Reformator auch gerade hier die Orthodoxie betont, zeigt besonders deutlich (und verhältnismäßig ausführlich) der grundlegende
Abschnitt 4 «von der Menschwerdung Christi» (S. 66$_{9ff}$). Dieser bringt
«unter Anspielung an das Chalcedonense und unter Berufung auf das
sog. Athanasianum die orthodoxe Lehre von der Assumptio carnis, der*

hypostatischen Union und den Zwei Naturen, wobei Zwingli unterstreicht, wie die Inkarnation weder die Gottheit noch die Menschheit beeinträchtigt» (Locher, a. a. O. 54). Christus ist wahrer Gott und (ausgenommen die Sünde) wahrer Mensch. Auch wenn jeder Natur ihre besonderen Eigenschaften und Eigentümlichkeiten («utriusque naturę propria et agnata») zukommen – Zwingli zitiert für die menschliche Mk 11, 12, für die göttliche Mt 4, 23 –, «hat die Unterscheidung der Naturen keine Trennung der Person zur Folge ... die Einheit der Person besteht auch bei der Verschiedenheit der Naturen». Mit diesen Sätzen (zur «Communicatio idiomatum» bzw. «Alloeosis») dürfte sich Zwingli sowohl gegen den ihm bekannten Vorwurf des Nestorianismus wie gegen den Monophysitismus wenden.

Nichts anderes als die orthodoxe Lehre vertritt Zwingli auch in den folgenden Aussagen zur Christologie. In knappen Sätzen bringt er in den Abschnitten 5 bis 7 (S. 68$_{7ff}$) sowie 9 (S. 72$_{6ff}$) – d. h. in jenen Artikeln, welche Ausdruck der Menschheit Christi sind – allerdings kaum mehr als ein paar Unterstreichungen, trifft so indes gerade den Kern der jeweiligen Aussage, so in Abschnitt 5 («empfangen worden vom Heiligen Geist, geboren aus Maria der Jungfrau») (S. 68$_{ff}$) die immerwährende Jungfrauschaft Mariae; in Abschnitt 6 («Er hat gelitten unter Pontius Pilatus, ist gekreuzigt worden») (S. 69$_{6ff}$) die außerordentliche Schimpflichkeit des Sühneleidens Christi nach seiner Menschheit, «um keine Erniedrigung übrig zu lassen, die er nicht selber erfahren und erfüllt hätte»; in Abschnitt 7 («Er ist gestorben und begraben worden, ist niedergestiegen zu denen in der Unterwelt») (S. 70$_{3ff}$) das Verständnis der Höllenfahrt als Ausdruck der Endgültigkeit des Todes Christi und/oder als Ausdruck der Taufe für die Toten «in der Unterwelt, die seit der Erschaffung der Welt Gottes Mahnungen nach dem Vorbild Noahs geglaubt haben», – beides Interpretationen «der apostolischen Väter»; in Abschnitt 9 («Er ist aufgestiegen zum Himmel etc.») (S. 72$_{6ff}$) die Hoffnung auf das ewige Leben.

Einzig in Abschnitt 8 («Er ist wieder erstanden von den Toten») (S. 70$_{11ff}$) holt Zwingli nochmals etwas weiter aus. Dies ist eine Folge von Zwinglis Betonung der Gottheit Christi, wie sie im Ostergeschehen als der Mitte der christlichen Verkündigung, bzw. in Zwinglis christologischem Schlüsselbegriff des «Christus noster» zum Ausdruck kommt. Der Reformator verwendet diesen Begriff hier nicht weniger als dreimal: «Alles, was Christus ist, ist unser; alles, was er tut, ist unser»; «ist er also auferstanden, so ist er also auferstanden, so ist er für uns auferstanden und hat unsere Auferstehung eröffnet»; «die ganze Kraft des Arguments besteht darin, daß Christus unser ist und all sein Handeln unser ist». Um gerade auch hier Gottfried W. Locher zu zitieren: «Nicht

zufällig stößt der Reformator hier dreimal zu seinem christologischen
Zentralbegriff vor: an der Auferstehung hängt es, daß der Herr wirklich
der ‹Christus noster› ist, wie auch die Argumentation von 1. Kor. 15
darin gründet, daß Jesu Auferweckung der Beginn unsers ewigen Le-
bens ist. Wir erkennen, wie Zwinglis Erhöhungs-Christologie des ‹Chri-
stus noster› neben die Kreuzestheologie Luthers mit ihrem ‹pro me› tritt»
(Locher, KiG 55) (vgl. dazu auch die grundsätzlichen Ausführungen
zur Christologie bei Locher, Reformation 206–208, sowie Locher I 33–42).

Nachdem Zwingli den ersten und zweiten Artikel des Credo ausge-
legt hat, bringt er in einem ums Dreifache größeren Einschub zwei Ex-
kurse: einen sehr gedrängten «über das Fegfeuer» und einen sehr aus-
führlichen über das Abendmahl in Form des «Appendix de eucharistia et
missa».

Was «das Fegfeuer» betrifft (S. 73₁ff), schließt Zwingli damit na-
türlich direkt an seine Ausführungen zur Himmelfahrt Christi an: weil
Christus nach Tod und Höllenfahrt in den Himmel aufgestiegen ist,
«gehen auch wir nach der Lösung aus der Umschlingung des Leibes
dorthin, ohne Verzögerung, Aufschub oder neue Qual, wenn wir nur auf-
richtig geglaubt haben». Es gibt, wie Zwingli weiter unten in seinen Aus-
führungen zum ewigen Leben gegen die «Wiedertäufer» noch genauer
darlegen sollte (S. 126₉ff), keinen Seelenschlaf; es gibt im Gegensatz zur
Lehre Roms auch kein Fegfeuer. Diese falsche Lehre ist vielmehr auf
die Geldgier derer zurückzuführen, welche die Seelen der Gläubigen
weiden sollten. Wie bei früheren Gelegenheiten (vor allem «Auslegen
und Gründe der Schlußreden», «Commentarius») lehnt Zwingli die
Lehre vom Fegfeuer aus drei Gründen ab: (1.) Die Verfechter des Feg-
feuers «entleeren und verwerfen Christus völlig». Angesichts der von
Christus geleisteten Satisfaktion bedeutet das Fegfeuer eine Rückkehr
zur Werkgerechtigkeit; es zieht Gottes Güte in Zweifel und widerspricht
der Gnade. (2.) Wenn nach Auffassung der Theologen Christus uns nur
von der Schuld, jedoch nicht von (genau: zeitlichen) Sündenstrafen er-
löst haben soll, bedeutet das über die Infragestellung der Satisfaktion
hinaus eine Entleerung und Beseitigung der Menschwerdung und Pas-
sion Christi; darum ist das Fegfeuer eine «frevelhafte, Gott beschimp-
fende Erfindung». (3.) Weil Christus (Joh 5, 24) lehrte, die Glaubenden
hätten das ewige Leben, sie kämen in kein Gericht, sondern seien aus
dem Tod ins Leben hinübergegangen, «wird offenbar, daß die Zeit der
Qual [im Fegfeuer] erlogen und erdichtet ist, welche die Päpstler den
von hier scheidenden Seelen auferlegen».

Ungleich gewichtiger ist der zweite Exkurs. Er bringt den bisher am
Schluß der «Fidei expositio» gedruckten, von der Forschung meistens
Bullinger zugeschriebenen «Appendix de eucharistia et missa»

(S. 75₁ff). Dieser stellt in doppelter Beziehung den eigentlichen Höhepunkt der ganzen Schrift dar: formal in bezug auf den Umfang und die Breite der Argumentation, inhaltlich, weil es hier um die für die Reformation im allgemeinen, die Zürcher Reformation im besondern zentrale Frage der Ablösung der römischen Messe durch die evangelische Abendmahlsfeier geht. Diese Frage hat die Kirche und die Theologie, aber auch das Volk außerordentlich intensiv beschäftigt, und so ist es mehr als verständlich, wenn Zwingli gerade hier weit ausholt (weit ausholt natürlich auch insofern, als er sich zum gleichen Thema am Schluß der Schrift nochmals äußert). Im Gegensatz zu den vorausgegangenen großen Streitschriften über das Abendmahl konzentriert er sich – unter weitgehender Rückkehr zu seinen Frühschriften (18. Artikel der «Schlußreden») – auf die zwei wichtigsten Aspekte: negativ auf die Widerlegung des Opfercharakters der römischen Messe, verbunden mit der wiederholt betonten, kategorischen Feststellung, daß Christus auch für ihn im Abendmahl gegenwärtig ist (zwar nicht leiblich, so doch geistig), positiv auf die Darstellung der Zürcher Abendmahlsliturgie als Beweis für seine letztlich auf die Alte Kirche zurückgeführte Form der Eucharistie.

Nach Zwinglis eigenen Worten soll der «Appendix» zuerst zeigen, «daß die Papisten von der Wahrheit abfallen, wenn sie versprechen, Christus opfere sich in der Messe für die Sünden; dieser hat sich nur ein einziges Mal (‹semel›) am Kreuz und dann dem himmlischen Vater zum Opfer dargebracht und so die Vergebung der Sünden und die Freude der ewigen Seligkeit verdient und erworben. Wer vorgibt, er opfere ihn dem Vater, könnte Christus durch keine andere Sache mehr für ungültig erklären oder verleugnen (‹antiquare aut negare›)».

Den Beweis für diese Behauptungen – damit für die Widerlegung des Opfercharakters der Messe – unternimmt Zwingli in drei Gedankengängen: zuerst «versucht» er, seine römischen Gegner durch eine Reihe kritischer, immer drängender werdender Fragen und unter reichlicher Verwendung von Bibelstellen gewissermaßen dialektisch in die Enge zu treiben (S. 75₉ff): (1.) Wer hat Christus am Kreuz geopfert? (2.) Wenn das nur Christus selber getan haben kann: Welcher Unterschied besteht dann zwischen dem Opfer Christi und dem Meßopfer? (3.) Wenn kein Unterschied bestehen sollte: Muß dann nicht Christus heute noch leiden, Schmerzen tragen und sterben, wenn sie ihn opfern? Und deutlicher noch: wenn «die Päpstler zur Vergebung der Sünden opfern, wie Christus sich geopfert hat, töten sie ihn nicht sogar?» (4.) Gibt es tatsächlich einen Unterschied, bzw. deutlicher: Kommen jetzt die Päpstler wieder «mit ihrer abgedroschenen Weise» («pro veteri more») und sagen, Christus habe sich am Kreuz selber «realiter» dargebracht, sie dagegen opferten ihn «spiritualiter»? Was heißt das, «Christus spiritualiter opfern»?

Diese letzte Frage ist nach Zwingli entscheidend, allerdings auch be-
sonders heikel. Sie betrifft nämlich eine «höchst bedeutsame Sache»
(«res tam ardua»), welche keine «zweideutige oder dunkle» Auslegung
duldet. Zwingli fragt daher weiter (S. 78₁ff): «wenn sie sagen, er [Chri-
stus] opfere sich geistig: was verstehen sie mit diesem Begriff ‹spirituali-
ter›?» Heißt «spiritualiter» opfern, (a) «sich nochmals überlegen, erin-
nern und danken, daß Christus für uns geopfert worden ist», (b) «Christi
Geist opfern» oder (c) «daß wir den wahren Leib Christi geistlich opfern,
d. h. auf eine nicht-eßbare Weise (‹quodam inedicibili modo›), so, daß
der wahre Leib (‹verum corpus›) nicht wirklich oder natürlich (‹reale aut
naturale›), sondern auf seine Weise geistlich (‹suo modo spirituale›)
wäre – eine Weise, die uns unbekannt ist». Es dürfte einleuchten, daß
Zwingli nur die erste Interpretation zuläßt: wenn die Päpstler die Messe
als Erinnerung an das Opfer Christi am Kreuz verstehen – «dann unter-
scheiden sie sich von uns überhaupt nicht, von sich selber allerdings
mehr als ‹τρὶς διὰ πασῶν›» (S. 78₇). Die zwei andern Deutungen (b, c)
tut er kurzerhand als Wortklauberei ab, mit der er den König nicht wei-
ter belästigen möchte.

Wichtiger ist Zwingli – in einem zweiten Gedankengang – für seine
Auffassung über die Messe bzw. die Einmaligkeit des Opfers Christi das
Zeugnis der Schrift (S. 81₁₁ff). Wie in der Auslegung der 18. Schlußrede
(1523; Z II 111₂₆–119₂₅) stützt er sich dabei vorwiegend auf das «ἐφά-
παξ» des Hebräerbriefes, d. h. er zitiert und paraphrasiert mehr oder we-
niger ausführlich Hebr 1, 3; 5, 5; 7, 26.24f.27; 8, 1; 9, 11f.24–26. Damit
ist für ihn «heller als die Sonne», daß niemand Christus opfern kann,
daß bei einer Wiederholung des Opfers am Kreuz dieses nicht genügt
hätte und Christus wieder leiden müßte. «Es steht deshalb fest, daß die
Päpstler Christus verleugnen und entleeren».

Damit hätte sich Zwingli eigentlich begnügen können. Da er aber
wohl weiß, daß die Kirchenväter die Eucharistie sehr häufig («creber-
rime») ein Opfer nennen, fühlt er sich herausgefordert. Er beruft sich
deshalb – in einem dritten Gedankengang (S. 85₇ff) – gerade in der
Frage des Meßopfers auch auf die Tradition der Väter («welche die
christliche Religion reiner und lauterer geschöpft und behandelt haben,
... darum in ihrem Urteil auch gelehrter und reiner sind als die neueren
Autoren»). Das heißt, er geht «nach der Regel Augustins» vom herme-
neutischen Grundsatz aus, bei Kontroversen, bei dunklen Stellen und
Widersprüchen in der Bibel auf die Einheit des Wortes Gottes bzw. den
Glauben zu achten, im übrigen sich der Rhetorik zu bedienen. Das heißt
in diesem Fall: «Der Glaube verbietet – wie ich genug gesagt zu haben
meine –, daß wir einen andern Priester haben als Christus»; die Rheto-
rik (Zwingli: «eruditio») aber unterstützt das, indem sie sagt, daß «es

*keineswegs neu ist, wenn eine Sache ihren Namen vom Erfinder, Urhe-
ber oder von ihrer Bedeutung entlehnt».* Das ist eine Metonymie und
gut biblisch (vgl. 2 Kor 3, 14; Ex 12, 11, vor allem aber den Gebrauch des
Begriffes «Thora» für das ganze Alte Testament). «Wenn daher die Väter die Eucharistie ein Opfer nannten, geschah das nicht, weil sie ein
Opfer war, sondern jenes Opfer bedeutet, durch das Christus ... diejenigen gerechtfertigt und erlöst hat, welche geheiligt, d. h. von Gott erwählt
sind.» Als Beleg zitiert Zwingli einige Sätze aus dem 98. Brief Augustins
an Bonifatius – eine Stelle, auf die Zwingli schon in der «Klaren Unterrichtung vom Nachtmahl Christi» (Z IV 856$_{19}$–857$_4$) hingewiesen hatte.

   Ungleich wichtiger muß für den Reformator Zwingli nun aber die
Darlegung seiner eigenen Position in der Frage des Abendmahls gewesen sein (S. 90$_{14ff}$), d. h. die im zweiten Teil des «Appendix» zwar ge-
kürzte, zugleich aber kommentierte Wiedergabe der in Zürich geltenden
A b e n d m a h l s l i t u r g i e. Diese wollte, konnte und mußte als solche jedermann beweisen, daß die Verleumdungen («wir leugneten, daß Christus im Abendmahl sei; wir leugneten seine Allmacht, seine Worte [ge-
meint sind die Einsetzungsworte Jesu] usw.») nicht zutreffen. In diese
Richtung weist schon Zwinglis Einleitung zu diesem bedeutsamen Text:
«Wir glauben, daß Christus wahrlich (‹vere›) im Abendmahl (‹in coena›)
gegenwärtig ist; ja wir glauben, daß es überhaupt kein Abendmahl gibt,
in dem Christus nicht gegenwärtig wäre» (S. 90$_{14ff}$). So wie Christus
nach Mt 18, 20 präsent ist, «wo zwei oder drei in seinem Namen versammelt sind», so ist er erst recht gegenwärtig, wo eine ganze Gemeinde
zum Abendmahl zusammenkommt. Allerdings präzisiert Zwingli in diesem Zusammenhang klar: Mit dieser Gegenwart Christi dürfen keiner-
lei Vorstellungen eines fleischlichen Essens verbunden werden; denn
Vernunft und Offenbarung (Joh 17, 11; 6, 63; Lk 7, 6; 5, 8f) schrecken
vor jeder Form «groben» Essens zurück: «Wir glauben, daß der wahre
Leib Christi im Abendmahl ‹sakramentaliter› und ‹spiritualiter› genossen wird vom frommen, gläubigen und heiligen Gemüt, wie auch der
Hl. Chrysostomus meint» (S. 92$_{17ff}$).

   Im übrigen soll der König anhand der Abendmahlsliturgie (S. 94$_{1ff}$)
«wie sie in Zürich, Bern, Basel und den übrigen Städten des ‹Christlichen Burgrechts› ‹quantum ad substantiam› gebraucht wird», selber sehen, «daß die Worte Christi hier nicht verändert, verfälscht oder durch
eine perverse Meinung entstellt, sondern so gebraucht werden, wie sie
auch in der Messe gebraucht werden müßten».

   Diese «Aktion oder Brauch des Nachtmahls» ist bekanntlich auf
Ostern 1525 in Zürich eingeführt worden (s. Z IV 17$_6$–24$_{15}$; 687$_{16}$–
694$_{21}$); sie blieb über Jahrhunderte hinweg gültig und findet sich neben
anderen Formularen «quantum ad substantiam» noch in den heute ver-

wendeten Schweizer bzw. Zürcher Liturgien. Sie war selbstverständlich
deutsch abgefaßt. Wenn Zwingli nun in der «Fidei expositio» eine (die
erste) lateinische Übersetzung dieses Textes samt zusätzlichen Erläuterungen bringt, unterstreicht das de facto nachdrücklich, was die neuere
Zwingli-Forschung in diesem Zusammenhang entdeckt hat: daß bei
Zwingli die Liturgien wichtiger sind als die Streitschriften, ja daß im
Grunde gerade Zwinglis umfassende Reform von Kirche und Gesellschaft von der Reformation des Gottesdienstes ausgegangen ist (Julius
Schweizer, Fritz Schmidt-Clausing, Gottfried W. Locher).

Wir müssen es uns leider versagen, hier näher auf diese in jeder Beziehung einleuchtende Interpretation einzutreten, möchten jedoch ganz
kurz auf Bedeutung und Inhalt von Zwinglis Abendmahlsliturgie hinweisen, weil diese in großartiger Weise Zwinglis Selbstverständnis cha-
rakterisiert. Wir tun das mit Worten von Bruno Bürki, der 1983 im Rahmen der (von römisch-katholischer Seite veranstalteten) Sammlung
«Coena Domini, Bd. I: Die Abendmahlsliturgien der Reformationskirchen im 16./17. Jahrhundert» überzeugend darlegte, daß Zwingli nicht
bloß ein ausgezeichneter Kenner der Liturgiegeschichte gewesen ist,
sondern in seiner Aktion «eine eigenständige Ordnung [geschaffen hat],
die in ihrer Einfachheit und Knappheit ein kleines liturgisches Kunst-
werk darstellt. Der Aufbau ist von der Messe mit ihren beiden traditio-
nellen Hauptteilen übernommen. Unter Absage an die alte Pracht gestaltet der Reformator eine Aktion des ‹Wiedergedächtnisses› des
Nachtmahls Christi; von Volk und Dienern, die sich in Wechselrede antworten, wird die Handlung vom Gründonnerstag nachvollzogen. Die
durch den Geist Gottes zum Leib des Herrn gewordene Gemeinde voll-
zieht die ihr aufgetragene Eucharistie (Danksagung Christi) und erbittet
von Gott evangelischen Glauben und Gehorsam. Im Mittelpunkt der Aktion steht die mit den Einsetzungsworten verbundene Kommunion. Die
im Kirchenschiff versammelte Gemeinde läßt sich von den umhergehen-
den Dienern Brot und Wein reichen» (a.a.O. 182). Im einzelnen zeigt
sich, daß Zwinglis Aktion, die jährlich viermal gehalten werden soll, aus
folgenden Hauptteilen besteht: Kollektengebet – Epistel (1 Kor
11, 20–29; Lesung von Gründonnerstag bzw. Fronleichnam) – Gloria –
Evangelium (Joh 6, 47–63; Evangelium von Fronleichnam) – Apostolisches Glaubensbekenntnis – Abendmahlsvermahnung – Vaterunser –
Abendmahlsgebet – Einsetzungsworte (1 Kor 11, 23–26) – Austeilung
(mit Lesung Joh 13, 1ff; Evangelium von Gründonnerstag) – Danksagung (Psalm 113) – Dankgebet – Entlassung.

Dem Zürcher Abendmahlsformular fügt Zwingli – damit den «Appendix» abschließend – noch eine kurze Rechtfertigung der 1525 in Zürich getroffenen Änderungen bei (S. 104₂₁ff). Damit will er vor allem den

*Vorwurf entkräften, er habe durch seine Änderungen Aufruhr gestiftet
und Verrat begangen. Zu diesem Zwecke erinnert er an die ergebnislo-
sen Verhandlungen mit Vertretern Roms in Zürich (1523) und Baden
(1526), an die Pflicht, gerade in Fragen des göttlichen Gesetzes dem Gewissen zu gehorchen, an die Beschlüsse des Zürcher Rats betreffend die
Abschaffung der Messe und die geordnete Einführung des Abendmahls.
Abschliessend behauptet er: «Unserem Beispiel sind durch Deutschland
hindurch viele Fürsten, Edelleute, Ritter, Städte gefolgt und der Reihe
nach einzelne Priester, Mönche, Ratsherrn und Privatleute in zahlloser
Menge. Es ist also bei uns nichts geschehen ohne Überlegung, ohne Ansehen der göttlichen Sprüche; im Vertrauen auf dieselben stehen wir
ohne Zagen gegen alle Anläufe, in der Gewißheit, daß der, welcher auf
unserer Seite steht, stärker ist als alle Kraft, die uns Widerstand leistet.
Aber die Messe lassen wir Messe sein und wünschen deiner Majestät be-
stes Wohlsein in Gott».*

*Nach diesem langen Exkurs kehrt Zwingli zum Schema des Apostoli-
kums zurück. Dabei muß auffallen, daß er bei der Behandlung des
3. Artikels zunächst ausgerechnet den Abschnitt «Ich glaube an den Heiligen Geist» wegläßt. Ob das aus Versehen, mehr oder weniger bewußt
(Wernle II 342f) oder als unbewußte Auswirkung «des fundamentalen
pneumatologischen Grundzugs» von Zwinglis Denken (Locher, KiG 56)
geschieht, bleibe dahingestellt. Tatsache ist, daß Zwingli mit Abschnitt 10 (S. 108$_{10ff}$) zuerst auf «die Kirche», dann aber sofort auch
auf die weltliche Obrigkeit und damit auf das Verhältnis von Kirche
und Staat zu sprechen kommt. In den Ausführungen zur Ekklesiologie
im eigentlichen Sinn («Wir glauben, daß eine heilige katholische, d. h.
universale Kirche ist») (S. 108$_{10ff}$) beschränkt er sich im Vergleich zu den
ausführlichen Darstellungen im «Commentarius» oder in der «Fidei ratio» auf eine knappe Gegenüberstellung von unsichtbarer und sichtbarer
Kirche: Die unsichtbare Kirche ist die Schar der wahrhaft Gläubigen,
«die in Erleuchtung durch den Heiligen Geist Gott erkennt und faßt».
«Die sichtbare Kirche bilden nicht der römische Papst mit seiner Hierar-
chie, sondern alle die, welche sich über den ganzen Erdkreis hin zu Christus bekannten», also auch Heuchler.*

*Damit kommt Zwingli auf sein eigentliches Hauptanliegen: auf «die
weltliche Obrigkeit» und damit auf das Verhältnis von Kirche und
Staat, oder noch deutlicher ausgedrückt, auf die notwendige Verbindung von Staat und Kirche zu sprechen (S. 110$_{10ff}$). Das hängt ohne
Zweifel mit den in Zwinglis Vorwort (und auch in unserer Einleitung)
erwähnten Verleumdungen am französischen Hof zusammen, wonach
die Anhänger der Reformation «das unantastbare Amt und die Würde
von Königen und Obrigkeit gering schätzten» (s. oben S. 52$_{6ff}$). Diesen*

*Verleumdungen stellt Zwingli hier eine kategorische Widerlegung und
Rechtfertigung gegenüber. Wie schon im berühmten Brief an Ambrosius
Blarer (Z IX 451ff), in der «Fidei ratio» (Z VI/II 814) und in den Vor-
reden zu den «Jesaia-Erklärungen» (Z XIV 5–14) und den «Jeremia-
Erklärungen» (Z XIV 417–425) meint er: Gerade weil es in der sichtba-
ren Kirche schamlose Übertreter aller menschlichen und göttlichen Gebote («impudenter peccantes») gibt, ist sie auf die Obrigkeit angewiesen.
«Diese führt das Schwert nicht umsonst» (Röm 13,4). Nachdem schon
Jeremia (23,1ff) unter «Hirten» in der Kirche auch Fürsten verstanden
hat, steht für Zwingli fest, «daß eine Kirche ohne Obrigkeit kraftlos und
verstümmelt wäre». Wörtlich: «Weit entfernt also, ... daß wir die Obrigkeit ablehnen oder für ihre Abschaffung eintreten, wie uns gewisse Leute
unterschieben, lehren wir sogar ihre Notwendigkeit zur Vollendung des
Leibes der Kirche». Zu diesen Worten meint Gottfried W. Locher, «dieser raschen Einräumung kirchlicher Kompetenzen an die weltlichen Behörden, in der sich Erfahrungen der Reformationsbewegung nieder-
schlagen, steht die Integration der Regierungsverantwortung in die Ekklesiologie gegenüber» (KiG 57).*

*Doch nicht genug, das Thema Kirche und Staat verlockt Zwingli,
wieder in Form eines Exkurses, noch ein paar ergänzende Bemerkungen
über die Obrigkeit anzubringen (S. 111₅ff)*, *die mit der Person des Adressaten, dem französischen König, und mit den Verhältnissen in Frankreich, konkret: mit der Lage der Protestanten zu tun haben. Sie verdienen darum auch besondere Beachtung.*

*Zwingli behandelt zuerst das Problem der Staatsformen. In Anleh-
nung an die Theorien der Griechen und Römer, wie sie auch von der
mittelalterlichen Theologie übernommen worden sind, beschreibt er die
drei klassischen «Arten der Regierung» mit ihren Entartungen: die
Monarchie («regnum»), die Aristokratie («potentia optimatum») und die
Demokratie («res publica») einerseits, die Tyrannis («vis» oder «violentia»), die Oligarchie («potentia paucorum») und die Herrschaft des Pö-
bels («σύστρεμμα ἢ σύστασις») andererseits.*

*Zwingli erklärt dazu ausdrücklich: «Diese Unterscheidungen der
Griechen hinsichtlich der Obrigkeit anerkennen und berichtigen wir».
Damit leitet er direkt zur Frage des Gehorsams bzw. des Widerstandes
über. Zu diesen Fragen macht er im wesentlichen drei Anmerkungen:*

*1. «Wenn ein König oder Fürst herrscht, lehren wir, daß man ihn
achten und ehren soll, nach dem Gebot Christi ‹Gebet dem Kaiser, was
des Kaisers ist, und Gott, was Gottes ist› [Mt 22,21]. Denn unter dem
‹Kaiser› verstehen wir jede Obrigkeit, der die Regierung erblich oder
durch Wahlrecht und Gewohnheit gestattet oder übertragen wurde».
Damit lehrt Zwingli nichts Neues: Gehorsam der Untertanen ihrer Ob-*

*rigkeit gegenüber war für ihn wie für alle Reformatoren nach Römer 13
eine selbstverständliche Pflicht.*

*2. «Wird nun ein König oder Fürst zum Tyrannen, dann weisen wir
die Vermessenheit in die Schranken und tadeln sie zu gelegener und un-
gelegener Zeit». Damit erinnert Zwingli an die Pflicht des Propheten
(Jer 1,10), nicht nur über die Kirche, sondern auch über Staat und
Staatsführung zu wachen – ein Auftrag, zu dem sich nicht zuletzt gerade
auch das Papsttum verpflichtet sah (vgl. Bonifaz VIII. in der Bulle
«Unam sanctam»).*

*3. «Hört er auf den Mahner, so haben wir dem ganzen Reich und
Vaterland einen Vater gewonnen; übt er hingegen trotzig Gewalttat, so
lehren wir, man müsse ihm gehorchen, auch wenn er unausgesetzt gottlos handelt, bis ihn der Herr von der obrigkeitlichen Stellung und der
Regierung entfernt oder mit einem Rat an die Hand geht, wie ihn diejenigen seiner Tätigkeit entheben oder zur Ordnung weisen können, denen dieses Amt obliegt. Desgleichen sind wir aufmerksam und wachen,
ob die Aristokratie in Oligarchie oder die Demokratie in Aufruhr zu entarten beginnt».*

*Bei diesen Anmerkungen fallen zwei Dinge auf. Zum einen: obschon
allgemein, d.h. für alle drei Regierungsformen gültig, exemplifiziert
Zwingli die Fragen von Gehorsam und Widerstand am Beispiel der
Monarchie. Da sich die «Fidei expositio» an König Franz I. von Frankreich richtet, ist das naheliegend, verdient aber doch besondere Beachtung. Im Vergleich zu anderen, eher negativen Urteilen über die Monarchie («Schlußreden», Z II 338$_{19ff}$; Vorrede zu den «Jesaja-Erklärungen», Z XIV 6–8; bes. 7$_{31f}$) rechnet Zwingli hier durchaus mit der Möglichkeit, daß auch ein Fürst den Staatsgeschäften mit Frömmigkeit und
Billigkeit vorstehen kann. Im gleichen Moment nimmt Zwingli den
Monarchen aber auch in besondere Pflicht. Vor allem: Wie 1523 in den
«Schlußreden» (Art. 42), in den Predigten «Von göttlicher und menschlicher Gerechtigkeit» und «Der Hirt» hält Zwingli auch hier in der direkten Konfrontation mit dem französischen König an seiner Auffassung
vom Widerstandsrecht fest. Zwar ist grundsätzlich auch einem gottlosen
Herrscher zu gehorchen, bis Gott ihn absetzt. Gott kann das direkt, aber
auch indirekt tun; indirekt, d.h. indem er «mit einem Rat an die Hand
geht, wie ihn diejenigen seiner Tätigkeit entheben oder zur Ordnung
weisen können, denen dieses Amt obliegt». Damit ergibt sich einmal
mehr, daß lange vor Calvin in Zürich (mit Zwingli und Bullinger) eine
reformierte Lehre vom Widerstandsrecht entwickelt worden ist.*

*Zum andern: Zu solchem Widerstand berechtigt und berufen ist vor-
züglich der «Prophet», der Verkünder von Gottes Wort. Dabei stützt
sich Zwingli ausdrücklich auf die klassische, d.h. auch im Corpus Juris*

Canonici enthaltene Stelle aus Jeremia 1, 10 (Friedberg II 1245) und il-
lustriert diesen prophetischen Auftrag mit den bereits in der Predigt
«Der Hirt» vorgetragenen Beispielen aus der Bibel: Samuel vor Saul
(1 Sam 15, 10ff), Nathan vor David (2 Sam 12, 1ff), Elia vor Ahab
(1 Kön 21, 17ff), Johannes der Täufer vor Herodes (Mk 6, 18).

Mit diesem besonderen Auftrag der Propheten stimmt überein, wenn
Zwingli abschließend meint: «In der Kirche Christi sind Obrigkeit und
Prophetenamt gleichermaßen notwendig, wenn nur das letztere den Vorrang hat. Denn wie der Mensch nur aus Leib und Seele bestehen kann,
obwohl der Leib der geringere und verächtlichere Teil ist, so kann auch
die Kirche nicht ohne Obrigkeit bestehen, wenn auch die Obrigkeit die
gröberen und vom Geistigen entfernteren Angelegenheiten besorgt und
anordnet». Darum ist nach Jeremia (Jer 42, 2ff) und Paulus (1 Tim 2, 2)
für die Obrigkeit nicht nur zu beten, sondern auch den staatlichen Ge-
setzen bis hin zu den finanziellen Verpflichtungen Folge zu leisten. Gottfried W. Locher hebt zum Verständnis dieser Ausführungen die «Ein-
deutigkeit hervor, mit der hier die politischen Funktionen als die prakti-
sche Lebensform der christlichen Gemeinde erscheinen» (KiG 57).

In Anlehnung an das Apostolikum behandelt Zwingli in Abschnitt 11
«die Vergebung der Sünden» (S. 116$_{1ff}$) und in einem dazugehörigen Exkurs das Problem «Glauben und Werke» (S. 118$_{5ff}$). Obschon es
in diesen Fragen um den Kern der Reformation, das Zentrum der
christlichen Verkündigung geht, bleibt Zwingli mindestens in bezug auf
die Sündenvergebung auffallend knapp, verzichtet dementsprechend
auch fast ganz auf die Polemik gegen Rom. Er stellt schlicht fest: «Wir
glauben, daß dem Menschen die Vergebung seiner Sünden durch den
Glauben sicher zuteil wird, so oft er Gott durch Christus darum bittet»
und erklärt, wie dieser Glaube gewirkt wird und worin er besteht. «Denn
so wenig jemand anders als der Heilige Geist Glauben verleihen kann,
so wenig auch Sündenvergebung», und: «Die Bekräftigung, die Genug-
tuung und die Sühne der Sünden ist vor Gott einzig durch Christus, der
für uns litt, erlangt worden». Christus ist unsere Versöhnung, wie 1 Joh
2, 2; Joh 3, 36 und Mt 3, 17 belegen. Die aus diesem Glauben resultie-
rende Gewißheit ist ebenso göttlich wie persönlich, d. h. nur der Glau-
bende selber kann wissen, daß ihm die Sünden vergeben sind; «eine
menschliche Absolution, die mehr sein will als Verkündigung, ist leeres
Gerede oder römischer Kunstgriff» (Locher, KiG 57).

Dieses Verständnis des Glaubens bestimmt auch den anschliessenden
Exkurs über «Glaube und Werke» (S. 118$_{5ff}$). An den verbreiteten
Vorwurf anknüpfend, die Reformatoren «verböten gute Werke», meint
Zwingli: «Wir lehren in dieser Sache wie in allem andern nichts ande-
res, als wozu Gottes Wort und der gesunde Menschenverstand («oracula

divina› und ‹intellectus omnis›) mahnen». Glaube und Werke schließen sich nicht aus, sondern gehören sehr eng zusammen. Dies vorausgesetzt, unterstreicht Zwingli dann einige für seine Lehre besonders charakteristische Elemente. Zuerst stellt er fest, daß auch gerade im Werk der Glaube entscheidend ist, das heißt daß es nie auf das Werk ankommt, sondern auf die Gesinnung, eben auf das «Glauben». «Der Glaube muß Quell unsres Werkes sein. Wenn der Glaube vorhanden ist, dann ist das Werk selbst Gott angenehm; fehlt er, dann ist, was immer man tut, voller Treulosigkeit (‹perfidiosum!›)». Auf den Glauben kommt es nach Zwingli sodann auch in der daraus sich ergebenden «schwierigen Frage» nach dem «Lohn» oder den «Verdiensten» an. Im Hinblick auf zwei Schriftworte, die einander zu widersprechen scheinen (einerseits Mt 10, 42, andererseits Lk 17, 10), meint er, daß «sich über diese Frage Paulus im Römer- und Galaterbrief äußert». Wir erwarten unsere Seligkeit allerdings «allein durch die Gnade und Freundlichkeit Gottes», anderseits spricht aber Gott «nach menschlicher Weise» selber von «Lohn», dies nicht nur, weil «knechtisch Gesinnte» lediglich in Aussicht auf Lohn überhaupt etwas tun, sondern weil «Gott mit den Menschen in ihrer Sprache und nach ihrer Weise zu reden pflegt».

Im weitern betont Zwingli, daß der Glauben geradezu nach Werken ruft. «War das Wesen des Glaubens bei Zwingli im Hinblick auf die Versöhnungstat Christi als ‹Ruhe› oder ‹Sekurität› zu beschreiben, so erscheint der Glaube im Hinblick auf die Werke als ‹wirksame Kraft und unermüdliches Tätigsein›. Der Glaube ist nach Zwingli ein ‹Anhauchen durch den heiligen Geist›; deshalb kann der Glaube ebensowenig wie der Geist jemals untätig ruhen; er bringt mit der gleichen Sicherheit gute Werke hervor wie Feuer Wärme erzeugt» (Gestrich 180). «Weil aber in der Kirche Krankheiten wie Unglauben und Glaubensschwäche vorkommen», mahnt Zwingli – «wie auch Christus, Paulus und Jakobus» – abschließend, «den Glauben durch die Tat zu beweisen», ja er erinnert ausdrücklich einmal mehr daran, das Gesetz ebenso wie die Gnade zu predigen.

Im 12. Abschnitt (S. 126₈ff) bekennt sich Zwingli schließlich zur Auferstehung des Leibes und zu einem «ewigen Leben». Dieses schließt unmittelbar an das zeitliche Leben an, «das eher Gefangenschaft und Tod als Leben ist» und entweder in die ewige Seligkeit oder in die Qualen der Hölle führt.

Im einzelnen wendet sich Zwingli zuerst gegen die Lehre vom Seelenschlaf, welche von den Täufern vertreten wurde. Er lehnt diese von der Philosophie und vom Glauben her ab. Von der Philosophie her, indem er im Anschluß an Aristoteles aus dem Wesen der Seele als geistige Substanz und Entelechie schließt, daß diese sich beständig in Bewegung be-

finde und darum auch nie schlafen könne. Vom Glauben her, indem er aufgrund von Joh 5, 24 und 17, 24 meint, die Seelen Marias, Abrahams und Paulus' seien seit deren Tod lebendig bei Gott. «Wir glauben also, daß die Seelen der Gläubigen, sowie sie aus dem Leibe scheiden, in den Himmel fliegen, sich mit Gott vereinigen und sich ewig freuen».

Dann holt der Reformator zu einer einzigartigen, ebenso berühmten wie berüchtigten Beschreibung der ewigen Herrlichkeit aus. Offensichtlich an Ciceros Beschreibung vom Traum Scipios anschließend, verheißt Zwingli dem französischen König – sofern er sein Amt nur recht geführt hat –, «erstens Gott selbst in seinem Wesen, in seiner Herrlichkeit und mit all seinen Gaben und Kräften zu sehen». «Sodann darfst du hoffen, den Freundeskreis, die Vereinigung und Gemeinschaft aller Heiligen, Weisen, Gläubigen, Standhaften, Tapferen, Tüchtigen, die es seit der Erschaffung der Welt gab, zu sehen», das heißt konkret, nicht bloß die Heiligen des Alten und Neuen Bundes, sondern auch (erwählte) Heiden der klassischen Antike und die großen Könige auf dem französischen Thron. «Überhaupt, es hat kein trefflicher Mann gelebt, es wird kein frommes Herz, keine gläubige Seele geben, vom Anfang der Welt bis zu ihrem Untergang, die du dort nicht mit Gott sehen wirst».

Luther und die Katholiken nahmen diesen Abschnitt zum willkommenen Anlaß, Zwingli als vollkommenen Ketzer und Heiden zu verurteilen; auch im reformierten Protestantismus hat man nicht immer gemerkt, was Zwingli mit dieser Beschreibung des Himmels eigentlich sagen wollte. So hat Paul Wernle (II 353) in dieser Öffnung des Himmels für erwählte Heiden ein Merkmal des «von Erasmus und der Renaissance übernommene[n] moralische[n] Universalismus [gesehen], den Zwingli zeitlebens neben dem Paulinismus in seiner Seele getragen hat»; Walther Köhler (Huldrych Zwingli, 2. Aufl., Leipzig 1954, 235) hat sie gar als einen «Einbruch in die Ausschließlichkeit christlichen Heilsbewußtseins, humanistisch, den Menschen wertend, ein Stück Wiederbelebung des klassischen Altertums» bezeichnet. Luther und die Katholiken, aber auch Paul Wernle und Walther Köhler haben hier Zwingli gründlich mißverstanden. Rudolf Pfister (Seligkeit) konnte überzeugend zeigen, daß es sich bei Zwinglis Aussage vom Heil erwählter Heiden nicht um eine anthropologische, sondern um eine theologische Aussage handelt: nur auf Grund der dem Glauben vorausgehenden, souveränen und freien Erwählung, keinesfalls aufgrund besonderer menschlicher Qualitäten oder Leistungen, können durch das Opfer Christi auch Heiden erwählt werden! Diese richtige Interpretation hat allerdings auch schon der aus der Schweiz stammende große amerikanische Kirchenhistoriker Philip Schaff (1819–1893) vertreten; er fand, daß «in modern times Zwingli's view has been revived and applauded as a noble testi-

*mony of his liberality, especially among evangelical divines in Germany
[I. A. Dorner; J. H. A. Ebrard]» (The Creeds of Christendom, Vol. I, ed.
by Philip Schaff, revised by David Schaff, 6th edition, reprint from the
1931 edition published by Harper and Row, Grand Rapids: Baker Book
House 1983, 384).*

*Diesem Abschnitt über das ewige Leben fügt Zwingli einen Exkurs
über «die Wiedertäufer» an (S. 133$_{1ff}$). Darin schildert er diese als
«fast ganz verkommene, durch die Not landesflüchtig gewordene Menschen» und Scheinheilige nach der Art der Valentinianer und Eunomianer, in Wirklichkeit also äußerst gefährliche Irrlehrer: Sie verwürfen
Obrigkeit, Schwert, Eid und Steuern, sie lehrten Gütergemeinschaft und
Polygamie (ein Mann könne «im Geist» fleischlich auch mehrere Frauen
haben), sie lehnten Zehnten und Zinsen ab etc. Der Grund für diese
scharfe Verurteilung ist klar: «Obschon sie sich von uns getrennt haben,
weil sie nicht zu uns gehörten, gibt es doch Leute, die uns alle ihre Irrtümer zuschreiben». Gegen eine derartige falsche Identifizierung wehrt
sich Zwingli, um so mehr, als seiner Meinung nach niemand gegen sie
schärfer kämpft als die Prediger des Christlichen Burgrechts. Er bittet
darum den König, nicht nur zu glauben, daß die Reformierten keine
Aufrührer sind, sondern ruft ihn auf, auch seinerseits gegen die «Seuche» («lues») des Täufertums vorzugehen, die sich besonders gern dort
breit macht, wo das Evangelium Fuß zu fassen begonnen hat.*

*In den zusammenfassenden Schlußbemerkungen (S. 137$_{1ff}$) un-
terstreicht der Reformator zuerst noch einmal seine Absicht, die er mit
der «Fidei expositio» verfolgt: nämlich einen Beweis seiner Orthodoxie
zu erbringen. «Wir lehren nicht ein Jota, das wir nicht aus der Heiligen
Schrift gelernt haben. Auch stellen wir keine Behauptung auf, für die wir
nicht die ersten Lehrer der Kirche, Propheten, Apostel, Bischöfe, Evangelisten, Ausleger – jedoch nur jene ersten, die reiner aus dem Quell
schöpften – als Gewährsmänner haben. Wer unsere Schriften gesehen
und geprüft hat, wird das bezeugen». Damit, schreibt Paul Wernle (II
356) völlig zu Recht, vertritt Zwingli mit Bucer, Melanchthon und Calvin den altkatholischen Consensus; wir würden sagen: die reformierte
Katholizität.*

*Sodann appelliert Zwingli nochmals an König Franz I., selber ein
Vorkämpfer des Evangeliums zu werden. Als Glied eines Königshauses,
das durch Gottes Vorsehung das «allerchristlichste» ist, da unter ihm
die Erneuerung des Evangeliums erfolgen soll, als «von Natur gütig und
freundlich, im Urteil gerecht und kundig, im Geiste aber sehr klug und
entschlossen» soll Franz I. als Vorkämpfer den Angriff gegen den Unglauben aufnehmen: «Lass die heilsame Lehre in deinem Reiche rein
verkündigt werden. Du hast viele weise und gelehrte Männer, Machtmit-*

tel und ein Volk, das zur Religion hinneigt, zur Verfügung». Gott be-
schützt seine Kirche, und wie das Beispiel deutscher Fürsten und Städte
beweist, bringt die Verkündigung des Evangeliums nur Gutes. Aber
Zwingli will nicht drängen, sondern in aller Bescheidenheit nur bitten:
«Erwäge du alles nach deinem Glauben und deiner Klugheit, und ver-
zeih uns die Vermessenheit, womit wir deine Majestät auf bäurische Art
stören. Denn die Sache hat es so erfordert».

Damit ist die «Fidei expositio» im eigentlichen Sinn abgeschlossen.
Nun hat Zwingli aber unter Bezug auf den zweiten Artikel, d.h. auf Ab-
schnitt 9, noch eine zweite Erörterung des Abendmahlsproblems verfaßt,
diese aber «für die Königin [Margaretha] von Navarra, die allerchrist-
lichste Schwester des allerchristlichsten Königs Franz» bestimmt. Darin
kommt er noch einmal auf die Frage der «Gegenwart des Leibes
Christi im Abendmahl» zurück (S. 140$_{1ff}$).

Daß Zwingli in diesem Zusammenhang einmal mehr von der Him-
melfahrt Christi ausgeht, liegt auf der Hand: ist Christus leiblich in den
Himmel aufgefahren, sitzt er leiblich zur Rechten des Vaters, kann er
nicht gleichzeitig leiblich auf Erden sein: Himmelfahrt und Sitzen zur
Rechten «schließen... ein natürliches und substantielles Essen des Lei-
bes Christi und die wörtliche Auslegung der Einsetzungsworte aus» (Lo-
cher, KiG 55). Wie bei früheren Gelegenheiten stützt sich der Reforma-
tor bei dieser Grundaussage auf Paulus (1 Kor 15,16) und Augustin
(«die Säule der Gottesgelehrten»), ausdrücklich auch auf die von ihm
selber weiter oben angestellten Bemerkungen zur Alloeosis bzw. Einheit
und Unterscheidung der zwei Naturen im einen, ungeteilten Christus
(S. 143$_{9ff}$, vgl. S. 65$_{10ff}$), macht das dann aber durch Schriftzeugnisse
noch deutlicher. Lk 2,7; 24,51; Mt 28,20; Joh 16,28; 17,11 und Apg
1,11 ergeben für ihn eindeutig, daß die Meinung unfromm («irreli-
giosa») ist, «die behauptet, Christi Leib werde leiblich, natürlich, we-
sentlich und auch meßbar («corporaliter, naturaliter, essentialiter ac
etiam mensuraliter») im Abendmahl gegessen; denn sie ist fern von der
Wahrheit; was aber von der Wahrheit fern ist, ist gottlos und unfromm
(«impium ... ac irreligiosum»)».

Was ist nun aber die Wahrheit, für die Zwingli mit Oekolampad
«lange Kämpfe» ausgetragen hat, die «schließlich triumphieren wird»?
In auffallender inhaltlicher Anlehnung an seine «epistola irata» vom
12. Februar 1531 an Capito und Bucer (Z XI, Nr. 1168, S. 339–343, s.
oben S. 3; s. dazu auch Gottfried W. Locher, Die theologische und politi-
sche Bedeutung des Abendmahlsstreites im Licht von Zwinglis Briefen,
in: Zwa XIII, 1971, 281–304, bes. 293–297) meint Zwingli, daß der
wahre Leib Christi im Abendmahl «geistlich» und «sakramental» ge-
nossen werde. Das steht so – allerdings eher indirekt und nur kurz ange-

*deutet – auch im sog. «Appendix de eucharistia et missa» (vgl. S. 92_{17ff});
hier entfaltet Zwingli diese für sein Abendmahlsverständnis bzw. sein
Verständnis von der Gegenwart Christi im Abendmahl ebenso endgültige wie zentrale Aussage weiter. Um dieser Bedeutung willen geben wir
die entscheidenden Sätze (S. 147_{3ff}) im Wortlaut wieder:*

*«‹Den Leib Christi g e i s t l i c h e s s e n › heißt nichts anderes, als in
Geist und Seele sich durch Christus auf die Barmherzigkeit und Güte
Gottes zu verlassen; will sagen: dessen gewiß sein in unerschütterlichem
Glauben, daß Gott uns Vergebung der Sünden und ewige Seligkeit
schenken werde um seines Sohnes willen, der ganz und gar der unsere
geworden ist, und für uns geopfert, Gottes Gerechtigkeit mit uns versöhnt hat. Denn was könnte der uns noch verweigern, der seinen einzigen Sohn hingegeben hat? (Röm. 8, 32).*

*Den Leib Christ s a k r a m e n t a l essen, im e i g e n t l i c h e n Sinn ge-
sprochen, heißt den Leib Christi mit Seele und Geist genießen, aber unter Hinzufügung des Sakraments...*

*G e i s t l i c h ‹ässest› du den Leib Christi, jedoch nicht sakramental,
immer wenn sich deine Seele ängstet ‹wie kannst du gerettet werden?›...
Ich sage: immer, wenn du deine Seelenangst so tröstest: ‹Gott ist gütig
– wer gut ist, muß gerecht und gnädig, milde sein ... Für beides habe ich
das untrügliche Pfand: seinen einzigen Sohn, unsern Herrn Jesus Christus, den er uns aus Erbarmen geschenkt hat, daß er unser sei›... Ich
sage: wenn du so deinen Trost in Christus ergreifst, dann ‹issest du
g e i s t l i c h seinen Leib›, das heißt: im Vertrauen auf ihn, der um deinet-
willen die Menschheit angenommen hat, hältst du unerschrocken in Gott
Stand gegen alle Pfeile der Verzweiflung.*

*Wenn du hingegen mit dieser geistlichen Speise zum Mahl des Herrn
kommst und dem Herrn für diese große Wohltat dankst, für die Befreiung deiner Seele, wodurch du vom Verderben der Verzweiflung befreit,
und für das Pfand, mit dem du der ewigen Seligkeit gewiß bist; wenn du
dabei mit den Brüdern Brot und Wein teilst, die der symbolische Leib
Christi sind, so issest du im e i g e n t l i c h e n Sinn s a k r a m e n t a l. Tust
du doch innerlich dasselbe was du nach außen treibst: die Seele wird gestärkt durch den Glauben, den du mit den Symbolen bezeugst.*

*Wer jedoch das sichtbare Sakrament oder Symbol zwar öffentlich
ißt, aber bei sich den Glauben nicht hat, von dem sagen wir, daß er im
u n e i g e n t l i c h e n Sinn s a k r a m e n t a l ißt. Das sind nun die, die mit
ihrem Essen das Gericht, d. h. Gottes Strafe, auf sich herabrufen (I. Kor.
11, 29), weil sie den Leib Christi, d. h. das ganze Geheimnis seiner
Fleischwerdung und Passion, und dazu noch die Kirche Christi selbst,
nicht in den hohen Ehren halten wie das – mit Recht – die Gläubigen
tun... L e d i g l i c h s a k r a m e n t a l essen – das, so sagen wir, tun diejeni-*

gen, die im Nachtmahl zwar mit den Symbolen der Danksagung umgehen, den Glauben aber nicht haben...» (Zit. nach Gottfried W. Locher, Streit unter Gästen, Zürich 1972, Theologische Studien CX, 41f).

Nach diesen Definitionen gibt Zwingli zu, daß «seit einiger Zeit unter uns hitzig darüber gestritten worden ist, was die Sakramente oder Zeichen im Abendmahl bewirken oder vermögen. Während die Gegner [Katholiken, aber auch Lutheraner] behaupten, die Sakramente gäben den Glauben, sie vermittelten den natürlichen Leib Christi und bewirkten, daß er gegenwärtig gegessen werde, denken wir mit gutem Grunde anders.» Was denkt Zwingli über «die Wirkung der Sakramente»?

Der ersten Behauptung («daß die Sakramente Glauben vermitteln») hält er entgegen, daß nur der Heilige Geist, keine äußere Handlung, «echtes Vertrauen in Gott» («fides, quae in deum fiducia est») schenkt. Zwar können Sakramente wie «Feste, Siegeszeichen, Denkmäler und Statuen einen historischen Glauben» wecken (s. dazu Gestrich 29–33 mit Anmerkungen!) und das Herrenmahl kann wohl Gläubige und Ungläubige an Geburt und Passion Christi erinnern, aber das Entscheidende: «daß Christus für uns litt», dieses persönliche Vertrauen schenkt allein der Heilige Geist (Joh 6,44) den Frommen und Gläubigen. Die zweite Behauptung (kraft der Konsekrationsworte «werde der natürliche Leib Christi zu Brot und Wein hinzugebracht») widerlegt Zwingli exegetisch durch den wiederholten Hinweis auf das Verweilen von Christi Leib im Himmel, logisch mit der Überlegung, daß Christus sonst seit dem ersten Abendmahl mit den Jüngern zwei Leiber haben müßte. Den dritten Irrtum schließlich (im Abendmahl «werde der gegenwärtige, natürliche und wesenhafte Leib Christi gegessen») verbietet die Frömmigkeit («religio»). Wie Petrus (Lk 5,8) und der Hauptmann von Kapernaum (Lk 7,6) zeigen, gehört dazu die natürliche Scheu vor dem Heiligen: «Je größer und heiliger der Glaube ist, umso mehr begnügt er sich mit dem geistlichen Genuß; je mehr dieser sättigt, desto mehr schreckt ein gläubiger Geist vor leiblichem Essen zurück».

Will Zwingli damit den Sakramenten jede Wirkung absprechen? Wohl kaum, denn in der folgenden Beschreibung der «Wirkung der Sakramente» zählt er sieben «virtutes» auf (S. 155₁₁ff):

1. «Sie sind heilige und verehrungswürdige Dinge, vom höchsten Priester Christus ja [selbst] eingesetzt und empfangen».

2. «Sie bezeugen Geschehenes», d.h. sie sind Erinnerungszeichen und bewirken so mindestens eine «fides historica».

3. «Sie vertreten die Stelle dessen, was sie bezeichnen, wovon sie auch den Namen erhalten», d.h. sie vergegenwärtigen das Passalamm oder den Leib Christi.

4. «Sie bezeichnen hohe Dinge», das heißt, wie der Ehering der Königin Eleonore ein Zeichen der Gemeinschaft und Treue ihres Gatten ist [!], sind Brot und Wein «Sinnbilder jener Freundschaft, durch die Gott durch seinen Sohn mit dem Menschengeschlecht versöhnt worden ist». So ist das Brot im Abendmahl nicht mehr nur gewöhnliches, sondern «heiliges Brot»; es heißt nicht mehr nur Brot, sondern auch «Leib Christi» (Vgl. Jaques Courvoisier, Vom Abendmahl bei Zwingli, in: Zwa XI, 1962, 423 mit Hinweis auf Z VI/I 481$_{28f}$).

5. «Die fünfte Kraft ist die Ähnlichkeit (‹analogia›) zwischen Zeichen und bezeichneter Sache»; d.h. der Parallelismus, die Entsprechung, Korrespondenz auf irdischer und geistlicher Ebene. So gibt es beim Abendmahl eine doppelte Analogie, einerseits in bezug auf Christus: «Wie das Brot menschliches Leben trägt und unterhält, wie Wein den Menschen erfreut, so richtet Christus allein die aller Hoffnung entblößte Seele wieder auf, trägt und läßt sie froh werden»; andererseits in bezug auf die christliche Gemeinde: «Wie das Brot aus vielen Körnern [hergestellt] wird, wie der Wein aus vielen Weinbeeren zusammenfließt, so wird der Leib der Kirche aus ungezählten Gliedern zu einem Leib durch das gleiche Vertrauen auf Christus...»

6. «[Die Sakramente] bringen dem Glauben Hilfe und Kraft», indem sie die durch die Leidenschaften bedrohten menschlichen Sinne zum Dienst am Glauben in Pflicht nehmen. Offensichtlich von Augustin (De doctrina christiana II 4; CChr XXXII 33f) beeinflußt, sicher aber auch im Blick auf die Zürcher Abendmahlsliturgie, meint Zwingli, daß die Sakramente mittels der fünf Sinne (Gehör, Gesicht, Gefühl, Geschmack und Geruch) «die Betrachtung des Glaubens unterstützen und sich mit dem Bemühen der Seele verbinden, was sonst, ohne Gebrauch der Sakramente, nicht in dem Maße und mit solcher Einhelligkeit geschähe». Da ähnliches für die Taufe gilt, sind die Sakramente «gleichsam Zügel, mit denen die zu ihren Begierden abschweifenden Sinne zurückgerufen und zurückgehalten werden, damit sie der Seele und dem Glauben gehorchen». Ähnlich hat sich Zwingli im Brief an Wyttenbach (Z VIII 85$_{13-16, 24-26}$), in der «De convitiis Eckii» (Z VI/III 265$_{6-9}$), sowie – unter Verweis auf ein anderes Buch – in den «Annotationes in evangelium Lucae» (S VI/I 555) geäußert (vgl. Gestrich 27ff).

7. «Die siebte Kraft der Sakramente besteht darin, daß sie an Eides Statt stehen», d.h. im Sakrament («Fahneneid», so schon im «Commentarius», Z III 758$_{20ff}$) verpflichten sich die Christen zu einem Volk; «wer es verrät, ist meineidig». «Ob wir wollen oder nicht», schließt deshalb Zwingli diesen Abschnitt, «sind wir also zur Anerkennung gezwungen, daß diese Worte ‹Das ist mein Leib etc.› nicht natürlich und buchstäblich zu verstehen seien, sondern bildlich, zeichenhaft, im übertrage-

nen Sinne, oder sinnbildlich, in der Weise: ‹Das ist mein Leib›, das
heißt ‹Das ist das Sakrament meines Leibes› oder ‹Das ist mein zei-
chenhafter oder mystischer Leib›, das heißt ‹ein zeichenhaftes und stell-
vertretendes Sinnbild des [Leibes], den ich wirklich angenommen und
dem Tode unterworfen habe›».

Paul Wernle sah in diesen sieben «virtutes» nur «sieben Nullen» (II
341); Walther Köhler bemerkte, Zwingli hätte «in diesen Darlegungen
gleichsam unbeschwert auf die Zeit vor dem Abendmahlsstreit zurück-
gegriffen, jedenfalls auf die Zeit diesseits der Konkordienpläne» (ZL II
431).

Wir meinen, daß beide ein Stück weit recht haben, jedoch die Hauptsache verfehlen. Im Grunde unterstreicht Zwingli gerade hier noch einmal mit andern Worten die zwei wichtigsten Aspekte seines Abend-
mahlsverständnisses überhaupt. «Den Kern bilden die Punkte 2 und 3:
die Objektivität des Heils und seine Vergegenwärtigung für das Subjekt.
Den für Zwingli typischen Rahmen kennzeichnen aber immer noch die
Punkte 6 und 7: der individualethische und der sozialethische Charakter
der Feier. Bei aller Erörterung des ‹Das ist mein Leib› bleibt Zwinglis
Verständnis bestimmt vom ‹Tut das› – plural! – ‹Tut das zu meinem Gedächtnis!›» (Locher, KiG 56).

Daß das sich so verhält, belegen nicht zuletzt die Worte Zwinglis, mit
denen er den Anhang schließt: «Wohl oder übel also, sind wir genötigt,
anzuerkennen, daß die Worte: ‹Das ist mein Leib› etc. nicht natürlich
oder im eigentlichen Wortsinn zu verstehen sind, sondern symbolisch,
sakramental, ‹denominative aut μετωνυμικῶς›, auf folgende Weise:
‹Das ist mein Leib› – das heißt: ‹das ist das Sakrament meines Leibes›
oder ‹das ist mein sakramentaler oder mystischer Leib›, d. h. ‹er ist das
sakramentale und stellvertretende Symbol des Leibes, den ich wahrlich
angenommen und dem Tode übergeben habe›». Baur bemerkte dazu, es
sei ihm «nicht klar, wie man in der hier entwickelten Abendmahlslehre
Zwingli's jemals hat etwas anderes finden können, als was er bisher ...
auch gelehrt hat... Die ganze Entwicklung der Abendmahlslehre bei
Zwingli bezeugt diese durchaus wesentliche Identität» (Baur II 768,
Anm. 5).

Wertung und Wirkung

Was ist von der «Fidei expositio» zu halten? Locher meint: Zwingli
«hält sich – Beweis seiner Orthodoxie – im ganzen an die Artikelreihe
des im Mittelalter aus der Katechese bekannten Credos, interpretiert es
aber evangelisch, zieht daraus reformatorische Konsequenzen und fügt
zu den Streitfragen ausführliche Exkurse ein. Die Polemik – ausdrück-

lich nur gegen ‹Papisten› und ‹Catabaptisten› – bleibt maßvoll; die Kraft der Schrift liegt in der Verknüpfung weniger zentraler Leitgedanken, nämlich Gottesbegriff, Christologie und Soteriologie» (KiG 52). Damit übernimmt Locher im wesentlichen das Urteil von Baur: «So bildet diese Schrift, indem sie alle bisherige Polemik und diese in mildester Form, nicht sowohl im Geist des Angriffs, als mit dem Zweck der Selbstverteidigung, und sodann auch alle Entfaltung des Glaubensbewusstseins, wie es aus der Fülle des eigenen Herzens strömt, noch einmal zusammenfasst, nicht etwa bloss ein jähes Ende, mit welchem zugleich mit dem gewaltsamen Tode der Faden seiner theologischen Entwicklung abreisst, sondern einen durchaus harmonischen Abschluss. Der Eindruck drängt sich uns unwillkürlich auf, dass sich bei Zwingli im Lauf der Zeiten und Kämpfe auf Grund einer ebenso tiefen als klaren christlich evangelischen Erfahrung mit den Mitteln einer verständigen, deutlich erwogenen Methode ein bis in seine einzelnen Theile hinaus wohl verzweigtes einheitliches Ganze christlicher Lehre herausgereift hat, dessen bestimmteste und gedrängteste Gestaltungen uns eben in den letzten abschliessenden Schriften und Bekenntnissen Zwingli's erscheinen» (Baur II 775). Wir würden noch einen Schritt weitergehen und in Anlehnung an die Beurteilung durch Zwinglis Zürcher Zeitgenossen (Heinrich Bullinger, Leo Jud, Theodor Bibliander, Rudolf Gwalther) von der «Fidei expositio» als von einem denkwürdigen Zeugnis für jene «reformierte Katholizität» sprechen, die seit Zwingli ein Hauptmerkmal des reformierten Protestantismus war.

Dieser Eindruck verstärkt sich, wenn man zwei Grundtendenzen verfolgt, die sich wie rote Fäden durch die ganze «Fidei expositio» hindurchziehen und die wir auch in unserem Kommentar mindestens angedeutet haben: wo immer möglich, greift Zwingli in seiner Argumentation einerseits auf seine ersten, gewissermaßen schon klassischen Schriften («Auslegen und Gründe der Schlußreden», «Commentarius») zurück; anderseits finden sich erstaunliche sachliche, theologische Querverbindungen zu Zwinglis Auslegungen der Evangelien, insbesondere zu seinem Lukas-Kommentar. Dazu schrieb Walther E. Meyer 1976: «So ist der Lukas-Kommentar vom Jahre 1531 in einem ganz besonderen Sinne der exegetische und gepredigte Schwanengesang des Zürcher Reformators: Er vereinigt in sich das ganze Spektrum Zwinglischer Theologie von ihren Anfängen bis in ihre letzte Ausformung. Dabei fasziniert besonders, daß Zwingli am Ende seiner Wirksamkeit und im Zeichen einer ontologisch konsequent zu Ende gedachten dogmatischen Reflexion wieder zu den dynamischen Anfängen seiner reformatorischen Tätigkeit zurückkehrt, wie wir denn Spuren dieses Vorgangs auch in Zwinglis spätester Schrift, der Expositio fidei, finden» (Die Entstehung von Hul-

drych Zwinglis neutestamentlichen Kommentaren und Predigtnachschriften, in: Zwa XIV, 1976, 320). Dazu gesellen sich direkt zwar kaum nachweisbar, doch unüberhörbar, Einflüsse des «jungen» Bullinger – mindestens in dem Sinn, daß Zwingli sich der Unterstützung durch seinen künftigen Nachfolger durchaus bewußt war.

Nichts beweist jenes Zeugnis der «reformierten Katholizität» besser als das weitere Schicksal der «Fidei expositio». Wie bereits erwähnt, blieb die letzte theologische Schrift Zwinglis vorderhand ungedruckt – allerdings nicht lange. Schon 1536 veröffentlichte sie Bullinger mit einem lobenden Vorwort «An den frommen Leser» (Anhang I), gleichzeitig besorgte Leo Jud eine deutsche Ausgabe mit einer zusätzlichen eigenen Widmungsvorrede an den gemeinsamen Freund und Mitarbeiter Werner Steiner (1492–1542; vgl. HBBW I 45, Anm. 1), die wir unten ebenfalls abdrucken (Anhang II).

Die Wahl des Zeitpunktes ist einleuchtend. Sie erfolgte im Blick auf die neuen Bemühungen um einen Ausgleich mit den Lutheranern, die sogenannte «Wittenberger Konkordie» (vgl. dazu als zuwenig beachtete Zürcher Quelle: Beschreibung des Abendmahlsstreites von Johann Stumpf, hg. von Fritz Büsser, Zürich 1960, 58–105; Köhler, ZL II 380–431; Ernst Bizer, Studien zur Geschichte des Abendmahlsstreits im 16. Jahrhundert, Gütersloh 1940, 96–186; ders., Martin Butzer und der Abendmahlsstreit, in: ARG XXXV, 1938, 203–237; XXXVI, 1939, 68–87). Im Hintergrund sind, damit natürlich verbunden, auch die Verhandlungen zwischen Frankreich und den Protestanten in den Jahren 1535/36 (vgl. André Bouvier, Henri Bullinger, Neuchâtel/Paris 1940, 197ff; Karl Josef Seidel, Frankreich und die deutschen Protestanten, Münster 1970, RGST CII, 88ff) sowie die Erwartung eines römischen Konzils zu sehen. Erste Verweise auf die «Fidei expositio» finden sich dementsprechend bei Bullinger schon vor ihrer Veröffentlichung, so in Bullingers «Auslegung des Hebräerbriefes» (foll. 103r–v; 105r–107r; HBBibl I, Nr. 38; IDC EPBU-115); «Auslegung der Apostelgeschichte» (foll. 36r–v; HBBibl I, Nr. 43; IDC EPBU-118); «Kommentar zum 1. Korintherbrief» (foll. 141v; HBBibl I, Nr. 53; IDC EPBU-120) und in der Vorrede zur lateinischen (Erst!)-Ausgabe von Zwinglis «Auslegen und Gründe der Schlußreden», der «Praefatio in opus articulorum Zuinglii» (foll. Aa3v–Aa7r; HBBibl I, Nr. 69).

Vom Augenblick ihrer Veröffentlichung an bildete die «Fidei expositio» einen festen Bestandteil der Zürcher Theologie, vor allem bei der Verteidigung Zwinglis und der Zürcher Reformation gegenüber den Angriffen der Lutheraner und der durch Luthers Gegnerschaft bestärkten Katholiken – Angriffen, die sich je länger desto ausschließlicher auf Zwinglis Lehre vom Abendmahl und vom Heil erwählter Heiden sowie auf Zwinglis Tod in Kappel konzentrierten (Wir verweisen hier auf Os-kar Farner, Das Zwinglibild Luthers, Tübingen 1931, 22–24, sowie Büs-ser, Katholisches Zwinglibild, passim).

Wie Bullinger in seinem Vorwort zur «Fidei expositio» bemerkt, trifft das natürlich schon auf deren Edition im Frühjahr 1536 selber zu: diese war ganz gezielt nicht nur eine Erklärung des rechten Glaubens und Gottesdienstes, sondern zugleich eine Widerlegung der Schmähungen und Verfälschungen derselben und der evangelischen Predigt. Insofern gehört die «Fidei expositio» zu der stattlichen Reihe von Unternehmun-gen, die zuerst 1536, dann – nach dem letzten maßlosen Angriff Luthers auf Zwingli in seinem «Kurzen Bekenntnis vom heiligen Sakrament» von 1544 (WA LIV 141–167) – 1544/45 zur Verteidigung von Zwinglis Theologie (und Leben!) herausgegeben worden sind. Das war 1536 die durch Thomas Platter in Basel besorgte Ausgabe der «Ioannis Oecolam-padii et Huldrichi Zuinglii epistolarum libri quatuor» (Finsler 105, Nr. 206; IDC EPBU–392) mit einer umfangreichen Einleitung («purga-tio») Theodor Biblianders und der Zwingli-Biographie des Oswald My-conius (siehe dazu Fritz Büsser, In Defence of Zwingli: 1536, in: Pro-phet, Pastor, Protestant, The Work of Huldrych Zwingli after Five Hun-dred Years, ed. by E. J. Furcha and H. Wayne Pipkin, Allison Park, Pa. 1984, Pittsburg Theological Monographs, New Series XI, 1-21) sowie das «Erste Helvetische Bekenntnis» (BSRK 101–109); 1544/45 die erste la-teinische Gesamtausgabe des Reformators, die «Opera Huldrychi Zuing-lii» (Finsler 75, Nr. 105a; IDC EPBU-476) mit der «Apologia» Rudolf Gwalthers, sowie das «Wahrhafte Bekenntnis der Diener der Kirche zu Zürich» (HBBibl I, Nr. 161–163; IDC EPBU-148; BSRK 153–159).

Aber noch mehr: Die Herausgeber der eben erwähnten ersten Zwing-li-Gesamtausgaben («Opera et epistolae») stützten sich in ihren apolo-getischen Einleitungen geradezu mit Vorliebe auf die «Fidei expositio», so Bibliander in der «Repurgatio» (foll. β4v; γ3r; γ6v–δ2v), Gwalther in der «Apologia» (foll. δ4v–5v; δ6v; ε1r–v). Gleiches gilt vor allen anderen Beispielen für Bullingers «Wahrhaftes Bekenntnis» (in allen drei Teilen!). Bullinger hat sich im übrigen auch später – auch nach dem «Consensus Tigurinus» von 1549! – immer gerne auf die Abendmahls-lehre der «Fidei expositio» berufen, so in der fünften Dekade (1551; Sermo VII, foll. 105v–108r; HBBibl I, Nr. 182; IDC EPBU-157) oder in der «Apologetica expositio» (1556; S. 21–24; HBBibl I, Nr. 315; IDC EPBU-190).

Mit diesen Hinweisen brechen wir ab. Über die weitere Wirkungsge-schichte orientieren die einschlägigen Bücher (Guggisberg, Zwinglibild; Büsser, Katholisches Zwinglibild, sowie Locher, ZinS 137–171 [Die Wandlung des Zwingli-Bildes in der neueren Forschung]).   *Bü*

Manuskripte

A.

Die älteste Stufe des Textes ist Zwinglis eigenhändiger Entwurf der «Fidei expositio». Das Manuskript hat sich erhalten und befindet sich im Staatsarchiv Zürich, Signatur E I.3.1, Nr. 70. Es umfaßt 24 Folioblätter, die beiderseitig unter Freilassung breiter Ränder in je einer Kolumne beschrieben sind. Jede Seite weist etwa 50 Zeilen auf. Das undatierte Manuskript ist in einem Zuge geschrieben, aber hernach von Zwingli überarbeitet worden. Zahlreiche Streichungen, Zusätze, Marginalien und Einfügungen mit einer anderen Tinte lassen auf eine intensive Überarbeitung schließen. Gelegentlich finden sich auch Zusätze von fremder Hand. Die ursprüngliche Anordnung des Textes unterscheidet sich von der des später abgesandten Manuskriptes (B) insofern, als Zwingli hier zuerst die Abhandlung über das Abendmahl mit der Zürcher Liturgie als Anhang (den Biblander in C mit «Appendix de eucharistia et missa» betitelte) der Schrift an den französischen König anfügte, später aber mit entsprechenden Vermerken (auf foll. 6v, 18r und 25v) auf diejenige Stelle verwies, wo sie auch in B steht. Die ursprüngliche Textanordnung haben Bullinger (D) und alle anderen Druckausgaben übernommen. Es ist höchst wahrscheinlich, aber nicht absolut sicher, daß das Manuskript dieses Entwurfes der Druckausgabe Bullingers von 1536 zugrunde gelegen hat.

B.

Die zweite Handschrift wird in der Bibliothèque Nationale in Paris aufbewahrt: Fonds Latin Nr. 3673 A. Eine spätere Eintragung auf der Einbandseite erläutert die Anordnung des Manuskripts: «Volume composé de 2 parties: 1. de 33 Feuillets, 2. de X Feuillets. 4 Novembre 1892». Hier erscheint Zwinglis «Fidei expositio» also nicht als zusammenhängende Schrift wie in den anderen Manuskripten und in den späteren Druckausgaben, sondern als zweiteilige Schrift. Als Papier wurde das weitverbreitete «Bärenpapier» der Papiermühle Thal bei Bern verwendet. Die ganze Handschrift hat 45 Blätter, die im Format quarto gefaltet sind. Sie sind foliiert, und zwar 1–33 und I–X. Die letzten zwei Blätter haben keine Foliierung. Der Schriftspiegel beträgt etwa 110 × 180 mm. Die Zeilenzahl pro Seite wechselt zwischen 27 und 31. Auf jeder Seite sind Kustoden gesetzt. Am Rande befinden sich einige

Huldrych Zwingli, Fidei Expositio:
Erste Seite des Manuskripts A im Staatsarchiv Zürich (E I 3.1, Nr. 70)

Huldrych Zwingli, Fidei Expositio: Erste Seite des Manuskripts B
in der Bibliothèque nationale in Paris (Fonds Latin Nr. 3673A)

Huldrych Zwingli, Fidei Expositio: Blatt 17v des Zürcher Exemplars mit der Unterschrift Zwinglis (beide Fotos: Staatsarchiv Zürich)

Huldrych Zwingli, Fidei Expositio: Blatt 33 des Pariser Exemplars
mit der Unterschrift Zwinglis (beide Fotos: Bibliothèque nationale, Paris)

Marginalien. Das Manuskript scheint in einem Zuge geschrieben zu sein. Es ist kein Konzept, sondern macht durchaus den Eindruck einer Reinschrift, die allerdings offensichtlich eilig und entsprechend flüchtig geschrieben worden ist. Es ist sehr gut lesbar und enthält wenige Streichungen und Verbesserungen.

Die Veränderungen in Manuskript B gegenüber Manuskript A ergeben ein widersprüchliches Bild: einerseits bringt B stellenweise ein klassisches Latein (z. B. «ob» statt «ante», «offerret» statt «offerat»), anderseits fügt B häufig nicht nur orthographische, sondern auch sinnentstellende neue Fehler ein. So löst B z. B. die (vermeintliche!) Abkürzung «sua» in «sententia» auf oder ersetzt «docet» durch «sensit». Ferner fallen als orthographische Eigenheiten auf: «nichil», «relligio».

Die eher anspruchslose äußere Aufmachung läßt vermuten, daß es sich nicht um eine offiziell überreichte Schrift handelt (dies entgegen der Meinung von Locher, Professio 690); vielmehr dürfte es eher eine Art Arbeitspapier gewesen sein, als Gedächtnisstütze entweder für die Zürcher Gesandtschaft oder für die Reformpartei am französischen Hof.

Die Blätter 1–33 bilden den eigentlichen, in Briefform geschriebenen Text mit der Anrede «Christianissimo Francorum regi Francisco huius nominis primo Gratiam et pacem optat a deo patre et domino nostro Jesu Christo...» auf Blatt 1. Dieser Text endet auf Blatt 33r unten mit der Unterschrift «Tiguri, Christianissimae maiestatis tuae deditissimus Huldrychus Zuinglius». Das aus den Drucken bekannte Datum fehlt auch in diesem Manuskript. Blatt 33v ist leer. Auf Blatt 34r beginnt mit neuer Foliierung I–X eine neue Schrift, die die Widmung trägt «Pro augusta Nauarrę regina Christianissimi Francorum regis Christianissima sorore». Der Text beginnt mit der Überschrift: «Ex nono articulo» und endet ohne Unterschrift. Alle späteren Herausgeber haben diese, der Schwester des Königs gewidmete Schrift in die vorhergehende eingearbeitet, und zwar in den Abschnitt über das Abendmahl, wie es schon im Manuskript A ursprünglich vorgesehen war. Die Blätter 43v–45v sind leer. Keine der späteren Druckausgaben hat dieses Manuskript zugrunde gelegt oder für eine Edition berücksichtigt.

Franz Rohrer hat im Jahre 1876 (in: Anzeiger für Schweizerische Geschichte VII 188f) das Manuskript in Paris vor dem am 4. November 1892 neu gefaßten Einband der Handschrift eingesehen. Der alte Einband, den Rohrer als «einen modernen» bezeichnet, trug noch den Titel «Huldr. Zwinglii professio fidei», obwohl, wie aus seiner Beschreibung hervorgeht, schon damals die eigentliche Titelseite gefehlt haben muß, da er für den ersten Teil ebenfalls 33 Blätter zählt. Da das Manuskript durch die Faltung des Papiers eine gerade Blattzahl gehabt haben muß, ist jedenfalls das erste Blatt vor dem Jahre 1876 herausgerissen worden.

Auch die beiliegende Schrift an Margarethe von Navarra ist schon damals der Abhandlung an den französischen König beigegeben gewesen.

Der Schreiber dieses Manuskripts steht, entgegen anderslautender Meinungen (z. B. Locher, Professio 691; Susi Hausammann, Die Textgrundlage von Zwinglis «Fidei expositio», in: Zwa XIII, 1982, 463), keineswegs fest. Ein Schriftvergleich führt zum Schluß, daß Zwingli nicht der Schreiber sein kann (vgl. unsere Reproduktionen aus den Manuskripten A und B, oben S. 40ff). Schon im Überblick vermittelt die Pariser Handschrift einen anderen Eindruck als der Entwurf oder andere Zwingli-Autographen. Auch der Vergleich einzelner Buchstaben bekräftigt diese Sicht; hingewiesen sei auf die besonders markanten Kleinbuchstaben «g» und «r», auf die hochgestellten Abkürzungsstriche (z. B. bei «domino nostro» gleich am Anfang) oder auf den Abkürzungsbogen für die Endung «-m» oder «-em». Nachdenklich stimmt auch die Tatsache, daß in der Pariser Handschrift ausgerechnet die Unterschrift einen Fehler aufweist: Über den Buchstaben «w» ist «u» gesetzt worden. Dieser paläographische Befund bekräftigt die Auffassung von Susi Hausammann (Die Textgrundlage von Zwinglis «Fidei expositio», in: Zwa XIII, 1982, 463ff), wonach dem Text A der Vorrang einzuräumen sei. Wer aus dem weiten Umkreis des Zürcher Reformators dieses Manuskript geschrieben hat, konnte bis heute nicht eindeutig bestimmt werden.

C.

Am 20. Oktober 1532 hat Heinrich Bibliander die Abschrift von Zwinglis Werk beendet. Das Manuskript ist erhalten in der Zentralbibliothek Zürich, Signatur Ms G 398$_1$. Es umfaßt 36 sorgfältig geschriebene Blätter in quarto. Bibliander hat den Text später, hauptsächlich im Zusammenhang mit dem Druck D, überarbeitet; diese Änderungen werden im textkritischen Apparat mit C^2 nachgewiesen.

Am Schluß findet sich der Vermerk: «1532. 20. Octobris Heinricus Bibliander absolvit atque transscripsit ab archetypo ipsius authoris. Nam ille liber nondum fuit typis excusus. Sed post obitum ipsius authoris quinto, scilicet 1536.» Bibliander hat offensichtlich seiner Abschrift Zwinglis Entwurf (A) zugrunde gelegt, aber dessen ursprüngliche Reihenfolge der abgehandelten Loci verändert. Die Kapitel «Ecclesia», «Magistratus», «Remissio peccatorum», «Fides et opera», «Vita aeterna» und «De catabaptistis» sind aus dem ersten Teil der Schrift herausgenommen und an das Ende, noch hinter den Abendmahlsanhang, gestellt worden. Das ist keine Eigenmächtigkeit des Abschreibers, sondern folgt einer Anweisung Zwinglis, der am Schluß seines Entwur-

fes (A) hinzufügte: «Sequitur X. articulus» (die andern beiden Anwei-
sungen Zwinglis hat Bibliander dagegen nicht berücksichtigt). Bullin-
gers Druckausgabe (D) ist der Anordnung Biblianders nicht gefolgt,
sondern hat sich an Zwinglis ursprünglichen Entwurf (A) gehalten.
Trotzdem hat die Abschrift der Drucklegung gedient; denn von Biblian-
der stammen die aus der Druckausgabe bekannte Kapiteleinteilung der
Schrift, die Kapitelüberschriften, ein Teil der Marginalien und das Da-
tum.

Zur gesamten Überlieferungsgeschichte der Manuskripte A–C vgl.
ausführlich Susi Hausammann, Die Textgrundlage von Zwinglis «Fidei
expositio», in: Zwa XIII, 1982, 463ff.

Ausgabe

D.

[Titelblatt:] CHRISTIA ‖ NAE FIDEI A HVLD- ‖ RYCHO ZVING-
LIO PRAEDICA- ‖ tae, breuis & clara expoſitio, ab ipſo Zuin- ‖
glio paulo ante mortem eius ad Regem ‖ Chriſtianum ſcripta, hactenus a ne- ‖ mine excuſa & nunc primum ‖ in lucem aedita. ‖ 🍎
‖ Matth. 11. ‖ Venite ad me omnes qui laboratis & onerati ‖
eſtis, & ego requiem uobis prae tabo. ‖ M.D.XXXVI. ‖

8°. 44 foliierte Bll. Sign.: A⁸–E⁸, F⁴. *Ss* 65 × 110 *mm. Z* 26. *Bl. 1b Vorrede Bullingers:*
PIO LECTORI S. ‖ *, am Schluß:* Menſe Februario. Anno 1536. ‖ H. Bullingerus.
‖ *Fol. 2* IN EXPOSITIONEM ‖ FIDEI AD REGEM CHRISTIA- ‖ num Huld-
rychi Zuinglij praefatio. ‖ *Foll. 3–29b Text. Foll. 30a–43a* APPENDIX DE EV- ‖
CHARISTIA ET MISSA. ‖ *Fol. 43a am Schluß:* TIGVRI APVD CHRISTO-
PHORVM ‖ FROSCHOVERVM. ANNO ‖ M.D.XXXVI. ‖ *Foll. 43b und 44*
leer. Kopftitel. Marginalien. Kustoden.

Zitiert: Finsler 100. Haller III, 360. Panzer VIII, 315, 77. HBBibl I 702.

Vorhanden u. a.: Zürich ZB – St. Gallen StB – Schaffhausen MB – Bern StB – München BS – Augsburg SSB – Stuttgart WL – Freiburg UB – Ulm StB – Hamburg UB –
Dresden SL – Straßburg BNU – Straßburg CW.

Bemerkungen zu der Ausgabe: Der Druck ist sehr sorgfältig; Druckfehler sind sehr
selten.

Abdrucke

Opera Zwinglii, ed. R. Gwalter, Tom. II, foll. 550v–564v.
H. A. Niemeyer, Collectio Confessionum in Ecclesiis Reformatis publicatarum, Leipzig 1840, Nr. 4, S. 36–77.
S IV, S. 43–78.

Übersetzungen

1. **[Titelblatt:]** Eyn kurtze kla= ‖ re sum̄ vnd erklärung des ‖ Chriſtenen gloubēs / von Huldry ‖ chen Zwinglin geprediget / vnd vn= ‖ lang vor ſynem tod zů eynem Chri ‖ ſtenen Künig geſchriben. ‖

Froschauers Druckermarke Nr. 7.

8°. 72 foliierte Bll. Sign.: A⁸–J⁸. Ss 62 x 110 mm. Z 29. Bl. 1b leer. Foll 2–3 Widmungsvorrede des Übersetzers Leo Jud an Werner Steiner. Fol. 4 An den Chriſtenlichen ‖ läſer ‖ ein vermanung Hein= ‖ rychen Bullingers diener der ‖ kilchen Zürich ‖ *Foll. 4b–72a Text mit Anhang. Fol. 72 am Schluß:* Getruckt zů Zürich by ‖ Chriſtoffel Froſchouer. ‖ *Bl. 72b leer. Kopftitel. Marginalien. Kustoden.*

Zitiert: Finsler 101. Rudolphi 47. HBBibl I 703.

Vorhanden u. a.: Zürich ZB – Basel UB – St. Gallen StB – München BS – Stuttgart WL – Ulm StB – Nürnberg StB – Berlin DS – Colmar StB – Straßburg BNU.

2. *Die Bekenntnisschriften der evangelisch-reformierten Kirche, mit Einleitungen und Anmerkungen, hg. von Ernst Gottfried Adolf Böckel, Leipzig 1847, Nr. V, S. 62–107 [mit Appendix; nicht bei Finsler].*
3. *Raget Christoffel, Huldreich Zwingli; Leben und ausgewählte Schriften, Elberfeld 1857, 2. Teil, S. 262–298 [ohne Appendix]. Zit.: Finsler, Teil B, Nr. 142.*
4. *Zwingli-Hauptschriften, bearb. von Fritz Blanke, Oskar Farner, Rudolf Pfister, Bd. XI: Zwingli, der Theologe, 3. Teil, bearb. von Rudolf Pfister, Zürich 1948, Nr. IV, S. 295–354 [ohne Appendix].*
5. *Ulrich Zwingli, Eine Auswahl aus seinen Schriften ... übersetzt und hg. von Georg Finsler, Walther Köhler, Arnold Rüegg, Zürich 1918, S. 798–816 (Teilübersetzung von Walther Köhler).*
6. *Huldrych Zwingli, Auswahl seiner Schriften, hg. von Edwin Künzli, Zürich 1962, S. 297–309 (Teilübersetzung).*
7. *Huldrych Zwingli, Ausgewählte Schriften, in neuhochdeutscher Wiedergabe mit einer historisch-biographischen Einführung, hg. von*

Ernst Saxer, Neukirchen-Vluyn 1988, Grundtexte zur Kirchen- und Theologiegeschichte I, S. 132–175.

8. **[Titelblatt:]** Brieue et claire expofi- ‖ tion de la Foy Chreſtienne / an- ‖ noncee par Huldrich Zwin ‖ gle: et par luy vn peu ‖ deuāt ſa mort ‖ eſcripte ‖ Au Roy Chreſtien. ‖ Matth. 11. ‖ Venez a moy vous tous qui eſtestra- ‖ uaillez et chargez / et ie vous ‖ ſoulageray. ‖ Tranſlatee de latin en Francoys. ‖ 1539. ‖

    8°. *64 Bll., paginiert 1–128. Sign.:* A⁸–H⁸. *Ss* 52 × 100 *mm. Z 26. Pag. 2 Bullingers Vorrede. Pagg. 3–128 Text mit Vorwort und Anhang. Kopftitel. Marginalien. Kustoden.*

    Zitiert: HBBibl I 704.

    Vorhanden u. a.: Genf BPU.

    9. *Huldrych Zwingli, Deux traités sur le Credo, présentation par Jaques Courvoisier, Paris 1986, p. 67–129.*

    10. **[Titelblatt:]** Korte en klare uytlegghing ‖ Des ‖ Christelyken gheloofs, van Hulrich ‖ Zwinghel verkondicht, en weynigh ‖ voor ſijn doodt an den Christlyken ‖ Koning gheschreven. ‖ Na 'twoor-beeldt van Zurich uyt het ‖ Latijn in Duytsch overghezet ‖ door A.L.K. ‖ Matt. 11. ‖ Komt al die belaſt en beladen zyt, tot my, ‖ ik zal u ruſt verleenen. ‖
Tot Amsterdam. ‖ Ghedrukt by Johannes Jaquet. ‖ Voor Hektor Zekers, Boekbinder op de ‖ Nieuwe-zyds after Borghwal / after d'Ap= ‖ pel markt. Int Jaer 1644. ‖

    8°. *56 Bll., von Bl. 8 ab paginiert 1–96. Sign.:* A⁸–G⁸. *Ss* 68 × 120 *mm. Z 31/32. Bl. 1b leer. Bll. 2a–5b Vorrede des Übersetzers Alhardt Luydwijk Kok. Bl. 6a Bullingers Vorrede:* Den Ghodtvruchtighen Lezer ‖ welvaren. ‖ *Bll. 6b–7a Zwinglis Vorrede. Pagg. 1–96 Text mit Anhang. Kopftitel. Marginalien. Kustoden.*

    Zitiert: HBBibl I 705.

    Vorhanden u. a.: Amsterdam UB.

    11. *The Latin Works of Huldreich Zwingli ..., Vol. II, Philadelphia 1922, pp. 235–293 (englische Übersetzung von Henry Preble und William John Hinke).*

    12. *Zwingli and Bullinger, Selected Translations with Introductions and Notes by Geoffrey William Bromiley, London/Philadelphia 1953, The Library of Christian Classics, pp. 239–279 [ohne Appendix].*

13. *Huldrych Zwingli, Počet z víry a výklad víry, Dva vyznavačské listy curyšského reformátora, Prag 1953, S.63–110 (übersetzt von J. B. Jeschke).*

Übersetzungen von Ausschnitten sind hier nicht vollständig verzeichnet. Sie sind zu finden bei: Ulrich Gäbler, Huldrych Zwingli im 20. Jahrhundert, Forschungsbericht und annotierte Bibliographie 1897–1972, Zürich 1975.

Unserer Ausgabe ist das als A bezeichnete Autograph zugrunde gelegt. In den textkritischen Anmerkungen werden B, C und D berücksichtigt.

In folgenden Fällen wurde von einem Nachweis der textkritischen Varianten abgesehen:

1. -ti-, -ci-. A wechselt zwischen beiden, B meistens -ti-, C immer -ci-, D immer -ti-.

2. e, ę, ae. A überwiegend ę, selten ae, B wechselt zwischen e, ę und ae, C immer e, D immer ae.

3. e, ę, oe. A überwiegend oe, B überwiegend ę, C wechselt zwischen oe und e, D immer oe.

4. nihil, nichil. ACD immer nihil, B immer nichil.

Die bei C und D von Bibliander und Bullinger beigefügten Zwischentitel werden zur Orientierungshilfe in eckigen Klammern auch in unseren Text aufgenommen.

J. St. † / H. St.

[Christianae fidei brevis et clara expositio
ad regem Christianum][1]

[In expositionem fidei ad regèm Christianum
Huldrychi Zuinglii praefatio][2]

[fol. 2r] Christianissimo Francorum regi Francisco[3].   5
Gratiam et pacem optat a deo patre et domino nostro Iesu Christo[4]. Omnium, quę tumultuoso isthoc sęculo nascuntur[5], nihil foeli-

1f Christianae ... Christianum] *Titel fehlt bei AB; A beginnt mit fol. 2r; C* Ad Francis-
cum Francorum regem fidei Huldrychi Zuinglii racio et confessio, *darüber Zusatz von
fremder Hand:* Diese Schrift ist nachher 1536 gedruckt worden; *voller Titel bei D siehe
unsere Beschreibung der «Ausgabe D» S. 46.* 3f In expositionem ... praefatio] *fehlt bei
ABC, C² hat am Rand* In exposicionem fidei ad regem Christianum Hul Zuinglii prefa-
cio – 5–7 Christianissimo ... Christo] *fehlt bei D –* 5 Francisco] *BD* Francisco huius nominis primo – 6 optat] *fehlt bei C –* 6 deo] *C* domino

---

[1] *Zur Titelfrage –* «Expositio fidei», *wie Zwingli selber im Verlauf der Schrift sein
Werk immer wieder bezeichnet, oder* «Professio fidei», *wie die Pariser Kataloge schreiben
– vgl. unsere Einleitung sowie Gottfried W. Locher, Zu Zwinglis* «Professio fidei», *in: Zwa
XII, 1968, 689–700; Susi Hausammann, Die Textgrundlage von Zwinglis* «Fidei expositio», *in: Zwa XIII, 1972, 463–472; Locher, Reformation 340, Anm. 498; 520, Anm. 151;
553, Anm. 403.*

[2] *Zur* «praefatio» *vgl. allgemein Karl Schottenloher, Die Widmungsvorrede im Buch
des 16. Jahrhunderts, Münster 1953, RGST LXXVI/LXXVII.*

[3] *Vgl. schon Z III 590, 628 u. ö. Zur Bezeichnung des französischen Königs als* «rex
Christianus» *bzw.* «Christianissimus» *vgl. Percy Ernst Schramm, Der König von Frankreich; das Wesen der Monarchie vom 9. bis zum 16. Jahrhundert, Bd. I, Weimar 1960,
185; 199, 239, 241f, 253, 265; zur Bezeichnung* «rex Francorum» *bzw.* «Franciae» *a. a. O.
3, 81, 111. Zur neueren Literatur s. Charles Pietri/André Vauchez/Jacques Le Brun/
Marc Lienhard, Artikel* «Frankreich», *in: TRE XI 346–385; bzw. Gerhard Philipp Wolf,
Artikel* «Franz I.», *in: TRE XI 385–389; zusätzlich s. jetzt: L'avènement des temps mo-
dernes, sous la direction de Jean-Claude Margolin, par Jean-François Bergier et al., Paris
1977; Jean Jacquart, François Ier, Paris 1981.*

[4] *Angleichung an den sog. Apostolischen Gruß; vgl. Röm 1, 7; 1 Kor 1, 3.*

[5] *Vgl. Locher, ZinS [Geschichtsbild Zwinglis] 75–103, insbes. 92.*

cius provenit quam infoelix mendacium[1], o rex piissime, sive quod
mali autor cacodemon[2] semper in herba conatur optimum semen
strangulare *[vgl. Mt 13, 24ff]*[3], sive quod coelestis animorum agricola[4]
virtutem ac fidem vitiis ac perfidia velut acuit et provehit[5]. Non aliter
5 quam cum Spartani opidum quoddam multo sudore ac sanguine
expugnatum funditus perdi vetabant, ne deesset, ubi militem suum
velut ad cotem et palum exercerent[6]. Sic et dominus deus miris nos
artibus peti ac exerceri patitur, ut illi nos probemus[7]. Fortis enim aut
temperans quomodo quis fieri potest, nisi in periculorum turba et lu-
10 xus affluentia? Eodem modo veritas, quę iam caput proferre coepit,
mendaciis fit nitidior sublimiorque surgit[8]. His enim undique petenti-
bus et in eam omne virus eiaculantibus illa sese excutere, aspergines
extergere membraque tueri cogitur. Quo fit, ut mendaciorum fraus,

2 autor] *D* author – 3 animorum] *A am Rand eingefügt* – 5 opidum] *BD* oppidum –
5 multo ... sanguine] *A am Rand eingefügt, nach* sanguine *am Rand gestrichen* militum
suorum *(?)* – 6 perdi] *B* verti – 6 ne deesset] *C* non distessit, *C² am Rand* ne deesset –
7 ad cotem ... exercerent] *A unterstrichen, dazu am Rand:* q – 8 peti] *C* pati – 8 ac] *B* et
– 8 patitur] *A am Rand eingefügt* – 8 nos] *A unterstrichen, am Rand:* q – 11 *nach* mendaciis *A drei Buchstaben gestrichen* – 11 *nach* enim *A gestrichen* illam – 11f petentibus]
C patentibus – 12 et] *C* ut – 13 extergere] *B* exterere

[1] *Vermutlich Variation der Anschauung von der «felix culpa» im Osterlob des Kar-
samstag-Gottesdienstes: «O felix culpa, quae talem ac tantum meruit habere redemptorem».*
[2] *Siehe ThLL III 8f.*
[3] *Siehe Z III 744₂₃ff; S VI/I 301f. Zur Bezeichnung «κακοδαίμων» s. Werner Foer-
ster, Artikel «δαίμων», in: ThW II 1–21, bes. 3₃; X/2 1034–36; EWNT I 649–657.*
[4] *Jud: «der himlisch buwman unserer seelen»; nach ThLL I 1425 wurde der Ausdruck
«agricola» von Hieronymus auf «apostolus», nach Orosius (Apol. 33,1) auf Gott als
«verus agricola» angewendet.*
[5] *So schon im «Commentarius» (Z III 718₂₇₋₃₇) und im «Anamnema» (Z VI/III 21
und 142f); vgl. Fritz Büsser, Zwingli und Laktanz, in: Zwa XIII, 1971, 394ff, wieder abgedruckt in: Büsser, Wurzeln 88ff.*
[6] *Jud: «Glych als die Spartaner, do sy uff ein zyt ein statt mit vil müy, arbeit und
blůtvergiessen erobretend und gewunnend, verbuttend, das man sy nit in grund umbkeren
und schleytzen solte, damit sy yemerdar etwas hettind, daran sy ire kriegßlüt übtend».
Bild von Sparta möglicherweise fußend auf Xen.Ag. I, 20f; «ad cotem» s. ThLL IV
1082f; «palum» s. Georges II 1452.*
[7] *Vgl. Jdt 8, 25–27; 1 Kor 3, 13; 2 Kor 8, 2.*
[8] *Zwingli denkt an die evangelische Wahrheit, die mit Humanismus und Reformation
neu ans Licht getreten ist.*

ipsius autem veritatis venustissima frons magis ac magis retegatur atque in lucem veniat [1]. Sed desino prefari.

Metus me incessit, ne clementia tua [2] perfidorum quorundam suggestionibus plus quam vanis ac mendacibus tentetur [3]; irritari enim scio non posse, qui, quo sunt perfidiosiores, eo apud plures veritatem non iam deferunt, sed proscindunt [4]. Deferunt autem nos infinitis nominibus, ut religionem conculcemus [5] et sanctam sive regum sive magistratuum functionem ac maiestatem contemnamus [6]. Quę omnia quam vere faciant, tua, quęso, ęquitas [7] pronunciet, cum fidei nostrę fontes, ecclesiarum nostrarum leges ac mores [8], principum autem reverentiam nobis pro virili exponentibus audierit [9].

Est autem nihil ęque tam obvium homini quam fidem suam expo-

1 *nach* ipsius *A gestrichen* vero *(?)* – 1 *nach* veritatis *A zwei Buchstaben im Text gestrichen und am Rand eingefügt:* venustissima frons – 2 veniat] *C² darüber* eveniat, *D* eveniat – 4 tentetur] *C* tentatur, *darüber C²* tentetur; *nach* tentetur *A gestrichen* quibus *und am Rand eingefügt:* irritari ... posse – 5 perfidiosiores] *B* perfidiores – 5 *nach* eo *A gestrichen* crebrius – 6 proscindunt] *B* profundunt – 7 *nach* religionem *A drei Buchstaben gestrichen* – 8 Quę] *C* Quo – 9 faciant] *B* sint – 11 nobis] *A unterstrichen* – 11 exponentibus] *A* exponente *unterstrichen und am Rand* q – 12 *C²D am Rand* Quid sit fides

---

1 *Wander IV 1759, Nr. 335 führt das Sprichwort an: «Wenn man die Wahrheit gegen die Lügen hält, so wird sie desto heller und kenntlicher». – Über die Gewißheit Zwinglis, daß die Wahrheit schließlich doch ans Licht kommen und siegen werde, s. Walther Köhler, Die Geisteswelt Ulrich Zwinglis, Christentum und Antike, Gotha 1920, 67–70.*

2 *Vgl. Bruno Singer, Artikel «Fürstenspiegel», in: TRE XI 707–711.*

3 *Jud: «Ich besorgen aber, o christenlicher künig, üwer gnad werde zelosen etlicher ungetrüwer ynblosen mee dann yteler und lugenhaffter lüt sag zeglouben angesträngt». Zur Sache s. oben unsere Einleitung, S. 13.*

4 *Jud: «Die ungetrüwen aber und unglöubigen lüt, die ich by üwer gnad entsitz [fürchte, SI VII 1761], die sind, so vil sy ungetrüwer, so vil ouch mee geneygt, by vilen lüten die warheit nit allein zeverklagen und verdächtlich zemachen, sunder ouch gar ußzerüten und zevertryben». Vgl. unten S. 183₁₃₋₁₅ mit Anm. 4.*

5 *Vgl. unten [«Ecclesia»], S. 108₁₀ff; zur Sache s. unsere Einleitung, S. 24.*

6 *Vgl. unten [«Magistratus»], S. 111₄ff; zur Sache s. unsere Einleitung, S. 24ff.*

7 *Jud: «üwer erbars und billichs gemŭt». Vgl. oben Anm. 2.*

8 *Vgl. neben den einschlägigen Akten in AZürcherRef und Zwinglis eigenen Beiträgen in unserer Ausgabe (z. B. Z IV, Nr. 51, Nr. 70; VI/I, Nr. 119–121; s. unten [«Appendix de eucharistia et missa»], S. 75₁ff); auch Theodor Biblianders Vorrede zu: Ioannis Oecolampadii et Huldrichi Zuinglii epistolarum libri quatuor, Basel 1536, fol. d5rff (IDC EPBU-392), sowie Ludwig Lavater, De ritibus et institutis ecclesiae Tigurinae opusculum, Zürich 1559 (IDC EPBU-305), jetzt auch die Ausgabe von 1702 in deutsch: Ludwig Lavater, Die Gebräuche der Zürcher Kirche, erneut hg. und erweitert von Johann Baptist Ott, übers. und erl. von Gottfried Albert Keller, Zürich 1987.*

9 *Vgl. Locher, Reformation 167ff, bes. S. 167, Anm. 345.*

nere[1]. Cum enim fides iuxta apostoli definitionem ea vis animi sit
eaque firmitas ac certitudo, qua inconcusse fidit invisibili deo *[vgl.
Hebr 11, 1]*[2], quis nunc tam stupidus ac tardus esse potest, ut nesciat
exponere, an aliqua re fidat vel non fidat, prҽsertim cum fides verita-
5 tis filia[3] sit – ea enim re *[fol. 2v]* quisque fidit, quam novit esse ve-
rissimam – cumque solus deus verax sit *[vgl. Röm 3, 4]*[4]? Et qui hoc
sese agnoscere experitur ac sentit, quomodo non posset eam fiduciam
paucis exponere[5]? Sic ergo de deo rebusque divinis sentimus.

[De deo et cultu eius][6]

10 Universa[7], quҽ sunt, aut creata sunt aut increata. Increatus unus
ac solus deus est; nam increatum nisi unum esse nequit. Si enim plura
essent increata, iam plura essent ҽterna. Socia enim sunt increa-

---

1 *vor* apostoli *bei A durchgestrichenes* p – 5 *nach* sit *A gestrichen* eis enim – 6 Et] *C* ut
– 6 qui] *A* quis – 8 *nach* ergo *A gestrichen* De *(?)* – 9 ABC *kein Zwischentitel* – 10 *A am
Rand* .1., *C*² *am Rand* Primus articulus, *D am Rand* I. – 12 *ACD am Rand:* Ҭternum
proprie est, quod nunquam incoepit esse, attamen semper fuit et semper (*D* semper
fehlt) erit, ut est solus deus benedictus (ut ... benedictus *bei A nachträglich eingefügt, D*
benedictus deus). Perpetuum proprie est, quod esse coepit, sed nunquam desinet esse,
quales sunt angeli et animi. *B am Rand:* Aeternum proprie est, quod nunquam incepit,
sed quod semper praefuit, semper futurum est, ut solus deus benignus. Perpetuum proprie, quod etiam si nunquam desinat esse, aliquae tamen esse cepit, quales sunt angeli,
animi etc. – 12 – S.54₁ Socia ... quoque] *A am Rand eingefügt*

---

[1] *Vgl. Hans Schwarz, Artikel «Glaubensbekenntnis, VII. Reformationszeit bis
17. Jahrhundert», in: TRE XIII 416–429.*

[2] *Vgl. besonders ausführlich im «Sermonis de providentia dei anamnema» den Exkurs
«De fide», Z VI/III 169ff.*

[3] *Vgl. Index «De fide, I. De fidei natura», in: MPL CCXX 571f.*

[4] *Locher I passim, vor allem 45, Anm. 3; 76; Locher, Reformation 204f.*

[5] *Um das Verständnis von «credere» als «wähnen» («opinari»), «meinen» («putare»),
«schätzen» («existimare») zu umgehen, faßt Zwingli «credere» als «fidere», «credulitas»
als «fides» auf. Glaube ist «experientia» (Erfahrung) und «fiducia» (Vertrauen). «Fiducia» und nicht «credulitas» oder «firmitudo» macht den Menschen selig. «At ne quisquam
dicat: Hoc caritatis est, quod tu fidei tribuis: considerandum est, quod fides in scripturis
sacris varie accipitur: primum pro credulitate, deinde pro firmitudine, mox pro fiducia in
deum, et de ista sola debet intelligi, quod fides salvum faciat» (Z III 848₃₃₋₃₇; ähnlich
auch Z III 849₂₅₋₂₉). «‹Credere›, ‹cognoscere›, ‹sentire› oder ein ‹experiri› der Güte Gottes geht bei Zwingli stets der ‹fiducia› voran» (Gestrich 154). Vgl. Locher, Grundzüge
549ff; kürzer: Locher, Reformation 210f. Zur Ablehnung des reformatorischen «Fiducial-
glaubens» durch die römisch-katholischen Theologen im Tridentinum s. Gestrich 151ff,
bes. Anm. 96.*

[6] *Jud Überschrift: «Von gott und rechtem waarem gottsdienst».*

[7] *Jud Marg.: «I».*

tum et ęternum, ita ut utrumque sit alterum quoque. Si plura essent
ęterna, iam plura essent infinita[1]. Nam et illa sic paria sunt ac socia,
ut, quicquid sit ęternum, etiam sit infinitum[2], et quicquid sit infinitum, etiam sit ęternum. Cum autem infinitum unum modo queat esse
(nam ut primum admittimus duas infinitas substantias, utraque finita   5
est), iam constat increatum unum ac solum deum esse.[3]

Sequitur et primi articuli fidei nostrę[4] origo, fons et fundamentum,
nempe quod, cum dicimus: «Credo in unum[5] deum patrem omnipotentem creatorem coeli et terrę», fatemur et adseveramus nos infalli-

1 *vor* Si *A gestrichen* Ia (*angefangenes* Iam *?*); Si] *D* Si enim – 2 iam plura essent] *B*
iam essent plura – 5 nam ut primum] *C beim Seitenübergang irrtümlicherweise wiederholt* – 5 *nach* infinitas *A gestrichen* iam utrumque est finitum – 5 *nach* substantias *A gestrichen* iam (*?*) – 8 Credo] *D zur Hervorhebung in Majuskeln; C*[2] *am Rand* 1. artic. ca-
tholice et orthodoxe fidei – 8f Credo ... terrę] *B zur Hervorhebung in vergrößerten
Schriftzügen* – 9 adseveramus] *B* adseramus

---

[1] *Jud dupliziert: «Was ungeschaffen ist, das ist auch eewig, was eewig ist, das ist auch
ungeschaffen». Zur Sache s. das «Symbolum Athanasii» bzw. «Quicumque», Art. 8 und
10: «Increatus Pater, increatus Filius, increatus [et] Spiritus Sanctus»; «Aeternus Pater,
aeternus Filius, aeternus [et] Spiritus Sanctus» (Denz. 75). Zum Symbolum Athanasii bzw.
«Quicumque» s. Roger John Howard Collins, Artikel «Athanasisches Symbol», in: TRE
IV 328–333. Zu Zwinglis Gebrauch der altchristlichen Symbole vgl. neben Locher I
109–115 jetzt auch Schindler, Kirchenväter 50f. Vgl. auch John Norman Davidson Kelly,
Altchristliche Glaubensbekenntnisse, Göttingen 1972.*

[2] *Vgl. das Symbolum Athanasii, Art. 9: «Immensus Pater, immensus Filius, immensus
[et] Spiritus Sanctus» (Denz. 75). Zu den hier vorkommenden, ineinanderübergehenden
Elementen von Zwinglis Gotteslehre s. Locher I 62f; 81f, mit Anm. 63, die auf Z V 930*$_{8-17}$
verweist.

[3] *Jud Marg.: «Aeternum» und «Perpetuum». Jud ergänzt: «Aeternum heißt, eigentlich
zereden, dasjhän [dasjenige, SI III 45], das wäder anfang noch end hat, noch haben
wirdt, wie der einig gott, unnd das ist das eewig, von dem wir redend. Perpetuum aber
heißt das, das einen anfang hat, aber kein end haben wirdt, als die engel und seelen».
Siehe Locher I 82.*

[4] *Gemeint ist das sogenannte Apostolische Glaubensbekenntnis (Denz. 30). Siehe Locher I 109–115. Vgl. dazu die Ausführungen Zwinglis in der sog. «Credopredigt» Z VI/I,
Nr. 116, bes. S. 450f, sowie im «Anamnema» Kap. 1, Z VI/III 70–78. Zum Apostolischen
Glaubensbekenntnis s. Frederick Ercolo Vokes, Hans-Martin Barth, Henning Schröer, Artikel «Apostolisches Glaubensbekenntnis», in: TRE III 528–571, sowie Kelly, a. a. O.*

[5] *Im Text des Apostolikums fehlt das Wort «unum». Zwingli dürfte es sinngemäß nach
dem Symbolum Constantinopolitanum ergänzt haben (Denz. 150). Es zeigt sich im übrigen gerade in der «Fidei expositio» immer wieder, daß Zwingli mit den drei seit dem Mittelalter allgemein verwendeten Glaubensbekenntnissen – dem Apostolikum, (Nicaeno-)
Constantinopolitanum und Athanasianum bzw. «Quicumque» – nicht nur in der Auslegung, sondern selbst im Text – verhältnismäßig frei umgeht. Vgl. Z VI/I 451, Anm. 19.*

bilem habere fidem, ut quę in uno ac solo creatore firma consistat[1]. Gentes[2] et impii quique, qui creatura fidunt[3], fateri coguntur, quod sua fide vel opinione falli possint, cum creatura[4] fidunt. Qui autem creatore ac rerum omnium principio[5], quod nunquam coepit, sed alia
5 produxit[6], fidunt, hi convinci erroris nequeunt[7]. Constat et istud, quod, quicquid est creatura, non possit huius inconcussę ac indubitatę virtutis, quę fides est, obiectum ac fundamentum esse[8]. Quęcunque enim coeperunt esse, aliquando non fuerunt. Cum ergo non essent, quomodo quis potuisset illis fidere, quę nondum erant?
10 Non ergo possunt naturale fidei obiectum aut fundamentum esse, quę esse coeperunt. Solum ergo ęternum, infinitum increatumque bonum verum est fidei fundamentum[9]. Concidit hic omnis fiducia, qua vel creaturis sanctissimis[10] vel sacramentis religiosissimis[11] imprudenter nituntur quidam. Deum enim esse oportet, quo in-

1 creatore] *B* deo – 2 *nach* et *A gestrichen* qui – 4 ac] *B* et – 5f Constat] *B* Constat autem – 7 ac] *B* et – 13f religiosissimis] *B* religiossissimis – 14 imprudenter] *A am Rand eingefügt* – 14 quidam] *A am Rand eingefügt* – 14 *nach* enim *A zwei Zeichen gestrichen*

---

[1] *Jud ausführlicher: «Deßhalb bekennend wir und sagend mit der warheit (als wir verhoffend), das wir einen rächten waren glouben habind, dwyl unser gloub uff dem einigen, waren, läbendigen gott schöpfer aller dingen allein stat und hafftet».*

[2] *Zur «Gotteserkenntnis» der Heiden bei Zwingli s. Locher I 54–61; Pfister, Seligkeit 14ff.*

[3] *Jud: «vertruwend unnd gloubend».*

[4] *Jud: «creatur und geschöpfft».*

[5] *Vgl. Gen 1,1; Joh 1,1ff; Petrus Lombardus Sent. I 29,1f.*

[6] *Jud: «der keynen anfang, allen dingen aber anfang und wäsen gäben hat».*

[7] *Jud: «die mögend keynes irrsals oder falschen gloubens verdacht oder bezigen wärden».*

[8] *Für Zwingli sind Schöpfer und Geschöpf auch in dem Sinn absolute Gegensätze, als die Kreatur immer täuscht, Gott andererseits allein zuverlässig und wahr ist. Vgl. z. B. S VI/I 249.*

[9] *Zum Gottesbegriff (v. a. als «summum bonum») bei Zwingli s. Locher I 61–98; Locher, Grundzüge 497–501; Locher, Reformation 204f.*

[10] *Zu Zwinglis Ablehnung der Heiligenverehrung s. seine Ausführungen in «Auslegen und Gründe der Schlußreden» Artikel 19–21, Z II 157₁₅–230₉; «De canone missae epichiresis» Z II 574₂₄–587₆; «Antibolon» Z III 269₇–276₂₂; «Commentarius» Z III 833₁₅–841₃₄; «Über D. Martin Luthers Buch, Bekenntnis genannt» Z VI/II 240₁₃–₁₉; «Fidei ratio» Z VI/II 796₁₉–₂₃; vgl. auch Baur II 796ff; Locher I 85–87; Pamela Biel, Personal Conviction and Pastoral Care: Zwingli and the Cult of Saints 1522–1530, in: Zwa XVI, 1985, 442–469. Über den römisch-katholischen Heiligenkult s. Denz. 675; 1821f; sowie Karl Hausberger, Artikel «Heilige/Heiligenverehrung, IV. Abendländisches Mittelalter», in: TRE XIV 651–653 mit Literaturangaben 659f; H. Schauerte, Artikel «Heiligenverehrung», in: LThK V 104–108.*

[11] *Jud: «die sacrament, sy syend wie hoch und heylig sy yemer wöllend».*

fallibiliter fidendum est. Et si creatura fidendum est, iam creaturam esse oportet creatorem. Si vero sacramentis, iam sacramenta
deum esse oportet, ut non tantum eucharistię sacramentum, sed et
baptismus manuumque impositio[1] deus sit. Quę quam absurda sint
doctis nedum piis auribus, non modo docti sed et intelligentia pręditi   5
iudicare possunt[2]. Ut ergo theologi[3] *[fol. 3r]* veritatem adsequi possint, hanc eis lucernam libenter exhibebimus. Cum dicunt creatura utendum esse, sed solo deo fruendum[4], nihil aliud dicunt quam
et nos, si modo suaipsorum verba non incogitanter transmitterent.
Nam si solo deo fruendum est, eo quoque solo fidendum est. Eo enim   10
fidendum est, quo fruendum est, non quo utendum est.

Ex[5] his, clementissime rex, clare vides nos neque divos neque sacramenta exautorare[6] aut loco movere, ut quidam nobis imputant[7],
sed suo in loco ac dignitate manu tenere et custodire, ne quisquam eis
non recte[8] utatur. Deiparam virginem Mariam non adficimus con-   15

1 creatura] *B* creaturę – 2 oportet] *C* oporteat – 6 *ACD am Rand* Theologis lux
ostensa (*C ergänzt* est) – 6 theologi] *A am Rand eingefügt* – 6 *nach* veritatem *A gestri-*
chen intueri poss – 6 adsequi] *B* assequi – 7 *nach* libenter *A ein Wort* (prob–bi) *gestri-*
chen – 8 utendum esse] *B* esse utendum – 10 fidendum est] *A* est *am Rand eingefügt* –
12 *A am Rand* 2., *C am Rand* 2. artic., *C²* ergänzt dazu cath. fidei, *D am Rand* II. –
12 nos neque] *A* neque *darüber eingefügt* – 12f neque sacramenta] *A am Rand eingefügt*
– 13 exautorare] *D* exauthorare

---

[1] *Zur Anerkennung des Ordo als Sakrament vgl. Z VI/III 266 mit Anm. 1 sowie Lud-*
wig Lavater, De ritibus et institutis ecclesiae Tigurinae opusculum, Zürich 1559 [IDC
EPBU-305] Cap. II über die «Vocatio et ordinatio ministrorum», jetzt auch die Ausgabe
von 1702 in deutsch: Ludwig Lavater, Die Gebräuche der Zürcher Kirche, erneut hg. und
erweitert von Johann Baptist Ott, übers. und erl. von Gottfried Albert Keller, Zürich 1987.
[2] *Jud: «Wie ungehört schützlich unnd grusam das allen frommen oren sye, mag ein ye-*
der kleinverständiger wol verstan und merken».
[3] *Jud erklärt: «die theologi, das ist: die sich der heiligen gschrifft unnd göttlicher händ-*
len annemmend».
[4] *Die Unterscheidung von «uti creatura» und «frui deo» geht auf Augustin zurück. Vgl.*
Rudolf Lorenz, Fruitio dei bei Augustin, in: ZKG 63, 1950/51, 75–132; ders., Die Her-
kunft des augustinischen «frui deo», in: ZKG 64, 1952/53, 34–60; 359f; Johannes Hauss-
leiter, Zur Herkunft des fruitio dei, in: ZKG 70, 1959, 292. Zur Sache siehe heute auch
Alfred Schindler, Artikel «Augustin/Augustinismus I», in: TRE IV 667f.
[5] *Jud Marg.: «II».*
[6] *Jud: «verachtend, verschetzend».*
[7] *Zu diesen Verleumdungen Zwinglis s. Büsser, Katholisches Zwinglibild passim.*
[8] *Jud: «wider gott».*

tumelia[1], cum vetamus λατρεία[2] adorari, sed cum ei creatoris maiestatem atque potentiam tribuimus. Illa ipsa nunquam ferret adorato-
rem[3]. Unius enim eiusdemque ingenii est pietas apud omnes et in
omnibus, quia ex uno eodemque spiritu nata est[4]. Nequit ergo ne co-
5 gitari quidem, quod ulla creatura possit simul et esse pia et ferre, ut
sibi numinis cultus exhibeatur. Sic et deipara virgo, quanto est supra
omnes creaturas sublimior quantoque in deum filium suum religiosior, tanto minus feret numinis cultum[5]. Impiorum enim hominum[6]
ac dẹmonum est insania, cum sibi divinos honores impendi patiuntur.
10 Quod dẹmonum idola[7] et Herodis fastus testantur[8], quorum isti
cultum suum docendo mundum perniciose fefellerunt, hic vero, cum
numinis attributum honorem non repelleret, pediculari morbo, quo
humanam imbecillitatem disceret agnoscere, plexus est *[Apg 12, 23]*[9].

1 *ABD am Rand* i. (*B ergänzt est*) numinis cultu, *C²* *am Rand* λατρεία i. numinis
cultu; *C nach* adorari *im Text:* i. numinis cultu – 2 atque] *B* ac – 2 *nach* nunquam *A gestrichen* pateretur se – 5 ulla] *C* nulla – 5 simul et] *A am Rand eingefügt* – 6 exhibeatur]
A korrigiert aus exhiber *(?) und unterstrichen, dazu am Rand:* q – 8 feret] *B* ferret – 8 *A
am Rand gestrichen* sibi exhiben – 9 *ACD am Rand* Sic et Augustinus sentit – 10 Quod]
C Quod et – 10 idola] *fehlt bei B* – 10 *nach* isti *A* accept *gestrichen* – 12 numinis] *B* numinis cultum – 12 repelleret] *B* repellerit, *C* repellerat – 13 imbecillitatem] *B* imbellici-
tatem – 13 agnoscere] *A am Rand eingefügt*

---

[1] *Vgl. Locher, ZinS [Inhalt und Absicht von Zwinglis Marienlehre] 127–135, bes. 134f;
vgl. unten Anm. 3, sowie unten S. 687ff mit Anm. 4 mit detaillierten Angaben.*

[2] *Vgl. Z II 1918–27.*

[3] *Zwingli legt Maria z B. Z II 19620f folgende Worte in den Mund: «Ir meinend, ich
sye geeret, so ir mich anbettind: Das ist min uneer. Es sol niemans angebettet werden
denn der einig got». Ähnlich gilt in bezug auf die Heiligen Z V 18918f: «Die schmehend
die heligen, die inen zůgebend und by inen sůchend das man allein by gott sůchen sol».*

[4] *Jud: «Dann der recht gloub, der uff gott sicht, der ist by allen und in allen einerley
natur und art; dann aller rechter gloub in allen menschen wachßt uß eynem eynigen
geist».*

[5] *Jud: «so vil sy gegen irem sun dem waaren gott mee liebe und eer hat, so vil mag sy
minder lyden, das man die eer, die gott irem sun zůgehört, ir bewisen wärde». Jud Marg.:
«Augustinus».*

[6] *Jud: «Das sind ungöttliche, unglŏubige, gottlose menschen gewäsen».*

[7] *Jud: «Das findt sich by den götzen, die die heiden den tüflen ufgerichtet habend». Im
Anschluß an den Sprachgebrauch des AT denkt Zwingli hier an die (antiken) Götter der
Heiden; vgl. z. B. Z IV 1123–1135; 13320–30.*

[8] *Jud: «das findt sich im Herodes grossen hochfart und pracht».*

[9] *Vulg.: «Confestim autem percussit eum angelus Domini, eo quod non dedisset honorem Deo, et consumptus a vermibus exspiravit». Jud: «starb er einer wůsten, unreynen,
schantlichen kranckheit, das in die lüß und würm frassend». Daß Herodes (Agrippa I.,
†44 n. Chr.) an der «Läusesucht» (lat. «pedicularis morbus», griech. φθειρίασις) gestorben sein soll, geht auf Jos. ant. Jud. XIX 8, 2 zurück. Zur Krankheit selber s. Philipp, Artikel «Laus», in: Pauly-Wissowa XXIII 1031ff, bes. 1033.*

Sacramenta vero sic veneramur et colimus ut signa et symbola rerum sacrarum, non quasi res ipsę sint, quarum signa sunt[1]. Quis enim tam imperitus esse queat, ut signum dicat id esse, quod significat (sic enim ista vox «simia» nunc hic scripta maiestati tuę veram simiam ante oculos statueret)[2], sed quod sacramenta sint rerum verarum significationes, quę res verę per essentiam et naturaliter aliquando gestę sunt? Eas, inquam, res referunt, commemorant ac velut ante oculos ponunt[3]. Sane, quęso, me intelligas, o rex! Christus morte sua expiavit scelera nostra[4]; iam eucharistia[5] huius rei commemoratio est, quemadmodum ipse dixit: «Hoc facite in meam commemorationem» *[Lk 22, 19]*[6]. Qua commemoratione universa commemorantur dei beneficia, quę nobis per filium suum pręstitit. Deinde symbolis ipsis, pane scilicet ac vino, Christus *[fol. 3v]* ipse velut oculis pręsentatur, ut sic non iam auditus tantum, sed et visus et gustus Christum videant ac sentiant, quem animus in sinu pręsentem habet illoque gaudet[7]. Legitimum ergo cultum tam divorum

1 *ACD am Rand* Sacramenta colimus sua religione, *B am Rand* Sacramenta colimus sententia relligione – 1 et symbola] *C* ut symbola – 5 *ABCD am Rand* Sacramentum est sacrę rei signum (*A* SIGNum) – 7 referunt] *B* refferunt, *D* inferunt – 7 commemorant] *B* comemorant – 8 ante] *B* ob – 11f commemorantur dei beneficia] *B* dei beneficia comemorantur – 16 Legitimum] *AC* Legittimum, *D* Legitimumque

[1] *Zu Zwinglis Sakramentsauffassung, von der unten mehrfach und ausführlicher die Rede ist, vgl. als wichtigste Belegstellen der Entwicklung Z III 757₇ff; VI/II 200₁₅ff; 805₆ff; VI/III 253₈ff sowie die zusammenfassenden Darstellungen bei Locher, Grundzüge 576–579; Locher, Reformation 219, 283–343.*

[2] *Zum «Affen» als Metapher s. Ernst Robert Curtius, Europäische Literatur und lateinisches Mittelalter, 6. Aufl., Bern/München 1967, 522f; Thomas, S. Th. I 13, 10. «Wenn man das Wort ‹Tier› für ein wirkliches und gemaltes Tier gebraucht, so ist das keine bloße Wortgleichheit». Der ganze Satz fehlt bei Jud, doch schreibt dieser nachher: «die tragend sy uns für, sy äferend uns die selbigen».*

[3] *Zu dem Gedanken, daß die Sakramente als Zeichen die Sache vor Augen stellen vgl. vor allem Z VI/III 237, 261ff.*

[4] *Jud: «Damit aber üwer künigliche maiestet mich verstande, wil ichs baß erlüteren und mit einem byspil anzeigen. Christus hat mit synem tod unser sünd am crütz bezalt und abgewäschen».*

[5] *Jud: «yetz ist die dancksagung, das brotbrächen, oder nachtmal ein widergedächtnus des selbigen tods». Vgl. Z V 833, Anm. 10; VI/II 806, Anm. 2. Zum Begriff vgl. Hans Conzelmann, Artikel «εὐχαριστέω», ThW IX 397–405.*

[6] *Jud: «wie er selbs redt, do er das brot brach und synen jüngeren gab, sprächende: Nemmend, ässend; das ist myn lyb; das thůnd mynen darby zegedencken».*

[7] *Vgl. unten [«Quae sacramentorum virtus»], S. 155₁₁ff.*

quam sacramentorum[1] hunc tradimus ac docemus esse, quem Christus ipse tradidit ac docuit. «Si filii Abrahę estis», inquit, «opera Abrahę facite» *[Joh 8, 39]*. Exemplum ergo est, quod in divis et sanctis omnibus debemus imitari. Ut si quis prophetarum aut sancto-
5 rum divina monita velut canna propinavit, iam quę divino spiritu donata nobis sunt et exposita, ea religione accipiamus, qua illi et acceperunt et tradiderunt. Si vitae sanctimonia religionem ornarunt, nos illorum vestigia imitemur[2], pii, sancti ac innocentes simus, quomodo isti fuerunt.
10 De baptismo sic inquit: «Baptizate eos in nomen patris et filii et spiritus sancti» *[Mt 28, 19]*[3], de eucharistia vero: «Hoc facite in mei commemorationem» *[Lk 22, 19]*, et per os Pauli: «Unus panis et unum corpus tota multitudo fidelium sumus» *[1 Kor 10, 17]*[4]. Hic neque in divorum cultu neque sacramentorum instituto habetur, ut eam
15 virtutem ac gratiam, quę solius dei est, possideant[5]. Cum ergo numen[6] ipsum hanc potestatem creaturis nunquam tribuerit, quam nos eis tribuimus, iam constat frivolum esse, quod vel divos vel sacramenta docemus[7] peccata dimittere bonaque largiri. Quis enim peccata remittit nisi solus deus? Aut a quonam sunt optima queque
20 dona, sicut divus Iacobus habet, quam a parente omnis lucis ac

---

2f opera Abrahę facite] *B* Abrahę opera facite – 3 *ABCD am Rand* Imitatione sanctimonię coluntur divi – 4 debemus imitari] *B* imitari debemus – 7 religionem] *B* relligionem – 10 *nach* inquit *A sechs Zeichen* (Docete *?*) *verändert und dann gestrichen* – 10 Baptizate] *BCD* Baptisate – 10 patris et] *B fehlt* et – 12 commemorationem] *B* comemorationem – 14 neque sacramentorum] *D* neque in sacramentorum – 14 instituto] *A am Rand eingefügt* – 20f ac boni] *A am Rand eingefügt*

---

[1] *Zur «legitimen» Feier der Sakramente in Zürich s. Zwinglis «Aktion oder Brauch des Nachtmahls» Z IV 13–24, bzw. «Die form des touffs, wie man die yetz ze Zürich brucht» Z IV 334$_{12}$–337$_{14}$. Vgl. auch Z IV 680$_7$–683$_6$ bzw. Z IV 687$_{16}$–694$_{21}$, sowie unten [«Appendix»], S. 75$_{1ff}$.*

[2] *Vgl. 1 Petr 2, 21.*

[3] *Vulg.: «Euntes ergo docete omnes gentes, baptizantes eos in nomine Patris et Filii et Spiritus sancti». Zu dem nicht unbedeutenden Unterschied zwischen der römischen Vulgata-Formel «in nomine» und Zwinglis biblischem «in nomen» vgl. Schmidt-Clausing, Liturgiker 69f; ders., Die Neudatierung der liturgischen Schriften Zwinglis, in: ThZ XXV, 1969, 252–265; ders., Formulare 41 mit Anmerkung 67; ders., Die liturgietheologische Arbeit am Sintflutgebet des Taufformulars, in: Zwa XIII, 1972, 516–543 und 1973, 591–615, insbesondere 599ff bzw. 603f mit Anmerkungen 128–131.*

[4] *Vulg.: «Quoniam unus panis, unum corpus multi sumus, omnes qui de uno pane participamus». Jud Marg.: «1. Cor. 10».*

[5] *Jud ergänzt: «oder das mans inen sölle zůlegen».*

[6] *Zur Bezeichnung Gottes als «numen» vgl. Z VI/III 75, Anm. 3, Z VI/IV 55, Anm. 3.*

[7] *Jud: «ists ein frävel und on allen grund, das wir der wält fürgebend, die heyligen oder die sacrament verzyhind die sünd oder sy gäbind uns die hohen gůter».*

boni *[vgl. Jak 1, 17]*[1]? Docemus ergo sacramenta coli debere velut res sacras, ut quę res sanctissimas significent, tam eas, quę gestae sunt, tam eas, quas nos gerere et exprimere debemus[2]. Ut baptismus significet et **Christum** nos sanguine suo abluisse et quod nos illum, ut **Paulus** docet *[vgl. Röm 6, 4ff]*, debemus induere, hoc est ad eius formulam vivere[3], sic eucharistia quoque significet cum omnia, quę nobis divina liberalitate[4] per **Christum** donata sunt, tum quod grati debemus ea charitate fratres amplecti, qua **Christus** nos suscepit,

5

2 *nach* sacras *A zwei Zeichen* (si *?*) *gestrichen* – 3 gerere] *D* agere – 4 et Christum] *B fehlt* et – 5 debemus induere] *B* induere debemus; *C² am Rand* Christum induere, quid sit 1. ad eius formulam vivere – 6 *nach* sic *A ca. zwei Zeichen gestrichen* – 6 quoque] *A am Rand eingefügt*

---

[1] *Jud: «vom vatter alles liechts unnd vom ursprung und brunnen alles gůten».*

[2] *Jud: «das man die sacrament in hohen eeren haben solle, darumb das sy die allerheyligesten ding bedütend unnd fürtragend, nit allein ja die ding, die einfart [einmal, SI I, 1027f] geschehen sind, sunder ouch die in der action und handlung der sacramenten von gott geschähend, unnd von uns damals und allwäg geschehen söllend». Zu dieser, gegenüber der ursprünglich als «neu» bezeichneten, späten Sakramentsauffassung Zwinglis, welche das Abendmahl nicht bloß als subjektives Geschehen, als «Darstellung einer innerseelischen Zuständlichkeit» (Blanke), sondern auch als objektives «außerseelisches», gewissermaßen historisches Geschehen versteht, s. Fritz Blanke, Zwinglis «spätere» Sakramentsanschauung, in: ThBl XI, 1932, 18. Belege: «Fidei ratio» Z VI/II (770f), 805_{6–22}; «De conviciis Eckii» Z VI/III (235–239), 253_8–271_{12}. Vgl. zur ganzen Frage heute Stefan Niklaus Bosshard, Zwingli – Erasmus – Cajetan, Die Eucharistie als Zeichen der Einheit, Wiesbaden 1978, passim, bes. 89ff.*

[3] *Jud: «Als der touff, der bedütet einsteils, das Christus uns am crütz mit synem tod und blůt abgewäschen und gereiniget hat, und täglich wäscht und reyniget, andersteils, das wir (wie Paulus leert) Christum anlegen söllind, das ist: läben söllend, wie er geläbt hat; das wir mit im söllend abgestorben syn unnd mit im in eynem nüwen läben leben söllind». Jud Marg.: «Rom. 6». Für Zwinglis Taufverständnis war Röm 6, 1ff von entscheidender Bedeutung: vgl. Z IV 243_{6ff}; 284_{19ff}; Z VI/II (770f), 805_{10–16}. Zur Sache immer noch lesenswert Johann Martin Usteri, Darstellung der Tauflehre Zwinglis, mit besonderer Berücksichtigung der wiedertäuferischen Streitigkeiten, in: ThStKr LV, 1882, 205–284, bes. 268–282.*

Jud formuliert in der Fortsetzung völlig frei: «Deßglych in der dancksagung; die bedütet ein ding, das ein mal am crütz im fleysch und blůt Christi geschähen ist, namlich, das er synen lyb zům opffer für unser sünd in tod geben und sein blůt zů abwäschung unserer sünden vergossen hat, das er uns den himmel ufgeschlossen, kinder und erben gottes gemacht, und eewigs läben erworben hat. Item, das wir mit im ein lyb sygind, in im blybind, er in uns, und alle gůtthat, die uns gott durch synen sun bewisen hat, wärend in dem zeychen bedütet unnd fürgetragen. Zům anderen, das wir sölicher hochen und grossen gnaad und liebe danckbar sygind, und unsere brüder liebind, wie uns Christus geliebt hat. Nachmals wil ich wyter vom nachtmal sagen».

[4] *Zur göttlichen «liberalitas» vgl. Locher I 74.*

curavit ac beatos reddidit. Sed de eucharistia, anne naturale Christi corpus edatur, in sequentibus fusius dicetur [1].

Summa: Hic est religionis nostrę fons, ut deum agnoscamus esse, qui increatus creator rerum omnium est, quod ille unus ac solus om-
5 nia habet, gratis donat [2], quodque primum hoc fidei fundamentum evertunt, quicumque crea-*[fol. 4r]*turę tribuunt, quod solius creatoris est. Fatemur enim in symbolo [3] creatorem esse, quo fidamus; non ergo creatura esse potest, quo fidendum est.

Iterum [4] de deo sentimus: Posteaquam deum fontem rerum om-
10 nium et creatorem esse scimus [5], fieri nequit, ut quicquam aut ante illum aut cum illo esse intelligamus, quod non ex illo sit. Nam si quicquam esse posset, quod non esset ex illo, iam ille non esset infinitus, non enim extenderetur isthuc, ubi illud aliud esset, cum esset extra illum [6]. Quibus fit, ut, cum patrem, filium et spiritum sanctum vide-
15 amus in scripturis deum adpellari, ut non sint aut creaturę aut dii diversi [7], sed quod hi tres unum sunt [8], una essentia, una οὐσία, id est

---

1 ac] *B* et – 1 *nach* reddidit *A gestrichen* Porro enim *(?)* – 1f Sed ... dicetur] *A unterstrichen und am Rand:* q – 1 Sed de] *A am Rand eingefügt* – 1 anne] *A von fremder Hand darüber eingefügt* – 1f Christi corpus] *B* corpus Christi; *nach* corpus *A von fremder Hand darüber eingefügt* in ea, *BCD* in ea *im Text* – 2 fusius] *A am Rand eingefügt* – 2 *AC am Rand, dabei A von fremder Hand* deesse hic quiddam videtur – 4 rerum omnium] *B* omnium rerum – 5 quodque] *B* Quodcumque – 7 quo] *B* in quo – 8 *ABCD am Rand* Solo creatore fidendum – 9 *AB am Rand* 3., *C am Rand* 3ᵘˢ artic., *C² ergänzt dazu* fidei catho., *D am Rand* III.; Iterum] *A unterstrichen und am Rand:* q – 10 aut ante] *B fehlt* aut – 11 *C²D am Rand* Ex deo sunt omnia – 15 adpellari] *D* appellari – 15 aut creaturę] aut *A am Rand eingefügt* – 16 sunt] *B* sint

---

1 *Vgl. unten S. 77f.*

2 *Jud: «Summa. Das ist der brunnen unsers glouben, das wir gott für das eewig unentlich ungeschaffen gůt haltind, für einen schöpfer und verwalter aller dingen, der alle ding in synem gewalt habe und uns alle syne gůter uß gnaden vergäbens und on allen unseren verdienst mitteyle und gebe».*

3 *Zum Begriff «symbolum» für das Apostolische Glaubensbekenntnis s. Frederick Ercolo Vokes, Artikel «Apostolisches Glaubensbekenntnis I», in: TRE III 529–531.*

4 *Jud Marg.: «III».*

5 *Vgl. Locher I 67–69.*

6 *Ähnlich schon Z VI/I 460₁₃₋₁₈ mit Anm. 13.*

7 *Jud: «auch nit andere oder underschidne gött». Zu Zwinglis Trinitätslehre – einem Dogma, das für ihn allen lutherischen und katholischen Verdächtigungen zum Trotz eine Selbstverständlichkeit war – vgl. Locher I 99–133; ders., Grundzüge 501f; ders., Reformation 206. Wie Locher zeigt, betonte Zwingli stark die Einheit in der Dreiheit, Luther stärker die Dreiheit der Personen.*

8 *Neben der Aufnahme von 1 Joh 5, 7f stützt sich Zwingli hier sicher auf die trinitarischen Aussagen des Symbolum Athanasii bzw. «Quicumque», welche gerade die Einheit in der Dreiheit stark betonen:*

existentia[1], una virtus et potentia, una scientia et providentia, una bonitas et propensio, nomina sive personę tres, sed omnes ac singuli deus idem et unus.

Hunc deum scimus natura bonum esse[2]; quicquid enim est, natura est[3]. Bonum autem est, quod mite et iustum est[4]. Mansuetudinem   5
enim iusticia exue, iam non erit mansuetudo, sed aut negligentia aut

2 *nach* propensio *A gestrichen* sive – 5 *ABCD am Rand* Bonitas continet misericordiam et iusticiam – 6 aut negligentia] aut *A darüber eingefügt*

«*(3) Fides autem catholica haec est, ut unum Deum in Trinitate, et Trinitatem in unitate veneremur, (4) neque confundentes personas, neque substantiam separantes: (5) alia est enim persona Patris, alia [persona] Filii, alia [persona] Spiritus Sancti; (6) sed Patris et Filii et Spiritus Sancti una est divinitas, aequalis gloria, coaeterna maiestas.*

(7) Qualis Pater, talis Filius, talis [et] Spiritus Sanctus; (8) increatus Pater, increatus Filius, increatus Spiritus Sanctus; (9) immensus [inmensus] Pater, immensus Filius, immensus Spiritus Sanctus; (10) aeternus Pater, aeternus Filius, aeternus Spiritus Sanctus; (11) et tamen non tres aeterni, sed unus aeternus; (12) sicut non tres increati nec tres immensi, sed unus increatus [inmensus] et unus immensus [increatus]. (13) Similiter omnipotens Pater, omnipotens Filius, omnipotens Spiritus Sanctus; (14) et tamen non tres omnipotentes, sed unus omnipotens. (15) Ita Deus Pater, Deus Filius, Deus Spiritus Sanctus; (16) et tamen non tres Dii, sed unus Deus. (17) Ita Dominus Pater, Dominus Filius, Dominus Spiritus Sanctus; (18) et tamen non tres Domini, sed unus est [–!] Dominus: (19) quia, sicut singillatim unamquamque personam [et] Deum ac [et] Dominum confiteri christiana veritate compellimur, (20) ita tres Deos aut Dominos dicere catholica religione prohibemur» (Denz. 75).

Auch Anselm, Monologion 61, 79f u.a.; Petrus Lombardus, Sent. I 2, 5 werden von Zwingli aufgenommen. Die im Text genannten einzelnen Identitäten sind kaum bestimmten Quellen zuzuweisen. Vgl. zu unserer Stelle Locher I 122ff.

[1] *Jud: «ein wäsen, ein selbsbständigs wäsen».*

[2] *Zum zentralen Gedanken Zwinglis, wonach die «bonitas» Gottes «iustitiam» und «misericordiam» umfaßt, s. Z VI/II 759f; 795₈–796₆; VI/III 22f; 147₁₄–148₁; und Zwinglis Erklärung zu Lk 6, 36 S VI/I 589: «Bonitas dei includit in se misericordiam et iustitiam. Iustitia sal est, misericordia butyrum aut aqua: ex his duobus, si misceas, sapidus fit cibus: alterum si des, cibus non est, sed gustum laedit. Miscenda ergo utraque, et simul condienda. Misericordia sine iustitia esse non potest: nam si est sine iustitia, misericordia non est, sed mollities. Si iustitia est sine misericordia, non est iustitia, sed crudelitas et tyrannis. Summum enim ius summa est iniuria.» Vgl. Locher I 97f; 147f; ders., Grundzüge 493–495; ders., Reformation 203. Zur Bedeutung der «bonitas dei» in Zwinglis Theologie und ihrer Vorgeschichte s. Locher I 70ff, wo u.a. auf das 1. Kapitel des «Anamnema» hingewiesen wird, s. Z VI/III 70₉–71₁₁.*

[3] *Vgl. dazu den vierfachen Naturbegriff bei Duns Scotus: «Hoc loco apte praenotetur, quid per naturam in divinis intelligendum sit: ‹natura dicitur in divinis quadrupliciter: Uno modo appellatur natura ipsa essentia divina, in qua tres personae divinae consistunt, et dicitur natura sic pure essentialiter. Secundo...›» (Ioannis Duns Scoti doctrina philosophica et theologica, hg. von Parthenius Minges, Bd. II, Quaracchi 1930, 201).*

[4] *Vgl. zu diesem und den folgenden Sätzen Anselm, Proslogion 9. Kap.*

metus¹. Contra vero iusticiam, si non bonitate sive ęquitate temperes,
iam summa fiet iniuria² et violentia. Deum ergo cum natura bonum
esse agnoscimus, eadem opera suavem, mitem et liberalem atque
sanctum, iustum et inviolabilem fatemur³. Iustus ergo cum sit, iam
5 scelerum contubernium abhorreat necesse est⁴. Ex quo colligitur, ut,
cum miseri mortales non iam scelerati, sed consceleráti simus⁵, de illius amicicia et convictu desperare cogamur⁶. Rursus autem bonus
cum sit, iam ęque necesse est, ut ęquo et bono consilium factumque
omne temperet.

10 Hic fons est, cur filium suum unigenitum⁷ carne amiciverit, ut hęc
duo⁸ toti orbi non modo ostenderet, sed etiam impenderet: redemptionem et renovationem⁹. Cum enim eius bonitas, hoc est iusticia et
misericordia¹⁰, sacrosancta, hoc est firma sit et immuta-
bilis, iam iusticia requirebat expiationem, misericordia veniam, venia

1 temperes] *D* temperas – 2f Deum ... bonum esse] *bei A verbessert aus* Deus ... bonus sit – 3 agnoscimus] *B* scimus – 3 mitem] *B fehlt* et – 7 amicicia et convictu] *D*
convictu et amicitia; convictu] *A unterstrichen und am Rand:* q – 7f bonus cum sit] *B*
cum bonus sit – 10 *ABCD am Rand* Iusticia et misericordia dei, hoc est, bonitas (*B statt*
bonitas: bonum, *C² ergänzt* dei) dedit nobis filium suum (suum *fehlt bei B*) – 10 unige-
nitum] *A* uni *korrigiert aus* uno – 11 duo] *fehlt bei C* – 12 eius bonitas] *B* bonitas eius

---

¹ *Jud:* «*Dann so du gerechtigkeit von der sänfftmůtigkeit scheidst, so wirdt es kein
sänfftmůtigkeit syn, sunder ein liederliche farläßigkeit unnd ein forcht*».

² *Diese Stelle erinnert an das römische Sprichwort:* «*summum ius, summa iniuria*», *s.
Detlef Liebs, Lateinische Rechtsregeln und Rechtssprichwörter, München 1982, 79;
Cic. off. I, 33.*

³ *Jud:* «*Dwyl wir dann erkennend unnd verjähend, das gott von natur gůt ist, so
můssend wir von nottwägen im selben ouch erkennen unnd verjähen, das er from, heylig
und gerecht sye, der durch keinen prästen unnd anfächtung möge zerstört und gefelscht
werden*».

⁴ *Jud ausführlicher:* «*Ist er nun gerecht, so hat er ein mißfal und schühen ab aller un-
gerechtigkeit und schalckheit; er hasset die gmeynd und gselschafft aller übelthäteren*»;
Jud Marg.: «*Psalm. 5*».

⁵ *Jud:* «*Und so dann wir arbeitsäligen menschen nit allein böß und lasterhafft, sunder
gantz und gar verlesteret und mit allen lasteren vermaßget sind*». *In knappster Form
schimmert hier Zwinglis Verständnis der Erbsünde durch. Vgl. Pfister, Erbsünde 41–43.*

⁶ *Jud fügt hier bei:* «*dann die wyl er rein und luter, wir unrein und vermaßget sind, mögend wir by im kein wonung noch geselschafft nit haben*»; *Jud Marg.:* «*Psalm. 14*».

⁷ *Die Formulierung* «*filium suum unigenitum*» *folgt dem Nicaeno-Constantinopolitanum (Denz. 150).*

⁸ *Hier ergänzt Jud im Blick auf das Folgende: [diese zwei]* «*syn gerechtigkeit und
gůte*».

⁹ *Jud fügt hier noch den Satz ein:* «*Die gerechtigkeit und barmhertzigkeit gottes, das
ist: syn gůte, hat uns den sun gäben*».

¹⁰ *Vgl. oben S. 62₅ mit Anm. 4.*

novam vitam[1]. Carnis ergo indutus paludamento[2] summi regis filius
prodit ut hostia factus[3] (nam pro divina mori natura non potest[4]) in-
concussam iusticiam placet ac reconciliet his, qui suapte innocentia
sub intuitum numinis propter scelerum conscientiam venire non au-
debant, id autem ideo, quia suavis et misericors est[5], quę virtus   5
perinde non potuit ferre operis *[fol. 4v]* sui repudiationem atque iusticia impunitatem. Mixtę sunt igitur iusticia et misericordia[6], ut hęc hostiam daret, illa vero acciperet pro universorum scelerum expiatione
[vgl. 1 Joh 2, 2][7].

Ea igitur de quo grege eligenda erat? De angelorum[8]? At quid ad   10
illos attinebat hominum pręvaricatio[9]? An vero de hominum ar-
mento[10]? At illi omnes rei erant, ut, quicumque ex eis ad hoc fuisset
destinatus, perlitare non potuisset propter vitium[11]. Agnum enim
ἄμωμον *[vgl. 1 Petr 1, 19]*[12], hoc est undique salvum, candidum ac

1 novam vitam] *B* vitam novam – 3 ac] *B* et – 3 his] *B* is – 4 intuitum] *AB* intutum –
5f *nach* virtus *A* ęque *gestrichen und* perinde *am Rand eingefügt* – 7 igitur] *B* ergo –
10 *nach* grege *A* capienda *gestrichen und* eligenda *am Rand eingefügt* – 10f At ... pręva-
ricatio] *fehlt bei C* – 12f fuisset destinatus] *B* destinatus esset

---

[1] *Über die Notwendigkeit der Satisfaktion auch in allen ihren Konsequenzen s. Locher
I 140ff, bes. 147f zu unserer Stelle.*

[2] *Feldherrenmantel, Symbol der Herrschaftsgewalt; vgl. Hertha Sauer, Artikel «Palu-
damentum», in: Pauly-Wissowa XXXVI/II 281–286.*

[3] *Vgl. Eph 5, 2; Hebr 10, 10–14; Z I 556$_{1ff}$; Z II 114$_{5ff}$; 118$_{3ff}$; Z III 214$_{11}$–217$_6$.*

[4] *Die Unsterblichkeit bzw. Impassibilität der göttlichen Natur Christi legte schon das
Prooemium des Symbolum Chalcedonense fest (Denz. 300); später lehrten sie u. a. auch
Anselm, Cur deus homo VIII, und Petrus Lombardus, Sent. III 21, 1. Bei Zwingli s.
Z VI/I 464$_{5ff}$.*

[5] *Vgl. Ps 100, 5; 109, 21; 145, 8f u. a. Jud fügt hier noch ein: «deßhalb er nit hat mögen
lyden, das er syn eygen gemecht und werch gantz und gar verschupfte und verwurffe».*

[6] *Jud präzisiert: «Darumb kummend in gott zůsamen die gerechtigkeit unnd die barmhertzigkeit».*

[7] *Vgl. Locher, ZinS 120, Anm. 60 zur Frage der Universalität von Christi Erlösungs-
werk.*

[8] *Die Frage, ob Gott anstelle Christi auch einen Engel oder einen Menschen für sein
Versöhnungswerk hätte brauchen können, stammt vermutlich ebenfalls von Anselm, Cur
deus homo V; Zwingli gibt darauf in der «Expositio» freilich eigene, aus dem Kontext sich
ergebende Antworten, vgl. Locher I 148f. Siehe auch Z II 38$_{18ff}$; III 681$_{20-24}$.*

[9] *In der Tat spielen die Engel bei aller Verehrung durch die mittelalterliche Kirche im
Rahmen der Erlösungslehre keine Rolle; vgl. Georges Tavard, Die Engel, Basel 1968,
HDG II/IIb, passim; ders., Artikel «Engel V», in: TRE IX 599–609.*

[10] *Jud: «uß der zal und uß dem huffen der menschen».*

[11] *Jud: «der hette (dwyl er prästhafft unnd ein sünder) nit ein volkommen unnd
gnůgsam opfer für die sünd syn mögen». Vgl. Pfister, Erbsünde 48ff.*

[12] *Vgl. Friedrich Hauck, Artikel «ἄμωμος», in: ThW IV 836$_{28-34}$; Horst Balz, Artikel
«ἄμωμος», EWNT I 175f.*

mundum esse oportebat *[vgl. Lev 22, 19ff]* eum[1], qui hanc hostiam τυ-πικῶς[2] promittebat. De se ergo accepit divina bonitas, quod nobis do-naret. Filium enim suum[3] nostra carnis imbecillitate circumdedit, ut videamus[4] ęque liberalitatem sive misericordiam esse insupera-
5 bilem atque sanctitatem sive iusticiam. Qui enim sese nobis dat, quid reliquum fecit, quod non dederit? Quomodo divinus Paulus disse-ruit *[vgl. Röm 8, 32]*[5]. Angelum si fecisset victimam aut hominem, ex-tra seipsum erat, quod dedisset. Fuisset ergo relictum, quod adhuc maius dare potuisset, nempe seipsum, quod tamen non dedisset.
10 Summa itaque bonitas summum beneficium largitura cum esset, pre-ciosissimum[6], quod eversa arca[7] dare potuit, nempe seipsum, dedit, quo humanę menti maiorum semper avidę ne viam[8] quidem cogitandi relinqueret: Quomodo hęc sive angelica sive humana hostia tanti, ut pro omnibus sit satis[9]? Aut quomodo inconcusse possum creatura fi-
15 dere[10]? Filius[11] ergo dei nobis ad confirmationem misericordię[12], ad

1f *ABC²D am Rand* i. formula significando; τυπικῶς] *A unterstrichen und am Rand:* q – 2 promittebat] *C* i. formula significando promittebat – 3 imbecillitate] *A abgeändert aus* ... tati *(?) und nach* imbecillitate *gestrichen* sacravit *(?) –* 4 *nach* liberalitatem *A ge-strichen* et – 5 *nach* sanctitatem *A gestrichen* ac – 7 victimam aut hominem] *B* aut homi-nem victimam – 9 *nach* potuisset *A gestrichen* dare *(?) –* 10 beneficium] *A aus* benifi-cium *abgeändert, B* benificium – 13 hęc] *C* hoc – 13 hostia] *B* victima – 14 creatura] *B* creaturae

[1] *Jud:* «*Dann das lämblin, das im alten testament für die sünd geschlachtet und uff das rächt lämlin Christum in eyner figur bedütet, müßt on alle maasen, maklen und prä-sten syn, rein, wyß, unbefleckt, gantz und gang [sic] heilig*».
[2] *Siehe Leonhard Goppelt, Artikel «τύπος», ThW VIII 246–260; Gerd Schunack, Arti-kel «τύπος», EWNT III 892–901; s. Z XIII 844 s.v. «figura II» und 849 s.v. «typus*».
[3] *Jud:* «*synen einigen geliebten sun*».
[4] *Jud:* «*damit wir sähind und leernetind*».
[5] *Jud summarisch:* «*... geben hab? Rom. viii.*»
[6] *Ein ähnlicher «Summum»-Katalog findet sich bei Anselm, Monologion 16. – Jud übersetzt frei:* «*Do nun die höchste gůte uns die höchste fründschafft thůn und die gröste gůtthat geben, erzeigen und bewysen wolt, hat er uns das köstlichest und thürest geben*».
[7] *Schon im klassischen Latein ist «arca» «der große, mit Metall beschlagene Geld-kasten» gerade auch für Bedürftige, s. Georges I 539; ThLL II 431f.*
[8] *Jud:* «*kein fůg noch ursach*».
[9] *Jud fügt hier noch den Satz ein:* «*Dann wo gott einen engel oder menschen zům opfer der sünd gäben, hette der mensch allwäg mögen trachten oder gedencken, wie mag das opfer für aller wält sünd gnůgthůn?*»
[10] *Jud erweitert auch hier:* «*Yetz aber, so gott synen eingebornen sun (der gott ist) zům opfer für unser sünd geben hat, hat er dem menschen söliche trachtungen und gedancken underloffen unnd hingenommen*».
[11] *Jud:* «*Dann der eingeboren geliebt sun gottes, waarer gott mit dem vatter...*»
[12] *Jud Marg.:* «*Warzů uns der sun gottes gäben sye*». *Jud erweitert im Text:* «*das wir ein pfand und bürgen hettind syner gnaden, synen eynigen sun, das wir gwüß wärend, das*

pignus[1] venię, ad iusticie precium[2] et ad vitę normam datus est, ut nos certos de gratia dei faceret et vivendi traderet legem[3]. Quis hanc divinę bonitatis et munificentię liberalitatem satis vehat? Abdicari commerueramus, et ille cooptationem adornat[4]. Iter vitę corrupera- mus, et ille in locum restituit[5]. Sic ergo redemit et renovavit nos di- 5 vina bonitas, ut pro misericordia grati, pro hostia expiatrice iusti si- mus et innocentes.

[De Christo domino]

Hunc[6] dei de deo filium credimus et docemus humanam naturam sic adsumpsisse, ut divina non sit vel amissa vel in humanam trans- 10 mutata[7]. Sed utramque in eo esse vere, proprie ac naturaliter, ita ut iuxta divinam naturam nihil sit imminutus, quo minus vere, proprie ac naturaliter deus sit, iuxta humanam vero non sic in divinam *[fol. 5r]* transierit, ut non vere, proprie et naturaliter homo sit, excepta pro-

2 gratia dei] *B* dei gratia – 3 bonitatis et munificentię liberalitatem] *B* liberalitatem bonitatis et munificentie – 4 *nach* ille *A 2–3 Zeichen gestrichen* – 5 renovavit] *B* nos re- novavit – 6 *nach* pro *A zwei Zeichen gestrichen* – 8 *AB kein Zwischentitel,* C² De Christo domino ar. 4. – 9 *AB am Rand* 4., *C am Rand* 4ᵗᵘˢ artic., *D am Rand* IIII. – 10 vel amissa] vel *fehlt BD* – 13 *nach* sic *A gestrichen* sit – 14 et] *B* ac

---

uns die sünd verzigen und abgelassen wäre, das wir gwüß wärind, das der gerechtigkeit gottes gnůg beschähen und das sy bezalt wäre, das wir einen hettind, der uns ein vorbild des läbens vortrůge, der uns der gnaden gottes versicherte und uns anzeigte und larte, wie wir soltend in diesem zyt läben.»

[1] *Zu dieser Lieblingsbezeichnung Zwinglis, die auf Eph 1, 14 bzw. 2 Kor 5, 5 zurück- geht, vgl. Z VI/II 796₁₆ mit Anm. 1; Z VI/III 167₄; Z VI/IV 31₁ mit Anm. 1. Siehe Lo- cher I 34f, 41, 72, 151f; ders., Grundzüge 590, Anm. 370.*

[2] *Vgl. 1 Kor 6, 20 bzw. 1 Petr 1, 18f.*

[3] *Der ganze Satz erinnert an 1 Kor 1, 30.*

[4] *Jud: «Wir warend wärd und hattend wol beschuldet, das uns gott enterbte unnd uß- stiesse, und er nimpt uns erst zů kinderen und erben an». Vgl. Röm 8, 17; Eph 1, 11 u. a.*

[5] *Jud: «Wir hattend den wäg des läbens zerstört und zerbrochen, und er macht uns wi- der einen wäg zům läben und setzt uns wider yn». Zu Zwinglis Lieblingsausdruck «resti- tuere» s. Pfister, Erbsünde 50f.*

[6] *Jud bringt den Zwischentitel: «Von dem herren Christo». Jud Marg.: «IIII».*

[7] *Jud: «Wyter gloubend unnd lerend wir, das der sun gottes, warer gott von gott, menschliche natur also angenommen habe, das...» Zu Zwinglis Christologie, im beson- dern zum Problem der beiden Naturen in Christo, verweisen wir auf die «Amica exegesis» (Z V 679ff), auf «Daß diese Worte: ‹das ist mein Leib› ...» (Z V 922ff) sowie auf «Über D. Martin Luthers Buch, Bekenntnis genannt» (Z VI/II 126ff) mit den zugehörigen Kom- mentaren von Fritz Blanke. Vgl. Locher I 128ff; ders., Grundzüge 502–507, bes. Anm. 98; ders., Reformation 206–208.*

pensione ad peccandum[1], ut omnino, qua deus est, ita deus sit cum
patre et spiritu sancto, ut de divinitatis dotibus ei propter humanę im-
becillitatis vendicationem nihil deciderit, qua vero homo est, ita sit
homo, ut, quicquid ad humanę naturę veritatem et proprietatem perti-
5 net, sic habeat, ut propter divinę naturę coniunctionem (pręter pec-
candi ingenium)[2] non sit ei quicquam ademptum.

Hinc est, ut utriusque naturę propria et agnata sic in omnibus dictis et factis reluceant, ut nullo negocio religiosa mens videat, quid
utrique naturę sit accepto ferendum, quantumvis omnia unius Chri-
10 sti recte esse dicantur[3]. Christus esurit *[vgl. Mk 11, 12]*, recte dicitur, quum deus sit et homo; attamen secundum divinam naturam non
esurit. Christus sanat morbos et vitia *[vgl. Mt 4, 23]*, recte dicitur;
attamen divinę virtutis ista sunt, si proprie expendas, non humanę.
Nec tamen propter naturarum discrimen sequitur personę divisio,
15 non magis quam cum de homine dicimus, quod intelligat et dormiat.
Ibi cum vis intelligendi solius animi sit et dormiendi necessitas corporis, non tamen ob id duę personę est homo, sed una. Confit enim personę unitas etiam ex diversis naturis[4].

Et omnino fatemur deum et hominem unum esse Christum, sicut
20 ex anima ratione prędita et inerti corpore unus homo conflatur,

---

4 veritatem et] *A am Rand eingefügt* – 5 *nach* habeat *A gestrichen* ut quibuscumque
sit obnoxia – 5f pręter ... ingenium] *bei BD ohne Klammern* – 6 quicquam] *A am Rand
eingefügt,* B quidquam – 7 sic] *A am Rand eingefügt* – 8 *nach* ut *A gestrichen* tam divine
dotes quam humanę – 9 accepto] *A unterstrichen und am Rand:* q – 9 unius] *fehlt bei B*
– 11 quum] *C* cum – 11 *nach* homo *A gestrichen* adh- *und* attamen *am Rand eingefügt* –
13 proprie] *B* recte – 14 Nec tamen ... divisio] *A unterstrichen und am Rand:* q –
14 *nach* discrimen *A gestrichen* fit *und am Rand eingefügt* non sequitur, *dann* non *nachträglich am Rand gestrichen* – 16 vis] *fehlt bei C* – 16 intelligendi solius animi sit] *B*
animi sit solius intelligendi – 18 *ACD am Rand* Una persona ex diversis naturis –
20 *nach* prędita et *A gestrichen* corp – 20 *A am Rand von fremder Hand* deest hic quiddam; inerti corpore] *A unterstrichen und am Rand:* q

---

[1] *Vgl. dazu auch das Symbolum Chalcedonense (Denz. 301f). Jud: «(allweg inn disem
ußgenommen die neygung zů sünden, die in im nit gedacht wärden sol)».*

[2] *Jud: «allwäg ußgenommen die neygung zůr sünd und was sich uff sündtlich prästen
zücht».*

[3] *Jud: «wiewol man mit der warheit und recht der beeden naturen eygenschafft und
werck dem eynigen herren Christo zůgeben mag». Diese Bemerkung richtet sich gegen Nestorius bzw. den verbreiteten Vorwurf, Zwingli sei Nestorianer; s. Z V 682*[6ff] *und Anm. 3;
VI/II 793*[8f] *mit Anm. 1.*

[4] *Das Verhältnis vom Leib zur Seele erscheint in Artikel 37 des Symbolum Athanasii
bzw. «Quicumque»: «Nam sicut anima rationalis [rationabilis] et caro unus est homo, ita
Deus et homo unus est Christus» (Denz. 76) und wurde im übrigen vor allem von Augustin
angewendet; s. dazu Z V 682, Anm. 4 und 924*[15] *mit Anm. 16.*

quemadmodum divus Athanasius disseruit[1]. Adsumpsit autem humanam naturam in unitatem hypostaseos[2] sive personę filii dei; non quasi homo adsumptus peculiaris persona et ęterna divinitas quoque persona peculiaris sit, sed quod persona ęterni filii dei in et ad unitatem suam hominem adsumpserit, quemadmodum sancti dei homines 5 vere et clare demonstrarunt.

Eam[3] vero naturam credimus spiritu sancto virginem foecundante conceptam eiusdemque perpetuo servata virginitate in lucem effusam, ut mundo nasceretur[4] liberator et curator animarum[5] de foemina

1 Athanasius] *B* Anastasius – 3 *nach* persona *A gestrichen* sit – 3 ęterna divinitas] *A aus umgekehrter Wortfolge verändert, BD* divinitas ęterna – 4 persona peculiaris] *B* peculiaris persona – 4f unitatem] *C* unitatem, *C²* *verändert das Wort zu* virtutem – 7 *AB am Rand* 5., *C am Rand* 5ᵗᵘˢ artic., *D am Rand* V. – 7 *nach* sancto *A gestrichen* maritante – 8 eiusdemque] *A abgeändert aus* eiusque, *C* eius denique – 9 animarum] *A unterstrichen und am Rand:* q, *BC* animorum – 9 foemina] *B* femina – 9f de foemina virgine] *A am Rand eingefügt*

[1] *Jud kürzt: «wie uß lyb und seel ein mensch wirdt». Jud Marg.: «Athanasius».*
[2] *Die Stelle lehnt sich an die klassische Verurteilung des Nestorius durch das Konzil von Ephesus 431 an (vgl. Denz. 250). Zum Begriff der «ὑπόστασις» s. H. Ringgren, Artikel «Hypostasen», in: RGG III 504; A. Michel, Artikel «Hypostase», in: DThC VII 369–429; Rowan Williams, Artikel «Jesus Christus II», in: TRE XVI 736ff. Zu Zwinglis Verwendung bzw. Übersetzung des Begriffes s. u. a. Z VI/II 151, Anm. 12.*
[3] *Jud Marg.: «V».*
[4] *Jud: «Wir gloubend und bekennend, das dieselbige menschliche natur, die der sun gottes angenommen hat, durch mitwürckung gott des heyligen geysts, der Mariam die jungfrow geschwängeret und fruchtbar gemacht hat, empfangen und von derselbigen eewig reynen magd, unverletzt und unzerstört irer jungfrouwschafft, in dise wält geboren sye..». In diesen Aussagen über die Menschwerdung Christi schließt sich Zwingli weniger wörtlich als sachlich den Glaubensbekenntnissen – dem Apostolikum (Denz. 30) und dem Constantinopolitanum (Denz. 150) – an; vgl. die etwas erweiterte Fassung in Z I 413₁₀₋₂₂. Zur immerwährenden Jungfräulichkeit Mariae s. Zwinglis «Predigt von der ewig reinen Magd Maria» (Z I 391–428, bes. 402f); die Ausführungen im «Commentarius» (Z III 688₇₋₁₅), in «Eine Antwort, Valentin Compar gegeben» (Z IV 66₆₋₁₄) und während der Berner Disputation (Z VI/I 288₂ff mit Anm. 6), sowie Zwinglis Kommentar zu Jes 7,14 (Z XIV 181₂₄–183₃) und Ez 44,1 (Z XIV 737₁₁₋₁₆). Vgl. Locher, ZinS [Marienlehre] 127–135, bes. 128 mit Anm. 5; Handbuch der Marienkunde, hg. von Wolfgang Beinert und Heinrich Petri, Regensburg 1984, 193–196, 202–206.*
[5] *Jud: «der wält erlöser und artzet der seelen». Im Hintergrund des christologischen Titels «liberator» steht der neutestamentliche Gedanke, wonach Christus frei macht; s. Heinrich Schlier, Artikel «ἐλεύθερος», in: ThW II 484ff, bes. 495–497. In diesem Sinn findet er sich auch gelegentlich bei Petrus Lombardus (s. z. B. Sent. III 18,5; 19,1.3; 20,1). Der Begriff «curator animarum» dürfte auf Augustinus zurückgehen, der Christus öfter als «Arzt» bezeichnet (z. B. MPL XXXV 1397₂₃ [s. dazu Z XII 139₉f]; XXXVIII 1370, 1372 u. a.).*

virgine[1], qui ab ęterno natus est dominus ac deus de patre celibe[2], ut hostia sancta et immaculata fieret[3], cui omnes arę pecoribus onustę nequicquam fumabant, quo beluinorum sacrificiorum homines pęniteret, et ad mentis oblationem converterentur, cum deum sibi viderent
5 filii sui victimam paravisse et obtulisse *[vgl. Hebr 9, 11ff][4]*.

Passum[5] credimus Christum cruci suffixum sub pręside Pilato[6], sed quod passionis acerbitatem homo sensit, non etiam deus[7], qui, ut est ἀόρατος, hoc est invisibilis, sic est et ἀνάλγητος, hoc est nulli passioni aut adfectioni obnoxius[8]. Doloris vox est «Cur me, deus,
10 deseruisti?» *[Mt 27, 46]*, illęsę divinitatis autem «Ignosce eis, nesciunt enim, quid faciunt» *[Lk 23, 34]*. Passus est autem pro expiandis scele-

1 ęterno] *bei A verändert aus* veterna *(?)* – 1 ac] *B* et – 1 celibe] *A unterstrichen und am Rand:* q – 1–5 ut ... obtulisse] *A am Rand eingefügt* – 2 immaculata] *B* imaculata – 3f pęniteret] *A unterstrichen und am Rand:* q q – 4 cum] *C* eum – 5 *nach* sui *A gestrichen* hostiam – 6 *AB am Rand* 6., *C am Rand* 6[tus] arti., *D am Rand* VI. – 8 hoc] *B* id – 8 ἀνάλγητος] *C* ἀνάλγυτος – 9 aut adfectioni obnoxius] *B* obnoxius aut adfectioni, *D* aut affectioni obnoxius – 9–11 Doloris ... faciunt] *A unterstrichen und am Rand:* q q – 10 divinitatis autem] *B* autem divinitatis

[1] *Jud: «von eynem wybsbild, die aber ein eewige reyne magd wäre».*

[2] *Vgl. Z VI/I* 466$_{2-4}$ *und ebd. Anm. 3 mit Verweis auf Augustin; s. auch Petrus Lombardus, Sent. III 8, 1. Zum Begriff «caelebs» s. ThLL III 65f.*

[3] *Im Kanon des Messetextes heißt es: «offerimus praeclarae majestati tuae de tuis donis ac datis hostiam puram, hostiam sanctam, hostiam immaculatam» (ordo missae cum populo 94).*

[4] *Jud: «Dann yetz die zyt hie was, das alle vihische opffer nüt mer söltend gälten. Gott wolt die menschen von dänen etwas höhers ufziehen, das sy die vihischen opfer liessind fallen und sich uff die opfer des geysts und inneren menschens kartind, so sy sähind, das gott inen das opfer synes eyngebornen suns zůbereytet unnd denselben für sy am crütz ufgeopferet hette».*

[5] *Jud Marg.: «VI».*

[6] *Jud: «Wyter gloubend unnd bekennend wir, das Christus ans crütz gehenckt sye under dem landvogt und richter Pontio Pilato». «Praeses» ist die Bezeichnung für Statthalter, s. Mt 27, 2.11.*

[7] *Vgl. Petrus Lombardus, Sent. III 15. Die dogmatische Begründung geben das Concilium Romanum: «Si quis dixerit, quod in passione crucis dolorem sentiebat Deus, et non caro cum anima, quam induerat – forma servi, quam sibi acceperat [cf. Phil 2, 7], sicut ait Scriptura – Filius Dei Christus: non recte sentit» (Denz. 166) sowie das IV. Laterankonzil (1215) in c. 1: «De fide catholica»: «Qui cum secundum divinitatem sit immortalis et impassibilis, idem ipse secundum humanitatem factus est passibilis et mortalis» (Denz. 801).*

[8] *Jud vereinfacht: «dann gott, wie er unsichtbar, also ist er ouch unlydenhafft».*

ribus nostris *[fol. 5v]* contemptissimo supplicii genere, ut nihil faceret
reliquum humiliationi, quod non experiretur et impleret[1].

Mortuus[2] et sepultus[3] nisi esset, quis verum hominem esse crede-
ret? Hinc est, ut apostolici patres in symbolo adiecerint «descendit ad
inferos»[4]. Qua locutione usi sunt vice periphraseos[5], qua et veram   5
mortem significarent (inferis enim connumerari ex humanis abiisse
est)[6] et virtutem redemptionis eius ad inferos quoque pervenisse[7].
Quod divus Petrus innuit, cum dicit mortuis, hoc est eis inferis, qui
exemplo Noe a condito mundo crediderunt dei monitis, cum impii
contemnerent, prędicatum esse evangelium *[1 Petr 3, 19f]*.   10

Contra[8] vero ni et redivivus resurrexisset, quis verum deum crede-
ret eum, qui extinctus esset, ita ut vitę eius ac virtutis nihil superesset?
Credimus ergo verum dei filium pro humana natura vere mortuum
esse, quo certi reddamur de criminum nostrorum expiatione. Credi-

---

2 experiretur et] *A am Rand eingefügt* – 3 *AB am Rand* 7., *C am Rand* 7[mus] ar., *D am
Rand* VII. – 4 apostolici patres] *A aus umgekehrter Wortfolge abgeändert, BD* patres
apostolici – 4 descendit] *A abgeändert aus* descenderit – 5 periphraseos] *B* περιφρά-
σεος – 5 et] *A darüber eingefügt* – 6 inferis] *A zuerst* inter inferos, *dann verändert zu* inferis – 6 connumerari] *B* conumerari – 6 *nach* abiisse *A gestrichen* significat – 8 Petrus]
A verändert aus Petruus – 8 qui] *B* quae – 11 *A am Rand* 8., *C am Rand* 8[vus] art., *D am
Rand* VIII.

---

[1] *Jud: «unnd ist des allerschmächlichsten tods gestorben, uff dz er zům tieffesten geni-
deret wurde unnd kein lyden und schmaach wäre, die er nit…»*

[2] *Jud Marg.: «VII».*

[3] *So die klassischen Glaubensbekenntnisse.*

[4] *Jud Marg.: «Was sye ze hellen faren». Jud: «Und das ist die ursach, das die apostolischen vätter in der gmeynen form und bekantnus des gloubens dise wort ‹Er ist zům hellen gefaren› hinzů gesetzt habend». Das Bekenntnis zur Höllenfahrt Christi findet sich nur
im Apostolikum (Denz. 30) und im Athanasianum (Denz. 76), jedoch nicht im Constantinopolitanum (Denz. 150).*

[5] *Vgl. Lausberg I, §§ 589ff; Z XIII 847.*

[6] *Jud: «Dann hinab zům hellen oder in die grůben faren heißt nach art der jüdischen
spraach gestorben syn»; vgl. z. B. Gen 37, 35; 42, 38.*

[7] *Jud ausführlich erklärend: «Andersteyls habend sy damit wöllen zeverstan geben,
das die krafft, tucht [Kraft, Stärke, Macht, SI XII 423f] und würckung synes lydens und
der gantzen erlösung ouch zů dänen kommen sye, die vormals zhellen oder in die grůben
gefaren sygind: das ist, das er die ouch erlößt habe mit synem tod, die von anfang der wält
vor syner zůkunfft und tod abgestorben warend». Vgl. Z II 431[5–13]; Z VI/1 466[24]–467[11]
sowie Heinrich Bullinger, Sermonum decades duae, Zürich 1549 (HBBibl I, Nr. 179; IDC
EPBU-154), fol. 33vf. Zur Sache s. Ernst Koch, Artikel «Höllenfahrt Christi», in: TRE XV
455–461; Frederick Ercolo Vokes, Artikel «Apostolisches Glaubensbekenntnis I», in: TRE
III 536[4–6], 548[25–47]; H. Quilliet, Artikel «Descente de Jésus aux enfers», in: DThC IV
565–619; John Norman Davidson Kelly, Altchristliche Glaubensbekenntnisse, Göttingen
1972, 371–377.*

[8] *Jud Marg.: «VIII».*

mus et vere a mortuis resurrexisse, ut certi simus de ęterna vita. Quicquid enim Christus est, noster est[1]; quicquid operatur, nostrum est. «Sic enim deus dilexit mundum, ut filium suum unigenitum dederit ad vivificandum nos» *[Joh 3,16][2]*. Cum ergo resurrexit, nobis resurrexit, nostram resurrectionem orsus. Unde et Paulus illum dormientium hoc est mortuorum primitias vocat *[vgl. 1 Kor 15,20][3]*. Ille enim cum mortuus vivit, ostendit et nos, cum morimur, vivere[4]. Hoc enim Hebręis resurgere significat: permanere, consistere ac perdurare[5]. Hinc est, ut Paulus ad utramque partem sic arguat: Si Christus resurrexit, hoc est, cum mortuus crederetur, vixit et corpus redassumpsit, iam est mortuorum resurrectio *[vgl. 1 Kor 15,20ff]*.

En tibi, humanissime rex, argumenti robur in hoc consistere, quod Christus noster est et quod omnis eius actio nostra est[6]. Nam alias non magis sequeretur «Christus resurrexit, ergo et nos resurgimus», quam si quis sic colligeret «rex habet potestatem a suplicio liberandi eum, quem prętor damnavit, ergo quisque habet hanc potestatem». Negative autem sic: «Si Christus non resurrexit, ergo neque nos resurgimus». Nam alias Christus sua virtute vivere ac resurgere potest, id quod nostra nos non possumus[7]. Si vero neque Christus resurrexisset, si nostra non esset resurrectio, iam constat, quod virtutem suę resurrectionis nostram facit et publicam. Huc spectarunt sancti homines, cum dixerunt Christi corpus

8 nach Hebręis *A gestrichen* resurrectio *und am Rand eingefügt* resurgere – 8 *nach* significat *A gestrichen* permanentiam et constantiam – 9 *B am Rand* קוֹם – 9 *nach* Si *A ein Zeichen gestrichen* – 12 consistere] *A am Rand eingefügt* – 14 magis] *A am Rand eingefügt* – 15f suplicio] *BD* supplitio – 16 eum ... damnavit] *A am Rand eingefügt* – 17 Negative] *BD* Negatur – 18 ergo] *A verändert aus* ego – 18 *nach* neque *A gestrichen* Christus resurrexit *und am Rand eingefügt* nos resurgimus – 20 nostra non esset] *B* non esset nostra – 22 Christi corpus] *B* corpus Christi

---

[1] *Vgl. zum folgenden Zwinglis Auslegung von 1 Kor 15: Z VI/I 467f; S VI/II 181ff. Wie Locher I 38ff nachweist, gipfelt Zwinglis Christuszeugnis im Begriff des «Christus noster»; im «Christus noster» ist zugleich der Ertrag seines christologischen Denkens enthalten.*

[2] *Vulg.: «Sic enim Deus dilexit mundum, ut Filium suum unigenitum daret, ut omnis qui credit in eum non pereat, sed habeat vitam aeternam».*

[3] *Jud Marg.: «1. Cor. 15».*

[4] *Jud Marg.: «Christus ist ganz unser eygen».*

[5] *Diese Worterklärung fehlt in Juds Übersetzung! Nach Auffassung von Pfr. Dr. Edwin Künzli † enthält die Stelle – ähnlich wie Z VI/I 190$_{2-7}$ – eine Spitze gegen die täuferische Vorstellung vom Seelenschlaf. Das hebräische Äquivalent für «resurgere» ist קוֹם.*

[6] *Jud: «alle syn handlung und würckung».*

[7] *Jud ergänzt: «Dwyl aber Paulus dahin starck tringt und kreftigklich (wider die, die die uferstentnus löugnetend) schlüßt».*

nos alere ad resurrectionem[1]. Quo nihil aliud voluerunt quam ostendere, quod, cum Christus, qui totus noster est, *[fol. 6r]* resur-
rexerit[2], nos per hoc certos reddi, quod et nos, cum corpore sumus
mortui, animis vivamus quodque aliquando cum eodem corpore su-
mus revicturi.   5

Porro[3] quod idem ille noster Christus coelos subiit[4] et ad patris
dexteram consedit, quod incunctanter credimus, promittit, quod et
nos, qui, protinus ut morimur, illuc subvolamus, aliquando simus
etiam cum corpore isthic eternis fruituri deliciis. Ut autem ille isthic
sedet, usque dum venturus est ad publicum orbis universi iudicium,   10
sic et nostri beatorumque omnium animi apud illum sunt sine corpore usque ad prędictum iudicium. Sub cuius exordium omnes redin-
duituri sumus positum corporis vestimentum et cum eo sive ad perpetuas sponsi nostri nuptias sive ad perpetuas perduellis diaboli erum-
nas[5] profecturi.   15

Hic duo tibi, mitissime rex, ut sentio, exponam.

1 alere] *A unterstrichen und am Rand:* q – 6 *AB am Rand* 9., *C am Rand* 9us artic., *D
am Rand* IX. – 6 *A nach* ille *ein Zeichen gestrichen* – 6 noster Christus] *B* Christus noster
– 7 incunctanter] *C* incumulanter – 8 illuc] *C* illhuc – 8 simus] *D* sumus – 9 etiam] *A
am Rand eingefügt* – 9 eternis] *B* perpetuis – 16 mitissime] *B* mittissime

---

[1] *Wie Jud Marg.:* «Irenäus» *bestätigt, denkt Zwingli in diesem Zusammenhang ge-
wöhnlich an Irenäus; s. z. B. Z V* 898$_{20}$–899$_2$; *VI/I* 468$_{25f}$ *mit Anm. 14; VI/II* 810$_{20-22}$ *mit
Anm. 5. Siehe auch Irenäus, Contra haereses V 2 (MPG VII 1125ff), IV 18 (MPG VII
1027ff). Zu Irenäus s. Hans Jochen Jaschke, Artikel «Irenäus von Lyon», in: TRE XVI
258–268; Adolf Wilhelm Ziegler, Das Brot von unseren Feldern, Ein Beitrag zur Euchari-
stielehre des hl. Irenäus, in: Pro Mundi Vita 21–43. Zum ganzen s. Georg Kretschmar/Er-
win Iserloh, Artikel «Abendmahl III/1f», in: TRE I 59ff (zu Irenäus speziell 67f, 71, 76;
zur Sache «Heilmittel der Unsterblichkeit» 73f).*

[2] *Jud ausführlicher:* «dwyl Christus gantz unser eygen ist unnd wir syn fleisch unnd gebein, er unser houpt und wir syne glider, und er vom tod uferstanden ist».

[3] *Jud Marg.:* «IX».

[4] *Jud:* «Wir gloubend und bekennend, das unser herr Jesus Christus, der für uns gestorben ist und zům läben wider erstanden ist, zů himmel gefaren sye». *Zum ganzen Artikel s. Frederick Ercolo Vokes, Artikel «Apostolisches Glaubensbekenntnis I», in: TRE III
549; Gerhard May/Robert E. Lerner, Artikel «Eschatologie V/VI», in: TRE X 299–310.
Vgl. dazu neben den üblichen Glaubensbekenntnissen auch die Epistola «Humani generis» (Denz. 443) und die Constitutio «Benedictus Deus» (Denz. 1000–1002). Daß die Seele
unmittelbar nach dem Tod in den Himmel fliegt, ist eine alte, von den Kirchenvätern häufig vertretene Vorstellung. Vgl. dazu den Index «De statu animae in morte et post mortem», in: MPL CCXIX 59.*

[5] *Im klassischen Latein dient dieser Begriff vor allem der Bezeichnung der Plagen des
Herkules. Vgl. Georges I 200; ThLL I 1066ff.*

[Purgatorium][1]

Unum, quod, cum **Christus** inferorum cruciatus non sensit, quomodo divus **Petrus** docet Act. 2 *[Apg 2,27]*, sed morte perfunctus coelos conscendit, nos quoque, posteaquam solvimur nexu corporis,
5 eo citra cunctationem[2], moram aut novum cruciatum, si modo fidem synceram habuerimus, ituros esse; quodque cupiditatem suam[3] potius quam animas fidelium pascere ausi sunt[4], qui purgatorii ignis miserias intentarunt alias satis miseris hominibus.

Primum enim **Christum** ipsum prorsus evacuant et explodunt[5].
10 Si enim **Christus** pro peccatis nostris mortuus est[6] – quomodo ipse et spiritu eius imbuti docuerunt apostoli, quomodo et religionis ratio fateri cogit, qua constat gratia et bonitate dei beari homines –, qui posset ferri, ut nos ad satisfaciendum cogeremur? Si enim a **Christo**

---

1 *AB kein Zwischentitel* – 2 *C² ergänzt am Rand* Purgatorium – 3 docet] *B* sensit –
3 *nach* Act. 2 *A ca. vier Zeichen gestrichen* – 3 *nach* perfunctus *A gestrichen* humana et
inferna *(?) und ein Wort* (sub-) – 6 synceram] *B* sinceram – 13 posset ferri] *A aus umgekehrter Wortfolge abgeändert*

---

[1] *Jud bringt die Überschrift «Vom fägfür». Vgl. zu dieser Frage Ernst Koch, Artikel «Fegfeuer», in: TRE XI 69–78 und Jacques LeGoff, Die Geburt des Fegefeuers, aus dem Franz. übers. von Ariane Forkel, Stuttgart 1984. Bei Zwingli finden sich die wichtigsten (ablehnenden) Stellungnahmen in Artikel 57–60 der «Auslegen und Gründe der Schlußreden» (Z II 414₁–438₁₁), im «Commentarius» (Z III 855₁₁–867₃) und in der «Fidei ratio», Art. 12 (Z VI/II 814₂₅ff). Im wesentlichen handelt es sich dabei einerseits um exegetische Belege gegen das Fegfeuer und für den sofortigen Eintritt der (erwählten) Seelen in die Ewigkeit (damit auch gegen die täuferische Lehre vom Seelenschlaf), andererseits um systematische Überlegungen, wie sie Zwingli hier vorlegt.*

[2] *So schon Z II 430₃ff.*

[3] *Die Auffassung, wonach die Lebenden durch die sog. «media suffragii», d.h. durch Gebet, gute Werke, Almosen, vor allem durch Meßopfer den Seelen im Fegfeuer helfen könnten, wurde durch die Konzilien von Lyon I (1254) (Denz. 838) und Lyon II (1274) (Denz. 856) definiert, führte indes bald und erst recht in der Reformationszeit zu Mißbräuchen. Vgl. Anm. 4.*

[4] *Hier denkt Zwingli möglicherweise an Papst Gregor den Großen, der einerseits eine einflußreiche «Regula pastoralis» verfaßte, anderseits maßgeblich zur Entwicklung der mittelalterlichen Fegfeuerlehre beigetragen hat – nicht nur in bezug auf den Reinigungsort und seine Funktion, sondern auch in bezug auf den Nutzen von Votivmessen für Verstorbene. Vgl. dazu Ernst Koch, Artikel «Fegfeuer», in: TRE XI 71₅₀–72₁₀; 75₁₂₋₂₁.*

[5] *Jud: «Und die selbigen, die also vom fägfür leerend, die lärend erstlich uß, machend unnütz unnd krafftloß das lyden und den verdienst Christi».*

[6] *Vgl. z.B. Mt 26,28; 1 Kor 15,3; 2 Kor 5,21; Gal 3,13 u.a.*

abhorrent[1], qui operibus fidunt iuxta Pauli verbum, quanto magis abhorrent et annihilant Christum, qui proprio cruciatu expiari crimina oportere docent[2]? Nam si benefacta mereri beatitudinem nequeunt[3] et eam carnificina mereatur, iam numinis bonitas[4] in dubium vocaretur, quasi adflictionibus et erumnis gauderet, abhorreret autem ⁵ a mansuetudine et benignitate.

Secundo, si Christus non tollit mulctam et poenam peccatis debitam, cuiusnam causa factus est homo? Cuiusque causa passus est[5]? Nam quod theologorum quidam sic discriminant a culpa nos redemptos esse, non etiam a poena, frivolum, immo contumeliosum in ₁₀ deum commentum est[6]. Nam ne humanus quidem iudex poenam infligit, ubi culpa abest[7]. Protinus *[fol. 6v]* ergo ut a deo culpa remittitur, poena condonata est.

Tercio, cum Christus ipse docuerit, quod, qui credunt, vitam eternam habeant, et quod, qui fidunt eo, qui Christum nobis misit[8], ₁₅ in iudicium non veniant, sed iam transierint a morte in vitam *[vgl. Joh 5, 24]*, fit manifestum, quod hęc mora cruciatus, quam animis hinc migrantibus dant papistę, commenticia est et ficta[9].

1 iuxta Pauli verbum] *A am Rand eingefügt* – 4 *nach* carnificina *A gestrichen* mereturus *(?)* – 5 adflictionibus] *D* afflictionibus – 8 *nach* cuiusnam causa *A gestrichen* natus est – 9 discriminant] *C* descrimant – 10 immo] *BCD* imo – 11 commentum] *B* comentum – 12 *nach* abest *A Fragezeichen gestrichen* – 16 a morte in vitam] *B* in vitam a morte – 18 *A hat an dieser Stelle (fol. 6v) eine Randbemerkung von Zwinglis Hand:* Hic non prosequeris describendo, sed aliud, quod pario, in locum huius pones. *Darunter mit fremder Hand:* vide pag. 18 et seqq. *Und fol. 18r hat A am Rand von Zwinglis Hand:* Hic incipe legere et perge secundum numerum paginatum. Est enim primum ternio, deinde pagina una sola. Sed foliorum numerus recte ducet. *Die Pariser Handschrift B berücksichtigt diese Regieanmerkungen, während C und D an dieser Stelle den in A nächstfolgenden Text bringen, die Regieanmerkungen also nicht beachten. Wir folgen den Regieanmerkungen und B. C hat die Fortsetzung unseres Textes auf fol. 15vff, D auf fol. 30rff.*

[1] *Jud: «Dann so die ab Christo ein schühen habend und Christen nit mögend genennt werden».*

[2] *Vgl. dazu z. B. schon Zwinglis Auslegung des 57. Artikels, Z II 427₁₆₋₂₇.*

[3] *Vgl. unten den Abschnitt* [«Fides et opera»], *S. 118₅ff.*

[4] *Siehe oben den Abschnitt* [«De deo»], *S. 53₉ff.*

[5] *Jud fügt hier bei: «von wess wägen hat er einen so härben, bitteren und schmächlichen tod gelitten?» Vgl. schon im «Commentarius», Z III 863₄₋₂₃.*

[6] *Jud: «Das aber etliche theologi sagend, Christus habe uns von der sünd und schuld erlößt, aber nit von der pyn, das wirdt one grund der warheit von inen unnd nit one schmach des lydens Christi erdacht».*

[7] *Vgl. die lateinische Rechtsregel «Nulla poena sine culpa» (Detlef Liebs, Lateinische Rechtsregeln und Rechtssprichwörter, München 1982, N. 160).*

[8] *Jud Marg.: «Joann. 5».*

[9] *Vgl. schon Z II 427₃₁ff; Z III 284₁₁₋₁₈; 858₃₁₋₃₈; dort auch Anm. 2.*

[Appendix de eucharistia et missa]¹

[fol. 18r] Alterum vero, quod me expositurum recepi, hoc est, quod
papistę² a veritate decidunt, cum se pro peccatis offerre Christum
in missa promittunt³, qui, ut semel sese in cruce et iterum patri in
5 coelo obtulit, sic peccatorum remissionem et ęternae foelicitatis gaudium meruit et impetravit, ut, qui se illum patri offerre iactet, non alia
re magis possit Christum antiquare aut negare⁴. Quod hac via dilucidum facere conabor.

Primum ab adversariis quęro, quisnam hominem Christum obtu-
10 lerit, cum in crucem est actus? Respondere aliter nequeunt quam neminem illum obtulisse, sed a seipso esse oblatum. Id quod prophetę,

---

1 *ABC kein Zwischentitel* – 2 *Zur Randbemerkung bei A siehe vorhergehende Seite* –
2 Alterum ... hoc est] *fehlt bei CD, statt dessen C² am Rand:* Appendix de eucharistia et
missa. Sunt quedam, que superiori exposicione delibavimus parcius, ea nunc exposicione copiosiori persequemur. *Und darüber:* Precipue vero demonstrabimus quod papistę a..., *D nach dem Zwischentitel:* Sunt quaedam, quae superiori expositione delibavimus partius, ea nunc expositione copiosiori persequemur. Praecipue vero demonstrabimus [quod papistę ...] – 5 *nach* obtulit *A gestrichen ita* – 7 Quod] *B* Quam – 9 homi-
nem] *D* hominum – 11 *nach* obtulisse *A gestrichen* nisi *und der Anfang eines weiteren
Wortes* – 11 esse] *fehlt BCD*

---

¹ *Jud hat die Überschrift «Etwas wyters hie angehänckt vom nachtmaal und der mäß».
Der «Appendix» folgt bei Jud dem Teil über die Wiedertäufer.*
² *Zwingli verwendet diesen Ausdruck in ähnlichem Zusammenhang schon Z II 116₁₂ff*
für «alle, so menschenleren, satzungen und pracht nebent dem gotswort achtend».
³ *Der Kampf gegen den Opfercharakter der Messe bildete bekanntlich ein zentrales
Anliegen der gesamten Reformation. Neben Luther hat Zwingli schon im 18. (s. Z II
111₂₆–157₁₄), und 19. Artikel (s. Z II 164₃₃–166₈) der «Schlußreden» in diesem Sinne Stellung bezogen, später dann in seiner Schrift «De canone missae epichiresis» (Z II 561ff, im
bes. 582₉ff zu dem Canontext «Hanc igitur oblationem servitutis nostrae...»), in «Adversus
Hieronymum Emserum antibolon» (Z III 280₂₂–282₃₂) und im «Commentarius» (Z III
803₃₂–809₅); neben Zwinglis Stellungnahme in dieser Frage sind auch Oecolampad und
Bullinger zu berücksichtigen: (Oecolampad:) «Ein christliche und ernstlich antwurt der
prediger des evangelii zů Basel, warumb sy die mess einen grüwel gescholten habind», Zürich 1527 (IDC EPBU-379); «Ob die mess ein opffer sey», Basel 1527? (IDC EPBU-380);
(Bullinger:) «De origine erroris in negocio eucharistiae ac missae», Basel 1528 (HBBibl I,
Nr. 10; IDC EPBU-103). Zur Literatur vgl. Locher, Grundzüge 582f; ders., Reformation
221 und 283ff. Zum Opfercharakter des Abendmahls in der Alten Kirche vgl. Georg Kret-
schmar/Erwin Iserloh, Artikel «Abendmahl III/1 und 2», in: TRE I 59–106, bes. 70₃₆ff.
Zur Abendmahlslehre der Römisch-katholischen Kirche in der Reformationszeit s. Erwin
Iserloh, Artikel «Abendmahl III/3», in: TRE I 122–131, bes. 125f.*
⁴ *Jud: «Und welcher spricht oder sich růmpt, er opffere in dem vatter uf, der möchte
nüt thůn, damit er gott mee möchte und könde erzürnen und den herren Christum ver-
duncklen und verlöugnen».*

ipse ipsiusque apostoli sunt testati. «Oblatus est, quia ipse voluit»
[Jes 53, 7][1]. «Nemo tollit a me animam meam», et: «Potestatem habeo
ponendi animam meam atque iterum sumendi eam» *[Joh 10,18]*[2].
«Ego animam meam do pro ovibus meis» *[Joh 10,15]* et: «Panis,
quem ego dabo, caro mea est, quam ego depensurus sum pro mundi   5
vita» *[Joh 6, 51]*[3], «qui per spiritum sempiternum seipsum obtulit
immaculatum deo» *[Hebr 9, 14]*. Si ergo Christus tunc a nemine quam
a seipso est oblatus, quęro secundo, an ista vera suiipsius in mortem
oblatio habeat aliquid discriminis cum ista, qua eum papistę offerunt[4]. Si dicant nullum esse discrimen, iam sequetur Christum ho-   10
die quoque pati ac doloribus adfici, immo mori oportere, cum offertur[5]. Sic enim scriptum est Hebr. 2 *[v. 14]*: «ut per mortem exautora-
ret[6] eum, qui habebat mortis imperium, hoc est diabolum». Rom. 5
[v. 10]: «Reconciliati sumus deo per mortem filii eius». «Ubi testamentum est, isthic necesse est, ut mors testatoris intercedat» *[Hebr*   15
9, 16][7], hoc est: si cui testamento legatum cedere debeat, necesse est,
ut testator moriatur. Testamentum autem sive legatum nostrum est
gratuita remissio peccatorum, ut habetur Ieremię 31 *[v. 31–34]* et
Hebr. 8 *[v. 8–12]*. Hanc cum nobis legavit divina bonitas, iam necesse
fuit, ut is moreretur, per quem gratia peccatorum nobis legata erat.   20
Sequitur ergo, quod si papistę nunc offerant, Christus etiamnum
moriatur. Nam si offerunt, oblatione tolluntur peccata; si peccata tolluntur, iam mortem necesse est intervenire: «Sine sanguinis enim ef-
fusione non fit remissio», Hebr. 9 *[v. 22]* et Rom. 6 *[v. 10]*: «Quod
autem mortuus est, propter peccatum est mortuus»[8]. Constat igitur   25

2 Nemo ... et] *A am Rand eingefügt* – 2 meam] *B* meam etc. – 7 immaculatum] *B*
imaculatum – 7 deo] *B* deo etc. – 9 ista] *B* ea – 10 dicant] *B* dicunt – 10 sequetur] *C* se-
quatur – 11 *nach* adfici *A gestrichen* cum offertur – 11 immo] *BD* imo – 12f exautoraret]
D exauthoraret – 15 ut ... intercedat] *B* testatoris morte, quae intercedat – 18 gratuita] *A*
am Rand eingefügt – 18 Ieremię] *B* Hieremię, *D* Jere. – 20 gratia peccatorum nobis] *B*
nobis gratia peccatorum – 21 nunc] *A am Rand eingefügt* – 24 enim] *A darüber einge-*
fügt – 25 est mortuus] *B* mortuus est

---

[1] *Jud Marg.: «Esa. 53».*
[2] *Vulg.: «Nemo tollit eam a me, sed ego pono eam a meipso et potestatem habeo po-*
nendi eam et potestatem habeo iterum sumendi eam: hoc mandatum accepi a Patre meo».
[3] *Vulg.: «panis, quem ego dabo, caro mea est pro mundi vita». Jud Marg.:*
«Joan. 6, Ebre. 10».
[4] *Jud verdeutlicht: «dem opffer, das sy in der mäsß thůnd».*
[5] *Jud Marg.: «Opfferen und sterben in Christo ist eins».*
[6] *Vulg.: «destrueret».*
[7] *Vulg.: «Ubi enim testamentum est, mors necesse est intercedat testatoris». Vgl. dazu*
schon Z II 132₃ff.
[8] *Vulg.: «Quod enim mortuus est peccato mortuus est semel» (Röm 6,10).*

omnino, *[fol. 18v]* ut, si papistę in remissionem peccatorum offerant, perinde ac Christus sese obtulit, etiam occidant; nam sine morte non abolentur peccata.

Si vero inter suam oblationem et eam, qua se Christus ipse obtu-
5 lit, aliquod est discrimen, quęro, quodnam istud sit? Respondebunt nimirum pro veteri more hoc esse discrimen, quod ille se realiter obtulerit[1], ipsi autem spiritualiter nunc offerant[2], idcirco tunc necessarium fuisse, ut moreretur, nunc autem, quia spiritualis sit illorum oblatio, mortem non exigi. Quibus sic occurrimus: In re tam ardua
10 nullum sermonem ambiguum aut obscurum esse prętereundum, ne scilicet non intellecta virtute sermonis a vero abducamur. Quęro igi-

2 perinde ... obtulit] *A am Rand eingefügt;* perinde] *C* proinde – 4 se Christus ipse]
B Christus ipse se – 5 aliquod] *A verändert aus* aliquid – 6 esse] *C* est – 7 ipsi] *A verändert aus* ipos – 9 *nach* Quibus *A gestrichen* alia quęstione – 10 *ACD am Rand* Nihil ambiguum in medio relinquendum, cum veritas quęritur, *C² am Rand:* Dum veritas queritur, nihil ambiguum in medio relinquendum, precipue in re tam ardua, *B am Rand:* Nichil ambiguum relinquendum, cum veritas quaeritur; esse prętereundum] *B* praetereundum esse

---

[1] *Jud: «recht wäsenlich und thaatlich».*

[2] *Die Annahme Zwinglis, die römischen Verteidiger des Meßopfers könnten sich durch Unterscheidung zwischen dem einmaligen Opfer Christi am Kreuz und dem täglich wiederholten Opfer in der Messe auf die Begriffe «realiter» und «spiritualiter» berufen, wirkt eher gesucht. In der zeitgenössischen, aber auch schon in der scholastischen Lehre vom Meßopfer spielten diese kaum eine Rolle. Immerhin: Zwingli könnte Thomas im Auge haben. Dieser unterscheidet grundsätzlich, d.h. ohne direkten Bezug auf die Messe, zwischen einem «sacrificium corporale» bzw. «exterius», «sensibile» oder «visibile» einerseits und einem «sacramentum spirituale» bzw. «interius» oder «invisibile» (S.Th. II/II 85, 2c und 4c; III 22, 2c; 82, 4c; cg. III 119f). Was das Meßopfer selber betrifft, schreibt Burkhard Neunheuser, Eucharistie in Mittelalter und Neuzeit, Freiburg 1963, HDG IV/4b, 40, über Thomas: «Die knappe Darlegung in der Summe gegen die Heiden beschränkt sich fast ganz darauf, die Irrlehren über die wahre Gegenwart Christi zurückzuweisen, um so mit Nachdruck darlegen zu können, daß in diesem Sakrament das wahre Fleisch Christi den Gläubigen zur Speise gereicht wird, wahrhaft, wenn auch nicht ‹fleischlich›, sondern ‹in einer geistlichen Weise (quodam spirituali modo), anders, als wir das von den übrigen Speisen her gewöhnt sind.› Und da uns das Heil durch Christi Tod geschenkt wurde, wird das Sakrament unter der doppelten Gestalt gegeben, ‹damit so in diesem Sakrament ein Denkmal (memoria) und eine Darstellung (repraesentatio) des Herrenleidens gegeben sei›». In der Reformationszeit käme als Gegner Zwinglis in erster Linie Johannes Eck in Frage. Gerade Eck hat sich aber höchstens am Rande mit der hier von Zwingli aufgeworfenen Frage beschäftigt; vgl. dazu Erwin Iserloh, Die Eucharistie in der Darstellung des Johannes Eck, ein Beitrag zur vortridentinischen Kontroverstheologie über das Meßopfer, Münster 1950, RGST LXXIII/ LXXIV, bes. S. 150–155; ders., Artikel «Abendmahl III/3» (Die Messe als Opfer), in: TRE I 125f mit Lit. 130f. Vgl. zu den folgenden Ausführungen Zwinglis ganz ähnliche Überlegungen in «De conviciis Eckii», Z VI/III (271– bzw.) 273₄–275₁₀. Vgl. Georg Kretschmar, Artikel «Abendmahl III/1» (Opfer), in: TRE I 70–73.*

tur, cum dicunt spiritualiter sese offerre, quidnam intelligant per hanc vocem «spiritualiter». Anne spiritum suum intelligant, ut sensus sit: Christum spiritualiter offerimus, hoc est, in mente recolimus, recordamur et gratias agimus, quod Christus pro nobis oblatus est. Si isto modo intelligunt spiritualiter offerre, cum scilicet 5 in animo adferunt Christum, iam a nobis quidem nihil dissentiunt, sed a seipsis plus quam τρὶς διὰ πασῶν[1]. Tam enim abest, ut Christum hoc modo offerant, ut seipsos fide illi dudum oblatos visibiliter quoque in coena offerant. Si per «spiritualiter» spiritum Christi intelligunt, hoc sensu: Spiritualiter Christum offerimus, id est, spiri- 10 tum Christi offerimus, iam obstat, quod supra quoque adduximus Christi verbum: «Nemo tollit animam meam» etc. *[Joh 10,18]*. Nemo enim potestatem in illum habet. Nam et ipse seipsum per spiritum sempiternum obtulit, hoc est animam et corpus suum in mortem tradidit voluntate et iussu ęterni spiritus sive consilii[2]. Hoc modo igi- 15 tur Christum nemo nisi seipse potest offerre. Si vero per «spiritualiter» intelligunt hoc modo: Nos offerimus verum Christi corpus spiritualiter, hoc est quodam inedicibili modo, ut sit verum corpus non tamen reale aut naturale, sed suo modo spirituale, qui modus nobis ignotus est – sic enim fere loquuntur –, iam ostendemus eos nihil 20 quam verba concinnare, quę sibi constare non possunt[3]. Cum enim constet Christi corpus verum esse corpus, ita ut unum idemque corpus, antequam moreretur et postquam surrexit, *[fol. 19r]* re et numero maneat[4], tametsi ex mortali factum sit immortale, ex animali spiri-

1 dicunt] *A verändert aus* dicant – 2 *nach* spiritum *A gestrichen* hoc est – 3 sensus sit] *D* sit sensus – 4 *nach* agimus *A gestrichen* pro Christi oblatione – 5 Si ... offerre] *fehlt bei B* – 5f cum ... Christum] *A am Rand eingefügt* – 6 adferunt] *BD* offerunt – 6 *nach* iam *A gestrichen* nihil differunt – 6 quidem nihil] *B* nichil, *D* nihil quidem – 7 *nach* quam *A gestrichen* tris dia – 8 illi] *A am Rand eingefügt* – 9 *nach* Si *A gestrichen* vero *(?)* – 9 spiritum Christi] *B* Christi spiritum – 13 illum] *C* illam – 13 *vor* Nam *A gestrichen* Si vero – 14 *nach* hoc est *A gestrichen* spiritum *und am Rand eingefügt* animam – 15 sive consilii] *A am Rand eingefügt* – 17 Christi corpus] *B* corpus Christi – 18f *nach* corpus *A gestrichen* sed *und nach* non *am Rand eingefügt* tamen – 22 ut] *A darüber eingefügt*

[1] *Jud übersetzt viel einfacher: «so sind sy doch mit uns eins; denn aber sind sy mit inen selbs niena eins». Zu «τρὶς διὰ πασῶν» vgl. Liddell-Scott 388 s.v. «διὰ A. I.»: «dreimal ganz und gar».*

[2] *Jud: «uß dem gheiß unnd willen des ewigen geists, das ist uß ewigem raatschlag».*

[3] *Jud: «so müssend wir inen anzeigen, das es nüt dann wort sind, die sich miteinander nüt rymend».*

[4] *Jud Marg.: «Wie der lyb Christi geistlich sye»; im Text schreibt er: «diewyl der lyb Christi ein waarer lyb ist und eben ein einiger und der selb lyb vor dem tod und nach der uferstäntnuß, wiewol er anders gestaltet ist – vor dem tod tödlich, nach der uferstentnuß*

tuale, hoc est divinum, purum, impassibile et spiritui in omnibus ob-
temperans, nunquam tamen sic mutatur aut transit in spiritum, ut non
sit verum naturale realeque corpus, ante mortem quidem corruptibile
et fragile, post resurrectionem vero incorruptum, firmum ac sempiter-
5 num, at unum idemque semper corpus. De vero igitur corpore intelligo et quęro, an dicant verum corpus offerri, sed modo inedicibili.
Respondent: Etiam nimirum. Quęro ultra, cur audeant dicere modum
esse inedicibilem, cum hęc sit prima divisio rerum substantiarumque
omnium, quod aut corpus sunt aut spiritus. Quę[1] divisio tam late va-
10 gatur, ut etiam deum comprehendat, angelos ac spiritus omnes.
«Deus enim est spiritus», Io. 4 *[Joh 4, 24]*. Cum ergo nobis quęstio sit
de: quid est, non de: quomodo est, ut ipsi cum philosophis loquuntur[2], hoc est, nos primo quęrimus, quid offeratur; deinde quęrimus
tandem, quomodo offeratur, non quasi velimus operum dei rationem
15 exigere, sed cum de re sive substantia non recte respondent, iam de:
quomodo sit, ostendamus minus recte respondere. Sed ne quid maiestatem tuam offendant sophisticę nebulę, quod dixi propter conten-
tiosos, planissime ac adpertissime exponam[3].

3 quidem] *A am Rand eingefügt – 4 nach* incorruptum *A gestrichen* et *und Anfang eines weiteren Wortes* (sem-?) – 4f ac sempiternum] *B* sempiternumque – 9 *ABCD am
Rand* Universalis rerum omnium divisio: corpus aut spiritus *C²:* Rerum substancia sive
omnium rerum divisio aut corpus sunt aut spiritus – 12 de quid] *B fehlt* de – 13 primo]
A am Rand eingefügt – 14 nach quomodo offeratur *A gestrichen* Illi nobis respondent
de quomodo – 15 re sive] *A am Rand eingefügt – 18 ac] B* et – 18 adpertissime] *C* aptis-
sime, *D* appertissime

---

*untödtlich und geistlich». Im Hintergrund stehen die Gedanken des Paulus aus 1 Kor
15, 40.44 bzw. 15, 35–53.*

[1] *Vgl. Porphyr über das Verhältnis von Seinsordnung und logischer Ordnung, in: Boe-
tius, In Porphyrium commentariorum liber III (MPL LXIV 102): «Sit autem manifestum
in uno praedicamento quod dicitur substantia: est quidem et ipsa genus, sub hac autem est
corpus, et sub corpore animatum corpus, sub quo animal; sub animali vero, rationale animal, sub quo, homo; sub homine vero, Socrates et Plato, et qui sunt particulares homines.
Sed horum substantia quidem generalissimum est et genus solum; homo vero specialissi-
mum et solum species; corpus vero species quidem est substantiae, genus vero corporis ani-
mati...»; vgl. Peter of Spain (Petrus Hispanus Portugalensis), Tractatus, Called after-
wards Summule logicales, ed. by L. M. de Rijk, Assen 1972, Philosophical Texts and Studies XXII, 20.*

[2] *Vgl. Plat.men. 71 b, 86 e_{ff}; Aristot. metaph. XII 1.*

[3] *Jud faßt diese Sätze – Z. 11–18 – folgendermaßen zusammen: «So wir nun yetz von
dem fragend, was es sye, nit wie es sye; das ist: wir fragend yetz, was sy ufopferind, nit
wie. Nit das wir der wercken gottes rechenschafft unnd ursach wüssen wöllind, sunder das
wir anzeigind, diewyl sy von der substantz unnd dem wäsenlichen ding nit recht antwur-
tend, das sy ouch vom wie nit recht antwurten mögend. Yetz wil ichs klaar und häll reden».*

A papistis quęro de re primum: Quid offertis pro peccatis in missa? Respondent: Corpus Christi. Dico ego: Anne verum et reale[1]? Respondent: Etiam. Dico: Si verum et reale offertis, iam duo absurdissima sequuntur. Unum, quod vobis opus, quod solius filii dei est, sumitis. Ipse enim seipsum obtulit, ut antea dictum est[2]. Nam   5
nemo potest quicquam offerre maius seipso. Sacerdotes veteris testamenti offerebant pecuinas hostias, sed istę tanto erant humiliores ipsis sacerdotibus, quanto belua est homine inferior. Summam autem hostiam offerebat quisque, cum seipsum domino dedicaret ac manciparet, hoc est cum totam mentem deo devoveret totamque vitam cum   10
actionibus universis illius obsequio dederet[3]. Unde et apostoli nusquam nos docent alia quam nosipsos offerre *[vgl. Röm 12, 1]*[4]. Christus ergo per seipsum solum offertur. Nam idcirco solus summus sacerdos in s*[ancta]* sanctorum et semel tantum in anno ingrediebatur, ut figuraretur, quod solus Christus pro peccatis perlitaret *[vgl. Hebr*   15
9, 7][5]. Alterum absurdum est, *[fol. 19v]* quod, si Christum pro peccatis offertis, iam Christum occiditis; non enim abolentur peccata nisi morte *[vgl. Hebr 9, 22]*. Nam granum frumenti, nisi mortuum fuerit, fructum nullum profert *[Joh 12, 24]*[6]. Si ergo non occiditis, nullum fructum facitis. Si occiditis, iam recrucifigitis Christum, qui semel   20
tantum est mortuus et mori ultra non potest, ut in Romanorum et Hebreorum epistola apostolus vere ac solide docet *[vgl. Röm 6, 10 und Hebr 9, 28]*.

Vide, prudentissime rex, in quas angustias, in quę incommoda velut in Syrtes trahi se patiantur ab avaricia papistę[7]. Christus solus   25

1 pro peccatis] *A am Rand eingefügt* – 4 opus, quod] *B fehlt* quod – 4f filii] *A am Rand eingefügt* – 6 potest quicquam] *B* quicquam potest – 7 *nach* offerebant *A gestrichen* beluinas – 8 homine inferior] *B* inferior homine – 10 mentem] *C* virtutem – 12 nos] *B* non – 13–15 Nam ... perlitaret] *A am Rand eingefügt* – 16 Christum] *fehlt bei B* – 19 fructum nullum] *B* nullum fructum – 22 *nach* docet *A gestrichen* apostolus – 24 *nach* quas *A gestrichen* sese

---

[1] *Jud: «den rächten wäsenlichen natürlichen lyb».*

[2] *Vgl. oben S. 75₂–77₃.*

[3] *Jud: «das ist, so er gott sin gantzen inneren menschen ufopferet und sin gantz läben mit allen wercken, gedancken unnd worten in den dienst und willen gottes pflichtet».*

[4] *Zum Beispiel Röm 12, 1; 1 Petr 2, 5 u. a. Vgl. dazu Johannes Behm, Artikel «θύω», in: ThW III 184₂₅–186₂₀.*

[5] *Vgl. Zwingli zu Hebr 9, 7 S VI/II 308.*

[6] *Jud Marg.: «Joan. 12».*

[7] *Jud: «Hie sicht üwer k. m., in was enginen und gefaarlichen ort sich die bäpstischen pfaffen den gyt lassend tryben». Syrte meint im allgemeinen eine Sandbank im Meer, im besonderen die Große und Kleine Syrte an der afrikanischen Küste; auch Klippe, häufig*

potest seipsum offerre. Oblatio solum tunc fit, cum occiditur victima. Peccatum tunc solum aboletur, cum perlitatur, hoc est, cum mactata hostia hilari a deo vultu recipitur[1]. Sequitur ergo, quod nemo hominum potest Christum offerre, quanto minus papi-

5 stę. Sequitur et hoc, ut, si offerrent, occiderent Christum. Cum autem Christus mori ultra non possit, sequitur, quod, etiamsi papistę libenter Christum occiderent, ut vel pro cęde pecuniam acciperent, non tamen possint occidere. «Mors enim illi dominari ultra non potest» *[Röm 6, 9].* Sed heç omnia magis t*[uae]* m*[aiestati]* fient perspi-

10 cua, cum apostoli testimonia adduxerimus[2].

Hebr. 1 *[v. 3]:* «Qui cum sit et radius glorię et character substantię eius, quique gerit omnia iussu virtutis suę, per seipsum tamen peccatorum nostrorum expiationem perfecit», etc.[3] En tibi, optime rex, quemnam esse oportuerit, qui peccata nostra expiavit, radius est

15 ęterni solis[4], hoc est summi luminis. Character[5], hoc est similitudo[6] et

---

3 mactata] *A am Rand eingefügt –* 5 ut] *B* qui – 6 *nach* sequitur *A gestrichen* ut etsi –
8 dominari ultra non potest] *A aus Wortfolge* n. d. p. u. *abgeändert –* 9 *nach* omnia *A gestrichen* clarius – 9 *nach* magis *A gestrichen* tibi *und am Rand eingefügt* t*[uae]* m*[aiestati]*
– 11 et radius] *A* et *darüber eingefügt –* 15 ęterni solis] *A verändert aus* ęternę lucis

---

bei Cicero im übertragenen Sinn (de orat. III 163 u. a.); Verg. Aen. I 111. Vgl. Georges II 2998.

[1] *Jud: «so das geschlachtet opfer von gott angenommen und bewärt wirt».*

[2] *Wir verweisen hier für die folgenden Zitate aus dem Hebräerbrief als unentbehrliche Interpretationshilfen auf Zwingli und Bullinger: (1.) «In epistolam beati Pauli ad Hebrae os expositio brevis Huldrychi Zuinglii, Per Megandrum ab ore eius excepta et edita», S VI/II 291–319. Megander macht in seinem Vorwort an den Leser (a..a. O. 291) die interessante Bemerkung: «Supervacuum enim videbatur fusius ista tractare, quum omnia non solum copiose, sed pie, erudite, docte, Bullingeri fratris et symistae mei carissimi, editis commentariis reperiantur». Damit ist (2.) Heinrich Bullingers «Commentarius in epistolam ad Hebraeos», Zürich 1532 (HBBibl I, Nr. 38; IDC EPBU-115) gemeint, nicht seine (3.) «Vorlesung über den Hebräerbrief» (1526/27) (HBTS I 133–268). Siehe bei Zwingli selber schon Z II 111₂₆–119₂₅ und Z II 585₁–587₆. Zusätzlich geben wir Hinweise auf zwei moderne Auslegungen des Hebräerbriefes: Der Brief an die Hebräer, übersetzt und erklärt von Otto Michel, Göttingen 1966, Meyers kritisch-exegetischer Kommentar, 13. Abteilung, 12. Aufl. (zit. Michel); Philip Edgcumbe Hughes, A Commentary on the Epistel to the Hebrews, Grand Rapids, Michigan 1977 (zit. Hughes), sowie William R. G. Loader, Sohn und Hoherpriester, eine traditionsgeschichtliche Untersuchung zur Christologie des Hebräerbriefes, Neukirchen-Vluyn 1981, Wissenschaftliche Monographien zum Alten und Neuen Testament LIII.*

[3] *Vulgata: «qui, cum sit splendor gloriae et figura substantiae eius portansque omnia verbo virtutis suae, purgationem peccatorem faciens...» Siehe dazu S VI/II 292f. Vgl. zur Auslegung dieser Stelle Michel 96–105; Hughes 40–49.*

[4] *Vgl. Gerhard Kittel, Artikel «ἀπαύγασμα», in: ThW I 505₂₆₋₃₂.*

[5] *Vgl. Ulrich Wilckens, Artikel «χαρακτήρ», in: ThW IX 410₃₁–411₂₀.*

[6] *Vgl. Lausberg I, §§ 422–425; Z XIII 846 s. v. «parabola».*

antitypus[1] ęterni numinis, hoc est eius substantię, quę seipsa est quę-
que omnibus tribuit esse. Omnipotens est, ut cuius iussui omnia
pareant. Quę ergo impudentia est, dum illum homines offerre conten-
dimus pro peccatis, cum ipse sua oblatione peccata lustraverit?

Ibidem cap. 5 *[Hebr 5, 5]*: «Sic et Christus non huc glorię aut ho- 5
noris sese ingessit, ut pontifex fieret, sed is, qui ad eum dixit: Filius
meus es tu; ego hodie genui te»[2]. Quę ergo impietas et in deum contumelia hęc est, ut homo sese pontificem faciat, cum ne filius quidem
dei sibi hunc honorem sumpserit, sed a patre acceperit[3]?

[fol. 20r] Hebr. 7 *[v. 26]*: «Talis nos decebat pontifex, qui sanctus 10
esset, alienus ab omni malicia, alienus ab omni contagione, alienus ab
omni peccatorum scelere, quique coelis esset sublimior», etc.[4]. Quę
nunc creatura sibi sumere audebit, ut pontificem se esse glorietur,
cum eum pontificem, qui peccatum aboliturus est, sanctum et sine
omni labe esse oporteat? 15

Ibidem *[Hebr 7, 24f]*: «Hic autem noster pontifex tam abest, ut non
duret imperpetuum, ut etiam sacerdotium illius sit perpetuum, quo
fit, ut semper salvare sive liberare possit eos, qui per se ad deum veniunt suplicatum, perpetuo in hoc vivens, ut pro eis interveniat»[5].
Quę stulticia est ei subrogare sacerdotes, qui nec officio neque vita 20
decessit? Christus sempiternus est sacerdos, sempiternus advocatus
noster apud deum. Cur igitur nobis alios paramus advocatos? Num
mortuus est Christus? Num causam nostram deseruit? En, fortissime rex, ut contumeliosi in deum sint, ut Christum negent, qui se
sacerdotes faciunt. 25

1 ęterni] *A verändert aus* ęterne – 1 quę] *B* quae de – 3 impudentia est] *A* est *am
Rand eingefügt* – 6 *nach* ut *A gestrichen* se – 14 eum] *B* enim – 14 *nach* aboliturus *A 4–5
Zeichen gestrichen* – 17 imperpetuum] *C* in perpetuum – 19 suplicatum] *BD* supplica-
tum – 19 interveniat] *B* intercedat – 20 *nach* stulticia *A gestrichen* esset *und ca. 15 Zeichen* – 20 nec] *B* neque – 22 *nach* advocatos *A gestrichen* An

---

[1] *Vgl. Lausberg I, § 901.*

[2] *Vulgata: «Sic et Christus non semetipsum clarificavit ut pontifex fieret; sed qui locutus est ad eum: Filius meus es tu, ego hodie genui te». Vgl. Michel 219; Hughes 178–181.*

[3] *Jud: «Wie gethar sich nun ein tödlicher armer mensch zům pfaffen machen, so der
sun gottes söliche eer nit von im selbs angenommen hat, sunder vom vatter darzů erwölt
ist? Ist das nit ein ungöttlicher fräfel? Heißt das nit gott geschmächt?»*

[4] *Vulgata: «Talis enim decebat ut nobis esset pontifex, sanctus, innocens, impollutus,
segregatus a peccatoribus et excelsior caelis factus». Vgl. Michel 278–281; Hughes
271–275.*

[5] *Vulgata: «Hic autem, eo quod maneat in aeternum, sempiternum habet sacerdotium;
unde et salvare in perpetuum potest accedentes per semetipsum ad Deum semper vivens ad
interpellandum pro nobis». Vgl. Michel 276f; Hughes 268–270.*

Ibidem *[Hebr 7, 27]*: «Hic noster non habet necesse, quemadmodum pontifices, primo pro suis offerre peccatis, deinde pro populi, hoc enim (pro populi scilicet) semel fecit, seipsum offerendo»[1]. Semel videmus hic Christum oblatum. Quę ergo impuritas actum
5 agere[2]? Dum ille semel oblatus expiationem peccatorum perfecit, eaque per illum perpetuo durat, iam qui ipsum se offerre gloriatur, tantundem facit, ac si quis iactaret se mundum creare. Is enim, ubi semel est creatus, perpetuo durat. Sic et redemptio semel per Christum impetrata[3] ęque perpetuo durat. Non sunt enim opera dei ut
10 opera hominum, ut, instaurationem aut refectionem ni sortiantur, corruant[4].

Ibidem 8. cap. *[Hebr 8, 1]*: «Summa prędictorum hęc est: Nos talem habemus pontificem, qui in coelo sedet ad dexteram throni magnificentissimi»[5], etc. Quę igitur pręsumptio est sese pontificem aut li-
15 turgum[6] facere, cum solus is sit noster pontifex, qui ad dexteram dei sedet?

Ibidem cap. 9 *[Hebr 9, 11f]*: «Cum autem Christus advenit, pontifex futurorum bonorum, per maius perfectiusque tabernaculum, ut quod manibus factum, hoc est humano *[fol. 20v]* more conditum
20 non erat, neque cum sanguine hircino aut vitulino, sed cum proprio sanguine in sancta ingressus est semel redemptionemque perpetuam impetravit»[7]. Quę ergo contumacia est filii dei provinciam sibi su-

---

6 ipsum se] *C* se ipsum – 6 *nach* gloriatur *A gestrichen* perinde – 9 sunt enim] *B* enim sunt – 10 *nach* hominum *A gestrichen* quę – 13 throni] *B* troni – 14f *C am Rand* λειτουργός i. minister – 17 cap. 9] *B* 9. cap. – 17 *nach* autem *A zuerst am Rand* pontifex *eingefügt, dann wieder gestrichen* – 19 *nach* factum *A gestrichen* aut h- *(zwei Buchstaben)* conditum non erat – 19f conditum non] *B* non conditum – 21 redemptionemque] *C* redempcionem

---

[1] *Vulgata: «Qui non habet necessitatem cotidie, quemadmodum sacerdotes, prius pro suis delictis hostias offerre deinde pro populi; hoc enim fecit semel seipsum offerendo»; vgl. Michel 281–283; Hughes 275–278.*

[2] *Jud: «Was wil man dann das thůn, das schon geschähen ist?» Vgl. Otto 9 s. v. «agere».*

[3] *Jud: «Also ist die erlösung unnd verzyhung der sünd durch Christum am crütz einmaal erlangt».*

[4] *Jud: «Menschen werck, wo mans nit yemerdar ernüweret unnd widerholt, zergond sy unnd verfallend; aber diß ist in den wercken gottes nit; sy wärend für und für».*

[5] *Vulgata: «Capitulum autem super ea quae dicuntur: Talem habemus pontificem, qui consedit in dextra sedis magnitudinis in caelis»; vgl. Michel 287; Hughes 280–283.*

[6] *Jud: «zům priester und opfferpfaffen».*

[7] *Vulgata: «Christus autem adsistens pontifex futurorum bonorum per amplius et perfectius tabernaculum non manufactum, id est non huius creationis, neque per sanguinem hircorum aut vitulorum, sed per proprium sanguinem introivit semel in sancta, aeterna redemptione inventa»; vgl. Michel 310–313; Hughes 326–354.*

mere[1], cum ille proprium sanguinem obtulerit et solus obtulerit, ut
peccatis obnoxius homo iactet se eundem offerre sanguinem, quem
ille semel tantum obtulit, sed adeo ampliter ac abunde[2], ut comparata
redemptio imperpetuum duret? Deus enim sempiternus est, qui redemit idem et creavit. Adducam ex hac epistola unum adhuc testimo-   5
nium, in quo, quicquid diximus, velut in tabella perspicitur.

Hebr. 9 *[v. 24–26]*: «Non enim ingressus est Christus in manufacta sancta, quę verorum sanctorum typus[3] tantum essent, sed in ipsum coelum, ut nunc compareat vultui dei pro nobis. Neque ingressus
est, ut sępe seipsum offerat, quemadmodum Leviticus pontifex   10
quotannis cum alieno sanguine ingreditur; alioqui oportuisset eum
crebro pati a condito mundo; sed semel nunc in ultimo sęculo[4], cum
suiipsius victima comparuit ad peccatorum expiationem»[5]. En, ut offerri requirat pati! Quę igitur oscitantia ista non videre, quod, ubi offertur Christus, isthic et moritur? Cum autem semel tantum potue-   15
rit mori, potuit tantum semel offerri. Sed semel oblatus imperpetuum
purificat sanctificatos[6], hoc est ad ęternam vitam destinatos. Coelo
sedere oportet, qui patrem nobis conciliat. Unde et vera Christi ecclesia ea adpellatur, quę omnia per Christum et possidet et impe-
trat[7].   20

3 tantum] *fehlt bei B* – 3 ac] C et – 3 comparata] *A am Rand eingefügt* – 4 imperpetuum]
C in perpetuum – 6 perspicitur] B perspicuitur – 9f ingressus est] *A am Rand eingefügt* –
10 *nach* ut *A gestrichen* iterum *(?)* – 10 offerat] B offerret – 11 quotannis] B quottannis –
11 alioqui] C alioquin – 11f eum crebro] B crebro eum – 12 *ABCD am Rand* עתה *vūv* –
14f offertur Christus] B Christus offertur – 15 autem] C ergo – 15 tantum] B tan-
tumodo – 15f potuerit] *A verändert aus* pos- – 16 imperpetuum] C in perpetuum – 18f *nach*
ecclesia *A gestrichen* idcirco *und darüber eingefügt* ea – 19 adpellatur] C appellatur

---

[1] *Jud: «O des grossen fräfels, das ein mensch das thůn wil, das allein dem sun gottes zůgehört».*

[2] *Jud: «so rychlich, so überflüssig, so volkummen».*

[3] *Jud: «ein abcontrafactur und bildner».*

[4] *Siehe G. Stählin, Artikel «vūv», in: ThW IV 1099–1117.*

[5] *Vulgata: «Non enim in manufacta sancta Iesus introivit exemplaria verorum, sed in ipsum caelum, ut appareat nunc vultui Dei pro nobis; neque ut saepe offerat semetipsum, quemadmodum pontifex intrat in sancta per singulos annos in sanguine alieno; alioquin oportebat eum frequenter pati ab origine mundi: nunc autem, semel in consummatione sae-culorum, ad destitutionem peccati per hostiam suam apparuit»; vgl. Michel 323–326; Hughes 382–386.*

[6] *Jud Marg.: «Sancti sanctificati».*

[7] *Jud: «die alle ding durch Christum sůcht, erlangt und besitzt».*

Sed quid maiestatem tuam pluribus turbarem, cum sole sit clarius[1], Christum neminem posse offerre quam ipse seipsum? Secundo, semel tantum posse offerri eundem. Nam si eius oblatio iteraretur, hinc esset, quod sua non esset sufficiens. Tercio, quod si offerretur, denuo
5 pateretur. Constat igitur, quod papistę Christum et negant et evacuant[2].

Verum cum veteres theologi[3], qui religionem Christianam purius ac mundius et hauserunt et tractaverunt, eucharistiam (nam missę nomen usque post Augustini tempora non est auditum) creberrime
10 oblationem vocent[4], obiicere quis posset: Cur ergo isti oblationem adpellaverunt, si non est vere oblatio, pręsertim cum omnium iudicio doctius ac tersius [fol. 21r] locuti sint quam recentiores? Respondeo: Quanto quisque est doctior et religiosior, tanto minus aberrat a veri-

---

1 *ABCD am Rand* Epilogus est prędictorum – 1 turbarem] *C* turbaremus – 2 *nach* neminem *A gestrichen* potuisse – 2 posse offerre] *B* offerre posse – 4 *nach* quod *A gestrichen* prima et sola – 8 ac] *B* et – 9 *nach* usque *A gestrichen* ad *und am Rand eingefügt* post – 9 *C²* *am Rand* Misse nomen post tempora Augusti[*ni*] auditum est – 10 vocent] *C* vocant; *nach* vocent *A gestrichen* dicere – 11 adpellaverunt] *BC* appellaverunt – 12 ac] *BC* et –12 sint] *B* sunt – 12 *CD am Rand* Quomodo eucharistia dicta sit oblatio

---

[1] *Vgl. Cic.fin. 1, 21, 71: «Ea quae dixi sole ipso inlustriora et clariora sunt».*

[2] *Jud: «das die bäpstischen opferpfaffen Christum verneinend und ußlärend, ja zů nüte machend». Dann fügt Jud hier als Zwischentitel ein: «Warumb das nachtmaal ein opffer von den alten genennt sye».*

[3] *Zu Zwinglis Wertung der Kirchenväter s. jetzt vor allem Schindler, Kirchenväter 46–48 (2. Zwingli zu den Kirchenvätern im allgemeinen: a) Zu den Begriffen; b) Zwinglis bewußt ambivalente Beurteilung der Väter) mit dem interessanten Hinweis auf Myconius S. 48: «De orthodoxis scriptoribus sensit, quod ipsi de seipsis, legendos esse cum iudicio, et scriptura canonica ceu Lydio lapide probandos. ex Philosophia nanque, et humana ratiocinatione passim insynceriores esse, quam ut scripturae concedi deberet, quod hactenus tamen factum, autoritas» (Oswald Myconius, Vom Leben und Sterben Huldrych Zwinglis, hg. von Ernst Gerhard Rüsch, St. Gallen 1979, 42).*

[4] *Vgl. Zwinglis Äußerungen über die Messe und die Geschichte der Messe in Z I 555₉ff mit Anm. 4; II 561ff, bes. 567₈ff mit Anm. 1. In sachlicher Beziehung gibt die moderne Liturgiewissenschaft Zwingli durchaus recht: der Ausdruck «Messe» hat tatsächlich erst vom 5./6. Jahrhundert an die älteren Ausdrücke wie «eucharistia» und «oblatio» ersetzt. Über den Begriff «Messe» s. Jungmann I 225ff (Namen der Messe), bes. 230f mit Anm. 37. Vgl. auch Auguste Gaudel, Artikel «Messe III (Le sacrifice de la messe dans l'Église latine du IVᵉ siècle jusqu'à la veille de la réforme)», in: DThC X 964–1086; G. Kretschmar/K. Dienst, Artikel «Messe I/II», in: RGG IV 885–892; J. A. Jungmann, Artikel «Messe», in: LThK VII 321–329; Georg Kretschmar, Artikel «Abendmahl III/1» (Opfer), in: TRE I 70–73; Jungmann II (Register C) s. v. «Opfer»; Handbuch der Liturgiewissenschaft, hg. v. Aimé-Georges Martimort, Bd. I, Freiburg 1963, 267ff. Zu Chrysostomus s. Johannes Betz, Eucharistie, in der Schrift und Patristik, Freiburg 1979, HDG IV/4a 72–74; zu Augustin s. ebd. 150–154.*

tate, utcunque verba formentur. Eruditio enim velut lucerna[1], quicquid dictum est[2], illustrat oculisque exponit. Religio[3] vero vetat, ne quicquam propter verborum speciem recipiatur a veritate alienum, sed sese admonet iuxta divi Augustini regulam[4] ac dicit: Utcunque tu verba non capias aut proprietatem divini sermonis ignores, certum 5 tamen est dei sermonem undique sibi constare, ut, quantumvis diversis locis videatur sibi diversam habere sententiam, contrarius tamen sibi non sit. Cum autem nobis videtur prima fronte esse contrarius, hinc fit, ut aut sermonis ignoratione aut religionis tenuitate hallucinemur[5]. Cum ergo vocant *[sc. veteres]* oblationem[6], quę esse vera et na- 10 turalis oblatio nequit, iam religio primum est consulenda.

Religio vetat, ut satis puto dictum est, alium esse posse sacerdotem quam Christum. Nequit ergo ne papa quidem quantumvis magnus,

2 oculisque] *B* ac oculis – 2 *nach* vero *A gestrichen* quemadmodum et divi (*verändert aus* divus) Augustinus et Hilarius sentiunt – 3 verborum speciem] *B* speciem verborum – 6 *nach* sermonem *A gestrichen* esse – 6 sibi] *fehlt bei B* – 8 sit] *C* est – 9 religionis] *B* relligionis – 10 vera] *B* vere – 11 religio] *B* relligio – 11 est] *A am Rand eingefügt, B* esse – 12 puto] *BC* primo

---

[1] *Jud: «kunst und gleerte». Es gehört zu den Verdiensten des Humanismus, daß die von ihm postulierte Rückkehr zu den Kirchenvätern Gemeingut der katholischen und protestantischen Theologen wurde. Über die praktischen Auswirkungen s. Pontien Polman, Die polemische Methode der ersten Gegner der Reformation, Münster 1931, passim; zum Konkreten über die humanistische Diskussion zum Verhältnis von «eruditio» und «religio», die hier Zwinglis Überlegungen bestimmt, vgl. Constant Matheeussen, «Religio» und «litterae» im Menschenideal des Erasmus, in: Scrinium Erasmianum, hg. von J. Coppens, Bd. I, Leiden 1969, 351–374 mit allen nötigen Literaturangaben.*

[2] *Jud Marg.: «Kunst, gloub – zwey liechter».*

[3] *Jud: «Rächter gloub aber oder rechte erkantnuß gottes»; zu Zwinglis Religionsbegriff vgl. Locher, Grundzüge 545ff; ders., Reformation 209f.*

[4] *Vermutlich denkt Zwingli hier an «De doctrina christiana» II 9, 14 und/oder III 15, 23 (CChr XXXII 40f; 91). Vgl. Alfred Schindler, Artikel «Augustin/Augustinismus I», in: TRE IV 674–676, bes. 674₄₈ff; Locher, Grundzüge 552–554 mit Anm. 205ff; ders., Reformation 212f mit Hinweis auf Ernst Nagel, Zwinglis Stellung zur Schrift, Freiburg i. Br./ Leipzig 1896, 75–78, 90–96 (Analogia fidei); Gestrich 77–87, bes. 82.*

[5] *Jud: «so kumpt das selb da här, das wir eintweders der art göttlicher red nit gwon oder verständig sind, oder das wir nit so vil liechts des waaren gloubens und verstands habend, das wirs könnind verston; und das macht uns blintzen [blinzen, schielen, SI V 124f] und fälen».*

[6] *Jud Marg.: «Num. 9». Jud ist viel ausführlicher: «So nun die alten leerer das nachtmal ein opfer nennend (wie ouch dz passa ein opfer, des einen teils halb, das die glöubigen gott danck unnd lob ufopfertend, genennt wirt), das aber in im selbs waarlich nit ein opfer ist, so müß man erstlich das liecht des gloubens nemmen und fraagen, wie das sye oder zůgange».*

si illum suo ęstimemus iudicio, Christum offerre[1]. Istud cum ex religione firmum est, iam ancillatur eruditio[2]. Ea – apage![3] – dicit iustitię, novum non est res ab inventore, ab autore aut a significatione nomen mutuari. Quam vocum commoditatem metonymiam, hoc est denominationem, docti vocant[4]. Ut cum Paulus dicit: «Velamen est super oculos eorum, cum Moses legitur» *[2 Kor 3, 15]*. Hic Moses legem thorah, hoc est totum vetus testamentum significat, sed non alia ratione, quam quia Moses deo volente iubenteque legem tulit[5]. Et cum agnus, qui in coena edebatur, adpellatur transitus, qui transitum tantummodo significabat *[vgl. Ex 12, 11]*[6], sic et eucharistia veteribus erudite ac sancte nominata fuit oblatio, non quod esset[7], sed quod significaret[8] oblationem istam, qua Christus sese offerendo una ista oblatione perfectos reddidit atque expiatos imperpetuum eos, qui sanctificati, hoc est a deo electi sunt[9]. Sed commentum sit,

1 cum] *C* enim – 2 apage] *D* appage; *C²* *am Rand* appage – 3 autore] *D* authore – 4 commoditatem] *B* comoditatem – 8 *nach* Moses *A gestrichen* dei iussu – 9 adpellatur] *B* appellatur – 11 ac] *CD* et – 13 imperpetuum] *C* in perpetuum – 14 *A am Rand* Hebr. X; *nach* sunt *C zugefügt* Hebr. 10

[1] *Jud: «das wir den bapst (wie hoch man in ioch schetzt) noch keinen pfaffen nit dafür können noch mögend haben, das er Christum ufopfere».*

[2] *Jud ausführlicher: «So wir nun disen festen, satten und styffen grund uß dem rechten glouben geleyt habend, demnach gond wir zů der rechten kunst und geleerte, fraagend die selbe ouch raats; die selbige dienet yetz dem glouben».*

[3] *Siehe Walter Bauer, Griechisch-Deutsches Wörterbuch, 5. Aufl., Berlin 1958, 157f, s. v. «ἀπάγω»; Liddell-Scott 173 s. v. «ἄπαγε». Jud läßt die vier Worte «Ea – apage! – dicit iustitię» unübersetzt.*

[4] *Jud: «und sölichs nennend die Griechen metonymiam, die Latiner denominationem, die Tütschen ein nachnennen». Vgl. Lausberg I, § 565; Z XIII 846.*

[5] *Zwingli übernimmt hier Vorstellungen, die schon in der Bibel selber, aufgrund von Philo und Josephus erst recht von der Alten und Mittelalterlichen Kirche vertreten worden sind. Siehe z. B. Rudolf Smend, Die Entstehung des Alten Testaments, 3. Aufl., Stuttgart 1978, 13–20, bes. 19; Eckhard Plümacher, Artikel «Bibel II», in: TRE VI 10$_{15-32}$.*

[6] *Seit seinem berühmten Traum (Z IV 483f) verwendet Zwingli dieses Beispiel immer wieder zur Illustration des Begriffs der Metonymie bzw. «denominatio».*

[7] *Jud: «(wie die bäpstler)».*

[8] *Jud Marg.: «Synekdocha» und die freie Übersetzung: «sunder darumb, das er das hoch opfer am crütz, do sich selbs Christus für unser sünd dem vatter ufopferet, und mit dem selbigen einigen opfer die säligen reiniget und volkumnet, bedütet, anbildet, wideräferet, in gedächtnuß bringt unnd fürtreyt».*

[9] *Jud Marg.: «Das sind opfer der Christen» und «Eucharistia». Dazu fügt Jud bei: «Item ouch darumb, das ein teil im nachtmal ein opfer ist, dann die glöubigen, die im nachtmal mit glouben das brot unnd den wyn ässend, und innwendig im glouben den lyb Christi unnd sin blůt niessend, die opferend sich selbs gantz und gar dem herren uf, ire lyb zům läbendigen heiligen opfer, das sy der wält abstärbind und dem herren läbind; item sy opferend ir gebätt durch Christum gott uf; item sy opferend gott für den tod sines suns lob*

quod dicimus, nisi Augustinus eodem modo sentiat in epistola ad
Bonifacium, quę est numero 23[1].

Augustinus: *[fol. 21v]* «Sępe ita loquimur, ut pascha propin-
quante dicamus crastinam vel perendinam domini passionem, cum
ille ante tam multos annos passus sit, nec omnino nisi semel illa pas-   5
sio facta est. Ipso die dominico dicimus: Hodie dominus resurrexit,
cum, ex quo resurrexit, tot anni transierunt. Cur nemo tam ineptus
est, ut nos ita loquentes arguat esse mentitos, nisi, quia istos dies secundum illorum, quibus hęc gesta sunt, similitudinem nuncupamus,
ut dicatur ipse dies, qui non est ipse, sed revolutione temporis similis   10
eius, et dicatur illo die fieri propter sacramenti celebrationem, quod
non illo die, sed iam olim factum est? Nonne semel immolatus est
Christus in seipso et tamen in sacramento non solum per omnes pa-
schę solennitates, sed omni die populis immolatur? Nec utique menti-
tur, qui interrogatus eum responderit immolari. Si enim sacramenta   15
quandam similitudinem earum rerum, quarum sacramenta sunt, non
haberent, omnino sacramenta non essent. Ex hac autem similitudine
plerumque etiam ipsarum rerum nomina accipiunt. Sicut ergo secundum quendam modum sacramentum corporis Christi corpus Christi est, sacramentum sanguinis Christi sanguis Christi est, ita sa-   20
cramentum fidei fides est», etc.[2].

3 *ABD als Zwischentitel zentriert; C²* am Rand Augustinus in epistola ad Bonifacium – 4 dicamus] *B* dicimus – 5 tam] *C* iam ante – 7 Cur] *C* Cum – 9 illorum] *D* morum – 12 immolatus] *B* imolatus – 14 solennitates] *B* solennitates –14 immolatur] *B*
imolatur – 15 eum] *C* cum – 15 immolari] *B* imolari – 17 similitudine] *zur Hervorhebung bei A in vergrößerten Schriftzügen, bei D in Majuskeln* – 20 sanguis Christi est] *B*
est sanguis Christi

---

*unnd danck, dannen es ouch ein dancksagung heißt. Von diser ursachen wägen habend
die alten Christen das nachtmal ein opfer genent, und ist ouch noch nieman darwider, das
mans also nenne, allein zů gůtem verstand: das aber das nachtmal ein opfer darumb
heisse, das wir Christum ufopferind, das hat kein glöubiger nie geredt oder verstanden».
Wie sehr dieses Thema die Theologen in Zürich beschäftigte, zeigen auch folgende Beispiele: (1.) Heinrich Bullinger, De origine erroris, in negocio eucharistie ac missae, Basel
1528 (HBBibl I, Nr. 10; IDC EPBU-103); (2.) Heinrich Bullinger, Sermonum decas
quinta, Zürich 1551 (HBBibl I, Nr. 182; IDC EPBU-157) fol. 129v–155r [49. Predigt; De
coena domini, 52 Seiten!], (3.) Vorwort Theodor Biblianders in: Ioannis Oecolampadii et
Huldrichi Zuinglii epistolarum libri quatuor, Basel 1536 (IDC EPBU-392), fol. β5r (De
coena), β6r (1. De rebus significatis et spiritualibus), γ4v (2. De signo aut significantibus),
γ6v (3. De ritu et institutione coenae).
    [1] MPL XXXIII 363f bringt den betreffenden Brief allerdings als «epistola XCVIII» –
fast wörtlich gleich wie Zwingli. Jud Marg. ebenfalls: «Epist. 23». Jud fügt dann als Zwischentitel ein: «Diß sind die wort S. Augustins».
    [2] Zum Augustin-Zitat (spez. Ähnlichkeit – similitudo) s. «De conviis Eckii» Z VI/III
261, Anm. 5 sowie 265, Anm. 7 und 268, Anm. 3.

Ex his Augustini verbis nullo negocio deprehendit celsitudo tua, immolationem sive oblationem perinde vocari eucharistiam atque resurrectionem aut passionem domini[1], qui dies, cum rem veram, quę semel gesta est, significent ac repetant, earum rerum nomina indipis-
5 cuntur. Constat igitur toto errare coelo papistas[2], cum missam sive eucharistiam oblationem veram faciunt, cum solum sit similitudo et rememoratio oblationis. Constat et hoc ineptos esse ac imperitos, qui putant sacramenta et panegyres[3] non iure vocari eis nominibus rerum, quas significant, quantumvis non sint eę res. Papistę igitur, cum
10 ex signis rem facere contendunt, tantum proficiunt, ut omnibus sese indoctos ac imperitos esse prodant[4].

Taceo reliquos errores[5], quos in missa admittunt aut potius arte fallaci excogitant et fingunt: quod ea nundinantur et foenerantur, quod non modo contra sanctimoniam nostrę *[fol. 22r]* religionis, sed
15 contra omnem honestatem pugnat – qui enim gentilium tam sordide unquam lucro studuerunt, ut religionem adperte vitiarent? – quod redemptionem animarum ex purgatorio ea pollicentur, cum neque purgatorius ignis, quomodo isti sentiunt, sit, neque ulla sit, quę ad deum

2 immolationem] *B* imolationem – 3 *nach* domini *A gestrichen* quę dies cum rem veram quę semel gestę, *wobei* dies *am Rand eingefügt* – 3 rem veram] *B* veram rem – 4 gesta] *fehlt bei B* – 4 repetant] *B* repetent – 4 rerum] *fehlt bei B* – 4f indipiscuntur] *C* indipiscantur; *nach* indipiscuntur *A gestrichen* sicut *(?)* – 6f et rememoratio] *BC* ac rememoratio – 8 putant *bei A verändert aus* putarent, *nach* putant *A gestrichen* eam *und ein Wort von ca. 4 Zeichen und* falso *und am Rand eingefügt* sacramenta et panegyres – 8 *C am Rand* πανήγυρις solennitas, festivitas, conv*[ic]*tus *(?)* – 9 significant] *B* significent – 10 tantum] *B* tantundem – 14 religionis] *B* relligionis – 15 sordide] *B* stolide – 16 adperte vitiarent] *B* vitiarent adperte – 18 *C²* am Rand* Purgatorii ignis nullus est, ut papiste de isto senciunt – 18 quę] *A am Rand eingefügt*

---

[1] *Jud: «wie die osteren, die uffart und der karfrytag das lyden Christi genennt wirt».*
[2] *Otto 61 weist die Wendung bei Augustin nach (MPL XLII 371), sie bedeutet: «ganz auf dem Holzweg sein».*
[3] *Jud: «hochzytlichen tag».*
[4] *Vgl. oben S. 58₁₋₇.*
[5] *Die folgenden Sätze zeigen, daß sich die Theologen des 14. und 15. Jahrhunderts weniger mit den eigentlich zentralen Fragen des Meßopfers als mit allerlei kasuistischen und rubrizistischen Problemen beschäftigten. Vgl. zu diesen Mißständen u. a. E. Mangenot, Artikel «Eucharistie du XIIIe au XVe siècle»: in DThC V, 1302–1326; Auguste Gaudel, Artikel «Messe dans l'église latine, La théologie nominaliste», in: DThC X 1068; Adolph Franz, Die Messe im deutschen Mittelalter, Beiträge zur Geschichte der Liturgie und des religiösen Volkslebens, Freiburg i. Br. 1902, passim; Jungmann I 168ff; Erwin Iserloh, Artikel «Abendmahl III/2» (Mittelalter), in: TRE I 89–106.*

penetret hostia quam ea, qua se Christus in ara crucis mactavit et
obtulit; quod Christi corpus confici dicunt perinde a perfido atque
a fideli; quod missam perinde valere dicunt a scelerato peractam atque a pio et sancto[1]; quod adeo imperite de corpore Christi loquuntur, ut dicant in coena edi ea magnitudine[2], qua in cruce pepen- 5
dit, qua in pręsepio iacuit, et sexcenta alia, quę tam stulte quam impudenter adserunt[3]. Et interim nos hęreticos[4] esse dicunt, si non
omni eorum vesanię adstipulemur, miraque mendacia concinnant,
quibus doctrinam nostram suspectam apud eos, ad quos eius fama
pervenit, reddant, quasi negemus Christum esse in coena, negemus 10
eius omnipotentiam, negemus eius verba et alia eiuscemodi[5]. Sed tu,
o benignissime rex, brevibus accipe sententiam nostram de Christi
corpore, quomodo sit in coena.

Christum credimus[6] vere esse in coena; immo non credimus esse
domini coenam, nisi Christus adsit. Confirmatur: «Ubi duo vel tres 15
fuerint in nomine meo congregati, isthic sum in medio illorum» *[Mt
18, 20]*. Quanto magis adest, ubi tota ecclesia ei est congregata[7]? Sed
quod corpus eius ea dimensione edatur, qua isti dicunt[8], id vero est a
veritate et fidei ingenio alienissimum. A veritate, quia ipse dixit: «Ego
posthac non ero in mundo» *[Joh 17, 11]* et «Caro non prod- 20
est quicquam» *[Joh 6, 63]*, ad edendum scilicet, isto modo, quo Iudęi

1 Christus] *B* Cristus – 3 *C² am Rand* Missa a scelerato peracta perinde valere atque a pio papistarum error – 4 *nach* de corpore *A gestrichen* et sanguine – 5 *nach* coena
A gestrichen adesse *und am Rand eingefügt* edi – 7 hęreticos] *A zuerst* pro hęreticis –
8 eorum] *C* earum – 9 *nach* quos *A ca.* 12 *Zeichen gestrichen und am Rand eingefügt*
eius fama pervenit – 14 *vor* Christum *A gestrichen* Christi corpus; *C²D am Rand* Quomodo Christus sit in coena – 14 immo] *BD* imo – 14 esse] *fehlt bei C* – 16 congregati]
fehlt bei B

[1] *Diese Frage nach der persönlichen Heiligkeit des Priesters auf den Vollzug der Eucharistie hat die Theologen immer beschäftigt. Vgl. als Beispiel Thomas, S. Th. III 82, 5ff.*
[2] *Jud:* «*so groß unnd lang*».
[3] *Jud:* «*und deß dings unzalbar vil, das sy torlich, unverschampt und fräfenlich für
waar leerend und ußgebend*».
[4] *Jud:* «*kätzer und abgeschnittne glider*».
[5] *Zu diesen sehr summarischen Vorwürfen s. Büsser, Katholisches Zwinglibild, passim.*
[6] *Jud:* «*Wir bekennend und gloubend*».
[7] *Jud:* «*Ist er nun by zweyen oder dryen, die in sinem nammen versamlet sind, wie vil
mee ist er dann gegenwirtig, wo ein gantze kilchen und christene gmeind versamlet ist?*»
[8] *Jud:* «*Das aber sin lyb in der lenge unnd grösse geässen werde, wie die bäbstler sagend, ...*»

tunc et nunc papistę putant edendum esse[1]. A fidei autem ingenio abhorret, quia fides (loquor autem de augusta et vera fide)[2] complecti-
tur in se charitatem et religionem sive reverentiam et vere-*[fol. 22v]*
cundiam[3]. Quę religio abhorret ab ista carnali et crassa manduca-
5 tione, non minus quam quisque abhorret edere amantissimum filium.
Confirmatur: Centurio, cuius fidem **Christus** supra **Israelitarum**
fidem predicat *[vgl. Lk 7, 9]*, per fidei verecundiam ad illum dicit:
«Domine, non sum dignus, ut venias in ędes meas» *[Lk 7, 6]*[4]. Pe-

1 *nach* papistę *A gestrichen* putabant – 4 religio] *B* relligio – 4 et crassa] *fehlt bei B* –
6 *nach* Centurio *A gestrichen* quem Christus – 6 Israelitarum] *C* Israhelitarum

[1] *Nach katholischer Auffassung werden in der Messe Brot und Wein in Leib und Blut
Christi verwandelt. Wenn nach Auffassung des kirchlichen Lehramts und der führenden
Theologen das Abendmahl immer nur in den zwei Modi der «manducatio sacramentalis»
und der «manducatio spiritualis» genossen wird (z. B. Petrus Lombardus, Sent. IV 9, 1:
«Et sicut duae sunt res illius sacramenti, ita etiam et ‹duo modi manducandi: unus sacramentalis scilicet, quo boni et mali edunt; alter spiritualis, quo soli boni manducant›»), gab
es seit den Abendmahlsstreitigkeiten im 9. und 11. Jahrhundert doch auch die Vorstellung
einer «manducatio carnalis». Wie vor allem der «Commentarius» (Z III 783₇) zeigt, war
es für Zwingli ausschlaggebend, daß sein geistiger Ahnherr in der Abendmahlsfrage, Be-
rengar von Tours 1058 in Rom, wider Willen ein Bekenntnis hatte annehmen müssen, das
die Anschauung der Transsubstantiation – das Wort kommt erst später auf – in krassester
Form ansprach: «panem et vinum ... post consecrationem non solum sacramentum, sed
etiam verum corpus et sanguinem domini nostri Jesu Christi esse, et sensualiter, non solum sacramento, sed in veritate, manibus sacerdotum tractari et frangi et fidelium denti-
bus atteri» (Denz. 690; vgl. 700). Vgl. den Index «De eucharistiae sacramento», in: MPL
CCXIX 849f («De praesentia reali in eucharistia atque de transsubstantiatione: ubi de mi-
raculis»).*
  *Die Vertreter dieser sinnlich-fleischlichen Auffassung des sakramentalen Leibes Chri-
sti wurden nach den Jesu Brotrede ähnlich auffassenden Juden von Kapernaum (Joh
6, 24.52) im Mittelalter Kapernaiten genannt. Zwingli hat den Begriff aufgenommen und
ihn auf Katholiken, aber auch Lutheraner angewendet. Vgl. Z V 949₁₈ mit Anm. 23f. Vgl.
dazu Erwin Iserloh, Artikel «Abendmahl III/2» in: TRE I 92₂₇₋₃₅ sowie B. Neunheuser,
Artikel «Kapharnaiten» in: LThK V 1318.*
  [2] *Jud: «(ich reed yetz vom rechten, waaren, säligmachenden glouben)».*
  [3] *Jud: «Dann der gloub begryfft liebe und gottsforcht oder zucht und eererbietung».
Thomas von Aquin sprach vom geformten, von der Liebe durchwalteten oder lebendigen
Glauben im Gegensatz zum ungeformten, der Liebe baren oder toten Glauben, z. B. S.Th.
II/II 4.4c, 5c und ad 3; 6, 2c; 19, 5 ad 1. Vgl. unten S. 118₅ff. Vgl. im weiteren Elisabeth
Gössmann, Glaube und Gotteserkenntnis im Mittelalter, Freiburg i. Br. 1971, HDG I/2b,
38ff.*
  [4] *Vulgata: «Non enim sum dignus ut sub tectum meum intres». Dieses Wort des
Hauptmanns von Kapernaum («Domine non sum dignus») gehört seit dem 10. Jahrhun-*

trus autem, cum illum in captu piscium a se iubet exire, per timorem,
qui eum incesserat, ex eadem verecundia abhorret ab eius corporali
visibilique pręsentia *[vgl. Lk 5, 8f].* Constat igitur et mentem et fidem,
hoc est veritatem, quę unica mentis lux est, et religionem[1], qua deum
amplectimur, veneramur ac deosculamur, abhorrere a tam crassa   5
manducatione, qua Capernaitę et papistę sese perhibent edere corpus Christi. Nam iuxta Augustini sententiam, Capernaitę cum
dicerent: «Quomodo potest hic nobis carnem dare ad mandu-
candum?» *[Joh 6, 52][2]* et: «Nonne hic est filius Ioseph?» *[Joh
6, 42][3]*, putabant sibi offerri corpus ad edendum, quomodo carnes e   10
macello eduntur, quomodo scilicet sensibile ante eos stabat in sua
specie ac proceritate. Papistę vero quid aliud adfirmant, cum dicunt
ea magnitudine, qua in cruce ac sepulcro pependit et iacuit, manducari? Quia veritas et mens ab huiusmodi manducatione abhorrent,
religio vero et fides sanctius observant et amplectuntur Christum,   15
quam ut hac ratione cupiant mandere.

Adserimus igitur non sic carnaliter et crasse manducari corpus
Christi in coena, ut isti perhibent, sed verum Christi corpus credimus in coena sacramentaliter et spiritualiter edi a religiosa, fideli et

---

4 religionem] *B* relligionem – 5 deosculamur] *C* deosculalamur – 5 abhorrere] *C* ab
horrore – 6 Capernaitę] *C* Caparnaite – 6 *nach* papistę *A gestrichen* de *(?)* – 7 iuxta] *A
am Rand eingefügt* – 11 *nach* eduntur *A einmal gestrichen* quomodo – 15 religio] *B* relligio – 15 *nach* fides *A gestrichen* aliter *(?) und am Rand eingefügt* sanctius – 17 *AD am
Rand, C im Text* Hęc est summa sententię nostrę in eucharistia, *C[2] am Rand* Summa
sentencie H. Z. de eucharist*[ia].* – 19 *nach* coena *A gestrichen* edi – 19 edi] *A am Rand
eingefügt*

---

dert zum Kommunionskreis der Messe. Vgl. Jungmann II 441ff. Zwingli läßt es schon in
der «Epichiresis» fallen, bringt dort statt dessen aber den Heilandsruf aus Mt 11, 28 (Z II
607$_{37f}$)!

[1] *Im Hintergrund dieses Satzes steht offensichtlich das die ganze Geschichte des Christentums, bes. die ganze Theologiegeschichte bestimmenden Gegenüber, Nebeneinander
und Ineinander von Glaube und Denken. Die Wahrheit, die aus Gott stammt, ist einerseits im Glauben, anderseits in der Vernunft faßbar. Vgl. dazu Christof Gestrich, Artikel
«Glaube und Denken», in: TRE XIII 365–384; in bezug auf Zwingli vgl. Gestrich, bes.
42ff, § 3: «Glaube und Vernunft», mit Absatz 2: «Die menschliche Vernunft ist ‹göttlich›»,
(S. 52–54 über den Zusammenhang zwischen Zwinglis Anschauung von der erleuchteten
Vernunft und der Illuminationstheorie Augustins), sowie S. 59ff, § 4: «Theologie und Philosophie». Als Belegstellen bei Zwingli s. Z III 641$_{17f}$; VI/III 110$_{12–18}$.*
[2] *Siehe Augustin «In evangelium Iohannis tractatus» XXVI 13 (CChr XXXVI 266).*
[3] *a. a. O. XXVI 1 (CChr XXXVI 259a).*

sancta mente [1], quomodo et divus Chrysostomus sentit [2]. Et hec est brevis summa nostrę [3], immo non nostrę, sed ipsius veritatis sententię de hac controversia.

Volo autem hic adiungere actionis formulam [4], qua nos in cele-
5 branda coena utimur, quo tua maiestas videat, Christi nos verba non immutare, non vitiare, non perversa sententia depravare [5], sed ea prorsus servare in coena, quę et in missa servari debuerant. Hęc sunt preces, laudes, *[fol. 23r]* confessio fidei, communicatio ecclesię sive fidelium et spiritualis sacramentalisque manducatio corporis Chri-
10 sti [6], contra vero universa obmittere, quę ex Christi instituto non sunt, puta offerimus efficaciter pro vivis et mortuis [7], offerimus pro peccatorum remissione et cętera [8], quę papistę non minus impie quam indocte adseverant.

1 Chrysostomus] *B* Chrisostomus – 2 immo] *BD* imo – 4f celebranda coena] *B* coena celebranda – 5 nos verba] *B* verba nos – 7 *nach* debuerant *A gestrichen* hoc est – 8 *nach* fidei *A gestrichen* et spiritualis – 8 ecclesię] *B* eclesię – 10 obmittere] *B* dimittere – 10 *nach* quę *A zwei Zeichen gestrichen und am Rand eingefügt* ex

---

[1] *Jud: «von der glöubigen und andächtigen seel».*

[2] *Vgl. Chrysostomus, «In Joannem homiliae XLVIf» (MPG LIX 257ff). Auf Chrysostomus – aber auch auf die Zusammenordnung von Augustin, Cyrill und Chrysostomus – hat Zwingli schon früher gerne verwiesen, in der Regel im Blick auf Joh 6,63: Z IV 561$_{17}$ mit Anm. 7; V 609$_{24}$ mit Anm. 1; 943$_4$ mit Anm. 3; 963$_{24}$ mit Anm. 19. Von besonderem Gewicht sind die Verweise auf Chrysostomus in Z XI 87$_{19f}$ mit Anm. 13; 114$_5$ mit Anm. 2; 124$_{15}$ mit Anm. 4 sowie 340$_{20}$ mit Anm. 6. Viel wichtiger als die Verweise selber sind die Stellen, an denen sich diese finden, insbes. in den Briefen Nr. 1089 (Capito an Bucer, zugleich im Namen Zwinglis, Oecolampads und Kaspar Meganders) vom 4. September 1530, Nr. 1093 (Zwingli an Vadian) vom 12. September 1530, sowie Nr. 1168 (epistola irata Zwinglis an Bucer) vom 12. Februar 1531. Hier findet sich Z XI 340$_7$–342$_{21}$ eine eindeutige Parallelstelle zur Summa, die Zwingli an unserer Stelle gibt. Vgl. natürlich ähnlich in «De convitiis Eckii» Z VI/III 264$_{23ff}$.*

[3] *Vgl. oben Anm. 1.*

[4] *Zum Terminus «actio» vgl. unten S. 94, Anm. 2*

[5] *Vgl. zu dieser Frage Büsser, Katholisches Zwinglibild, passim.*

[6] *Jud: «Da habend wir das gebätt, lob und dancksagung, veriähung unnd bekantnuß unsers gloubens, die gmeinsame der kilchen unnd der glöubigen, das geistlich und sacramentlich niessen des lybs und blůts Christi».*

[7] *Zwingli denkt hier an das Opfer für die Lebenden und Toten im Meßkanon; vgl. seine Kritik in «De canone missae epichiresis» Z II 573$_{25}$–574$_{23}$ bzw. 593$_{18}$–595$_{20}$.*

[8] *Auch hier denkt Zwingli an den Meßkanon bzw. bestimmte Formulierungen im Meßkanon; vgl. seine Kritik Z II 582$_9$–587$_6$; 587$_{27}$–588$_{28}$ u. ä.*

Sequitur[1] actio[2], qua Tiguri et Bernę, Basileę reliquisque Christianę civitatis urbibus, quantum ad substantiam pertinet[3], utimur:

Primo[4] prędicatur satis longo sermone[5] beneficium dei, quod nobis per filium suum impendit, et trahitur populus ad eius rei cognitionem et gratiarum   5
actionem. Eo finito ponitur mensa ante chorum, ut vocant, pro gradibus[6], ea
sternitur mantili, imponitur panis azymus et vinum in crateres funditur. Deinde

1 Sequitur actio] *für die nachfolgenden liturgischen Texte und Anweisungen benutzt*
Zwingli zwei verschiedene Federn: eine dicke für die gesprochenen liturgischen Texte und
eine dünne für die Beschreibung der Handlungen – 1 et] fehlt bei B – 1 nach Bernę *A ge-*
strichen quod ad *(?) und am Rand eingefügt* Basileę – 3 utimur] *B* utuntur – 4 *AC am*
Rand Rubrica, *C² am Rand* Forma actionis coene dominice – 4–6 prędicatur ... finito]
A am Rand eingefügt – 7 azymus] *C* azimus; *nach* azymus *A einmal gestrichen* et – 7 cra-
teres] *A* crateros, *verändert aus* creros, *D* crateras

----

¹ *Die «Actio» findet sich auch Z IV 17₆–24₁₅ (1525); 687₁₆–694₂₁ (Kirchenordnung*
Zürich, 1529?) bzw. 704₃–706₁₉ (Kirchenordnung Zürich, 1535); Neudruck (unter Berück-
sichtigung der drei Varianten 1525, 1529? und 1535, nicht jedoch der «Fidei expositio»)
in: Coena Domini I, Kap. 9: «Das Abendmahl nach den Zürcher Ordnungen» (Bruno
Bürki), S. 181–185 (Einleitung mit Quellen- und Literaturverweisen), S. 189–198 (Text der
Actio 1525, «mit den wichtigeren Varianten der Kirchenordnungen Zürich 1529? und
1535»). Außerdem ist hinzuweisen auf Schmidt-Clausing, Liturgiker 55–59; 66f; 128–141
(Gegenüberstellung der Texte von Zwinglis «Action» 1525 und Luthers «Deutsche Messe»
[WA XIX 72ff]); ders., Die Neudatierung der liturgischen Schriften Zwinglis, in: Theologi-
sche Zeitschrift XXV, 1969, 252–265; ders., Formulare 32–39 (neuhochdeutsche Fassung
der «Aktion» von 1525), 66–73 (neuhochdeutsche Fassung der «Aktion» nach Manu-
skript B unseres Textes). Wir übernehmen im folgenden in unsern Sachkommentar dank-
bar viele Anmerkungen und Beobachtungen des Liturgiehistorikers Schmidt-Clausing,
welche dieser in den genannten zwei Formularen angebracht hat (zit. Schmidt-Clausing,
Formulare). Vgl. auch Locher, Reformation 146f; 336ff mit Anm. 455. Juds deutscher Text
folgt im großen und ganzen Zwingli, verwendet indes in den liturgischen Texten teilweise
die Kirchenordnungen von 1529 und 1535, teilweise eigene Übersetzungen. Jud gibt fol-
gende Überschrift: «Hie nacher volget der bruch des nachtmals Christi, wie man in in den
christenlichen stetten einer Eydgnoßschafft haltet, so vil das wäsenlich stuck antrifft».
² *Zum Begriff «actio» vgl. Jungmann I 229 mit Anmerkungen 29–31; II 127ff (1. Der*
Canon actionis, bes. S. 128f); Schmidt-Clausing, Formulare 28.
³ *Diese Bemerkung gilt tatsächlich nur «quantum ad substantiam pertinet»; vgl. dazu*
Jenny, Einheit 63. Im einzelnen haben neben Straßburg gerade auch die von Zwingli na-
mentlich genannten Städte Bern und Basel ihre eigenen Abendmahlsliturgien. Siehe dazu
Coena Domini I 199–225 (Basel 1526/1529/1537); S. 227–236 (Bern 1529); S. 299–337
(Straßburg 1524–1543).
⁴ *Die hier und in vielen weiteren textkritischen Anmerkungen verzeichneten «Rubrica»*
(bzw. «Rubr.» oder einfach «R.») weisen auf die zeremoniellen Anweisungen Zwinglis hin,
die in den liturgischen Büchern rot (= ruber) gedruckt wurden bzw. werden. Jud gibt an-
stelle von Zwinglis Einleitung [Z. 4–7] die Einführung nach der Ordnung der Kirche zu
Zürich von 1535 (s. Z IV 704₆–705₁).
⁵ *Schmidt-Clausing, Formulare, Anm. 94, wirft hierzu die Frage auf, ob es sich dabei*
um den ganzen Pronaus handle, ohne sie endgültig zu klären.
⁶ *Zum liturgischen Ort s. Jenny, Einheit 45ff, bes. 48.*

prodit pastor cum duobus ministris[1], qui omnes convertuntur ad populum, ita ut pastor sive episcopus in medio illorum stet non alia veste[2] quam quę vulgo usitata est honestis viris et ministris ecclesię. Tunc sic orditur pastor alta voce – lingua vero non latina, sed vulgari –, quo omnes intelligant[3], quod agitur[4]:

5   In nomine patris[5] et filii et spiritus sancti.
Respondent ministri nomine et loco totius ecclesię:
Amen.
Pastor: *[Kollektengebet]*
Oremus.

4 quod agitur] *B* quid aga- tur – 6 *A am Rand* Rubrica, *C am Rand* Rubri. – 8 *A am Rand* Rubr., *C am Rand* Ru.

---

[1] *Schmidt–Clausing, Formulare, Anm. 96, bemerkt, daß Zwinglis Abendmahlsfeier ein «Drei-Herren-(Leviten)Amt» mit Zelebrant, Diakon und Subdiakon (Hypodiakon) war. Diakon und Subdiakon werden auch als Diener, die zur Rechten bzw. zur Linken stehen, bezeichnet.*

[2] *Vgl. Schmidt-Clausing, Liturgiker 76–78; ders., Formulare, Anm. 97, mit Hinweis auf Eduard Furrer, Geschichte des Pfarr-Ornates in der zürcherischen Landeskirche, in: Jahrbuch der Gesellschaft Zürcher Theologen I, Zürich 1877, 211–237; Gotthard Schmid, Die evangelisch-reformierte Landeskirche des Kantons Zürich, Zürich 1954, 167ff.*

[3] *Die Betonung des lauten Gebets in der Volkssprache richtet sich gegen die katholischen liturgischen Bräuche. Vgl. Schmidt-Clausing, Liturgiker 78–81.*

[4] *Jud übernimmt hier die Zürcher Kirchenordnung von 1535 (= KO 1535): «Vor allen dingen leert der diener mit trüwen uß dem euangelio, was grosser trüw, liebe und barmhertzigkeit gott dem menschlichen geschlächt bewisen und wie er es durch den tod Jesu Christi, sines geliebten suns, von sünden gereiniget und zů erben deß ewigen läbens gemacht; ouch wie er in zů der spyß des läbens geordnet habe; wie man warlich das fleisch und blůt deß suns deß menschen zů ewigem läben ässe und trincke; wie da kein ussere, sichtbare, fleischliche buchspyß sye; wie die himmelisch spyß allein mit dem glouben genützt werde. Item, wie der herr sin testament unnd ordnung gestelt, sine himmelischen gůter zeempfahen, die widergedächtnuß sines bitteren tods zebegon, und sines heiligen lybs unnd blůts sacrament mit rechtem glouben, ungefärbter liebe, grossem lob und hoher danckbarkeit mit grossem ernst und rächter zucht zeüben unnd zebruchen gesetzt unnd befolhen habe.*

Demnach bekent und vergycht mencklich sin sünd, bittet Gott umb verzyhung, wie nach der predig zethůn gewonlich ist.

So stat dann vor in der kilchen an dem ort, da etwan die mässischen altär gestanden sind, ein tisch mit einem lyninen reinen tůch bedeckt, und daruff das ungeheblet brot und die bächer mit wyn. Da ist gar nüt verachtlichs, unrein und unbrüchlich, aber alles one pracht und hochfart. Da ist kein syden, gold noch silber, doch alles suber unnd rein. Umb den tisch harumb stond die diener der kilchen, die die schüßlen, darinn das brot der dancksagung lyt, und die bächer herumb der gmeind fürtragend. Die gmeind knüwet allenthalb durch die kilch hinwäg, doch die mann besonders unnd die wyber besonders, yeder an sinem ort, also das er die action hören oder sähen mag.

Denn stellet sich der pfarrer mit zweyen diaconis hinder den tisch gegen der gmeind. Da staat im ein diacon an der rechten, der ander an der lincken syten. Der pfarrer hebt an mit luter, verstentlicher stimm und spricht:»

[5] *Jud: «Im nammen gott deß vatters».*

Nunc genua flectit ecclesia[1].

Omnipotens ęterne deus, quem iure universae creaturę colunt,
adorant et collaudant suum videlicet artificem, creatorem ac patrem,
da nobis miseris peccatoribus, ut eam laudem et gratiarum actionem,
quam unigenitus filius tuus, dominus noster Iesus Christus, nobis   5
ad faciendum instituit[2], syncera fide peragamus, per eundem dominum nostrum Iesum Christum filium tuum, qui tecum vivit et reg-
nat in unitate spiritus sancti, deus, per omnia sęcula seculorum [3].
Hic legit minister, qui ad sinistram stat[4]:   *[Epistel]*

Quod iam legetur, scriptum est in priore epistola Pauli ad Co-   10
rinthios, 11. cap. : *[fol. 23v]*

«Convenientibus vobis in unum, non est, ut dominicam coenam
edatis»[5]
et cetera usque ad hunc finem:

«Non diiudicans corpus domini» *[1 Kor 11, 20–29].*   15
Tunc respondent ministri [6] cum ecclesia:

Laus deo.
Pastor[7]:   *[Gloria]*
Gloria in excelsis deo.

1 *A am Rand* Rubr. – 4 et] *B* ac – 6 syncera] *B* sincera – 8 *nach* seculorum *D zugefügt*
Amen – 9 *A am Rand* Rubr., *C am Rand* Rubri; Hic] *B* Tunc – 10 legetur] *CD* legitur –
10 priore] *B* priori – 11 11. cap.] *B* cap. 11 – 12 non] *C* inde – 14 *A am Rand* Rubr., *C*
am Rand Rub – 15 diiudicans] *B* diudicans – 16 *A am Rand* Rubr. – 16 ministri] *B* pastor et minister, qui ad dexteram stat – 18 *C am Rand* Rub.; Pastor] *B* Pastor ait

---

[1] *Zwingli hat den Gestus der Kniebeuge beibehalten, s. Jenny, Einheit 46f. Jud (wie*
KO 1535) läßt diesen Gestus weg.

[2] *Jud (wie KO 1535) ergänzt: «zů gedächtnus sines tods».*

[3] *Nach Schmidt-Clausing, Formulare, Anm. 52, handelt es sich bei diesem Gebet «of-*
fensichtlich [um] eine Kontraktion des ersten Kanongebetes der Epichiresis. Zwingli ge-
braucht hier den längeren Orationsschluß der Meßkollekten».

[4] *Zur Linken liest der Subdiakon die Epistel.*

[5] *Vulgata: «Convenientibus ergo vobis in unum, iam non est dominicam coenam man-*
ducare». Vgl. zu Zwinglis Gebrauch der Vulgata Schmidt-Clausing, Formulare, Anm. 54;
hier auch weitere Beobachtungen zu Zwinglis «liturgische[r] Ausdeutung des paulinischen
Abendmahlsberichtes, der in der ‹Aktion› zweimal begegnet, hier in der Epistel und dann
als die eigentliche Aktion». Jud bringt 1 Kor 11, 20–29 im Wortlaut nach Z IV 18₁₋₂₆, ad-
diert aber zu Z IV 18₁₈: «[ußkünden und hoch prysen] biß das er kumpt».

[6] *Nach B antworten hier «der Hirt und der Diener, der zur Rechten steht, mit der Ge-*
meinde», d. h. nach Schmidt-Clausing, Formulare, Anm. 101 «der Diakon, der das Evan-
gelium liest». Jud notiert nur «Hie sprächend die diener».

[7] *Jud: «Demnach hebt der pfarrer ann dem nachvolgenden lob unnd pryß gottes den*
ersten verß an. Daruff sprächend dann die diener einer umb den anderen volgender wyß».

Diaconus:

Et in terra pax.

Hypodiaconus:

Hominibus sana et tranquilla mens[1].

5   Diaconus:

Laudamus te, benedicimus te,

et cętera[2] usque ad finem huius hymni complentur alternis agentibus ministris versum pro versu ecclesia omnia intelligente et prius admonita, ut quisque secum, quę dicuntur, in pectore loquatur ac reputet in conspectu dei et ecclesię.

10   Diaconus dicit[3]:

Dominus vobiscum.

Respondent ministri [4]:

Et cum spiritu tuo.

Diaconus[5]:   *[Evangelium]*

15   Quę iam leguntur, in J o a n n i s evangelio scripta sunt capite sexto:

Respondetur:[6]

Gloria tibi, domine.

1 Diaconus] *A am Rand, B* Diaconus subiungit – 3 Hypodiaconus] *A am Rand, B* Hypodiaconus vero – 5 Diaconus] *A am Rand, B* Diaconus rursum, *C* Hypodiaconus – 7 *A am Rand* Rubr. – 7 *nach* complentur *A gestrichen* vicissim *(?)* respondentibus min – 8 intelligente] *C* intelligens – 10 *AC am Rand* R; Diaconus] *B* Diaconus denuo – 12 *AC am Rand* R – 12 ministri] *B* duo reliqui – 14 *AC am Rand* R; Diaconus] *B* Diaconus ait – 15 Joannis] *B* Johannis – 17 *AC am Rand* R; Respondetur] *B* Respondent reliqui duo

---

[1] *Lk 2, 14 Vulgata: «Gloria in altissimis Deo, et in terra pax hominibus bonae voluntatis». Zu Zwinglis Formulierung, welche die «bona voluntas» durch die «sana et tranquilla mens» ersetzt, s. Schmidt-Clausing, Formulare, Anm. 102: «Das ‹rechte Gemüt› der deutschen Formulare von 1525 und 1529 ist von Zwingli mit ‹sana et tranquilla mens› übersetzt worden. Zusätzlich zu dem oben Gesagten [gemeint ist Anm. 56a: «Die Wiedergabe des ‹hominibus bonae voluntatis› mit ‹den Menschen ein rechtes Gemüt› ist von hervorragender Bedeutung für die pneumatische Theologie des Reformators»] weisen wir auf das ‹mens› als Empfangsorgan des Heiligen Geistes im erwählten Menschen hin.»*

[2] *Jud bringt den ganzen Text des Gloria nach Z IV 19₄₋₂₄, läßt dagegen eine Übersetzung der Worte «ecclesia omnia ... in conspectu dei et ecclesię» (Z. 8f) weg.*

[3] *Jud: «Der diener zů der rechten syten spricht lut also».*

[4] *Jud: «Antwurt».*

[5] *Auch in der römischen Messe liest der Diakon (Leser) das Evangelium. Schmidt-Clausing, Formulare, Anm. 57, macht darauf aufmerksam, daß Zwingli bei den Epistel- und Evangelium-Lesungen als Vorlage «offensichtlich» nicht das Formular vom Gründonnerstag (so neben Smend, Bauer, J. Schweizer auch noch Bürki), sondern vom Fronleichnam verwende (so schon W. Köhler Z IV 7).*

[6] *Jud: «Antwurt».*

Diaconus:

Sic locutus est Iesus: «Amen, amen dico vobis: Qui credit in me,
habet vitam ęternam. Ego sum panis vitę. Patres nostri comederunt
manna»

et cętera usque ad hunc finem: 5

«Verba, quę vobis loquor, spiritus et vita sunt» *[Joh 6, 47–63].*

Post quę verba minister librum osculatur[1], et dicit pastor:

Deo gloria, qui iuxta verbum suum dignetur nobis remittere universa peccata nostra[2].

Respondent ministri: 10

Amen.

Pastor[3]:   *[Glaubensbekenntnis]*

Credo in unum deum[4].

Diaconus:

Patrem omnipotentem, creatorem coeli et terrę.   15

Hypodiaconus:

Et in Iesum Christum, filium eius unigenitum, dominum nostrum

etc. usque ad finem symboli, quod apostolicum vocant[5], perinde alternis recensent
ministri alta voce atque prius hymnum Gloria in excelsis.

1 *AC am Rand* R – 2 *nach* vobis *A gestrichen* quod – 3 nostri] *A am Rand eingefügt,*
CD vestri – 5 *AC am Rand* R – 7 *AC am Rand* R – 7 minister librum osculatur, et] *fehlt*
bei D – 10 *A am Rand* R – 11 Amen] *A mit dünner Feder* – 12 Pastor] *B* Post hac incipit
pastor symbolum – 14 Diaconus] *A am Rand, B* Diaconus subiunguit – 16 Hypodiaco-
nus] *A am Rand, B* Hypodiaconus vero – 19 etc.] *fehlt bei B* – 19 *A am Rand* R, *C* Rubrica – 19 quod perinde] *B* quo perinde – 19 *nach* alternis *A gestrichen* ad (?), *C zuge-*
fügt vicibus – 20 *nach* hymnum *C zugefügt* sc. – 20 *nach* excelsis *C zugefügt* etc.

---

[1] *Zwingli hat das sogenannte «osculum evangelicum» beibehalten. Vgl. Jenny, Einheit*
36 und 57, Anm. 7; Schmidt-Clausing, Formulare, Anm. 58: «Den liturgischen Kuß als
Zeichen der Hingabe gesteht der Zürcher Liturgiker, ‹damit die Sache nicht gar trocken
und nüchtern› ist, als liturgische Mimik ebenso wie das spätere Knien zu» (s. unten
S. 103[1.3]). Jud hingegen läßt den liturgischen Kuß weg.

[2] *Zwingli ersetzt und erweitert damit das «Deo gratias» der alten römischen Messe;*
vgl. Jenny, Einheit 44; Schmidt-Clausing, Formulare, Anm. 58. Jud: «Gott sye gelobt und
gedancket, der wölle nach sinem heiligen wort uns alle sünd vergeben».

[3] *Jud: «Der pfarrer hebt wyter an den ersten artickel des gloubens, also:»*

[4] *Das sogenannte Apostolische Glaubensbekenntnis (Denz. 30). Zwingli ersetzt damit*
das Nicaeno-Constantinopolitanum (Denz. 150) der Messe; vgl. Jenny, Einheit 55,
Anm.1; Schmidt-Clausing, Formulare, Anm. 60. Letzterer weist auch darauf hin, daß
Zwingli hier das «unum» des Nicaenums (Denz. 125) in das Apostolikum einführe – mit
Zwinglis eigener Begründung an der Berner Disputation (Z VI/I 451[18]).

[5] *Jud bringt nicht in bezug auf den Inhalt, wohl aber in bezug auf den Wortlaut eine*
eigene Version des Apostolikums:
«Ich gloub in einen gott.
In den vatter allmächtigen, der ein schöpffer ist himmels und der erden.

Pastoris invitatio ad coenam digne celebrandam[1]: *[Abendmahlsvermahnung]*
Iam volumus, charissimi fratres, iuxta ritum et institutionem domini nostri Iesu Christi hunc panem edere et hunc potum bibere,
quę sic pręcepit fieri in commemorationem, in laudem et gratiarum
5 actionem huius, quod mortem pro nobis passus est quodque sanguinem suum ad abluendum peccata nostra effudit. Quocirca probet et
interroget *[fol. 24r]* quisque seipsum iuxta verbum Pauli, qualem fiduciam ac certitudinem[2] in dominum nostrum Iesum Christum
habeat, ne se quisquam pro fideli gerat, qui tamen fidem non habeat
10 et sic reus fiat mortis domini neque totam ecclesiam Christi (quę illius corpus est) contemnat et subinde in eam peccet. Proinde in genua
vos demittite[3] et orate: *[Unser Vater]*

1 *C am Rand* R – 1 Pastoris invitatio] *B* Post hec invitat pastor populum – 1 *nach*
celebrandam *B zugefügt* iis fere verbis – 4 *nach* pręcepit *A gestrichen* agi *und am Rand*
eingefügt fieri – 4 commemorationem] *B* comemorationem – 4 et] *B* ac – 6 ad abluen-
dum] *B* ob aluendum – 9 *nach* gerat *A gestrichen* dummodo *und am Rand eingefügt* qui
tamen – 10 reus fiat] *B* fiat reus – 12 demittite] *B* demitte

Und in Jesum Christum, sinen eingebornen sun, unseren herren.
Der empfangen ist von dem heiligen geist.
Geboren ist uß Maria der jungfrouwen.
Der gelitten hat under Pontio Pilato, crützget ist, gestorben und begraben.
Ist hinabgefaren zů der hellen.
Am dritten tag widerumb uferstanden von den todten.
Ist ufgefaren in die himmel, da er sitzt zů der gerechten gottes, vatters allmächtigen.
Dannenhar er ouch künfftig ist zerichten die läbenden und todten.
Ich gloub inn heiligen geist.
Ein heilige allgemeine christenliche kilchen, die da ist ein gmeind der heiligen.
Ablaß der sünden.
Urstende des lybs.
Und ewigs läben. Amen.»

[1] *Jud:* «Nachdem man die artickel des gloubens veryähen, hebt der pfarrer an, das
volck zů dem nachtmal Christi rüsten und vermanen, volgender maaß:»
[2] *Schmidt-Clausing, Formulare, Anm. 106:* «Für das ‹Trost, Glauben und Zuversicht›
der deutschen Texte sagt Zwingli in der Übersetzung ‹fiduciam et certitudinem›, d. h.
‹Glaube› ist durch ‹Vertrauen› ersetzt, und für ‹Zuversicht› bedient er sich des auch dem
Kirchenlatein fremden ‹certitudo – Gewißheit, Sicherheit›». Vgl. dazu Z VI/III 171[11–18].
[3] *Schmidt-Clausing, Formulare, Anm. 107:* «Das Vaterunser wird also kniend gebetet». Das folgende Abendmahlsgebet (S. 100[6–17]) folgt zum Teil wörtlich dem Friedensge-
bet und den Vorbereitungsgebeten auf die Kommunion der Messe; s. Jenny, Einheit 56,
Anm. 2.

«Pater noster, qui es in coelis» et cętera usque ad finem [1].
Et cum ministri responderint:
«Amen» *[Mt 6, 9–13],*
iterum oret pastor [2].
Oratio: *[Abendmahlsgebet]*   5
Domine deus omnipotens, qui nos per spiritum tuum in unitate fidei in unum corpus tuum coagmentavisti, cui corpori tuo pręcepisti,
ut laudes et gratias tibi agant, pro ea liberalitate ac beneficio, quod
unigenitum filium tuum, dominum nostrum Iesum Christum, pro
peccatis nostris in mortem tradidisti, da, ut hoc tuum pręceptum ea   10
fide impleamus, ne te, infallibilem veritatem, ulla mendaci simula-
tione offendamus aut irritemus. Da quoque, ut tam sancte vivamus
atque tuum corpus, tuos filios familiamque tuam, decet, quo increduli
quoque nomen et gloriam tuam agnoscere discant. Custodi nos, domine, ne nomen et gloria tua propter vitę nostrę pravitatem in cont-   15
umeliam rapiatur. Semper oramus, domine, auge nobis fidem, hoc est
indubitatam fiduciam in te. Tu, qui vivis ac regnas deus in sęcula [3].
Respondent:
Amen.
Deinde sic agit et verba sacra simul effatur pastor [4]:   20

1 *AC am Rand* R – 2 Et cum] *B* Cumque – 4 oret] *C* orat – 5 Oratio] *fehlt bei B* –
11 mendaci] *B* mendacii – 15 propter] *A am Rand eingefügt* – 15 *nach* pravitatem *A*
doppeltes in *gestrichen* – 16 oramus] *B* oremus – 17 ac] *B* et – 17 deus] *fehlt bei B* –
18 Respondent] *B* Ministri respondent – 20 *AC am Rand* R *irrtümlicherweise bei* Dominus Jesus *statt bei* Deinde sic agit – 20 sic ... pastor] *B* pastor sic agit et verba sacra effatur

---

[1] *Jud bringt das Vaterunser in folgender Version: «Vatter unser, der du bist in himm-*
len. Geheiliget werde din nam. Zůkumm uns din rych. Din will beschäch uff erden wie
imm himmel. Gib uns hüt unser täglich brot. Unnd vergib uns unser schulden, wie wir ver-
gäbend unseren schuldneren. Und für uns nit in versůchung, sunder erlöß uns von dem bö-
sen. Amen.»
[2] *Jud: «Erhebend üwere hertzen zů gott und sprächend».*
[3] *Schmidt-Clausing, Formulare, Anm. 108, weist hin «auf die biblisch-systematische*
Ausrichtung dieses Gebetes und seine pneumatologische Eschatologie. Es bietet zudem
eine liturgietheologische Deutung des Glaubens als das unerschütterliche Vertrauen.»
Über die von Zwingli übernommenen Gebetsschlüsse s. Fritz Schmidt-Clausing, Das Pro-
phezeigebet, in: Zwa XII, 1964, 33. Jud führt das Gebet bis zum «Amen». Die folgenden
zeremoniellen Anweisungen [S. 100_{20}, 101_{3, 8–10, 12}, 102_{7–11, 16–18}] bringt Jud nach den
Einsetzungsworten unten S. 102_6.
[4] *Schmidt-Clausing, Formulare, Anm. 109, vermutet, Zwingli stelle hier «mit Sicher-*
heit» «agit» mit «Actio» zusammen und habe «ebenso ... zweifellos das liturgisch sonst
nicht übliche effari gewählt, das der altrömischen Auguralsprache zugehört». Und weiter:
«Zwingli, der jedwede Weihe der Elemente ablehnt, will hier doch – Gestik der Sprache! –
‹weihevoll die heiligen Worte› sprechen. Man beachte die nach dem Muster des Missale in

[Einsetzungsworte]

«Dominus Iesus [1] ea nocte, qua tradebatur ad mortem, accepit panem»

– hic accipit pastor panem azymum in manus –

5 «cumque gratias egit, fregit ac dixit: Accipite, comedite. Hoc est corpus meum, quod pro vobis traditur. Hoc facite ad commemorationem meam» [2].

Hic simul prębet pastor panem ministris, qui circum mensam stant [3], qui protinus cum reverentia illum accipiunt et inter se dividunt ac comedunt. Dum in-

10 terim pastor pergit:

«Similiter, postquam facta fuit coena, accipit et poculum»

– hic simul accipit pastor poculum in manus –

2 Iesus] *B* deus – 2 accepit] *C* adcepit – 4 hic ... manus] *A am Rand eingefügt* – 5 comedite] *C* commedite – 6f commemorationem] *BC* comemorationem – 8 *A am Rand* R, *C* Rubri – 8 simul] *A am Rand eingefügt* – 9 *nach* illum *A gestrichen* edunt et s- – 9 se] *B* sese – 11 *nach* Similiter *A gestrichen* et poculum – 11 accipit] *fehlt bei C, D* accepit – 12 *A am Rand* R – 12 hic ... manus] *A am Rand eingefügt*

---

den Einsetzungsbericht eingefügten Rubriken.» Bei Jud fährt der Pfarrer, wie KO 1535, fort: «Jetz hörend mit ernst unnd glouben, wie Christus Jesus das nachtmaal begangen unnd uns dasselb mit glouben und danckbarkeit zebegon yngesetzt habe».

[1] *Schmidt-Clausing, Formulare, Anm. 110, bemerkt, daß B «Dominus deus» statt «Dominus Iesus» bzw. in den deutschen Formularen «Jesus in der Nacht» hat.*

[2] *1 Kor 11,24 Vulgata: «Gratias agens fregit et dixit: Accipite et manducate hoc est corpus meum, quod pro vobis tradetur: hoc facite in meam commemorationem».*

[3] *Schmidt-Clausing, Formulare, Anm. 111: «Diese Handlung kennt Zwingli von der Gründonnerstagsmesse. An diesem Tage wird nur eine Messe gelesen; die übrigen anwesenden Priester empfangen die Kommunion aus der Hand des Zelebranten». Im übrigen sind mit den Dienern hier nicht mehr nur Diakon und Subdiakon gemeint, sondern alle, die dem Hirten beim Abendmahl zudienen. Vgl. dazu Jud: «Hie ist zů mercken, das diese letste wort deß nachtmals Christi nit nun den worten nach verläsen, sunder ouch mit offner thaat angebildet werdend. Dann so der pfarrer lißt: ‹Er hat brot genommen›, so nimpt ers ouch; ‹er hats brochen›, so bricht ers ouch; ‹nemend, ässend, das ist min lyb›, so büt er den zweyen dienern das brot ouch, unnd die gäbends dann denen, die umb den tisch stond. Dieselben tragend es dann der gantzen kilchen für, also, das einer mit dem brot vorgaat, der ander mit dem bächer volget. Dann glych wie von dem brot gehört, also thůt der pfarrer ouch mit dem tranck. Die in der gmeynd empfaahend das brot von den dienern, die es durch die kilchen hin in schüßlen tragend. Da nimpt ein glöubiger mit eigner hand ein form des ungehebleten brots, bricht darab ein stücklin für sich, demnach gibt er es sinem nächsten. Also gaat es durch die gantzen kilch. Nach dem brot empfacht er ouch den bächer. Daruß trinckt er und gibt in dann sinem nächsten, alles mit zucht und grossem ernst. Dann mithinzů und die kilch also mit einandren das brot bricht, so verliset ein läser von der cantzel herab die abendreed, hebt sy an amm anfang des 13. capitel Joannis, unnd lißt so vil und lang, biß sich das brotbrächen gäntzlich endet und alle diener mit den bächeren widerumb zům tisch kummen sind. Denn spricht der pfarrer:»*

«gratias egit ac dixit: Bibite ex isto omnes; hic calyx novum testamentum in meo sanguine est. Quotiescumque istud facturi estis, facite ad meam commemorationem. Quoties enim cumque panem hunc comedetis et de potu isto bibetis, mortem domini prędicabitis, laudabitis et gratias agetis[1], usque dum veniat» *[1 Kor 11, 23–26][2]*.   5

[Austeilung]

Post hęc circumferunt ministri azymum panem et accipit quisque sua manu particulam de exhibito pane et postea reliquam partem prębet proximo suo. Et si quis non vult panem sua manu contrectare[3], iam circumferens minister porrigit ei. Deinde sequuntur ministri cum crateribus *[fol. 24v][4]* et prębet alius alii poculum dominicum.   10

Ne abhorreat tua maiestas ab isto accipiendi prębendique more; nam deprehensum est sępenumero, quod quidam, qui temere consederant, qui tamen simultates ac odia prius inter se exercuissent, ex hac participatione sive panis sive potus animi impotentiam deposuerunt[5].   15

Interim legit de suggesto alius minister ex evangelio Ioannis aliquo usque, dum editur ac bibitur sacramentum corporis et sanguinis domini, incipit autem a tredecimo capite. Cumque crateres omnes sunt reportati, tunc sic infit pastor:

1 *nach* hic A *gestrichen* potus *und am Rand eingefügt* calyx – 1 calyx] *BCD* calix – 3 commemorationem] *B* comemorationem – 3 Quoties enim cumque] *BD* Quotiescumque enim – 3f comedetis] *A hat fälschlicherweise* bibetis, *dieses von fremder Hand gestrichen und am Rand* comedetis – 4 potu] *A verändert aus* poculo, *BCD* poculo – 7 *A am Rand* R, *C* Rubrica – 7 accipit] *C* adcipit – 10 ministri] *B* alii ministri – 13 temere] *fehlt bei C* – 14 ac] *B* et – 16 *AC am Rand* R ; Interim] *D* Iterum – 16 Ioannis] *B* Johannis – 17 et] *B* ac – 17 domini] *B* dominici

---

[1] *Zwingli erweitert das «adnuntiabitis» also zu «verkünden und hochpreisen» (schon 1525 und 1529, vgl. Z IV 23₄f und 692₂₃) und fügt nun noch «und danken» zur Unterstreichung des Charakters der Danksagung hinzu. Siehe Schmidt-Clausing, Formulare, Anm. 112.*

[2] *Hier ergänzt Jud nach der KO Zürich 1535: «Gott verlyhe uns, dz wir sin gedächtnus wirdig mit glouben und liebe begangind». Dann fügt er, ebenfalls KO 1535 folgend, den Text an, den wir schon oben S. 101, Anm. 3 gebracht haben.*

[3] *Vgl. Z II 792₁f; zur Selbstkommunion des Hirten s. Z II 793₁₁–₁₃. Daß jemand das Brot nicht mit seiner Hand berühren will, könnte freilich auch noch mit der im Spätmittelalter weitverbreiteten Ehrfurcht vor dem Sakrament zusammenhängen; vgl. Jungmann I 169.*

[4] *In Zürich wurden Holzbecher gebraucht. Obschon Zwingli die in der Messe gebräuchliche Beimischung von Wasser zum Wein ablehnte (Z II 791₆), gebraucht er das griechische Lehnwort «crater» (Mischkrug) für Becher; vgl. Schmidt-Clausing, Formulare, Anm. 114. Vgl. Karl Stokar, Liturgisches Gerät der Zürcher Kirche vom 16. bis ins 19. Jahrhundert, Mitteilungen der Antiquarischen Gesellschaft in Zürich, Band 50, Heft 2, Zürich 1981, 145. Neujahrsblatt, 14–21, 35–42.*

[5] *Die Zeilen 12–15 fehlen natürlich in der von Jud übernommenen Fassung der Zürcher Kirchenordnung von 1535! Schmidt-Clausing, Formulare, Anm. 115, meint: «Diese ‹Apologie› inmitten der Liturgie ist echt Zwingli. Anlaß muss das Problem gewesen sein, dass jeder Anwesende am Mahl teilnahm».*

Procumbite in genua[1]. *[Danksagung]*

Nam sedentes et tacite auscultantes verbo domini edimus et bibimus coenę sacramentum. Cumque omnes procumbunt, infit, inquam, pastor:

«Laudate, pueri, dominum! Laudate nomen domini»[2]!

5   Diaconus:

«Sit nomen domini benedictum ex h*[oc]* n*[unc]* e*[t]* u*[sque]* in sęc*[ulum]*».

Hypodiaconus:

«A solis ortu usque ad occasum», etc. *[Ps 113$_{1-9}$].*

10   Et sic iterum alternis finiunt ministri hunc psalmum *[Ps 113]*, quem Hebręi perhibent a maioribus suis dici solitum a mensa. Post ista adhortatur[3] pastor ecclesiam his verbis:

Memores sitis[4], fratres charissimi, quidnam iuxta C h r i s t i iussum iam simul gesserimus. Testati sumus enim ista gratiarum actione,

---

1 Procumbite in genua] *A statt gestrichenem* Exurgite – 2 *AC am Rand* R – 2 *nach* domini *A gestrichen* edib – 3 *nach* procumbunt *A 7 Zeichen* (-sit?) *gestrichen* – 5 Diaconus] *A am Rand* – 6f h*[oc]... sęc[ulum]]* BCD *ausgeschrieben* – 8 Hypodiaconus] *A am Rand* – 10 *A am Rand* R – 14 *nach* iam *A gestrichen* fecerimus *und am Rand eingefügt* simul gesserimus

---

[1] *Jud schreibt hier umgekehrt (wie schon die Ordnung 1529): «Knüwend uff und lassend uns gott loben und dancksagen» und bemerkt anstelle des folgenden Satzes nur: «Demnach hebt er an den volgenden Psalmen, den ouch die Hebreer in irem passah gesprochen. Die diaconi sprächend ein verß umb den andern. Der pfarrer spricht:»*

[2] *Ps 113; vgl. die Bemerkung Zeile 10 sowie Schmidt-Clausing, Formulare, Anm. 63, sowie Jungmann I 11 (und 449). Jud bringt eine eigene Version von Ps 113:*

«Lobend, ir diener deß herren, lobend den namen deß herren.
Gelobt sye der nam deß herren von yetz biß in die ewigkeit.
Vom ufgang der sunnen biß zů irem nidergang ist hochgelobt der nam des herren.
Über alle völcker ist der herr erhöcht, und sin eer über die himmel.
Wär ist wie der herr, unser gott, der sin wonung so hoch hat, und sich dennocht herab laßt zů besichtigen, was in himmel und uff erden ist?
Er erhebt den schlächten uß dem stoub und zücht den armen uß dem kaadt,
das er in setze zů den fürsten, ja zů den fürsten sines volcks.
Er machet die unfruchtbaren fruchtbar und zů einer můtter, die mit kinden fröud hat.»

[3] *Jud: «... vermant und tröstet das volck also».*

[4] *Schmidt-Clausing, Formulare, Anm. 117, vermutet, daß Zwingli mit der Ermahnung «Memores sitis» die den Einsetzungsworten folgenden Worte des Missale «Unde et memores» aufnimmt. Jud bringt das folgende Gebet ausführlicher: «Jetzdan gedenckend ernstlich, was grosser heiliger geheymnuß wir nach dem befälch des herren begangen habind, namlich: das wir bezügt habend mit der danckbaren gedächtnuß unseres gloubens, dz wir als arm sünder, aber durch den hingegebnen lyb und vergossen blůt von sünden gereiniget sind und von dem ewigen tod erlößt, ouch erbotten, christliche liebe, trüw und dienstbarkeit ye eins gegen dem andren ze halten. So söllend wir gott trüwlich bitten, das er uns allen verlych, die gedächtnus sines bitteren tods mit vestem glouben also zů hertzen fassen und stät by uns tragen, damit wir täglich allem bösen absterbind und zů allem gůten durch sinen geist gesterckt und gefůrt werdind, damit gott in uns geprysen, der nächst gebesseret unnd geliebt werde. Gott sägne und behüt üch! Er lüchte sin angsicht über üch und sye üch gnädig!»*

quam ex fide peregimus, nos miseros quidem esse peccatores, sed
mundatos corpore et sanguine Christi, quę pro nobis tradidit et effudit, sed et redemptos a morte sempiterna. Testati sumus nos fratres
esse. Id ergo pręstemus charitate, fide et officio mutuo. Oremus ergo
dominum, ut amaram eius mortem sic alto pectore teneamus, ut quo-   5
tidie peccatis quidem moriamur, omnibus autem virtutibus sic fulcia-
mur ac crescamus gratia et munere spiritus eius, ut nomen domini in
nobis sanctificetur, proximus autem ametur et iuvetur. Dominus misereatur nostri et benedicat nobis! Illuminet vultum suum super nos
et misereatur nostri[1]! Amen!   10

    Oratio. Pastor iterum orat: *[Dankgebet]*

Gratias agimus tibi, domine, pro universis donis et beneficiis tuis,
qui vivis ac regnas, deus, per omnia sęcula sęculorum. Amen!

    Pastor[2]:   *[Entlassung]*

Ite in pace. Amen!   15

    Deinde digreditur ecclesia[3].

Hic vides, cordatissime rex, quantum ad substantiam pertinet, nihil
deesse, quod ad eucharistię iustum apostolicumque usum requiritur[4];
abesse autem, quęcumque suspecta sunt, quod ab avaricia sint impor-
tata.   20

    Quodsi quis queratur[5] non licere nobis nova formula uti, etiamsi
[fol. 25r] erratum sit nonnihil in missa – cum enim hoc audeamus,
haud secus esse, quam si quis in regno aut urbe neglectis legibus publicis privatas sibi leges sanciat, quibus vivere dum pergit, reliquos in

---

2 tradidit] *B* tradit – 3 et redemptos] *A* et *darüber eingefügt* – 5f quotidie] *B* quotti-
die – 6 quidem] *A am Rand eingefügt, fehlt bei B* – 7 ac] *BC* et – 7 et munere] *A am
Rand eingefügt* – 8f misereatur] *C* miseratur – 10 misereatur] *C* miseatur – 10 Amen] *B*
Respondent ministri: Amen. – 11 Oratio] *fehlt bei B* – 11 *AC am Rand* R – 13 Amen] *B*
Respondent ministri: Amen. – 14 *AC am Rand* R ; Pastor] *B* Pastor ait – 15 Amen] *B*
Ministri respondent: Amen. – 17 *nach* rex *A gestrichen* quoad *(?) und am Rand einge-
fügt* quantum – 18 apostolicumque] *B* apostolicum – 24 sanciat] *A* sancciat

---

  [1] *Zu dieser Form des aaronitischen Segens vgl. Schmidt-Clausing, Formulare,
Anm. 118. Jud fährt gleich fort: «Herr, wir sagend dir danck...»*

  [2] *Fehlt bei Jud.*

  [3] *Fehlt bei Jud.*

  [4] *Jud fügt die Überschrift «Beschluß» ein und fährt dann fort: «Hie sicht üwer k[ünig-
liche] maiestet, das uns an dem nachtmal deß herren (so vil den rechten, wäsenlichen und
apostolischen bruch antrifft) gar nüts manglet». Vgl. Jenny, Einheit 52ff (Danach ist der
Abstand zwischen der römischen Messe und Zwinglis Abendmahlsfeier «bei weitem nicht
so gross, wie etwa der zu Calvins Genfer Abendmahlsordnung»); Coena Domini I, 1–6
(Einleitung), 181ff.*

  [5] *Jud Marg.: «Ein gegenwurff».*

tumultum ac perduellionem coniicit[1]; unde nos iure hęreticos vocari;
posse enim errores aliquamdiu etiam apostolorum exemplo tolerari,
donec publicus ecclesię senatus aliud statuat[2] –, is, quęso, consyderet
longe distare hanc regnorum aut urbium legumque similitudinem a
5 divinis legibus, a veritatis et fidei libertate et ab ecclesię iure. Quicquid enim humanę leges iubent, ad rerum externarum compositionem
ac ordinem facit[3]; sed quod divina lex pręcipit, sic stringit conscientiam, ut, protinus atque divinam voluntatem intellexit, seipsam suo
iudicio damnet, ni adsentiatur et obtemperet[4]. Per legem enim cogni-
10 tio peccati [Röm 3, 20]. Et quanto magis deprehenditur in spiritum
sanctum peccari, tanto minus potest conscientia adquiescere[5] ac tole-
rare creatoris sui contumeliam. Cum ergo spiritu sancto magistro didicerimus unicam esse et a solo dei filio factam oblationem[6], et illud
primis ecclesię nominibus subindicaverimus, quo, quicquid erretur,
15 corrigatur, et illi magis ac magis contra veritatem non iam pugnent,
sed etiam sęviant, non debuit vi occupata pontificis potentia[7] obstare,

3 ecclesię] B eclesię – 3 consyderet] BC consideret – 5 et fidei] A am Rand eingefügt
– 9f cognitio peccati] B peccati cognitio – 10 nach quanto A gestrichen id quod discitur,
facitur magis und am Rand eingefügt magis deprehenditur – 11 peccari] A verändert aus
peccare, nach peccari A gestrichen tam (?) – 12 sui] fehlt bei D – 12 spiritu] D spiritui –
12 nach magistro A gestrichen ediscamus und am Rand eingefügt didicerimus – 14 erre-
tur] C erratur – 15 pugnent] C pugnant – 16 nach non A gestrichen potuit iniuria vendi-
cata pontificis sowie ein statt potuit am Rand eingesetztes debuit gestrichen – 16 occu-
pata] D occupata

---

[1] Jud: «in einem künigrych, land oder statt, gmeine satzungen, deren yederman gmeinlich läbt, understande [wagte], sundere satzungen hinder einer oberkeit, für sich selbs, ei-
gens gwalts und fräfels understande ufzerichten, damit er ouch anderen zů ungehorsame
unnd überträttung gmeiner satzungen, ja zů ufrůren ursach und anlaaß gäbe...»
[2] Jud: «biß ein gmein concilium sölichs mit einhälliger bewilligung abstelle und en-
dere». Vgl. Apg 15, 1–34; Gal 2, 1–10. Jud fügt dann «Antwort» ein, faßt den folgenden
Satz aber kürzer: «Der disen ynwurff ynfůrt, der trachte und bedencke, dz es nit ein glychs
ist, von menschlichen satzungen und von göttlichen zereden».
[3] Jud: «Dann alles das, das die menschlichen satzungen oder gsatzte anrichtend unnd
ordnend, das gschicht allein von wegen, das ein ussere zucht und ordnung im volck gehalten werde...»
[4] Jud: «... was aber gott setzt unnd gebüet in sinem gsatz, das bindt die conscientz des
menschen dermaß, das die conscientz, so bald sy den göttlichen willen hört und nit von
stund an sölichs gloubt, annimpt und haltet, sich selbs in irem eygnen urteyl verdampt».
[5] Jud: «Und so vil die conscientz befindt in ir selbs, das sy der erkanten und geoffneten
warheit widersträbt und nit gehorsam ist (dann das ist die sünd in heiligen geist), so vil
mag sy minder růw haben...» Vgl. Zwinglis Auslegung zu Mt 12, 31f (S VI/I 290f) und Lk
12, 10 (S VI/I 648f).
[6] Jud ergänzt: «allein am crütz».
[7] Jud: «gwalt des bapsts (in den er sich mit fräfel und gwalt yngesetzt hat)».

quominus quisque veritatem tueretur atque filii dei ignominiam eliminaret. Nam quę ista esset, malum[1], ratio talem morari pontificem ecclesię, qui, quo fit et constat ecclesia, non revereretur? Constat autem ecclesia fide in deum iuxta illius verbum[2]. Cum ergo ille verbo dei non credat, quomodo potest ecclesiam moderari? Deinde anne 5 potest fides ad hominum rationem incrementum aut moram capere[3]? Anne cum dominus dixit: «Quęcunque vultis, ut vobis faciant homines, facite eis eadem» *[Mt 7, 12]*[4], cunctari licet, quo minus recipias legem istam, donec primates recipiendam censeant[5]? Et hęc certe lex ad humana tantum pertinet, cum filium dei offerre in deum ipsum 10 contumelia sit. Postremo ius ecclesię est pro spiritus divini instinctu credere et vivere iuxta Pauli verbum: «Spiritum nolite extinguere» *[1 Thess 5, 19]*. Quis enim non extemplo indulgentiarum nugas explosit, *[fol. 25v]* ut ementitum commentum esse intellexit? Non expectat fides alterius iudicium, sed suo consistit. Ea ergo cum videt graves 15 istas in dei filium blasphemias, sentit eas non esse tolerandas, sed ita aut abolendas esse aut fugiendas, ut, quam primum id fieri possit, arripiat. Sic ergo apud nos est abolita papistica missa desertione et defectione. Cum enim populus ab ea cognito errore[6] profugeret, sacrificuli pars abhorrerent, pars vererentur impetum vulgi, sic deserta 20 est missa primum, ut necesse habuerimus prospicere de simplici Christianaque formula[7]. Ea cum perfecta esset, indixit senatus ur-

---

2 ista esset] *B* esset ista – 5 dei] *A am Rand eingefügt* – 5 credat] *B* fidat – 5 anne] *A* -ne *darüber eingefügt* – 11 contumelia sit] *B* sit contumelia – 12 Spiritum nolite] *B* Nolite spiritum – 14 ementitum] *C* mentitum – 16 in dei filium] *fehlt bei B* – 18 est abolita] *B* abolita est – 20 vererentur] *B* vereretur – 20 impetum] *B* tumultum

---

[1] *Jud:* «*Was wäre aber das für ein ding (wet aller wält unglück), das die kilch uff ein sölichen bapst und fürständer sölte warten und harren, der den nit vor ougen und in eeren hat, der ein läbendig houpt der kilchen ist, ja durch den die kilch ist und bestaat, ja, der uff gottes wort und glouben, uß dem die kilchen gebuwen wirt, nüt haltet?*»

[2] *Vgl. Locher, Grundzüge 572–575; ders., Reformation 218; Fritz Büsser, Zwingli und die Kirche, Überlegungen zur Aktualität von Zwinglis Ekklesiologie, in: Zwa XVI, 1984, 186–200.*

[3] *Jud:* «*Zů dem so kan der gloub mit sinem zůnemmen nit uff die menschen warten, wenn es inen gefalle, er kan ouch durch sy nit verhinderet oder verzogen werden*».

[4] *Vgl. Zwinglis ausführliche Auslegung der «Goldenen Regel» S VI/I 241–244.*

[5] *Jud:* «*... biß das der bapst unnd die bischoff, fürstender der kilchen, sölichs anzenemmen unnd zethůn erkennend?*»

[6] *Jud fügt bei:* «*und uß dem wort der warheit geleert was*».

[7] *Zwinglis «De canone missae epichiresis» (Z II 536–608) stellt einen heute allgemein hochgeschätzten Versuch Zwinglis dar, aufgrund gründlicher liturgiegeschichtlicher Studien zur Urform der Messe zurückzufinden.*

bis nostrę collationem et nobis et episcopis Romanensibus [1].
Eorum docti cum venissent [2], negabant licere sibi conferre de re tam
ardua extra concilium (cum tamen post triennium collationem Ther-
mopoli ipsi summa cum corruptione indixerint) [3]; senatus ergo noster auditis, quę ultro citroque adferebantur ex divinis scripturis atque scriptoribus, censuit neminem esse cogendum neque ad agendum
neque ad audiendum missam [4]. Cum deinde pecunię corruptela res
tentaretur a Romanensibus, coeptum est violentius contendi, qua
re coactus illustrissimus senatus decrevit: missam imperpetuum in
urbe nostra papistico more nullus celebrato, nisi scripturis sacris il-

2 licere sibi] *B* sibi licere – 3 concilium] *B* consilium – 3 collationem] *fehlt bei B* –
3f Thermopoli] *B* Thermipoli – 4 corruptione] *C* corruptent *(?), C²* corrupcione – 7 au-
diendum] *C* audiendam – 9 imperpetuum] *BC* in perpetuum – 10 *nach* nisi *A gestrichen*
divi*[nis]*

[1] Am 15. Oktober 1523 beschlossen Bürgermeister, Kleiner und Großer Rat von Zürich, an die Bischöfe von Konstanz, Chur und Basel («ouch an die universitet daselbs»),
an die Eidgenossen und an alle Pröpste, Prälaten und Vögte im Zürcher Gebiet zuhanden
aller Leutpriester Einladungen zu einer Disputation auf den 26. Oktober ergehen zu lassen, damit sie «red halten und einen beschluß helfind machen uß der göttlichen geschrift
des alten und nüwen testaments der bilder und messen halb, wie sich darin syg ze halten,
damit dasselb am gefelligsten sin mög Gott dem allmächtigen, und den christglöibigen
menschen am heilsamsten, und damit gelept werd dem willen Gottes und siner helgen
gschrift beider testamenten, diewil bishar darin vil mißbruchs syg gewesen» (AZürcherRef,
Nr. 430); Mandat in Z II 678$_{17}$–680$_4$ und HBRG I 128f; gekürzt EA IV 1a 342f. Über den
Verlauf der dreitägigen Disputation s. «Die Akten der zweiten Disputation vom
26.–28. Oktober 1523», Z II 664–803, sowie Locher, Reformation 131–134.
[2] Die hier direkt visierten Gelehrten waren Dr. Johannes Nießli, Schulherr am Groß-
münster (Z II 764$_{7–25}$) und vor allem Chorherr Konrad Hofmann (Z II 767$_{21–25}$; s. auch
AZürcherRef, Nr. 484). Vgl. Theodor Pestalozzi, Die Gegner Zwinglis am Großmünsterstift in Zürich, Zürich 1918, 128ff und 133, sowie zu Hofmann Büsser, Katholisches Zwinglibild 85f. Möglicherweise denkt Zwingli hier aber viel eher an den grundsätzlichen Widerstand der Konstanzer Bischofsdelegation an der 1. Zürcher Disputation vom 29. Januar
1523. Vgl. dazu Rudolf Pfister, Kirche und Glaube auf der Ersten Zürcher Disputation
vom 29. Januar 1523, in: Zwa XIII, 1973, 553–569, sowie Heiko A. Oberman, Spätschola-
stik und Reformation, Bd. II: Werden und Wertung der Reformation, 2. Aufl., Tübingen
1979, 276–285; 291–293. Siehe ferner Locher, Reformation 139–142 (sog. Dritte Zürcher
Disputation vom 13./14. Januar 1524).
[3] «Thermopolis» = Baden. Die Badener Disputation vom 19. Mai bis 8. Juni 1526.
Von den sieben Thesen wurden die ersten zwei über das Abendmahl – «I. Der war fronleichnam Christi und sein blůt ist gegenwärtig im sacrament des altars», «II. Die werden
auch warlich aufgeopffert im amt der mess für lebendig und todt» – weitaus am ausführ-
lichsten diskutiert. Vgl. Köhler, ZL I 326–354; Leonhard von Muralt, Die Badener Disputation 1526, Leipzig 1926, 95ff; Locher, Reformation 182–187.
[4] Vgl. die Mandate vom 27. Oktober und 19. Dezember 1523 und vom 14. Mai 1524
(AZürcherRef, Nrn. 436, 460 und 530, 7) sowie die «Ratschläge betreffend Messe und Bilder» (Z II 808–815).

lam adseruerit dignam esse, quę servetur[1]. Sic, inquam, abolita est papistica missa et instituta coena dominica. Secuti sunt exemplum nostrum multi per Germaniam principes, nobiles, populi, urbes et per orbem privati innumeri sacerdotes, monachi, magistratus et privati homines[2]. Nihil ergo pręter rationem apud nos factum est, nihil pręter oraculorum divinorum autoritatem[3], quibus freti intrepide stamus adversus omnes insultus, certi, quod, qui a nobis stat, fortior est contraria virtute quacunque. Sed missam missam facimus[4], ne tuam maiestatem pertedeat, et ad alia pergimus.

[Ecclesia]

[fol. 11v] Credimus et unam sanctam esse catholicam[5], hoc est uni-

6 autoritatem] *D* authoritatem – 8f *C²* *am Rand* tuamque maiestatem plurimum in deo valere optamus – 8f ne tuam] *D* tuamque – 9 pertedeat ... pergimus] *D* plurimum in deo valere optamus – 9 *nach* pergimus *hat A auf neuer Zeile zentriert:* Sequitur X. articulus. *Hier ist Msc. A zu Ende. Bei D folgt als Schluß:* Finis. / Tiguri apud Christophorum / Froschouerum. Anno / M.D.XXXVI. // . *Der folgende Abschnitt findet sich bei A auf fol. 11vff, bei BC im fortlaufenden Text, bei D auf fol. 18vff. Vgl. unsere textkritischen Anmerkungen zu S.74₁₈.* 10 *ABC kein Zwischentitel* – 11 *AD am Rand* X, *C am Rand* 10ᵐᵘˢ artic. – 11f catholicam, hoc est universalem ecclesiam] *B* ecclesiam catholicam, hoc est universalem; *vor* hoc est *D zugefügt* eam

---

[1] *Jud:* «*Nachmaals als die römischen practicanten mit gält etwas zefelschen understůndend, entstůnd etwz grösseren zancks der mäß halb, uß welchen ein eersamer raat gezwungen ward, umm gmeines fridens und růwen willen die bäpstische mäß in irer statt gantz hinzethůn und abzestellen, wie ouch mit urteil in burgeren erkennt ist, das fürhin kein pfaff mee in irer statt mäß haben sölle, er möge dann uß der göttlichen gschrifft erwysen, das sy gerecht sye*». *Die Diskussion über die endgültige Abschaffung der Messe fand am 11. und 12. April 1525 statt. Vgl. AZürcherRef, Nr. 684; Z IV 480₃₁–482₃₁; Locher, Reformation 145f.*

[2] *Vgl. dazu Locher, Reformation Kap. XVII und XVIII sowie XXIV.*

[3] *Jud:* «*Darumb ist nüt by uns uß fräfel, nüt uß mŭtwill, nüt uß anfechtungen, nüt mit ufrŭr, nüt one geschrifft und göttlichs wort geenderet oder yngesetzt*».

[4] *Zu* «missum facere» *vgl. z.B. Cic. S. Rosc. 132; Cic. Verr. II, III, 44, 104. Jud:* «*Aber ich laß die mäß ston und begär, das üwer k[ünigliche] m[ajestät] imm herren allweg gsund und frisch läbe. Amen*». *Diese deutsche Fassung erklärt wohl das Wortspiel* «sed missam missam facimus», *d.h. ich* «mache Schluß mit der Messe». *Dann folgt bei Jud:* «*Getruckt zů Zürich by Christoffel Froschouer*», *was bei Jud der Abschluß der gesamten Schrift ist.*

[5] *An dieser Stelle steht im* «Apostolikum» *zunächst das Bekenntnis des Glaubens an den Heiligen Geist:* «Credo in spiritum sanctum». *Wernle vermutet (II 342), daß Zwingli die Worte über den Heiligen Geist entweder* «aus Versehen» *übersprungen hat oder* «*daß ihn die Ausführungen über das Abendmahl schon ganz in das Gebiet der Kirchengedanken hineingezogen hatten*». *Locher, KiG 56 verweist darauf, daß – wie schon in der Credo-Predigt (Z VI/I 488₁₃₋₁₅) – die Erwähnung bei der Trinität genügen muß. Daß die*

versalem ecclesiam[1]. Eam autem esse aut visibilem aut invisibilem[2]. Invisibilis est iuxta Pauli verbum, quę coelo descendit[3] *[vgl. Apk 21, 2]*, hoc est, quę spiritu sancto illustrante deum cognoscit et am-

1 aut visibilem] aut *fehlt bei B* – 3 *nach* deum *A gestrichen* et cognoscit – 3 cognoscit] *B* agnoscit

---

Kirche auch «eine» und eine «apostolische» Kirche ist, steht erst im «Symbolum Constantinopolitanum» (vgl. Denz. 30 bzw. 150). Zwingli formuliert hier also frei. Juds Überschrift: «Von der kilchen».

[1] *Daß Zwingli hier das im lateinischen Glaubensbekenntnis übliche griechische Lehnwort «catholica» durch das lateinische Synonym «universalis» ergänzt, wird darauf zurückzuführen sein, daß Zwingli nicht bloß die römisch-katholische Kirche als rechtmäßige Kirche anerkennt. Im Gegenteil, Zwingli hat selber – und erst recht seine Mitarbeiter und Nachfolger – größtes Gewicht darauf gelegt, daß die reformierten Kirchen Teil der katholischen Kirche sind. Siehe Z II 59₁–61₂₁; 570₁₉–572₃₀. Vgl. dazu die alte Arbeit von Heinrich Heppe, Ursprung und Geschichte der Bezeichnungen «reformierte» und «lutherische» Kirche, Gotha 1859, bes. 73ff, sowie Fritz Büsser, In Defense of Zwingli: 1536, in: Prophet, Pastor, Protestant, The Work of Huldrych Zwingli after Five Hundred Years, ed. by E. J. Furcha and H. Wayne Pipkin, Allison Park, Pa. 1984, Pittsburgh Theological Monographs, New Series XI, 1–21 = Zwingli – Ein Zeuge der katholischen Kirche, in: 1484–1984, Zwingli und die Zürcher Reformation, Aufsätze von Fritz Büsser, Zürich 1984, 33–54. Der Begriff «universalis» wird schon in der alten Kirche gebraucht. Im übrigen zählt die «catholicitas» zu den «praecipuae notae ex quibus agnoscitur vera ecclesia dei» und wird ihrerseits durch vier modi näher bestimmt: «ratione temporum», «ratione locorum», «ratione doctrinae fidei in qua omnes semper et ubique consenserunt», «ratione necessitatis illius amplectendae ad consequendam salutem aeternam, nam extra eam salus non est» (s. Index «De ecclesia», in: MPL CCXIX 679f).*

[2] *Diese Unterscheidung von sichtbarer und unsichtbarer Kirche stammt der Sache nach von Augustin, in der Formulierung von Zwingli. Vgl. bes. Z III 743₁₆–757₆, Z VI/II 800₁₆–803₄, bes. 801₉₋₃₀, sowie Z VI/IV 31₁₉–38₈. Vgl. Alfred Farner, Die Lehre von Kirche und Staat bei Zwingli, Tübingen 1930, 1ff; Locher, Grundzüge 572–575; ders., Reformation 218; Fritz Büsser, Zwingli und die Kirche, Überlegungen zur Aktualität von Zwinglis Ekklesiologie, in: Zwa XVI, 1984, 186–200; Pollet 3842–3856; ders., Zwingli und die Kirche, in: Zwa XVI, 1985, 489–499; Yves M.-J. Congar, Die Lehre von der Kirche, Von Augustinus bis zum Abendländischen Schisma, Freiburg i. Br. 1971, HDG III/3c 3–8; Jacques Courvoisier, De la réforme au protestantisme, Essai d'ecclésiologie réformée, Paris 1977, 13–34; Alfred Schindler, Artikel «Augustin/Augustinismus I», in: TRE IV 676–680 sowie 692–698 (Literatur).*

[3] *Gemeint ist das «neue Jerusalem»; wenn Zwingli wirklich an Paulus denkt, könnte es sich um Phil 3, 20 handeln (so Jackson/Hinke II 260, Anm. 3); näher liegt jedoch ein Bezug auf Apk 21, 2, d. h. auf Johannes (so Rudolf Pfister, HS XI 333, Anm. 58). Damit befände sich Zwingli auch im Einklang mit Augustin, der zu Apk 21, 2–5 in Aug. civ. XX 17 (CChr XLVIII 727) bemerkt: «De coelo descendere ista civitas dicitur, quoniam coelestis est gratia, qua deus eam fecit... Et de coelo quidem ab initio sui descendit, ex quo per huius saeculi tempus gratia Dei de super veniente per lavacrum regenerationis in Spiritu sancto misso de coelo subinde cives eius adcrescunt. Sed per iudicium Dei, quod erit novissimum ... eius ... claritas apparebit».*

plectitur[1]. De ista ecclesia sunt, quotquot per universum orbem credunt[2]. Vocatur autem invisibilis, non quasi, qui credunt, sint invisibi-
les, sed quod humanis oculis non patet, quinam credant;
sunt enim fideles soli deo et sibi perspecti[3]. Visibilis autem ecclesia
est non pontifex Romanus cum reliquis cidarim gestantibus[4], sed   5
quotquot per universum orbem Christo nomen dederunt[5]. Ex his
sunt, qui adpellantur Christiani, etiamsi falso, cum intus fidem
non habeant. Sunt ergo in ecclesia visibili, qui electę illius ac invisibilis membra non sunt[6]. Quidam enim iudicium sibi manducant et bibunt in coena *[vgl. 1 Kor 11, 29]*, qui tamen fratres omnes latent. Ea   10
igitur ecclesia, quę visibilis est, cum habeat contumaces ac perduelles
multos, qui, ut fidem non habent, ita nullius faciunt, si centies extra
ecclesiam eiiciantur[7], opus habet magistratu[8], sive is sit princeps aut
optimates, qui impudenter peccantes coërceat. Nec enim frustra gla-
dium gestat *[Röm 13, 4]*[9]. Cum ergo in ecclesia sint pastores, qui, ut   15
est apud Ieremiam *[Jer 23, 1ff] [fol. 12r]* videre, pro principibus quoque capiuntur[10], constat ecclesiam sine magistratu mancam esse ac
mutilam. Tantum abest, Christianissime rex, ut magistratum decli-

1 orbem] *A am Rand eingefügt* – 5 cidarim gestantibus] *A am Rand eingefügt* –
6f his ... cum] *fehlt bei C* – 7 nach qui *A gestrichen* falso, *dafür weiter unten* etiamsi falso
am Rand eingeführt – 16 Ieremiam] *BC* Hieremiam – 17 *C²* *am Rand* Ecclesia opus habet magistratu – 18 Christianissime] *D* piissime – 18 magistratum] *B* magistratu

---

[1] *Jud: «dann sy erkent durch ynlüchtung gott des heiligen geists den herren Christum».*
[2] *Jud: «In die kilchen gehörend alle die, die in dem gantzen umbkreiß der wält in Christum gloubend».*
[3] *Zur Erläuterung vgl. die Ausführungen Zwinglis in der «Fidei ratio» Z VI/II (765f
bzw.) 800₁₆–801₈.*
[4] *Jud: «der bapst zů Rom mit andren cardinalen und bischoffen». Vgl. eine ähnliche
Polemik in Zwinglis Vorrede zu den Jesaja-Erklärungen Z XIV 13₄₁–14₄.*
[5] *Jud: «sunder alle, die durch die gantz wält hin sich dem herren Christo im touff ynge-
schriben habend». Vgl. Zwinglis Ausführungen über die sichtbare Kirche in der «Fidei ratio» Z VI/II (766 bzw.) 801₉ff.*
[6] *Über den Zusammenhang von Glaube und Erwählung s. «Anamnema» Z VI/III
178₃ff.*
[7] *Jud: «deßhalb sy ouch nüt umb den bann gebend, wenn man sy schon hundert maal
hinuß stiesse». Vgl. Georg May, Artikel «Bann», in: TRE V 170–182 (inkl. Literatur).*
[8] *Jud: «ein oberer gwalt».*
[9] *Jud Marg.: «Rom. 13».*
[10] *Jud Marg.: «Hiere. 23» und «Ezech. 34»; Jud schreibt im Text aber nur: «Diewyl
dann in der kilchen ouch hirten sind, das ist fürsten oder fürsteender». Vgl. Zwinglis Kommentar zu Jer 23, Z XIV 583 bzw. zu Ez 34, Z XIV 731.*

nemus aut tollendum esse censeamus, sicut quidam nobis imputant[1], ut etiam doceamus necessarium esse ad perfectionem ecclesiastici corporis[2]. Verum, ut de illo doceamus, brevibus accipe[3]!

[Magistratus]

5   Agnoscunt Gręci homines hęc tria magistratus genera cum tribus degeneribus vitiis[4]: monarchiam, quam Latini regnum vocant[5], ubi

2 etiam doceamus] *B* doceamus etiam – 4 *ABC kein Zwischentitel* – 5 *C² am Rand* De magistratu – 6 *C² am Rand* Monarchia quid sit

[1] *Vgl. die Vorwürfe gegen Zwingli und die Zürcher Reformation oben S. 52₆₋₈.*

[2] *Jud: «[der obre gwalt] sye notwendig zů volkummne der kilchen unnd des heiligen lychnams Christi». Theoretisch vertrat Zwingli die im Grunde noch mittelalterliche, von der Vorstellung des «corpus Christianum» ausgehende Meinung, die Obrigkeit müsse der Kirche bei der Ausübung der Zucht helfen, am deutlichsten in seinem Brief vom 4. Mai 1528 an Ambrosius Blarer, Z IX 458f; zum Brief an Blarer s. Hans Rudolf Lavater, Regnum Christi etiam externum – Huldrych Zwinglis Brief vom 4. Mai 1528 an Ambrosius Blarer in Konstanz, in: Zwa XV, 1981, 338–381, bes. 339–341 (Chronologischer Literaturbericht); Leonhard von Muralt, Zum Problem der Theokratie bei Zwingli, in: Discordia Concors, Festgabe für Edgar Bonjour zu seinem siebzigsten Geburtstag am 21. August 1968, Bd. II, Basel/Stuttgart 1968, 384. Allgemein: Locher, Grundzüge 591f; ders., Reformation 167–173; 224f; Robert C. Walton, Zwingli's Theocracy, Toronto 1967; ders., The Institutionalization of the Reformation at Zurich, in: Zwa XIII, 1972, 497–515; Hans-Christoph Rublack, Zwingli und Zürich, in: Zwa XVI, 1985, 393–426; Fritz Büsser, Zwingli und die Kirche, Überlegungen zur Aktualität von Zwinglis Ekklesiologie, in: Zwa XVI, 1984, 186–200, bes. 195ff; ders., Die kirchlichen Institutionen im reformierten Zürich des 16. Jahrhunderts, in: Wurzeln 217–230; ders., Die Macht der Institutionen oder Ein Versuch über die Reformation in Zürich, a. a. O. 236–241.*

[3] *Jud schreibt statt dessen: «Also aber haltend wir vom oberen gewalt» und setzt dann über den folgenden Abschnitt den Titel «Vom oberen gwalt».*

[4] *Zwingli greift hier – wie in der Vorrede zu seiner Jesaja-Erklärung (Z XIV 5f mit Anm. 2) – auf die schon bei Herodot angedeutete, bei den Griechen von Platon (polit. 302), Aristoteles (pol. III 6ff) und Polybios (VI 3ff), bei den Römern von Cicero (rep. I 26ff, 42ff) vertretene, wobei Zwingli allerdings Cic. rep. nicht direkt, sondern nur indirekt über Aug. civ. II 21 kannte), dann von Thomas von Aquin (S. Th. I/II 95, 4 c) übernommene Sechsteilung der Regierungsformen inkl. ihrer Entartungen zurück. Dabei hält er sich freilich nicht direkt an eines dieser genannten, ihm bekannten Vorbilder, sondern mischt diese. Vgl. zum Ganzen immer noch Alfred Farner, Die Lehre von Kirche und Staat bei Zwingli, Tübingen 1930, 54f.*

[5] *So Cicero in «De re publica» I 26, 42. Jud schreibt an dieser Stelle: «Es ist zům ersten ein monarchy, das wir Tütstchen[!] ein rych nennend».*

unus ac solus pręest rerum summę duce pietate et ęquitate[1]. Huic contrarium ac degener genus est tyrannis, quam[2] Latini improprio vocabulo vim aut violentiam vocant, immo cum proprium ipsi non habeant, fere tyrannide a Gręcis mutuo accepta voce utuntur. Ea vero
est, cum contempta pietate, ęquitate vero conculcata vi geruntur om-   5
nia et, qui pręest, licere sibi permittit, quicquid libet. Aristocratiam
deinde agnoscunt[3], quam Latini optimatum potentiam vocant, ubi
optimi quique ęquitatis et pietatis observantes in populo rebus pręe-
sunt. Quę tamen, ubi degenerat, in oligarchiam transit, quam[4] Latini
recte paucorum potentiam vocant, ubi[5] inter optimos surgunt et cres-   10
cunt pauci non publicę, sed privatę rei amantes, qui rem publicam
opprimunt ac suam faciunt. Agnoscunt[6] postremo democratiam,
quam Latini rem publicam vertunt quidem, sed latiore vocabulo,
quam sit democratia[7], ubi scilicet res, hoc est, imperium penes populum publicum sive universum est, ut cum omnes magistratus, honores   15
ac functiones in totius populi sunt potestate. Ea cum degenerat, vo-

1 *nach* unus *A doppeltes* ac *gestrichen* – 1 *nach* solus *A gestrichen* bene – 1 *nach* duce
A gestrichen relig[ione] – 2 *C²* am Rand Tyrannis – 3 immo] *BD* imo – 4 mutuo] *B* mut-
tuo – 6 *C² am Rand* Aristocracia – 8 equitatis ... observantes] *A am Rand eingefügt* –
9 *C² am Rand* Oligarchia – 10 *vor* inter *A gestrichen* audacissime *(?)* – 10 et] *B* ac –
12 opprimunt] *C* obprimunt – 12 Agnoscunt] *B* Agnoscunt deinde ac – 12 *C² am Rand*
Democracia – 13 quidem] *fehlt bei B* – 15 *nach* universum est *A gestrichen* Ub *(unfertiges* Ubi) – 16 sunt potestate] *B* potestate sunt

---

[1] *Vgl. Walther Köhlers Übersetzung von Zwinglis Vorrede zu den «Jesaja-Erklärungen», Z XIV 7₁₆f («De aequitate vero, quam hic pro aequanimitate ac popularitate accipi-
mus, quid attinet dicere...?»): «Was brauche ich über die Gerechtigkeit – ich verstehe darunter Billigkeit und Freundlichkeit gegenüber dem Volk – weiter zu sagen?», in: Das Buch
der Reformation Huldrych Zwinglis, München 1926, 173.*
[2] *Dieser Satz «quam Latini ... voce utuntur» fehlt in Juds Übersetzung.*
[3] *Jud: «Das ander regiment heißt aristocratia, das ist ein sölich regiment, da man uß
allem volck die aller wysesten, frömmesten und besten, die der fromkeit und erberkeit hold
sind, erwelt und ußschüßt, das sy über das volck regierind und allen gwalt habind».*
[4] *Die Bemerkung «quam Latini ... vocant» fehlt bei Jud.*
[5] *Jud ausführlicher: «das gschicht denn, so under denen vilen frommen, denen dz regiment befolhen ist, etlich wenig unnd böse lüt mit der zyt ufstond und wachsend, die gmeiner gerechtigkeit, gmeines nutzes wenig oder gar nüt achtend, sunder allein iren eignen
nutz sůchend, unnd die machend den gmeinen nutz zů nüte, truckend in under unnd machend in iro».*
[6] *Jud ersetzt den Satz «Agnoscunt ... sunt potestate» durch folgenden Text: «Das
dritt gůt regiment ist democratia, das ist ein sölich regiment, da das regiment by der gantzen gemeynd staat, das man alle eerenämpter und würdinen alle mit gemeiner stimm und
meerer hand des volcks lycht und der minst als vil darzů zereden hat als der meest».*
[7] *Cic. rep. I 25 kennt die volkstümliche Definition der «res publica» als «res populi»,
die vor allem auf die Verwirklichung des Rechts zielt; vgl. Aug. civ. II 21.*

cant Greci σύστρεμμα ἢ σύστασιν[1], hoc est seditionem, conspirationem ac tumultum, ubi se nemo patitur in ordinem cogi, sed pro publica potestate, quam sibi quisque de integro vendicat, eo quod totius
populi pars sit ac membrum, audaciam cupiditatemque suam quisque
5 sequitur[2]. Unde liberę conspirationes et factiones, ex quibus cędes,
direptiones, iniurię cęteraque perduellionis ac seditionum mala.

Ista Gręcorum de magistratu discrimina sic et agnoscimus et corrigimus[3]. Rex si imperat aut princeps, observandum esse colendum-
que docemus iuxta Christi verbum: «Date cęsari sua et sua deo!»
10 [Mt 22, 21][4]. Per cęsarem[5] enim intelligimus quemque magistratum,
cui imperium est vel hereditario vel electionis iure consuetudineque
vel permissum vel traditum. [fol. 12v] Quodsi rex aut princeps tyran-
nus fit, iam audaciam corrigimus et obiurgamus opportune et importune [vgl. 2 Tim 4, 2][6]. Sic enim ait dominus ad Ieremiam [Jer
15 1, 10]: «Ecce ego constitui te super gentes et regna» etc.[7] Si monito-

1f conspirationem ac tumultum] B tumultum ac conspirationem – 5 factiones] C sedi-
ciones – 7 et] fehlt bei B – 8 si] B sic – 9 verbum] B verba – 9 C² am Rand Date caesari,
quae caesaris sunt. – 10 nach quemque A gestrichen ap[ud] – 10 nach magistratum A gestrichen apud quem est imperium – 12f tyrannus] B tyrranus – 13 opportune] B opor-
tune, C obportune – 14 Ieremiam] BC Hieremiam

[1] Diese Ausdrücke kommen bei Aristoteles nicht vor; «σύστρεμμα» verwendet Polybios, den Zwingli gekannt hat, in «Historiae» I 45; IV 58; u. a.

[2] Der ganze Satz «Ea cum degenerat ... quisque sequitur» lautet bei Jud: «Wenn nun
sölich regiment übel geraatet und gefelscht wirdt, heißt es ein pundtschůch oder ufrůr oder
ein zämenkuchen ungehorsamer, ufrůrischer, böser lüten, da nieman wil lyden, das man in
etwz heisse oder im etwas weere, da nieman wil gemeisteret und gezwungen syn, da nieman wil in rächter ghorsame syn, sunder ein yeder wil den gwalt gar haben, meister und
herr syn, ein yeder wil thůn, das im sin můtwil und anfechtung angibt».

[3] Diesen Satz formuliert Jud detaillierter: «Nun wir nemmend an dise dry gůten regiment und erkennend sy recht syn, haltend sy ouch für oberen und sind inen gehorsam,
doch wo sy fälend und uß dem wäg trätten woltend, straffend wir und verbesserend sy».

[4] Vgl. Zwinglis Auslegung von Mt 22, 21 in S VI/I 365f.

[5] Jud: «Bym keiser (den Christus domaals als ein oberherren nennt)...»

[6] Jud: «So aber ein sölcher künig, regent, fürst unnd herr ein tyrann wurde, so redend
wir im in sinen můtwill und fräflen gwalt und straffend in mit gůte unnd rühe, nach dem
uns fůglich unnd besserlich dunckt».

[7] Zwingli (und Bullinger) setzen häufig mit Jer 1, 10 an, um die Aufgabe des Propheten
gegenüber einer ungerechten Obrigkeit zu umreißen; damit greifen sie – bewußt oder unbewußt – einen Gedanken der berühmten Bulle «Unam sanctam» (1302) von Papst Bonifaz VIII. auf; vgl. Friedberg II 1245f; M.-D. Chenu, Dogme et théologie dans la bulle
«Unam sanctam», in: Mélanges Jules Lebreton, vol. II, Paris 1952, Recherches de science
religieuse XL, 307–316. Die Parallele ist insofern naheliegend, als sich Zwingli wie Bonifaz an einen französischen König richteten.

rem audit, lucrifecimus toti regno patri̯eque patrem; sin contumacius
vim facit, docemus eo usque impio quoque parendum esse, donec illum dominus aut magistratu imperioque amoveat aut consilium sup-
peditet, quo ipsum functione exuere et in ordinem compellere possint, quibus ea provincia incumbit[1]. Eodem modo intenti sumus et vi-   5
gilamus, si aut aristocratia in oligarchiam aut democratia in σύστρεμμα degenerare incipiat[2]. Habemus autem exempla scriptur̯e,
quibus discimus, qu̯e sic docemus et urgemus. Saulum tulit Samuel, donec regno cum vita exueret dominus *[vgl. 1 Sam 15, 10ff]*.
David ad correptionem Nathan resipuit et in regno multa cum ten-   10
tatione mansit *[vgl. 2 Sam 12, 13]*. Ahab cum uxore vita privatus est,
quod ab impietate recedere nollet Helia castigante *[vgl. 1 Kön
21, 17ff; 22, 34ff; 2 Kön 9, 30ff]*.

Ioannes intrepide obiurgavit Herodem, cum incestus eum nihil
puderet *[vgl. Mk 6, 18]*. Sed longum esset omnia scriptur̯e exempla   15
producere. Docti et pii cognoscunt, quid quibus ex fontibus dicamus[3].

1 patri̯eque] *A am Rand eingefügt* – 2f illum dominus] *A zuerst* dominus illum, *dann
umgestellt* – 3 aut magistratu] aut *fehlt bei B* – 6 aut aristocratia] aut *A darüber eingefügt, fehlt bei B* – 14 Ioannes] *B* Johannes

---

[1] *Jud: «Fart er aber fräfenlich, ungehorsamlich unnd můtwilligklich in sinem fräflen
gwalt für, so leerend wir das volck, das man ouch dem unglöubigen, bösen, gottlosen gwalt
ghorsam syn sölle, biß inn gott vom regiment stosse und absetze, oder wäg unnd raatschlag anzeige, wie man in gehorsam mache oder absetze, die ja, denen sölichs gebürt
unnd von recht zůstaat». Vgl. zur Frage des Widerstandsrechtes Alfred Farner, Die Lehre
von Kirche und Staat bei Zwingli, Tübingen 1930, 62–67; Pollet 3894–3900; Locher,
Grundzüge 592 mit Anm. 380f; ders., Reformation 125 mit Anm. 24; 225 mit Anm. 306;
Gerta Scharffenorth, Römer 13 in der Geschichte des politischen Denkens, masch.geschr.
Diss.phil. I, Heidelberg 1964, 179–181; Beat Hodler, Das Widerstandsrecht bei Luther
und Zwingli – ein Vergleich, in: Zwa XVI, 1985, 427–441.*

[2] *Jud bringt anstelle des Satzes «Eodem modo ... incipiat»: «Eben also thůnd wir im,
so ein raat regiert oder gantze gmeind. Wenn da wenig böser bůben das regimennt an sich
wöllend bringen, oder ein oligarchy daruß wil werden, oder so ufrůrische lüt ein uflouf und
empörung woltend anrichten, so redend wir inen yn unnd beschältend sy. Item, wo ein
oberkeit die jhänen [diejenigen], die sy under irem regiment hat, etwas heissen oder inen
etwas gebieten woltend, das stracks und offenlich wider gott, erberkeit unnd billigkeit
wäre, das die underthaanen mit gůter gewüssen, unverletzt gottes und sines worts nit thůn
möchtend, oder etwas gebuttend, das gott verbütet, da leerend wir dz volck, es sölle gott
mer gehorsam syn dann den menschen; denn söllend sy für einen höheren gwalt, deß diener die regenten in der wält sind, appellieren».*

[3] *Zwingli bringt hier praktisch die gleichen Beispiele wie 1523/24 im «Hirt», Z III
28ff.*

Summa: In ecclesia Christi[1] ęque necessarius est magistratus atque prophetia, utcumque illa sit prior[2]. Nam sicut homo non potest constare nisi ex anima et corpore, quantumvis corpus sit humilior pars atque abiectior[3], sic et ecclesia sine magistratu constare non potest, utcunque magistratus res crassiores et a spiritu alieniores curet ac disponat[4]. Pro magistratu ergo orare ad dominum cum duo pręcipua religionis nostrę lumina Ieremias *[vgl. Jer 29, 7; 42, 2ff]* et Paulus *[vgl. 1 Tim 2, 1f]* iubeant, ut vitam deo dignam liceat ducere[5], quanto magis debent omnes, qui in quocunque regno aut populo sunt, omnia et ferre et facere, ut Christiana tranquillitas custodiatur! Hinc tributa docemus vectigales, redditus, decimas, deposita, credita promissaque omnia cuiuscunque generis solvi debere et in hisce rebus omnino legibus publicis parendum esse.

1 *ABCD am Rand* Prophetia est officium prędicationis ac denunciationis (*B aut* denominationis) voluntatis divinę (*B* divinę voluntatis), *C² am Rand darüber* Prophecia – 3 *nach* constare *A gestrichen* sine – 3 ex] *fehlt bei B* – 3 corpus] *fehlt bei B* – 4 *nach* non *A gestrichen* possit – 5 *nach* magistratus *A gestrichen* versatur in reb[us] – 7 religionis] *B* relligionis – 7 Ieremias] *BC* Hieremias – 11 vectigales ... decimas] *A am Rand einge-fügt;* vectigales] *B* vectigalia – 12 cuiuscunque generis] *A am Rand eingefügt –* 13 *nach* legibus *A gestrichen* commu (*für* communibus)

[1] *Gemeint ist – wie oben – das «corpus Christianum».*

[2] *Jud: «wiewol die prophecy des wort gottes halb etwas meer und fürnämer ist». Vgl. Pollet 3856–3860; Fritz Büsser, Der Prophet – Gedanken zu Zwinglis Theologie, in: Zwa XIII, 1969, 7–18; ders., De prophetae officio, Eine Gedenkrede Bullingers auf Zwingli, in: Festgabe Leonhard von Muralt, Zürich 1970, 245–257 (beide wieder abgedruckt in: Büsser, Wurzeln 49–59 bzw. 60–71); ders., Huldrych Zwingli, Reformation als prophetischer Auftrag, Göttingen 1973, Persönlichkeit und Geschichte LXXIV/LXXV, passim.*

[3] *Zur Anthropologie Zwinglis s. Z VI/III 115ff sowie Oorthuys passim; Pollet 3788–3790.*

[4] *Der Vergleich des von «magistratus» und «prophetia» getragenen «corpus Christianum» mit dem aus Leib und Seele bestehenden Menschen dürfte auf das Bild vom Leib Christi zurückzuführen sein. Es findet sich in ausführlicherer Form in der Vorrede Zwinglis zu seiner Auslegung des Propheten Jeremia vom März 1531, insbes. Z XIV 417_{7ff}; 418_{8ff}; 419_{18ff}; dort findet sich auch ein weiterer Beleg für den Vorrang des Propheten gegenüber dem Magistrat Z XIV 420_{4ff}. Aufschlußreich ist – neben den «Jeremia-Erklärungen» – auch Zwinglis Auslegung von Lukas aus der gleichen Zeit, bes. S VI/I 545, 550, 558, 567f. Vgl. Pollet 3881f; Robert C. Walton, The Institutionalization of the Reformation at Zurich, in: Zwa XIII, 1972, 497–515, bes. 500f mit Anm. 17.*

[5] *Jud: «das wir ein rŭwig und fridsam läben und das gott gemäß sye under inen fŭren mögind».*

[Remissio peccatorum]

Peccatorum remissionem sic credimus[1], quod ea per fidem homini
certe contingat, quoties ad deum per Christum interpellat. Nam
cum Christus Petro dixerit: «Septuagies septies» *[Mt 18, 22]*, hoc
est infinities ignoscendum esse, iam fieri nequit, quin et ipse semper 5
condonet admissa. Per fidem autem diximus remitti peccata, quo nihil aliud volumus quam dicere solam fidem certum reddere hominem
de remissis sceleribus[2]. Ut enim sexcenties pontifex etiam Romanus dicat: «Condonata *[fol. 13r]* sunt tibi delicta»[3], nunquam tamen
quieta fit mens ac certa de reconciliatione numinis, nisi cum ipsa 10
apud se videt ac credit citra omnem dubitationem, immo sentit se ab-
solutam ac redemptam esse[4]. Sicut enim fidem nemo potest nisi spiritus sanctus dare, sic neque remissionem peccatorum[5].

Confirmatio, satisfactio et expiatio criminum[6] per solum Christum pro nobis passum impetrata est apud deum. Ipse enim «est 15
propiciatio pro peccatis nostris et non pro nostris tantum, sed pro totius mundi» *[1 Joh 2, 2]*, ut inquit cognatus illi apostolus et evangeli-

1 *ABC kein Zwischentitel, C²* Remissio peccatorum *am Rand* – 2 *AD am Rand* XI.,
B am Rand 11., *C am Rand* XI. artic., *C² am Rand* Remissio peccatorum – 2f homini
certe] *B* certe homini – 5 ignoscendum] *B* paciendum – 7 quam] *fehlt bei B* – 7 certum]
A certam – 8 *nach* remissis *A gestrichen* de *(?)* – 8 sexcenties] *A* seccenties – 8 *nach* pontifex *A gestrichen* dicat – 11 immo] *BCD* imo – 11 immo sentit se] *A am Rand eingefügt*
– 14 Confirmatio] *A unterstrichen und am Rand:* o-H

---

[1] *Artikel 11 des Apostolikums lautet: «[Credo] remissionem peccatorum». Jud setzt
über die folgenden Ausführungen die Überschrift: «Vom ablaß der sünd» und übersetzt
dann: «Wir gloubend und bekennend, das ablaß und verzyhung der sünden dem menschen gwüßlich werde, so offt er zů gott durch Christum mit waarem unnd rechtem glouben loufft». Jud. Marg.: «Durch den glouben werdend die sünd verzigen».*

[2] *Jud: «So wir aber sagend, die sünd werdind durch den glouben abgelassen und verzigen, wöllend wir nüt anders sagen, dann das allein der gloub den menschen gwüß mache,
das im sine sünd von gott durch Christum verzigen sye». Vgl. Pollet 3799–3805; Locher,
Grundzüge 547–550 mit Anmerkungen, welche auf zahlreiche Parallelstellen im Werk
Zwinglis hinweisen; ders., Reformation 210f.*

[3] *Zwingli verwendet hier nicht die Form der Absolution, wie sie der Priester beim Buß-
sakrament gebraucht: «Ego te absolvo» (Denz. 1323). Vgl. zum Ganzen den Abschnitt
«De confessione» im «Commentarius» Z III 820–823.*

[4] *Jud fügt ein: «und dise gwüsse kumpt uß dem glouben, der gloub uß gott».*

[5] *Jud wiederholt: «also mag ouch ablaß der sünden nieman gäben dann der heilig
geist».*

[6] *Jud: «Die bestätigung, die gnůgthůung und bezalung ouch abwäschen der sünd».*

sta[1]. Cum ergo ille pro peccato satisfecerit, quinam fiunt, quęso, participes illius satisfactionis et redemptionis? Ipsum audiamus: «Qui in me credit», hoc est, qui me fidit, qui me nititur, «habet vitam ęternam» *[Joh 3, 36]*. At vitam ęternam nemo indipiscitur, nisi cui peccata adempta sunt. Qui ergo Christo fidit, ei remittuntur peccata. Ut igitur nemo novit de quoquam, an credat, sic nemo novit, an alicui sint remissa peccata, nisi solus iste, qui per fidei lucem et firmitatem certus est de venia[2], eo quod scit deum sibi ignovisse per Christum et de ista remissione tam certus est, ut ne ambigat quidem de peccatorum gratia, quia scit, quod deus nequit fallere aut mentiri[3]. Cum ergo de sublimi dixerit: «Hic est filius meus dilectus, in quo placor» *[Mt 3, 17; 17, 5][4]*, vel: per quem in gratiam redeo iam nequit fieri, quin, quotquot deo fidant per Christum eius filium, nostrum autem dominum ac fratrem, sciant sibi gratiam scelerum esse factam[5]. Frivola igitur hęc omnia videntur: «Ego te absolvo»[6] et «ego te certum facio, quod peccata tibi dimissa sunt». Nam utcunque predicant apostoli peccatorum remissionem[7], adhuc remissio nullis contingit nisi credentibus atque electis[8]. Cum ergo et electio et fides aliorum hominum nos lateat, quantumvis de nostra fide et electione spiritus domini

3 *me fidit]* C in me fidit – 4 indipiscitur] B adipiscitur – 5 *nach* peccata A *gestrichen* sicut ergo novit – 6 de quoquam, an credat] A *verändert aus* an quisquam hominum credat – 7 *nach* sint A *gestrichen* igno *(für* ignota) – 7 et] B ac – 9 tam] CD iam – 9 *nach* est A *gestrichen* quia deus nequit fallere – 11 C² *am Rand* Matth 3 et 17 – 15 igitur] B ergo – 19 domini] A *fälschlicherweise* domi

[1] *Johannes war der sog. Lieblingsjünger Jesu (Joh 13, 23); vgl. den Index «De viris et mulieribus Novi Testamenti», in: MPL CCXIX 304f. Bei Jud fehlt der Hinweis auf Johannes.*

[2] *Jud: «dann der allein, der durch das liecht des gloubens unnd durch die styffe und gwüsse des gloubens gwüß ist, das sy im verzigen sygind».*

[3] *Anklänge an Num 23, 19 und Tit 1, 2.*

[4] *Jud: «Der ist min geliebter sun, in dem ich befridet oder zefriden gestelt und begütiget wird, durch den ich mit dem menschlichen geschlächt wider versünt bin». Vgl. Zwinglis Kommentar zu Mt 3, 17, S VI/I 214; zu Lk 3, 22, S VI/I 568! Heinrich Bullinger setzte Mt 17, 5 seit 1528 (HBBibl I 10, «De origine erroris») als Motto auf die Titelseite seiner gedruckten Werke; er übersetzte dabei den Vers: «Hic est filius meus dilectus, in quo placata est anima mea, ipsum audite» gewöhnlich so: «Das ist min lieber sun, in dem ich versünet bin, im sind gehörig». Die Stelle muß für ihn die Mitte des Evangeliums gebildet haben.*

[5] *Jud: «gwüß sind, das inen ir sünd schon verzigen und gnad von gott bewisen sye».*

[6] *Die Absolutionsformel der Beichte, s. oben S. 116₉. Jud übersetzt den ganzen Satz: «Darumb wirt es one grund geredt, das die wort (ich absolvier dich, oder: ich mach dich gwüß, das dir dine sünd verzigen sygind) den menschen gwüß machind».*

[7] *Mt 16, 19; 18, 18; Joh 20, 23.*

[8] *Vgl. dazu Locher, ZinS (Prädestinationslehre) 105–125; ders., Grundzüge 571f.*

certos reddat, iam et hoc latet, an alii sint remissa peccata. Quomodo
igitur potest homo hominem certum facere, quod ei remissa sint peccata? Artes sunt et nugę merę, quicquid in hac re Romani invenerunt pontifices[1].

[Fides et opera]   5

Sed cum in materiam fidei incidimus, volumus tuę maiestati brevem rationem reddere, quomodo nos de fide et operibus doceamus[2].
Sunt enim, qui nos iniquius traducunt, quasi vetemus bona opera[3].
[fol. 13v] Cum tamen hac in re perinde atque in omnibus aliis nihil
aliud doceamus, quam quod divina monent oracula quodque intellec-   10
tus omnis suadet[4]. Quis enim rerum tam imperitus est, ut non dicat
opus ex consilio proficisci debere aut opus sine consilio non esse
opus sed casum[5]? Sic fides in mente humana est perinde atque consilium in rebus gerendis. Consilium nisi pręcedat factum, temerarium

1 iam et hoc latet] *A am Rand eingefügt für gestrichenes* latet et hoc – 1 sint remissa]
B remissa sint – 3f Romani invenerunt] *B* invenerunt Romani – 4 *nach* pontifices *A ca.
sechs Zeichen (q-) gestrichen* – 5 *ABC kein Zwischentitel,* C² Fides et opera *am Rand;
ABC setzen keinen Einschnitt* – 9 atque] *D* ac – 11 *ABCD am Rand* Fides et opera sunt
sicut consilium et factum

---

[1] *Jud: «Das sind alles ytele geschwätz und künst, die der bapst erfunden hat, die lüt
umbs gält zebetriegen». Dann folgt bei Jud als (Zwischen-) Titel: «Vom glouben und
wärcken», wobei «Vom glouben» deutlich größer gedruckt ist als «und wärcken».*

[2] *Vgl. Zwinglis grundsätzliche Ausführungen «De merito» im «Commentarius», Z III
842–851, insbes. in dem Abschnitt «Ex ‹Antibolo adversus Emserum› de merito» Z III
845₃₃–848₂₈ (= Z III 276₂₄–280₂₁); dort (Z III 280₂₀f) verweist Zwingli ausdrücklich auf
seine ausführlichere Behandlung des Locus in den «Conclusionibus» und in «Confuta-
tione canonis». Es handelt sich dabei um die Schlußreden 19–21 (Z II 157₁₅–230₉) und
um die Bemerkungen Zwinglis in seiner Schrift «De canone missae epichiresis» zu der
Stelle «Meritis concedas» (Z II 578₆–582₃). Daneben ist hier indes vor allem auf Zwinglis
«Auslegung des Jakobusbriefes» (S VI/II 249–290) hinzuweisen, weil diese zeitlich mit
der Abfassung der «Fidei expositio» zusammengefallen sein dürfte; bes. interessant ist
Zwinglis Gesamtverständnis des Jak a.a.O. S.259: «Status totius epistolae est: Eos qui
de fide, de deo, deque virtutibus multa garriunt, fructu bonorum operum quum careant,
vanos esse et hypocritas. Nam tametsi iustificatio et salus omnis electionis sit et fidei,
opera tamen caritatis certissima esse electionis et fidei signa, adeo ut si illa absint (quod
ad humanum iudicium attinet) certum sit et electionem et fidem non adesse, quum ex fruc-
tibus arbor cognoscatur».*

[3] *Vgl. Büsser, Katholisches Zwinglibild, passim (bes. im Blick auf Eck und Emser).*

[4] *Jud: «dann das uns die heilige gschrifft und rächter verstand angibt».*

[5] *Jud gliedert diesen Satz in zwei Teile; den zweiten übersetzt er: «Gschichts aber one
einen raatschlag, so müß er ungefärd [zufällig, von Ungefähr, SI I 880] unnd uß glücksfal
geschähen».*

est ac frivolum quicquid exit[1]. Fides nisi arcem tenuerit[2] ac omni operi imperaverit, iam, quicquid moliamur, et irreligiosum et irritum est. Nam et nos homines in quovis opere fidem magis spectamus quam opus[3]. Fides si desit, operis pretium labitur. Si maiestati tuę, o
5 rex, quispiam opus magnum faciat, at non ex fide[4], an non protinus dicis te gratiam illi, qui fecit, non debere, quod ex animo non fecerit? Quin potius quicquid tibi faciat aliquis absque fide, protinus sentis aliquam perfidiam latere, ut is, qui opus facit absque fide, semper deprehendatur in aliqua esse perfidia, ut sui, non tui commodi causa fe-
10 cisse videas. Sic et in operibus nostris hic est ordo et regula. Fidem oportet esse fontem operis[5]. Si fides adsit, iam opus ipsum gratum est deo; si desit, perfidiosum est, quicquid fit, et subinde non tantum ingratum, sed etiam abominabile deo. Hinc est, ut divus Paulus dixerit Rom. 14 *[v. 23]:* «Quicquid non est ex fide, peccatum est», et ex
15 nostris quidam παραδόξως adseruerint omne opus nostrum esse abominationem[6]. Qua sententia nihil aliud voluerunt, quam quod iam diximus: si opus nostrum sit et non fidei, iam sit perfidia, quam deus abominatur. Fides autem, ut supra monuimus, a solo dei spiritu est[7]. Qui ergo fidem habent, in omni opere ad dei voluntatem velut ad ar-
20 chetypum[8] spectant. Ex operibus ergo reiiciuntur non tantum, quę

1 ac frivolum] *B* et frivolum – 1 omni] *B* animi – 2 *nach* iam *A acht Zeichen (non adest ?) gestrichen* – 2 irreligiosum] *B* irrelligiosum – 2f et irritum est] *B* est ac irritum – 5 *nach* opus *A gestrichen* ingens – 5 at] *B* ac – 6 *nach* debere *A gestrichen* non (?) – 9 *nach* perfidia *A gestrichen* ut *und ein Wort von 4–5 Zeichen* – 9 non tui commodi] *A Reihenfolge geändert aus* commodi non tui – 11 *C² am Rand* Fides est fons bonorum operum – 12 deo] *A am Rand eingefügt* – 12 perfidiosum est, quicquid fit] *B* quicquid fit, perfidiosum est – 18 monuimus] *B* meminimus – 20 reiiciuntur] *B* reiicimur

[1] *Jud:* «Ein yetliche thaat, die nit uß eim raatschlag geschicht, die wirdt billich ein fräfel genennt und gaat übel uß».
[2] *Zum Begriff* «arcem tenere» *s.* ThLL II 742_{32ff}.
[3] *Jud:* «Dann ouch wir menschen in einem yetlichen wärck mee uf den glouben und trüw [Treu und Glauben!] sähend, dann uff das wärck».
[4] *Jud:* «aber nit uß trüwen und mit härtzen thäte».
[5] *Jud:* «Der gloub und das vertruwen mů̊ß der anfang syn unnd der brunnen, uß dem das wärck flüßt». *Jud übersetzt hier und im folgenden* «fides» *immer mit* «glouben und vertruwen zů̊ gott». *Siehe Richard Heinze, Fides, in: ders., Vom Geist des Römertums, hg. von Erich Burck, Leipzig 1938, 25–58, bes. 25.*
[6] *Jud:* «Ouch habend der unseren etlich geschriben, dz vilen ungehört, alle unsere wärck sygind sünd und ein abschühen».
[7] *Vgl. Zwinglis Einleitung zu seiner* «Auslegung von Lukas», *S VI/I 540. Siehe dazu auch Locher, Grundzüge 508f; ders., Reformation 208f; Gestrich, passim; Pollet 3799f.*
[8] *Jud:* «uff ein vorbild oder bildner».

contra legem dei fiunt, sed etiam ista, quę sine lege[1] dei fiunt. Lex
enim est perpetua voluntas dei[2]. Quę igitur sine lege, hoc est sine
verbo et voluntate dei fiunt, non sunt ex fide. Quę «non sunt ex fide,
peccatum» sunt; si sunt peccatum, iam aversatur illa deus. Unde adparet, quod, etsi opus, quod deus pręcepit, puta eleemosynam, quis   5
faciat absque fide[3], opus illud deo non sit gratum. Cum enim inquiri-
mus, quisnam fons sit huius eleemosynę, quę non ex fide orta est, in-
veniemus[4] ex vana gloria vel cupiditate plus recipiendi vel aliquo alio
adfectu malo scaturivisse. Et eiusmodi opus quis non credat *[fol. 14r]*
displicere deo?   10

Patet igitur, quod ea opera, quę sine voluntate dei facta sunt, etiam
sine fide sint facta, et cum absque fide facta sunt, peccatum sint iuxta
Pauli verbum *[vgl. Röm 14,23]*; et peccatum cum sint, abominatur
ea deus[5]. Quicquid ergo a Romanensibus[6] istis citra verbi divini
autoritatem ac testimonium conflatum est, quasi pium, sanctum ac   15
deo gratum sit, qualia sunt fictę indulgentię, purgatorii restinctio,
coacta castitas, varietas ordinum ac superstitionum, quas tędium esset
narrare, peccatum est et abominatio apud deum.

Porro de iis operibus[7], quę secundum legem dei fiunt, puta, cum
famelicum saturamus, nudum vestimus, captivum solamur *[vgl. Mt*   20
25, 31ff], ardua quęstio est, an illa mereantur. Quod mereantur, scripturam adducunt adversarii[8]: «Si quis cui calycem aquę frigidę in nomine meo dederit, non frustrabitur mercede sua» *[Mt 10, 42]*[9]. At

2 *C²am Rand* Lex est perpetua voluntas dei – 4f adparet] *B* apparet – 5 puta] *B* puto,
puta *fehlt bei C* – 5 eleemosynam] *B* eelemosynam – 6 *nach* faciat *A gestrichen* sed –
7f inveniemus] *D* invenimus – 9 adfectu] *BD* affectu – 11 *nach* sine *A ca. 18 Zeichen ge-*
strichen (darin ...quę de ? *und am Schluß* operibus) – 11 voluntate dei] *B* dei voluntate –
12 sine fide sint facta] *B* sine fide facta sunt – 15 autoritatem] *D* authoritatem – 17 ac]
B et – 21 est] *fehlt bei B* – 22 calycem] *BCD* calicem – 22 *nach* aquę *A gestrichen* recen-
tis

---

[1] *Jud: «die one oder nebend dem gsatzt».*

[2] *Jud: «Dann das gsatzt ist ein ewiger styffer willen gottes». Vgl. «Commentarius»*
Z III 707; «Anamnema» Z VI/III 128 mit Anm. 6f sowie Zwinglis Auslegungen von Jak
und Lk, passim.

[3] *Jud ergänzt: «sunder uff seinen nutz, üppig eer und rům» und setzt das Marginale*
«Mt 6» [Mt 6,1–4]. Vgl. dazu Zwinglis Auslegung S VI/I 233f.

[4] *Jud Marg.: «One glouben würckt man nüts gůts».*

[5] *Jud: «und so es sünd ist, so hat gott einen mißfall unnd schühen darab».*

[6] *Jud: «den bäpstleren».*

[7] *Jud Marg.: «Vom verdienst der wärcken».*

[8] *Jud: «Die widersächer fůrend etliche gschrifft yn, mit dänen sy bewärend, das unsere*
wärck ewigs läben unnd eewigen lon verdienind, als da Christus spricht».

[9] *Vulgata: «quicumque potum dederit, uni ex minimis istis calicem aquae frigidae tan-*
tum in nomine discipuli, amen dico vobis, non perdet mercedem suam».

quod non mereantur, verbum domini perinde testatur[1]: «Cum hȩc omnia feceritis, dicite: Servi inutiles sumus» *[Lk 17, 10]*. Nam si mererentur opera nostra beatitudinem, iam non fuisset Christi morte opus ad placandum divinam iusticiam[2], iam non esset gratia, cum
5 condonantur admissa; mereri enim quisque posset. De qua re Paulus irrefragabiliter in Romanis et Galatis disserit *[vgl. Röm 3, 21ff; Gal 3, 11ff]*. Oportet enim verum esse, quod ad patrem nemo venit nisi per Christum *[Joh 14, 6]*. Ergo sola gratia et liberalitate dei[3], quam in nos per Christum abunde effudit, contingit ȩterna foelici-
10 tas[4].

Quid ergo dicemus ad superiorem scripturȩ locum de mercede promissa pro haustu aquȩ frigidȩ *[vgl. Mt 10, 42]* et ad similes? Hoc scilicet: electionem dei liberalem esse ac gratuitam; elegit enim nos ante mundi constitutionem, antequam nasceremur[5]. Ergo non eligit nos
15 deus propter opera, sed elegit ante mundi creationem. Non merentur igitur opera[6]. Cum autem operibus mercedem promittit, humano more loquitur[7]. «Quid enim remuneras, bone deus», inquit Augustinus[8], «nisi tuum opus? Cum enim ‹tu efficis in nobis et velle et

2 sumus»] *B* sumus, quod debuimus facere, fecimus» – 2f mererentur] *B* merentur – 3 Christi morte] *B* morte Christi – 4 placandum] *B* placandam – 5 mereri] *B* mererii – 5f Paulus] *fehlt bei B* – 7 nemo] *B* nemo nemo – 11 *C²D am Rand* Merces – 13 liberalem] *A verändert aus* liberam – 13 *C²D am Rand* Ex electione salus – 14f antequam ... creationem] *fehlt bei C* – 17f inquit Augustinus] *A am Rand eingefügt* – 18 *C² am Rand* Deus opus suum in nobis coronat. Aug.

---

[1] *Jud:* «*Dargegen sind dann andere wort gottes und der gschrifft, die da klaarlich anzeigend, dz unsere wärck nüt verdienind, als das Christus spricht*».

[2] *Jud:* «*die gerächtigkeit gottes zebegůtigen und iro gnůgzethůn*».

[3] *Vgl. Locher I 74.*

[4] *Üblicherweise ist in diesem Zusammenhang von der «beatitudo caelestis» die Rede (vgl. Denz. 1000), doch kommt auch der Ausdruck «felicitas» schon in der alten und mittelalterlichen Kirche vor.*

[5] *Jud Marg.:* «*Unser heil ist uß der gnadrychen wal gottes*». *Jud übersetzt:* «*Erstlich legend wir disen grund und sagend also, das unser heil, läben und säligkeit uß der fryen wal gottes kumpt. Nun ist die wal gottes fry unnd uß luter gnaden, dann er hat uns erwölt ee die wält geschaffen ist und ee wir geboren warend*». *Über die Erwählung s. das* «*Anamnema*» *Z VI/III 150ff. Vgl. Pollet 3780–3784; Locher, ZinS (Prädestination) 105–125; ders., Grundzüge 571f; ders., Reformation 217.*

[6] *Jud:* «*So volgt yetz wyter, das unsere werck söliche säligkeit unnd ewigs läben nit verdienend, sunder gott gibts uns uß fryer gnad one unseren verdienst*».

[7] *Jud:* «*So aber gott unns in siner geschrifft lon umb unsere werck verheißt, redt er nach menschlicher wyß, wie wir menschen pflägend zereden und zethůn*».

[8] *Laut freundlicher Mitteilung von Prof. Hermann Josef Frede, Vetus Latina Institut, Beuron, handelt es sich hier um kein direktes Augustin-Zitat. Zum Vorkommen von Phil 2, 13 bei Augustin (und anderen alten Schriftstellern) s. Hermann Josef Frede, Epistulae ad Philippenses et ad Colossenses, Freiburg 1966–1971, Vetus Latina XXIV/II, 154–158.*

perficere› *[vgl. Phil 2, 13]*, quid relinquitur, quod nobis vendicemus?»
Sed cum homines partim incitentur promissis ad opus bonum[1], partim tam benigni ac liberales sint, ut eis, quos beneficio adfecerunt, dicant: «Ego istud tibi debui, tu bene meritus es» aut aliquid huiusmodi, ne se abiiciat in mendicantium numerum, qui *[fol. 14v]* benefi-   5
cium accepit (vult enim, qui alium amat, cavere, ne is deiecto sit
animo)[2], iam deus quoque, quos amat multo magis erigit sua liberalitate, non ad contemptum suum, sed ad cultum ac observantiam[3]. Et
quę ipse per nos facit, nobis tribuit ac velut nostra re-
munerat, cum illius sit, non tantum quicquid operemur, sed etiam   10
quicquid sumus ac vivimus. Deinde solet deus cum hominibus loqui
hominum verbis atque more[4]. Cum ergo homines iis dent, qui bene
sunt meriti et, quę dantur, merita adpellentur, iam deus sua quoque
dona mercedem aut premium adpellat[5]. Constat ergo meriti aut pre-
mii nomen quidem haberi in divinis literis, sed loco liberalis doni[6].   15

3 ac] *C* et – 3 *nach* quos *A gestrichen* libe *(für* liberalitate *?)* – 8 ac] *B* et – 10 quic-
quid] *A verändert aus* quod – 13 *nach* meriti *A gestrichen* iterum *(?)* – 13 adpellentur] *B*
adpellantur, *D* appellentur – 14 adpellat] *B* appellat

---

[1] *Jud: «Diewyl aber menschliche blödigkeit also geartet ist, das etliche menschen mit
verheissungen wol unnd recht zethůn gereitzt und gezogen werdend».*
[2] *Jud: «Dann ein yeder, der einem anderen gůts und früntschafft bewyßt und in von
hertzen lieb hat, der fürkumpt unnd verhůtet in allwäg und wyß, das derjhen, den er lieb
hat, nit eines nidergeschlagnen und verzagten hertzens werde».*
[3] *Jud viel ausführlicher: «Nun hat uns gott über die maaß seer lieb unnd verhůtet in
allweg wie er kan, das die, die er lieb hat, nit kleinmůtig unnd erschlagen in irem gmůt
werdind; darumb richtet er unsere gmůte uf mit siner frymilten gnaadrychen verheissung.
Damit wil er aber nit, das wir in darumb nit söllind vereeren und vor ougen haben, oder
das wir in söllind verachten und uns zůschryben, das syn ist, sunder er reitzt uns, das wir
in dest in höheren eeren und dester lieber habind, so er dasjhän, das er…»*
[4] *Jud ausführlicher: «Also reytzt uns gott mit sinen verheissungen und locket uns, wie
man den kinden pfligt zethůn, mündret uns fulen und trägen, die allweg nur uff lon und
gnieß lůgend, also uf, mit verheissung eines grossen ewigen lons. Zůdem pfligt gott mit
den menschen menschlicher wyß zereeden, brucht wort, wie es die menschen imm bruch
habend». Siehe oben S. 118, Anm. 2; zu unserer Stelle bes. Z III 280_{1-20}. Diese Formulierungen schließen aus, daß Zwingli «mit der Lehre von der Verdienstlichkeit der Werke …
nie ganz gebrochen [hat]» (so Gestrich 182 mit Anm. 237). Vgl. den folgenden Satz des
Textes mit Anmerkung.*
[5] *Jud: «So man nun lüt findt, die zů denen, denen sy gůts thůnd unnd umb die sy etwas verdient habend, sprächend: ‹Sy habends verdient› und also zů beeden syten des
gůtthaters gaab und des empfahenden verdienst byn menschen genennt werdend, so nennt
gott sine gaaben ouch einen lon oder belonung».*
[6] *Jud: «So findt man nun diß wörtlin (lon) oder (belonung) wol in der heiligen geschrifft, aber für ein frye gnadryche gaab».*

Quid enim mereatur, qui per gratiam est quique per gratiam accipit, quicquid habet?

Sed simul hoc adnotandum est: A piis hominibus opera idcirco non intermitti, quod proprie loquendo non mereamur operibus; sed
5 quanto maior est fides, tanto plura maioraque facimus opera[1], sicut Christus ipse testatur, Io. 14 *[Joh 14, 12]*: «Amen, amen dico vobis, quod, qui in me credit, opera, quę ego facio, ille quoque faciet, immo maiora faciet», et: «Si fidem habeatis instar grani sinapis, iam si monti isti dicetis: migra hinc et in mari sedem pone, iam parebit» *[Mt*
10 *17, 20; Mk 11, 23]*[2]. Unde parum ęqui nobis sunt, qui dum fidem anxie praedicamus, dicunt nos docere nihil boni operandum esse et veritatem ludibrio exponentes sic calumniantur[3]: «Hęc pro nobis doctrina est, amici, sola fide beamur, non ieiunabimus, non orabimus, non opem feremus egeno»[4]. Qua calumnia nihil nisi incredulitatem
15 suam produnt[5]. Nam si scirent, fides quale donum dei est, quam efficax virtus quamque indefessa actio, non contemnerent, quod non habent[6]. Fiducia enim in deum, qua homo cunctis animi viribus numine nititur, nihil nisi divinum cogitat et molitur, immo deo placita non

---

1 quique] *CD* qui – 1 accipit] *C* adcipit – 2 habet] *B* habetur *wohl Lesefehler aus Fragezeichen* – 6 Io.] *CD* Ioan.] – 7 immo] *BD* imo – 8 habeatis] *C* habueritis – 8 sinapis] *B* synapis – 10 ęqui nobis] *B* nobis ęqui – 11 operandum esse] *B* esse operandum – 14 *nach* nisi *A unfertiges* perfidiam *gestrichen* – 15 *nach* dei *A gestrichen* sunt – 16 indefessa] *B* indeffessa; *nach* indefessa *A gestrichen* opera- *(unfertiges* operatio *?)* – 17 numine] *CD* numini – 18 immo] *BD* imo

---

[1] *Jud formuliert diesen Satz so: «Uß sölichem aber, so man hört und verstaat, das wir (eigentlich zereden) mit unseren wercken nüt verdienend, söllend wir (die glöubig sind) nit ful und träg werden und gůte werck wöllen underlassen, sunder ye grösser unser gloub und vertruwen zu gott ist, ye mee und grössere werck werdend wir thůn...»*

[2] *Vulgata (Mt 17, 19): «... si habueritis fidem sicut granum sinapis, dicetis monti huic: Transi hinc illuc, et transibit; et nihil impossibile erit vobis».*

[3] *Jud ist ausführlicher: «Dannenhar uns die nit hold sind und unbillich mit uns handlend, die da sagend, wir wöllind leeren nüt gůts mer thůn, oder wir verbietind gůte werck, darumb das wir den glouben so flyssig unnd ernsthafft leerend und allein uff den glouben tringend. Und in dem, das sy uns also verunglimpffend unnd falschlich ufträchend, das wir nit thůnd, machend sy ein gspött uß der waarheit und sprächend:»*

[4] *Vgl. Mt 6, 1–18.*

[5] *Jud: «Unnd so sy uns wöllend also verunglimpffen, zeigend sy yederman offenlich an iren unglouben und verraatend sich selbs mit irem eignen mund, zeigend damit an, das sy nit wüssend, was der gloub ist». Bes. ergiebig sind Zwinglis Ausführungen zur Frage Glaube und Werke im «Commentarius» Z III 848–850[19] und in seinen Auslegungen des Jakobusbriefes, z. B. S VI/II 259, 271f, und des Lukasevangeliums, S VI/I 549; 666.*

[6] *Jud Marg.: «Was der gloub für ein krafft habe».*

moliri nequit[1]. Fides enim cum spiritus divini sit adflatus[2], quomodo
potest quiescere aut ocio desidere, cum spiritus ille iugis[3] sit actio et
operatio? Ubicunque ergo vera fides est, ibi et opus est[4], non minus
quam ubi ignis isthic et calor est[5]. Ubi vero fides non est, iam opus
non est opus, sed inanis simulatio operis. Ex quibus colligitur, quod,   5
qui operibus nostris mercedem adeo importune postulant quique ab
operando opus dei idcirco cessaturos se dicunt, quod opus nulla merces maneat, servili animo prediti sint[6]; servi enim pro precio tantum
operantur, segnes etiam[7]. Qui vero fidem habent, assidui sunt in
opere dei perinde ac filius familias. *[fol. 15r]* Hic non meritus est ope-   10
ribus, ut sit heres patrimonii, neque in hoc operatur et laborat, ut heres fiat, sed, cum nasceretur, heres erat patris bonorum nativitate, non
merito. Et cum adsiduus est in opere, non postulat mercedem; scit
enim omnia sua esse. Sic filii dei, qui scilicet fidem habent, sciunt se
divina, hoc est spiritus nativitate et gratuita electione filios dei esse,   15
non servos. Cum ergo filii familie sint[8], non querunt, que se merces

2 cum]*C* cum ἐντελέχεια – 2 iugis sit] *B* sit iugis – 2 actio] *B* et actio – 2 *AB am Rand*
ἐντελεχία, *C²D am Rand* ἐντελέχεια – 6 *nach* adeo *A gestrichen* anxie *und am Rand
eingefügt* importune – 7 *nach* idcirco *A gestrichen* des – 8 sint] *BD* sunt – 8 tantum] *fehlt
bei B* – 9 segnes etiam] *B* etiam segnes – 9 assidui] *A verändert aus* assidue – 11 *nach* sit
heres *A gestrichen* patri *(?)* – 13 in opere] *D* operi – 15 et gratuita electione] *A am Rand
eingefügt*

---

[1] *Jud intensiver:* «...[der Glaube] trachtet nüt, thůt nüt, understaat nüt, dann göttlichs;
ja es kan nüt anders underston oder fürnemmen, dann das gott gefallt».

[2] *Jud:* «Dann diewyl der gloub ein anwäyen unnd ankuchen [Hauch] ist des göttlichen
geists, ja ein bewegen unnd trib des geists».

[3] *Zum theologischen Gebrauch von* «iugis» *s. ThLL VII/II 629f.*

[4] *Jud:* «da ist und můß syn ein gůt werck».

[5] *Jud formuliert etwas anders:* «Als wenig es müglich ist, das fhür an einem ort sye
unnd es nit da heiß sye». *Zwingli braucht das Bild häufig, z. B. Z VI/III 184₁₅₋₁₇;
S VI/II 272. Otto 172 weist als verwandtes Sprichwort nach:* «Nunquam ubi diu fuit
ignis, defecit vapor» *und verweist auf Wander I 1005:* «Wo Feuer ist, da auch Rauch».
Vgl. auch Otto 137 s. v. «flamma».

[6] *Jud ausführlicher:* «Uß dem mag man verston unnd schliessen, das diejhänen [dieje-
nigen], die so häfftig unnd so ungestům uff den lon unserer wercken tringend und in so unverschampt höuschend unnd haben wöllend und sprächend, sy wöllend nüt mee gůts thůn,
wenn sy keinen lon verdienind, nit ein gmůt habend wie ein kind gegen sinem vatter, sunder ein knechtlich unfry gmůt...» *Vgl. zum folgenden im allgemeinen wie in bezug auf einzelne Ausdrücke* («servi», «filius familias», «heres patrimonii» u. a.) *Röm 8, 12–18; Gal
4 und 5.*

[7] *Jud:* «dann eigenlüt und knecht werckend nun von lons wegen, sehend allein uff die
belonung, wo die bolonung [sic] nit wäre, thätend sy nüt, unnd das, das sy schon thůnd,
das thůnd sy mit unwillen, mit unlust, ful und träg unnd unfrůtig».

[8] *Jud:* «kinder sind der himmlischen geburt».

maneat; omnia enim nostra sunt[1], hęredes enim dei sumus et cohęredes Christi *[Röm 8, 17]*. Libere igitur, hilariter ac citra omne tedium operantur. Immo nullum tam ingens opus est, quod non credant
perfici, sed eius, quo fidimus, non nostra virtute.

5 Cum vero in ecclesia sint morbi isti: incredulitas et fidei imbecillitas (sunt enim quidam, qui prorsus non credunt, ii scilicet, qui in
coena iudicium sibi manducant et bibunt *[vgl. 1 Kor 11, 29]*, quales
Iudas *[vgl. Mt 26, 23–25]* et Simon Magus *[vgl. Apg 8, 9–24]* fuerunt; sunt et, qui languidam fidem habent, ii scilicet, qui temere fluc
10 tuant quovis metu imminente[2], quorum fides spinis, hoc est curis ac
studio rerum mundanarum oppressa iacet neque fructum sive opus
sanctum germinat *[vgl. Mt 13, 22]*), iam istos urgemus perinde ac
Christus, Paulus et Iacobus, ut, si fideles sint, opere sese nobis
probent esse fideles[3], fidem sine operibus mortuam esse *[vgl. Jak
15 2, 17]*, arborem bonam bonos quoque fructus prębere *[vgl. Mt 7, 17]*,
filios Abrahę opera Abrahę facere *[vgl. Joh 8, 39]*, in Christo nihil valere nisi fidem, quę per charitatem operetur *[vgl. Gal 5, 6]*, ut sic
legem non minus prędicemus quam gratiam[4]. In lege enim electi ac
fideles voluntatem dei discunt, impii[5] terrentur, ut aut metu aliquid
20 faciant in usum proximi aut desperationem perfidiamque suam prodant[6]. Sed simul nihili pendant, admonemus, ea opera, quę nos hu

---

1 nostra] *B* illorum – 1 sumus] *B* sunt – 3 Immo] *BD* imo – 5 *ABCD am Rand*
ἀπιστία καὶ ὀλιγοπιστία – 6 *nach* scilicet, qui *A gestrichen* sibi – 7 quales] *A verändert aus*
qualis; nach quales *A gestrichen* et – 10 imminente] *B* iminente – 11 mundanarum] *B*
humanarum – 11 sive] *B* neque – 11 *nach* opus *A gestrichen* fidei – 13 sese] *B* se –
13f nobis probent] *A zuerst* probent nobis, *dann umgestellt* – 17 operetur] *CD* operatur
– 18 prędicemus quam gratiam] *B* quam gratiam praedicemus; *nach* prędicemus *A ge*
strichen sed legem non prędicamus propter electos et fideles – 18 ac] *B* et – 20 faciant]
B facient – 21 pendant] *A verändert aus* pendamus *und am Rand eingefügt* admonemus
– 21 nos] *B* nobis – 21f humana arte] *B* arte humana

---

[1] *Jud: «dann sy wüssend, das es alles, was gott in himmel unnd erden hat, iren ist».*
[2] *Jud: «die namlich, die umb einen yetlichen habdanck, und wie der wind heryn wäyet,*
oder was für forcht vorhanden ist, hin und wider schwanckend und fallend, yetz uff das,
yetz uff jhens, deren gloub durch die dörn...»
[3] *Vgl. zu diesen Ansätzen eines «Syllogismus practicus» auch Z VI/III 184$_{14f}$ mit*
Anm. 4; S VI/I 364, 391; S VI/II 115; Gestrich 183–186; Locher, Grundzüge 549 mit
Anm. 180; ders., Reformation 211 mit Anm. 148.
[4] *Vgl. oben S. 120$_{1ff}$ sowie Z VI/III 128ff; S VI/I 587f; S VI/II 260–262; Pollet*
3805–3809; Locher, Grundzüge 560–565; ders., Reformation 214f.
[5] *Jud: «die unglöubigen hartbännigen».*
[6] *Jud fügt hier folgendes ein: «Daby aber vermanend wir allweg die glöubigen, das si*
uff ire werck nit buwind, die sy joch uß gott thůnd, sunder sich für unnütze diener erken
nind und darstellind, so sy schon alle ding, die inen gebotten sind, gethon habend, diewyl

mana arte effinximus, ut eis deo serviamus, quę certum est illi non
magis placere, quam si quis tibi, o rex, cupiat servire aliqua ratione,
quam tu non ames. Tibi[1] ergo si serviendum est pro tua voluntate,
quanto magis in conspectum dei non adferemus opera, quę ille non
precepit nec amat? Fontem ergo effodimus, ex quo bona opera pro- 5
fluant, cum fidem docemus. Contra cum opera urgemus, velut debi-
tum exigimus, quod sine coactore non redderetur.

[Vita aeterna]

Postremo[2] credimus post hanc vitam, quę captivitas et mors potius
est quam vita[3], foelicem ac iucundam sanctis sive credentibus, mise- 10
ram autem ac tristem impiis sive perfidis usu venturam et utramque
perpetuam[4]. Qua in re et istud adversus *[fol. 15v]* catabaptistas, qui
animas cum corporibus dormire usque ad universale iudicium contendunt[5], adserimus animum sive angeli sive hominis non posse quidem dormire aut ociari; tam abest, ut isti quicquam rationi consonum 15

4 conspectum] *C* conspectu – 8 *ABC kein Zwischentitel, C²* Vita aeterna *am Rand –*
9 *AB am Rand* 12, *C am Rand* 12. artic., *D am Rand* XII. – 9f et mors potius est] *B* est
et mors potius – 12 catabaptistas] *A am Seitenende* cataba *durchgestrichen und auf*
neuer Seite cabaptistas *als Verschrieb für* catabaptistas

---

in allen gůten wercken unser unreinigkeit mitloufft, deßhalb sy unrein und vermaaßget
sind unnd vor dem urteyl des herren nit beston mögend».

[1] *Jud ergänzt: «O gnädiger künig, üwer maiestet».*

[2] *Jud hat die Überschrift: «Vom ewigen läben» und als Marginal: «XII».*

[3] *Ohne Zweifel schließt sich Zwingli hier der Formulierung Ciceros in «Scipios Traum»*
an: «Immo vero, inquit, hi vivunt, qui e corporum vinculis tamquam e carcere evolaverunt,
vestra vero, quae dicitur, vita mors est» (rep. VI 14).

[4] *Jud: «ein säligs, lieblichs, frölichs läben, das sye bereitet allen frommen glöubigen*
menschen; den unglöubigen aber ein arbeitsäligs, jämerlichs und ellends läben. Die bee-
den läben aber werdend ewig syn und niemarmee kein end haben». Zwingli folgt hier den
Vorstellungen der alten und mittelalterlichen Kirche bzw. dem katholischen Bekenntnis,
dem Apostolikum: «[credo] carnis resurrectionem [et] vitam aeternam» (Denz. 30) und
dem Athanasianum: «Ad cuius adventum omnes homines resurgere habent cum [in] cor-
poribus suis, et reddituri sunt de factis propriis rationem; et qui bona egerunt, ibunt in vi-
tam aeternam, qui vero mala, in ignem aeternum» (Denz. 76). Vgl. Gerhard May/Robert
E. Lerner/Ulrich Asendorf, Artikel «Eschatologie», in: TRE X 299–334; Meyer, Eschato-
logie 281f: «Immutatio mundi, die Weltvollendung».

[5] *Über die Seelenschlaflehre der Täufer s. «In catabaptistarum strophas elenchus»,*
Z VI/I 188, Anm. 4, wo auch über Verbreitung bzw. Bekämpfung dieser Irrlehre in Frank-
reich orientiert wird. Jud Marg.: «Von den seelen, ob sy schlaaffind». Siehe auch S VI/I
575 und S VI/II 234f.

dicant[1]. Animus enim substantia est adeo vivax, ut non modo ipse vivat, sed ubicunque habitet, iam domicilium quoque suum vivificet[2]. Angelus cum corpus adsumit sive aëreum sive recens creatum, mox istud sic vita donat, ut moveatur, operetur, agatur et agat. Animus humanus ut primum corpus incessit, protinus vivit, crescit, movetur ac cetera vitę munera exercet. Qui ergo fieret, ut animus corpore solutus torperet aut dormiret? Adpellant animum philosophi actum sive actionem a vivaci vigilantique, hoc est perpetua operatione ac virtute. Quam vim Gręci significantiore vocabulo exprimunt, cum eam ἐντελέχειαν vocant, hoc est iugem virtutem, operationem, actuationem ac ductum[3]. Constituta sunt visibilia in mundo a divina providentia eo ordine, ut ab illis ad invisibilium cognitionem ascendere humana

1 *nach* adeo *A* vivax *einmal durchgestrichen* – 3 recens] *A am Rand eingefügt* – 4f Animus humanus] *B* Humanus animus – 5 *nach* protinus *A gestrichen* crescit – 6 vitę munera] *B* munera vitę – 7 aut] *B* ac – 7 Adpellant] *BD* Appellant – 7 animum] *A am Rand eingefügt* – 9 *nach* Quam *A gestrichen* signi – 10 *C² am Rand* ἐντελέχειαν – 10 *nach* virtutem *A gestrichen* ac – 12 *nach* ut *A gestrichen* videre

[1] *Jud:* «*Unser grund ist, das die seel des menschen nit möge schlaaffen oder müssig ston*». *Was Zwingli im folgenden vorträgt, ist die vor allem von Plato und Aristoteles bestimmte klassische Seelenlehre der Antike, die das Mittelalter im wesentlichen nur übernommen und weiterentwickelt hat. Vgl. Lexikon der Alten Welt, Zürich/Stuttgart 1965, Artikel «Aristoteles», Sp. 320; Artikel «Platon», Sp. 2368f; Artikel «Psyche», Sp. 2468f; Index «De anima humana», in: MPL CCXIX 55–60; Thomas, S.Th. I 75, 1.3; Meyer, Eschatologie 276f spricht hier von einer Integration scholastischer und humanistischer Vorstellungen in die reformatorische Theologie, wobei er noch auf S VI/II 73f verweist.*

[2] *Jud fügt hier ein:* «*Was ich von den seelen sag, wil ich ouch von den englen verstanden haben*». *Zwingli bezieht sich hier möglicherweise auf Augustin, der sagt:* «*quod angeli fuerunt creati in superiori parte aeris*» (*zit. nach Thomas S. Th. I 61, 4. Vgl. MPL XXXIV 285). Nach katholischer Lehre müssen die Engel wie die Menschen geschaffen sein, da allein der dreieinige Gott ungeschaffen ist; s. Thomas, S.Th. I 44, 1c; 61, 1c; s. auch die Formulierungen des Constantinopolitanum* «*factorem caeli et terrae, visibilium omnium et invisibilium*» (*Denz. 150) und des IV. Laterankonzils im 1. Kapitel* «*De fide catholica*» *zum* «*unum universorum principium: creator omnium visibilium et invisibilium, spiritualium et corporalium: qui sua omnipotenti virtute simul ab initio temporis utramque de nihilo condidit creaturam, spiritualem et corporalem, angelicam videlicet et mundanam: ac deinde humanam, quasi communem ex spiritu et corpore constitutam*» (*Denz. 800). Vgl. Index «De angelis», in: MPL CCXIX 38–42.*

[3] *Jud:* «*Die philosophi nennend (animum) ein actum oder actionem, das ist ein würckung, unnd das von wägen der läblichen, wackeren und unufhörlichen würckung und krafft der seelen. Die Griechen, die könnend in irer spraach söliche übung und würckung noch füglicher ußreden, nennend die seel entelechiam, das ist: ein stäte und unufhörliche krafft unnd würckung*». *Vgl. auch Z VI/I 189₅ff, 491₁₁–492₁₄. Zu* «*Entelechie*» *s. Überweg 379–383; Walter Grundmann, Artikel «δύναμαι», in: ThW II 287₃₂ mit Anm. 4, und Rudolf Bultmann, Artikel «ζάω», ThW II 834₁₃f; Liddell-Scott 575.*

mens possit[1]. Habent ignis et aer inter elementa eum locum, quem animi inter corpora[2]. Ut aer per universum mundi corpus nusquam deest, sic pervadit omne humanum corpus anima. Ut ignis nusquam est sine pręsenti operatione, sic animus nusquam non operatur. Id quod in somno[3] quoque deprehenditur; somniamus enim et meminimus somnorium[4]. Somnus igitur corporis munus est, non animi. Nam anima interim vegetat, corpus reficit et, quod detritum erat, restituit, ut numquam cesset operari, agere et movere, quamdiu est in corpore[5]. Ut ergo ignis sine luce non est[6], sic animus nunquam consenescit, ut torpeat, tenebrescat, occidat aut dormiat; semper enim vivit, vigilat ac viget.

Sed hactenus philosophatum sit de animo[7]. Nunc ad scripturę testimonia veniendum est, quibus probetur animum nunquam interdormire. «Qui credit, non venit in iudicium, sed transiit a morte in vitam» *[Joh 5, 24]*[8]. Qui ergo in hac vita credit, iam sentit, quam suavis est dominus, et coelestis vitę initium ac gustum quendam capit[9]. Si ergo is animus, qui hic in deo vivit, mox ut corpore excessit, dormit, iam pręstantior est vita **Christiani** hominis in hoc mundo, quam cum e mundo migrat; isthic enim dormit, dum hic vigilans ac sentiens deo fruitur[10].

5 *nach* enim *A gestrichen* quod – 6 Somnus] *A* Sompnus – 8 *nach* cesset *A gestrichen* quam diu – 11 vigilat] *A verändert aus* vil- – 13 probetur] *C* probatur – 14 transiit] *B* transit – 19 e mundo] *C* a mundo – 19 ac] *B* et

---

[1] *Zwingli scheint hier an seine eigene Beweisführung im «Anamnema» Kap. III zu denken (Z VI/III 83ff).*

[2] *Anaximenes und weitere Vorsokratiker identifizierten die Seele mit dem Atem, d. h. der Luft. Vgl. Hermann Diels, Die Fragmente der Vorsokratiker, Bd. I, 10. Aufl., Berlin-Charlottenburg 1961, 95$_{17-19}$.*

[3] *Vgl. Aristoteles, De somno et vigilia 453b–458a.*

[4] *Vgl. Aristoteles, De somno et vigilia 458a–462b.*

[5] *Jud: «Dann in dem das der lyb schlaaft, neert die seel den lyb, macht in wachsen und erkickt in, ersetzt, das im abgangen ist, hört nimmer uf würcken und bewegen, diewyl sy imm lyb ist».*

[6] *Beliebtes Bild, vgl. z. B. S VI/II 272 zu Jak 2, 18.*

[7] *Jud: «Nun, diß so bißhar gesagt, ist uß der philosophy unnd natur der seelen genommen». Vgl. dazu noch S VI/I 575: «Hactenus venerunt philosophi quidam gentiles, ut agnoscerent omnes homines vitae aeternae et immortalis avidos esse. Et hinc animam immortalem esse probaverunt, argumentis non adeo ineptis».*

[8] *Jud Marg.: «Joan. 5».*

[9] *Meyer, Eschatologie 170 meint: «Alle aufgezählten Spielarten der inkohativen Beziehung des Glaubens (und seiner Ursachen) zu den Eschata lassen sich [in diesem Satz] zusammenfassen».*

[10] *Zur «fruitio dei» s. oben «De deo et cultu eius» S. 56, Anm. 4. Jud ergänzt: «diß ist aber ungerympt».*

«Qui credit in me, habet vitam ęternam» *[Joh 3, 36]*[1]. At vita non est perpetua (hic enim ęternum pro perpetuo accipitur), *[fol. 16r]* si ea animi vita, qua hic utitur, postmodum somno intercipitur[2].

«Volo pater, ut, ubi ego sum, isthic sit et minister meus» *[vgl. Joh*
5 *17, 24]*[3]. Si ergo cum deo sunt diva virgo[4], Abraham[5] et Paulus[6], quę vitę ratio est in coelis aut quod ingenium numinis, si isthic dormitur? Anne et numen dormit? Si dormit, non est numen[7]; quicquid enim dormit, vicarium est et ideo dormit, ut fessum respiret[8]. Si numen fatigatur, iam non est numen. Illud enim insuperabile est omni
10 operi ac labori. Si numen non dormit, iam animos quoque sic est necessarium non dormire[9], sicut necessarium est aerem esse perspicuum ac dilucidum, cum sol supra terram est. Stultum igitur ac frivolum est catabaptistarum commentum, quibus non est satis homines dementavisse, nisi et viventis dei certa et infallibilia oracula foedaver-
15 int. Haberemus adhuc multa testimonia: «Hęc est vita ęterna, ut cognoscant te» etc. *[Joh 17, 3]*, et: «Accipiam vos ad me ipsum, ut, ubi ego sum, et vos sitis» *[Joh 14, 3]*, aliaque huiusce sententię[10], sed brevitatem servabimus.

1 credit in me] B in me credit; *nach* me A *gestrichen* non – 2 est] *fehlt bei* C – 5 virgo] C virgo Maria –8 dormit] B dormitur – 10 operi ac labori] B labori ac operi – 10 animos] B animas – 10f necessarium est] B est necessarium – 12 supra] C super – 16 C *nach* te *zugefügt:* solum quem misisti, Jesum etc.; C² *am Rand* Joan. 17 – 16 vos ad me] C eos ad me

---

[1] *Vulgata: «Qui credit in Filium habet vitam aeternam».*

[2] *Jud: «Das ist: Er hat ein läben, das niemarmee ufhört, niemarmee kein end hat. Nun wäre aber sölich läben nit eewig oder one end, wenn es nach diser zyt mit dem schlaaff underloffen und vertruckt wurde».*

[3] *Vulgata: «Pater, quos dedisti mihi volo ut ubi sum ego et illi sint mecum».*

[4] *Wenn die Himmelfahrt Mariae auch erst durch die Constitutio Apostolica «Munificentissimus Deus» vom 1. November 1950 (Denz. 3900–3904) zum Dogma erhoben worden ist, bildete das Fest «Mariae Himmelfahrt» doch das älteste Marienfest überhaupt.*

[5] *Vgl. Mt 22, 31f; so schon ausführlicher Z VI/I 190$_{12ff}$.*

[6] *Vgl. 1 Kor 15, 29ff (Totentaufe); s. dazu Z VI/I 191$_{15ff}$ Jud ergänzt: «Ist nun Maria, Abraham unnd Paulus mitsampt andren säligen by gott».*

[7] *Zum Zusammenhang «numen – entelecheia» s. Z II 47$_{30ff}$; 181$_{2ff}$ mit Anm. 2; 542$_{1f}$; III 645$_{28ff}$; VI/I 453$_{1f}$ mit Anm. 2; Locher I 69.*

[8] *Jud: «dann alles das, das da schlaafft, das wächßlet sich ab; so es müd ist, so rüwet es unnd wirt wider erfristet».*

[9] *Jud: «Wie kan man aber gott zůlegen, das er müd werde? Das ist göttlicher natur nit gemäß; dann gott mag mit keiner müy und arbeit ermüden. So nun gott nit schlaafft, so schlaaffend ouch die seelen nit». Die folgenden Vergleiche mit Luft und Sonne läßt Jud weg.*

[10] *In «In catabaptistarum strophas elenchus» (Z VI/I 190f) stützt sich Zwingli z. B. auch auf Mt 22, 31f; Hebr 11, 35; 1 Kor 15, 21f. 35; Joh 6, 39. Jud zitiert Lk 23, 43: «Hüt wirst du by mir syn im paradyß, das ist: in wunn unnd fröud etc.»*

Credimus ergo animos fidelium, protinus ut ex corporibus evaserint, subvolare coelo, numini coniungi ęternoque gaudere[1]. Hic tibi sperandum est, o piissime rex, si modo instar Davidis, Ezekię et Iosię rerum summam a deo tibi creditam moderatus fueris[2], visurum

1 corporibus] *B* corpore – 3 Ezekię] *B* Ezeckię, *C* Ezechie, *D* Ezekiae – 4 a deo tibi] *B* tibi a deo

---

[1] *Jud übersetzt frei: «und das sy zů gott kummind, im zugesellet und vereinbaret werdind und ewige fröud habind». Zwingli vertritt hier – abgesehen von der Leugnung des Fegfeuers – die absolut orthodoxen Auffassungen der Kirche, wie sie in der Constitutio «Benedictus Deus» vom 29. Januar 1336 enthalten sind:*

«Hac in perpetuum valitura Constitutione auctoritate Apostolica diffinimus: quod secundum communem Dei ordinationem animae sanctorum omnium [hominum], qui de hoc mundo ante D'ni N. Iesu Christi passionem decesserunt, nec non sanctorum Apostolorum, martyrum, confessorum, virginum et aliorum torum Apostolorum, martyrum, confessorum, virginum et aliorum fidelium defunctorum post sacrum ab eis Christi baptisma susceptum, in quibus nihil purgabile fuit, quando decesserunt, nec erit, quando decedent etiam in futurum, vel si tunc fuerit aut erit aliquid purgabile in eisdem, cum post mortem suam fuerint purgatae, ac quod animae puerorum eodem Christi baptismate renatorum et baptizandorum cum fuerint baptizati, ante usum liberi arbitrii decedentium, mox post mortem suam et purgationem praefatam in illis, qui purgatione huiusmodi indigebant, etiam ante resumptionem suorum corporum et iudicium generale post ascensionem Salvatoris Domini nostri Iesu Christi in caelum, fuerunt, sunt et erunt in caelo, caelorum regno et paradiso caelesti cum Christo, sanctorum Angelorum consortio congregatae, ac post Domini Iesu Christi passionem et mortem viderunt et vident divinam essentiam visione intuitiva et etiam faciali, nulla mediante creatura in ratione obiecti visi se habente, sed divina essentia immediate se nude, clare et aperte eis ostendente, quodque sic videntes eadem divina essentia perfruuntur, necnon quod ex tali visione et fruitione eorum animae, qui iam decesserunt, sunt vere beatae et habent vitam et requiem aeternam, et etiam [animae] illorum, qui postea decedent, eandem divinam videbunt essentiam ipsaque perfruentur ante iudicium generale; – ac quod visio huiusmodi divinae essentiae eiusque fruitio actus fidei et spei in eis evacuant, prout fides et spes propri[a]e theologicae sunt virtutes; quodque, postquam inchoata fuerit vel erit talis intuitiva ac facialis visio et fruitio in eisdem, eadem visio et fruitio sine aliqua intercisione [intermissione] seu evacuatione praedictae visionis et fruitionis continuata exstitit et continuabitur usque ad finale iudicium et ex tunc usque in sempiternum.

Diffinimus insuper, quod secundum Dei ordinationem communem animae decedentium in actuali peccato mortali mox post mortem suam ad inferna descendunt, ubi poenis infernalibus crucientur, et quod nihilominus in die iudicii omnes homines ⟨ante tribunal Christi⟩ cum suis corporibus comparebunt, reddituri de factis propriis rationem, ⟨ut referat unusquisque propria corporis, prout gessit, sive bonum sive malum⟩ [2 Cor 5, 10]» (Denz. 1000–1002).

[2] *Jud: «Hie sol üwer künigliche maiestet, o gnädigster herr, verhoffen (so ferr sy dz regiment iren von gott befolhen recht fůren und wie David, Ezechias und Josias christenlich unnd göttlich verwalten wirt), das sy erstlich sähen werde...» Meyer, Eschatologie 98–101 macht darauf aufmerksam, daß bei Zwingli hier christo- und theozentrische Aussagen über die Seligkeit nebeneinanderstehen, aber dasselbe bezeugen: «Die ewige Freude ist zugleich unaufhörliche Sättigung, welche doch nie zur Übersättigung führt, denn sie ist an*

esse primum numen ipsum in sua substantia, in sua specie cumque
universis dotibus opibusque illius fruiturumque his omnibus non
parce, sed ad satietatem, non ad fastidium, quod ferme comitatur saturitatem, sed ad iucundam impletionem [1], quę perinde non adficitur
5 tędio, atque flumina dum perpetuo in mare defluunt et per terrę abys-
sum refluunt [2], nullum adferunt rebus humanis tedium, sed commo-
dum potius ac gaudium semper rigando, lętificando ac nova germina
fovendo. Bonum, quo fruemur [3], infinitum est, infinitum hauriri nequit; ergo fastidium eius neminem potest capere; semper enim et no-
10 vum et idem est [4]. Deinde sperandum est tibi visurum esse sanctorum,
prudentium, fidelium, constantium, fortium, virtuosorum omnium,
quicunque a condito mundo fuerunt, sodalitatem, coetum et contubernium [5]. Hic duos A d a m, redemptum ac redemptorem [6]; hic A b e -
l u m, E n o c h u m, N o a m, A b r a h a m u m, I s a a c u m, I a c o b u m,
15 I u d a m, M o s e n, I o s u a m, G e d e o n e m, S a m u e l e m, P i n h e n,

3 *nach* fastidium *A gestrichen* quod ex satietate veniat *und am Rand eingefügt* quod
ferme comitatur saturitatem – 4 iucundam impletionem] *A zuerst* impletionem iucundam, *dann umgestellt* – 5 in mare defluunt] *B* defluunt in mare – 6–8 nullum ... fo-
vendo] *A am Rand eingefügt, nach* fovendo *A* 10 *Zeichen gestrichen (allenfalls* suppedi-
tant *o. ä)* – 6f commodum] *B* comodum – 9 neminem] *B* nemo – 9f semper ... est] *A am
Rand eingefügt* – 12 et] *B* ac – 13f *zwischen* hic *und* Abelum *A gestrichen* Enochum,
Noam, *wobei Reihenfolge zuerst umgekehrt* – 13f hic Abelum, Enochum] *fehlt bei B* –
15 Iosuam] *C fälschlicherweise* Iosiam, *nach* Iosuam *A gestrichen* Samu- *(?)* – 15f Samuelem, Pinhen] *B* Pinhen, Samuelem; *nach* Samuelem *A gestrichen* Pineam

Gottes ⟨Lebenskreislauf⟩ angeschlossener ewig-dynamischer Lebensvollzug und bestätigt
*so wieder den Vollendungscharakter der höchsten Vollkommenheit eschatologischer Be-
stimmung» (a. a. O. 99).*

[1] *Jud: «sunder du wirst lieblich und wunnsam erfüllt unnd gesettiget».*
[2] *Vgl. Plin. nat. II, 66. Über die Auffassungen des Wasserkreislaufes in der Antike s.
Otto Gilbert, Die meteorologischen Theorien des griechischen Altertums, Leipzig 1907,
393ff.*
[3] *Siehe oben S. 56₇₋₁₁.*
[4] *Meyer, Eschatologie 100: «So beruht an dieser Stelle ewige Freude auf einer con-
iunctio numini, welche alle vitalen Bedürfnisse des Menschen und alle Ansätze zu einem
erfüllten Leben in höchster sich selber genügender Vollendung verwirklicht. Dabei ist zu
beachten, daß Zwingli diese plerophoren Aussagen nicht wie Thomas anthropologisch und
ontologisch begründet, sondern mit der letztlich unaussprechlichen Lebendigkeit des höchsten Gutes, an welcher der Selige infolge seiner Gottverbundenheit teilhat».*
[5] *Über die folgende, berühmt-berüchtigte Stelle vom «Heil erwählter Heiden», ihre
Herkunft und Interpretation vgl. Rudolf Pfister, Zur Begründung der Seligkeit von Heiden bei Zwingli, in: Evangelisches Missions-Magazin VC, 1951, 70–80; ders., Seligkeit
82–89 und passim; Meyer, Eschatologie 101; Locher, Professio 698f meint, Zwingli habe
hier ein ganz bestimmtes ikonographisches Programm vor Augen. Vgl. unsere Einleitung
S. 29f.*
[6] *Die Gegenüberstellung vom ersten und zweiten Adam findet sich im NT in Röm
5, 12–19, 1 Kor 15, 21f und 1 Kor 15, 45.*

Heliam, Heliseum, Isaiam ac deiparam virginem, de qua ille
precinuit[1], Davidem, Ezekiam, Iosiam, Baptistam[2], Pe-
trum, Paulum; hic Herculem[3], Theseum, Socratem, Aristi-
dem, Antigonum, Numam, Camillum, Catones, Scipiones;
hic[4] Ludovicum pium antecessoresque tuos Ludovicos[5], Philip-   5
pos[6], *[fol. 16v]* Pipinos[7] et, quotquot in fide hinc migrarunt, maio-
res tuos videbis. Et summatim: non fuit vir bonus, non erit mens
sancta, non est fidelis anima ab ipso mundi exordio usque ad eius
consummationem, quem non sis isthic cum deo visurus. Quo specta-
culo quid letius, quid amoenius, quid denique honorificentius vel co-   10
gitari poterit[8]? Aut quo iustius omnes animi vires intendimus quam
ad huiuscemodi vite lucrum? Cum interim somniantes catabaptiste
merito somnum dormiant apud inferos, e quo numquam experge-
fiant[9]. Venit autem hinc eorum error, quod nesciunt apud Hebreos
dormiendi verbum poni pro verbo moriendi, quomodo sepius apud   15
Paulum, quam huc sit opus ponere, habetur *[vgl. 1 Thess 4, 13ff]*[10].

1 Heliseum] *fehlt bei B* – 1 deiperam] *A* deiparam – 2 *vor* Ezekiam *A gestrichen* Sa-
lom (*für* Salomon); Ezekiam] *B* Ezeckiam, *C* Ezechiam – 5 Ludovicum pium antecesso-
resque] *D* antecessores – 5f Ludovicos, Philippos, Pipinos] *fehlt bei D; Pipinos] C* Pi-
pinnos – 8 est] *fehlt bei D* – 8 mundi exordio] *A zuerst* exordio mundi, *dann umgestellt* –
9 consummationem] *C* consumacionem – 9f spectaculo] *C* spectando – 10 amoenius]
C² omnius amoenius – 10 denique] *fehlt bei B* – 10 honorificentius] *B* honorifentius –
13 e quo] *CD* a quo – 14 eorum error] *A zuerst* error eorum, *dann umgestellt* – 15 verbo]
A am Rand eingefügt – 15 *C² am Rand* Dormire ponitur pro mori

---

[1] *Jes 7,14 bzw. Mt 1,23. Jud: «Die můter gottes, von deren Esaias gewyssaget hat».*
[2] *Johannes der Täufer.*
[3] *Für die nähere Charakterisierung der folgenden griechischen und römischen Helden
und ihre Beurteilung durch Zwingli s. die Lexika zur Antike sowie Pfister, Seligkeit
132–134 (Personenregister).*
[4] *Jud nennt in dieser vierten Gruppe keine Namen und schreibt nur: «Da wirst du finden deine vorfaren und elteren alle, die in waarem glouben von hinnen gescheiden sind».*
[5] *Zum Beispiel Ludwig I., der Fromme; Ludwig VI., der Dicke; Ludwig VII., der
Junge; Ludwig VIII., der Löwe; Ludwig XII. (1498–1515!).*
[6] *Zum Beispiel Philipp II. August (Kreuzfahrer); Philipp IV., der Schöne (Gegner von
Bonifaz VII.).*
[7] *Zum Beispiel Pippin I., der Ältere; Pippin II., der Mittlere; Pippin III., der Jüngere;
Söhne Karls des Großen und Ludwigs des Frommen trugen ebenfalls diesen Namen.*
[8] *Klingt insgesamt stark an Plat. apol. 40e_{ff} an.*
[9] *Jud übersetzt etwas milder: «Darzwüschen werdend die widertöuffer billich iren
schlaaff daniden schlaaffen unnd niemarmee erwachen».*
[10] *Vgl. Z VI/I 188_g–189_2 mit Verweis auf ThW III 13, Anm. 60.*

[De catabaptistis] [1]

Quoniam vero in catabaptistarum mentionem incidimus, volumus
tibi, o rex[2], paucis eius sectę[3] rationem perstringere. Genus est fere
hominum perditorum et prę angustia rerum extorrium, quorum quę-
5 stus est anus magnifico de rebus divinis sermone demereri, quo aut
alimentum aut non minutam stipem depromant[4]. Et omnino eandem
sanctimoniam, quam Ireneus tuus – fuit enim Lugduni tuę episcopus – de Valentinianis[5] et Nazanzenus de Eunomianis[6] scri-

1 *ABC kein Zwischentitel, C² De catabaptistis am Rand* – 3 *C² am Rand* Catabaptiste, quales sint homunciones, quorum venter deus est – 3 fere] *A am Rand einge-*
fügt – 4 *nach* hominum *A gestrichen* fere – 6 minutam] *BCD* minimam – 6 eandem] *C*
tandem – 7 *nach* enim *A gestrichen* Lugdunensis *und am Rand eingefügt* Lugduni tuę –
7f tuus ... episcopus] *D* Lugdunensis episcopus; *nach* episcopus *A gestrichen* qua –
8 Valentinianis] *B* Valentianis

---

[1] *Jud hat hier als Überschrift: «Von den widertöufferen».*

[2] *Jud: «üwer k. maiestet, o gnädigester künig».*

[3] *Über die Täufer als Sekte im Sinne einer Absonderung von der Gesamtkirche handelt*
Zwingli grundsätzlich in seinem «Entwurf zu einer Entgegnung auf die Schrift eines Täu-
fers», Z VI/I 555₄–556₁₂.

[4] *Es ist schwer zu bestimmen, ob Zwingli die in diesem Satz enthaltene Charakterisie-*
rung auf die Sekten im allgemeinen oder auf die Täufer im besonderen bezieht. Jud ist viel
ausführlicher: «Die rechten widertöuffer und anheber oder rädlinfürer diser sect sind den
meerteil verloren, verdorben lüt, die uß armůt und schier verzwyflung dahin kummend. Ir
gwün und gangenschafft ist by den alten wyben oder etwo by einfaltigen puren uff den
eintzligen höfen, grosse ding und hohe von götlichen händlen sagen, mit wölichem
gschwätz und glatten worten sy das gmein einfaltig volck an sich hänckend und iren gunst
überkummend; die gäbend inen dann zeässen und zetrincken und nit wenig gälts; uff de-
nen ligend sy und neerend sich also ab inen. Fůrend von ussen einen erberen heiligen
schyn in der reed, kleidung unnd usserem wandel, wie es Ireneus...» Vgl. Heinrich Bullin-
ger, Von dem unverschämten Frevel der Wiedertäufer, Zürich 1531 (HBBibl I, Nr. 28;
IDC EPBU-109); sowie QGTS IV, S. IX–XIII («Gespräch der Berner Prädikanten mit
dem Aarauer Täufer Hans Pfistermeyer, gehalten vom 19. bis 21. April 1531 in Bern»;
S. XVIII–XXXIII (Einleitung); S. 1–65 (Protokoll). Dazu s. Locher, Reformation 236 mit
Anm. 1; 254–266; Hans-Jürgen Goertz, Die Täufer, Geschichte und Deutung, München
1980.

[5] *Irenäus, Bischof von Lyon, der wichtigste der sog. altkatholischen Väter, schrieb um*
180 als Hauptwerk eine «Entlarvung und Widerlegung der angeblichen Gnosis», «Adver-
sus haereses». Die Stelle gegen die Valentinianer, die Anhänger des Gnostikers Valenti-
nus von Alexandria (ca. 140–160 in Rom), findet sich darin (adv. haer. III 4,3; MPG VII
856). Allg. s. Karlmann Beyschlag, Grundriß der Dogmengeschichte, Bd. I: Gott und Welt,
Darmstadt 1982, 118–136; zu Irenäus a.a.O. 175–183; Hans Jochen Jaschke, Artikel
«Irenäus von Lyon» in: TRE XVI 258–268; zu Valentinus s. Lexikon der Alten Welt, Zü-
rich/Stuttgart 1965, Sp. 3176f.

[6] *Nach dem Vorschlag der englischen Herausgeber der «Fidei expositio» (Jackson/*

bunt, simulant[1]. Qua deinde freti docent **Christianum** non posse magistratum esse, non licere **Christiano**, etiam lege, etiam sontem, occidere, non bellandum esse[2], etiamsi tyranni, impii, violenti, immo latrones quotidie diriperent, occiderent et excinderent, non pręstandum esse ius iurandum[3], non debere **Christianum** tributa aut 5 vectigales exigere[4], communia debere esse omnia[5], dormire animas cum corporibus[6], uxores plures virum habere in spiritu[7], cum quibus tamen rem carnaliter habeat, posse, decimas ac redditus pendi non

2 etiam sontem] *A am Rand eingefügt, B fehlt* etiam – 3 tyranni] *B* tyrranni – 3 immo] *BD* imo – 4 latrones] *D* latronos – 4 quotidie] *B* quottidie – 4 occiderent] *B* occideret – 5f non ... exigere] *A am Rand eingefügt* – 6 vectigales] *B* vectigalia – 7 *nach* plures *A gestrichen* homines – 8 habeat] *B* non habeat – 8f decimas ... debere] *A am Rand eingefügt*

Hinke II 273 Anm.) handelt es sich beim «Nazanzenus» um Gregor von Nazianz (329–390). Er verteidigte in seinen «Reden» (z. B. or. XXVII; MPG XXXVI 11ff) die Orthodoxie gegen die streng arianischen Eunomianer, d.h. die Anhänger des Kappadoziers Eunomius. Es könnte aber auch eine Verwechslung mit Gregor von Nyssa vorliegen, der Eunomius in mehreren Büchern («Contra Eunomium», «Refutatio confessionis Eunomii») widerlegt hat. Zum allgemeinen s. Beyschlag, a. a. O. 257–272; zu Gregor von Nyssa s. David L. Balás, Artikel «Gregor von Nyssa», in: TRE XIV 173–181; zu Gregor von Nazianz s. Justin Mossay, Artikel «Gregor von Nazianz», in: TRE XIV 164–173; zu Eunomius s. Adolf Martin Ritter, Artikel «Eunomius», in: TRE X 525–528.

[1] *Wir verweisen im folgenden – so weit wie möglich – bei den Vorwürfen Zwinglis an die Adresse der Täufer auf die Beurteilung derselben zunächst im «In catabaptistarum strophas elenchus» und dann im «Entwurf zu einer Entgegnung auf die Schrift eines Täufers», z. T. auch auf ältere Stellungnahmen, verzichten dagegen auf Einzelbelege aus den S. 133 Anm. 4 erwähnten gleichzeitigen Stellungnahmen Bullingers. Den Vorwurf besonderer Heiligkeit bzw. der Absonderung erhebt Zwingli auch Z VI/I 120*$_{18}$*–126*$_{18}$*; 550*$_2$*–553*$_7$*.

[2] *Jud: «Uff sölichen heiligen schyn des läbens unnd glychßnete heiligkeit tröstend sy sich und leerend, es möge kein Christ kein oberer syn, es möge kein Christ mit recht unnd urteil den schalck unnd übelthåter tôden»; vgl. Z VI/I 129*$_{25}$*–141*$_{34}$*, 553*$_8$*–554*$_5$*.

[3] *Vgl. Z VI/I 142*$_1$*–155*$_{21}$*; S VI/I 562–565[!].

[4] *Jud: «Welcher ein Christ sye, möge keinen zinß mit gott forderen oder nemmen, ouch weder zoll, stür, noch anders». Vgl. Z III 388ff, 392ff, 402ff; IV 387*$_{6–12}$*, 388*$_{10}$*, 402ff; S VI/I 566; AZürcherRef Nrn. 267, 522b, 692. Bullinger behandelte diese Frage ausführlich in «Von dem unverschämten Frevel der Wiedertäufer», Zürich 1531 (HBBibl I, Nr. 28; IDC EPBU-109), fol. 144r–171v: «Fründtlicher berycht vonn dem handel der zynsen...» und fol. 172r–178r: «Von dem unnderscheid der zähendenn unnd ob man inn ouch schuldig sye zů bezalenn. Item vom valschen unnd rechtem bruch der zähenden». Bullinger teilte Zwinglis Auffassungen betreffend Zinsproblem, s. J. Wayne Baker, Heinrich Bullinger and the Idea of Usury, in: Sixteenth Century Journal V, 1974, 49–70.

[5] *Vgl. Z VI/I 80ff.

[6] *Vgl. oben S. 126*$_{12–14}$*; Z VI/I 188*$_9$*–193*$_4$* mit Anm. 4; Z VI/I 491*$_{11}$*–492*$_{14}$*; S VI/I 608.

[7] *Vgl. Z VI/I 85*$_8$*–89*$_{14}$*; 552*$_7$*–553*$_7$*.

debere [1], et sexcenta alia [2], immo quotidie novos aliquos errores velut
lolium interserunt iusto dei semini *[vgl. Mt 13, 25]*. Qui tametsi a nobis abierint, quia ex nostris non erant *[vgl. 1 Joh 2, 19]*, sunt tamen,
qui nobis omnes illorum errores imputent [3], cum acrius [4] contra eos
5 pugnemus quam quisquam diversumque quam ipsi in omnibus ante
dictis doceamus [5]. Quapropter, optime rex [6], si alicunde tuae maiestati
deferremur, quasi magistratum tollamus, ius iurandum non esse pręstandum perhibeamus et cętera, quę catabaptistica lues mundo og-
gannit, doceamus, iam per veritatem, cuius te amantissimum prędi-
10 cant [7], oro ac rogo, ne huius quicquam de nobis, hoc est de iis, qui in
Christianę civitatis urbibus [8] evangelium adnunciamus, credas [9].
[fol. 17r] Non enim tumultuamur [10], non infirmamus magistratum vel
autoritatem vel leges, non sumus in hoc, ut quisquam fidem debitum-
que [11] non pręstet; quantumvis istorum nos quidam [12] insimulent non
15 iam occultis delationibus, sed publicis scriptis, quos hac potissimum
causa non confutamus, quod iam furiosorum librorum mundus ple-

---

1 sexcenta] *A* seccenta – 1 immo] *BCD* imo – 1 quotidie] *B* quottidie – 1 *nach* errores *A gestrichen* velut inimicos *und am Rand eingefügt* velut – 5 quam quisquam] *A am
Rand eingefügt* – 8f oggannit] *B* obbgannit – 12f vel autoritatem vel leges] *B* vel leges vel
autoritatem; autoritatem] *D* authoritatem – 14 *nach* quantumvis *A gestrichen* huiusce

---

[1] *Vgl. «Wer Ursache gebe zu Aufruhr» Z III 387₁₅ff betr. «die [im Evangelium] allein
sůchend, ob sy fundind, daß sy gheinem nüts umb das syn geben můßtind, weder zinß, zehenden noch andre schuld bezalen». Gegen diese nicht unbedingt täuferische, sondern im
Grunde sozialrevolutionäre Front hat sich Zwingli auch schon in seiner Abhandlung «Von
göttlicher und menschlicher Gerechtigkeit» (Z II 509ff) gewendet. Vgl. dazu Arthur Rich,
Zwingli als sozialpolitischer Denker, in: Zwa XIII, 1969, 67–89; Leonhard von Muralt,
Renaissance und Reformation, HSG I 461–466 (Die Bauernfrage); Locher, Reformation
226–235 (Die Bauern), bes. 226 Anm. 1f.*
[2] *Jud: «Unzalbar vil deren dingen». Vgl. zum ganzen Umfeld auch Zwinglis Abwehr
in «De convitiis Eckii» Z VI/III 283₂₀–284₅.*
[3] *Zwingli wurde von römischer, z. T. auch lutherischer Seite von Anfang an vorgeworfen, der «Vater» der Täufer zu sein; s. Büsser, Katholisches Zwinglibild 20, Anm. 44
(Fabri); 40 (Eck); 71 (Salat).*
[4] *Jud: «hantlicher und scherpffer».*
[5] *Siehe Leonhard von Muralt, Renaissance und Reformation, in: HSG I 456–461
(Reformation, Obrigkeit und Täufer).*
[6] *Jud: «O gnädiger künig».*
[7] *Vgl. oben S. 50, Anm. 3.*
[8] *Das sog. christliche Burgrecht, s. Z VI/II 790₅ mit Anm. 4; Z XIV 5₂ mit Anm. 1.
Jud: «uns (den stetten, die das evangelium angenommen habend)».*
[9] *Vgl. oben unsere Einleitung S. 5f und 8f.*
[10] *Jud: «Dann wir farend nit so ungestüm haryn, wir ufrůrend nit».*
[11] *Jud: «syn trüw, glouben und zůsag».*
[12] *Vgl. Büsser, Katholisches Zwinglibild, passim.*

nus est, quodque res ipsa quotidie manifestum facit, quam mendaci-
ter scribant, qui hęc de nobis in vulgum spargunt non Christi glorię,
sed suę ac ventri consulentes *[vgl. Röm 16, 18]*[1]. Obrepit autem illa
catabaptistarum lues[2] isthic potissimum, ubi syncera Christi doctrina oriri coeperit[3], quo facilius videas, o rex, a malo dęmone im- 5
mitti, ut in herba salutare semen extinguat *[vgl. Mt 13, 24–30]*. Vidi-
mus urbes ac oppida, quę recipere evangelium pulcre coeperant[4], hac
lue infecta et veluti remora impedita stetisse, ut prę confusione nec
divina nec humana curare potuerint[5]. Quocirca et maiestatem tuam
moneo – verbo absit invidia; scio enim, quam stipatus sis optimis 10
consiliis; sed non prevenitur, quod non pręvidetur consilio. Si istud
malum tuis veniret in animum, scio, quod facile prospicerent; sed
cum periculum istud nimirum ignorent, iam credo, monitorem non
ęgre feres[6] – moneo igitur, quoniam fieri nequit, quin et in regno tuo
scintille quędam renascentis evangelii micent[7], ut a papistis, quorum 15
potentia plus ęquo crevit, non patiaris bonum semen strangulari; nam
pro illo catabaptistarum lolium tibi nihil tale suspicanti cresceret, quo
tanta confusio rerum omnium per omne regnum tuum fieret, ut mede-
lam invenire labor esset[8].

1 quotidie] *fehlt bei B; nach* quotidie *A gestrichen* mundo – 2 *nach* vulgum *A gestri-*
chen eiaculuntur – 4 syncera] *C* sincera – 5f immitti] *B* imitti – 7 pulcre] *BCD* pulchre –
8 veluti remora] *A am Rand eingefügt* – 8 impedita] *fehlt bei B* – 10 *nach* moneo *A drei*
Zeichen gestrichen (-g) – 11 *nach* sed non *A gestrichen* facile – 11 *C²* *am Rand* Iacula
prestita minus ledunt – 12 facile] *B* male – 15 *nach* ut a *A zuerst* papistis, *dann verän-*
dert, dann durchgestrichen und am Rand wieder papistis *eingefügt* – 16 bonum] *B* novum – 17 *nach* tibi *A gestrichen* cresceret – 17 tale] *C* tali

---

[1] *Jud kürzer: «das die gantze wält sölicher bůcheren, da man inn wůtet und einander*
schmützt, voll ist; das es ouch am tag lyt, das die, die uns sölichs ufträchtend unnd es von
uns allenthalb ußgebend, sölichs mit der unwarheit thůnd».

[2] *Siehe ThLL VII/II 1794ff.*

[3] *Jud: «da die leer Christi rein und luter geprediget, anfaacht hüpschlich wachsen und*
zůnemmen».

[4] *Jud ergänzt: «in denen es ouch gar schön anfieng wachsen».*

[5] *Zur Ausbreitung der Täufer s. Locher, Reformation 253f, 263ff.*

[6] *Jud: «unnd sol mir sölichs nit für ein fräfel gerechnet werden, dann ich wol weiß, was*
träffenlicher, gůten raatgeben üwer maiestat hat, aber man kan das nit fürkommen mit
raat, dz man nit vorweißt und fürsicht. Wo üwer majestet räten sölichs in sinn käme, zwyf-
let mir nit, sy würdends fürsähen unnd fürkommen; so sy aber von sölichen nüt wüssend,
hoff ich, üwer maiestet werde mir sölich warnung nit für übel nemmen».

[7] *Jud: «etwas füncklin und gneistlin [Funke, SI II 674] des evangelii, das yetz von nü-*
wem harfür bricht, ouch harfür schynen und glantzen».

[8] *Vgl. die bibliographischen Hinweise bei Erich Hassinger, Das Werden des neuzeitli-*
chen Europa 1300–1600, Braunschweig 1964, 422f, 450ff.

Hęc est summa fidei pręationisque nostrę[1], qua utimur per dei gratiam parati cuivis rationem reddere[2]; non enim vel iotam unam docemus, quam non ex divinis oraculis didicerimus[3]. Neque adserimus sententiam ullam, cuius non primarios ecclesię doctores, prophetas, apostolos, episcopos, evangelistas, interpretes, sed priscos illos, qui purius ex fonte hauserunt, autores habeamus[4]. Id fatebuntur, qui scripta nostra viderunt et expenderunt.

Proinde, sanctissime rex – quid enim vetat sanctissimum vocari, qui Christianissimus est[5]? – accinge te[6], ut renascentem ac reducem Christum[7] honorifice accipias! Video enim numinis providentia factum[8], ut Francici reges Christianissimi sint adpellati,

1 summa fidei ... nostrę] *B* fidei ... nostrae summa – 2 iotam unam] *B* iota unum – 3 quam] *B* quod – 4f prophetas] *A am Rand eingefügt* – 6 autores] *D* authores – 8–S. 138₁ Proinde ... quoniam renovatio] *bei A besonders hervorgehoben durch eine Art Anführungszeichen am Rand* – 8f quid ... est] *fehlt bei D* – 8 vetat sanctissimum] *B* sanctissimum vetat – 10 accipias] *B* excipias – 10–S. 138₂ Video ... prędicant] *D* Oportet enim principem Christianum esse – 11 *C*² *am Rand* appell

---

[1] *Jud: «Diß ist die summ, der innhalt und begriff unsers gloubens, unserer predig und leer».*

[2] *Zum Begriff «fidei rationem reddere» s. Z VI/II 790, Anm. 2.*

[3] *Jud: «Dann wir nit ein bůchstäblin leerend, das wir nit uß der heiligen geschrifft und wort gottes gelernet habind».*

[4] *Jud: «und alten leerer und ußleger der geschrifft, die uß den reynen brunnen geschöpfft habend, geleert und für waar gehalten habind». Zwingli nimmt hier Gedanken von 1 Kor 12, 23ff und ähnlichen Stellen auf, wendet die Begriffe indes auch auf die Väter der alten Kirche an. Über die Rolle des Väter-Argumentes bei Zwingli s. Schindler, Kirchenväter, passim.*

[5] *Jud bringt nur die eigentliche Anrede: «o du frommer künig»; zum Titel s. oben S. 50, Anm. 3.*

[6] *Im folgenden finden sich Anklänge an Eph 6, 10ff.*

[7] *Jud: «Christum, der mit seinen gnaden und leer uns heimsůcht». Damit übersetzt Jud die für den «Christianismus renascens» des Humanismus (Erasmus) bezeichnenden Ausdrücke «renascentem ac reducem Christum» in adäquatester Weise.*

[8] *Die folgenden Sätze Zwinglis über den providentiellen Auftrag des französischen Königs («Video enim ... redaccenderet») stehen in krassem Gegensatz zu früheren Bemerkungen des Reformators über die Unfähigkeit der jugendlichen zeitgenössischen Herrscher (Z II 501₂₋₂₆). Jud läßt diese Sätze denn auch weg und bemerkt allgemein: «Dann ein christener fürst sol von natur früntlich und sänfft syn, unnd yederman gůts thůn. Im urteil und verstand sol er wüssenhafft, wolkönnend und gerecht syn. Im hohen verstand sol er klůg, geschickt und mannlich syn. Mit sölichen gaaben sol ein fürst fürträffenlich syn unnd rych, das er in diser zyt, in deren gott dz liecht siner erkantnuß wider anzünt, fürlüchte». Vgl. ähnliche Herrscher-Topoi in der «Institutio principis Christiani» des Erasmus (LB IV 559ff). Zum Problem des Herrscherlobs s. Ernst Robert Curtius, Europäische Literatur und lateinisches Mittelalter, 6. Aufl., Bern/München 1967, 184–186. Über die*

quoniam renovatio *[fol. 17v]* evangelii filii dei te rege futura erat, quem amici simul ac inimici omnes prędicant natura benignum ac suavem, iudicio ęquum et gnarum, mente vero sagacissimum atque fortissimum. Eis, inquam, dotibus prędivitem te numen fecit, ut hoc sęculo splenderes, quo ipse cognitionis suę lumen redaccenderet. 5 Macte[1] igitur virtutibus istis heroicis prodi, clypeum et hastam corripe atque in perfidiam ipsam incursionem impressionemque facito, animoso isto ac intrepido animo tuo corporeque omni elegantia conspicuo. Ut[2] cum reliqui reges te primum videant Christianissimum Christi gloriam vindicare, te sequantur et antichristum elimi- 10 nent[3]. Da, ut salutaris doctrina pure in regno tuo prędicetur. Polles prudentibus ac doctis viris, opibus populoque ad religionem propenso; non feres igitur animos et dei et tui observantissimos superstitione seduci. Nihil hic timendum, quod calumniatores ad obsistendum veritati falso vociferantur[4]. Bella sancta et iusta non modo tui 15 sed exterę quoque gentes socię bellabunt[5]. Ius iurandum prestabunt

1 erat1a] *BD* erit – 2 *nach* quem *A gestrichen* et – 2 ac] *B* et – 4 Eis] *B* Eius – 4 *nach* prędivitem *A gestrichen* adornavit *und nach* numen *am Rand eingefügt* fecit – 4 te numen fecit] *D* esse – 5 splenderes] *D* splendeat – 5 ipse] *D* deus – 5 redaccenderet] *D* redaccendat – 6 prodi] *D* prodi, princeps Christianae, – 8 ac intrepido] *A am Rand eingefügt* – 8–14 corporeque ... seduci] *Text fehlt bei D* – 8f *C am Rand* Vide, an *[con]*spicuo sit *[...]*ptum; conspicuo] *C* conspicito – 9 te primum videant] *A zuerst* primum videant te, *dann umgestellt, hervorgehoben durch eine Art Anführungszeichen am Rand* – 10 sequantur] *C* sequuntur – 12 religionem] *BD* relligionem – 15 tui] *B* tunc – 16 socię] *A am Rand eingefügt, fehlt bei B; vor* socię *A am Rand gestrichen* tecum

eschatologische Bestimmtheit der Reformationsbewegung vgl. Locher, ZinS (Geschichtsbild) 75–103, bes. 82ff; Meyer, Eschatologie, passim.

[1] *Jud:* «Und darumb, o künig und christenlicher fürst, tritt harfür...»
[2] *Bei Jud fehlen die folgenden drei Sätze:* «Ut cum reliqui ... supersticione seduci» *wiederum.*
[3] *Über Zwinglis Sicht des Antichristen vgl. auch Meyer, Eschatologie 247–251.*
[4] *Jud:* «Hie müst du nit achten oder entsitzen, das die verkeerer und falschen klaffer, die der waarheit widerfächtend, fälschlich schryend». *Zur Sache vgl. oben unsere Einleitung S. 13 und die Einleitung Zwinglis S. 52₆₋₈ mit Anm. 4.*
[5] *Jud:* «Wo du für dich nimpst einen rechtmässigen, ufrechten, göttlichen und billichen krieg, werdend dir nit allein die dinen, sunder ouch ussere völcker, die in pündtnuß mit dir sind, helffen». *Die Unterscheidung von gerechtem und ungerechtem Krieg, die in Mittelalter und Reformationszeit oft diskutiert wurde, geht auf Cic. off. I 35 und rep. III 34f zurück. Vgl. Augustinus, civ. XIX 7 (CChr XLVIII 671f) und XXII 6 (a. a. O. 814), sowie Isidor, orig. XVIII 1 (MPL LXXXII 639f). Zu Augustin s. Harald Fuchs, Augustin und der antike Friedensgedanke, Untersuchungen zum neunzehnten Buch der civitas dei, Berlin 1926, Neue philosophische Untersuchungen III; Joachim Laufs, Der Friedensgedanke bei Augustinus, Untersuchungen zum XIX. Buch des Werkes De civitate dei, Wiesbaden 1973, Hermes, Zeitschrift für klassische Philologie XXVII. Siehe auch Erasmus, ASD V/I 314f*

citra cunctationem, non iam vulgus, sed prophetę quoque ipsi, cum
hactenus papistę illud detrectaverint[1]. Tributa pendent et prophetę
atque vectigales, tam abest, ut docturi sint non esse pendenda[2]. Sua
cuique iura relinquent integra[3]. At si quid delinquitur, arguent qui-
5 dem, sed propter nulla temporalia tumultuabuntur, ut qui hisce in rebus iudicem ordinarium agnoscant, quantumvis et illum corripiant ac
taxent, cum peccat[4]. Crede, crede, magnanime heros, nihil istorum
malorum usuveniet, quę papistę minantur! Dominus enim ecclesiam
suam protegit[5]. Utinam liceat, ut oculis tuis videas principum quo-
10 rundam, qui in Germania evangelium receperunt, statum, urbium
autem innocentiam, iucunditatem ac constantiam. Iam ex fructu ipso
dices: «Non dubito ex deo esse, quod natum est»[6]. Tu pro tua fide ac
prudentia cuncta expende et ignosce ausui nostro, quo tuam maiestatem rustice[7] interturbamus. Res enim sic postulavit. Tiguri.
15 Christianissimę maiestatis tuę deditissimus

Huldrychus Zuinglius.

1 iam] *A darüber eingefügt* – 2 *nach* illud *A gestrichen* negaverint *und am Rand eingefügt* detrectaverint – 3 vectigales] *B* vectigalia – 7 *nach* Crede, crede *A ca. 10 Zeichen
gestrichen und am Rand eingefügt* magnanime – 13 ignosce] *B* ignoscis – 14 *nach* Tiguri
C²D zugefügt Mense Iulio anno 1531 – 15 Christianissimę] *fehlt bei D* – 16 Huldrychus]
D H. 16 Zuinglius] *B über dem* w *ein* u *eingefügt; nach* Zuinglius *hat C² einen Zusatz:*
1532 20 octobris Heinricus Biblianders absoluit atque transscripsit ab archetypo ipsius
authoris. Nam ille liber nondum fuit typis excusus. Sed post obitum ipsius authoris
anno quinto, scilicet 1536.

(*«Sed in bello iuste suscepto et legitime gesto lex occidit, non homo»*) *mit Anm. 275–276.
Zum Problem im allg. s. Peter Haggenmacher, Grotius et la doctrine de la guerre juste,
Paris 1983, 11–49: «La doctrine de la guerre juste: les matériaux, l'édifice et les architec-
tes».*

[1] *Jud:* «Denn werdend one verzug ire geschworne eyd halten, nit allein das gmein volck
*und leyen, sunder ouch die propheten selbs, so doch die bäbstler sydhar sölichs sich gewi-
deret habend». Vgl. Z III* 758[20ff]; *zur Frage der Privilegien der Geistlichen s. Walter
Koch, Die klerikalen Standesprivilegien nach Kirchen- und Staatsrecht, Jur. Diss., Freiburg Schweiz 1949; Hans Erich Feine, Kirchliche Rechtsgeschichte, Bd. I, 3. Aufl., Weimar
1955, 345ff.*

[2] *Zum «privilegium immunitatis» (Befreiung von Steuern) s. Feine, a.a.O. 65f, 347f,
438; vgl. Anm. 1.*

[3] *Jud:* «Sy werdend yederman by siner fryheit, by sinen rechten lassen blyben».

[4] *Jud ausführlicher:* «dann sy wüssend, das ein ordenlicher richter ist, dem sölichs
*zůstaat zezerlegen, den werdend sy für einen oberen erkennen unnd im gehorsam syn, wie
sy in joch straaffind unnd beschältind, so er unrecht handlet».*

[5] *Heute Umschrift des Siegels des Kirchenrates des Kantons Zürich.*

[6] *Jud:* «du wurdest one zwyfel uß der frucht bewegt zů sagen: ‹Das ist uß gott geboren›».

[7] *Jud:* «so pürisch».

[Praesentia corporis Christi in coena][1]

[fol. 6v] Alterum vero quod me hic expositurum recepi, hoc est, quod in coena domini naturale ac substantiale istud corpus Christi, quo et hic passus est et nunc in coelis ad dexteram patris sedet, non naturaliter atque per essentiam editur, sed spiritualiter tantum[2], quodque non modo frivolum et stultum[3], sed etiam impium et contumeliosum est, quod papistę docuerunt: ea mensura, ea prorsus proprietate ac modo, quibus natus, passus vitaque functus est, edi corpus Christi a nobis[4].

Primum enim hoc constat[5] Christum verum hominem, qui ex corpore et animo constat, quales et nos sumus, excepta semper ad peccandum propensione[6], adsumpsisse[7]. Ex quo colligitur, quod omnes dotes ac modi, qui ad corporis ingenium pertinent[8], eius corpori verissime adsunt. Nam quod propter nos adsumpsit, de nostro est, ut

1 *Der folgende Abschnitt findet sich bei A auf fol. 6vff, bei B im fortlaufenden Text, bei C auf fol. 8rff und bei D auf fol. 10rff; vgl. auch unsere Anmerkungen zu S. 74₁₈, 108₉ und 162₇. ABC kein Zwischentitel, C² Praesentia corporis Christi in coena am Rand –* 2 Alterum] *A am Rand eingefügt statt gestrichenem* Secundum; *vor* Alterum *hat B* Pro augusta Navarrę regina Christianissimi Francorum regis Christianissima sorore[9]. Ex nono articulo. – 6 *nach* non modo *A gestrichen* impium – 13 dotes ac] *A am Rand eingefügt –* 14 adsumpsit] *B* sumpsit

---

[1] *Jud setzt über den neuen Abschnitt die Überschrift: «Von der gegenwirtigkeit des lychnams Christi im nachtmal». Im (9.) Artikel über die Himmelfahrt Christi hatte Zwingli (oben S. 72₁₆) angekündigt, daß er zuerst über das Fegfeuer, dann über die Gegenwart des Leibes Christi im Abendmahl schreiben werde.*

[2] *Jud: «nit natürlicher oder lyblicher wyß im nachtmal des herren geässen werde, sunder alleyn geistlich».*

[3] *Jud: «nit alleyn one grund und torlich».*

[4] *Jud: «Christus lyb sye der maaß und eigenschafft im brot, als lang unnd groß er sye am crütz gehangen, wie er von Maria geboren, wie er am crütz gestorbenn, etc. unnd werde aller maaß gentzlich also gässen»; vgl. oben S. 92₁₂₋₁₆.*

[5] *Jud: «Es kan erstlich nieman verneynen».*

[6] *Jud: «ußgnommen süntliche neygung und was sich uff sünd zücht».*

[7] *Vgl. oben S. 66₈ff.*

[8] *Jud: «die einem waaren menschlichen lyb zůgehörend».*

[9] *Zu Margarethe von Valois (1492–1549), der Schwester des Königs s. Locher, Professio 695f (Literaturangaben ebenda Anm. 23); Guillaume Briçonnet et Marguerite D'Angoulême, Correspondance (1521–1524), vol. I: Années 1521–1522, vol. II: 1523–1524, Edition du texte par Christine Martineau et Michel Veissière, Genève 1975/1979; B. J. Wells, Folly in the Heptaméron of Marguerite de Navarre, in: Bibliothèque d'Humanisme et Renaissance XLVI, 1984, 71–82.*

totus noster sit, ut antea diximus[1]. Ex quo duo quędam sequuntur ir-
refragabilia: unum quod hi modi, qui adsunt nostro corpori[2], Christi quoque corpori adsint; alterum quod, quicquid in Christi corpore est, quod ad corporis modum pertinet[3], nostrorum etiam sit cor-
5 porum. Nam si quicquam, quod ad corporis modum et proprietatem
attinet, in illius esset corpore, quod nostro deesset, iam videretur
istud non nostra causa adsumpsisse. Cuius ergo, cum corporeorum
nihil sit pręter hominem ęternę beatitudinis capax? Hinc est, quod
prius[4] attigimus, quod Paulus et nostram resurrectionem ex Chri-
10 sti et Christi ex nostra demonstrat. Cum enim dicit: «Si mortui non
resurgunt, neque Christus resurrexit» [1 Kor 15,16], quomodo
firma potest esse argumentatio[5]? Cum enim Christus deus sit et
homo, quis non protinus responsurus esset Paulo: «παραλογίζεις,
o theologe!»[6]. Nam Christi corpus resurgere iure potest ac debet
15 (est enim divinitati coniunctum), at nostris utpote divinitatis experti-
bus non eadem vis est. Sed Pauli argumentatio cum hic robur
habeat: Quicquid Christi corpus habet, quod ad modum, dotes et
proprietatem corporis pertinet, nobis habet tanquam noster arche-
typus nostrumque est, iam sequitur: Christi corpus resurrexit,
20 ergo et nostra resurgent. [fol. 7r] Nos resurgimus, ergo et Christus
resurrexit. Ex his fontibus hausit theologorum columen Augustinus[7],
ut dixerit Christi corpus in aliquo coeli loco esse oportere propter

---

1 *nach* quo *A gestrichen* sequitur quod quicquid – 4 est, quod] *A am Rand eingefügt*
– 5 corporis] *A am Rand eingefügt* – 6 *nach* iam *A gestrichen* non *(?)* – 6–8 videretur ...
capax] *A unterstrichen und am Rand:* q – 7 non] *A darüber eingefügt, dafür nach* causa
gestrichen – 7 adsumpsisse] *B* sumpsisse, *D* assumpsisse – 7 *A am Rand von fremder
Hand* deesse quaedam videtur – 8 *A nach* quod *gestrichen* 4–5 *Zeichen* (ea?) *und* pręmi-
simus – 13 παραλογίζεις] *B* παραλοχιτεω?/-εις? – 16 *vor* Pauli *A gestrichen* Attamen
und am Rand eingefügt Sed – 17 Christi corpus] *BD* corpus Christi – 18 *nach* corporis *A*
4–5 *Zeichen* (s–e?) *gestrichen* – 18 pertinet] *BD* attinet – 18 noster] *A am Rand eingefügt* – 19 *nach* Christi *A gestrichen* ergo – 21 *A von fremder Hand am Rand* Hic adnota,
ubi haec Augustinus scribat; *C am Rand* Item nota, ubi hec August[inus] scribat –
22 Christi corpus] *A unterstrichen und am Rand:* q – 22 oportere] *A am Rand eingefügt*
– 22 *C²D am Rand* Christum in uno loco esse oportere

---

1 *Vgl. S. 71 mit Anm. 1.*
2 *Jud:* «Alles das, das unsere lyb an inen habend (ußgnommen süntliche prästen)».
3 *Jud:* «das ächt zůr art und maaß des lybs gehört».
4 *Vgl. oben S. 71₁₂ff. Vgl. Zwinglis ähnlichen Gedankengang in der «Ersten Berner
Predigt», Z VI/I 467₁₂–468₃₁.*
5 *Jud:* «wie möchte dise bewärung und schliessung bstan und fest syn?»
6 *Jud:* «O Paule, du fälest da gar groblich, du überrechnest gar weyt unnd schlüßest nit
recht».
7 *Jud:* «der fürnemest under allen leereren der heiligen gschrifft Augustinus». Vgl.
Schindler, Kirchenväter 66f; Hoffmann, Sententiae patrum 143.

veri corporis modum [1]; et iterum: «Christi corpus, quod a mortuis resurrexit, in uno loco esse oportet» [2]. Non est igitur Christi corpus magis in pluribus locis quam nostra corpora, quę sententia non nostra est, sed apostoli [3], sed Augustini, sed ipsius omnino religionis [4], quę, etsi testibus destitueremur, suadet tamen Christum per omnia   5
nobis similem esse factum (nostra enim causa hanc imbecillitatem adsumpsit) et habitu, hoc est dotibus, modis ac proprietatibus ut hominem inventum [vgl. Phil 2, 7ff] [5]. Quibus, o regum decus [6], tibi expositum obiter puto, quam iniquis modis nos proscindant velut hęreticos [7] propter eucharistię sacramentum, cum ne verbum quidem unquam   10
docuerimus, quod non ex divinis aut literis [8] aut theologis [9] hauserimus. Sed ad propositum redeo. Cum ex ista argumentatione, quę scriptura divina nititur, constet Christi corpus naturaliter, proprie et vere in uno loco esse oportere, nisi et nostra multis in locis esse stulte audeamus ac impie adseverare, iam extortum est adversariis, quod   15
Christi corpus sedet secundum essentiam seipso naturaliter ac vere ad dexteram patris, et hoc modo sic non est in coena, ut, qui contrarium docent [10], Christum coelo solioque avito detrahant. Nam docti omnes pro explosa et impia damnarunt hanc sententiam, qua quidam

1 Christi corpus] *A unterstrichen und am Rand:* q – 4 religionis] *B* relligionis –
5 tamen] *A am Rand eingefügt* – 9 *nach* proscindant *A gestrichen* tanq (*für* tanquam) –
11 literis] *B* litteris – 12 constet] *B* constat – 14 multis in locis] *B* in multis locis –
14 esse] *fehlt bei B* – 15 ac] *B* et – 17 *nach* qui *A gestrichen* ipsum – 18 docent] *B* docuerunt

---

[1] *Epistola CLXXXVII, 41 (CSEL LVII 118): «et ubique totum praesentem esse non dubites tamquam deum et in eodem templo dei esse tamquam inhabitantem deum et in loco aliquo caeli propter veri corporis modum...»*

[2] *Wie schon Z IV 906_{24ff}; V 186_{11}, 655_{11f} mit Anm. 2, 671_{20}, vor allem aber Z VI/II 811_{13-20} zitiert Zwingli auch hier Augustin bewußt nicht direkt – «Corpus enim Domini in quo resurrexit, uno loco esse potest» («In Iohannis evangelium tractatus» XXX, 1; CChr XXXVI 289) –, sondern nach dem Corpus iuris canonici «De consecratione», dist. II, c. 44: «Corpus enim, in quo resurrexit, in uno loco esse oportet» (Friedberg I 1330). Vgl. auch Z XII 145_{23-25}.*

[3] *Jud: «der heylig Paulus».*

[4] *Jud: «ja des gloubens art». Vgl. oben S. 71_{4-11}.*

[5] *Jud Marg.: «Philip. 2».*

[6] *Jud: «üwer küngkliche maiestet».*

[7] *Zwingli denkt an Rom und die Lutheraner, welche die römischen Anschuldigungen weitgehend einfach übernahmen. Vgl. Büsser, Katholisches Zwinglibild, passim.*

[8] *Vgl. z. B. die Sammlungen von Bibelstellen in Z IV 827–841, 904–909; V 695ff; VI/I 372, 478f, 482; VI/II 807–809.*

[9] *Jud: «bewärten heyligen leereren»; gemeint sind die Kirchenväter. Vgl. Hoffmann, Sententiae patrum 107–145 mit Anm.; s. oben S. 85_{7}ff.*

[10] *Die Katholiken, vor allem aber die Lutheraner.*

ausi fuerunt adseverare Christi corpus perinde esse ubique atque
divinitatem[1]. Ubique enim esse nequit, nisi quod natura infinitum
est; quod infinitum est, simul est ęternum[2]. Christi humanitas non
est ęterna, ergo neque infinita. Si non est infinita, ergo nequit non
5 esse finita[3]. Si finita est, iam non est ubique. Sed missis istis, quę tamen in hoc adduximus, ut philosophicę ratiocinationi non deesse-
mus, si quando in eam incideres, o rex, ad impenetrabilia scripturę testimonia accedemus[4].

Satis manifestum fecimus antea[5], quod, quęcunque in libris sacris
10 de Christo habentur, sic sunt de integro ac solido Christo dicta,
ut, etiamsi facile deprehendatur, ad quam naturam referendum sit,
quod dicitur, non tamen scindatur Christus in duas personas, quantumvis utrique naturę sua referantur; duas enim naturas habere non
secat personę unitatem, ut patet in homine[6]. Et rursus, etiamsi ea, quę
15 divinitatis *[fol. 7v]* sunt, humanitati tribuantur, ac contra, quę humanitatis, divinitati, non tamen confundi naturas, quasi divinitas degene-
raverit ac infirmata sit in humanitatem aut humanitas in divinitatem
mutata sit, id quod testimoniis dilucidius fiet[7].

3 *ABC am Rand* Ęternum proprie est, quod nunquam coepit (*B* incepit), sed tamen
sempiternum (*vor* sempiternum *A gestrichen* perpetuum *?, B* sempiternus) est, sicut solus (*C²* ...lus *nach Textverlust unrichtig zu* angelus *ergänzt*) deus. Perpetuum (*C²* per...
nach Textverlust unrichtig zu per se *ergänzt*) autem, quod coepit (*B* incepit) quidem
(quidem *Textverlust bei C*), sed sempiterno (*BC* sempiternum) manet, sicut angeli et
animi. – 4 neque infinita] *B* neque est infinita – 6 ratiocinationi] *A Verschrieb* rationa-
tioni – 7 incideres] *C* incideas – 8 accedemus] *BCD* accedamus – 12 *nach* personas *A
gestrichen* etiamsi *und am Rand eingefügt* quantumvis – 13 naturas] *B* personas – 17f in
... mutata sit] *fehlt bei B, nach* in *hat A von fremder Hand die Randbemerkung* forte per
(per *unterstrichen*) – 18 *nach* testimoniis *A gestrichen* scripturę sacrę – 18 *C am Rand* In
hum*[anitate]* in forte pro *[divinitate]* accepimus *(?)*

---

[1] *Zu Zwinglis Auseinandersetzung mit Luthers Ubiquitätslehre s. Z V 667ff mit 668,
Anm. 4; Locher, Grundzüge 588, Anm. 366; ders., Reformation 223 mit Anm. 292; Joachim Staedtke, Artikel «Abendmahl III/3», in: TRE I 112₃₄ff mit Anm. 120–122; Albrecht
Peters, Artikel «Abendmahl III/4», in: TRE I 132₅ff.*
[2] *Jud: «was unentlich ist, das ist (aeternum) eewig, das weder anfang noch end hat».
Vgl. schon oben S. 54 mit Anm. 1.*
[3] *Jud läßt diesen Satz weg.*
[4] *Jud faßt diesen Satz viel kürzer: «Yetz keer ich mich wider uff die zügnussen göttlicher gschrifft».*
[5] *Siehe oben S. 66₆–69₅.*
[6] *Jud: «wie man das im menschen sicht, der uß lyb und seel, zwo widerwärtigen naturen zämengesetzt ist und dennacht nit zwo, sunder alleyn ein person ist». Vgl. oben
S. 67₁₉–68₁ mit Anm. 4.*
[7] *Jud läßt diesen Satz aus und leitet folgendermaßen über: «Byspel: Man lißt Luc. ii».*

«Peperit filium suum primogenitum et reclinavit eum in pręsepium» *[Lk 2, 7].* Quod Christus, qui deus et homo est, de virgine sit
natus, nemo negat propter personę unitatem. Unde et deiparam Ͽεο-
τόϰον[1] adpellari iusto vocabulo et iudicamus et probamus. Attamen
divinam eius naturam nemo quam pater genuit, sicut in homine quo-   5
que corpus parit mater, animam solus deus[2] at nihilominus dicitur
homo a parentibus generari[3]. Porro, quod in pręsepium depositus est,
qui coelos ac inferos implet ac tenet, eodem modo ad humanitatem
pertinet. Verumtamen cum ista toti Christo tribuuntur, nasci ac
poni, nihil incommodi oritur; id autem propter duarum naturarum in   10
unam personam coniunctionem et unionem.

«Ascendit ad coelos» *[Lk 24, 51].* Ęque ad humanitatem principali-
ter refertur, cum tamen sine divinitate non sit lata humanitas, sed illa
ferebat, hęc ferebatur[4]. Illa[5], ut iam est dictum[6], perpetuo circumscripta manet; nam alias desineret esse vera humanitas; hec[7] vero   15
perpetuo infinita et incircumscripta est, unde non transit a loco in locum, sed eadem indidem perpetuo manet.

«Ecce ego vobiscum sum usque ad finem sęculi» *[Mt 28, 20][8]* princi-
paliter ad divinitatem refertur; humanitas enim coelo illata est.

«Iterum relinquo mundum et vado ad patrem» *[Joh 16, 28]* princi-   20
paliter, immo naturaliter de humanitate accipere cogit ipsa veritas.

1f et ... pręsepium] *A am Rand eingefügt* – 2 est] *A darüber eingefügt* – 3 deiparam]
A deiperam – 3f Ͽεοτόϰον] *C* Ͽεοτόϰος – 4 vocabulo] *fehlt bei C* – 5 eius] *A darüber
eingefügt* – 6 at] *B* et – 7 depositus] *B* positus – 8 ac tenet] *C* et tenet – 9 tribuuntur] *B*
tribuantur – 10 incommodi] *B* incomodi – 10 naturarum] *B* personarum – 13 cum ta-
men] *bei C irrtümlicherweise wiederholt* – 14 Illa] *A unterstrichen und am Rand von
fremder Hand forte* Haec (Haec *unterstrichen*), *BD* Hec – 14 est dictum] *BD* dictum est
– 15 hec] *A unterstrichen und am Rand von fremder Hand* illa *(unterstrichen), BD* illa –
16 perpetuo] *A am Rand eingefügt* – 16 incircumscripta] *B irrtümlich* circumscripta –
17 indidem] *B* identidem – 18–S.145₇ *zum Abschnitt von* Ecce ... spiritualiter *hat A am
Rand* Sic divus Augustinus hos quoque locos conciliat; *BC²D am Rand* Sic D. (*CD divus*) Augustinus hos quoque (quoque *fehlt bei C*) locos conciliat. *Die Randbemerkung
ist bei A unterstrichen und eingerahmt von zwei* q. – 21 immo] *BD* imo, *C* enim – 21 *C
am Rand* Sic divus Augustinus hos quoque locos conciliat

---

[1] *Vgl. oben S.57 mit Anm.1.*

[2] *Vgl. oben S.68, Anm.2 und 4.*

[3] *Jud: «nütdestminder spricht man: die mů̈ter hat eynen menschen geboren».*

[4] *Jud deutlicher: «die menschheit fů̈r hinuf, die gottheit fů̈rts».*

[5] *Jud: «die menschheit».*

[6] *Siehe oben S.67₇ff.*

[7] *Jud: «die gottheit».*

[8] *Vulgata: «Et ecce ego vobiscum sum omnibus diebus usque ad cunsummationem saeculi». Jud Marg.: «Joan.16», welches jedoch zum nächsten Abschnitt gehört.*

Deus enim est, qui sic loquitur; verum igitur esse oportet, quod dicit.
Relinquit ergo mundum quę in eo natura? Non divina; ea enim loco
non movetur, quę loco non continetur. Ergo humana relinquit. Quę
cum mundum reliquerit, intellige, o rex, naturali, essentiali localique
5   presentia; non est ergo hic. Non editur itaque a nobis naturaliter aut
per essentiam corpus Christi, quanto magis non mensuraliter, sed
solum sacramentaliter et spiritualiter [1].

«Ego posthac non ero in mundo» *[Joh 17, 11]*. Tantopere enim va-
let: καὶ οὐκέτι εἰμὶ ἐν τῷ κόσμῳ [2], omnem prorsus nebulam discutit,

1 sic] *B* hic – 4 intellige] *B* intelligo – 5 aut] *A am Rand eingefügt*

---

[1] *Jud:* «Darumb mag der wäsenlich, natürlich lyb Christi im nachtmal von uns nit wäsenlich und natürlich gässen wärden, vil minder gemässenlich, sunder er wirt von den
glöubigen allein sacramentlich und geistlich gässen».

*Damit greift Zwingli eigentlich nur auf die klassische Formulierung des Petrus Lom-
bardus zurück, der Sent. IV 9, 1 De duobus modis manducandi schreibt: «Et sicut duae
sunt res illius sacramenti, ita etiam et duo modi manducandi: unus sacramentalis scilicet,
quo boni et mali edunt; alter spiritualis, quo soli boni manducant». Petrus gibt dort unter
Berufung auf Augustin auch die nähere Umschreibung des «edere sacramentaliter» bzw.
«spiritualiter». – Anderseits gibt es natürlich zahlreiche Äußerungen des kirchlichen Lehr-
amtes, die davon sprechen, daß im Altarssakrament Leib und Blut Christi «vere», «realiter», «substantialiter», «essentialiter» unter Gestalt von Brot und Wein enthalten sind.
Wir geben als Beleg nur den sogenannten Eid Berengars von 1079: «Ego Berengarius
corde credo et ore confiteor, panem et vinum, quae ponuntur in altari, per mysterium sacrae orationis et verba nostri Redemptoris substantialiter converti in veram et propriam ac
vivificatricem carnem et sanguinem Iesu Christi Domini nostri et post consecrationem esse
verum Christi corpus, quod natum est de Virgine et quod pro salute mundi oblatum in
cruce pependit, et quod sedet ad dexteram Patris, et verum sanguinem Christi, qui de latere eius effusus est, non tantum per signum et virtutem sacramenti, sed in proprietate na-
turae et veritate substantiae. Sicut in hoc Brevi continetur et ego legi et vos intelligitis, sic
credo, nec contra hanc fidem ulterius docebo. Sic me Deus adiuvet et haec sacra [sancta
Dei] Evangelia» (Denz. 700).*

*Zwingli hat Begriff und Sache der «manducatio sacramentalis» ursprünglich scharf
abgelehnt (vgl. Z III 815₁₃ff). In der «Fidei ratio» bahnte sich dann aber ein Wandel im
Sinne einer Wiederaufnahme des scholastischen, auch schon von Augustin vertretenen Begriffs an, als Zwingli das Sakrament nicht bloß als «Zeichen der geschehenen Gnade»,
sondern auch als «sichtbares Abbild der unsichtbaren Gnade» verstand (Z VI/II 805₆₋₁₀).
In «De conviciis Eckii» nimmt er den Begriff «sacramentaliter» wieder auf und behauptet
sogar, nie geleugnet zu haben, «daß der Leib Christi ‹sacramentaliter ac in mysterio› im
Abendmahl sei» (Z VI/III 264₂₁–265₃ sowie 273₄ff).*

*Zwinglis Polemik gegen die «manducatio oralis», «naturalis» oder «carnalis» richtet
sich sowohl gegen Katholiken wie Lutheraner, nimmt indes hier noch weniger als in Zwinglis eigentlichen Abendmahlsschriften Rücksicht auf die sehr differenzierten Äußerungen
seiner Gegner!*

[2] *Jud läßt die griechische Fassung weg, übersetzt aber ausführlicher: «Mit wölchen
worten uns Christus allen näbel von den ougen hin thůt und zeygt häll an».*

quod secundum humanitatem naturaliter ac per essentialem corpore-
amque presentiam in mundo expectandus non est, sed solum spiritualiter et sacramentaliter.

«O viri Galilęi, quid statis sursum in coelum spectantes?
[fol. 8r] Hic Iesus, qui adsumptus est a vobis in coelum, sic veniet, 5
quemadmodum vidistis eum ire in coelum» *[Apg 1, 11]*[1]. Hoc loco adperte habemus eum a discipulis adsumptum in coelum; abiit ergo et
non est hic. At quomodo abiit? Corporaliter, naturaliter et quomodo
per humanitatis essentiam vere est. Cum ergo dicit: «Sic veniet» – nimirum corporaliter, naturaliter ac per essentiam[2]. Verum quando sic 10
veniet? Non cum ecclesia coenam celebrat, sed cum per illum sub
mundi finem iudicanda est[3]. Irreligiosa est igitur ea sententia[4], quę
corporaliter, naturaliter, essentialiter ac etiam mensuraliter adserit
Christi corpus in coena edi, quia est a vero aliena; quicquid autem
est a vero alienum, impium est ac irreligiosum[5]. 15

Hęc pauca et brevia satis tuę prudentię, quę omnia ex uno pro sua
promtitudine potest expendere, arbitror fore ad videndum[6], quod os
domini huc nos cogit, ut consideremus, quomodo Christi corpus sit
in coena. Pluribus alias de eadem re librisque ad diversos plurimis
egimus, immo diuturna bella gessimus Oecolampadius et ego, quę 20
omnia repetere fastidium sit[7]. Sed veritas victoriam aufert ac perrum-

1 naturaliter] *C* naturalem – 3 et] *B* ac – 4 spectantes] *C* speculantes – 5 adsumptus]
C assumptus – 6f adperte] *BD* aperte – 8 naturaliter] *B* naturalitatem – 10 sic] *A darüber eingefügt* – 11 *nach* illum *A gestrichen* ad – 12 Irreligiosa] *B* Irrelligiosa – 15 ac ir-
religiosum] *B* et irrelligiosum – 17 *nach* expendere *A gestrichen* fore – 18f Christi corpus sit in coena] *B* corpus Christi in coena sit – 20 immo] *BD* imo – 20 gessimus Oecolampadius et ego] *B* Oecolampadius et ego gessimus; Oecolampadius et ego *A am
Rand eingefügt* – 21 *nach* Sed *A gestrichen* sibi – 21 *nach* victoriam *A gestrichen* vindicat *(?)*

---

[1] *Vulgata: «Viri Galilaei, quid statis adspicientes in caelum? Hic Iesus, qui adsumptus
est a vobis in caelum, sic veniet quemadmodum vidistis eum euntem in caelum». Jud
Marg.: «Acto. 1».*

[2] *Jud: «So nun die engel sagend, äben also wirdt er widerkummen, namlich wie er hin-
uffart: lyblich, natürlich, warlich».*

[3] *Jud: «sunder so die menschen am end der wält geurteylet söllend werden».*

[4] *Jud: «Daruß volgt, das die meinung dem glouben nit gemäß ist, die da fürgibt und
leert, der lyb...»*

[5] *Jud: «was aber wyt von der waarheit ist, das ist dem glouben und gott nit gemäß».*

[6] *Jud: «Dise wenige und kurtze gründ, o aller durchlüchtigester künig, hoff ich, sy-
ginnd üwer maiestet gnůg, uß wölchen üwer künigkliche fürsichtigkeit die anderen alle
mässen und schliessen mag und verstan».*

[7] *Vgl. Finsler; Ernst Staehelin, Oekolampad-Bibliographie, 2. Aufl., Nieuwkoop, 1963.
Siehe auch Köhler, ZL I und II, sowie Locher, Reformation 307–30. Der Hinweis auf die
täglichen Kämpfe Oekolampads und Zwinglis fehlt bei Jud.*

pit quotidie magis ac magis. Nunc quid sit spiritualiter et sacramentaliter edere, cum exposuerimus, hinc digrediemur.

Spiritualiter [1] edere [2] corpus C h r i s t i nihil est aliud quam spiritu ac mente niti [3] misericordia et bonitate dei per C h r i s t u m, hoc est in-
5 concussa fide certum esse [4], quod deus nobis peccatorum veniam et eternę beatitudinis gaudium donaturus sit propter filium suum [5], qui noster totus factus [6] et pro nobis oblatus divinam iusticiam nobis reconciliavit [7]. Quid enim negare poterit, qui unigenitum filium suum dedit [8] *[vgl. Röm 8, 32]*?

10 Sacramentaliter [9] autem edere corpus C h r i s t i, cum proprie volumus loqui, est adiuncto sacramento mente ac spiritu corpus C h r i s t i edere [10]. Volo autem tuę celsitudini omnia sub oculos ponere, o rex. Spiritualiter edis corpus C h r i s t i, non tamen sacramentaliter, quoties mentem tuam sic anxiam: Quomodo salvus fies? Quotidie peccas,
15 cum tamen quotidie ad mortem properes. Post hanc vitam alia est;

---

1 quotidie] *BC* quottidie – 1 et] *BC* ac – 3 *C²D am Rand* Quid sit spiritualiter edere corpus Christi – 3 corpus Christi] *A darüber eingefügt* – 7 et] *A darüber eingefügt* – 10 *C² am Rand* Quid sit sacramentaliter edere corpus Christi, *D am Rand* Quid sacramentaliter – 11 *nach* est *A gestrichen* mente spiritualiter – 14 Quotidie] *BD* Quottidie – 15 *nach* est *A zwei Zeichen gestrichen*

---

[1] *Jud Marg.: «Geistlich ässen den lyb Christi». Eine Wiedergabe dieses wichtigen Abschnittes inkl. einer eigenen deutschen Teilübertragung findet sich bei Gottfried W. Locher, Streit unter Gästen, Zürich 1972, Theologische Studien CX, 40–42.*

[2] *Jud: «niessen oder ässen».*

[3] *Jud: «mit gantzem gemůt und geist hafften und vertruwen».*

[4] *Diese Auffassung des «spiritualiter edere» als «credere» hat Zwingli schon deutlich in der «Klaren Unterrichtung vom Nachtmahl Christi» vertreten, Z IV 806₂₅–809₁₂, bes. 807₆ff. Zwingli stützt sich dabei auf das Corpus iuris canonici, «De consecratione», dist. II, c. 47 (Friedberg I 1331), das seinerseits Augustin in «In Iohannis evangelium tractatus» XXVI, 13 (CChr XXXVI 266f) zitiert. Vgl. sodann die Vorrede zur «Amica exegesis», Z V 564₆ff. Zur zentralen Bedeutung der Gleichung «edere» = «credere», vor allem der dahinterstehenden Stelle Joh 6, bes. Joh 6,56 s. Hoffmann, Sententiae patrum 109f, 115–121.*

[5] *Jud: «durch synen sun unnd von synen suns wägen».*

[6] *Siehe oben S. 71₁f und Anm. 1.*

[7] *Jud ausführlicher: «für uns am crütz ufgeopfferet, mit welichem opfer synes lybs und blůts er der gerechtigkeit gottes für uns bezalt unnd gnůgthan unnd uns mit gott wider versůnt hat».*

[8] *Jud: «versagen und abschlahen». Jud Marg.: «Rom. 8».*

[9] *Jud Marg.: «Sacramentlich ässen».*

[10] *Jud ausführlicher: «Sacramentlich aber oder im sacrament den lyb Christi ässen (wenn wir eigentlich darvon söllend reden) ist nünt anders dann innwändig im gemůt unnd geist den lyb Christi ässen, doch mit den usseren zeychenn brots und wyns, die uns von den dieneren dargestelt und geboten werdend». Vgl. dazu unten S. 149₁₅ff.*

nam quomodo hic animus, quo hic prediti sumus, qui de futuris soli-
citus est, extingueretur? Quomodo tanta lux et scientia in tenebras et
oblivionem converteretur [1]? Eterna igitur cum sit anime vita [2], qualisnam mee animule usu ventura est? Foelix an misera? Explorabo et inquiram vitam meam, utrius digna sit, felicis an misere [3]! Hic te, cum   5
tantum exercitum eorum videbis, que ex adfectibus et cupiditate homines facere solemus, horror *[fol. 8v]* invadet, ut, quod ad tuam iusticiam ac innocentiam pertinet, tuo te iudicio eterne foelicitatis indig-
num pronuncies et prorsus de illa desperes [4].

Cum, inquam, sic anxiam mentem tuam sic solaberis [5]: Deus bonus   10
est; qui bonus est, iustum et misericordem aut equum esse oportet [6].
Nam iusticia sine equitate vel misericordia summa iniuria est [7]; misericordia sine iusticia negligentia, lascivia et omnis discipline solutio
est. Cum ergo iustus sit deus, necesse est, ut eius iusticie pro meis sceleribus satisfiat [8]. Cum sit misericors, necesse est, ut de venia non de-   15
sperem. Istorum utriusque pignus habeo infallibile unigenitum eius
filium dominum nostrum Iesum Christum, quem ex misericordia
nobis donavit, ut noster esset. Ille vero sese patri pro nobis obtulit,

1f solicitus] *CD* sollicitus – 2 *nach* Quomodo *A gestrichen* tante lucis (lucis *unfertig*)
– 3 converteretur] *C* convertetur – 3f *nach* qualisnam *A ca. 7 Zeichen (-e) gestrichen* –
4f *nach* inquiram *A gestrichen* per omnem *(?)* – 6 adfectibus] *BD* affectibus –
10 *ABCC²D am Rand* Bonitas continet iusticiam et misericordiam – 11 misericordem]
A verändert aus misericordiam *(?)* – 16 pignus habeo] *B* habeo pignus

---

[1] *Vgl. oben den Abschnitt «Vita aeterna», S. 126ff.*

[2] *Jud: «Dwyl dann der seelen läben niemarmee wirdt ufhören».*

[3] *Jud ausführlicher: «Nun wolhin, ich wil myn läben erkunden und ersůchen unnd wil
lůgen, was läbens ich beschuldt habe und was mir billich widergolten werde».*

[4] *Jud statt dessen: «Wenn nun ein mensch in diser erfüntelung synes läbens so unzalbar vil findt, das er uß anfächtungen unnd bösen begirden gethan hat, so můß in von not-
wägen ein grosser schräck und grusen ankummen, das er (syner frommkeit und unschuld
halb) můß verzwyflen und sich selbs eewiger verdamnus wirdig, eewiger säligkeit unwirdig
mit synem eygnen urteil bekennen».*

[5] *Jud: «Wenn nun unser gemůt in sölicher angst unnd not, in sölichem schräcken unnd
verzwyflung sich selbs also tröstet:»*

[6] *Die folgenden Ausführungen Zwinglis bilden eine Zusammenfassung von Gedanken,
die Zwingli in den Abschnitten «De deo et cultu eius» und «De Christo domino» bereits
ausführlicher entwickelt hat, s. oben S. 53ff und 66ff. Jud Marg.: «Gott ist gůt: das ist, er
ist grecht und barmhertzig».*

[7] *Vgl. oben S. 63, Anm. 2.*

[8] *Diesen und den folgenden Satz («Cum sit ... non desperem») faßt Jud folgendermaßen zusammen: «Dwyl nun gott grecht ist, so ists von nöten, das ich an syner gnad und er-
bermd nit verzwyfle».*

quo ęternam eius iusticiam placaret[1], ut sic certi simus de misericordia et de criminum expiatione illius iusticiae facta non per alium quam filium eius proprium, quem ex amore nobis donavit[2]. Cum hic metu desperationis ęstuantem animum hac fiducia erigis[3]: Cur męres,
5 anime mi[4]? Deus qui solus beatitudine ditat, tuus est et tu illius es. Nam cum eius esses opus et factura, attamen scelere periisses[5], filium suum ad te misit tuique similem extra peccatum fecit[6], quo tanti fratris ac socii iure ac privilegio fretus postulare etiam ęternam salutem audeas tuo iam velut iure. Quis me dęmon terreat, ut eum metuam,
10 qum is mihi opitu lator adsit[7]? Quis mihi adimet, quod deus ipse donavit, et pignus fideiussoremque filium suum dedit? Sic, inquam, cum Christo te solaris, iam spiritualiter corpus eius edis, hoc est, hominis propter te adsumpti fiducia imperterritus in deo stas contra omnia desperationis tela[8].

15 Verum cum ad coenam domini cum hac spirituali manducatione venis et domino gratias agis pro tanto beneficio, pro animi tui liberatione, qua liberatus es a desperationis pernicie[9], et pro pignore[10], quo

---

1 simus] *B* sumus – 2 de criminum] *B* peccatorum – 5 es] *fehlt bei B* – 6 esses opus et] *B* opus esses ac – 6 attamen] *B* et tamen – 8 ac] *B* et – 9 iam] *A am Rand eingefügt;* iam velut iure] *B* iure velut – 9 *nach* ut *A gestrichen* illum me (*für* metuat) – 9 metuam] *B* metuat – 10 qum] *BD* quum, *C* cum – 10 mihi] *B* michi – 10 *nach* ipse *A gestrichen* dedit *und am Rand eingefügt* donavit; donavit] *B* michi donavit – 15f cum hac spirituali manducatione venis] *B* venis cum spirituali manducatione

---

[1] *Jud: «Der selbig sun gottes hat sich selbs williklich in tod geben und dem vatter ufgeopferet, das er uns die eewige, yemerwärende, strenge gerechtigkeit gottes zefriden stalte und begůtigete, ja das er derselben für uns gnůg thete».*

[2] *Jud: «durch synen eygnen sun, den er uß liebe uns geschenckt hat, und durch kein ander ding weder in himmel noch in ärd».*

[3] *Jud: «So nun ein mensch syn gemůt, das uß forcht der verzwyflung also unrůbig ist, mit disem vertruwen, mit diesem glouben, mit sölichem trost ufrichtet und also redt:»*

[4] *Jud: «Ach myn seel, warumb förchtest du dir? Warumb bist du so trurig und erschrocken?» Vgl. Ps 42,6.12; 43,5.*

[5] *Jud: «unnd durch dyn eygne sünd unnd schuld verloren unnd verdorben wasest».*

[6] *Jud: «unnd hat inn dir in aller blödigkeit und schwachheit (ußgenommen die sünd) gantz glych gemacht».*

[7] *Jud: «Welcher tüfel wolt mich yetz erschreken und forchtsam machen, so mir gott, ein hälfer und schirmer, wol wil und bystat?»*

[8] *Jud: «Er stat styff und unerschorcken in gott wider alle pfyl und geschoß der verzwyflung uß dem trost und vertruwen, dz er fasset uß dem, das gott menschliche natur umb synentwillen angenommen hat».*

[9] *Jud: «So nun ein mensch mit sölicher innerlicher, geistlicher niessung des lybs und blůts Christi zům nachtmal kumpt und dem herren für ein so grosse fründschafft unnd gůtthat danck seyt, dz er syn seel durch das blůt synes suns also vonn sünden und dem eewigen tod entledigt unnd von verzwyflung erlößt hat».*

[10] *Zum Begriff «pignus» s. Locher I 34, Anm. 64.*

certus es de ęterna beatitudine, ac simul cum fratribus panem et vinum, quę iam symbolicum Christi corpus sunt[1], participas, iam proprie[2] sacramentaliter edis, cum scilicet intus idem agis, quod foris operaris, cum mens reficitur hac fide, quam symbolis testaris.

At sacramentaliter improprie dicuntur edere[3], qui visibile sacramentum sive symbolum *[fol. 9r]* publice quidem comedunt[4], sed domi fidem non habent. Hi ergo iudicium, hoc est vindictam dei comedendo in se provocant, eo quod corpus Christi, hoc est totum incarnationis passionisque mysterium atque adeo ecclesiam ipsam Christi non habent in tanto precio, quo a piis iure habetur *[vgl. 1 Kor 11, 29]*[5]. Cum enim probare se homo, priusquam conviva[6] fiat, debeat *[vgl. 1 Kor 11, 28]*, hoc est seipsum explorare et interrogare, cum an Christum pro dei filio suoque liberatore ac servatore[7] sic et agnoscat et receperit, ut eo nitatur tanquam infallibili autore ac datore salutis[8], tum an gaudeat se illius esse ecclesię membrum, cuius caput Christus est *[vgl. Eph 1, 22; 5, 23]*[9], et iam perfidus sese, tanquam

---

2 symbolicum Christi corpus] *B* symbolum corpus Christi – 3 proprie sacramentaliter] *B* sacramentaliter proprie – 6 symbolum] *fehlt bei B* – 7 iudicium, hoc est] *A am Rand eingefügt* – 11 *C² am Rand* Probet autem se ipsum homo, priusquam conviva fiat coene dominice – 12 cum] *A am Rand eingefügt* – 14 autore] *D* authore – 14 ac] *B* et – 15f tum ... est] *A am Rand eingefügt* – 15 esse ecclesię] *BD* ecclesię esse

---

[1] *Jud: «die yetz der bedütlich lyb unnd blůt Christi sinnd».*

[2] *Zum Begriff der «proprietas» vgl. Lausberg I, § 533.*

[3] *Jud: «Wenn man aber uneigentlich (als offt geschicht) darvon wil reden, so heißt sacramentlich ässen...»*

[4] *Jud: «die usseren bedütlichen zeychen, brot und wyn, isset unnd trinckt mit dem mund des lybs».*

[5] *Zwingli dürfte zu dieser Überlegung durch Petrus Lombardus, Sent. IV 9, 2 angeregt worden sein, wo im Anschluß an Augustin die von Paulus 1 Kor 11, 29 aufgeworfene Frage nach dem unwürdigen Genuß des Abendmahls diskutiert wird. Diese Frage hat Zwingli immer außerordentlich stark beschäftigt. Vgl. zuletzt Z VI/II 79₃–87₃ sowie Hoffmann, Sententiae patrum 127–130. Zu «mysterium» s. Z VI/II 199₂₂ff und Z VI/III 273, Anm. 5.*

[6] *Vgl. Z VI/III 281₂₇–282₁ sowie ThLL IV 881ff s. v. «convivium».*

[7] *Vgl. Zwinglis Kommentar zu Mt und Lk, wo der Begriff «servator» (auch «medicus») besonders häufig vorkommt; z. B. S VI/I 257; S VI/I 571: «Nam gratia Christi medicina est et salus. Hinc nomen sortitus Iesus, id est, medicus et servator»; ähnlich S VI/I 578: «Iesus servator est et medicus: ad nomen ergo et officium suum alludit».*

[8] *Jud: «ob er Christum für den sun gottes und synen erlöser und behalter habe, ob er uff in ungezwyflet mit starckem glouben als uff einen felsen stande».*

[9] *Jud: «item ob er ouch ein lust und fröud daran habe, das er ein glid des lybs und der kilchen sye, derenn houpt Christus ist».*

huiusmodi fidem habeat, ecclesię in coena coniungit[1], an non ille
reus est corporis et sanguinis domini *[1 Kor 11, 27]*, non quę naturaliter aut corporaliter ederit, sed quę spiritualiter se edere falso testatus
sit ecclesię, cum spiritualiter nunquam gustaverit? Isti ergo sacramentaliter tantum edere dicuntur, qui symbolis gratiarum actionis utuntur
quidem in coena, sed fidem non habent[2]. Hoc gravius damnati quam
reliqui perfidorum, quod hi coenam Christi non agnoscunt, isti vero
agnoscere simulant[3]. Bis enim peccat, qui perfidus coenam celebrat,
perfidia et audacia, cum perfidi sola perfidia velut stulti pereant[4].
   Porro quid sacramenta sive symbola in coena faciant aut possint,
acriter certatum est aliquamdiu inter nos[5], istis contendentibus[6],
quod sacramenta fidem dare, corpus Christi naturale adferre et, ut
pręsens edatur, efficere soleant, nobis diversum quid non sine autore
sentientibus. Primum[7] quod fidem, quę in deum fiducia est, nemo nisi
spiritus sanctus dat, nulla res externa. Quamvis fidem faciant sacra-

1 in coena] *A am Rand eingefügt* – 3 *nach* aut *A gestrichen* substantialiter – 3 falso]
A am Rand eingefügt – 4 *nach* cum *A gestrichen* tamen – 4 gustaverit] *B* gustarit – 6 qui-
dem] *fehlt bei B* – 8f perfidus sola perfidia] *die Worte* perfidus, perfidia, perfidi, perfidia *A unterstrichen, dazu A von fremder Hand am Rand und C am Rand* ambiguitas in
perfidiis – 9 *nach* sola perfidia *A gestrichen* tabescant stulti – 10 in coena] *A am Rand
eingefügt* – 13 quid] *B* quid quod – 13 autore] *BD* authore, *C* amore – 15 fidem faciant]
D faciant fidem

[1] *Jud komplizierter: «so můß ye volgen, dz derjhän, der mit sölichem glouben und vertruwen das nachtmal nit nimpt, und wiewol er unglöubig und trüwloß am herren und syner
kilchen ist, nütdestminder sich, als hett er sölichen glouben, der heiligen gemeind gottes im
heiligen abentmal inmischt und mitnüßt, ein trüwlöser falscher wicht sye».*
[2] *Jud: «So spricht man nun gmeinlich, das diejhänen den lyb Christi sacramentlich allein ässind, die, die sich der usseren sacramenten und zeychen der dancksagung im nachtmal gebruchend und aber innwendig waaren glouben nitt habend».*
[3] *Hier dürfte Zwinglis grundlegende Verurteilung jeder Form von Heuchelei dahinter-
stehen; vgl. dazu schon Z IV 573₈ff; 851₂₈ff; Z V 748₆f; dazu Hoffmann 127f.*
[4] *Jud: «Dann der mit unglouben zům nachtmal des herren gat unnd die heilige spyß
mit unglöubigem hertzenn nüßt, der sündet zwyfach: einsteils mit dem unglouben und
trüwlose, andersteils mit dem fräfel. Die unglöubigen sündend nur in ein wäg, nammlich
im unglouben, in dem sy als thoren verdärbend».*
[5] *Damit ist der Abendmahlsstreit mit Luther gemeint, in dem es vor allem um die
Frage der Realpräsenz ging.*
[6] *Jud: «Etliche habend vermeint und sind hert daruff gelägen».*
[7] *Jud: «Uff sölichs sagend wir erstlich also: den rechten, waren inneren glouben des
hertzens und das vertruwen uff gott durch Christum, durch welchen glouben wir sälig und
fromm werdend, den mag niman geben dann der heilig geist; kein usserlich ding mag inn
bringen». Das «Gewichtigste und Eindruckvollste, was Zwingli über den Glauben geschrieben hat» (Gestrich 157) findet sich im Abschnitt «De fide» im «Anamnema» Z VI/
III 169ff; s. schon Z IV 495₂₂–496₁₂.*

menta, sed historicam[1]. Omnes enim panegyres[2], trophęa[3], immo
monimenta et statuę fidem historicam faciunt, hoc est, monent olim
aut quiddam esse factum, cuius memoria refricetur, sicut est panegyris pascatis apud Hebręos[4] et σεισάχϑεια[5] apud Athenienses,
aut victoriam isthic loci partam esse, sicut est lapis adiutorii[6]. Hoc　5
ergo modo coena dominica fidem facit, hoc est certo significat Christum esse natum et passum[7]. Sed quibus hoc significat? Fidelibus ac
perfidis ex ęquo. Universis enim significat, quod ad sacramenti virtutem[8] pertinet, Christum esse passum, sive recipiant sive minus. At
pro nobis esse passum, id vero piis ac fidelibus tantum significat.　10
Nemo enim pro nobis esse passum scit aut credit[9], nisi quem spiritus

---

1 panegyres] *C* panegyros – 1 immo] *BD* imo – 3 aut] *A darüber eingefügt*, – 3 aut
quiddam esse factum] *B* quiddam aut factum – 3–5 *nach* est *A gestrichen* agnus passę et
panis azymus *und am Rand eingefügt* panegyris ... Athenienses – 4 pascatis] *CD* pa-
schatis – 5 loci] *fehlt bei B* – 5 partam] *C* partem – 7 *nach* esse *A gestrichen* pro nobis
pas[sum] – 7 Sed] *B* De – 7 *vor* Fidelibus *A gestrichen* nam *(?)* – 7 ac] *B* et – 8 *A nach*
significat *gestrichen* es[se] – 9 *nach* Christum esse *A gestrichen* natum et – 11 nobis esse
passum] *B* nobis passum esse – 11 scit aut] *A am Rand eingefügt*

---

[1] *Vgl. Gestrich 29f mit Anm. 36 betr. Herkunft des Begriffs bei Zwingli.*

[2] *Jud: «alle hochzytlichen fäst, uff denen ein gantz volck zů lob und fröud zůsammen
kumpt»; von griechisch «πανήγυρις», Festversammlung, Volksfest; vgl. Heinrich Seese-
mann, Artikel «πανήγυρις», in: ThW V 718f; EWNT III 22; L. Ziehen, Artikel «Panegyris», in: Pauly-Wissowa XXXVI/II 581–583. Zu dieser Auffassung des Abendmahls als
Festversammlung vgl. schon den «Commentarius» Z III 812₂₀–813₂ (mit Verweis auf Ori-
genes); dazu Hoffmann, Sententiae patrum 118, 139. Als Parallelbegriff braucht Zwingli
auch «σύναξις» Z III 802₃₈ff mit Anm. 1; IV 570₃₀ff; Hoffmann, a. a. O. 124f.*

[3] *Jud: «item die sygzeichen, so man ufhenckt, unnd die triumpf»; von griechisch «τρόπαιον», Siegeszeichen; s. Friedrich Lammert, Artikel «τρόπαιον», in: Pauly-Wissowa
XIII, 2. Reihe, Sp. 663–673; Lexikon der Alten Welt, Zürich/Stuttgart 1965, 3134.*

[4] *Passafeier; so schon Z VI/II 809₂₈ff.*

[5] *Jud: «also was by den Athenienseren, da sy der unbillichen beschwärd und burdy ent-
lediget wurdend». Der Hinweis auf die «Seisachthie», d. h. den Schulderlaß, den der athe-
nische Staatsmann Solon 594 v. Chr. anordnete, findet sich ebenfalls schon Z VI/II
810₄₋₇. S. Fluss, Artikel «σεισάχϑεια», in: Pauly-Wissowa III, 2. Reihe, Sp. 1118–1120;
Lexikon der Alten Welt, Zürich/Stuttgart 1965, 2757.*

[6] *Jud: «item, so an eynem ort einen sig eroberet unnd da einen steyn ufrichtet oder einen huffen steyn zůsamen legt, als da ist der steyn der hilff». Jud Marg.: «1. Reg. 7»
[1 Sam 7, 12].*

[7] *Jud: «es treit uns für und zeigt uns an, wie Christus (umb unertwillen) geboren und
gestorben sye».*

[8] *Vgl. unten S. 155₁₁ff.*

[9] *Zu dieser auch in der «Fidei ratio» öfter vorkommenden Verbindung von «scire»
und «credere» s. Gestrich 59–61 (gegen Walther Köhler) und 61ff.*

intus docuerit agnoscere mysterium divinę bonitatis[1]. Is enim solus
Christum recipit. Fiduciam ergo in deum *[fol. 9v]* nihil nisi spiritus
dat. Nemo enim pervenit ad Christum, nisi pater eum traxerit *[Joh
6, 44][2]*. Deinde Paulus quoque omne hoc dissidium uno verbo tollit,
5 cum dicit: «Probet[3] autem seipsum homo, ac demum de pane isto
edat et calyce bibat!» *[1 Kor 11, 28]*. Cum ergo, antequam accedat, fidem suam explorare debeat homo[4], iam nequit fieri, ut in coena fides
detur; adesse enim oportet, priusquam adeas.

Secundo restitimus adversariorum errori, cum dixerunt symbolis
10 istis, pane et vino, adferri naturale corpus Christi[5], quoniam verba
hęc: «Hoc est corpus meum» *[1 Kor 11, 24]* istud possint et efficiant.
Nam obstat, cum quod supra diximus de verbis Christi, quę corpus
eius negant posthac in mundo fore *[vgl. Joh 16, 28][6]*, tum quod, si
verba istud possent, iam adferrent passibile corpus Christi. Cum
15 enim hęc verba diceret, mortale adhuc habebat corpus[7], unde et mortale edissent apostoli; non enim duo habebat corpora, quorum unum
esset immortale et insensibile, alterum vero mortale. Si ergo mortale
edissent apostoli, nos quale nunc ederemus? Nimirum et ipsi mortale.

4 quoque] *A am Rand eingefügt* – 5 ac] *A davor gestrichen* et posthec – 6 calyce]
BCD calice – 7 *nach* suam *A gestrichen* interrogare *und am Rand eingefügt* explorare –
8 *nach* oportet *A gestrichen* anteaquam *und am Rand eingefügt* priusquam – 11 *nach*
istud *A gestrichen* effi[ciant]– 14 *C² am Rand* Hoc est enim corpus meum – 15 *nach* corpus *A gestrichen* et corruptioni obnoxium – 16 edissent] *D* comedissent – 17 immortale]
B imortale

---

[1] *Jud: «der geist habe inn dann innwendig gelert erkennen unnd annemmen die grosse
und thüre heimligkeit der göttlichen gúte», ähnlich Z VI/II 206₁₆–207₄; zur Bedeutung
des Heiligen Geistes für den Glauben im Abendmahl s. Locher, Grundzüge 587f mit
Anm. 362 (viele Belege); ders., Reformation 223 mit Anm. 288.*

[2] *Jud Marg.: «Joan. 6.»*

[3] *Jud: «bewäre und erfüntele».*

[4] *Jud: «So nun ein mensch synen glouben und vertruwen, das er uff Christo hat, vorhin
soll erfaren und bewären...»*

[5] *Spätestens seit der «Epistola» an Matthäus Alber (Z III 322–354) wendet sich
Zwingli gegen Luthers Konsubstantiationslehre. Diese wurde in der «Confessio Augu-
stana» 1530 in folgender unbestimmter Weise umschrieben: «De coena Domini docent,
quod corpus et sanguis Christi vere adsint et distribuantur vescentibus in coena Domini; et
improbant secus docentes». Auch Luther selber hat sich nicht allzu bestimmt über die Art
und Weise der Realpräsenz geäußert; wichtig war ihm nur, daß das Brot und der Wein
Leib und Blut Christi sind. Im übrigen wendet sich Zwingli hier natürlich auch gegen die
römische Transsubstantiationslehre.*

[6] *Siehe oben S. 144₂₀f.*

[7] *Jud ausführlicher: «Und wenn glych die wort das vermöchtind, so brechtend sy den
tödtlichenn lyb ins nachtmal, den lyb Christi, der lydenhafft was; dann da er die wort ‹Das
ist myn lib› redt, do was syn lyb noch tödtlich».*

At nunc est immortale et incorruptibile, quod prius mortale fuerat[1].
Si ergo nos nunc mortale ederemus, iam iterum haberet mortale simul
ac immortale corpus; quod cum fieri nequeat (non enim potest esse
mortale et immortale simul), sequeretur, quod duo haberet corpora:
unum mortale, quod ederemus cum apostolis, alterum autem immor-   5
tale, quod ad dexteram sedet non transiturum inde. Nisi vellemus dicere apostolos quidem mortale corpus edisse, nos autem immortale;
quod quam absurdum sit, nemo non videt[2].

Postremo restitimus adversariis, cum pręsens Christi naturale
substantialeque corpus edi adseruerunt[3], quod istud religio quoque   10
vetat[4]. Petrus cum virtutem divinam in venatione piscium inusitata
Christo adesse sentiret, dicebat: «Exi a me, domine, ego enim homo
peccator sum; stupor enim invaserat eum» [Lk 5, 8f][5]. Et nos adpeti-
tum haberemus edendi ipsum naturaliter velut anthropophagi[6]?
Quasi vero liberos suos quisquam sic amet, ut devorare aut mandere   15
cupiat? Aut quasi non sint inter omnes homines immanissimi iudi-
cati, qui humana carne vescuntur? Centurio: «Non sum dignus», in-

---

1 immortale] *B* imortale – 1 incorruptibile] *A verschrieben* incorruptile – 3 immor-
tale] *B* imortale – 3 *nach* nequeat *A gestrichen* necessarium es*[se]* – 3 potest] *B* poterit –
4 immortale] *B* imortale – 5f immortale] *B* imortale – 7 immortale] *B* imortale – 9 *nach*
adversariis *A zwei Wörter* (Hęc *und unfertiges* igitur *?*) *gestrichen* – 9 *nach* naturale *A
gestrichen* corpus – 10 religio quoque] *B* quoque relligio – 13f adpetitum] *B* appetitum –
15 mandere] *B* mandare – 16 inter omnes homines] *B* homines inter omnes – 16 imma-
nissimi] *B* imanissimi

---

[1] *Jud formuliert umgekehrt: «Nun ist aber der lyb Christi, der damals tödtlich was,
yetz untödtlich».*

[2] *Jud strafft hier: «... so müsste Christus aber zween lyb haben: einen tödtlichen, den
wir ässind, unnd einen untödtlichen, der zůr grechten gottes sitzt. Es wäre dann, das wir
sagen woltend, die apostlen habind einen tödtlichen lyb gässen, wir eynen untödtlichenn;
wie ungerimpt aber und unghört das sye, sicht mengklich wol».*

[3] *Wie die Fortsetzung zeigt, wendet sich Zwingli hier nochmals gegen die «manducatio
essentialis» s. «naturalis» s. «oralis» s. «carnalis», wie sie von Lutheranern und Katholiken vertreten wurde; s. oben S. 90₄ff.*

[4] *Jud: «der gloub»; dann ergänzt er: «und wär gott recht lieb hat, kent und vereeret,
der mag und kan sölichs von gott nit begären».*

[5] *Jud: «dann ein grusen und schräcken was in ankummen». Nach Jungmann II 440
gehört der Ausruf des Petrus in den Umkreis von biblischen Bußworten, welche die Kommunion des Priesters begleiten.*

[6] *Jud Marg.: «Anthropophagi». Jud übersetzt frei: «Wie köndend dann wir ein lust
und begird haben, in natürlich und lyblich zeässen? Nieman ist so einer ruhen art, nieman
so wild, der da begerte syne kind zeässen. Und die völcker, die menschlich fleisch ässend,
sind für die aller grusamesten und wildesten lüt ye und ye geachtet wordenn». Das Wissen
um die Menschenfresser dürfte Zwingli – wie Z V 949₁₅₋₁₇ – aus Plinius bezogen haben,
wo es heißt: «anthropophagi Scythae ... humanis corporibus vescentes» (nat. IV 88 bzw.
VI 53); s. ThLL II 164; Tomaschek, Artikel «Androphagoi», in: Pauly-Wissowa II 2168f.*

quit, «ut intres in ędes meas», etc. *[Mt 8, 8]*[1]. At de illo Christus ipse testatus est, *[fol. 10r]* quod similem fidem non comperisset in universo Israële *[vgl. Mt 8, 10]*. Quanto ergo fides est maior ac sanctior, tanto magis contenta est spirituali manducatione; et quanto ista melius saturat, tanto magis abhorret religiosa mens a corporali manducatione. Officiosę mulieres colere lavando et ungendo Christi corpus solebant, non edendo *[vgl. Mk 14, 3; Lk 7, 38; Joh 11, 2]*[2]. Nobilis senator Ioseph et pius[3] simulator Nicodemus condimentis linteis sepulcroque muniebant *[Joh 19, 38–42]*, non edebant naturaliter.

[Quae sacramentorum virtus]

Hęc[4] ergo incommoda, o rex, plane docent neque eucharistię neque baptismo specie pietatis[5] attribui debere, quibus religio et veritas periclitantur. Quid autem? Anne sacramenta nullam habent virtutem? Multam omnino habent[6].

5 religiosa] *B* relligiosa – 5 *nach* mens a *A gestrichen* spirituali – 8 *nach* pius *A gestrichen* N[*icodemus*] – 9 sepulcroque] *BCD* sepulchroque – 11 *ABC kein Zwischentitel, C*[2] *am Rand* Que ergo sacramentorum virtus – 11 incommoda] *B* incomoda – 12 *nach* debere *A gestrichen* quę *und ein weiteres Wort* (dare?) – 12 religio] *B* relligio – 14 Multam omnino habent] *fehlt bei D*

---

[1] *Vgl. oben S. 91_{6ff} mit Anm. 4.*

[2] *Bei der Salbung Jesu handelt es sich um eine Ehrerweisung, vgl. Heinrich Schlier, Artikel «ἀλείφω», in: ThW I 230_{21–28}. Vgl. auch Zwinglis Kommentar zu Hebr 1, 9 (S VI/II 293).*

[3] *Vulgata: «Ioseph ab Arimathaea nobilis decurio»; Zwingli folgt hier Erasmus, der «εὐσχήμων βουλευτής» mit «senator» übersetzt. Vgl. S VI/II 50.*

[4] *Hier gibt Jud den Zwischentitel: «Von krafft und vermögen der sacramenten».*

[5] *Jud: «under der gstalt gottes eer söllend zůlegenn».*

[6] *Jud: «Ja, sprich ich, sy habend vil krafft und würckung, die ich hie in kürtze einandernach erzellen wil». Im folgenden gibt Jud als Marginalien die Ziffern der sieben «Kräfte» der Sakramente. Die «virtus» bzw. «virtutes sacramentorum» bildeten seit der Alten Kirche einen Locus der Dogmatik; vgl. Denz. S. 896f den «Index systematicus J 2c: Finis, effectus, aestimatio sacramentorum», sowie den Index «De virtute sacramentorum», in: MPL CCXIX 837f. Mit der «virtus sacramentorum» hängen die «effectus», die Wirkungen der Sakramente, aufs engste zusammen. Diese bestehen für die römische Kirche vornehmlich in der Gnade: Sakramente sind einerseits «Zeichen der geschehenen Gnade», andererseits «sichtbares Abbild der unsichtbaren Gnade», vgl. z. B. Petrus Lombardus, Sent. IV 1, 2. Das anerkennt auf seine Weise auch Zwingli seit der «Fidei ratio» (Z VI/II 805_{6–10}; vgl. auch oben S. 33f); daß die Sakramente selber Gnade mitteilen, lehnt er freilich aufs schärfste ab. Siehe auch Josef Finkenzeller, Die Lehre von den Sakramenten im allgemeinen, Von der Schrift bis zur Scholastik, Freiburg i. Br. 1980, HDG IV/1a, bes. 97–102, 195–202; ders., Die Lehre von den Sakramenten im allgemeinen, Von der Reformation bis zur Gegenwart, Freiburg i. Br. 1981, HDG IV/1b.*

Virtus prima: Res sanctę et venerandę sunt, utpote a summo sacerdote Christo institute et susceptę[1]. Ipse enim baptismum non tantum instituit *[vgl. Mt 28, 19]*, sed ipse quoque recepit *[vgl. Mt 3, 13ff]*. Ipse non tantum eucharistiam celebrare iussit *[vgl. 1 Kor 11, 24f]*, sed primus celebravit *[vgl. Mt 26, 26ff]*.

Virtus secunda: Testimonium rei gestę prębent. Universę enim leges, mores ac instituta autores suos initiaque p. Baptismus ergo cum Christi mortem ac resurrectionem significando prędicat[2], eas vere gestas esse oportet.

Tercia virtus: Vice rerum sunt, quas significant, unde et nomina earum sortiuntur. Transitus aut pręteritio, qua deus filiis Israel pepercit, ante oculos poni non potest; sed agnus eius rei symbolum vice illius proponitur *[vgl. Ex 12, 3ff]*[3]. Sic et corpus Christi omniaque in illo gesta cum oculis subiici nequeant, panis et vinum eius loco edenda proponuntur[4].

Quarta: Res arduas significant. Ascendit autem cuiusque signi precium cum ęstimatione rei, cuius est signum, ut, si res sit magna, preciosa et amplifica, iam signum eius rei eo maius reputetur. Annulus

---

1 *C² am Rand* Virtus sacra*[mentorum]* prima – 3 sed ipse] *D* sed et ipse – 6 *C² am Rand* Virtus secunda sacra*[mentorum]*– 7 ac] *B* et – 7 autores] *D* authores – 8 ac] *B* et – 8 pręcidat] *A verbessert aus* pręcidant – 10 *C² am Rand* 3ᵃ virtus sacram*[entorum]* – 10 unde] *B* ut – 15 edenda] *fehlt bei B* – 16 *C² am Rand* 4ᵗᵃ virtus sacra*[mentorum]* – 18 reputetur] *C* reputatur – 18f Annulus] *B* Anulus; *nach* Annulus *A gestrichen* reginę uxoris tuę *und nach* Leonorę *am Rand eingefügt* augustę uxoris tuę

---

[1] *Jud:* «ufgesetzt, angenommen unnd gebrucht sind». *Daß Christus die Sakramente eingesetzt hat, wurde eigentlich erst durch Luther und die Reformation betont, um die Siebenzahl der Sakramente abzulehnen. Später nahm Rom diesen Gedanken in das Tridentinische Glaubensbekenntnis auf:* «Profiteor quoque septem esse vere et proprie sacramenta Novae Legis a Iesu Christo Domino nostro instituta atque ad salutem humani generis» *(Denz. 1864). Im übrigen hat sich die römische Kirche schon seit der Scholastik mit der Frage nach Zweck und Sinn der Sakramente befaßt. So hat im Anschluß an Hugo von St. Victor (*«De sacramentis Christianae fidei»*) Petrus Lombardus, Sent. IV 1, 5 auf die Frage:* «Quare instituta sint Sacramenta?» *geantwortet:* «Triplici autem ex causa sacramenta instituta sunt: propter humiliationem, eruditionem, exercitationem».

[2] *Jud:* «So nun der touff und das nachtmal den tod Christi in der bedütnus fürtreyt und ußkündt».

[3] *Jud:* «Der überschrit in Egypten, da der engel fürgieng unnd der erstgebornen des volcks Israel verschont, mag nit für ougen gestelt werden; aber das osterlamm, das stat an statt des selbigen überschrits, wirdt ouch der überschrit genennet».

[4] *Jud ergänzt:* «aber brot unnd wyn wirdt uns an statt des lybs und blůts Christi dargestellt, und treit sölichen nammen, dz das brot der lyb und der wyn dz blůt Christi gnent wirdt».

Leonorę augustę uxoris tuę, quo eam despondit tua maiestas[1], illi non auri precio ęstimatur, sed precium omne superat, quantumvis, si substantiam reputes, aurum sit. Quia symbolum est mariti regis[2], unde et omnium annulorum ei rex etiam est, ut, si quando mundum
5 suum nominatim vocet ac censeat, indubie dicat[3]: «Hic est rex meus», hoc est, hic est annulus mariti mei regis, quo me sibi despondit; hoc est symbolum *[fol. 10v]* indisiunctę societatis ac fidei[4]. Sic panis et vinum illius amicicię, quo deus humano generi per filium suum reconciliatus est, symbola sunt. Quę non ęstimamus pro materię
10 precio, sed iuxta significatę rei magnitudinem, ut iam non sit vulgaris panis, sed sacer[5], non panis tantum nomen habeat, sed corporis Christi quoque, immo sit corpus Christi, sed adpellatione et significatione, quod recentiores[6] vocant «sacramentaliter».

Quinta virtus est analogia symbolorum et rei significatę. Habet au-
15 tem eucharistia duplicem analogiam[7]: unam, quę ad Christum per-

---

1 Leonorę augustę] *B* Leonorę augustę, *dabei nach dem ersten* augustę *folgt gestrichen* aug *(?)*: , *D* reginae – 1 *nach* eam *A gestrichen* tibi – 2 auri] *A verändert aus* aurum – 8 *nach* vinum *A gestrichen* conciliationis *und nach* illius *am Rand eingefügt* amicicię – 8 illius amicicię] *D* amicitiae illius – 8 quo] *B* qua – 9 *nach* non *A gestrichen* pro – 11 habeat] *bei C irrtümlicherweise wiederholt* – 12 immo] *BD* imo – 12 adpellatione] *BD* appellatione, *C* appellative – 14 *C*² *am Rand* 5ᵗᵃ virtus sacram*[entorum]*

---

[1] *Jud: «Der ring, o gnedigester künig, mit dem ir üch üweren eegemahel vermechlet habennd».*

[2] *Über das Ringgleichnis und seine Bedeutung in Zwinglis Abendmahlslehre s. Z VI/ III 278₁₉ff mit Anm. 7f.*

[3] *Jud: «haltet sy inn [den Ring] yetz für alle andere ring, unnd das sy disen ring für andere iren künig nennet. Wenn sy ir künigkliche zierd unnd kleynat harfürtreit, besicht und nent, spricht sy von dem ring:»*

[4] *Jud: «Der ring ist ein zeychen einer unzertrentenn vermechlung und liebe, einer unzertrenten trüw und stäten gloubens».*

[5] *Vgl. Jaques Courvoisier, Vom Abendmahl bei Zwingli, in: Zwa XI, 1962, 423 mit Hinweis auf Z VI/I 481₂₈f.*

[6] *Jud: «die yezigen». Es dürfte schwerfallen, diese «recentiores» zu identifizieren: der Begriff wird von Katholiken, Luther, Bucer und selbst Zwingli gebraucht, allerdings mit verschiedener Sinngebung. Zu Zwingli selber s. oben S. 85₇ff.*

[7] *Jud hat hier einen längeren Einschub: «Dann in einem yetlichen sacrament soll man zwey ding ermässen. Das ein ist dz usser zeichen, als im touff dz wasser, im nachtmal wyn und brot. Das ander und dz fürnemest in den sacramenten ist dz wäsenlich, recht ding, dz uns durch dz zeichen fürtragen, bedüt und angebotten wirt, daruf uns das zeychen wyßt. Im touff ist das recht wäsenlich stuck, das wir durch dz wasser der gnaden, durch das blůt Christi von sünden innwendig gereiniget und geweschen werdend, das wir ein gmeind Christi sygind, das wir Christo ingelybt, mit im in synen tod vergraben, zů einem nüwen läben in im uferstandind, etc. Daruf wyßt das wasser, das bedütet es, das bildet es uns an, dz treit es uns für, das bütet es uns an. Im nachtmal Christi ist das recht, wäsennlich stuck, das Christus synen lyb ans crütz zů einem opffer gehenck, sin blůt zů abwäschung unserer*

tinet[1]. Ut enim panis humanam vitam sustinet ac fulcit, ut vinum hominem exhilarat, sic destitutam omni spe mentem solus Christus restituit, sustinet et lętificat[2]. Quis enim ultra desperatione contabescat,
qui dei filium videt[3] suum esse factum? Cum animo illum tenet veluti
thesaurum, qui eripi non potest, quo vero impetrare omnia apud pa-   5
trem potest? Alteram habet analogiam, quę ad nos pertinet. Ut enim
panis ex granis multis fit, vinum vero ex multis acinis confluit, sic ecclesię corpus ex infinitis membris in unum corpus, una in Christum
fiducia, quę ex uno spiritu provenit, coagmentatur et erigitur, ut sit
verum templum et corpus inhabitantis spiritus sancti *[vgl. 1 Kor*   10
12, 12–30; 3, 16][4].

Sexta: Auxilium opemque adferunt fidei[5]. Et hoc prę omnibus facit eucharistia. Scis, o rex, fidem nostram semper exerceri ac tentari;

1 *nach* humanam *A zwei Zeichen und* sive *gestrichen* – 3 desperatione] *B* desperationem – 4 dei] *bei C irrtümlicherweise wiederholt* – 4 *nach* Cum *A gestrichen* videt –
4 animo] *B* anima – 5 vero] *C* vere – 5f impetrare omnia apud patrem] *B* apud patrem
omnia impetrare – 9 *nach* spiritu *A gestrichen* generatur – 12 *C*² *am Rand* 6ᵗᵃ virtus sacram*[entorum]* – 12 adferunt fidei] *B* fidei adferunt – 12 hoc] *C* hec

---

*sünd vergossen hat, das er unser und wir syn, namlich syn lyb, syn fleisch und gebein, sind
teilhafft aller syner gůteren unnd gaaben, unnd das wir im darfür dancksagind». Zum Begriff «wasser der gnaden» der Taufliturgie, den Jud hier – der Zürcher Kirchenordnung
1525/29 (Z IV 680₂₅) bzw. 1535 folgend – gebraucht s. Fritz Schmidt-Clausing, Die liturgietheologische Arbeit Zwinglis am Sintflutgebet des Taufformulars; in: Zwa XIII, 1972,
516–543 und 1973, 591–615, bes. 613–615. Nach Ernst Saxer, Reformierte Tauflehre in
der Krise?, in: Theologische Zeitschrift XXXI, 1975, 98f soll der Heilige Geist als das
«gnadenreiche Wasser» (Joh 3,5) die äußerliche Wassertaufe zur wahren Geistestaufe
machen.*

¹ *Jud: «die eine reicht uff Christum, oder ist Christus halb ze ermässen».*
² *Jud: «also spyßt und sterckt Christus, das brot des läbens, die seel, die uß angst der
sund bekümmeret und trostloß ist, und erfröuwt sy, erfristet sy und erhaltet sy». Vgl. oben
S. 147ff.*
³ *Jud: «sicht unnd gloubt».*
⁴ *Vgl. Petrus Lombardus, Sent. IV 8, 7: «Unde Augustinus: ‹Unus panis et unum corpus Ecclesia dicitur, pro eo quod, sicut unus panis ex multis granis et unum corpus ex multis membris componitur, sic Ecclesia ex multis fidelibus caritate copulante connectitur›».
Augustin bringt die Bilder von Brot und Wein in «In Iohannis evangelium tractatus»
XXVI 17 (CChr XXXVI 268): «Namque aliud in unum ex multis granis confit, aliud in
unum ex multis acinis confluit». Jud fügt am Schluß des Abschnitts noch bei: «Uß dem
glouben und geist wachßt dann brůderliche liebe und trüw, etc».*
⁵ *Zu diesem «neuen» Aspekt in Zwinglis Sakramentsauffassung s. oben S. 145 Anm. 1
sowie S. 155 Anm. 6. Er findet sich indes auch in Z VI/III 261₃₋₁₁ mit Anm. 3f und – besonders ausführlich – Z XIV 596₇–599₃₁. Vgl. Heinrich Bullinger, Sermonum decas
quinta, Zürich 1551, (HBBibl I, Nr. 182; IDC EBPU-157), 47. Predigt, fol. 107vf. Zum
Ganzen s. Gestrich 31–33 sowie unsere Einleitung oben S. 33.*

cribrat enim cum apostolis nos satanas sicut triticum *[vgl. Mt 13, 25].*
At qua nos arte petit? Domestica proditione; per corpus enim velut
per veterem ac ruinosam muri partem admotis ad sensus nostros cu-
piditatum[1] scalis obruere satagit. Cum ergo sensus alio vocantur,
5 quam ut aurem illi prębeant, iam minus procedit eius consilium[2].
Nunc autem in sacramentis non modo negantur sensus satanę suade-
lis, sed etiam fidei mancipantur, ut iam velut ancillę nihil aliud agant,
quam quod agit iubetque hera fides[3]; adiuvant ergo fidem. Sed palam loquar. In eucharistia quatuor potentissimi, immo universi sen-
10 sus[4] a carnis cupiditatibus velut vindicantur ac redimuntur et in obse-
quium fidei trahuntur[5]. Auditus, cum iam non symphonias cordarum
diversarumque vocum harmoniam[6], sed coelestem vocem audit: «Sic
deus dilexit mundum, ut filium suum unigenitum pro vita illius dederit» *[Joh 3, 16].* Adsumus ergo fratres, ut pro ea in nos liberalitate gra-
15 tias agamus. *[fol. 11r]* Ipsius enim filii iussu merito istud facimus, qui

1 cum] *A verändert aus* in – 3 ad sensus nostros] *A am Rand eingefügt* – 4 *nach*
obruere *A gestrichen* nos *(?)* – 4 *vor* Cum *A vier Zeichen gestrichen* – 5 *nach* iam *A gestri-*
chen nimirum – 6 *C am Rand* Vide an rega... legendum sit – 7 iam] *A darüber eingefügt*
– 9 *nach* eucharistia *A gestrichen* tres *und am Rand eingefügt* quatuor – 9 quatuor] *BC*
quattuor – 9 immo] *BD* imo – 9 immo universi] *A am Rand eingefügt* – 11 cordarum] *C*
chordarum – 13 deus] *C* dominus deus – 14 *nach* liberalitate *A gestrichen* quam *(?)* –
15 istud] *fehlt bei B: nach* istud *A gestrichen* agimus

---

[1] *Nach altkirchlicher und mittelalterlicher Auffassung war die «cupiditas» die Wurzel*
aller Übel.

[2] *Jud formuliert diese zwei Sätze anschaulicher: «Durch heimlich verrädtery, die er in*
unserem lyb anrichtet: alß so einer ein altes huß schlyßen [abreißen] will, thůt er dz etwo
an einer alten buwfelligen muren oder wand. Also thůt der tüfel an unserem lyb; er bestigt
den und stellt allenthalb leiteren an die usseren sinn und befindtligkeit, die ougen, oren,
etc. Die leiteren aber, die er brucht, sind begird und anfechtung; mit denen understat er
uns ze überfallen unnd nider zewerffen. So nun etwas ist, das unsere ougen, oren und an-
dere ussere sinn anderswo hin zücht und fůrt, damit wir dem thüfel nit losind, so mag ye
syn radt und fürnemmen destminder fürgon».

[3] *Ähnlich hat sich Zwingli im Brief an Thomas Wyttenbach Z VIII 85*[13–16.24–26], *in*
«De convitiis Eckii» Z VI/III 265[6–9], *sowie unter Verweis auf ein anderes Buch in den*
«Annotationes in evangelium Lucae» S VI/I 555 geäußert; vgl. Gestrich 27ff.

[4] *Die ältere, von Aristoteles beeinflußte Psychologie unterschied im allgemeinen fünf*
Sinne: Gesichts-, Gehörs-, Geschmacks-, Geruchs- und Gefühlssinn. Zwingli faßt hier und
unten Geschmack und Geruch zusammen. Vgl. Heinrich Bullinger, Sermonum decas
quinta, Zürich 1551 (HBBibl I, Nr. 182, IDC EPBU-157), fol. 75vf sowie Augustin, De
doctrina christiana II 4 (CChr XXXII 33f).

[5] *Im folgenden zeigt Zwingli, inwiefern in der oben S. 94*[1]*–104*[16] *wiedergegebenen Zür-*
cher Liturgie seiner Zeit die Sinne angesprochen werden. An erster Stelle steht aus be-
greiflichen Gründen das Gehör.

[6] *Jud: «liepliche stimmen der seytenspylen oder sunst mangerley gethöns»[!].*

iamiam moriturus hanc gratiarum actionem instituit, ut perpetuum
amoris erga nos sui mnemosynum ac pignus relinqueret. Accepit autem panem, gratias egit, fregit deditque discipulis hęc sacra simul ef-
fatus de sacratissimo ore verba: «Hoc est corpus meum». Ęque et calycem accepit, etc. *[vgl. 1 Kor 11, 23ff]*. Cum ista, inquam, auditus ac-   5
cipit, an non totus consternatur et admirabundus in hoc unum, quod
pręedicatur, intentus est, cum deum audit, cum amorem illius, cum filium pro nobis neci traditum? At cum huc intentus est, an non idem
facit, quod fides[1]? Fides enim est, quę deo per Christum nititur.
Auditus ergo cum ad idem spectat, iam fidei ancillatur, iam fidem   10
non molestat suis frivolis istis cogitationibus ac studiis. Visus cum panem videt ac calycem, quę vice Christi, ut illius bonitatem inge-
niumque significent, an non et ille fidei obsequitur? Christum enim
velut ante oculos conspicit, quem mens eius inflammata pulcritudine
deperit. Tactus panem in manus sumit, qui iam non panis, sed Chri-   15
stus est significatione[2]. Gustus olfactusque[3] et ipsi huc advocantur,
ut odorent, quam suavis sit dominus quamque beatus sit qui illo fidit
[vgl. Ps 34, 9]. Ut enim illi cibo gaudent et expergefiunt, sic mens hunc
coelestis spei suavem nacta gustum gestit et exultat. Adiuvant ergo fidei contemplationem sacramenta, concordant cum mentis studiis,   20
quod alias citra sacramentorum usum non tantopere tantoque fit consensu. In baptismo visus, auditus tactusque advocantur ad fidei
opus[4]. Fides enim sive ecclesię sive eius, qui baptizatur, agnoscit
Christum pro ecclesia sua mortem tulisse, resurrexisse ac trium-
phasse. Idem auditur in baptismo, videtur ac tangitur. Sunt ergo sa-   25
cramenta velut frena, quibus sensus ad cupita sua excursuri revocan-
tur ac retrahuntur, ut menti fideique obsecundent.

2 *CC² am Rand* μνημόσυνον – 2 relinqueret] *C* relinquat – 2 Accepit] *C* Adcepit –
4f calycem] *BCD* calicem – 5f accipit] *C* adcipit – 12 calycem] *BCD* calicem – 12 ut illius bonitatem] *bei C irrtümlicherweise wiederholt* – 14 *nach* mens *A gestrichen* summa
flagrans – 14 inflammata] *B* inflamata – 17 beatus sit qui illo] *B* beatus qui illo, *D* beatus sit qui in illo – 19 Adiuvant] *C* Adimant – 21 tantoque] *A am Rand eingeführt* –
22 auditus tactusque] *B* tactus auditusque – 23 baptizatur] *BC* baptisatur – 27 ac] *BD* et

---

[1] *Jud: «So es nun uff dises so flysig loßt unnd gantz daruff hafftet, thůt es nit yetz das,
das der gloub innwendig thůt?»*
[2] *Jud: «Das gryffen oder tasten nimpt das brot in die händ und mund, wöliches brot
yetz in der bedütnus Christus ist».*
[3] *Jud: «Der gschmack uff der zungen, der geruch in der nasen».*
[4] *Vgl. Zwinglis Taufliturgien, Z IV 334₁₂–336₂₀, 680₇–683₆; Schmidt-Clausing, Formulare 43–46; ders., Liturgiker 69f, 143ff; ders., Die liturgietheologische Arbeit Zwinglis
am Sintflutgebet des Taufformulars, in: Zwa XIII, 1972, 516–543 und 1973, 591–615.*

Septima sacramentorum vis est, quod vice iurisiurandi sunt. Nam et sacramentum Latinis pro iure iurando usurpatur[1]. Qui enim unis eisdemque sacramentis utuntur, una eademque gens ac sancta quędam coniuratio fiunt in unum corpus, inque populum unum coeunt, quem qui prodit, periurus est[2]. Populus ergo Christi, cum eius corpus sacramentaliter edendo in unum corpus coniungitur, iam qui perfidus est, attamen sese huic societati audet insinuare, corpus Christi prodit tam in capite quam in membris[3], [fol. 11v] quia non diiudicat, hoc est non tanti ęstimat corpus domini[4], cum quod pro nobis ille tradidit, tum quod illius morte liberatum est[5] [vgl. 1 Kor 11, 27ff]. Unum enim corpus cum ipso sumus.

Cogimur ergo, velimus nolimus, agnoscere, quod hęc verba: «Hoc est corpus meum» etc. [1 Kor 11, 24] non naturaliter ac pro verborum proprio sensu esse intelligenda, sed symbolice, sacramentaliter, denominative aut μετωνυμικῶς[6], hoc modo: «Hoc est corpus meum», id est: «Hoc est sacramentum corporis mei», sive: «Hoc est corpus meum sacramentale sive mysticum», id est «eius, quod vere adsumpsi mortique obieci», symbolum sacramentale et vicarium. Sed iam tem-

---

1 C² am Rand 7ᵐᵃ vis ac virtus sacram[entorum] – ? usurpatur] A irrtümlicherweise ursurpatur – 9 ille] A am Rand eingefügt – 10f Unum ... sumus] A am Rand eingefügt – 11 vor ipso A geflicktes illo gestrichen – 13 etc.] A darüber eingefügt – 14 proprio] A am Rand eingefügt – 14f denominative] C denominacione – 15 μετωνυμικῶς] B μετωνωμικῶς – 15 vor hoc A gestrichen et – 18 mortique] C morti

---

¹ Damit nimmt Zwingli erneut den schon früher (z. B. Z II 120₂₃₋₂₅; III 348₂₁, 758₁₈f) vehement und gewissermaßen ausschließlich vertretenen Gedanken des Sakraments als «Eid» bzw. «Pflichtzeichen» auf. Vgl. Locher, Grundzüge 577f mit Anm. 325; ders., Reformation 219f.

² Jud ausführlicher: «Dann alle die, die einerley sacramenten bruchend, die werdend mit demselben ein volck; und als die, die sich miteinander zů etwas heiligen dingen pflichtend, zemenschweerend unnd verbindend, werdend yetz ein lyb, ein volck und gmeind. Wär nun von sölicher pündtnuß und gmeinsame abtritt, wycht und flüchtig wirt, und die untrüwlich übergibt und verlaßt, der ist meyneid und trüwloß».

³ Jud: «...und aber der, der unglöubig ist, nüt destminder sich gethar [sich erdreistet, SI XIII, 1511ff, bes. 1526] fräfenlich unnd glychßnerisch in die gmeind gottes unnd söliche heilige gesellschaft thůn und gsellen oder ynmischen, der handlet yetz und fart ungetrüwlich, fälschlich und verräterlich an dem lyb Christi, nit allein an den glideren, sunder an dem houpt Christo selbs».

⁴ Vgl. oben S. 153₄₋₈.

⁵ Jud erläutert: «und den lyb, der durch sinen tod erlößt ist, das ist die heilige kilchen». Dazu als Marginale: «1. Cor. 10».

⁶ Jud: «sunder bedütlicher wyß, sacramentlicher wyß, das ist, wie man von sacramenten und zeichen pfligt ze reeden, oder in einem nachnennen». Jud Marg.: «Die bschnydung ist der pundt. Gen. 17. Das lamb ist der überschritt». – Zum Begriff der «μετωνυμία» s. Lausberg I 565 und Z XIII 846.

pus est, ne brevitatis oblitus maiestatem tuam offendam, ad alia transire. Quę vero, iam diximus, adeo firma sunt, o fortissime rex, ut
nemo hactenus, quantumvis multi refellere tentaverint[1], ne movere
quidem potuerit. Quapropter ne movearis, si, qui lingua promptiores
sunt quam solida scriptura, sententiam istam irreligiosam esse clami-   5
tent. Verbis hoc audacibus quidem, sed inanibus gloriantur; ad rem
ubi ventum erit, leberide[2] sunt nudiores.

Bü

Anhang

Beilage I
Bullingers Vorwort in der Ausgabe von 1536 (D)   10

Pio Lectori S.
Quanquam fidelissimus evangelii praeco et Christianae libertatis assertor constan-
tissimus H. Zuinglius omnia sua clare, circumspecte et dilucide dixerit, hoc tamen libello sese veluti superans de vera fide nescio quid cygneum vicina morte cantavit. Exponit perspicue et breviter quae sit vera fides, quaeve pia religio. Respondet item ca-   15
lumniatoribus fidem et praedicationem evangelicam infamantibus, adeoque apologeti-
cum quendam absolutum pro fide et religione vera omnibus cum regibus tum principibus Christianis offert. Noluimus te tanto fraudare thesauro; tu quod dextra mente offertur, candido animo suscipe! Descripta sunt haec omnia ex ipsius authoris autogra-
pho. Id quod ideo monemus quod libellus quinto demum a morte authoris anno vulga-   20
tur. Bona fide descripta sunt omnia. Vale ex Tiguro Mense Februario. Anno 1536.

Beilage II
Leo Juds Vorwort in seiner deutschen Übersetzung (E)

An den frommen eerenvesten herren Wernher Steyner, synen lieben und bsunderen
gůten fründ und brůder.   25
    Vilerley sind und gar billiche ursachen, fürgeliebter fründ und brůder, die mich be-
wegt habend, dises büchlin dir zů zeschryben und dinem nammen zededicieren. Under

2 *nach* vero *A fünf Zeichen gestrichen* – 4 Quapropter] *B* Quappropter – 5 irreligio-
sam] *B* irrelligiosam – 5f clamitent] *C* clamitant – 6 *nach* hoc *A gestrichen* quidem –
6 audacibus] *C* audaucibus – 7 nudiores] *B* nudiores etc. *A im fortlaufenden Text und D*
schließen hier Kapitel X an, A fol. 11v, D fol. 18v. Bei C folgt auf dieses Stück der Appendix de eucharistia et missa, *fol. 15v. Zum ganzen vergleiche unsere Anmerkungen zu*
S. 74₁₈, S. 108₉ und S. 140₁.

---

[1] *Damit sind alle – katholische und lutherische – Gegner von Zwinglis Abendmahls-*
lehre gemeint.
[2] «λεβηρίς», = *abgezogene Schlangenhaut; wörtlich: «nackter als eine Schlangen-*
haut». Vgl. auch Erasmus, Adagia 1, 1, 26 (LB II 36) und 1, 3, 56 (LB II 134).

denen aber die wichtigest, das ich dyner vilfaltigen gůtthaaten, mit denen du mich
rychlich uberschüttest, etwas danckbarkeyt doch einfart erzeigte, dann das widergelten
ist mir unmüglich. Und diewyl es ye einfart syn můßt und solt, das ich mich gegen dir
danckbar stelte, hab ich vermeint, dises büchlin (wiewol es kleyn) wärde doch dir in
5 vilwäg thür und wärd, unnd für andere vast angenem syn. Und dwyl es von unserem
lieben getrüwen vatter, hirten und leermeister Huldrychen Zwinglin das letst, als vil als
ein testament gemacht ist, dann wir wol wüssend, mit was liebe und trüw und sunder-
baren früntlichen heymligkeit du im im läben verwandt gewäsen und was liebe du zů
im gehabt hast. Damit du nun in ouch nach dem tod läbendig und allwäg mit dir reden
10 habist, wirdt dir diß büchlin den abwäsenden lieblicher unnd krefftiger wyß gegenwürtig machen. Darzů ist diß büchlin der matery halb groß, dann darinn hat er die gantze
religion und aller syner leer grund und houptstuck gar in ein kurtze summ vergriffen
und zämengefasset, das ob es glych der substantz halb kleyn doch ein grosser schatz
von den liebhaberen der waarheyt geachtet werden soll. Ein bärlin ist ein kleyn ding
15 dem ansähen nach, so man aber die krafft, tugend und wärd schetzt, übertrifft es gar
inn vil wäg. So es dann von mir (doch mer flyssig dann kunstlich) vertütscht ist, verhoff
ich, du wärdest dise gaab, meinthalben kleyn, der matery unnd des autors halb groß,
nit verschmaahen. Dann ouch Christus einen bächer vol kaltem wasser den synen gegeben etwas syn laßt und für angenem erkent, ouch der armen witwen örtlin und hällerlin
20 aller rychen gaaben fürstelt und mer schetzt. Die meynung und das hertz soll in allen
gůtthaaten, nit die gaab für sich selbs, ermässen und angesähen werden. Man spricht,
der arm soll dem rychen nüt geben, so ich aber sich, das diß büchlin einem künig, von
dem, der es erstlich gemacht, zůgeschriben ist, wie kond ich dann einen schlächten uß-
läsen, dem ichs vertütschte? Was heyßt aber rex? Warlich nüt anders dann einen regen-
25 ten, dann vom regieren hat er den nammen. Dwyl dann dich gott uß dem bapstthům
und von dem rych der finsternuß in das rych synes geliebten suns gezogen hat, wie kan
ich dich nit für einen künig (so du des obersten künigs sun bist) erkennen, von des
liebe und glouben willen du din heymet und vatterland, dyne fründ, gönner, verwandten, vil haab und gůt mit dem glöubigen Abrahamen verlassen und dich inn haß aller
30 menschen mit verlust und gefard gůts und lybs gestelt hast? Dann ich für ander wol bericht bin, mit was trüwen du dem euangelio angehangen, was schaden du darob erlitten
habest, wie du ouch von denen, die unsers gloubens vermeinend syn, verhaßt und verdacht bist. Diß red ich nit als der, der wölle liebkosen oder zänzen, sunder gib der
warheyt zügnuß mit der warheit. Dwyl dich dann gott einfart durch syn gnad in syn
35 schůl ufgenommen hat, bit ich in, das er dir verlyhe synen geist, der dir die überblibnen
anfächtungen im fleisch, die bösen schädlichen tyrannen (die das regiment understand
zeerobren, unnd aber dienen sollend) hälfe krefftlich regieren und paschgen, das er allein in dir regiere und du ein rächter geistlicher künig sygist. Stercker ist der, der sich
selbs dann der einen huffen fyend überwindet. Dann den schädlichesten fyend tragend
40 wir by uns, und so wir alle ding verlassen mögend, ist uns das schwärest uns selbs ze-
lassen. Gott der herr erhalte dich lang syner kilchen, das durch dich vielen armen ge-
holffen unnd die eer gottes täglich gefürderet wärde. Und der dir für andere vil rychtagen bescheert hat, der verlyhe dir, das dyn hertz niemermee an den rychtagen dieser
wält, sunder an den eewigen yemerwärenden unnd himmlischen güteren haffte. Wär in
45 gott rych ist, der ist recht rych. Gott gäb dir einen standhafften, küniglichen, herrlichen
geist, der dich über alle irdischen ding erhebe unnd dich der rychtagen knächt niemar
werden lasse. Amen.

Din getrüwer und gantz williger Leo Jud.

Bü

182

Was Zürich und Bernn not ze betrachten sye in dem fünförtischen handel

Zürich, (17.–22. August 1531)

Gliederung der Einleitung

Forschungsgeschichte

Keine politische Schrift Zwinglis ist wohl so oft besprochen, so vielfältig untersucht, so widerspruchsvoll beurteilt und gedeutet worden wie die letzte Darlegung seines Denkens über die Reformation in der Eidgenossenschaft. Trotzdem haben sich Theologen und Historiker nicht einigen können, wie die Schrift zu datieren sei. Ohne Vollständigkeit anzustreben, verfolgen wir die wichtigsten Versuche.

Johann Jakob Simmler (1716–1788; HBLS VI 372), der Schöpfer der «Simmlerschen Sammlung» in der Zentralbibliothek Zürich, schrieb Zwinglis Autograph ab, datierte es «M[ense] Aprili» und schrieb unter den Titel: «Ist ohne Zweifel den Zürichischen gesandten gan Bern im Ende des aprils 1531 übergeben worden» (vgl. unsere bibliographische

Einleitung unter «Abschrift», unten S. 220). Tatsächlich ordnete Zürich Gesandtschaften an die verburgrechteten evangelischen Städte Bern, Basel, Schaffhausen und St. Gallen ab (vgl. oben Nr. 178). Diese wurden in Bern und St. Gallen am 3. Mai, in Basel am 4. Mai und in Schaffhausen am 7. Mai empfangen (EA IV 1b 968–972; HBRG II 368–380). Daß Simmler annahm, Zwinglis Schrift sei den Gesandten mitgegeben worden – das Original befindet sich in Zürich, in Bern findet sich aber keine Abschrift –, beruht vermutlich auf einer zürcherischen Tradition. Die Zürcher Chronisten berichten, daß Zwingli in dieser Zeit über die Fragen gepredigt habe, die er in der Schrift ausführlich darlegte. So erzählt Bernhard Sprüngli über die unerträglichen Beschimpfungen von seiten der Leute in den katholischen Orten gegen Zürich, über die Bestrafung von evangelisch Gesinnten im Hoheitsbereich der V Orte und schreibt dann von Zwingli: «Der fromm und trüw predicant m. Ulrich Zwingliy prediget hiezwüschet gar ernstlich und träffenlich, dann er ein Eydtgnoschaft gern widerum gepflantzet und in alten stand (darin ire vordrigen und elteren gewäsen), bracht hette. Dann er was ein eydtgnoß, geboren zum Wildenhus, in der grafschaft Toggenburg gelegen. Trang ouch ernstlich daruf, daß die pensyoner und blutverköufer in den 5 ordten abgethan und fromme männer, so dem blutgelt fygend, an das regiment geordnet und gsetzt wurdind, darmit das recht sinen frygen gang haben möchte, dann allen lasteren ward der zoum gelassen. Darby bericht und ermant er mine herren zum dickerenmal, uß heiliger gschrift, uß der pündten und uß nüwen ufgerichten landsfriden, daß ein ersamer radt Zürich schuldig were, allen denen, so in den 5 ordten und gmeinen vogtygen verjagt und undertruckt wurdind, mit irem lyb und gut, wider den unbillichen gwalt zeverhelfen, dann keiner vom göttlichen wort dorft reden. Wie wol er ernstlich prediget und sy ermanet, so gieng man doch so liederlich mit disem handel um, daß er sprach: Gott würde sy von wägen irer unstandhafte erbäsmen [züchtigen] und strafen, dann alles recht und alle billigkeit lege by den 5 ordten im kaat, es were aber niemand, der es unterstünde wyder herfür zelupfen.» Dann berichtet Sprüngli ausführlich vom Rücktrittsgesuch Zwinglis am 26. Juli 1531, das Zwingli selbst am 29. Juli vor Rät und Burgern zurückzog. Anschließend meldet Sprüngli die Gesandtschaften nach den erwähnten Burgerstädten im Mai 1531 und die Verhängung der Proviantsperre (Sprüngli, 19ff). Johannes Stumpf schreibt nach der Erzählung des Müsserkrieges über «Ursprung, bewegung und anhebliche ursachen des tödtlichen kriegs zwüschend Zürch, Bern und iren verwandten an eym und den V Orten anders teyls» (Stumpf II 131₁₀–133₂₃), dann läßt er das Kapitel folgen: «Wie der Zuingli predigt wider obbeschribnen ubermůt, ouch wider die oligarchy und tyranny», das er mit der Mahnung Zwinglis schließt, daß

«die oligarchen usß dem regimenth gethon und fromm, erber lüt, liebha-
ber der warheit und gerechtikeit, die miet und gaben nit lieb hettint, an
die regiment zu setzen» seien; «darmit mochte ein Eidgnoschafft wider
grünenn und zůnemmen etc. Es vermanet ouch gemelter Zwingli die von
Zürich trungelich zu solchen oberzelten dingen und reformation eyner
löblichen Eidgnoschafft, mit anzeugung, das sy solchs vor gott und nach
den pündten schuldig wärend, ja allen undergetruckten und rechtloßen
herfür zu helffen» (Stumpf II 133₂₄–134₁₁). *Diesen Passus ordnet*
Stumpf vor die Absendung der Gesandten und die Burgerstädte ein.
Ebenso tut es Bullinger in seiner Reformationschronik (II 368), nämlich
zwischen die Tagsatzung in Zürich «nach Georgij» (24. bis 26. April
1531), und die Botschaften an die Burgerstädte von Anfang Mai 1531.
Aber weder Sprüngli, Stumpf noch Bullinger erwähnen eine Schrift
Zwinglis in diesem Zusammenhang, auch Bullinger nicht in seinem Be-
richt über Zwinglis Aufenthalt in Bremgarten, «in disen letsten tag-
leistungen», nämlich zwischen Mitte Juni und Mitte August 1531, und
seinem Gespräch mit den beiden Berner Gesandten Johann Jacob von
Wattenwyl und Peter Im Haag (HBRG III 48f). Bullinger stellt dieses
Kapitel zwischen den Abschied des Tages zu Bremgarten vom 10. Au-
gust und denjenigen des fünften Schiedtages vom 22. August. «403. Von
M. Ulrych Zwingli wie er gen Bremgarten kamm. In disen letsten tagle-
stungen kamm M. Ulrych Zwingli, doch heymlich, und in stille uff der
nacht gen Bremgarten, in M. Heinrych Bullingers huß, der domals zů
Bremgarten predicant was, Beschied da zů imm die Botten von Bern,
H. Johans Jacoben von Wattenwyl, und Pettern imm Hag, redt gar
ernstlich mitt inen, vermanende, das sy dise sach nitt übersähind. Er
sorgete, die sach wurde, von untrüw wägen der lüthen, schwencken.
Man habe ein sach mitt dem abschlag der proviand an die hand genom-
men, der den Stetten schädlich. Lasse man nach, so syend sy fräch und
böser dann vor. Beharre mans, so habind sy den vorteyl zum überfaal.
Geradte inen der selb, so werde es vil frommer lüthen kosten, und der
leer und kylchen ein mercklichen abbruch, darzů ein verwirrung aller
dingen, bringen, ia sy so fräuen machen, daz zů sorgen, sy werdint nitt
bald me zum Euangelio keren, und ye länger ye verhérteter werden.
Man werde ouch grossen übertrang von pfaffen haben etc. Doch werde
daz alles ouch sin end haben etc. Die beid herren sagtend, sy wölltind all
iren flyß anwenden, sähend ouch wol, waz zů erwarten etc. Haec ipse
qui haec scribo ab istis audivi praesens colloquio.» Dann erzählt Bullinger von Zwinglis Abreise aus Bremgarten: Drei Bremgartner Ratsher-
ren, die vor Bullingers Haus Wache gehalten hatten, und Bullinger selber begleiteten Zwingli *«morgens vor tag»* zur Stadt hinaus; da warnten
zwei Wächter vom Turm an der Reuß, sie hätten gesehen, wie ein

Mensch in schneeweißem Kleid ins Schützenhaus gegangen, wieder her-
ausgekommen und durchs Tor entschwunden sei. Eine Nachschau durch
Ratsherr Schwarz und Bullinger ergab nichts. «Also gieng der Zwingli
... hinus sin straas. Und gab ich imm das gleit hinüber [bis] Zůffiken das
dorff. Da gnadet er mir zum dritten mal, mitt weynen, sagt: Min lieber
Heinrych, Gott beware dich, unnd biß trüw amm herren Christo und si-
ner kylchen etc. Es giengend mitt imm H. Rodolff Collinus, M. Wernherr
Steiner etc.» (HBRG III 49). Somit entsteht der Eindruck, daß die Zür-
cher Chronisten das Stück nicht gekannt haben oder von geheimen Ak-
ten des Kirchenarchivs nicht sprechen wollten oder durften.

In seiner Fortsetzung von Johann von Müllers und Robert Glutz-
Blotzheims «Geschichten Schweizerischer Eidgenossenschaft», Bd. VII,
unter dem Titel «Geschichte der Eidgenossen während der Zeiten der
Kirchentrennung», 2. Abt., Zürich 1829, kommt Johann Jakob Hottin-
ger S. 338f ausführlich auf die «Betrachtung der Verordneten» für Ver-
handlungen an der Tagsatzung der Burgrechtsstädte vom 24. April 1531
(unsere Nr. 174) zu sprechen. «Es ward auf Vorschläge angespielt, die
vorhanden wären, dem unnatürlichen Übergewichte der Länder mit ei-
nem Mahl ein Ende zu machen, auf Gründe, die dieses rechtfertigen
könnten», und fährt dann in der Anmerkung 218 fort: «Diese Vor-
schläge wurden nicht wirklich eingegeben. Sie sind aber im Zürcher-
schen Kirchenarchive und abschriftlich in der Simmlerschen Sammlung
XXVIII aufbewahrt, und offenbar von Zwingli verfertigt. Als besonders
merkwürdig werden sie Beyl. J mitgetheilt.» Dort befindet sich der von
uns in der bibliographischen Einleitung genannte erste Abdruck
S. 487–495 ohne Kommentar. In der Erzählung über Zwinglis Besuch in
Bremgarten folgt Hottinger Bullinger und erwähnt unsere Schrift nicht
mehr.

Schuler und Schultheß (S II/III, 1841, 101–107) drucken nach dem
Autograph (vgl. unten S. 221) und verweisen auf die Abschrift in «Simm-
lers Sammlung XXVIII» und den Druck bei Hottinger. Einen andern
Datierungsversuch geben sie nicht.

Johann Caspar Mörikofer, der in seinem «Ulrich Zwingli nach ur-
kundlichen Quellen», zwei Bände, Leipzig 1867 und 1869, «an Durchar-
beitung der archivalischen Schätze und im Reichtum der Verwertung ge-
schichtlichen Materials alle früheren Biographien über Zwingli über-
trifft» (Guggisberg, Zwinglibild 198), zitiert im 2. Teil, S. 358, den Pas-
sus aus Bullinger, der das Thema unserer Schrift vorwegnimmt, bringt
dieselbe aber nicht damit in Zusammenhang. Nachher berichtet er
zuerst vom «Proviant-Abschlag» und den «Schiedtagen zu Bremgar-
ten», dann von Zwinglis Bereitschaft zum Rücktritt. Dabei gibt er aus-
führlich Berns Bericht an sein Volk vom 3. August 1531 wieder (Möriko-

fer II 377–379; ASchweizerRef III, Nr. 1094, S. 455f; ABernerRef,
Nr. 3061, S. 1382f). «*Nachdem also Bern mit Zürich über Friedensbe-*
dingungen einig geworden und ersteres sich so entgegenkommend und
bereitwillig gezeigt hatte, durfte Zwingli hoffen, sich mit Bern auch noch
über ein gemeinsames Vorgehen zu verständigen. Aller Wahrscheinlich-
keit nach verfaßte er zu diesem Behuf und zu dieser Zeit jenes merkwür-
dige Memorial ‹Was Zürich und Bern noth zu betrachten sei in dem
fünfortischen Handel›: denn aus der Schrift selbst geht hervor, daß sie
nach dem Proviant-Abschlag geschrieben worden. Dagegen konnte sich
Zwingli mit seinen kühnen Gedanken erst dann heraus wagen, als die
Verständigung über die Friedensartikel erreicht war und sich noch Wei-
teres hoffen ließ» *(Mörikofer II 379). Nach der Inhaltsangabe unserer*
Schrift fährt Mörikofer (II 381f) fort: «*Diese der Thatsache nach richti-*
gen und in später Zukunft allmählich verwirklichten, für jene Zeit aber
harten und willkürlichen Gedanken und Vorschläge Zwinglis, welche
Bern durch vortheilhafte Anerbietungen zu gemeinsamem Vorgehen ver-
anlassen sollten, waren nur für eine vertrauliche Mittheilung bestimmt
und es sollte dabei der Name des Schreibers ausdrücklich verschwiegen
bleiben. Für eine solche Eröffnung waren aber die Berner Gesandten
auf dem vierten Schiedtage zu Bremgarten besonders geeignet, nämlich
der Schultheiß Jakob von Wattenwil und der Venner Peter Im Haag,
die beiden einflußreichsten Männer Berns und zugleich die entschiede-
nen Freunde der Reformation und Zwinglis. Daher begab sich Zwingli,
begleitet von Rudolf Kollin und Werner Steiner, während der letzten
Tagsatzung heimlich nach Bremgarten und kehrte bei stiller Nacht im
Hause Bullingers ein. Hierauf beschied er die Gesandten Berns zu sich
und unterredete sich mit denselben in Gegenwart Bullingers, indem er
ihnen die gefahrvolle Lage vorstellte und die Besorgniß aussprach, die
Sache werde untreuer Leute wegen eine ungünstige Wendung nehmen.
Der Proviant-Abschlag sei den Städten schädlich; lasse man aber nach,
so seien die fünf Orte frecher und böser als zuvor. Beharre man, so ha-
ben sie den Vortheil zum Überfall. Gerathe ihnen derselbe, so werde es
viele redliche Leute kosten, der Lehre und der Kirche großen Abbruch
und allgemeine Verwirrung bringen, ja sie so übermüthig machen, daß
sie für das Evangelium verloren seien und immer verhärteter würden.
Die beiden Berner erklärten sich mit den schlimmen Aussichten einver-
standen und verhießen ihr redliches Bemühen zur Abwendung des Scha-
dens, ohne sich indessen auf weitere Versprechungen und namentlich
nicht auf diejenige zum Angriffskrieg einzulassen.» *In der Anmerkung*
204 zu diesem Text bemerkt Mörikofer noch (II 513): «*Es ist wohl kluge*
Vorsicht, wenn Bullinger keine weitergehenden Verhandlungen er-
wähnt; denn wo hätte sich eine geeignetere Gelegenheit dargeboten, die

im Memorial niedergelegten Gedanken zu besprechen, als bei jener Zu-
sammenkunft?»

Es schien nun festzustehen, daß Zwinglis Denkschrift, mindestens
ihre Gedanken, und seine Zusammenkunft mit den Berner Herren in
engem Zusammenhang stünden; aber wir dürfen nicht übersehen, daß
Mörikofer deutlich nur Vermutungen ausspricht.

1876 edierte Johannes Strickler die ganze Denkschrift neu (EA IV 1b
1041–1045), und zwar als Aktenstück im Anschluß an den Abschiedtext
zum Tag in Bremgarten, der am 12. Juni 1531 begann.

Strickler erwähnt die Abschrift in der «Simmlerischen Sammlung»
und den Abdruck bei Hottinger, wobei er mit Recht betont, daß kein
Zweifel bestehen könne, daß «das reingeschriebene Concept von Zwing-
li's Hand» sei. Zur Datierung verweist er (EA IV 1b 1045) auf die
Stelle: «jetz in mits des tagens zů Bremgarten» (unten S. 174f) und auf
die nachherige: «Als man sy jetz mit abschlahen der provand angrif-
fen» (unten S. 240), ferner «auf die Stellung des Herzogs von Mailand»,
«die erst seit dem Vertrag mit den acht Orten eine den V Orten (mittel-
bar) ungünstige sein konnte» (unten S. 183). Dann fährt er fort: «Von
den Tagen in Bremgarten dürfte nun kaum ein anderer als der erste in
Betracht fallen; denn in dem ganzen Texte findet man keine Spur, daß
auch nur die Ergebnisse dieses ersten dem Verfasser schon bekannt ge-
wesen, während sich wohl vermuthen läßt, daß er bei späterer Abfassung
zu etwelcher Bezugnahme darauf veranlaßt gewesen wäre. Eben beim
Beginn einer gütlichen Unterhandlung war die Sachlage derart beschaf-
fen, daß der Ausgang ganz ungewiß erscheinen konnte, und die zwei
Städte noch eher freie Hand hatten, eine neue Politik anzubahnen, als
nach dem Eintreten in Vergleichsverhandlungen. Auf das ‹jetz› in der
zweiten Stelle, das auf eine kurze Vergangenheit deutet, möchten wir,
neben diesen Momenten, nicht zu viel Gewicht legen.» Merkwürdiger-
weise sagt Strickler nichts über die von Zwingli unmittelbar nach der
Stelle «in mits des tagens zů Bremgarten» erwähnten Vorgänge (unten
S. 229), die zu einer späteren Datierung zwingen. Immerhin sind fol-
gende Bemerkungen Stricklers sehr beachtenswert: «3. Wenn also etwa
der 11., 12. oder 13. Juni 1531 als der Geburtstag dieses Projectes zu be-
trachten ist, so fallen manche bisher geäußerte Beurtheilungen dessel-
ben dahin; dagegen darf man nicht übersehen, daß die Niederschrei-
bung, die leicht das Werk eines halben Tages sein mochte, durch vielfa-
ches Nachdenken über die besprochenen Fragen vorbereitet war. Schon
die im Januar dieses Jahres aufgesetzte Antwort Zürichs auf die Klag-
schrift der V Orte (Nr. 449. Note a,5) [EA IV 1b 879–885, vgl. Einleitung
zu unserer Nr. 173, Z VI/IV 80] möchte, obwohl keine handschriftliche
Spur davon erhalten ist, die Mitwirkung Zwingli's beansprucht haben,

und die seitdem entfaltete Thätigkeit für die Herbeiführung eines Krie-
ges gegen die V Orte gab ihm reichlichen Anlaß, Zweck und Erfolg des-
selben nach allen Seiten zu überlegen und neue Gedanken in sich auszu-
bilden, die jedoch wahrscheinlich erst durch die Vorgänge im Monat
Mai zu den uns bekannten Consequenzen getrieben wurden. Die in
Nr. 496, Note zu a [unsere Nr. 174, Z VI/IV 110ff] gegebenen Andeu-
tungen können sich auf ein noch nicht schriftlich fixirtes Programm oder
auf eine uns unbekannte Vorlage beziehen; jener Rathschlag war übri-
gens, was wir betonen, von einem besondern (geheimen) Collegium ver-
fasst. ... 4. Zum Schlusse muß constatirt werden, daß in den Rathsbü-
chern, Missiven, Instructionen- und Actensammlungen von Zürich und
Bern sonst jede Andeutung fehlt, daß Zwingli's Vorschläge in gemein-
same Berathung gezogen worden wären; es mag sogar bezweifelt wer-
den, ob eine Abschrift derselben nach Bern gelangt sei, so daß keine po-
sitive Behauptung über Zustimmung oder Ablehnung sich urkundlich
begründen läßt, und bezügliche Vermuthungen nur auf anderweitige
Aufzeichnungen gestützt werden könnten; mittelbar ergibt sich das
Nothwendige allerdings aus den vorhandenen und vorausgegangenen
Acten. Daneben ist selbstverständlich die Annahme nicht ausgeschlos-
sen, ja vollkommen berechtigt, daß einige Gedanken Zwinglis schon vor
der Niederschreibung einzelnen Vertrauten in Zürich und Bern bekannt
gewesen, und schließlich auch das Ganze dem einen oder andern vorge-
legt worden sei, – obwohl eine gleichzeitige Abschrift nicht existirt...»
(EA IV 1b 1045 3–1046 4).

Obschon Strickler den Eindruck erwecken kann, er habe die Datie-
rungsfrage kritisch erschöpfend behandelt, folgen ihm spätere Historiker
nicht mit derselben Bestimmtheit. Hermann Escher (Glaubensparteien
253) schreibt: «Merkwürdig, gerade aus dieser Zeit des Kampfes um
seinen bisherigen Einfluss stammt jenes bekannte Programm über die
Neugestaltung der Eidgenossenschaft, in dem er seine in den Grundzü-
gen uns schon bekannten Ideen auf dem Gebiete eidgenössischer Politik
in der Theorie wenigstens mit schonungsloser Härte bis zur äussersten
Consequenz durchführte. Allein sein Einfluss sank, in seiner Seele bil-
dete sich der Entschluss, seine Stellung in Zürich gänzlich niederzulegen
und sich einen andern Wirkungskreis zu suchen. Am 26. Juli bat er den
grossen Rat ihn aus dem Predigtamte zu entlassen.» Escher gibt keine
nähere Begründung, weshalb er die Denkschrift vor den 26. Juli einord-
net.

Rudolf Staehelin (II 474) schließt sich 1897 vorsichtig Strickler an; er
spricht von einer Denkschrift, «die Mitte Juni von ihm verfasst worden
zu sein scheint». Er zitiert in der Anmerkung Karl Dändlikers «Ge-
schichte der Schweiz», die in erster Auflage 1884–1887 erschienen war

und die Denkschrift ebenfalls vor den 26. Juli einordnete (Bd. II, 3. Aufl., Zürich 1901, 575f).

Eine selbständige Lösung suchte Wilhelm Oechsli (Zwingli als Staatsmann, in: Zwingli 1519–1919, Sp. 169): «Im Juli, während eines jener Bremgartener Tage, auf denen die vermittelnden Orte mit den Gesandten des Königs von Frankreich und des Herzogs von Mailand vergeblich einen Ausgleich zu erzielen sich bemühten, suchte Zwingli auf einer nächtlichen Zusammenkunft mit den bernischen Boten Hans Jakob v. Wattenwyl und Peter Imhag in Bullingers Haus diese von der Nutzlosigkeit und Schädlichkeit der Proviantsperre zu überzeugen. Vielleicht überreichte er damals den beiden Bernern jene Denkschrift, worin er die geheimsten Ziele seiner eidgenössischen Politik bloßlegte.» In Anmerkung 161, Spalte 198, verweist Oechsli auf den Text EA IV 1b 1041–1045, und sagt: «Sollte Zwingli die Schrift den Berner Boten Hans Jakob von Wattenwil und Peter Imhag auf jenem nächtlichen Besuch in Bullingers Haus, den dieser III 48 als Augenzeuge schildert, überbracht haben, so wäre der darin erwähnte Tag von Bremgarten nicht der erste (12. Juni ff.), wie Strickler meint, sondern der zweite im Juli, an dem Wattenwil und Imhag Boten waren» (EA IV 1b 1073). Es liegt hier eine Gleichung mit zwei Unbekannten vor. Zwingli spricht gar nicht von einem Tag, sondern «jetz in mits des tagens zů Bremgarten» (unten S. 229). Er setzt also schon längeres Tagen oder aufeinanderfolgende Verhandlungen voraus. Daß er die Schrift den beiden genannten Berner Herren überreicht habe, wird von Bullinger nicht erzählt. Sie also gerade mit diesen beiden Namen in Verbindung zu bringen, ist nicht notwendig, auch können Berner Herren mit Zwingli zusammengetroffen sein, die nicht dieselben sein müssen, die im betreffenden Abschied genannt sind (vgl. Lauterburg, Informationstätigkeit 207–221). Eine Lösung hatte Oechsli nicht gefunden.

Johannes Dierauer drückt sich ganz unbestimmt aus: «In jenen Tagen [nach Inkrafttreten der Proviantsperre], um die Mitte des Jahres 1531, verfaßte Zwingli für wenige Vertraute eine Denkschrift, in der er den Zielen seiner eidgenössischen Politik den unverhohlensten und schärfsten Ausdruck gab» (Geschichte der Schweizerischen Eidgenossenschaft, Bd. III: 1516–1648, 2. Aufl., Gotha 1921, 185). Er zitiert dazu in der Anmerkung den Abdruck in EA IV 1b 1041–1045 und fügt bei: «Die Schrift ist wahrscheinlich auf einer nächtlichen Zusammenkunft in Bremgarten, Juli 1531, den Berner Boten Hans Jakob von Wattenwil und Peter Imhag überreicht worden», und verweist auf Wilhelm Oechsli.

Ernst Gagliardi stellt das «für wenige Vertraute verfasste Programm einer Neugestaltung der Eidgenossenschaft» in den am häufigsten angenommenen Zeitraum vor dem Entlassungsgesuch am 26. Juli 1531

(Geschichte der Schweiz von den Anfängen bis zur Gegenwart, umge-
staltete und erweiterte Ausgabe ..., 3. Aufl., Bd. II, Zürich 1938, 571).
　　Walther Köhler spricht wie Oechsli von der Zusammenkunft Zwinglis
«mit den beiden Gesandten Berns ... im Hause Bullingers» und vermutet:
«Wenn nicht alles täuscht, legte er damals ihnen eine Denkschrift vor»
(Huldrych Zwingli, Leipzig 1943, 250, ebenso 2. Aufl., Stuttgart 1954).
　　In seiner Interpretation von «Zwinglis Schrift: ‹Was Zürich und
Bern not ze betrachten sye im fünförtigen handel›» (in: Zwa VIII, 1948,
535–555) sagt Sigmund Widmer S. 537, Anm. 2: «Was die Datierung
betrifft, so läßt der Text vermuten, daß er während der Bremgartner Ta-
gung aufgesetzt worden ist. An welchem Tag ist kaum abzuklären. Im-
merhin scheint es wahrscheinlich, daß die Schrift zu Beginn der Tagung
verfaßt wurde, da sich innerhalb des Textes keine Hinweise auf den
Verlauf der Verhandlungen finden, was aber doch wohl der Fall gewe-
sen wäre, wenn die Niederschrift am Schluß des Schiedstages stattge-
funden hätte.» Widmer folgt also Strickler.
　　Oskar Farner widmete entsprechend seiner Art eindringlicher Text-
interpretation unserer Schrift erneute Aufmerksamkeit (Farner IV
468–478). Diese Seiten gehören zu den letzten von ihm selbst in sorgfäl-
tiger Stenographie geschriebenen; auch hat er noch selber die Anmer-
kungen dazu notiert. Er verweist dort auf die Edition Stricklers, EA IV
1b 1041–1045, und auf Walther Köhlers Nachdruck in: «Das Buch der
Reformation Huldrych Zwinglis», München 1926, 318–326, wo Köhler
als Datum «ca. 11. Juni 1531» angibt. Farner (S. 468) folgt auch Strick-
ler, indem er sagt: «In dieser an Verzweiflung grenzenden Stimmung
warf er [Zwingli] etwa um den 10. Juni 1531 – das genaue Datum ist
nicht zu eruieren – Gedanken auf das Papier, die unter dem Titel: ‹Rat-
schlag, was Zürich und Bern not ze betrachten sye in dem fünförtischen
Handel› auf uns gekommen sind und zu dem Befremdlichsten gehören,
was von ihm bekannt ist.» «Ratschlag» stellte Farner in seinem für den
Druck in unserer Ausgabe bestimmten Manuskript vor den von Zwingli
selbst geschriebenen Titel. Später bemerkt Farner auf S. 472: «Wohl
möglich ist übrigens, dass die Abfassung des zwinglischen Ratschlages
durch den Versuch eben damals energisch an die Hand genommener
schiedsrichterlicher Verhandlungen ausgelöst worden war.» Dann
kommt Farner auf die Tagungen in Bremgarten zu sprechen. Zwischen
dem dritten und vierten Tag, dem 11. Juli und dem 10. August, reichte
Zwingli am 26. Juli sein Rücktrittsgesuch ein. Dann erzählt Farner
Zwinglis Besuch in Bremgarten am 11. August. «Und wenn nicht alles
trügt, so trägt er seinen ‹Ratschlag› mit sich in seiner Tasche; wohl
möglich ist dies überhaupt der eigentliche Grund seiner Demarchen,
dass er seine Friedensgedanken nun endlich aus der Verborgenheit her-

*vorholen und an den rechten Mann bringen will. In Bremgarten hat er
ja die Gelegenheit, auf halbem Weg mit den Bernern zusammenzutref-
fen, und was im bewussten Schriftstück steht, ist doch eben in erster Linie auf sie bestimmt; ...» (S. 475f).*

*Angesichts der sich so sehr widersprechenden Datierungsversuche der
bisherigen Forschung scheint es nur möglich zu sein, die Vermutung zu
äußern, Zwingli habe seine Schrift zwischen dem ersten Tag in Bremgarten, der am 12. Juni begann, und dem fünften vom 22. August 1531
geschrieben. Zwinglis Besuch in Bremgarten war ja von Bullinger auch
nicht mehr ganz bestimmt datiert worden. Wieso Rudolf Staehelin (II
482) und mit ihm Oskar Farner (IV 475) eindeutig den 11. August ange-
ben, beruht vermutlich auf der Kombination, daß die Tagung am
10. August begonnen hatte und daß ein Bericht der Zürcher Gesandten
über ihre Besprechungen mit den Bernern vom 11. August 1531 vorliegt
(ASchweizerRef III, Nr. 1142, und Lauterburg, Informationstätigkeit
216f). In diesem Bericht nennen aber die Zürcher Zwingli nicht; nun, das
ist kein gewichtiges Argument, da ja Zwingli nach Bullinger «heymlich,
und in stille uff der nacht gen Bremgarten» gekommen ist (HBRG III
48). Rudolf Collin schweigt sich in seiner Vita über die Zusammenkunft
in Bremgarten aus (Rudolf Collins Schilderung seines Lebens, verdeutscht von Salomon Vögelin, in: ZTB 1859, 179–220). Daß Bullingers
Bericht für die Geschichte von Zwinglis Denkschrift außer Betracht
falle, wird man nicht sagen können. Schwierigkeiten bereitet aber die
Nennung der beiden Berner Herren Johann Jakob von Wattenwyl und
Peter Im Hag. Da diese beiden in den Abschieden für den dritten Tag in
Bremgarten, den 25. und 26. Juli, genannt werden, während am 10. und
11. August Peter Im Hag und Jakob Wagner Berner Boten waren (EA
IV 1b 1104; ASchweizerRef III, Nr. 1142), nahmen viele Historiker ent-
weder in der Datierung oder in den Namen einen Irrtum Bullingers an.
Ersteres überwiegt, so daß die beiden Namen bedeuten würden, daß
Zwingli jedenfalls vor dem 25. oder 26. Juli geschrieben haben müßte.
Aber auch die Zusammenstellung der Namen Johann Jakob von Wattenwyl und Peter Im Hag (EA IV 1b 1073) ist nicht zwingend, da laut
der Berner Instruktion von Wattenwyl mit Jakob Wagner nach Bremgarten gesandt wurde. Es ist aber möglich, daß von Wattenwyl außer
Ende Juli auch noch am 10. oder 11. August 1531 in Bremgarten gewesen sein kann (Lauterburg, Informationtätigkeit 207–221). So hält Walter Weber auf Grund von Mitteilungen Peter Lauterburgs fest, daß die
drei genannten Berner, Johann Jakob von Wattenwyl, Peter Im Hag
und Jakob Wagner, nur in der Zeit vom 4. bis 6. August gleichzeitig in
Bremgarten gewesen sein können, da in der übrigen in Frage kommenden Zeit immer einer von ihnen an den Sitzungen des Kleinen Rates in*

Bern teilnahm (Weber, Datierung 233). Die erwähnte Untersuchung von Peter Lauterburg zeigt, daß die Beziehungen zwischen Zürich und Bern und die Stellung der beiden großen Stadtstaaten zur Eidgenossenschaft, die das Thema von Zwinglis Schrift sind, noch gründlich untersucht werden müssen. Wenn man also auch mit Walter Weber als «offensicht-lich» und «nie bezweifelt» «den Zusammenhang zwischen dem Bericht Bullingers und Zwinglis Schrift» festhalten will – nur scheint er nicht of-fensichtlich genug, also vorläufig zweifelhaft zu sein –, dann ergibt sich doch aus den nicht ganz bestimmten und dem Irrtum ausgesetzten An-gaben Bullingers keine sichere Grundlage für die Datierung unserer Schrift.

Wege zur Datierung

Ist wirklich nichts Genaueres herauszuholen? Merkwürdigerweise wurden von so vielen kritischen Historikern eine Gruppe von Einzelvor-gängen, die Zwingli im Text nennt und die sich datieren lassen, nicht gründlich genug beachtet. Es sollte einem Teilnehmer am Historischen Seminar der Universität Zürich, dem Germanisten Walter Weber, (Die Datierung von Zwinglis Schrift ‹Was Zürich und Bernn not ze betrach-ten sye in dem fünförtischen handel›, Versuch einer Lösung, in: Zwa XII, 1965, 222–233) gelingen, mehr zu erreichen.

a) Konrad Hiltprand und Tanngrotzen
Nachdem Zwingli über das Übergewicht der kleineren Orte der Eid-genossenschaft in den Gemeinen Herrschaften dank der Zahl ihrer Stimmen gesprochen und darin eine Verletzung einer gerechten Herr-schaftspflicht gesehen hat, schreibt er (unten S. 229ff): «Es dient ouch zur billicheyt, das sy jetz in mits des tagens zů Bremgarten die tann est ufgesetzt, den Hiltpranden lassen ynkomen, und [eben]so Vyt Su-ter von Walshůt, hinus zů Märck Sittichen ir botschafft gesendt, die, so ünseren glouben oder eer schirmendt, vertriben habendt; damit sy den landsfriden und alle trüw sampt den pündten gebrochen.» *Die Tagungen in Bremgarten begannen, wie erwähnt, am 12. Juni 1531, wurden am 20. Juni fortgesetzt, am 11. und 12. und am 25. und 26. Juli weitergeführt – diese beiden Termine werden als die dritte Ta-gung gezählt – die vierte folgte vom 10. bis 14. August und schließlich eine fünfte am 22. August, zu der die V Orte nicht mehr erschienen.* «In mits des tagens» *muß nicht verstanden werden* «in der Mitte der Ta-gungen», *also Mitte Juli, so daß Zwingli das Ende der Bremgartner Tage schon bekannt wäre; immerhin setzt der Ausdruck einen längeren Zeitraum voraus (vgl.* «in mitz der tagen min» *im Pestlied; vgl. unten unsere Nr. 189, S. 381 und SI IV 563). Zwingli erwähnt hier nicht* «einen

Tag in Bremgarten», wie Strickler die Stelle versteht, sondern spricht von den laufenden Verhandlungen. Auch scheint uns Stricklers Argument, es müsse sich um den ersten Tag handeln, weil sich nicht einmal von diesem eine Spur im Texte Zwinglis finde, nicht stichhaltig. Die Tage in Bremgarten sind gar nicht das Thema Zwinglis. Der Passus sagt nur, daß Zwingli nach Beginn dieser Tagungen, nach dem 12. Juni, geschrieben habe. Empörend sei, das will er sagen, daß während der Dauer von Schiedsverhandlungen die Leute in den V Orten das Kriegszeichen, das sich gegen Zürich richtet, die Tannäste, aufgesteckt haben. Solche waren im Ersten Landfrieden vom 26. Juni 1529 verboten worden (EA IV 1b 1482). Bereits in einer ausführlichen Schrift gegen die Anklagen der V Orte, die Zürich am 25. Januar 1531 an die vermittelnden Orte sandte, macht die Stadt darauf aufmerksam, daß am 9. Januar 1531 in der Stadt Zug etliche mit Tannästen sich besteckt haben (EA IV 1b 882; vgl. unsere Nr. 173, Einleitung). Auf einem Tag der V Orte zu Brunnen am 4. März 1531 warnten die Boten von Uri davor, «dass zu Lucern an einem Dienstag auf offenem Markte Tanngrotzen [Tannreiser] getragen worden ... woraus Krieg entstehen möchte» (EA IV 1b 908). Während der Verhandlungen in Bremgarten berichtete Hans Wirz aus Wädenswil mehrmals an Zwingli, daß in Schwyz Tanngrotzen getragen würden, so am 2., am 5. und 7. Juli (Z XI 503$_2$, 520$_{17}$, 526$_{21}$; Weber, Datierung 224f). Als ein Schwyzer, Ulrich Beler von Steinen, am 10. Juli auf die Nachkirchweih in Hütten ritt, also auf damals mit Zürich verburgrechtetes Gebiet der Herrschaft Wädenswil (vgl. Anton Largiadèr, Die Anfänge des zürcherischen Stadtstaates, in: Festgabe Paul Schweizer, Zürich 1922, 29f) und «ein großen tanngrotzen uffgehebt», hieben die Leute, die zu Zürich hielten, auf ihn ein, verwundeten ihn, und nur Schaffner Wirz konnte Schlimmeres verhüten. Darüber berichtete Zürich am 11. Juli scharf an seine Boten in Bremgarten und gab ihnen den Auftrag, sie sollten, falls die Sache aufgegriffen würde, dartun, «mit was hochmuot, tratz und unbilligkeiten wir und die unsern für und für wider vermög des lantfridens, welicher die tanngrotzen und ander sonder uszeichnungen verpütet, geschmecht und verachtet werdent» (ASchweizerRef III, Nr. 948). Höchstwahrscheinlich denkt Zwingli an diesen Vorfall «in mits des tagens zů Bremgarten», also gerade während der ersten Phase der Verhandlungen im Juli. Nach den Abschieden kamen die Tannäste in Bremgarten nicht zur Sprache, Zürich erwähnte sie aber wieder im selben Zusammenhang wie Zwingli hier in der späteren Klageschrift gegen die V Orte vom 9. September 1531 (EA IV 1b 1140 9).

Dann beklagt sich Zwingli, daß sie – offenbar die Schwyzer – «den Hiltpranden lassen ynkomen». Konrad Hiltprand von Einsiedeln wird zwischen dem ersten und zweiten Kappelerkrieg wegen seiner unflätigen

Schmähungen gegen Zwingli und Zürich häufig erwähnt. Schwyz war im August und September 1529 bereit gewesen, ihn zu bestrafen (ASchweizerRef II, Nrn. 759 und 788); er entwich aber. Im November 1530 tauchte er in Brunnen auf (ASchweizerRef II, Nrn. 1881 und 1885). In Zürich nahmen Verordnete mit Zwingli am 17. Februar 1531 den Hiltbrand in die Klagen über Schmähungen auf (ASchweizerRef III, Nr. 158, S. 66). Ausführlich berichtete Hans Wirz am 4. März 1531 über Schmähungen Hiltbrands, die er durch einen Zeugen in Wollerau hatte in Erfahrung bringen können (Z XI 361$_{1ff}$ mit Anm. 3). Bern stimmte am 24. April 1531 zu, daß Hiltbrand bestraft werde (ASchweizerRef III, Nr. 480, I). Am 17. Juli schrieb Ulrich Stoll, der auf Ostern 1531 die Verwaltung der eidgenössischen Landvogtei Rheintal übernommen hatte (Theodor Frey, Das Rheintal zur Zeit der Glaubensspaltung, Altstätten 1946, 166), von Wil aus: «Zum andernn, so ist Hilprand von Ainsidlen zů Feldkilch gsin; den hat der tagen indertt 8 sin son gholett, und am far zů Platten übergfaren und schnell durch Altstetter grichtt ins Appenzeller land, in dess Töbelis hus, kertt, da in dem land dann laider alle panditen fryhait haben. Also sind ettlich gsellen zů Appenzell zůsamen gangen, Hilpranden halb; dem hatt geschochen, und hatt sich darfon gemachtt, und ain jüngling von Apenzell mitt im bis gen Ainsidlen; der sagtt, er syg wol empfangen worden» (Z XI 534$_{3-10}$). Da Stoll die Rückkehr Hiltbrands nach Einsiedeln unmittelbar nach dem Ereignis, das sich innert der letzten acht Tage abgespielt hat, an Zwingli berichtet, dürfte dieser kaum vorher davon erfahren haben. Hans Wirz hatte kurz vorher am 7. Juli davon noch nichts geschrieben. In den Akten taucht der Name des zurückgekehrten Hiltbrand am 3. August 1531 zuerst auf, da Bern in einem Ausschreiben für Stadt und Land zeigen will, daß die V Orte nicht gewillt seien, die Leute, die schmähen, zu bestrafen, obschon deren Namen ihnen angezeigt worden waren, so «besonders den Hiltprand von Einsidlen, der einmal darumb gewichen und aber jetzt widrumb begnadet ist» (ASchweizerRef III, Nr. 1094; ABernerRef Nr. 3061, S. 1383). Am 6. August trug Zürich seine Klagen in Glarus vor (EA IV 1b 1099).

Ein späteres Berner Dokument vom 26. und 27. August 1531 gibt den Sachverhalt deutlicher wieder: Wenn die V Orte «sich auf den Landfrieden, das Recht und die Bünde stützen und sich rühmen, wie getreulich sie die halten, merke doch jedermann wohl, wie ihnen das von Herzen gehe, indem sie die Gegner aller Unbill verdächtigen; denn ungeachtet der auf Tagen gegebenen Versprechungen, den Hiltbrand von Einsiedeln auf Betreten zu strafen, habe Schwyz ihn wieder ins Land kommen lassen und begnadigt. Zudem sei dort offen ermehrt worden, die Tanngrotzen, die als Parteizeichen durch den Landfrieden abgestellt sein

*sollten, zu tragen; solche seien z. B. in Lucern getragen worden, ...» (EA
IV 1b 1118). In der späteren großen Klageschrift Zürichs vom 9. September, die Werner Beyel verfaßte, heißt es: «... dann so sy den Hiltprand von Einsidlen, der uns mit unmenschlichen, ungehörten schandreden übergossen, und einmal darumb gewichen ist, widerumb begnadet,
item jetz in hangendem bericht [jetzt, während der Friede noch hängig,
d. h. in Unterhandlung ist] die tanngrotzen, die als ein partyisch ufrüerisch zeichen mit dem landesfriden abgestellt sind, widerumb on straf ze
tragen zuo Schwyz offenlich gemeret und erloubt; darzuo jetz etlich
fromm biderb lüt zuo Lucern, allein umb deß willen, daß sy die obver-
schribnen früntlichen schidartikel, so inen uß unser deren von Zürich
statt durch einen guoten fründ umb merer berichts willen der warheit
zuogeschickt worden, under sich selbs ußgeteilt und geläsen hand, in gefangenschaft und an ein seil geworfen, allda als umb verrätery ersuocht
und jämerlich über alles unerbar(?) verschulden gemartert ...» (EA IV
1b 1140 9).*

b) Veit Suter und Mark Sittich von Hohenems

*Die folgende Wortgruppe in Zwinglis Aufzählung dessen, was «sie»,
die V Orte getan, nämlich:* «und so Vyt Suter von Walshůt hinus zů
Märck Sittichen ir botschafft gesendt», *wird verschieden gelesen; als
einen Satz lesen sie Hottinger (S. 489), Schuler und Schultheß (S II/III
102) und Oskar Farner, als er den Text für unsere Ausgabe abschrieb.
Dann würde er heißen, Veit Suter von Waldshut habe eine Botschaft
der V Orte hinaus zu Mark Sittich von Ems gesandt. Andere lesen die
Gruppe als zwei Sätze, so Strickler (EA IV 1b 1042 10):* «und so (zuo?)
Vyt Suter von Wal(d)shuot, (ouch?) hinus zuo Märk Sittichen ir botschaft gesendt». *Veit Suter wird also als Empfänger einer Botschaft der
V Orte verstanden wie parallel Mark Sittich. Walter Weber (Datierung
228) trennt ebenfalls, aber bezieht die Teile anders aufeinander und
sagt, der* «unvollständige Satz: ‹und so Vyt Suter von Walshůt› müsse
nach dem vorangehenden Satz mit ‹lassen ynkomen› ergänzt werden». *
Die Redaktion des Schweizerischen Idiotikons, (Herr Dr. Hans Wan-
ner, Frau Dr. Ruth Jörg) übersetzt:* «Sie haben den Hiltbrand hineinkommen lassen und ebenso Vyt Suter von Waldshut», *da Botschaft
doch sicher persönlich zu nehmen sei und die Alternative, Suter habe
Boten der V Orte zu Mark Sittich gesandt, eine etwas gequälte Darstellung ergäbe (vgl. die Belege zu* «Bottschaft», *SI IV 1905). Wir müssen
versuchen, vom Sachlichen her die richtige, mindestens die wahrscheinli-
chere Lesart zu gewinnen.*

*Veit Suter begegnete uns in den Zusätzen Zwinglis zum «Bericht we-
gen heimlicher Korrespondenz der V Orte mit den Kaiserischen» (un-*

*sere Nr. 178, Z VI/IV 167, Anm. 7). Wir erfuhren dort, daß spätestens
anfangs Mai die Verbindung zwischen der Regierung in Innsbruck,
Mark Sittich von Ems und Veit Suter in Waldshut bestand, der seinerseits wieder Verbindung mit dem Landvogt von Baden hatte. Aber auch
eine direkte Verbindung zwischen den V Orten und Mark Sittich scheint
erwiesen zu sein. Am 14. Juli 1531 hatte Johannes Oechsli aus Weesen
an Zwingli geschrieben, Joseph am Berg sei nach Feldkirch geritten:
«Ich hab ouch deß gůt wüssen von Hanß Grafen, unsrem burger, der
kurtzer tagen zů Feltkilch gsin ist, daß die funff ort ir botschafft by dem
von Emß ghan hand und im irß handelß halb so not thon, daß, wiewol
er hat wellen hinweg ryten, hat můssen ylentz abstan und inen losen»
(Z XI 529$_{12}$–530$_4$; zu Joseph am Berg vgl. unsere Nr. 178, Z VI/IV 159,
Anm. 1). Der Verkehr über Waldshut verdichtete sich aber in dieser Zeit.
Veit Suter stand seit Mitte Juli mit dem Landvogt von Baden, jetzt
Konrad Bachmann aus Zug, und dem Landschreiber von Baden, Cas-
par Bodmer, in Verbindung (vgl. Escher, Glaubensparteien 263, 267;
ASchweizerRef III, Nrn. 508, 1063, 1083, 1113; EA IV 1b 1103). Am
26. Juli schrieben die zu Bremgarten anwesenden Boten der V Orte an
Veit Suter nach Waldshut und «baten ihn aufs dringendste, Eck von
Reischach möchte in den vier Städten am Rhein und Mark Sittich im
Rheintal Musterungen abhalten und 4–5000 Knechte aufstellen, ...»
(Escher, Glaubensparteien 267). Cornel Schultheß vom Schopf in Kai-
serstuhl (vgl. Z VI/II 423, Anm. 2) schrieb am 27. Juli 1531 über Muste-
rungen im Wutachtal (ASchweizerRef III, Nr. 1039). Später schränkte
Schultheß seine Meldung erheblich ein, er könne nur feststellen, daß zu
Villingen 50 Knechte lägen (31. Juli 1531, ASchweizerRef III, Nr. 1063).
In diesem Bericht meldete aber Schultheß folgende Dinge: «... wytter so
had ein wirt geseydt, das die von Waltzhůt her Eggen von Ryschach beschriben habint, der syg ilentz dahin geritten, da dann Vydt Sutter ouch
lyd und lang da gelegen ist; was da gehandelt wirt, mag ich nitt wüssen;
ob ich aber ettwas wytter erfaren möchte, das von nötten were ze schryben, wyl ich es üch, minen herren, ouch zůschryben. Item so gadt ein
heimliche red uß, so bald ir mine herren die eydgnossen den kryeg mitt
einander anfiengint, so habe herr Merk Sittich von Ems und her Egg
von Ryschach bevelch, üch, mine herren, an zweyen orten anzegryffen,
wie wol ich sin kein gründ han» (StAZ A 230.1, Nr. 222; ASchweizerRef
III, Nr. 1063; Weber, Datierung 230). Obschon die Berichte Schultheß'
über die Rüstungen immer wieder anders lauten, war doch die Meldung
von den engen Verbindungen zwischen allen österreichischen Stellen
und den V Orten richtig.
Am 30. Juli schrieb Veit Suter an Landvogt Konrad Bachmann nach
Baden, Iteleck von Ryschach, der sich im Augenblick in zwölf Meilen*

*wegs mit König Ferdinands Räten treffe, habe ihn beauftragt, er, Suter,
möge genau beobachten, ob Zürich und Bern gegen die V Orte aufbrechen würden, und dann die entsprechenden Maßnahmen treffen (EA IV
1b 1103). Gleichzeitig schrieb er direkt an die geheimen Räte der
V Orte, er habe den Brief der Boten aus Bremgarten vom 26. Juli erhalten, er habe jetzt soeben erfahren, daß der Kaiser kurzfristig einen
Reichstag ausgeschrieben habe, auf dem Entscheidendes zur Erhaltung
der christlichen Religion beschlossen werden sollte. Die V Orte sollten
nicht unter dem Druck der Proviantsperre mit Zürich und Bern einen
nachteiligen Frieden schließen. Falls sie vor dem Reichstag genötigt sein
sollten, zu den Waffen zu greifen, sollten sie einen geheimen Boten zum
Landvogt nach Baden schicken, und dieser sollte Suter, «mich dess
durch einen geheimen botten gen Waldshut, daselbs er mich finden
(soll), zu berichten, so will ich ime ein ort anzeigen, do wir one allen arg-
won zusamen komen und mit hilf herr Ecken von Ryschach, so, wiewol
er jetz in röm. kün. Mt. geschäften und nit anheimsch ist, unlang usbly-
ben, von einem anschlag, wie die provand zu überkomen und die sachen
anzugrifen, reden, der, als ich gänzlich acht, euer streng e. w. nit mißfal-
len, sonder zu gutem reichen werde. Ich hab auch den einen artikel, welchen die geheim botschaft, so mit einer credenz by mir gewesen, außerhalb der musterung geworben, gestracks gen Inspruck geschrieben und
bin fürderlicher antwurt wärtig und will, was mir deßhalben zukompt,
euer streng e. w. fürderlich berichten» (EA IV 1b 1104 5). Der nicht völlig durchsichtige Brief Veit Suters kann vielleicht so verstanden werden,
daß ihm außerhalb der Bitte um Musterung vom 26. Juli die V Orte
noch eine andere geheime Botschaft, eine persönliche gewiß, da sie eine
Beglaubigung vorwies, gesandt haben. Er schreibt aber nicht, daß er
diese «hinus zů Märck Sittichen ... gesendt», vielmehr, daß er ihren Inhalt nach Innsbruck geschrieben habe. Für die Tätigkeit der österreichischen Stellen in den rheinischen Waldstätten waren Iteleck von Rischach und Graf Rudolf zu Sulz (EA IV 1b 1111) zuständig, nicht Mark
Sittich, der nur im Vorarlbergischen etwas zu sagen hatte. Es besteht die
größere Wahrscheinlichkeit, daß Zwingli mit dem zweiten Satzteil «hinus zů Märck Sittichen ir botschafft gesendt» die von Johannes
Oechsli gemeldete meint, nicht eine solche, die von Baden über Waldshut nach Ems gelangt wäre. «Und so Vyt Suter von Walshůt» heißt
dann «und ebenso Veit Suter», nämlich wie der Hiltbrand, sei Veit Suter in das Gebiet der Eidgenossenschaft gekommen. Damit treten für
Zwinglis Aufzählung als Quelle die Nachrichten in den Vordergrund,
die er über das Hineinkommen Suters erhalten hat. Im Staatsarchiv
Zürich liegt ein undatierter Brief von Heinrich Buchter in Zurzach an
den Regensberger Landvogt Niklaus Brunner, der über die Verbindun-*

gen Veit Suters mit den V Orten berichtet und überhaupt ein anschauli-
ches Bild der Vorgänge an der Aaremündung gibt (StAZ A 230.1,
Nr. 293):

«Min willigen dienst zůvor, lieber her vogt. Nach innhallt unsers ab-
scheids lan ich üch wüssen, das uff nechst donstag verschinen Caspar
schriber von Baden [Caspar Bodmer, Stadtschreiber von Baden und
Landschreiber der gemeineidgenössischen Landvogtei Grafschaft Ba-
den] durch Klingnow gan Waltzhůt geriten und darnach gan Tůngen
[Tiengen, 5 km östlich von Waldshut] zum grafen von Sultz, der ist heim
kan von Ysbrugg [Innsbruck]. Als aber der schriber wider heim hätt sollen ryten, hand unser vij uff in gewartet, aber ist uns entritten ein andren weg. Item uff fritag ist Vit Suter und der Gůttjar von Walzhůt zů
Waltzhůt uber gefaren und enend uff fur Gipingen gan Klingnow zů,
doch enend dem wasser; uff dem feld hand sy brieff enpfangen von botten von Baden, und hatt Vit Suter wider uff dem roß geschriben. Item
dem Feren zů Klingnow ist ein großer brieff worden, dem truwet man
nüt gůtz. Der Fer ist des rads, aber wider gott und sin wort. Item die iij
far [Fähren] Waltzhůt, Kobeltz, Klingnow hand unsere fiend in iren
handen. Darus nun den gůtwilligen biderben lüten zů Klingnow und by
uns vil sorg erwachst. Ich wott vast vast [!] gern, wo es mine herren gůt
ansehen welt, das sy von stund an (wo es inen zů Bremgarten nüt wol
gfallen wett) mit üch und den üweren Klingnow und Cobeltz bewaretind,
und unsere eidgnossen und burger von Bern das ouch bruchtind und
andhand nemind mit Luggeren [Leuggern] und daselbst um. Es wurd
uns zůgůttem langen. Ich vernimm, das ij oder iij man in miner herren
namen zů Klingnow etwas schůffind besezens wys. Aber je kriegscher je
weger und ie ee ie weger, den die prattick unserer widerwertigen ist iffe-
rig, sy schlafft nüt. Gott wache uns!»

Heinrich Buchter, Bürger von Zürich, war seit 1526 Pfarrer in Kilch-
berg gewesen, hatte 1528 an der Berner Disputation teilgenommen und
war seit 1530 Pfarrer in Zurzach (HBBW I, Nr. 23, S. 124f, mit Anm. 1),
trug also die Reformation in die Grafschaft Baden hinein. Am 2. August
1531 hatte er an Bürgermeister Heinrich Walder über die Verbindungen
Suters mit den V Orten geschrieben, aber noch nicht über dessen Her-
überkommen über den Rhein (ASchweizer Ref III, Nr. 1083). Der uns
vorliegende undatierte Bericht Buchters muß vor Donnerstag, den
17. August 1531, geschrieben worden sein; denn an diesem Tage gab
Zürich zwar nicht die Meldung über Suter, aber diejenige über die drei
Fähren und die Frage, sie in die eigene Hand zu bekommen, an Bern
weiter (ASchweizerRef III, Nr. 1170). Der von Buchter erwähnte Donnerstag müsste demnach der 10. August, der Freitag, an welchem Suter
über den Rhein kam, der 11. August gewesen sein. Ein Blick auf die

Karte erhellt den Bericht. Suter muß unterhalb der Aaremündung, also westlich, von Waldshut aus über den Rhein gefahren sein und dann links der Aare bei Gippingen, nur einen Kilometer nordwestlich des bekannten Leuggern bis auf die Höhe des gegenüber liegenden Klingnau geritten sein. Er hatte damit das Gebiet der eidgenössischen Grafschaft Baden betreten, das heute zum Bezirk Zurzach des Kantons Aargau gehört. Da Heinrich Buchter die Wochentage Donnerstag und Freitag nennt und für letzteren Tag nicht «gestern» sagt, müssen wir doch wohl annehmen, daß er nicht schon am Samstag, den 12. August, sondern erst am Sonntag, den 13. August oder einem der folgenden Tage geschrieben hat. Seine Meldung über die Fähren ging ja erst am 17. August nach Bern weiter. Will Zwingli mit der Wendung «und so Vyt Suter von Walshůt» sagen, die V Orte hätten so wie den Hiltbrand nun auch Veit Suter «lassen ynkomen», dann konnte er seinen Text erst nach dem Eintreffen des Berichtes Heinrich Buchters zwischen dem 14. und 17. August geschrieben haben. Die Fühlungnahme zwischen den V Orten und den österreichischen Stellen wurde in den folgenden Tagen noch enger, wir wissen aber nicht, was man davon in Zürich erfahren hatte. Nach einem Brief des Grafen Rudolf von Sulz an den Landvogt von Baden, Konrad Bachmann, hatten sich schon am 11. August in Tiengen die Herren des österreichischen Regiments in den Vorderen Landen getroffen, nämlich der Landvogt im Elsaß, Iteleck von Rischach, der tirolische Kanzler und der Graf von Sulz. Möglicherweise hatte bereits auf diese Zusammenkunft hin der Landschreiber von Baden, wie Buchter erzählte, einen Brief der V Orte hingebracht. Ein weiterer solcher Brief datiert vom 16. August; seinen Empfang bestätigte der Graf von Sulz am 17. August, 4 Uhr nachmittags, aus Zell (EA IV 1b 1111 2), und kündigte eine weitere Besprechung etlicher Räte der königlichen Majestät auf den 18. August an, welche dann das Schreiben der V Orte – offenbar ein Hilfsbegehren – an die Regierung in Innsbruck weiterleiten wolle. Der Gang der Schiedsverhandlungen in Bremgarten näherte sich der Entscheidung, die V Orte sollten auf die von den Schiedleuten vorgelegten Artikel Antwort geben. Da sie keine geben konnten, welche Zürich hätte befriedigen können, fürchteten sie den Ausbruch des Krieges und suchten die Hilfe Österreichs. Die V Orte erhielten von den österreichischen Stellen eine urkundlich vorliegende Antwort: «Die hernach beschribne meinung und artikel haben wir Ytelegk von Ryschach zum Megtberg, ritter, der röm. kün. Mt. Rath und Hauptmann der vier Stett am Rhin, des Schwarzwalds und Vogt zuo Laufenberg [heute Laufenburg] und Vyt Sutor, ir Majestat Cammerprocurator der vorderösterreichischen landen, dem frommen und erenfesten herrn Cuonradten Bachmann, Landvogt zuo Baden, uf den xxjten tag Augst-

monats Anno etc. xxxj by Lügkern [Leuggern] im feld uf sein fürhalten und beger, ime anzuzeigen, mit was fuogen und gestalt die röm. kün. Mt. etc. uf das gnädigist schriben den fünf Orten gethon, inen in hernachgemeldten anligen hilf bewysen und thun möcht etc., anzeigt und zu erkennen geben» (EA IV 1b 1110 1). Die Ortsbezeichnung «by Lügkern im feld» tönt so ähnlich, wie diejenige im Bericht von Heinrich Buchter, daß man im ersten Augenblick vermuten könnte, es handle sich um denselben Vorgang. Da es sich hier aber um einen Montag, dort um einen Freitag handelt, und da die Meldung Buchters über die drei Fähren schon am 17. August nach Bern weitergegangen war, Buchter auch den wichtigeren Herrn, Iteleck von Rischach, nicht erwähnt, müssen wir lesen, daß am 11. August, während die erwähnten andern Herren sich in Tiengen trafen, Veit Suter links des Rheines und der Aare zunächst einmal mit einem Verbindungsmann der V Orte, der nicht genannt wird, Fühlung genommen und die Stelle für ein Zusammentreffen rekognosziert hat. In seiner Antwort an die V Orte vom 21. August erklärte Rischach, die Statthalter, Regenten und Räte ihrer königlichen Majestät könnten schon begreifen, wenn die V Orte durch die Proviantsperre von Zürich und Bern gegen sie gezwungen wären, zu den Waffen zu greifen; da aber auf den 14. September 1531 ein Reichstag zusammenkommen soll, bäten die österreichischen Regenten die V Orte, diesen Termin wenn immer möglich abzuwarten. Die österreichische Regierung habe aber allen Statthaltern, Regenten und Ständen in den vorderösterreichischen Landen Sundgau, Elsaß, Breisgau, den vier Städten am Rhein und Schwarzwald, auch Mark Sittich von Ems Weisung gegeben, sich zur militärischen Hilfe an die V Orte bereitzuhalten, falls Zürich und Bern angreifen würden. Er, Iteleck von Rischach selbst, bereite Musterungen in seinem Amtsbereich vor und werde sofort zu Hilfe kommen können. Die V Orte sollten über die Tagung in Bremgarten Veit Suter nach Waldshut Bericht geben (EA IV 1b 1110f). Auf die kritischen Vorgänge am vierten Tag zu Bremgarten, am 10. bis 14. August, und am fünften vom 22. August werden wir zurückkommen.

In unserem Passus spricht Zwingli zuletzt davon, daß die V Orte «die, so ünseren glouben oder eer schirmendt, vertriben habendt» (unten S. 230f). Verhaftung und Verbannung von Leuten, die für Zürichs Sache eintraten, kamen seit Beginn der Reformation in der Innerschweiz vor. Walter Weber zeigt aber, daß auch hier Zwingli an erst vor kurzem geschehene Vorgänge denkt. Dafür spricht neben den vielen Nachrichten darüber, die zwischen den 16. Juli und den 27. August fallen, die Antwort Berns an den Gesandten des Bischofs von Sitten vom 27. August, die dieselbe Reihenfolge der Aufzählungen zeigt: «... denn ungeachtet der auf Tagen gegebenen Versprechungen, den Hiltbrand von Einsiedeln auf Betreten zu strafen, habe Schwyz ihn wieder ins Land kommen lassen und begnadigt. Zudem sei dort offen ermehrt worden, die Tanngrotzen, die als Parteizeichen durch den Landfrieden abgestellt sein sollten, zu tragen; solche seien z. B. in Lucern getragen worden, und wie dort mit etlichen Personen verfahren worden, weil sie die Artikel der Schiedboten unter sich vertheilt und gelesen haben, (sei bekannt), von anderer Unbill zu schweigen» (EA IV 1b 1118). *Johannes Gast notiert solche Vorgänge am 19. Juli, am 6. und 16. August 1531 (Das Tagebuch des Johannes Gast, ein Beitrag zur Schweizerischen Reformationsgeschichte, bearb. von Paul Burckhardt, Basel 1945, S. 166f, 172f und 176f). Weber (Datierung 225–228) legt das Hauptgewicht auf die Verbannungen im August.*

c) Außenpolitische Entwicklungen

Ein weiteres Indiz nötigt zu einer späten Datierung (Meyer, Kappeler Krieg 359, Anm. 62). Da die V Orte nur «mit der hand», also gewaltsam, zum Einlenken gezwungen werden können, stellt Zwingli die Frage (unten S. 237₁₁), wann dies geschehen solle, und sagt, es sei das beste, daß man sie sobald wie möglich angreife. Zu dieser Zeit, also jetzt, stehe der Herzog von Mailand nicht auf ihrer Seite. Verhandlungen im Mai und Juni 1531 hatten zu einer Verständigung zwischen dem Herzog und den acht eidgenössischen Orten geführt, welche gegen den Müsser zu Felde gezogen waren. Am 7. Juli hatte Hans Wirz an Zwingli geschrieben, der Herzog habe den V Orten den Proviant abgeschlagen (Z XI 527₂₂ff; unten S. 237, Anm. 11). Ferner, sagt Zwingli, wolle der König von Frankreich sich keiner der beiden Parteien in der Eidgenossenschaft anschließen (vgl. unten S. 238, Anm. 1). Diese beiden Angaben erwähnen Vorgänge, die sich über einen längeren Zeitraum erstrecken, tragen also nichts zur engeren Datierung bei. Dann fährt Zwingli fort: «der keiser hatt sich im Tütsch land in die hosen beton, und habend [die V Orte] ghein hilff weder von Eydgnossen noch frömden» *(unten S. 238₂). Die Stelle heißt: «der Kaiser hat mit Bezug auf Deutschland in die Hosen gemacht» (SI XIII 305 und 428), er habe also Angst gehabt (wie es noch heute in der Mundart geläufig ist). Wieso kam Zwingli zu dieser Meinung?*

Noch in jenen verschlüsselten Notizen des 26. oder 27. April 1531 (unsere Nr. 177, Z VI/IV 147f) hatte Zwingli sehr bestimmt von den Rüstungen Karls V. und seines Bruders Ferdinand gesprochen und von der Absicht des Kaisers, nach Deutschland zurückzukommen. Am 13. Mai 1531 besprachen die Burgrechtsstädte in Aarau diese Frage und glaubten zuverlässig zu wissen, «daß der Kaiser in Brabant, Flandern, Holland, Seeland, Picardie und anderswo bedeutende Summen Geldes

zusammenbringt, aber man könne noch nicht erfahren, zu welchem
‹Spiel› er sich damit rüste» (EA IV 1b 981 5; vgl. 990 7). Noch am
20. Juli 1531 versprach in einem Schreiben aus Budweis König Ferdi-
nand den V Orten kaiserliche Hilfe, der Kaiser habe einen Reichstag
nach Speyer auf den September ausgeschrieben, den er selber besuchen
wolle (EA IV 1b 1102). Wir hörten auch soeben, daß die österreichi-
schen Herren noch am 21. August 1531 mit dem auf den 14. September
angesetzten Reichstag rechneten. Allerdings hatte Zwingli am 27. Juni
1531 im Brief an Capito von sich widersprechenden Gerüchten über die
Absichten des Kaisers gesprochen (Z XI 497$_{10ff}$). Am 4. Juli hatte Capito
geantwortet: «Ante hos menses rumor fuit exercitus ingentis a cesare
conscripti. Non putavit non negligendum senatus [der Rat von Straß-
burg]». Diese Nachrichten von Rüstungen des Kaisers lagen also in der
Sicht Capitos schon zurück (Z XI 505$_{10ff}$; die dort in den Anm. 2, 3, 4
mitgeteilten Korrespondenzen ergeben kein sicheres Bild über die Ab-
sichten des Kaisers gegenüber Deutschland). Vierzehn Tage später, am
18. Juli, meldete Capito: «Conventus principum aut Spyras aut Worma-
ciam ad primum Septembris indicetur. Sic enim fama circumfertur ab
autoribus non vulgaribus» (Z XI 537$_{7ff}$ mit Anm. 4 und 5; entsprechend
schrieb am 19. Juli Jakob Sturm an den Landgrafen Philipp). Capito
fährt fort: «Cęsar Ferdinandi regis dominium firmare conabitur; quo in
regnum solide recepto ad suas remeabit Hispanias. Itaque hęc ęstas
ocium policetur, quantum ad hostes pertinet. Verum hęc frustra», näm-
lich im Hinblick auf die Gefahren, welche eine Anerkennung Ferdinands
als Römischer König durch einen Reichstag für das Evangelium bringen
müßte (vgl. die unten zitierten Aussagen Zwinglis vom 28. August in
Z XI 591). Capito verspricht, ausführlicher zu schreiben; es liegt aber
kein unmittelbar folgender Brief vor (Z XI 537$_{12f}$ mit Anm. 6). Aus dem
«Verum hęc frustra» hatte doch Zwingli noch die Gefahr einer drohen-
den Haltung des Kaisers und der kaiserlichen Seite herauslesen müs-
sen.

Anders tönt es vier Wochen später, am 16. August. Capito schreibt:
«Comitiorum prolusiones hęc sunt [des auf den 14. September angesag-
ten Reichstages]: cesar dedit negotium Ioachimo Brandeburgico
[Karl V. über das Geschäft der Anerkennung Ferdinands als Römischer
König dem Kurfürsten von Brandenburg, seinem Parteigänger], ut miti-
get Brusię ducem ... Abmandavit Philippum Nasauensem [Wilhelm
von Nassau], comitem ad electorem Saxonem urgentibus cum pollicita-
tionibus, ne conventum horreat, sed meditatus concordię conditiones
ipse praescribat se esse secuturum, modo novum foedus, quod cum
Hesso et urbibus instituisset rescindat.» Auch zu Landgraf Philipp
schicke der Kaiser einen Gesandten, Wilhelm von Neuenar. «Conven-

tum pollicetur brevem, ac cito dimittendum, sed qui sit allaturus Germanis incomparabilia commoda. Capita agendarum rerum his verbulis continentur: equabile ius, concordiam, politiam tranquillam ... Interea vero hoc agitur, ut nullam occasionem [cesareani] videantur neglecturi, quo nostrę civitati Christianę incommodent. Quare operę pretium facitis urgendo concordiam certam aut apertum bellum cum Quinquepagicis» (Z XI 573₂–575₇).

Wie Zwingli diese Meldungen Capitos verstanden hatte, schreibt er selbst am 28. August 1531 an Burgermeister und Rat zu Ulm: «Zum andren wil ich üwer wysheyt nit bergen, das mich nach allem dem, dess ich bericht wird, nit anderst beduncken wil, dann keiserlich Mt. habe an dem undertrucken des gloubens imm Tútschland ietz ze mal verzwyflot, und sye imm zů diser zyt treffenlich ungelegen, ützid anzeheben, dann er ye sorgen můss: laß er die kugel an, sy werde weder louffen noch gston, wie er welle. So sicht mich ouch an, der pfäffisch huff bruche den keiser nun zů eym gschüch und schrecken, und mög ouch nit erlyden, das ein strenge vecht us den dingen entstande ...» Zwingli betont, wie sehr dem Kaiser die Bestätigung oder Anerkennung Ferdinands als Römischer König am Herzen liege. Die Wahl Ferdinands bedeute aber eine schwere Gefährdung des Evangeliums, und es sei zu hoffen, daß sie nicht zustande komme. «Darunter schwitzt der keiser und versähe die sach gernn, das ghein widersprechens me nach siner hinfart (denn er heim můss in Hispanien) überblibe» (Z XI 590₅–591₁₂). Die Formulierungen, mit denen Zwingli die Nachrichten Capitos über die politischen Absichten des Kaisers in Deutschland nach Ulm weitergibt, sind zwar höflicher, aber in der Sache so gleichartig wie der drastische Ausdruck in unserm Text, daß wir daraus den Schluß ziehen müssen, Zwingli habe die große Denkschrift erst nach Empfang des Briefes von Capito vom 16. August, der am 17. oder 18. in Zürich eintreffen konnte, geschrieben.

d) Innenpolitische Entwicklungen

Wie lagen die Dinge in der Eidgenossenschaft an den Schiedtagen zu Bremgarten? Obschon hier der ganze Beziehungsreichtum der Schrift nicht ausgeschöpft werden kann, möchten wir doch einen Überblick über die Vorgänge in der Eidgenossenschaft und über die Beziehungen zwischen Zürich und Bern geben, die natürlich unmittelbare sachliche Voraussetzungen für Zwinglis Gedanken sind (vgl. auch die Einleitung zu Nr. 173, Z VI/IV 79ff).

In unserer Einleitung zu Nr. 168, dem Entwurf Zwinglis für eine Eingabe der Prädikanten von Zürich, Bern, Basel und Straßburg an die V Orte vom 5. September 1530, zeigten wir, daß der Landfriede vom

*26. Juni 1529 die Gegensätze in der Eidgenossenschaft keineswegs über-
wunden hatte (Z VI/III 292ff). Wenn sich schließlich auch die V Orte
durch die Drohung einer neuen Proviantsperre gezwungen sahen, die
von ihnen zugestandenen Kriegskosten schließlich im Oktober 1530 zu
zahlen, blieben doch andere Fragen ungelöst. Die freundschaftlich er-
mahnende Eingabe der Prädikanten, die V Orte möchten erlauben, daß
in ihren Gebieten das Evangelium frei gepredigt werden dürfe, wurde
kaum beachtet, also abgelehnt. Man mußte im Lager der Evangelischen
nach diesem erfolglosen Vorschlag zu einer Verständigung oder einem
Entgegenkommen der bestimmten Überzeugung sein, daß die katholischen Orte nicht nur alles tun würden, ein Vordringen der Reformation
in ihre Gebiete zu verhindern, daß sie vielmehr den Evangelischen feind-
lich gesinnt seien und deren Einfluß in der Eidgenossenschaft schwächen, wenn nicht ausschalten wollten.*

*Über das Hin und Her, das Für und Wider um die Reformation in
den gemeineidgenössischen Gebieten Sargans und Rheintal berichteten
wir in der Einleitung zu Nr. 171 zu Zwinglis Instruktion für die Sendung
Meister Jäcklins nach Walenstadt im November 1530 (Z VI/III 350ff).*

*Laut dem Verkommnis oder der Verfassung, welche die beiden Schirm-
orte Zürich und Glarus am 25. Mai 1530 mit den Gotteshausleuten der
Landschaft St. Gallen abgeschlossen hatten, war bestimmt, «daß der
houptman, so je zuo zyten von den vier Orten hiehär verordnet wirt, ein
wolverständig fromm dapfer gotliebender man sin soll, der dem göttlichen wort, ouch evangelischer leer und warheit günstig und nit zewider
sige; dann wor er anderst erfunden, sollent die Gotzhuslüt ime huldi-
gung und gehorsame ze tuon nit schuldig sin; er sol inen ouch zu merer
sicherheit angents, so erst er ufgeritten ist, schweren, daß er sy by göttlichem wort und irem cristenlichen ansechen beliben lassen und in keinen
weg darvon tringen noch nöten, besunder ouch des Gotzhuses und gemeiner Gotzhuslüten nutz und eer betrachten und mengklichem zuo sinem rechten schirmen welle» (EA IV 1b 1496). Obschon nach dem Verkommnis der Hauptmann wie bisher «von den vier Orten dem alten
bruch nach dahin geschickt und geordnet» werden sollte (EA IV 1b
1495; Spillmann, St. Gallen 100), Luzern und Schwyz also in ihren
Rechten nicht geschmälert werden sollten, konnten diese beiden Orte
das Verkommnis, das ohne ihre Mitsprache zustande gekommen war,
nicht anerkennen. Am 26. August 1530 verkauften Zürich und Glarus
die verlassenen Klostergebäulichkeiten der Stadt St. Gallen (EA IV 1b
742ff und 747ff; Näf, Vadian II 309ff).*

*Aber auch als Abt Kilian am 30. August 1530 in der Bregenzer Ach
ertrank (vgl. Z VI/II 355, Anm. 11), hielten die katholischen Mächte am
Fortbestand der Abtei fest. Auf Anordnung Kaiser Karls V. und seines*

*Bruders Ferdinand fand eine Neuwahl statt. Am 19. September 1530
wählten Dekan und Konvent des Gotteshauses St. Gallen in Wolfurt bei
Bregenz Diethelm Blarer von Wartensee zum neuen Abt (ASchweizer-
Ref II, Nr. 1673a und b). Trotzdem ging die von den reformierten Orten
geförderte Ablösung der herrschaftlichen Rechte von der Abtei weiter.
Am 27. Oktober 1530 vereinbarten Zürich und Glarus mit der Landschaft Toggenburg deren Loskauf vom Gotteshaus St. Gallen (EA IV 1b
1506–1511). Schwyz hatte schon am 19. September den beabsichtigten
Loskauf auf Grund der bestehenden Rechte des Abtes und des Land-
rechtes von Schwyz mit den Toggenburgern für unzulässig erklärt (EA
IV 1b 827). Zürich blieb fest (EA IV 1b 829 5; Spillmann, St. Gallen
102).*

*Auf der Tagsatzung zu Baden vom 13. Oktober 1530 und folgende
Tage meldete Luzern an, «daß es seinen Obern zustünde, jetzt die
Hauptmannschaft St. Gallen zu besetzen», daß Luzern aber nicht mit
den Bestimmungen über die Haltung des Hauptmanns einverstanden
sei; die Gotteshausleute wollten es dagegen bei ihren Artikeln bleiben
lassen (EA IV 1b 805 s). Auf der nächsten Tagsatzung zu Baden vom
17. November 1530 und der folgenden Tage erhob Schwyz gegen Glarus
Klage wegen des Loskaufs der Toggenburger. Glarus antwortete, dazu
hätten sie «kraft des Landfriedens gutes Recht gehabt» (EA IV 1b 843).*

*Luzern brachte die Frage der Nachfolge des Hauptmanns zur Spra-
che, der weder verpflichtet werden könne, den evangelischen Glauben
anzunehmen noch den Gotteshausleuten einen Eid zu leisten, da dies bis
jetzt nie geschehen sei. Der von Luzern gestellte Hauptmann sei aber
bereit, die Gotteshausleute «von dem göttlichen Wort und Anderem
nicht zu drängen, sondern sie gänzlich dabei bleiben zu lassen» (EA IV
1b 845g). Wenn die andern Schirmorte diese Form in der Bestellung des
Hauptmanns nicht gelten ließen, wolle Luzern jetzt keinen Hauptmann
stellen. Die Schiedorte baten Zürich, damit einverstanden zu sein (Spillmann, St. Gallen 102). Zürich lehnte ab, wollte also die im Vertrag vom
25. Mai 1530 gewonnene Sicherung der Reformation nicht preisgeben
(Spillmann, St. Gallen 102f). Die Auseinandersetzung verschärfte sich.
Mit Schreiben vom 2. Dezember wandte sich Luzern nun direkt an Zürich und verlangte, dieses solle den Hauptmann «ohne anfechtung durch
die neuen fünde, die Zürich aus einer vermeinten verkommniss – die
nach dem landfrieden gemacht worden –, wie man achte, als ‹eine nichtigkeit› zum vorschein bringe, ruhig aufreiten zu lassen». Wenn Zürich
aber auf seinem Standpunkt beharre, dann rufe Luzern Zürich gemäß
den Bundesbriefen vor das Recht (ASchweizerRef II, Nr. 1891).*

*Die Vorberatung einer Antwort Zürichs nahmen Verordnete an die
Hand, nämlich Burgermeister Röist, die Obristmeister Ochsner, Thumy-*

*sen und Kambli, Bannerherr Schwyzer und Zwingli (ASchweizerRef II,
Nr. 1916; Spillmann, St. Gallen 103). Das von ihnen vorgelegte Gutachten ist auf den 10. Dezember 1530 datiert und enthält den Entwurf für
eine Missive von Burgermeister, Räten und Burgern der Stadt Zürich
an Luzern, die dann am 17. Dezember ausgefertigt wurde. Darin betont
Zürich, daß es nie die Absicht gehabt habe, die Rechte von Luzern und
Schwyz in der Alten Landschaft St. Gallen anzutasten, wie das aus dem
Verkommnis mit den Gotteshausleuten vom 25. Mai 1530 klar hervor-
gehe. Diese Rechte gäben aber Luzern und Schwyz nicht die Befugnis,
einen Mann, der das Land geräumt und sich vermeintlich für den Abt
hält, auch Hab und Gut entfremdet hat, wieder als Abt einzusetzen.
Nach dem Landfrieden dürfe ja die einmal durchgeführte Reformation
nicht wieder rückgängig gemacht werden, und Zürich habe das Recht,
bei den einmal gemachten Zusagen an die Gotteshausleute zu bleiben.
So weist Zürich den Vorwurf bestimmt zurück: «als ob wir uns nüwer
fünden gebrucht» und der Vertrag als «eine nichtigkeit» bezeichnet
werde. Mit dem Landfrieden sei die Herrschaft des Abtes beseitigt worden, und so hätten Luzern und Schwyz nicht das Recht, den Abt wieder
einzusetzen. Zürich könne die Gotteshausleute, die evangelisch sein wollen, nicht im Stich lassen, müsse ihnen vielmehr an Stelle der äbtischen
Herrschaft eine neue obrigkeitliche Ordnung geben, da sich Luzern und
Schwyz nicht um das Recht der Gotteshausleute gekümmert hätten, obschon ihnen Zürich immer angezeigt habe, was es vorzukehren beabsich-
tige. Also habe Zürich handeln müssen. Wenn das alles auch erst nach
dem Landfrieden geschehen sei, so doch auf Grund der schon vor demselben den Gotteshausleuten gegebenen Zusagen; «dann der landsfrid
ungezwyfelt nit allein uff das vergangen, sunder ouch das nachfolgend,
was sich göttlichs worts halb künftiglich zuotragen mag, gestellt, und
desshalb, wie ir es anziechen wellent, gar kein nüwerung oder nichtigkeit
geachtet oder genempt werden mag». Deutlich formulierte Zürich sein
Verständnis der Verpflichtung eines neuen Schirmhauptmanns: «Und
diewyl dann der artikel der verkommniss, den houptman belangende,
wie er geschickt sin und was er schweren soll, göttlichem wort, ouch dem
landsfriden und aller erbarkeit so gemäß, dass wir nit gedenken könnend, dass weder ir noch sunst jemands sich dess von billigkeit wegen
beschwären, in ansechung dass ir unser lieb eidgnossen wol bedenken
mögent, dass es sich nit schicken, diewyl die biderwen lüt das gotswort
angenommen, dass sy durch einen, der evangelischer warheit zewider
und nit irs gloubens were, geregiert werden sölten, darus ungezwyfelt
wenig ruow, einigkeit oder gehorsamkeit gefolgen möcht, ...» Das soll keineswegs heißen, daß jedermann außerhalb der Artikel des Landfriedens, d.h. außerhalb des göttlichen Wortes und allen Dingen, die aus*

demselben hervorgehen, bei seinen Herrschaftsrechten bleiben könne. So sei Zürich nicht bereit, in das durch die Bünde vorgesehene Rechtsverfahren einzutreten. «So dann üwer houptman bedacht wirt, gemelter cristenlichen und eerlichen verkommniss zuo geleben, werdent wir im sins ufrytens halb wyter keinen intrag tuon.» Zürich setzte nun die Abrechnung des noch regierenden Hauptmann Jacob Frei und die Amtsübergabe auf den 3. Januar 1531 fest. Da aber kein Vertreter der katholischen Schirmorte dazu erschien, legte Jacob Frei den Zürchern, den Glarnern und den Gotteshausleuten Rechnung ab und blieb im Amt (EA IV 1b 873; Spillmann, St. Gallen 104f).

Nun stellten sich die V Orte hinter Luzern und erhoben an der Tagsatzung zu Baden vom 9. Januar 1531 und folgende Tage Klage gegen Zürich. Sie überreichten Zürich und seinen Mithaften, also Bern, Basel und den fünf Orten, die als Schiedsorte wirkten, nämlich Glarus, Freiburg, Solothurn, Schaffhausen und Appenzell, ein ausführliches Schriftstück, das sie als Instruktion Sonntag nach dem Dreikönigstag, den 8. Januar 1531, für ihre Gesandten beschlossen hatten (EA IV 1b 874–879; HBRG II 325ff). Darin klagten sie an erster Stelle, daß Zürich durch die von ihm und Glarus eingeführten Neuerungen in der Alten Landschaft St. Gallen («der houptman sölt den buren schwören etc.») verhindert hätten, daß der neue Schirmhauptmann aus Luzern am Katharinentag, dem 25. November 1530, hatte aufreiten können, und daß es Zürich dann abgelehnt habe, das Rechtsverfahren mit Luzern anzunehmen; «deshalb unser Eidgnossen von Lucern an den end rechtlos stand und stan müessent» (EA IV 1b 876). Ein solches Umbiegen der alten Bünde und des Landfriedens verstoße gegen den Geist, der unter den Vordern und den alten Eidgenossen geherrscht habe. In der Regierung der Gemeinen Herrschaften sei es klar, daß in Fragen, die zeitliches Gut, Leib und Gut berührten, das Mehr gelte, anders sei ja keine Herrschaft möglich. Zürich habe auf die Bitte der V Orte, das Mehrheitsprinzip anzuerkennen, nicht geantwortet. Zürich habe durch seinen Hauptmann die Gotteshausleute aufgewiegelt und im Rheintal zwei Gemeinden zur Reformation genötigt. Die V Orte berufen sich auf die Mannhaftigkeit der Vorfahren und warnen vor der Gefährdung der Eidgenossenschaft durch das Verhalten Zürichs. Zürich möge sich erklären, ob es das Mehr Mehr sein lassen wolle und ob es bereit sei, gemäß den Bundesbriefen Recht zu nehmen; sonst, wenn ihnen die Schiedorte nicht zum Recht verhelfen, würden sie Tagsatzungen nicht mehr besuchen.

Wir erwähnten oben bereits, daß die Schiedorte am 19. November 1530 Zürich gebeten hatten, den Hauptmann aus Luzern aufreiten zu lassen, ohne ihn für seine Person zu nötigen, «anders zu glauben, als wie

*er es gegen Gott und seinen herren zu verantworten hoffe ... und dass er
den Gotteshausleuten nicht schuldig sein sollte zu schwören, sondern,
weil jetzt dort keine obrigkeit sei, allein den IV Orten als den rechten
schirm- und oberherren» (ASchweizerRef II, Nr. 1868). Beyel notierte auf
der Rückseite: «Daruf ist inen geschriben, dass mans by dem artikel des
verkomniss belyben lasse». Diese Ablehnung entmutigte Bern nicht,
energisch nach immer neuen Vermittlungsmöglichkeiten zu suchen. Zunächst schrieb Bern, noch bevor die Klage der V Orte an der Tagsatzung eingetroffen war, am 6. Januar 1531 an Zürich, Bern begreife
durchaus, daß Zürich sich weigere, einen Hauptmann aufreiten zu lassen, «so üwer Reformation, ouch der verkhommnuss, so ir mit den gots-
husslüten des wort gots halb angenommen, nit glychförmig» sei; da aber
Luzern sich anerbiete, «dass sy ein frommen biderben man, so den gots-
husslüten des gotsworts halb unnachteilig sin, und inen desshalb kein intrag thůn wurde, dahin ze ordnen willens» sei, «ouch darby vermerkt,
wo ir üch diss zimlichen fürschlags nit ersettigen liessent, ir in gmeiner
Eydgnossen grossen unwillen kommen, dass villicht mer unrůw, uneinig-
keit und letzung göttlichem wort, dann fürdrung und gůts gebären
wurde», bitte Bern Zürich, ihre lieben Eidgenossen und christlichen Mit-
bürger möchten doch die Sache nochmals gründlich erwägen «und nit so
styff uf üwerm fürnämen belyben», sondern eine andere Lösung suchen
helfen (ABernerRef Nr. 2932; vgl. ASchweizerRef III, Nr. 31). Da auch
diese Bitte, die Zürich noch die Initiative zu einem vermittelnden Vorschlag überließ, von Zürich abgelehnt wurde, beauftragte Bern am
14. Januar 1531 seine Boten in Baden, einen formellen Vermittlungsvorschlag vorzubringen: «So wir nun besorgen, dass etwas widerwertigs
daruss entstande, sollend ir mit andern potten darob und daran sin,
dass etwas mittels getroffen werde, und benamptlich, dass der
houptman den eyd wie von alterhar thüe, und im selbigen vergriffen
werde und er ouch schwere, die gotzhuslüt by göttlichem glouben beliben
ze lassen, sy darby ze handthaben, schützen und schirmen, und sy darumb nit vechen noch hassen, darvon nit ze trengen, inen gůt gricht und
recht ze halten. Des mogend sich unser Eydg. von Zürich und Lucern
unsers bedunkens wol benügen» (ABernerRef, Nr. 2939; vgl. ASchweizerRef III, Nr. 54). Da sich Zürich an der Tagsatzung nicht auf eine
Diskussion über die gegen Zürich gerichteten Vorwürfe, es habe die
Bünde und den Landfrieden nicht gehalten, einlassen wollte, baten die
vermittelnden Orte Bern, dieses möge eine Botschaft nach Zürich senden und dadurch eine Verständigung in der Frage des Mehrheitsent-
scheides in den Gemeinen Vogteien und der Hauptmannschaft zu
St. Gallen zu erwirken suchen (EA IV 1b 875). Bern kündigte am 20. Januar Zürich eine Gesandtschaft auf den 29. Januar an und bat Glarus*

und Basel, ebenfalls sich an dieser Vermittlungsaktion in Zürich durch
eine Gesandtschaft zu beteiligen. Der Brief Berns an Basel und die da-
zugehörende Instruktion sind vom 22. Januar. Die Verhandlungen in
Zürich fanden aber erst vom 30. Januar bis zum 1. Februar statt (EA IV
1b 898 zu e, 1–5). Die Aktion kreuzte sich also mit der von Zürich am
25. Januar an die Schiedorte abgehenden ausführlichen Antwort auf
ihre bisherigen Bemühungen. Die Berner Boten sollen in Zürich Räten
und Burgern vortragen, Bern verwahre sich wie Zürich gegen den Vorwurf, sich nicht eidgenössischen Mehrheitsentscheidungen in äußerli-
chen Dingen zu unterziehen, und bedaure die Tagungen der V Orte zu
Beckenried, die gegen den Landfrieden stattfänden und gegen alle gerichtet seien, welche das göttliche Wort annähmen. In der St. Galler
Frage verdeutlichte Bern seinen früheren formellen Vermittlungsvorschlag: «das die vier ort Zurich, Lucern, Schwytz unnd Glaruß demsel-
bigen houptman einen eyd stellind unnd er inen, den vier orten, schwäre
und sunst niemands, unnd das ouch im selbigen eyd der houptman
schwere, die gotzhußlüt by göttlichem wort belyben ze lassen, sy darby ze
handthaben, schützen unnd schirmen, sy darumb nit vechen noch hassen, darvon nit ze tränngen, inen gůtt gericht unnd recht ze hallten etc.
Des mogennd sich beid ort, Zurich und Lucern, woll benügen, unnd ist
hieruff miner herren hochgeflissen trunngenlich pitt an ir getruw lieb
Eydgnossen unnd chrystenlich mittburger von Zurich, disen unnd den
furschlag des meerens gůttwilligklich anzenemen, damit wyter unrůw,
widerwertigkeit und anders, so hieruß entstan möcht, vermitten blybe»
(ABaslerRef V, Nr. 112b, S. 98₁₉–₃₀).

Der Vermittlungsvorschlag Berns macht den Eindruck, eine klug ab-
gewogene Lösung anzubieten (über die bernische Vermittlungspolitik im
allgemeinen vgl. Jean-Paul Tardent, Niklaus Manuel als Staatsmann,
Bern 1967, Archiv des Historischen Vereins des Kantons Bern, Bd. LI;
Meyer, Kappeler Krieg 19ff; Hans Rudolf Lavater, Zwingli und Bern,
in: 450 Jahre Berner Reformation, Bern 1980, 89–91). Beiden Seiten
wird darin Rechnung getragen. Ein Hauptmann, den Luzern zu stellen
hatte, sollte nicht genötigt werden, sich eidlich zu verpflichten, sich gewissermaßen aktiv für die Reformation einzusetzen, nämlich, wie der
Vertrag eben verlangte, «dem göttlichen wort, auch evangelischer Lehre
und Wahrheit günstig und nicht zuwider zu sein, und den Gotteshausleuten zu schwören, sie beim göttlichen Wort und ihren christlichen An-
ordnungen bleiben zu lassen». Konnte es Zürich und den evangelisch
gesinnten Gotteshausleuten nicht genügen, wenn ein katholischer
Hauptmann sich zwar nicht positiv für die Reformation aussprechen
mußte, aber doch versprach, dieselbe in keiner Weise zu bekämpfen?
Die umständliche Formulierung über den Schutz des Gotteswortes in

dem von Bern vorgeschlagenen Eid bemühte sich, jede erdenkliche Sicherung gegen eine Bekämpfung der Reformation durch einen Vertreter der katholischen Schirmorte einzubauen. Können wir nicht aus historischer Sicht sagen, der Berner Vorschlag greife über die damals noch unerbittliche Ausschließlichkeit der konfessionellen Gegnerschaft hinaus und suche im rein Konkreten ein Nebeneinanderleben in den nun einmal gegebenen eidgenössischen Rechtsordnungen, aber so, daß sich diese nicht gegen die von den Gemeinden in der Landschaft St. Gallen und von Zürich mit Recht geforderte Freiheit der Reformation richteten? Wir dürfen aus Berns Vorschlag nicht herauslesen, daß die Stadt an der Aare in irgendeiner Hinsicht ein Gespräch zwischen den Konfessionen, eine ökumenische Haltung in modernem Sinn, vertreten habe. Berns Vorschlag entsprang einzig und allein dem Willen, die Verschärfung des Konfliktes in der Eidgenossenschaft zu vermeiden und den politischer Klugheit entspringenden möglichen Weg zu beschreiten. Dort, wo Bern ohne Gefährung des Friedens oder seiner Interessen die Macht dazu hatte, in Saanen und im Oberhasli z. B., in den Vogteien, die es mit Freiburg gemein hatte und in der von ihm 1536 eroberten Waadt, war Bern kirchenpolitisch völlig unnachgiebig. Wenn wir diese Haltung Berns in seinem Machtbereich im Auge behalten, dann gewinnen wir den Maßstab für das Verständnis der ablehnenden Haltung Zürichs, die auf den ersten Blick als intransigent erscheinen könnte.

Ihre Begründung finden wir in der schon erwähnten umfangreichen Gegenschrift Zürichs vom 25. Januar 1531 (EA IV 1b 879–885). Ähnlichkeit und Abweichung von den Gedanken Zwinglis in unserer Schrift sollen im Rahmen einer gedrängten Übersicht unsere Aufmerksamkeit in Anspruch nehmen.

Obschon Zürich älteren Herkommens ist als etliche unter den V Orten, anerkennt die Stadt doch, daß jene, die Tapferkeit, Treue und Glauben und rechte Liebe des Vaterlandes höher achten als Gunst von Fürsten und Herren, auch Ehre und Wohlfahrt gemeiner Eidgenossenschaft dem Eigennutz voranstellen, als wahre alte Eidgenossen anerkannt werden sollen. Zürich verwahrt sich aber gegen die Anklage, die Stadt wolle ihren Eidgenossen in irgendeiner Hinsicht etwas aufzwingen, vielmehr wolle sie die Mehrheit, die Bünde und den Landfrieden gelten lassen. Da die V Orte Zürich vorgeworfen hätten, die Bünde und den Landfrieden gebrochen zu haben, wolle die Stadt jetzt zeigen, wer das getan habe. So haben die Eidgenossen von den fünf, besonders den vier Orten (den vier Waldstätten, vgl. Z VI/II 419₄ mit Anm. 3 und 5), die alle anderen ebenfalls betreffenden Geschäfte zu Beckenried und anderswo vorberaten und dadurch Spaltung hervorgerufen, und trotz des ausdrücklichen Verbotes im Landfrieden, Artikel 5, haben sie weiter

solche Tagungen gehalten. Unter solchen Voraussetzungen kann sich
Zürich aber nicht zu Mehrheitsentscheidungen mit ihnen herbeilassen.
Zürich habe nie der Eidgenossenschaft einen auswärtigen Krieg auf den
Hals geladen, sich nie einem Mehr widersetzt, man wisse aber, daß die
V Orte Krieg angezettelt und daß sie den Landfrieden gebrochen haben. Sie haben «ein einhelligs unwidersprochens meer» in Muri unterdrücken helfen (vgl. Z VI/II 552ff), sie haben gegen die Mehrheit der
Gemeinde der Minderheit erlaubt, einen Meßpriester zu nehmen (vgl.
Z X 494, Anm. 4, und 536, Anm. 1), sie haben in Walenstadt verhindert,
daß alle Kirchgenossen zur Abstimmung zugelassen wurden, sie haben
dort die Bestrafung derer verhindert, die den Zürcher Boten geschmäht
haben (vgl. Z VI/III 353), sie haben Beschimpfungen, die ein Hiltbrand
u. a. gegen Zürich offen ausgesprochen haben, nicht bestraft, obschon
sie auf Grund des Landfriedens, Artikel 10, dazu verpflichtet und von
Zürich dazu aufgefordert worden waren, sie haben in Rapperswil nur ihren Anhängern eine Gemeindeversammlung gewährt und Glarus nicht
erlaubt, eine solche der Evangelischen zu halten (vgl. oben Nr. 179, Z
VI/IV 177). Ferner sind in Zug am 9. Januar 1531 Leute mit aufge-
steckten Tannästen zur Verachtung der Reformierten herumgezogen. In
den Gemeinen Vogteien Baden, Freie Ämter, Sargans und Rheintal haben die Landvögte soviel zur Unterdrückung des göttlichen Wortes getan, daß das nicht aufgezählt werden könne; besonders rügt aber Zürich
das Verhalten des Vogtes im Rheintal (vgl. Z XI 348f und die Darstellung des gesamten Konflikts bei Theodor Frey, Das Rheintal zur Zeit der
Glaubensspaltung, Altstätten 1946). Zürich stellt fest, daß aus diesen
Vorgängen gut zu erkennen sei, wer den Landfrieden gehalten habe,
und fragt: «Wer könde nebent sölichen fründen belyben oder hußhan?»
(EA IV 1b 882 19).

Zürich fragt nun die vermittelnden Städte an, wie weit es mit dem
Evangelium käme, wenn in dieser Weise das Mehrheitsprinzip herrschen
würde. Zürich wolle keineswegs den Luzerner Hauptmann in St. Gallen
am Aufreiten hindern: «Wir wellent sy gern zuo mitregiereren und herren neben uns zuolassen, ja, soferr sy nach vermög göttlichs worts und
des landtfridens regieren, der warheit, erbarkeit und gemeiner gerechtigkeit statt geben und deren niemandt entgelten lassen wellent» (EA IV
1b 883 20). Dann erläutert Zürich eingehend die St. Galler Frage. Unter
anderm weist die Stadt darauf hin, daß alle Obrigkeiten ihren Untertanen schwören, die V Orte sich also nicht beklagen können, den Bauern
einen Eid leisten zu sollen. Auch verpflichteten die Bestimmungen des
Landfriedens Zürich nicht, das Rechtsverfahren anzunehmen. Sehr entschieden unterstreicht Zürich: «Als die biderwen gotshuslüt sich dem
Evangelio Cristi anhängig und uns, deßglychen ouch unsern Eidtgnos-

sen von *Glarus, als iren wissenthaften schirmherren, im glouben glychförmig gemacht und uns nit nummen ein, sunder zuo vilmalen zum träf-
fenlichisten angesuocht, sy daby ze handthaben»*, da hatte Zürich dem
Abt angeboten, der *«sich allweg siner b[iderwen]lüten cristenlichen meeren
widersetzt und mit underhaltung und zuoschuob der übrigen zwei Orten
das Bapstum zuo erhalten understuond»*, er möge auf Grund des Gotteswortes seinen Mönchsstand rechtfertigen, dann würde ihn Zürich dabei beschirmen. Der Abt habe aber darauf nie geantwortet, sondern sich
mit Wegnahme von Klostergut außer Landes begeben. Trotzdem hätten
ihn Luzern und Schwyz bei seinen Rechten schützen wollen, obschon er
vor den vier Orten in Baden erklärt hatte, *«daß er von der kutten nit
stan wölt, und wir aber von den biderwen gotshuslüten die verwaltung
der landschaft an dhand ze nemen und sy mit oberkeiten, gerichten und
rechten zuo versechen für und für ganz trungenlich angesuocht worden,
habent wir inen deß als schirmherren in kraft burg- und landrechtens,
die da heiter wysend, daß wir sy als unser eigen lüt in unsern eigenen
landen halten söllent, nit vorsin können. 25. Sonder deßhalb ... einen
tag gan Wyl ernempt und gedachten unsern Eidgnossen von beiden Orten denselben ouch, was wir da handlen welltind, anzöigt mit ganz
früntlicher pitt und vermanung, mit uns hinuf zuo keeren und da helfen
zuo schalten und ze walten nach der b[iderwen] lüten und des gotshus
nutz und notdurft; wo sy das thuon, wäre unser höchsts gefallen; wo nit,
wurden wir mitsampt unsern lieben Eidgnossen von Glarus fürfaren und
das thuon, darzuo wir gedächtind glimpf und fuog ze han. 26. Und so sy
aber nit erschinen, sich ouch weder vor noch nach der biderwen lüten beladen noch annemen oder sich für schirmherren halten noch tragen»*,
sondern den landesflüchtigen Abt weiterhin beschützt haben und ihrem
Hauptmann nicht gestatten wollen, wie es das Verkommnis vorsieht,
das oberste Haupt in der Landschaft St. Gallen zu sein, behalten Zürich
und Glarus die Verwaltung in ihrer Hand *(EA IV 1b 883 22–884 27).*
Zuletzt bittet Zürich die vermittelnden Orte und besonders die mit ihm
verburgrechteten Städte, zu bedenken, *«in was müeg und arbeit wir gestanden, ee wir uns gemelten landsfriden erlangen und unsere frommen
underthanen by göttlichen wort frygen mögen; wo wir uns ouch diser cristenlichen sachen halb und was daruß gefolget, in recht begeben und
dem meeren derer, die solichem unserem glouben und fürnämen zum
höchsten ufsätzig, geleben sölten etc., daß unser ding bald zuo nichten
gericht und wir vom landsfriden, ouch aller erlangter fryheit gar schier
entsetzt wurdint, ...»* *(EA IV 1b 885 33).* So appelliert Zürich an die
Burgrechtsstädte, sie möchten die Unterdrückungsversuche des Gotteswortes nicht dulden, sondern Zürich in der Verteidigung des Evangeliums unterstützen.

Der Vermittlungsversuch Berns und dessen Ablehnung durch Zürich zeigen die Schwierigkeiten einer Zusammenarbeit der beiden stärksten Glieder des «Christlichen Burgrechts», die Verantwortung Zürichs für die Evangelischen in der Ostschweiz, die Verantwortung Berns für den Frieden in der Eidgenossenschaft im Hinblick auf die auf Bern wartenden Aufgaben im Westen.

Die St. Galler Frage stand für Zürich im Zusammenhang mit allen übrigen Anzeichen, wie den Gefahren, die von kaiserlicher Seite zu befürchten waren, wie den vielerlei Schmähungen im Bereich der V Orte gegen Zürich, und anderen, die in den Augen der Zürcher ein bundes- und vertragswidriges Verhalten der V Orte erkennen ließen. In immer neuen Gutachten bearbeiteten die Zürcher diese Fragen und brachten sie auf den Tagungen der Burgrechtsstädte zur Sprache. Die Verordneten Burgermeister Walder, die Obristenmeister Binder, Ochsner, Thumysen und Kambli, und Zwingli legten am 17. Februar 1531 ausführliche «Betrachtungen und ratschlag, wie dem hochmuot, muotwillen, fräflen, schmächung und schantlichen eererverletzlichen zuoredungen, so uns und den unsern täglichs on alle rach und straf angestattet werdent, zuo begegnend wäre», nieder (ASchweizerRef III, Nr. 158, S. 62-66; vgl. HBRG II 342ff). Darin wurde, so viel wir sehen, zum erstenmal die Frage von Sanktionen aufgeworfen. Dabei wurde zwar die Frage gestellt, wie denn «etwas tapfers» unternommen werden könne, es wurde aber nur die Möglichkeit einer Proviantsperre gegen die beiden direkten Nachbarn Schwyz und Zug angeschnitten.

e) Beratungen über Streitpunkte

Am 6. März 1531 beschlossen die Burgrechtsstädte auf einem Tag in Zürich, Bern solle eine eidgenössische Tagsatzung auf den 31. März ausschreiben, an welcher die Städte ihre Klagen gegen die Beschimpfungen und Schmähungen von katholischer Seite vor allen Eidgenossen und zugewandten Schiedleuten vorbringen und deren Bestrafung verlangen sollten. Die Städte sollten ihre Boten instruieren, ob sie den V Orten nichts ankündigen oder mit Krieg oder Proviantsperre drohen wollten, ebenso wie sie darauf zu dringen hätten, daß die V Orte kraft des 1. Artikels des Landfriedens keine evangelisch Gesinnten strafen dürften (EA IV 1b 910 e). Bevor die Verhandlungen unter allen Eidgenossen in Baden weitergehen konnten, trafen Mitte März 1531 in Zürich die Nachrichten über den Angriff des Kastellans von Musso gegen die Bündner ein (vgl. unsere Einleitung zu Nr. 173, Z VI/IV 83). Da in Zürich die Verordneten, Zwingli, Räte und Burger unmittelbar einen kombinierten Angriff von kaiserlicher Seite durch den Müsser und Österreich befürchteten, wuchsen bei ihnen auch die Besorgnisse vor be-

*drohlichen Absichten der V Orte. Trotzdem begann am 27. März 1531
die Tagsatzung in Baden (EA IV 1b 923–931). Bern, das den Tag einberufen hatte (ABernerRef Nr. 2972), trug seine Klagen über die Schmähungen vor, welche von einigen Personen aus den V Orten gegen Bern
und Zürich gefallen waren, ohne daß die Täter bestraft worden wären.
Die V Orte verlangten Abschriften dieser Schmähworte und versprachen, die Schuldigen zu strafen. Sie beklagten sich ihrerseits über die
gegen sie gerichteten Beschimpfungen. Die V Orte rechtfertigten sich
auch in Einzelfällen; so erklärte Schwyz, Hiltbrand von Einsiedeln habe
drei Tage im Gefängnis gelegen und er wäre auch wieder verhaftet worden, wenn er nicht entwichen wäre (vgl. oben S. 176). Die V Orte wiederholten nachdrücklich, sie wollten allen Ernstes den Beschimpfungen
Einhalt gebieten und die Schuldigen bestrafen. Glarus, Freiburg, Solothurn und Appenzell mahnten die Burgrechtsstädte und die V Orte, sich
an diese Abreden zu halten, sonst aber nichts gegeneinander zu unternehmen. In der Frage des Müsserkrieges meldeten Zürich, Bern, Glarus
und Solothurn, daß sie den Bündnern Hilfe geschickt; Luzern, Uri,
Schwyz und Zug bedauerten, daß ihnen ein Auszug nicht möglich sei.
Die ungleichen Antworten ließen nur den Abschied zu, aufeinander «ein
getreues Aufsehen zu haben».*

*Am Tag der Burgrechtsstädte vom 10. bis 13. April 1531 war Zürich
mit seinem Vorschlag, dem Feind durch einen Angriff gegen Vorder-
österreich zuvorzukommen, nicht durchgedrungen (vgl. unsere Einleitung
zu Nr. 173, Z VI/IV 88). In den Beratungen über die gesamte Lage in
und außerhalb der Eidgenossenschaft hielten die Verordneten mit
Zwingli fest, Zürich könne sich mit der Haltung der V Orte gegen die
Schmähreden nicht zufriedengeben. Bundesbruch und Untreue von seiten der V Orte wurden scharf herausgestellt (vgl. unsere Nr. 174, Z
VI/IV 111f). Zwingli brachte wieder Gedanken zu Papier, die er in der
großen Denkschrift weiter ausführen sollte, und unterstrich die Verantwortung, die Zürich zufiel, wenn es nicht mit allen Kräften gegen die
Verderbnis in der Eidgenossenschaft und gegen ihren drohenden Zerfall
ankämpfe. Wir berichteten schon in der Einleitung zu Nr. 174 (Z VI/IV
112), daß auf dem Tage zu Zürich vom 24. bis 26. April 1531 Bern den
Vorschlag der Proviantsperre machte. Für Zürich bedeutete die Weigerung der V Orte, den Bündnern Hilfe zu bringen, den offenen Bundesbruch. Da die V Orte sich weiterhin bereit erklärten, die Schmähungen
zu strafen, baten die vermittelnden Orte sie nur, sich ernstlich zu prüfen,
ob sie den Bundesverpflichtungen wirklich nachgekommen seien. Bern
mahnte die V Orte zur Bundeshilfe für die Bündner. Ihre Ablehnung begründeten die V Orte in einer Gesandtschaft nach Bern am 17. April
1531 (EA IV 1b 944–948). Sie bestritten, daß die Bundesverträge sie*

*verpflichteten, den Bündnern Hilfe zu leisten, und daß diese Verträge
Bern die Befugnis gäben, in seinem Namen für Dritte die V Orte zu
mahnen. Dann kamen die V Orte auf die innereidgenössischen Fragen
zu sprechen. Sie verwiesen auf ihre Klagen vom 8. Januar 1531, daß die
Städte ihnen gegenüber den Landfrieden nicht gehalten hätten, Mehr
nicht Mehr sein ließen, daß sie ihrer Rechte im Rheintal entsetzt seien;
durch ihr Anrufen des Rechts seien «unser Eidgnossen von Zürich erst
dardurch zuo hitz bewegt, ...» (EA IV 1b 946 11). Es hätten in Zürich
nur drei Hände gefehlt, so wäre dort der Entschluß zum Kriege gefallen.
Von einem Bündnis ihrerseits mit dem Kaiser, wie die Zürcher behaupteten, sei keine Rede. In seiner Antwort bedauerte Bern, daß die V Orte
den Bündnern ihre Hilfe verweigerten. Daraus folgerte Bern die Be-
fürchtung, die V Orte ständen mit «unserm Erbfeind» in Verbindung,
und wies auf die Rede Ammann Rychmuts an der Landsgemeinde hin
(vgl. Z VI/IV 120 und 175), ferner auf die geheimen Besprechungen mit
der Regierung König Ferdinands, den die V Orte ins Land bringen wollten. Auch hätten die V Orte das Wallis gegen Zürich gemahnt und vom
Entlebuch aus auf die benachbarten bernischen Gebiete einzuwirken
versucht. Wenn die V Orte die Schmähungen nicht bestraften und ihre
bundeswidrigen Intrigen nicht einstellten, müsste Bern die Bünde her-
ausfordern (EA IV 1b 950 7).*

*Dürfen wir daraus entnehmen, daß Bern nun nach der Verweigerung
von Hilfe gegen den Müsser durch die V Orte der zürcherischen Haltung der Dinge gegenüber viel näher gerückt war?*

*Anfang Mai trug Zürich noch einmal den Burgrechtsstädten die Kla-
gen über die Schmähungen der V Orte und deren Beziehungen zu König
Ferdinand vor (vgl. unsere Einleitung zu Nr. 174, Z VI/IV 113; EA IV
1b 968–973). Auf dem neuen Burgertag in Aarau vom 13. Mai waren
alle Städte außer Zürich gegen den Krieg, beschlossen jedoch dann in
Zürich am 15. Mai 1531 die Proviantsperre gegen die V Orte, die Zürich
und Bern allerdings allein durchführen sollten (EA IV 1b 986–989;
Nr. 174, Z VI/IV 114). Auf den Pfingsttag 1531, den 28. Mai, kündigten
Zürich und Bern in getrennten Zuschriften die Proviantsperre an (EA
IV 1b 1001–1004; der ganze Vorgang mit Wiedergabe der Abschiede
und Akten bei HBRG II 383–395). Auf Drängen Zürichs schlossen sich
von den anstoßenden Gemeinen Herrschaften Bremgarten, Mellingen,
die Freien Ämter, die Gotteshausleute von St. Gallen, Toggenburg, Sargans und Rheintal an, auch Weesen und Gaster (HBRG II 396). Schon
vor dem Erlaß der Proviantsperre auf Pfingsten hatte die französische
Gesandtschaft in Zürich ihre Vermittlung angeboten (EA IV 1b 996).
Sie setzte ihre Bemühungen auf dem Tag in Zürich vom 1. bis 3. Juni
1531 fort (EA IV 1b 1013ff; Ferdinand Schmid, Die Vermittlungsbemü-*

*hungen des In- und Auslandes während der beiden Kappelerkriege,
Diss. Basel 1946, 48ff). Glarus, Freiburg, Solothurn, Appenzell, die drei
Bünde Rätiens, die Gerichtsherren und Gemeinden im Thurgau schlossen sich an. Da die Gesandten von Zürich, Bern, Basel und Schaffhausen nicht instruiert waren und keine Antwort geben konnten, setzten die
Schiedorte einen Tag zu Bremgarten auf den 11. Juni fest. Damit wurde
die Reihe der nun folgenden Vermittlungsverhandlungen in Bremgarten
eingeleitet, die Voraussetzung für Zwinglis Schrift sind (EA IV 1b 1019 s).
Das Schreiben der Boten von Glarus, Freiburg, Solothurn und Appenzell
an Luzern vom 2. Juni wurde von Hans Aebli, dem Glarner Landam-
mann, der schon im Juni 1529 vermittelt hatte, gesiegelt.*

Tagsatzungen in Bremgarten

a) Tagsatzung vom 12. Juni

   *In Bremgarten ließen sich vertreten die XIII Orte: Zürich durch Bur-
germeister Diethelm Röist, Zunftmeister Johannes Bleuler und Stadtschreiber Werner Beyel, Bern durch Venner Peter Im Hag und Ratsherr
Jakob Wagner, Luzern durch Schultheiß Hans Golder, die Länder Uri,
Schwyz, Unterwalden, Zug und Glarus durch ihre Landammänner oder
andere hohe Magistratspersonen, ebenso die Städte Basel, Freiburg,
Solothurn und Schaffhausen wie das Land Appenzell; dann die Zugewandten: die Stadt St. Gallen, Graubünden, Wallis, Rottweil und Neuen-
burg; von den gemeineidgenössischen Untertanengebieten waren Thurgau und Sargans vertreten, schließlich der König von Frankreich durch
die Gesandten Lambert Meigret und Louis Dangerant, der Herzog von
Mailand durch Giovanni Domenico Panizzone (EA IV 1b 1034–1046;
wie wir wissen, ordnet Strickler Zwinglis Schrift hier in den Abschiedband
als Beilage ein; vgl. verschiedene Texte auch bei HBRG III 1–21).*

   *Zuerst brachten die Bündner Schwierigkeiten des Müsserkrieges zur
Sprache und klagten über die ungenügende Hilfe des Herzogs von Mailand. Die Tagsatzung ermahnte die Bündner, selbst energischer für ihre
Sache zu kämpfen. Dann forderten die Vermittler, nämlich die französische Botschaft und Glarus, Freiburg, Solothurn, Appenzell und Thurgau, welche den Tag einberufen hatten, die Parteien auf, ihre Klagen
vorzubringen. Zürich und Bern verwiesen auf die den V Orten schriftlich
gegebenen Klagen und erwarteten nun deren Antwort sowie die Vorschläge der Vermittler. Die V Orte erklärten, sie bäten um Aufhebung
der Proviantsperre und Zurücknahme der Vorwürfe, sie hielten die
Bünde nicht, «da sie laut ihrer Befehle nichts Fruchtbares zu handeln
hoffen dürfen, bevor dies geschehe». Auf lange Tagungen könnten sie*

sich mit Rücksicht auf die Ihrigen nicht einlassen, solange die Sperre andauere. Die Städte Zürich und Bern sampt ihre Mithaften, nämlich den Städten des «Christlichen Burgrechts», erklärten sich bereit, auf die Bedingung der V Orte einzugehen, wenn die Schiedorte erreichen würden, «daß sie [die V Orte] den Landfrieden in dem (I.) Artikel, wonach kein Theil den Glauben des andern anfechten noch strafen solle, gehörig erfüllen und gestatten wollen, das Gotteswort (in ihrem Gebiet) zu verkünden, davon zu reden und es frei zu hören» (EA IV 1b 1036). Die evangelischen Städte suchten also in erster Linie die von ihnen immer so verstandene Interpretation des ersten Artikels des Landfriedens durchzusetzen. Die Boten der V Orte antworteten, sie seien nur instruiert, über die Aufhebung der Sperre zu verhandeln und dann erst Vermittlungsvorschläge entgegenzunehmen. Die Schiedleute erklärten den V Orten, die Proviantsperre sei ja wegen der Schmähungen und ihrer ungenügenden Bestrafung verhängt worden, die V Orte sollten darin ihren Bundespflichten genügen.

Dann legten die Vermittler drei Verständigungsvorschläge vor: 1. Die Beschimpfungen sollen gegenseitig unterbleiben und als tot und abgetan gelten, beide Parteien sollen «einander für gute fromme getreue liebe Eidgenossen und Freunde halten», Fehlbare sollten laut des Landfriedens streng, ohne Schonung, gestraft werden. 2. Die des Glaubens wegen Vertriebenen sollen beidseitig in ihre Heimat zurückkehren dürfen. Im 3. Punkt ihres Vermittlungsvorschlages versuchen die Schiedleute, die Frage der Interpretation des ersten Artikels des Landfriedens zu lösen: «Betreffend die Meinung der Eidgenossen von Zürich und Bern und ihrer Mithaften, daß die von den V Orten vermöge des Landfriedens schuldig seien, das Gotteswort in ihren Landen verkünden, davon reden und es lesen zu lassen und deßhalb den Ihrigen nichts Arges und Unfreundliches zuzufügen, erkennen die Schiedleute, daß die Eidgenossen von den V Orten bei allen ihren Freiheiten und Gerechtigkeiten, alten Bräuchen und Gewohnheiten, als der Messe, Vesper und andern dergleichen Ceremonien, wie sie solche bisher gehalten und noch haben, bleiben mögen und ihnen hierin nicht abgedrungen (‹abgetädigt›) werden solle; da sie aber selbst bekennen, daß der Glaube als eine freie ungezwungene Gabe von Gott allein komme, während sie damit, daß sie den Ihrigen abgestrickt, die heilige göttliche Schrift alten und neuen Testaments zu lesen und etliche um des Glaubens willen von Haus und Hof verwiesen, den Landfrieden – nach Bedünken der Schiedboten – einigermaßen geschwächt (‹etwas zu viel gethan›) haben; und da Gottes Wort zu lesen und davon zu reden nichts Leibliches und Äußeres (berührt), sondern Früchte der Seele und ewiges Heil bringt, und sie (die Obern) sich rühmen, auch das Gotteswort zu haben und Christen zu sein (wofür man sie denn auch hält), und es unter Christen nicht billig ist, dasjenige abzuschlagen, was zum Seelenheil dient, so ist hierüber erkannt, es sollen hinfür die V Orte in ihren Gebieten und Herrschaften jedermann zulassen, das alte und neue Testament ungestraft zu lesen, und dies niemand wehren noch verbieten, sondern ihre Leutpriester, Pfarrer und Seelenhirten anweisen, dermaßen zu predigen, daß sie es mit göttlicher Wahrheit zu verantworten getrauen, jedoch nicht gebunden sein, andere Prädicanten, als die sie selbst dazu verordnen, aufzustellen oder neben denselben öffentlich predigen zu lassen; damit wird ihnen an ihrem christlichen Glauben sowie an ihren Rechten und Gerechtigkeiten gar nichts benommen und dem Landfrieden nicht zuwider gehandelt» (EA IV 1b 1037/1038 VII; HBRG III 25-29; Zürich publizierte die Schiedartikel in einem grossen gedruckten Manifest vom 9. September 1531, EA IV 1b 1138f).

Die Boten von Luzern antworteten, sie könnten auf keine Verhandlungen eintreten, bevor die Sperre aufgehoben werde. Andrerseits hatten die Boten von Zürich und Bern keine Befugnis, die Sperre aufzuheben, waren aber bereit, die Vergleichsartikel ihren Obern vorzulegen. Die Vermittler setzten einen neuen Tag auf den 20. Juni fest.

Die Burgrechtsstädte besprachen unter sich die Lage. Zürich befürchtete einen Überfall der V Orte und betonte, daß sich die Städte mit der Proviantsperre des Vorteils begeben hätten, daß die Gegner einen überraschenden Angriff fürchten müßten; nun müßten die Städte einen solchen fürchten, anstatt ihn selbst führen zu können. Die Städte versprachen einander für den Notfall sofortige Hilfe, Zürich solle aber nicht «zu hitzig aufbrechen», sondern eine günstige Verteidigungsstellung zu halten versuchen, dann würde Bern helfen und zugleich das Wallis, Luzern und Unterwalden im Schach halten. Zürich solle nicht «Vormann» sein wollen, nämlich nicht den Krieg präventiv führen (EA IV 1b 1039). Die Berner Herren erklärten sich am 19. Juni mit dem Abschied der Burgrechtsstädte einverstanden (EA IV 1b 1046 zu e).

b) Tagsatzung vom 20. Juni

Am zweiten Tag zu Bremgarten vom 20. Juni 1531 (EA IV 1b 1049–1053) verwahrten sich die V Orte gegen den Vorwurf, sie hätten verboten, «die warheit zuo predigen, deßglychen nüw und alt testament ze lesen»; wenn es ihnen gestattet werde, «by unserem gelouben, fryheiten, gerechtigkeiten und loblichen brüchen in unsern landen, eignen gebieten und in den gemeinen herrschaften» gemäß dem Landfrieden zu leben, so wollten sie ihre Miteidgenossen «by irem glouben, fryheiten und gerechtigkeiten güetlich und gern belyben lassen, als dann das

frommen Eidtgenossen zuostat». Abstellen und Bestrafen der Schmä-
hungen müsse auf beiden Seiten durchgeführt werden. Die Bünde und
den Landfrieden wollten sie halten. Die V Orte gingen also im Grunde
auf die Vermittlungsvorschläge nicht ein, sondern stellten sie als gegen-
standslos hin, was sie selbst betreffe.

Die Burgerstädte antworteten, sie würden sich sehr darüber freuen,
wenn die V Orte Bünde und Landfrieden getreulich halten wollten, ih-
ren Worten entsprächen aber nicht ihre Werke. Sie hätten im Müsser-
krieg die Bünde nicht gehalten, im Geschehenlassen der Schmähungen
den 10. Artikel des Landfriedens verletzt. Die Städte wollten ihnen in
weltlichen Rechten in den Gemeinen Herrschaften nicht den geringsten
Abbruch tun, müßten aber darauf beharren, daß die V Orte den ersten
Artikel zu halten bereit seien, «unsern glouben nit fechtind, sunder das
gotswort in iren oberkeiten fry ungestraft läsen und darvon reden lies-
sind», es sei doch «vor cristen lüten schwär ze hören, daß vom gotswort
ze reden nicht fry sin soll».

Es war also noch nichts erreicht worden. Die Schiedorte setzen einen
neuen Tag auf den 9. Juli an.

Als darauf Zürich in der Zwischenzeit an die Burgerstädte den Ent-
wurf eines Manifestes zur Begründung der Proviantsperre sandte, lehnte
Basel entschieden ab (ABaslerRef V, Nrn. 273, 274, 342; ASchweizerRef
III, Nr. 933). Freiburg und Solothurn setzten sich in Bern, die französi-
schen Gesandten in Zürich, Bern und bei den V Orten für den Frieden
ein (EA IV 1b 1056; ASchweizerRef, Nr. 898; Schmid, a. a. O. 51).

Am 5. Juli erklärte Zürich in einem Brief an Bern, Zürich bleibe bei
den bisherigen drei Schiedartikeln. Wenn die V Orte diese nicht anneh-
men wollten, dann sollten die Städte die Verhandlungen mit ihnen ab-
brechen (StAZ A 230.1, Nr. 176).

Bern erklärte sich in einem Schreiben an Zürich und Basel vom
5. Juli bereit, falls die V Orte die Vermittlungsvorschläge ablehnen wür-
den, in einem Teil des dritten Punktes nachzugeben, um die Verhand-
lungen in Fluß zu halten, «dass wann die V ort sich des begeben wellen,
dass sy des ersten die, so sy von göttlichs worts wegen uss iren landen
und gepieten verjagt, widerumb in und zů dem iren, und demnach jeder-
man by inen nüw und alt testament läsen und darvon on alle straf re-
den, das ungevechet und ungehasset lassen wellend, dass wir uns als-
dann des benügen und nit daruf verharren, dass sy predicanten ufstel-
len sollind und müssind» (ABernerRef Nr. 3042). Damit war die Bestim-
mung des 3. Schiedartikels gemeint, die V Orte sollten in ihren Gebieten
und Herrschaften jedermann zulassen (EA IV 1b 1038).

Bern erläuterte am 7. Juli, Zürich möge gleichlautend instruieren,
man versäume ja nichts, da die V Orte die Vermittlungsvorschläge doch

nicht annehmen wollten, so daß sie sich damit ins Unrecht setzten, der Proviantabschlag also fortbestehen könne (ASchweizerRef III, Nr. 926).

Aber Bern nahm sehr entschieden Stellung gegen Zürichs Verhalten gegenüber Weesen und Gaster, wo Zürich die Durchführung der Proviantsperre auch auf die Gefahr eines Angriffes von Schwyz erzwingen wollte. Weesen war die entscheidende Durchgangsstelle für die Salzeinfuhr aus dem Tirol und Salzkammergut (Walter Ammann, Die Reformation im Gaster, in: Zwa VII, 1940, 251). Bern schrieb am 8. Juli 1531 nach Zürich: «Wir haben üwer manbrief berüerend die Gastaler und Wesner verstanden, daruf wir üch pitten, ir wellend ansehen (die) gestalt der sach, und wie schwär es sye, dass der undertan sinem herren die profand vorheben sölle; desshalb ir bescheidenlich faren und nit zuo gäch syend, in betrachtung wie gern irs von den üwern hettend, wo sy üch feilen kouf versagen sölltend; darumb bedenkend die sach wol» (ASchweizerRef III, Nr. 935). Jedenfalls waren die Burgrechtsstädte bereit, die Vermittlungsvorschläge anzunehmen, während die V Orte am 30. Juni in Luzern ausdrücklich beschlossen, bei der früheren Instruktion zu bleiben (EA IV 1b 1057 c).

Zunächst fand am 3. Juli in Baden die ordentliche Jahrrechnung statt, an welcher alle VIII alten Orte teilnahmen.

c) Tagsatzungen im Juli, Zwinglis Rücktritt

Der dritte Schiedtag zu Bremgarten begann am 11. Juli, wurde am nächsten Tag unterbrochen und am 25. und 26. Juli weitergeführt (EA IV 1b 1073–1084; HBRG III 34–44). Die V Orte wiederholten in bedeutend ausführlicherer und feierlicher Form ihre frühere Antwort vom 20. Juni, daß sie die christliche Wahrheit in jeder Hinsicht frei nach der Lehre der Kirche verkünden ließen und sich gerne durch «gemeines christliches Concilium» belehren ließen, daß sie Beschimpfungen verboten haben, und, wo solche von den Gegnern angezeigt, bestrafen wollten, daß der Landfriede den Burgrechtsstädten nicht das Recht gebe, wegen Schmähreden den Proviant abzuschlagen (EA IV 1b 1074f).

Obwohl die Schiedboten, heißt es weiter im Abschied, von den V Orten «eine andere Antwort erwartet hätten, die mit ihren Artikeln ... besser übereinstimmen würde», bitten sie auch Zürich und Bern um Stellungnahme. Diese erklärten, die Schiedartikel unter folgenden Bedingungen anzunehmen:

1. daß Bünde und Landfriede in Kraft bleiben, daß niemand, der an der Proviantsperre Zürich und Bern geholfen habe, zur Rechenschaft gezogen werden würde, namentlich nicht die Untertanen von Weesen, Gaster, Toggenburg, Thurgau, Rheintal, Bremgarten und Mellingen,

2. *daß die V Orte den Städten, falls diese von irgendeiner Seite ange-*
   griffen würden, gemäß den Bünden Hilfe leisten würden und
3. *daß gemäss dem 8. Artikel des Landfriedens die auf Grund der Zusa-*
   gen von Zürich und Glarus durchgeführten reformatorischen Ände-
   rungen gelten sollen bei den Gotteshausleuten von St. Gallen, bei den
   Toggenburgern, Rheintalern, Thurgauern und anderen Gemeinen
   Herrschaften, «was daselbst aufgerichtet und gehandelt worden, es
   betreffe Gerichte, Rechte, Obrigkeiten, Regierungen, Nachlass von
   Beschwerden oder Anderes, besonders auch die Verkommniß, die mit
   den Gotteshausleuten, und der Vertrag, der von Zürich, Bern, Glarus
   und Solothurn jüngst mit den Thurgauern gemacht worden, von den
   V Orten, soweit dies sie samt oder sonders berührt, angenommen und
   ratificirt und in keiner Weise angefochten werden» (EA IV 1b 1077).

Dieser dritte Artikel bedeutete die eidgenössische Genehmigung der
von Zürich in der Ostschweiz durchgeführten Reformation. Die Berner
Gesandten stimmten offenbar am 11./12. Juli in Bremgarten zu, ob-
schon sie instruiert waren, keine andern weitergehenden Anträge zu stel-
len, als die drei Schiedartikel enthielten; sie taten es, da ja noch alles of-
fen war, indem der Tag unterbrochen und auf den 25. Juli vertagt wurde
(StABE Instruktionenbuch B, A IV 190, fol. 86ff). Die Städte gaben
dann die Erklärung ab, «daß sie gründlich erfahren, wie die Eidgenos-
sen von den V Orten den Ihrigen vorgeben, man wolle sie mit Gewalt
von ihrem alten Glauben drängen, ihnen Prädicanten, wie sie den Städ-
ten gefallen, aufnöthigen und aus zwei oder drei Orten eines machen;
damit geschehe ihnen das grösste Unrecht, wie der Abschied und ihr
Vorschlag, den sie Anfangs hier in Bremgarten den Schiedleuten einge-
geben, wohl erweisen und bezeugen können, weßhalb sie dieser Beschul-
digung zum theuersten widersprochen und sich verantwortet haben wol-
len, dass solches ihren Herren und Obern niemals in den Sinn gekom-
men, sich auch auf die Schiedboten berufen, daß zu Tagen nicht das
Geringste der Art angedeutet worden, und sie den V Orten nicht ein
Haar, nicht den kleinsten Hof oder Dorf, geschweige andere Gerechtig-
keiten abzudringen begehrt haben, sondern viel lieber ihnen das Ihrige
mehren und äufnen helfen wollten» (EA IV 1b 1077 c).

Die Schiedorte mußten nun festhalten, daß die Städte die Schiedarti-
kel unter den von ihnen hinzugefügten Bedingungen angenommen ha-
ben, die Eidgenossen von den Ländern sich aber gar nicht darauf ein-
lassen. Da die Vermittler ihre Vorschläge aber nach wie vor für «christ-
lich, göttlich, ziemlich, billig und ehrbar» halten, wollte man in die
V Orte reiten, um dort deren Annahme zu erlangen, zugleich aber auch
zu den Städten Zürich und Bern, um diese zur Aufgabe der Proviant-
sperre zu bewegen; es solle also der Tag fortdauern und nach Rückkehr der

Schiedboten wieder weiter verhandelt werden. Die Schiedleute stellten ihrerseits zwei Zusatzartikel auf, welche den beiden ersten von Zürich und Bern aufgestellten Bedingungen entsprechen. Natürlich sollten, wie es der zweite Zusatzartikel vorschrieb, die V Orte den Städten, und diese auch den Ländern die Bundeshilfe getreulich leisten. Wir unterstreichen, daß die Schiedorte den dritten Zusatzartikel der Städte mit Stillschweigen übergingen (EA IV 1b 1078).

Wie Peter Lauterburg gezeigt hat (Informationstätigkeit 207ff), wurden die Zürcher Gesandten in Bremgarten, Johannes Bleuler und Rudolf Thumysen von den Bernern Peter Im Hag und Jakob Wagner, die gesinnungsmäßig auf Zürichs Seite standen, über die in Bern immer noch geteilten Auffassungen informiert. Offenbar gab es in Bern noch eine starke Gruppe im Kleinen Rat, welche die zürcherische Politik nicht ohne weiteres unterstützen wollte. Die beiden genannten Berner Herren erweckten aber bei den Zürchern den Eindruck, der Berner Rat werde nicht im Sinn dieser hemmenden Gruppe handeln. Tatsächlich hatte aber der Berner Rat am 5. Juli die beiden Kenner Peter Im Hag und Peter Stürler, der den V Orten freundlich gesinnt sein sollte, nach Bremgarten instruiert. Wagner wurde mit Im Hag schon am 29. Juni zur Badener Jahrrechnung vom 3. Juli geschickt und sollte nachher in den Thurgau reiten. Da dort Landvogt Philipp Brunner infolge Erkrankung die Rechnung nicht ablegen konnte, hatte Wagner offenbar die freie Möglichkeit, mit Im Hag auf den dritten Schiedtag nach Bremgarten zu gehen, wovon man aber in Bern beim Erlaß der Instruktionen vom 5. Juli noch keine Kenntnis haben konnte. Stürler weilte lange bei den Boten der V Orte, weil er von Bern instruiert war, ihnen zu erklären, daß die Städte nicht die Absicht hätten, einen «predicanten mit gevalt uffzusetzen, sy von irem glouben [zu] zwingen, uß fünff orten dry machen» zu wollen (zit. nach Lauterburg, Informationstätigkeit 211).

Der Ritt der Schiedleute in die V Orte blieb erfolglos, wie aus dem Ergebnis hervorgeht; über Verhandlungen im Einzelnen ist nichts auszumachen.

Bern nahm in der Zwischenzeit Stellung und schrieb darüber am 19. Juli an Zürich (vgl. Beilage I, unten S. 249f): Wie Zürich sei Bern bereit, die Vermittlungsvorschläge anzunehmen, werde das aber erst in Bremgarten bekanntgeben. Bis man wisse, was die V Orte antworten werden, wolle man an der Proviantsperre nichts ändern. Auch wolle Bern Zürich unterstützen, das den 3. Zusatzartikel gewünscht habe, wenn er von den Schiedleuten «aufgenommen werde; wenn dies aber nicht erhältlich wäre, so wolle man lieber, als die ganze Unterhandlung dadurch zerrütten zu lassen, davon abstehen und bei den (5) festgesetzten Artikeln ohne allen Anhang bleiben, da es gar schimpflich wäre, wenn die beiden Städte jetzt ein weiter gehendes Ansinnen stellten, als auf dem letzten Tag in Bremgarten schon zugesagt worden» (EA IV 1b 1082 5). *Da die Schiedorte eben diesen 3. Zusatzartikel, den Zürich vorgeschlagen hatte und der den Sieg Zürichs bedeutet hätte, bereits nicht in ihre erweiterten Vermittlungsvorschläge aufgenommen hatten, bedeutete diese Ankündigung Berns mindestens, daß sich die Aarestadt gegenüber den Plänen Zürichs distanzierte, wenn nicht, daß sie dieselben sogar ablehnte.*

Als der Tag zu Bremgarten am 25. Juli wieder aufgenommen wurde, war die Lage sehr gespannt. Die Zürcher Gesandten wollten gehört haben, die V Orte hätten die Walliser zum Aufbruch gemahnt (EA IV 1b 1083 7). Auch war davon die Rede gewesen, Schwyz wolle Weesen und Gaster bestrafen, weil sie auf Drängen Zürichs die Proviantsperre verhängt hatten (ASchweizerRef III, Nrn. 959, 961, 989, 995, 1008, 1022). Auf die förmliche Anfrage der Schiedorte erklärten die V Orte, sie hielten an ihrer früheren Anwort unverändert fest, über die beiden Zusatzartikel ließen sie mit sich reden, wenn in den Hauptfragen eine Verständigung erzielt würde. Die Städte erklärten die drei ursprünglichen Schiedartikel, einschließlich die beiden Zusatzartikel, die nun als ein ganzes Vermittlungsinstrument von fünf Artikeln verstanden wurden, anzunehmen und den dritten Artikel ihrer Bedingungen oder den sechsten des Ganzen «um des Friedens willen» fallenzulassen (EA IV 1b 1078f). So waren Zürich und Bern einig geblieben, Zürich hatte sich aber der Haltung Berns anpassen müssen. Beide Städte wollten jedoch angesichts der Ablehnung der V Orte auf der Proviantsperre beharren; zugleich baten sie die Schiedorte um getreues Aufsehen, da sie einen Angriff der V Orte befürchten müßten. Die Schiedorte wollten aber die Verhandlungen des dritten Bremgartner Tages nicht als endgültig auffassen; folglich ordneten sie einen neuen Tag auf den 10. August an.

Am Tage dieses Abschiedes von Bremgarten, am 26. Juli 1531, bat Zwingli den Großen Rat in Zürich um «Urlaub», d. h. um die Erlaubnis, sich eine andere Stelle zu suchen. Zwingli hatte am 12. November 1522 die Stelle eines Leutpriesters am Großmünsterstift aufgegeben, und Burgermeister Marx Röist und die Räte hatten verfügt, Zwingli solle gemäß seinem Anerbieten die Kanzel mit Predigen wie bisher versehen (AZürcherRef Nr. 290). Zwingli war also von den Kleinen Räten als Prädikant bestellt worden, sein Rücktrittsgesuch richtete er jedoch an den Grossen Rat.

Bernhard Sprüngli erzählt den Vorgang so (Sprüngli 20):
«*Als nun m. Ulrich befand, daß kein rechter yfer die 5 ordt, von wegen ires gwalts und hochmuts, ze strafen, kam er am 26. tag hŏuwmonets im 31. jar fŭr den großen radt, erzalt minen herren mit weinenden ougen*

*(daß er zletzt nit reden kondt von weinen), wie er ietz ein lange zyt inen
das heilig evangelium prediget hette, sy våterlichen und mit gantzen
trüwen gewarnet und anzeigt, was großen übels und verderbens einer
Eydtgnoschaft darus erwachsen, so die 5 ord, ouch der gmein huf der
pensyoneren überhand gewünne, darzu habind sy der statt Zürich ouch
übel hus, und handlind allein nach gunst, dann sy etliche im radt nemind, denen das blutgelt noch nit erleidet, und dem gotzwort fyend sy-
gend. Und die wil er befinde, daß er an inen nit verhelfe, begere er ur-
loub, und welle sich anderschwo versehen. – Ab semlicher red, erschrack
werlich månger biderber mann, daß ettlichen die ougen übergiengend,
und verordnetend mine herren, herrn Heinrichen Walder burgermeister,
herr Diethelmen Rôuisten, alt burgermeister, meister Rudolfen Binder,
meister Hansen Ochsner, meister Rudolfen Thumysen, all dryg oberiste-
meister, meister Rudolf Stollen, meister Ulrich Funcken bed des radts,
Hans Rudolf Lafetter vogt zu Kyburg, Wilhelmen Thônning und Cun-
raten Gulen, der burgeren, ihn ze bytten, daß er fürohin, wie byshar, das
best thete. Als sy ihn von sinem fürnemen bewegtend, kam er am 29. tag
hôuwmonets für råadt und burger, und under anderem, so er mit minen
herren redt, verhieß er minen herren bys in den tod by inen zu beliben,
welchs er trüwlich erstattet hat.»*

*Auch die anderen Chronisten (Hans Edlibach, Johannes Stumpf,
Heinrich Bullinger, zusammengestellt bei Farner, Zwingli IV 558,
Anm. 473; Literatur bei: Locher, Reformation 527, Anm. 201) bringen
das Rücktrittsgesuch in Zusammenhang mit Schwierigkeiten Zwinglis,
ohne aber seine Motive genauer auszuführen. Da steht doch an erster
Stelle die Zurückhaltung Berns, das Zürich von zu schroffem Vorgehen
abhielt, so schon in der Frage von Weesen am 8. Juli – «desshalb ir be-
scheidentlich faren und nit zuo gäch syend» (vgl. oben S. 202) –, dann in
der Frage der Reformation in der Ostschweiz. Wenn im dritten Zusatzartikel der Städte, den Zürich vorgeschlagen hatte, zweimal die Gotteshausleute von St. Gallen ausdrücklich genannt waren, dann wird völlig
deutlich, was auf dem Spiele stand, als Bern diesen Artikel am 19. Juli
in verbindlicher Form, aber eindeutig ablehnte (vgl. oben S. 204f). Welche
Rolle hatten in Zwinglis Plänen um die Reformation in der Eidgenossenschaft eben die Gotteshausleute gespielt! Dreimal hatte er im Frühjahr 1529 darüber geschrieben (Z VI/II, Nrn. 133, 135, 136), um die Jahreswende 1529/30 griff er wieder dreimal zur Feder (Z VI/II, Nrn. 152,
157, 158). Obschon er im «Anbringen» (Z VI/II, Nr. 158) zuerst einen
Überblick über die gesamte politische Lage niedergeschrieben hatte,
widmete er doch wieder der St. Galler Frage die größte Aufmerksamkeit
und behandelte sie in größter Breite. Wenn auch kein Autograph Zwinglis zu Zürichs Vorgehen in der St. Galler Frage Ende 1530 und Anfang*

1531 vorliegt, so wirkte er doch in den entscheidenden Verordnetengremien mit, welche die Entschlüsse der Räte vorbereiteten (28. Oktober 1530, EA IV 1b 829: Loskauf des Toggenburg; 10. Dezember 1530, ASchweizerRef II, Nr. 1917: Reformation in Walenstadt, vgl. Z VI/III, Nr. 171; und am gleichen Tage betreffend den Schirmhauptmann in St. Gallen, ASchweizerRef II, Nr. 1916, oben S. 188). Wir können uns nicht denken, daß Zwingli nicht an der großen Antwortschrift Zürichs vom 25. Januar 1531 mitgewirkt habe (vgl. oben S. 192). Nun ließ Zürich den dritten Zusatzartikel fallen. Die Chronisten berichten von Zwiespältigkeit, ja Opposition in den Räten. War es letzteren gelungen, den dritten Zusatzartikel dank der Rückendeckung Berns zu Fall zu bringen? Nun häuften sich am 26. Juli die Hiobsbotschaften: der Abschied des Tages von Bremgarten, ein Brief Comanders aus Chur vom 25. Juli, worin dieser schrieb, Anton Travers «hämmere sein verbrecherisches Bündnis mit dem Franzosenkönig allen öffentlich ein, so viel er könne, und setze hinzu, er tue das auch mit gutem Gewissen und habe den Zwingli auf seiner Seite...» Comander ist aber der Auffassung, «jene verfluchte Franzosenfreundschaft verbinde die Vornehmen und Großen unseres Vaterlandes [Graubünden] sehr mit den Fünförtischen und mache sie sich gegenseitig vertraut ...» (Z XI 543f; Walther Köhler, Zu Zwinglis französischen Bündnisplänen, in: Zwa IV, 1925, 310f). Köhler fragt mit Recht, ob nicht auch in Zürich selbst Zwinglis Pläne auf Widerstand gestoßen seien. Jedenfalls konnte die einfache Natur eines Johannes Comander die Argumente Zwinglis für ein französisches Bündnis, das dieser doch von jeher, seit 1521, so scharf bekämpft hatte, nicht verstehen. Mußte Zwingli selber erkennen, daß er in eine Sackgasse geraten war, aus der er sich durch Beschuldigung der Zürcher, die nicht Eifer genug zeigten, herauszuretten suchte? Eine zweite Hiobspost kam vom vertrauten Freund in Kappel, Abt Wolfgang Joner, sofern der Brief vom 26. Juli noch vor Zwinglis Erscheinen vor dem Rat in Zürich sein konnte: Der Übermut der V Orte sei so gross, daß ein baldiger Kriegsausbruch drohe, «und zwar laut vielfältiger Warnung an zwei Orten»; die zürcherische Zurückhaltung werde da und dort so ausgelegt, daß Zürich sogar bereit sei, von seinem Glauben zurückzutreten (ASchweizerRef III, Nr. 1031).

Zwinglis verzweifelte Reaktion auf alle diese Dinge ging vorüber. Die Freunde, die der Rat zu ihm schickte, konnten ihn bewegen zu bleiben. Seine Stellung war intern nicht geschwächt, wir finden ihn weiter Anfang September in Verordnetenkommissionen, zur Vorberatung des Burgertages zu Aarau am 5. und 6. September (ASchweizerRef III, Nr. 1284).

d) Tagsatzungen im August

Konnte der vierte Schiedtag zu Bremgarten vom 10. bis 14. August 1531 (EA IV 1b 1104–1106; HBRG III 47f) noch eine Annäherung der gegnerischen Standpunkte bringen?

Die Vermittler bemühten sich, den V Orten, welche die Schiedartikel beharrlich ablehnten, mit einer Änderung entgegenzukommen, indem sie den V Orten eine Erläuterung des dritten Artikels gaben, den diese auch an ihre Obrigkeiten heimbringen wollten, so daß man Hoffnung auf Annahme hegen konnte. Zusammengezählt mit den drei ursprünglichen Schiedartikeln und den zwei Zusatzartikeln der Städte entstand so ein neuer sechster Artikel: «Zum sechsten und letsten, dwyl der dritt artikel (der) obgeschribnen vermag, daß unsere Eidtgnossen von den fünf Orten das alt und nüw testament in iren landen und gepieten ungfecht und ungestraft läsen und davon reden lassen söllend, so haben wir den selben der gestalt erlütert, ob jemans anders oder wyters, dann der buochstab sölichs alts und nüws testaments vermag und ußwyst, läse oder redte, sy den selbigen wol strafen söllent und mögent nach irem gefallen» (EA IV 1b 1105 a).

Die Städte lehnten sofort ab (ASchweizerRef III, Nr. 1155), und auch wenn die Schiedorte betonten, dieser sechste Artikel tue dem ursprünglichen dritten Schiedartikel keinen Abbruch, da die V Orte auch ohne diesen Nachtrag von selbst zu dem befugt gewesen wären, was derselbe ihnen zugibt, so bedeutete er doch die Preisgabe jedes Versuches, freie reformatorische Predigt oder Lektüre im Gebiet der V Orte zu schützen, denn wie das Alte und Neue Testament zu lesen und zu verkündigen sei, hatten nun auch nach der Auffassung der Vermittler die V Orte selbst zu bestimmen. Die Vermittler gaben den Städten den neuen sechsten Artikel in den Abschied und erbaten Antwort bis zum 21. August abends. Mußte Zürich befürchten, Bern gebe nach, sei insbesondere bereit, die Sperre aufzuheben (ASchweizerRef III, Nrn. 1130, 1137)? Die Zürcher Gesandten Rudolf Thumysen, Johannes Bleuler und Werner Beyel konnten am 11. August schon berichten, davon sei keine Rede; die Basler aber seien geneigt, den Proviant freizugeben. Immerhin waren auch in Bern die Meinungen geteilt: «Wol hand wir denacht an gemelten botten, nemmlich herren Petern am Hag unnd Jacoben Wagner vertrüwter wys gemerckt, das es diese vergangene tag ruch by inen zů ist gangen...» (zit. nach Lauterburg, Informationstätigkeit 216f).

Waren wirklich, wie es die Zürcher Boten schrieben, die zürichfreundlichen Berner gegen die zurückhaltenden Ratskollegen so eindeutig durchgedrungen? In den Instruktionen vom 9. August heißt es, Bern wolle bei den Artikeln der Schiedleute bleiben (Lauterburg, Informationstätigkeit 217f). Eine merkwürdige Unsicherheit verriet Bern am

9. August, indem der Rat Berns Zürich um eine Abschrift des Landfriedens bitten mußte, da das Berner Exemplar verlegt worden sei (ASchweizerRef III, Nr. 1133; Lauterburg, Informationstätigkeit 218). Zürich sandte am 10. August abends 8 Uhr die verlangte Abschrift. Der briefliche Verkehr Bern–Zürich ging also in zweimal 24 Stunden hin und her. Die Vorgänge in Bern beleuchtete der Zürcher Kaspar Grossmann (Megander), der seit Februar 1528 in Bern als Professor der Theologie und als Prediger wirkte (HBBW I 214f, Anm. 53), am gleichen Tage in seinem Brief an den Obristmeister Ulrich Kambli. Nach ihm war in Bern die Diskussion über die Aufrechterhaltung der Proviantsperre völlig offen (ASchweizerRef III, Nr. 1130, Wortlaut bei Lauterburg, Informationstätigkeit 218; StAZ A 230.1 Nr. 253). Am 13. August 1531 war aber die Haltung der Berner eindeutig; sie schrieben, «das wir unverruckten willens sind, by abslachung der profand, wie wir üch das zů tagenn durch unser potten zů gesanndt habenn, zebelybenn...» (zit. nach Lauterburg, Informationstätigkeit 219).

Schließlich führte der Versuch der Schiedleute vom 10. August, den ursprünglich dritten Artikel des Vermittlungsinstruments durch ihre «Erläuterung» unwirksam zu machen, Zürich und Bern eng zusammen. Für das Verständnis von Zwinglis Schrift scheint uns der Austausch der Auffassungen zwischen den beiden Städten von großer Bedeutung zu sein. Zürich legte seinen Standpunkt durch Schreiben an Bern vom 16. August 1531 dar. Weil dieser Brief zu der Zeit geschrieben wurde, in der aller Wahrscheinlichkeit nach Zwinglis Schrift entstanden ist, geben wir das Stück im Wortlaut des Originals wieder (Staatsarchiv Bern, Allgemeine Abschiede DD, Signatur A IV 28, S. 435–438, im folgenden abgedruckt ohne Anrede, Unterschrift und Adresse; vgl. ASchweizerRef III, Nr. 1162):

«Wie wir unnsere bottenn, so wir yetz zů Brämgartten gehept, deßglychenn ouch den abscheyd daselbst ußganngen hütt datum gehört, können wir nit annderst verstan, dann ye lännger wir tagint, ye ferrer wir der sach sigent. Dann ir wissent, anfangs unnser meynung gewesen sin, das wir nemlich vermeynnt habenn, den verstannd deß lanndtsfridens dahyn reychen, das ouch das gottlich wortt by den Fünff Ordten offennlich verkündt werdenn sollte. Destmynnder nit sind wir zů wolfart eyner loblichen Eydtgnoschafft umb meerer frid, růw unnd eynigkeyt willenn uff fründtlich unnd trungenlich ansůchen der schidlütten, inenn zů sunderem gefallenn, diser meynung ettwas gewychenn unnd unns deß benügen laßenn, das man das gottswortt läsenn, fry darvon reden unnd darumb nyeman vechden noch straaffen solle. Da wir ouch vermeynt, nit alleyn gnůg, sunder ouch zůvil gethan haben, unnd die schidlüt söllichs billich von unns vergůt unnd zůbenügen angenommen hetten. So aber

*all unnser fründtlich vor- und nachgeben nützit verfachenn, unnd die
Fünff Ordt noch nye umb keyn har gewichhen, die schidlüt ouch für
unnd für an unns liggend unnd aber am gegenteyl gar nützit erheben
mögent, unnd wir ouch wol ermeßenn könnend, wo wir inn den zůschub,
der yetz dem drytten artickel angehengt ist, willenn geben, das wir damit nützit anders dann unuffhörliche zengk unnd spänn verursachenn,
unnd die biderwen cristenn inn jamer unnd nodt, ouch meerere gefaar-
ligkeyt unnd durchächtung dermaß bringen, das da nyemar růw noch
rast, sunder das letst vil böser wurde dann das erst, unnd sobald eyner
ettwas von cristenlicher fryheyt, verwerffung der mäß unnd anndern
tämpell geprängen reden, sy alßdenn, [S. 436] diewyl es nit gerad im
bůchstabenn vergriffen, uff in fallen unnd ze straaffenn unnderstan,
dardurch eyn irrung über die anndere kommen und wir nyemar zů fridli-
cher růw bracht, unnd enndtlich mee gefhaar, unrůw und widerwärttig-
keyt dann gůts daruß volgenn wurde. So habenn wir unns inn vertrö-
stung göttlicher erhalltung erlüttert, das wir ungemynndert unnd unge-
meeret by der anndtwurt, so ir mitsampt unns yetz den schidlüten geben,
ouch den articklen, wie unns die fürgeschlagenn, genntzlich belyben
unnd die abstrickung der profiand beharren unnd darvon keyns wegs
abstan wellent, unntz eyndtweders yetzgemelte artickell angenommen
oder unnser gloub fürter ungevechdt unnd ungestraafft unnd die fräflen
schännder nach irem verdienen gestraafft werdint. Mag das sin, ist mit
heyl, wo nit, so müssennd wir gott, der ungezwyfelt sin wortt unnd eer
wol erhalltenn wirt, lassen wallten. Das habenn wir uch ganntz fründtlicher meynung by gůtter zytt anzeygenn wellenn, damit ir unnsers
gemůts, und was unns hierzů verursachet, dest bas berichtet wurdint.
Unnd lannget daruff an üch, unnser vertrüwte fründ und cristennliche
mittbrůder, unnser gar hoche und ernstliche pitt, ir wellenn dem hanndel
unnd was unrůwen unns uß disem zůschub erwachsenn möchte, dest
ernnstlicher nach trachtenn unnd üch inn diser unnser meynung unnd
anndtwurt mit unns verglychen unnd nit von unns sünderen, sunder üch
so hanndtlich unnd cristennlich hierinn bewysen, als unns nit zwyfelt, ir
zů hanndthabung unnd fürderung göttlicher eeren unnd unnser aller be-
stänndiger růw selbs zum höchstenn begirig und willig sigint. Wir werdent ouch unseren botten inn bevälch gebenn, nach gegebner anndtwurt
angends heym zů verrytten und keyn wytteren tag zů besůchenn [Der
Satz von «Wir» bis «besůchenn» am Rand]. Wellint unns ouch deren
von Badenn halb lut deß abscheyds, den üwere bottenn mit inen heym-
bringend, deßglychenn ouch deß angesechenen trucks halb üwers gemůts
und gefallenn [S. 437] zum fürderlichstenn verstänndigen, unnd üch darinn nach unnserem vertrüwen bewysenn. Das wellenn wir alltzyt inn
ganntzen trüwen umb üch habenn gar fründtlich zů beschulden.*

*Uß Zürich, mittwuchs nach assumptionis marie anno etc. xv^c xxxj°, der
eilfften stund nachmittag.»*

Eine direkte Antwort Berns an Zürich liegt nicht vor. Aber die Instruktion, die Bern seiner Botschaft nach Bremgarten am 20. August
1531 ausstellte, sowie der Nachtrag vom 21. August 1531 zeigen, weil intern, mit größerer Gewissheit als jedes nach außen abgehende Stück den
klaren Willen der Aarestadt (vgl. Beilagen II und III, unten S. 250ff):

1. Die Irrtümer fingen im Christentum an, als man nur auf den bloßen
   Buchstaben der Bibel achtete, so wie es jetzt die Täufer machen.
2. Irrtum wird vermieden, wenn Geist, Sinn und Wahrheit des Glaubens
   zusammenwirken.
3. Wenn die V Orte den Vergleich ablehnen, so sollen die Schiedorte gemahnt werden.
4. Eine Rechtfertigungsschrift herauszugeben sowie Leuggern, Klingnau
   und Koblenz zu besetzen, ist unnötig.
5. Baden soll der Proviant nicht abgeschlagen werden.
6. Den Zürcher Boten soll ihr Vorsatz, sofort wegzureiten, wenn die
   V Orte die ersten Artikel nicht annähmen, ausgeredet werden.

Im Nachtrag rechnete der Berner Rat sogar mit der Möglichkeit, daß
die V Orte einlenken könnten, und gab den Boten ausdrücklich die Voll-
macht, in einem solchen Fall die Proviantsperre aufzuheben.

Am 22. August 1531 trafen sich die Gesandten der Schiedorte mit
denjenigen aus Zürich und Bern nochmals in Bremgarten. Die Tagung
galt als Fortsetzung und Abschluß derjenigen vom 10. bis 14. August. Im
Abschied mußten die Gesandten des Königs von Frankreich und die eidgenössischen Vermittler feststellen, daß die V Orte keinen Boten mehr
geschickt hatten, sondern ihre Auffassung mit Schreiben vom 19. August
schriftlich mitgeteilt hatten. Sie bedauern, daß sie aus dem letzten Abschied und dem Bericht ihrer Boten entnehmen müßen, «daß man sie
nicht bei ihrem Glauben unbehelligt bleiben lassen wolle, während sie
doch unzweifelhaft nichts anderes glauben als ihre frommen Vorfahren,
was sie in ihrer schon mehrmals gegebenen Antwort nachgewiesen haben, wobei sie noch einmütig beharren; ...» (EA IV 1b 1113; HBRG III
49–51).

Die V Orte lehnten also auch den letzten Vermittlungsversuch ab, jenen 6. Artikel, welcher den ursprünglichen 3. Artikel des Vermittlungsin-
strumentes betreffend freie Predigt und Lektüre des Evangeliums im
Gebiet der V Orte so einschränkte, daß er kaum mehr als eine Verpflichtung zur Öffnung ihrer Türen verstanden werden konnte. Damit wurde
ihr Verständnis des Glaubens ihrer Vorfahren in seiner Beziehung zur
Landeshoheit der V Orte völlig klar. Die Aufrechterhaltung dieses Glaubens bedeutete seine ausschließliche Zulassung im Gebiet der V Orte

ohne jede Konzession. Die Schiedorte stellten mit Recht weiterhin im Abschied fest, daß es nie ihre Absicht gewesen sei, «die V Orte von ihrem alten Glauben zu drängen». Die Schiedorte bedauerten in aller Form das Fernbleiben der V Orte, da sie bereit gewesen wären, ihre Bemühungen um eine Verständigung fortzusetzen (EA IV 1b 1113). Sie sind infolgedessen der Auffassung, daß der Beibrief zum Landfrieden vom 24. September 1529 (EA IV 1b 370–373, 1483–1486) den Städten das Recht einräume, den Proviant abzuschlagen, wenn die V Orte einem oder mehreren Artikeln des Landfriedens nicht nachleben würden. Die Schiedorte wollten aber weiterhin versuchen, mit den V Orten zu verhandeln, und bitten diese wie die Städte, nichts Tätliches zu beginnen (vgl. zum Ganzen HBRG III 49–51). Damit ging die Reihe der sogenannten Schiedtage von Bremgarten zu Ende, ohne daß eine Verständigung erzielt worden wäre. Die Proviantsperre der Städte Zürich und Bern gegen die V Orte dauerte fort. Die Verhandlungen wurden aber von den Schiedorten weitergeführt.

In dieser Lage der Dinge schrieb Zwingli seine Schrift. Über ihre Datierung können wir jetzt folgendes zusammenfassend sagen: Wie die Hinweise auf das Verhalten der V Orte «in mits des tagens zů Bremgarten», die Erwähnung der Tannäste, Hiltbrands von Einsiedeln, Veit Suters und der Verbindungen zu Mark Sittich von Ems zeigen, kann Zwingli keineswegs schon im Juni oder Juli 1531 geschrieben haben, sondern erst nach dem 10. August 1531. Die Abschwächung des 3. Schiedartikels, wenn nicht seine Außerkraftsetzung am 4. Bremgartnertag vom 10. bis 14. August durch die Schiedleute, führten Zürich und Bern enger zusammen. Ihre Ablehnung dieses Vermittlungsversuches an der letzten Tagung vom 22. August war gleichlautend einmütig. Die Hoffnung, auch nur in geringster Weise im Gebiet der V Orte ein Schlupfloch für die Reformation offenzulassen, mußten die reformierten Städte aufgeben, also die Proviantsperre fortsetzen. Dann mußten sie aber mit dem Kriege rechnen. Zwinglis Mißtrauen gegen die Haltung der V Orte, schon in der St. Galler Frage und seit dem Müsserkrieg verschärft, mußte in ihm die schon öfters ausgesprochene Auffassung verfestigen, die V Orte hätten die eidgenössischen Bünde und den Landfrieden gebrochen. Also mußten die beiden Städte Zürich und Bern die gesamte Lage überdenken und eine neue Gestaltung der gesamteidgenössischen Beziehungen ins Auge fassen. Die Hinweise Zwinglis auf die internationale Lage, auf Mailand, Frankreich und vor allem auf den Kaiser, die erst aus dem Briefe Capitos vom 16. August verständlich werden, lassen es zur Gewißheit werden, daß Zwingli diese bedeutungsvolle Schrift zwischen dem 17. und 22. August 1531 geschrieben hat.

Inhalt und Aufbau der Schrift

Zwingli schildert zunächst die Geschichte des politischen Verhältnisses zwischen Zürich und Bern einerseits, den V Orten anderseits: Als Zürich und Bern ihre ersten Bündnisse mit Luzern, Uri, Schwyz und Unterwalden abschlossen, war das Machtgefälle zwischen den Vertragspartnern noch nicht sehr groß. In der Folge gelang es indessen den beiden Städten, große Landgebiete zu erwerben. Dadurch wurden sie während der großen Kriege am Ende des 15. und zu Beginn des 16. Jahrhunderts zu den eigentlichen Stützen der Eidgenossenschaft. Ohne ihre Finanzkraft und ohne die Zahl ihrer Kriegsleute hätten die Burgunderkriege, der Schwabenkrieg und die italienischen Feldzüge nicht geführt werden können. Man darf daher Zürich und Bern, Zwinglis Meinung zufolge, als «Rücken» der Eidgenossenschaft bezeichnen.

Ein wichtiger Punkt in den Darlegungen Zwinglis ist sodann das Stanser Verkommnis von 1481: Da es sich zeigte, daß Zürich und Bern in den Burgunderkriegen allein je über das Zehnfache der Aufwendungen von Luzern, Uri, Schwyz und Unterwalden bestritten hatten, beschloß man in Stans, daß dementsprechend auch die bewegliche Kriegsbeute verteilt werden sollte. Am Besitz der erworbenen Gebiete und Herrschaftsrechte dagegen wurden alle Orte, ungeachtet ihrer Größe, in gleicher Weise beteiligt, obwohl man gewiß berechtigt gewesen wäre, die eroberten Ländereien in der gleichen Weise wie die bewegliche Beute zu verteilen. Das Entgegenkommen an die kleinen Orte in Stans hatte seinen Grund darin, daß die beiden Städte die vier inneren Orte als Begründer der Eidgenossenschaft achteten und das gute Einvernehmen mit ihnen nicht trüben wollten. So kam es, daß in der Verwaltung der Gemeinen Herrschaften alle Orte je eine Stimme erhielten und auch in der Kehrordnung zur Bestellung der Landvögte gleichmäßig berücksichtigt wurden.

Zwingli legt nun dar, daß die so erreichte politische Stellung die vier Orte übermütig werden und die übrigen Eidgenossen geringschätzen ließ. Darüber hinaus begannen diese, in allen Angelegenheiten, die die Eidgenossenschaft betrafen, Zusammenkünfte abzuhalten. Zu diesen zogen sie regelmäßig auch Zug bei. Während vieler Jahre wurden nun alle eidgenössischen Geschäfte, auch die der Gemeinen Herrschaften, in diesem Kreis behandelt. Wären Zürich und Bern nicht in neuester Zeit dagegen eingeschritten, so hätten die V Orte auf diesem Wege wohl mit der Zeit alle übrigen Orte unter ihre Fuchtel gebracht. Zwingli hält es daher für notwendig, jene Maßnahmen zu treffen, zu denen Zürich und Bern schon in Stans 1481 berechtigt gewesen wären, als die V Orte noch *nicht wie jetzt Hochmut und Treulosigkeit an den Tag legten. Allerdings, meint der Reformator, könnte dagegen eingewendet werden, daß es das Stanser Verkommnis, der Landfriede von 1529 und die Tradition nicht zuließen, den V Orten Herrschaftsrechte zu entreißen. Zwingli wendet gegen diesen Einwurf ein, daß jedes Recht entzogen werden könne, wenn es mißbraucht werde. Er verweist darauf, daß Palästina dem Volk Israel für die Ewigkeit verheißen wurde, daß die Israeliten aber trotzdem daraus vertrieben wurden, als sie Gottes Gebote übertreten hatten. Als weiteres Beispiel führt er die Latiner und Sabiner an, die von Rom unterworfen wurden, als sie Frieden und Nachbarschaft verletzten. Diese Beispiele sollen zeigen, daß das Verhalten der V Orte Zürich und Bern berechtigt, entweder die Bündnisse mit diesen aufzukünden oder aber diese zu züchtigen, ihre Rechte herabzusetzen, ihr stimmenmäßiges Gewicht zu verkleinern, ja sie politisch zu vernichten.*

Um seine These zu untermauern, führt Zwingli einige Vergehen der V Orte aus jüngster Zeit an. So haben diese jetzt, während der Verhandlungen in Bremgarten, Konrad Hiltbrand und Veit Suter wieder in das Gebiet der Eidgenossenschaft eintreten lassen. Gleichzeitig sind wieder Tannäste getragen worden. Fünförtische Boten haben Kontakt mit Mark Sittich von Ems aufgenommen. Anhänger der Reformation haben das Gebiet der V Orte verlassen müssen. Damit haben die V Orte den Landfrieden von 1529, die Bünde sowie Treu und Glauben verletzt.

Noch weitere Argumente sollen zeigen, daß man sich von den V Orten trennen oder dann deren Macht und Rechte einschränken muß. Es steht fest, daß im Bereich der V Orte seit langem Recht und Ordnung wenig gelten. Recht und Ordnung sind aber die Grundlagen jeder Gemeinschaft. Ein Volk, das Recht und Ordnung mißachtet und so der Sünde freien Lauf läßt, wird von Gott bestraft werden. Beispiele aus der Heiligen Schrift und der Antike beweisen dies zur Genüge. Auch daraus ergibt sich notwendig, daß die V Orte bestraft und politisch vernichtet werden müssen.

Zwingli zeigt nun, daß die Unterlassung einer solchen Bestrafung Zürich und Bern teuer zu stehen kommen könnte. Wenn sich in einem Gemeinwesen ein einzelner gegen das Recht vergeht, ohne darauf bestraft zu werden, so wird die gesamte Gemeinde von Gott und den Menschen dafür haftbar gemacht. Die Eidgenossenschaft ist ein solches Gemeinwesen. Daher gibt es, angesichts des gotteslästerlichen Treibens der V Orte, für die übrigen Eidgenossen nur die Alternative, entweder jene zu strafen oder mit ihnen vernichtet zu werden. Gegenüber dem möglichen Einwand, die Souveränitätsrechte der V Orte dürften nicht verletzt werden, auch wenn sie von diesen mißbräuchlich angewendet würden, beruft sich Zwingli auf den Grundsatz, daß weder Bündnisse noch Gesetze gegen die Gerechtigkeit bestehen könnten. Das gilt auch dann, wenn es in den konkreten Bündnistexten nicht ausdrücklich festgehalten wird. Ein Bündnispartner, der die Gerechtigkeit verletzt, muß von jenen, die sich daran halten, gemaßregelt werden. Dies soll das Beispiel der zwölf Stämme Israels zeigen, von denen jeder – wie die eidgenössischen Orte – eigene Rechte und Führer hatte: Als Mitglieder des Stammes Benjamin sich ungestraft an einem Leviten vergingen und zwei andere Stämme nicht mit genügend Energie dagegen einschritten, strafte Gott sowohl diese zwei Stämme wie auch die Benjaminiten, indem er nämlich jene zwei erste Schlachten, diese aber eine dritte verlieren ließ. Besser als die zwei säumigen Stämme verhielt sich Rom in einer ähnlichen Lage. Als nämlich Karthago sein Bündnis mit den Römern brach und diese erst noch beschuldigte, sie hätten sich nicht daran gehalten – wie es jetzt die V Orte auch tun –, da zögerten die Römer nicht, zum Schwert zu greifen. Das Resultat war die Unterwerfung Karthagos.

Ganz generell stellt Zwingli fest, daß Hochmut nur mit Gewalt gebrochen werden kann. Hochmut aber legen die V Orte an den Tag, wenn sie ihre Einstellung nicht ändern und das Hören des Gotteswortes bestrafen. Also können sie nur durch Gewalt auf den besseren Weg gebracht werden.

Wann und wie aber soll man nun gegen die V Orte vorgehen? Die politische Lage läßt einen möglichst raschen Angriff ratsam erscheinen, denn zur Zeit können die V Orte weder vom französischen König noch vom Kaiser noch von Mailand Hilfe erwarten. Es fehlt ihnen sowohl an Geschütz wie an der inneren Eintracht. Dagegen hält Zwingli die im Mai erlassene Proviantsperre für eine wenig aussichtsreiche Maßnahme. Er glaubt nicht daran, daß diese die heimliche Opposition in den V Orten in den Stand versetzen könne, in den Landsgemeinden öffentlich gegen die Politik der fünförtischen Führer Stellung zu nehmen, da es dort keine Redefreiheit gebe. Dagegen würden die reformierten Kaufleute, die in die V Orte exportieren, der Sperre wohl bald überdrüssig werden.

Gegenüber der jetzigen unbefriedigenden Lage faßt Zwingli drei Möglichkeiten ins Auge: einen direkten Angriff – zu dem der Zeitpunkt günstig wäre –, die Kündigung der Bundesbriefe, die Entfernung der V Orte aus der Regentschaft über die Gemeinen Herrschaften. Die erste Maßnahme ist den meisten reformierten Orten zuwider, die zweite hätte langwierige Verhandlungen über die Ausscheidung gemeinsamer Rechte und Besitzungen zur Folge, nicht aber eine Machtverminderung der V Orte. Daher empfiehlt sich das zuletzt vorgeschlagene Vorgehen, das ja schon 1490 gegen Appenzell nach dem Rorschacher Klostersturm an-

gewendet worden war. Einzig in der Mitherrschaft über die tessinischen
Vogteien will Zwingli die V Orte belassen; er nimmt an, daß diese aus
Furcht vor der mailändischen Macht hier nicht gegen Zürich vorgehen,
sondern es beim Status quo belassen würden.

Welche Rolle sollen aber die übrigen eidgenössischen Orte bei der
Entfernung der V Orte aus der Verwaltung der Gemeinen Herrschaften
spielen? Ein gemeinsames Vorgehen Zürichs, Berns und der übrigen
Orte wäre denkbar. Es ist aber fraglich, ob diese übrigen Orte den Um-
stimmungsversuchen der V Orte standhalten würden. Daher scheint es
Zwingli besser, wenn Zürich und Bern allein die Ausschaltung der
V Orte aus den Gemeinen Herrschaften durchführen, die Rechte der übrigen daran beteiligten Orte – hier ist an Glarus zu denken – aber ausdrücklich anerkennen.

Zwingli hält dem Leser nochmals die Macht Zürichs und Berns vor.
Ihr Gebiet umfaßt zwei Drittel der Eidgenossenschaft. Rechnet man
noch das Gebiet der übrigen reformierten Orte sowie der reformierten
Gemeinen Herrschaften dazu, so sind es gar sechs Siebentel. Diese Voraussetzungen müssen Zürich und Bern dazu benützen, eine Ordnung
herbeizuführen, in welcher sie sich niemals mehr einer fünförtischen
Stimmenmehrheit zu unterziehen haben. Dazu ist freilich Einigkeit unter den beiden Städten erforderlich. Wie kann sie gewahrt werden? Zunächst müssen beide einsehen, daß alle Macht von Gott geschenkt wird
zur Erhaltung von Recht, Friede und Wohlfahrt. Wenn sich also beide
an Gott und das Recht halten, so werden sie auch einträchtig sein.
Ebenso müssen sie sich bewußt sein, daß Eigennutz verderblich ist. Keine
der beiden Städte darf daher ihre Macht ohne Wissen der andern mehren,
keine aber soll die andere daran hindern, auch wenn ihr vielleicht der
Machtzuwachs der andern in einem besonderen Falle unnötig erscheint.
In solchen Fragen soll immer das Prinzip der Gegenseitigkeit gelten.

Die Macht Zürichs und Berns soll durch Bündnisse mit Städten aus-
serhalb der Eidgenossenschaft gestärkt werden. An diesen sollen von
den übrigen eidgenössischen Orten nur Basel und Konstanz – das hier
von Zwingli zur Eidgenossenschaft gerechnet wird – teilnehmen. Aber
auch diese beiden Städte sollen keine eigene Politik treiben dürfen. In
dieser Bündnispolitik sollen Zürich und Bern selbständig, aber in völli-
ger Offenheit gegeneinander, handeln. Die übrigen Orte sollen auf die
nachteiligen Folgen der fünförtischen Politik hingewiesen werden, worauf sie sich von den V Orten abwenden werden. Die Folge all dieser
Maßnahmen wird sein, daß sich die Macht der V Orte derart verringert,
daß keine wirkliche Gefahr mehr von ihnen ausgehen kann, zumal moderne Kriege vor allem mit Geschützen ausgetragen werden, mit denen
die Städte besser versehen sind.

Zwingli kommt noch einmal auf die Feststellung zurück, daß die V Orte nicht imstande seien, die Aufgaben einer Obrigkeit zu versehen. Dies wäre ein stichhaltiger Grund, sich von ihnen zu trennen. Wenn nämlich in einem von mehreren Brüdern geführten Haushalt einer von diesen den Besitz verschleudert, so müssen sich die übrigen von ihm trennen oder ihr Verhältnis zueinander neu ordnen, wenn sie nicht alle in Armut geraten wollen. Die Unfähigkeit der V Orte erweist sich in der Verwaltung der Gemeinen Herrschaften. In den tessinischen Vogteien ist das Gerichtswesen von ihnen völlig korrumpiert worden, in den deutschsprachigen befindet es sich auf dem besten Wege dazu. Die fünf-örtischen Vögte sind übermütig, mutwillig, geizig, habgierig, korrupt, Spiel und Trunk ergeben. Es besteht Gefahr, daß, wenn man sich nicht von den V Orten trennt, der berechtigte Abscheu der Untertanen sich auch auf die Vögte der Städte übertragen wird. Zwingli räumt ein, daß auch bei diesen in Einzelfällen ähnliche Beanstandungen gemacht werden müssen, hält aber doch fest, daß die V Orte dieses Verhalten eingeführt hätten.

Zum Schluß hält Zwingli nochmals fest, daß die V Orte, sofern man ihnen ihre fünf Stimmen belassen würde, auf die Dauer die ganze Macht in den Gemeinen Herrschaften an sich reißen würden. Sie würden weder ihre Überheblichkeit noch ihre geheimen Zusammenkünfte aufgeben. Zürich und Bern stehen daher vor der Wahl, Herr oder Knecht der V Orte zu sein. Trennt man sich nicht von ihnen oder mindert man nicht ihre Macht, so wird der Streit zum Dauerzustand werden. Wer nicht fähig ist, seine obrigkeitlichen Pflichten auszuüben, der ist zu Recht Knecht. Zürich und Bern müssen auch miterwägen, daß sie unter den jetzigen Bundesverhältnissen den V Orten immer dann, wenn diese eine unglückliche politische oder militärische Aktion unternehmen, mit ganzer Macht zu Hilfe eilen müssen. Selbst jenen, die für die V Orte eintreten möchten in der Hoffnung, daß auf diese Weise die privaten Pensionen in Zürich und Bern wieder eingeführt würden, gibt Zwingli zu bedenken, daß die Pensionen eher den beiden Städten gegeben würden, sobald die V Orte zurückgesetzt seien.

Zwingli betont, daß seine Ausführungen als in der Eile verfaßte Betrachtungen aufzunehmen sind. Er möchte damit die beiden Städte auf die in der jetzigen Situation notwendigen Überlegungen hinweisen, ohne dabei zu unterstellen, daß anderswo diese Überlegungen nicht auch angestellt würden. Es geht ihm nur darum, ein energisches Vorgehen zu fördern und jene, die solchen Überlegungen bis jetzt fremd gegenüberstanden, zu ermuntern, seine Gedankengänge nachzuvollziehen. All dies soll zum Besten der beiden Städte dienen. Den Schreiber dieser Zeilen soll niemand nennen.

Mit der Bitte um Gottes Gnade bricht Zwingli hier ab.

Die Schrift ist zwar im allgemeinen klar aufgebaut und von «strenger Gedankenführung» (Leonard von Muralt, Renaissance und Reformation, in: HSG I 514) geprägt. Dennoch sind bei einer eingehenden Interpretation auch Ungereimtheiten auszumachen (Locher, Zwinglis Politik 96f, Anm. 40 und 41).

Um einen ausgefertigten, förmlichen Ratschlag handelt es sich offensichtlich nicht. Ob die Notizen «zur Protokollierung vertraulicher Beratungen, die divergierende Voten und Gedanken festhält» (Locher, a. a. O. 97), dienten, ist zwar eine denkbare, bei genauerem Hinsehen aber wohl nicht zwingende Annahme. Notizen aus einer Beratung, wo verschiedene Meinungen geäußert werden, müßten heterogener sein. Anspielungen auf abweichende Auffassungen kann Zwingli durchaus auch von sich aus in seine Notizen eingebracht haben. Die Annahme, daß es sich um Notizen zur Vorbereitung von Beratungen, allenfalls um einen (Vor-)Entwurf zu einem Ratschlag handelt, dürfte wohl richtig sein: So erklärten sich Aufbau und Gedankenführung, der Einbezug abweichender Stellungnahmen; und insgesamt hat man den Eindruck, weniger eine Protokollierung verschiedener Meinungen als vielmehr die Propagierung bestimmter politischer Ziele vor sich zu haben.

Wirkungsgeschichte

Die Wirkung dieser letzten politischen Schrift Zwinglis auf die moderne Forschung war weit größer als jene auf seine Zeitgenossen. Wer damals das eilig hingeschriebene Konzept zu Gesicht bekam oder wenigstens die darin enthaltenen Überlegungen vernahm, läßt sich nicht sagen. Daß Zwingli sie bei dem von Bullinger geschilderten Treffen in Bremgarten (HBRG III 48f) den Berner Vertretern vorlegte oder ihnen ihren Inhalt mitteilte, ist möglich, aber nicht beweisbar. Direkte Reaktionen sind nicht festzustellen. Bullinger zufolge predigte der Reformator bereits im Frühjahr 1531 die «reformation gemeiner Eydgnoschafft» (HBRG II 368). Zwingli selbst klagte anläßlich seines Rücktrittgesuches vom 26. Juli 1531, seine Pläne fänden im Rat keine Unterstützung (Sprüngli 19f). Im Juni 1531 scheint Zwingli den bernischen Gesandten Im Hag und Wagner geraten zu haben, den Vögten mit Gewalt entgegenzutreten, was diese, obgleich zürichfreundlich, nicht für tunlich erachteten. Allerdings ist nicht das Schreiben Zwinglis, sondern nur die Antwort der beiden Berner erhalten (Z XI 495f; 25. 6. 1531). Handelte es sich bei dieser «reformation», den von Zwingli erwähnten Plänen und dem Rat an die beiden Gesandten um Überlegungen, die dann in dieser

Schrift niedergelegt wurden? In der gleichen Zeit – sowohl vor wie nach der
Abfassung von Zwinglis Schrift – betonten die zürcherische wie die ber-
nische Obrigkeit, sie hätten keineswegs die Absicht, «aus zwei oder drei
Orten eines» oder «uß fünff orten dry» zu machen (EA IV 1b 1077,
11./12.7.1531; 1136ff, 9.9.1531; ASchweizerRef III, Nr.1355,
15.9.1531; ABernerRef Nr.3061, S.1382f, vgl. oben S.203). Waren also
einzelne Gedanken Zwinglis in verstümmelter Form gerüchtweise doch
an die Öffentlichkeit gedrungen? Auch das läßt sich nicht entscheiden.
Immerhin lassen diese Verlautbarungen den Schluß zu, daß die Schrift,
wenn sie ihre Adressaten überhaupt in irgendeiner Form erreichte, diese
nicht zu überzeugen vermochte. Ebenso zeigt die Politik der Burgrechts-
städte Zürich und Bern in den letzten Monaten vor dem Kriegsaus-
bruch, daß es Zwingli nicht gelungen war, der herrschenden Stagnation
ein Ende zu bereiten. Seine Rezepte, wie immer man sie heute beurteilen
mag, wurden damals nicht befolgt.

Und nach Kappel hatten solche Gedankengänge erst recht keine
Chance mehr, verwirklicht zu werden. Vielleicht ein letzter Widerschein
findet sich 1532. Die bei Zwingli nur angetönte Möglichkeit, die Eidge-
nossenschaft zu teilen, ist von Bullinger in seinem «Radtschlag, wie man
möge vor kriegen sin und der V orten tyranny abkummen» aufgegriffen
worden, allerdings jetzt entsprechend der Zeitumstände unter defensi-
vem Vorzeichen (vgl. Hans Ulrich Bächtold, Bullinger und die Krise der
Zürcher Reformation im Jahre 1532, in: HBGesA I 284–289). Auch die-
ser, nur privat vorgebrachte Ratschlag stieß nirgends auf Gegenliebe
und blieb daher wirkungslos. Die Eidgenossenschaft hatte sich als
Staatsgebilde immerhin so weit gefestigt, daß die konfessionelle Tren-
nung den Gesamtbestand nicht mehr ernsthaft gefährdete.

Handschriftliche Quellen

Staatsarchiv Zürich: A 230.1 Zweiter Kappeler Krieg.
Staatsarchiv Bern: A II 107 Ratsmanual 1531; A III 22 Deutsch Missivenbuch T;
A IV 28 Allgemeine Abschiede DD; A IV 190 Instruktionenbuch B.

Literatur

In allen älteren und neueren Darstellungen der schweizerischen Reformationsge-
schichte und des Lebens Zwinglis wird diese Schrift mehr oder weniger eingehend gewür-
digt. Die entsprechenden Titel sind in der Einführung zitiert. Im folgenden beschränken
wir uns auf die neuere Spezialliteratur.
Rudolf Braun, Zur Militärpolitik Zürichs im Zeitalter der Kappeler Kriege, in: Zwa X,
1958, 537–573.

Eduard Kobelt, Die Bedeutung der Eidgenossenschaft für Huldrych Zwingli, Zürich 1970, Mitteilungen der Antiquarischen Gesellschaft in Zürich, Bd. XLV, Heft 2.

Peter Lauterburg, Die Informationstätigkeit der zürichfreundlichen Berner, zwei Beispiele aus dem Jahr 1531, in: Zwa XII, 1965, 207–221.

Gottfried Wilhelm Locher, Zwinglis Politik – Gründe und Ziele, in: Theologische Zeitschrift XXXVI, 1980, 84–102, besonders 95–99.

Helmut Meyer, Der Zweite Kappeler Krieg, die Krise der Schweizerischen Reformation, Zürich 1976.

Leonhard von Muralt, Zwingli und die Abtei St. Gallen, in: Festgabe Hans von Greyerz zum sechzigsten Geburtstag, Bern 1967, 295–317.

Walter Schaufelberger, Kappel – die Hintergründe einer militärischen Katastrophe, in: Schweizerisches Archiv für Volkskunde LI, 1955, 34–61.

Ferdinand Schmid, Die Vermittlungsbemühungen des In- und Auslandes während der beiden Kappelerkriege, Diss. phil I, Basel 1946.

Walter Weber, Die Datierung von Zwinglis Schrift «Was Zürich und Bern not ze betrachten sye in dem fünförtischen handel», Versuch einer Lösung in: Zwa XII, 1965, 222–233.

Sigmund Widmer, Zwinglis Schrift: «Was Zürich und Bern not ze betrachten sye im fünförtigen handel», in: Zwa VIII, 1948, 535–555.

L. v. M.†

Zwinglis Autograph

Das Autograph Zwinglis ist erhalten und befindet sich im Zürcher Staatsarchiv in dem Sammelband E II 341, fol. 3276r–3281v. Das Manuskript scheint in einem Zuge geschrieben zu sein und erweckt mit seinen verhältnismäßig zahlreichen Korrekturen, deren vollständige Aufführung wir in den textkritischen Anmerkungen unserer Ausgabe bringen, den Eindruck eines Konzeptes. Das Manuskript steht auf sechs von späterer Hand 3276–3281 foliierten Folioblättern; Seite 1 enthält 43 Zeilen, Seite 2 44 Zeilen, Seite 3 47 Zeilen, Seite 4 45 Zeilen, Seite 5 46 Zeilen, Seite 6 46 Zeilen, Seite 7 46 Zeilen, Seite 8 47 Zeilen, Seite 9 48 Zeilen, Seite 10 46 Zeilen und Seite 11 44 Zeilen; Seite 12 ist leer.

Entgegen den Angaben in EA und W. Köhler (Das Buch der Reformation Huldrych Zwinglis) (vgl. unten, Abschnitt Abdrucke) sowie Locher (Zwinglis Politik 96, Anm. 40) sind die Abschnitte nur ganz vereinzelt numeriert.

Abschrift

Zentralbibliothek Zürich, Ms S 28, Nr. 117. Publiziert auf Mikrofiche: Simler Manuscript Collection of Sources to the History of Reformation and Church History, Zug: Inter Documentation Company (1982).

Abdrucke

Johann Jakob Hottinger, Geschichte der Eidgenossen während der Zeiten der Kirchentrennung, 2. Abt., Zürich 1829, Johann's von Müller und Robert Glutz Blotzheims Geschichten Schweizerischer Eidgenossenschaft, fortgesetzt von Johann Jakob Hottinger, Bd. VII, Beilage, S. 487–495 [nach der Abschrift in der Simmlerischen Sammlung in der Zentralbibliothek Zürich].
S II/III 101–107.
EA 4 Ib 1041–1045.
Walther Köhler, Das Buch der Reformation Huldrych Zwinglis, München 1926, 318–326.

Unserer Ausgabe ist das oben beschriebene Autograph Zwinglis zugrunde gelegt.

O. F.†

Was Zürich und Bernn
not[1] ze betrachten[2] sye in dem
fünförtischen handel[3]

Als die zwo stett Z[ürich] und B[ern] erstlich[4] zů den 4 orten Lu-
zeren, Ure, Schwytz und Underwalden komen[5], ist ir macht nit 5
übergross[6], und der 4 orten stand[7] by vil sorgen von der schwacheyt

4 und] *stets als «un» mit hochgezogenem Schlußbogen geschrieben; Transkription*
als: und – 6 schwacheyt] *danach gestrichen gewesen [?]*

---

[1] *notwendig, dringlich (SI IV 856).*
[2] *zu überlegen, zu erwägen, auch: anzustreben (SI XIV 302–304 und 308–310).*
[3] *in der Angelegenheit, in der Sache mit den V Orten (SI II 1397). Seit dem Ersten*
Landfrieden vom 26. Juni 1529 liefen Verhandlungen der Burgrechtsstädte mit den V Or-
ten unter Mitwirkung vermittelnder Stände betreffend die Kostenfrage, die Reformation
in den Gemeinen Herrschaften, die Schmähungen, die Proviantsperre etc. Vgl. unsere Ein-
leitungen zu den Nummern 168 (Z VI/III 292ff), 173, 174, 178 (Z VI/IV 75ff, 110ff und
151ff).
[4] *anfänglich (SI I 471).*
[5] *Zuerst hatten sich die drei Länder Uri, Schwyz und Unterwalden verbündet, für die*
Folgezeit war ihr Ewiger Bund vom 9. Dezember 1315 maßgebend. Sie schlossen den Ewi-
gen Bund mit Luzern am 7. November 1332. Diese vier Waldstätten schlossen den Ewigen
Bund mit Zürich am 1. Mai 1351, die drei Länder den Ewigen Bund mit Bern am 6. März
1353. Durch Beibriefe vom 7. März 1353 verpflichteten sich die drei Länder, auf Wunsch
von Zürich und Luzern, Bern zur Hilfe zu mahnen und umgekehrt (vgl. Nabholz/Kläui 5,
8, 14, 24, 30 und 32; Hans Conrad Peyer, Verfassungsgeschichte der alten Schweiz, Zü-
rich 1978, 21–44).
[6] *Beim Abschluß des Bundes Zürichs mit den vier Waldstätten, 1351, erstreckte sich*
die Herrschaft der Stadt einschließlich derjenigen einzelner Bürger erst über die Gemein-
den Oberstraß, Fluntern, Dübendorf, Zollikon, Küsnacht, Wollishofen, Altstetten, Weinin-
gen, Uitikon, Urdorf, Birmensdorf, Rudolfstetten, Berikon sowie Wollerau und Pfäffikon,
die später an Schwyz verlorengingen (vgl. Kläui/Imhof, Karte 6). Die ganze Stadt ein-
schließlich der Vororte bis zu den Kreuzen hatte 1357 zwischen 5865 und 6450 Einwohner,
die erwähnten Herrschaftsgebiete 2000 bis 3000 (vgl. Werner Schnyder, Die Bevölkerung
der Stadt und Landschaft Zürich vom 14. bis 17. Jahrhundert, Zürich 1925, 71 und 78).
Das Herrschaftsgebiet der Stadt Bern erstreckte sich beim Bundesschluß mit den drei
Ländern, 1353, bereits vom Ursprung der Aare an der Grimsel bis zur Mündung der
Saane in die Aare (vgl. Adolf Gasser und Ernst Keller, Historische Karte zur territorialen
Entwicklung der Schweizerischen Eidgenossenschaft, Beilage zu: Adolf Gasser, Die terri-

wegen[1] und teglichem anfal[2], desshalb man zů beden syten einander nit ungemäss[3] gewesen, also das beider macht zemen geton[4] einander mit gottes hilff geufnet[5] und dahin gebracht[6] etc.

5   Nach dem aber die beden stett Z[ürich] und B e r n n sich umm vil landes beworben[7], ist das selbig erst die recht sul[8] und grundveste[9] in den grossen kriegen[10] gewesen, ein E y d g n o s c h a f f t zů erhalten[11]. Dann wenig lüten mögend die grossen krieg, als der b u r g u n -

---

1 anfal] *danach gestrichen gewesen[?] –* 4 umm] *stets als «um» mit hochgezogenem Schlußbogen geschrieben; Transkription als: umm. Gleiche Transkription bei -um am Wortende*

---

toriale Entwicklung der Schweizerischen Eidgenossenschaft 1291–1797, Aarau 1932). Bern zählte 1416 in diesen Gebieten, sofern sie links der Aare liegen, 3593 Feuerstätten, was auf eine Bevölkerung von 17965 Seelen schließen läßt (vgl. Hektor Ammann, Die Bevölkerung der Westschweiz im ausgehenden Mittelalter, in: Festschrift Friedrich Emil Welti, Aarau 1937, 444f).

[7] *Zustand, Lage (SI XI 960).*

[1] *Luzern hatte vor dem Sempacherkrieg 1386 noch keine Herrschaftsgebiete des späteren Kantons erworben außer Weggis am Vierwaldstättersee, die Stadt mochte kaum über 3000 Einwohner zählen. Uri und Unterwalden umfaßten bereits das heutige Kantonsgebiet, Schwyz die innere, südliche Hälfte. Über die Bevölkerung läßt sich nichts Bestimmtes sagen, Zwingli unterschätzt aber wohl die militärische und wirtschaftliche Kraft der Gotthardkantone, denen der Zoll und eigener Handel Einkünfte verschaffte.*

[2] *etwa: was täglich auf jemanden zukommt (in SI I 738 keine passende Bedeutung, eher zu: Fall, SI I 734 c; vgl. auch anfallen, SI I 753).*

[3] *gleich kommend, gewachsen (SI IV 441).*

[4] *zusammengetan.*

[5] *äufnen, begünstigen, unterstützen, «rem publicam magnam facere» (SI I 123).*

[6] *durchgebracht, erhalten.*

[7] *viel Land erworben haben (Lexer I 255; Grimm I 1782). Zürich hatte im 15. Jahrhundert vor allem die Hauptteile des heutigen Kantonsgebietes erworben (vgl. Anton Largiadèr, Die Anfänge des zürcherischen Stadtstaates, in: Festgabe Paul Schweizer, Zürich 1922, 1ff, besonders 29–92: «Die Gebietserwerbungen der Stadt Zürich bis zur Reformationszeit»). Nach dem Mannschaftsverzeichnis von Stadt und Land von 1529 stellten Constaffel und Zünfte der Stadt Zürich 923 Mann, die übrigen Städte und Herrschaftsgebiete 11415, zusammen 12338 Mann, die Bevölkerung kann auf die Grenzwerte 55521 bis 67859 berechnet werden. Bern herrschte 1531 über den sog. deutschen Kantonsteil und den Aargau bis an die Reußmündung und an die gemeineidgenössischen Freien Ämter (vgl. die oben S. 222, Anm. 6 erwähnte Karte). Hektor Ammann (a. a. O. 407) berechnet für 1558 für diese Gebiete 15900 Feuerstätten oder rund 79500 Seelen (siehe HSG I 393–395).*

[8] *Säule, bei Zwingli übertragen im Sinne von Stütze (SI VII 794).*

[9] *Fundament (Lexer I 1103f; fehlt in SI I 1120).*

[10] *Zwingli denkt an die Burgunder-, Schwaben- und Mailänderkriege (vgl. den nächsten Satz).*

[11] *durchzubringen, beizubehalten (SI II 1232).*

disch¹, Schwaben-² und franczösischer³ krieg gewesen sind,
nit erhalten, nit allein von lyplicher stercke, sunder ouch von des un-
traglichen⁴ kostens wegen. Desshalb nun am tag ligt, das, ob glych
die 3 oder 4 ort anfenger⁵ einer loblichen Eydgnoschaft, das doch
die andren zwo stett Z[ürich] und B[ern] der ruggen⁶, die grundveste, 5
underhaltung⁷ und schirm sind.

Demnach aber als der mercklich kost über die zwo stett gangen⁸,
also das etwan zehenvaltiger kost über jetwedre statt allein gangen,
da über der 4 orten eins nit einer gangen⁹, ist es da hin komen, das im
vertrag ze Stanns¹⁰ etwas ringerung¹¹ und miltrung¹² den beden stet- 10
ten allein in den bbüten der erobreten stryten und sigen¹³ beschehen
und doch den 4 orten an dem ufgang¹⁴ der herrlicheyt¹⁵ und macht
gantz nützid gemindrot, versehenlich¹⁶ darumm, das sy umm dess
willen, das sy anfenger der Eydgnoschafft und one hoch-

---

4 einer] *danach gestrichen* loblich – 10f den beden stetten ... und sigen] *am Rand beigefügt*

---

¹ *Krieg gegen Herzog Karl den Kühnen von Burgund 1474–1477*
² *Krieg gegen Kaiser Maximilian I., das Reich und den Schwäbischen Bund 1499
(siehe HSG I 347f).*
³ *Von 1494 bis 1510 hatten die Eidgenossen noch in Anlehnung an Frankreich in die
italienischen Kriege eingegriffen. Seit ihrem Bündnis mit Papst Julius II. von 1510 folgten
die großen Kriegszüge gegen die Franzosen, 1512 der Pavierzug (vgl. Z I 23–37), 1513
Novara und Dijon, 1515 Marignano (siehe HSG I 349ff).*
⁴ *untragbar, unerträglich, unangemessen (SI XIV 565f).*
⁵ *Die drei Länder Uri, Schwyz und Unterwalden hatten sich schon «incipiente mense
Augusto» 1291, wenn nicht schon früher verbündet, das vierte Ort war die Stadt Luzern,
1332 (vgl. Nabholz/Kläui 1–38 und oben S. 222, Anm. 5).*
⁶ *Rücken, Schutz (SI VI 783–785).*
⁷ *Unterhalt (SI II 1228).*
⁸ *auf die beiden Städte Zürich und Bern gekommen ist.*
⁹ *da zehnfache Kosten über jede der beiden Städte gekommen sind, während keines
der vier Orte auch nur einen einfachen Kostenanteil getragen hat.*
¹⁰ *Zwingli meint die Vereinbarung der Orte Zürich, Bern, Luzern, Uri, Schwyz, Unterwalden, Zug und Glarus, der VIII Orte der Eidgenossenschaft vom 22. Dezember 1481,
bekannt als «Stanser Verkommnis» (vgl. Nabholz/Kläui 62–66, besonders 65; 500 Jahre
Stanser Verkommnis, Beiträge zu einem Zeitbild, verfaßt von Ferdinand Elsener u. a.,
Stans 1981).*
¹¹ *Erleichterung (SI VI 1071).*
¹² *Entgegenkommen (SI IV 215).*
¹³ *bei der Teilung der in Streit und Sieg eroberten Beute (vgl. auch S. 225, Anm. 9).*
¹⁴ *am Wachstum des Herrschaftsbereiches (SI II 341, vgl. auch S. 237, Anm. 6).*
¹⁵ *Herrschaftsrecht (SI II 1553; vgl. auch S. 227, Anm. 12).*
¹⁶ *wahrscheinlich (SI VII 575).*

můt[1] sich also *[fol. 3276v]* mit den stetten hieltend[2], inen gernn söl-
ches zů gabend umm dess willen, das fründschafft[3], trüw und liebe
das riet[4] und gernn gunnet[5]; sust hette man zur selben zyt glych so vil
glimpfs[6] gehebt, die erobreten land, lüt, schloss und stett[7] nach der
5 macht der lüten[8] ze teilen als ouch die bbüten[9].

Darus gevolget, das inen, den 4 orten, ire 4 stimmen bliben in den
räten[10], die rod der vogtyen[11] in den gebieten[12] und alles ynkomen
von ünseren und frömden landen und herren[13], glych als wol als das
aller gröst ort hatt.

10 Darus aber sy in sölchen hochmůt komen, das sy nit allein alle ort
verachtet, sunder ouch über[14] alle verachtung offenlich zemenku-

---

2 dess willen, das] *am Rand beigefügt* – 4 die] *danach gestrichen* ge[?] – 5 macht]
auslautendes t *nachträglich eingefügt; folgt gestrichen* d

---

[1] *Gewalt, Unbill (SI IV 584). Hier kann allenfalls die moderne Bedeutung «Überheblichkeit» bereits mitschwingen.*
[2] *Die vier Orte hielten mit den Städten so zusammen (SI II 1224).*
[3] *Freundschaft im heutigen Sinn, wobei aber die damalige Hauptbedeutung von
Blutsverwandtschaft mitschwingt (SI I 1307f).*
[4] *dazu den Rat gab, dies empfahl (SI VI 1596f).*
[5] *gönnte (SI II 332).*
[6] *Recht, Anspruch (SI II 625).*
[7] *Vgl. oben S. 224, Anm. 10 zum Stanser Verkommnis.*
[8] *Das Verkommnis sagt: «... summ und antzal der lůtten. ...»*
[9] *Beute (SI IV 1917f; vgl. auch S. 224, Anm. 13).*
[10] *Zwingli denkt hier an die Gremien eidgenössischer Gesandter der jeweils in einer
Gemeinen Herrschaft regierungsberechtigten Orte, die jährlich zusammentraten als Tagsatzung, welche dem jeweils von einem regierenden Ort für zwei Jahre gestellten Landvogt
gewöhnlich im Juni die Jahrrechnung abnahm (vgl. EA IV 1a und 1b, Materienregister
unter Jahrrechnung). Später wurde dieses Gremium «Syndikat» genannt. Der Ausdruck
«räte» erscheint in diesem Sinn offenbar nicht in den Akten, sondern steht gewöhnlich für
städtische Behörden (SI VI 1568–1574). Zwingli scheint ihn der Kürze wegen anzuwenden
(vgl. Oechsli, Benennungen I 205ff; Max Kopp, Die Geltung des Mehrheitsprinzips in eidgenössischen Angelegenheiten vom 13. Jahrhundert bis 1848 in seiner Bedeutung für die
alte Eidgenossenschaft, Diss. iur. Bern, Winterthur 1959, 23ff). Daß der jeweilige Landvogt nicht der Beauftragte seines Heimatortes ist, sondern aller in der betreffenden Vogtei
regierenden Orte, bezeugt sehr schön der Zürcher Jacob Werdmüller an Zwingli aus Locarno, 11. Juni 1531: «... ouch zů handen und in namen der XII Orten, als miner herren,
der[en] amptman und geschworner ich pin» (Z XI 482₁₀f).*
[11] *die Kehrordnung, nach der jedes an der Mitregierung einer Gemeinen Herrschaft
beteiligte Ort für zwei Jahre den Landvogt stellt (SI VI 5).*
[12] *Gemeint sind die Gemeineidgenössischen Herrschaften.*
[13] *Vermutlich so zu lesen: alle Einkünfte aus unsern Landen und von fremden Herren;
dann sind mit ersteren die Einkünfte aus den Herrschaftsgebieten gemeint, über die jede
Jahresrechnung Auskunft gibt, mit den letzteren die Zahlungen auswärtiger Fürsten, wie
die Jahrgelder der französischen Krone.*
[14] *über etwas hinaus, trotz (SI I 57f).*

chet[1] und grunet[2]: es sy in heimschen, ynlendischen sachen oder so man mit frömden herren etwas machen understanden[3], und dess nit gnůg gehebt, sunder dahin gelanget[4], das sy von den alten 8 orten eins[5] zů inen gezogen, und das vil jar und tag[6] wider alles verwarnen[7] und ufgerichten friden[8] also gebrucht, das sy gröst und kleinst 5 sachen gehandlet, ouch in den gemeinen vogtyen, da sy Zürich nit darzů berueffet[9].

---

[1] *zusammenhauchen, con-spirare, flüstern, in heimlichen Zusammenkünften verräterische Pläne schmieden, sich verschwören (SI III 128f).*

[2] *sich heimlich verabreden (SI VI 1020).*

[3] *«etwas machen understanden» = vereinbaren, etwas zu tun, zu unternehmen (SI XI 619ff, besonders 626: mit bloßem Infinitiv).*

[4] *sie haben es dazu gebracht, soweit getrieben (SI III 1326).*

[5] *die alten VIII Orte (vgl. oben S. 224, Anm. 10). Die vier Waldstätte zogen Zug in ihren Kreis und bildeten so die Gruppe der V Orte. Zwingli unterscheidet hier deutlich die drei Länder als die seit 1291 bzw. 1315 Verbündeten, die vier Waldstätten, also Uri, Schwyz, Unterwalden und Luzern, seit 1332 verbündet, die auf Grund ihrer älteren Bünde ohne weiteres zu gemeinsamen Tagsatzungen und zu gemeinsamem Handeln berechtigt waren, von der Gruppe der V Orte, also die vier unter Mitwirkung von Zug, das am 27. Juni 1352 den Ewigen Bund mit Zürich und den vier Waldstätten geschlossen hatte, wobei der Text wörtlich mit dem Zürcherbund von 1351 übereinstimmte (siehe Nabholz/ Kläui 19).*

[6] *Jahr und Tag, feststehende Redewendung für Bezeichnung eines unbestimmten längeren Zeitraums (SI III 57f). Tagungen der V Orte hatten schon seit längerer Zeit meist in Beckenried stattgefunden.*

[7] *Zürich beklagte sich bereits im Oktober 1524 bei Bern, Glarus, Solothurn, Schaffhausen und Appenzell über Sondertagungen im allgemeinen in Sachen Gemeine Herrschaften und Beziehungen zu Österreich, da es darin zur Mitsprache hätte herangezogen werden sollen (EA IV 1a 501). Zürich wiederholte die Klage vor Gesandten aus Bern, Basel, Schaffhausen, Appenzell und der Stadt St. Gallen Anfang Februar 1525 und richtete sie besonders gegen die V Orte und Freiburg (EA IV 1a 1042ff; vgl. ferner unten Anm. 9). Die große Verwarnung an die V Orte vereinbarten Zürich, Bern, Glarus, Basel, Solothurn, Schaffhausen, Appenzell, St. Gallen, Mülhausen, Biel und Chur am 24. April 1529 in Zürich. Sie wandten sich darin besonders gegen die «Vereinigung» der V Orte mit König Ferdinand (EA Ia 1b 141–145). In den Akten kehren diese Auseinandersetzungen während der ganzen Reformationszeit wieder.*

[8] *Der Erste Landfrieden vom 26. Juni 1529 bestimmte «Zum fünften, von wegen daß etliche Ort gan Beckenriet oder an andere end zuo tagen sich verfüegent, daß nun hinfür weder die vier Waldstett noch ander stett, so burgrecht mit einandern hand, nit mer umb keinerley sachen, so gmein Eidgnossen betreffend, an dehein end sich zuosamen verfüegen und die sachen also übertromen (sollen) ...» (EA IV 1b 1480).*

[9] *Zürich beklagte sich über Maßnahmen der Eidgenossen, die «hinder ... Bern und miner herren gehandlet in den vogtyen, ämpteren, grafschaften und herrschaften, so wir mit inen gemein und als viel teil als ein ander Ort daran habend ...» (EA IV 1a 1294). Am 3. November 1528 beschlossen die VII altgläubigen Orte, eine Botschaft in den Thurgau und ins Rheintal zu senden, auch nach Bremgarten, Mellingen und Baden usw. (EA IV 1a*

Ab welchem ring[1] ze nemen[2], das, wo gott der allmechtig sölch ir fürnemen[3] nit durch Zürich und Bernn gebrochen, das sy nun talame[4] alle ort under sich gebracht.

Dess halb nun uff den hüttigen tag[5] zimpt, das billich an die hand
5 ze nemen, das einist vor zyten gezimpt hette[6], do sy mit sölchem hochmůt, untrüw und hindergang[7] nit verfasset[8] als aber[9] zů ünseren zyten.

Und da yeman sagen möcht[10], der vertrag ze Stanns, der landsfriden und harkomen vermögend mit ustruckten[11] worten, das man sy
10 von denen iren grechtigheyten[12] nit *[fol. 3277r]* tringen sol noch mag, gebürt sich also ze antwurten, das ein jede grechtigheyt, fryheit[13] oder macht in göttlichen und weltlichen rechten[14] gestürtzt, abgeton[15] und abgeschlagen[16] wirt, so[17] man die missbrucht. Byspil: das land Palęstina ward den kindren Israëls in die ewigheyt verheissen[18], als aber sy gottes gebott und pundt übertratendt, sind sy
15 ewiklich darus getriben[19]. Rhom hatt Longam Albam[20], die La-

1 allmechtig] *danach gestrichen* die sach – 2 und Bernn] *am Rand* – 2 gebrochen] *danach gestrichen* und demnach durch Bernn gevestnet – 8f der landsfriden] *am Rand* – 10 nit] *danach gestrichen* zw.nge[?]

1437, vgl. 1444, 1452–1456, 1464f, 1467). Zürich griff aber seinerseits häufig direkt in den Gemeinen Herrschaften ein.

[1] *leicht (SI VI 1063f).*
[2] *zu entnehmen, zu folgern (SI IV 728).*
[3] *Absicht (SI IV 746).*
[4] *«nun talame» = nunmehr (SI IV 368).*
[5] *wohl eher: «im jetzigen Zeitpunkt», als: «auf dem heute zu Bremgarten stattfinden-den Tag».*
[6] *vor Zeiten geziemt hätte; was man früher hätte tun sollen.*
[7] *Arglist, Betrug; Ränke, Schleichwege (SI II 347).*
[8] *versehen mit (SI I 1061).*
[9] *wie nun (SI I 40 und 197).*
[10] *mögen, vermögen als Hilfsverb im Sinne von: können.*
[11] *ausdrücklichen (SI XIV 815).*
[12] *Befugnissen, Herrschaftsrechten und den damit verbundenen Einkünften (SI VI 231; vgl. auch S.224, Anm.15).*
[13] *Recht, Vorrecht (SI I 1265), frei innerhalb eines genossenschaftlichen Verbandes.*
[14] *im göttlichen Recht, vgl. die folgenden Beispiele aus der Bibel; im weltlichen Recht, vgl. die Beispiele aus dem Altertum.*
[15] *abgeschafft, abgesagt (SI XIII 358f).*
[16] *aberkannt, verboten (SI IX 340).*
[17] *wenn, insofern; auch temporal: wann (SI VII 28).*
[18] *Vgl. Gen 17,8.*
[19] *Vgl. Jer 11, 10f; Am 7,17.*
[20] *älteste latinische Stadt, in der Königszeit von den Römern erobert (vgl. Hülsen, Artikel «Alba Longa», in: Pauly-Wissowa I 1301f).*

tiner[1] und Sabinen[2] under sich gebracht, von welchen sy doch iren ursprung hattend, dorumm das sy friden und nachpürliche billicheyt[3] an inen nit hieltendt. Der byspilen und gsatzten[4] ist unzalbar in allen historien.

Desshalb nun ein jeder, der sich der billicheyt verstat[5], wol erwe-   5 gen mag, das über sölche unzimmliche handlung sich mit gott zimpt eintweders die pündt[6], so man mit inen hatt, abzetůn oder sy ze meistren[7] und züchtigen mit mindren[8] der stimmen, macht und regiments[9] bis in[10] gar[11] usrüten[12] und verderben, wie aber gott geton und gebotten[13]. Er hatt die kinder Israëls gestrafft, bis er sy gar us-   10 gerütet, über das er ein püntnus mit inen gmacht in die ewigheyt[14].

7 die pündt, so man mit inen hatt] *Zwingli schrieb zuerst nur:* die pündt mit inen, *und setzte hernach:* so man, *und:* hatt *an den Rand*

[1] *die Bewohner der Gegend von Rom (vgl. Gelzer, Artikel «Latium», in: Pauly-Wissowa XXIII 940–963).*

[2] *die ältesten Bewohner der römischen Hügel (vgl. Philipp, Artikel «Sabini», in: Pauly-Wissowa, 2. Reihe, II 1570–1584).*

[3] *Billigkeit (SI IV 1168), die den Nachbarn obliegende Verpflichtung.*

[4] *Gesetze, gesetzliche Bestimmungen (SI VII 1573).*

[5] *der sich auf die Billigkeit versteht (SI XI 667).*

[6] *die Bundesbriefe, die Bündnisse (vgl. oben S. 222, Anm. 5).*

[7] *beherrschen, zurechtweisen (SI IV 536).*

[8] *schwächen; hier besonders schwächen mit Herabsetzen der ihnen zustehenden Stimmen (SI IV 321). Bern bestritt am 5. Juli 1531, die Rechte der Miteidgenossen beschneiden zu wollen, und betonte: «... dass Bern und Zürich und ihre verwandten den V Orten prediger aufsetzen, dieselben von ihrem glauben zwingen und aus V Orten drei machen wollen, sei ihnen niemals in den sinn gekommen» (ASchweizerRef III, Nr. 906). Am 3. August 1531 erklärten Schultheiß, Rät und Burger der Stadt Bern an Stadt und Land: «So aber für und für mangerley fürgeben wirt, wie wir die V ort von irem alten glouben zwingen, inen predicanten ufstellen, uss dryen orten eins machen wellint ... das aber in unser sinn und danck nie kommen ...» (ABernerRef, Nr. 3061).*

[9] *der Herrschaftsausübung in den Gemeinen Herrschaften einerseits als vollberechtigte Mitregenten an der die Gemeine Herrschaft betreffenden Tagsatzung, andrerseits als Berechtigte, die nach der Kehrordnung je für zwei Jahre den Landvogt stellen können (vgl. oben S. 225 Anm. 10f und unten S. 232 Anm. 1, ferner Z VI/II 461, Anm. 12, und Nr. 174, Z VI/IV 130, Anm. 5).*

[10] *«in» = ihn. Der Singular entspringt entweder einem Versehen Zwinglis oder ist als «Kollektiv» zu verstehen.*

[11] *ganz, gänzlich, völlig (SI II 395–397).*

[12] *ausreuten, herausreißen (SI IV 1810).*

[13] *Die Erklärung dafür folgt in den nächsten Sätzen.*

[14] *Vgl. oben S. 227, Anm. 18f.*

Gebotten hatt er also: «Brennend den bösen us, under üch dennen» etc. *[Deut 17, 12; 19, 19; 21, 21; 22, 21f; 24, 7][1]*.

Es dient[2] ouch zur billicheyt[3], das sy jetz in mits des tagens[4] zů Bremgarten[5] die tann est[6] ufgesetzt, den Hiltpranden[7] lassen

---

[1] *Eine eidgenössische Botschaft an einen Bundestag in Chur (vor dem 8. Februar 1526) richtete an die Drei Bünde Rätiens «der Aidgnossen ernstlich befelch und beger, ... dwyl wir an vil orten befleckt syen mit dem ketzerischen zwinglischen und lutrischen glouben, darus groß(er) schad an lib und seel täglichs erwachs, daß wir wellen denselbigen neuen ingwachsnen glouben abthuon und gar usrüten, ...» (EA IV 1a 849). In Zürich wurde vermutlich im April 1531 die «Kundschaft», ein Zeugenverhör, niedergeschrieben, «... wie die V Orte ‹all stund› von dem Kaiser botschaft haben, der nämlich letzthin zu ‹Gamara› im Hennegau mit ‹den fürsten› einig geworden, ‹den glauben› auszureuten ...» (ASchweizer-Ref III, Nr. 321, S. 142). Bern schreibt am 3. August 1531 an Stadt und Land: die V Orte «... ouch understandind dem alten waren glouben, den Christus unser Heiland gelert, die propheten und apostel gepredigen, ouch die heiligen vätter verjächen hand, und darvon geschryben, wellicher meynung, so ver die in heiliger biblischer gschrift nüws und alts testaments grund hat, wir nit verwerfen, usszerüten so sy doch darvon ze reden dheins wegs wellind zůlassen...» (ABernerRef, Nr. 3061, S. 1383). Johannes Stumpf gebraucht den Ausdruck in anderm Zusammenhang: «Von eyner uffrur zu Premgarten vons gloubens wegen, und wie ouch nach langem die meß und daselbst usgerüt wurdend» (Stumpf II 30[1–2]).*

[2] *es trägt bei (SI XIII 152).*

[3] *Hier nicht im üblichen Sinn von Billigkeit, sondern: billiges Einvernehmen, gerechte Beurteilung (SI IV 1168; Grimm II 28f; vgl. aequitas). Der Satz bedeutet: Es trägt auch zu unserer Rechtfertigung bei.*

[4] *Beratungen, Verhandlungen, namentlich auf der Tagsatzung (SI XII 1073; Weber, Datierung 223; vgl. oben S. 174ff).*

[5] *Städtchen im heutigen Kanton Aargau, Bezirkshauptort, in einer Schleife der Reuß gelegen, ursprünglich habsburgisch, seit 1415 als Reichsstadt in der gemeineidgenössischen Herrschaft der Freien Ämter, seit 1450 immer ausgesprochen gemeineidgenössische Untertanenstadt, die mit keinem einzelnen Ort ein besonderes Burgrecht eingehen durfte (vgl. HBLS II 348f und Eugen Bürgisser, Geschichte der Stadt Bremgarten im Mittelalter, Diss. phil. Zürich, Aarau 1937, 24–26). In Bremgarten fanden im Juni, Juli und August eine Reihe von eidgenössischen Tagsatzungen, die von allen Orten und auch Zugewandten beschickt waren, statt (vgl. unsere Einleitung oben S. 198ff).*

[6] *Tannäste waren das Parteizeichen der Katholiken. Sie werden häufig erwähnt (vgl. Materienregister EA IV 1b «Tannäste», und ASchweizerRef V, Register S. 9, «Partei-Abzeichen», und S. 13, «Tannäste; Parteizeichen» sowie SI II 838f). Sie waren im Ersten Landfrieden vom 26. Juni 1529 verboten worden (Artikel XVIII, EA IV 1b 1482). Auf einem Tag der V Orte zu Brunnen am 4. März 1531 brachten die Boten von Uri vor, «daß zu Lucern an einem Dienstag auf offenem Markte Tanngrotzen [Tannreiser] getragen werden ... woraus Krieg entstehen möchte» (EA IV 1b 908; ähnlich S. 882). Es war das Zeichen kriegerischen Zusammenscharens vor allem der jungen Leute (SI II 838). Zürich klagte am 6. August 1531 in Glarus vor Gesandten der V Orte über Hiltbrand (siehe die folgende Anm.) und das Tragen von Tannästen (EA IV 1b 1100; vgl. ASchweizerRef III, Nr. 129). Die Tannäste erwähnt für den Frühsommer 1531 Stumpf (II 132[16]). Hans Wirz meldet das Tragen von Tannästen am 10. Juli 1531 (ASchweizerRef III, Nr. 948; Weber, Datierung 224f). Häufig werden die Tannäste von Bullinger erwähnt (vgl. Register zu*

ynkomen [1], und so [2] Vyt Suter [3] von Walshůt, hinus zů Märck
Sittichen [4] ir botschafft [5] gesendt, die, so ünseren glouben oder eer

---

*Heinrich Bullingers Reformationsgeschichte, bearbeitet von Willy Wuhrmann, Zürich
1913, 67), erstmals als Zeichen der Unterwaldner, die im Oktober 1528 ins Berner Oberland eingebrochen waren (HBRG II 22f), dann als Zeichen einer «nüwen rott» der Fünförtischen im Ersten Kappelerkrieg (II 165), dann die Landsgemeinde zu Schwyz, die Anfang 1531 das Tragen der Tannäste wieder erlaubt haben soll (II 336; die Herausgeber bezeichnen sie als «das fünfortige Feldzeichen der Tannzweige»), schließlich in der Botschaft Zürichs an die Burgerstädte, Anfang Mai 1531 (II 369), dann wieder in Zürichs ausführlicher Klageschrift gegen die V Orte vom 9. September 1531 (III 68; unten zitiert nach EA IV 1b 1140 9), wo der Wortlaut nahe an Zwinglis Text herankommt: «... dann so sy den Hiltprand von Einsidlen, der uns mit unmenschlichen, ungehörten schandreden übergossen, und einmal darumb gewichen ist, widerumb begnadet, item jetz in hangendem bericht [jetzt, während der Friede noch hängig, in Verhandlung ist] die tanngrotzen, die als ein parthyisch ufrüerisch zeychen mit dem landesfriden abgestellt sind, widerumb on straf ze tragen zuo Schwyz offenlich gemeret und erloubt». An den Tagungen in Bremgarten selbst ist nach EA von den «Tannästen» nicht die Rede.*

[7] *Konrad Hiltbrand von Einsideln wird zwischen dem ersten und dem zweiten Kappelerkrieg häufig erwähnt wegen seiner unflätigen Schmähungen gegen Zwingli und Zürich. Schwyz war im August und September 1529 bereit, ihn zu bestrafen (ASchweizer Ref II, Nrn. 759 und 788), er entwich aber. Im November 1530 tauchte er in Brunnen auf (ASchweizerRef II, Nrn. 1881 und 1885). In Zürich nahmen Verordnete (unter ihnen Zwingli) am 17. Februar 1531 den Fall Hiltbrand in die Klagen über Schmähungen auf (ASchweizerRef III, Nr. 158 11). Zwingli korrespondierte im März 1531 mit Hans Wirz in Wädenswil (Z XI 361_{1f} mit Anm. 3). Bern stimmte zu, daß der Mann bestraft werden sollte (ASchweizerRef III, Nr. 480 I). Im Mai 1531 wird er auf der Landsgemeinde in Schwyz als zu Einsiedeln gefangen gemeldet (ASchweizerRef III, Nr. 506 4): «Den Hiltprand, so zuo Einsidlen gefangen ist, hat ein gmeind den Räten übergäben, mit im ze handlen nach irem guotbedunken, und ob sy sich nit gern allein beladen wellind, so mögind sy ein zwyfalten oder dryfalten Rat berüefen.» Im Juli 1531 berichtete Ulrich Stoll aus Wil an Zwingli über Hiltbrands Treiben in Feldkirch und im Appenzellerland (Z XI 534_{1ff}, ferner Z XI 361, Anm. 3). Zürichs Klagen im Januar und März 1531 (EA IV 1b 881 und 928f) bewirkten in Schwyz den Willen, den Hiltbrand zu bestrafen (EA IV 1b 924 5). «...in mits des tagens zů Bremgarten», wie Zwingli sagt, wobei allerdings die Bemerkung über Hiltbrand nicht auf diese Zeitangabe bezogen werden muß, liest man von einer Klage gegen ihn nur in Berner Akten vom 20. und 21. Mai (EA IV 1b 998), vom 5. Juli (ASchweizerRef III, Nr. 906, vgl. ABernerRef, Nr. 3014) und dann wieder vom 3. August (ASchweizerRef III, Nr. 1094; vgl. ABernerRef, Nr. 3061), wo Bern Stadt und Land mitteilt, «Hiltprandt von Einsidlen» sei «aber jetz wider uns [d.h. unsere Klagen] begnadet». Am 26. und 27. August 1531 erteilt Bern dem Gesandten des Wallis u.a. die Antwort: «denn ungeachtet der auf Tagen gegebenen Versprechungen, den Hiltbrand von Einsideln auf Betreten zu strafen, habe Schwyz ihn wieder ins Land kommen lassen und begnadigt» (EA IV 1b 1118).*

[1] *wieder hereinkommen lassen (vgl. EA IV 1b 1118 in vorangehender Anmerkung und Weber, Datierung 223f).*
[2] *ebenso (SI VII 27).*
[3] *Veit Suter, kaiserlicher Sekretär und politischer Agent der österreichischen Regierung, auch als Bote des Kaisers. Am 30. Juli 1531 nennt er sich in einem aus Waldshut an die geheimen Räte der V Orte gerichteten Brief «Cammerprocurator der vorderösterreichi-*

schirmendt, vertriben habendt[1]; damit sy den landsfriden und alle trüw sampt den pündten gebrochen.

Das aber ir vermindrung oder von inen sich teilen[2] not sye, volget[3]:

5 *[1.]* Es ist kundbar[4], das die 5 o r t vil jaren har[5] das recht so unredlich gefuert[6], das by inen gar ghein zucht noch ordnung gehalten[7]. Wo nun zucht und recht nit gehalten und geschirmt werdendt,

6 gefuert] *danach gestrichen* ja nützid

---

schen Lande» *(EA IV 1b 1103). Sein Aufenthalt in Waldshut und seine Verbindungen mit vorderösterreichischen Instanzen sind oft bezeugt und Zürich bekannt (vgl. ASchweizerRef III, Nr. 508 und 1063; E. Egli, Briefpost im 16. Jahrhundert, in: Zwa I, 1901, 234. Literatur: Anton Largiadèr, Zur Geschichte des zweiten Kappelerkrieges, in: Zwa VI, 1937, 460f; Oskar Vasella, Der Ittinger Sturm im Lichte österreichischer Berichte [1524], in: Reformata reformanda, Festgabe für Hubert Jedin zum 17. Juni 1965, Bd. I, Münster Westf. 1965, 365–392 [wo auch die früheren Arbeiten Vasellas aufgeführt sind]; Weber, Datierung 228–231, 233; Meyer, Kappeler Krieg 128 und 131f; ferner oben unsere Nr. 178, Z VI/IV 167, Anm. 7).*

[4] Mark Sittich von Hohenems (siehe oben unsere Nr. 178, Z VI/IV 160, Anm. 4).

[5] Johannes Oechsli berichtet Zwingli am 14. Juli 1531 von einer solchen Gesandtschaft (Z XI Nr. 1244, S. 529f; Weber, Datierung 225). Zu den diplomatischen Bemühungen der V Orte vgl. Meyer, Kappeler Krieg 130f.

[1] *Über Reformierte in Luzern und der Innerschweiz und deren Vertreibung vgl. Willy Brändly, Geschichte des Protestantismus in Stadt und Land Luzern, Luzern 1956, 65ff, 73, 81ff, 90, 93, 96ff, 105ff; Weber, Datierung 225–228. Vgl. ASchweizerRef III, Nrn. 974, 1050, 1092, 1163, 1264, und HBRG III 30.*

[2] *sich von ihnen trennen (SI XII 1576).*

[3] *folgt aus den nun zur Sprache kommenden Erwägungen.*

[4] *kund, bekannt; offenkundig, notorisch (SI III 352).*

[5] *seit vielen Jahren (SI II 1559; vgl. auch oben S. 226, Anm. 6).*

[6] *ausgeübt (SI I 977f).*

[7] *in allgemeiner Bedeutung: die Rechtsordnung nicht aufrechtgehalten, nicht rechtsgemäß gehandhabt; in spezieller Bedeutung: das Rechtsverfahren bei Strafprozessen nicht korrekt gehandhabt (SI VI 256); in dieser Bedeutung bei Zwingli auch sonst belegt (SI VI 270). Zwinglis Urteil über die Innerschweizer ist verwandt mit jenem von ausländischen Humanisten: In der «Descriptio Helvetiae» des Mailänders Balcus, der um 1500 schrieb, ist von «Ingnobile vulgus et rustica natio» die Rede: «Bubulci atque pastores, qui premendo cogendoque lacte diem insumant, non multi. Tum sine lege, sic dixerim, ac divinarum humanarumque rerum insolentes caeteris fere omnibus tradere leges ac principum causas audire volunt, ceu ipsi sint, ad quas provocatio supremumque iudicium pertineat. Arrogantia iracundiare, pestibus furari proximis, reliquis mortalibus antecellunt» (Balci Descriptio Helvetiae, hg. von August Bernoulli, in: QSG [alte Folge], VI, 1884, 79). Klagen über «die Unruhe der alltäglichen Verhältnisse, die oszillierende Grenze zwischen Frieden und Krieg, die Viehräubereien und Markenfehden», wurden laut; da heißt es in der Frühzeit der Universität Basel: «O Schweizer, Feind des Glaubens und Gottes, Schweizer, du bist ein Tyrann, dazu ein milchsaufender Schurke und ein fauler Melker der Kühe»; sie wurden als «wild lüte» bezeichnet (Zitate aus: Walter Schaufelberger, Zu einer*

[fol. 3277v] da mag ghein regiment bston[1]. Dann recht ist ein so notwendig ding in allen völckeren, gsellschafften[2] und bywonungen[3],
das ouch die mörder under einander recht halten müssend; dann wo[4]
sy das, so sy mit mürden[5] überkomendt, nit ordenlich under einander
teiltind, so wurd ir gsellschafft und macht zerteilt. Aber zucht ist ein   5
schirmerin des rechten, also das, wo zucht nit ist, da vergat[6] ouch das
recht von stund an[7]. Dann wo man unverschamt sünden darff und
mütwillig sin, da müss ye[8] das recht an den übertrettenden[9] nit gebrucht[10] werden. Wo das recht underlassen wirt, da ist es vor gott geton[11] und wirt ghein rechtlos volck von imm unusgerütet[12] und ung-   10
straft nit gelassen. Die Ẹtoli[13] sind ein volck gewesen glych als (lei-

4 mit mürden überkomendt] *im Text in der Reihenfolge:* überkomendt mit mürden,
dann durch übergesetzte Ziffern in die obige Reihenfolge gebracht – 10 imm] *über der*
Zeile eingefügt

Charakterologie des altschweizerischen Kriegertums, in: Schweizerisches Archiv für Volks-
kunde LVI, 1960, 53–57). Zürich verlangte einen Entscheid auf der Ebene des eidgenössi-
schen Rechts betreffend seinen Streit gegen die IX Orte über die Bestrafung der Teilneh-
mer am Ittingersturm (EA IV 1a 508f ii). Vgl. Z III, Nr. 47, besonders S. 517f, dann Zwing-
lis Rechtsauffassung S. 526₁₃ff und 527₂ff, 528₆₋₁₂ betr. Rechtsverletzung des Landvogtes:
«Wider welchen gwalt nit allein minen herren von Zürich zimt ze tůn, sunder ouch ein ye-
dem zimt gwallt mit gwallt ze vertryben». Zürich beschuldigte die V Orte verschiedener
Rechtsverletzungen im Manifest vom 9. Juni 1529 (EA IV 1b 225–227). Es zählte dazu den
Bund mit Ferdinand, die Schmähungen, die nicht bestraft werden, zusammengefaßt in der
Denkschrift vom 3. März 1529 (EA IV 1b 103–107) in 25 Artikeln, ferner den Bundesbruch
an Jakob Keyser (vgl. EA IV 1b 199–200). Eine große neue Klageschrift Zürichs wurde
der Tagsatzung zu Baden vom 27. März 1531 vorgelegt (EA IV 1b 923, 928–930), der um-
fassende «Kundschaften», d.h. Zeugenverhöre zugrunde lagen.

[1] *keine öffentliche Ordnung und Gewalt bestehen (vgl. Z III 11₁₀); «Regiment» hier*
wohl schon in der Bedeutung unseres Wortes «Staat» (SI VI 739; vgl. oben S. 228, Anm. 9,
unten S. 233, Anm. 7 und Z VI/II 461, Anm. 12).
[2] *gewöhnlich: Vereinigungen des bürgerlichen Lebens (SI VII 732), hier aber allge-*
meiner: Verbände.
[3] *Zusammenleben, Gesellschaft (Lexer I 292).*
[4] *wenn, im Fall (Lexer III 622).*
[5] *morden (SI IV 397).*
[6] *vergeht, löst sich auf (SI II 27).*
[7] *auf der Stelle, sogleich, alsbald (SI XI 1055).*
[8] *jeweils, immer (SI I 20).*
[9] *den das Gesetz übertretenden.*
[10] *angewendet (SI V 352). Diejenigen, welche das Recht mutwillig und frech übertre-*
ten, haben keinen Anspruch, daß man rechtlich auf sie Rücksicht nehme.
[11] *getan (SI XIII 293). Da geschieht es vor Gott.*
[12] *unausgereutet (vgl. oben S. 228, Anm. 12).*
[13] *die Bewohner der Landschaft Ätolien im nordwestlichen Griechenland, vgl. Hirsch-*
feld und Wilcken, Artikel «Aitolia», in: Pauly-Wissowa I 1113–1127.

der) zů ünser zyt die 5 ort: frävel[1], unverschamt, unzüchtig, namend
von allen herren gelt, hieltend ghein püntnus noch trüw dann so vil,
als inen nutzbar was; darumm ward inen ufgesetzt[2] von fürsten und
völckeren, bis sy usgerütet. Andre byspil us der helgen gschrifft sind
5 allen Christen wol erkannt[3] und nit not hie ze erzellen[4]. So nun
zucht und grechtigheyt so gar by den 5 orten erlöschen, ist gwüss,
dass[5] můssend gestraft und usgerütet werden.

2. Es ist ein Eydgnoschafft[6] glych wie ein statt und ein regiment
und ein genossame[7]. Wo nun in einem regiment, da jederman glych

3 ufgesetzt] *danach gestrichen* b

---

[1] *dreist, verwegen, frech, unbesonnen, unverschämt, übermütig, gewalttätig (SI I 1286).*
[2] *stellten ihnen nach (SI VII 1651).*
[3] *bekannt (SI III 313).*
[4] *Eine bei Zwingli klassische Stelle ist Jer 1, 10 (vgl. etwa oben Nr. 181, Z VI/V 113f, oder Z XIV 421).*
[5] *Das sinngemäß zu ergänzende «sie» ist (phonetisch zusammengezogen) in «dass» gewissermaßen enthalten.*
[6] *Eidgenossenschaft; eidgnoschaft, eidgnossenschaft, eidgnozschaft, eydgnoschaft, eitgenoschaft, eitgenosschafft, eydtgnoßschafft, eytgnosschaft, sind vom 14. bis 16. Jahrhundert häufig gebrauchte Formen (vgl. Oechsli, Benennungen II 89ff; Nabholz/Kläui 17, 33, 36, 45, 62, 76ff, 88f, 107 und E. Kobelt, a. a. O., passim). Seit dem 14. Jahrhundert als nomen proprium, dann auch konkreter geographischer Begriff (Oechsli, Benennungen II 91ff, 100ff), im 15. Jahrhundert auch die Zugewandten und die Gemeineidgenössischen Herrschaften umfassend.*
[7] *Genossenschaft im rechtlichen Sinne, Gesamtheit der nutzungsberechtigten Personen (SI IV 823); der Vergleich der Eidgenossenschaft mit einer Stadt, mit einer verwaltenden und regierenden Obrigkeit oder gar mit einem Staat mag kühn erscheinen, war doch die Eidgenossenschaft ein Verband, gebildet aus verschiedenen Bundesverträgen, nämlich den zehn der XIII Orte und den andern mit den Zugewandten; das letzte Konkordat, das «Stanser Verkommnis» (vgl. oben S. 222, Anm. 5 und S. 224, Anm. 10) faßte nur die VIII alten Orte in einem Vertragsinstrument zusammen, das die Unabhängigkeit der einzelnen Städte und Länder und die durch die früheren Bünde geschaffene Ordnung, die wir heute eine föderalistische nennen, schützte. So nennen sich die Glieder im von Zwingli ja oft angerufenen Ersten Landfrieden vom 26. Juni 1529: «Wir von Stett und Landen diser nachbenempten Orten einer loblichen Eidgnoschaft rät und sandbotten ...» (EA IV 1b 1478). Im «Christlichen Burgrecht» der Städte Zürich, Bern und Basel mit Straßburg vom 5. Januar 1530 (EA IV 1b 1488–1493) behalten die drei ersteren vor «das heilig römisch Rych als von des Rychs wegen, deßglychen die pündtniß und ewig einigung, damit wir unseren getrüwen lieben Eidtgnossen, ... gebunden und verwandt sind» (EA IV 1b 1493). Hier wird also gerade der föderalistische Charakter der Eidgenossenschaft formuliert; von «einer statt und einem regiment und einer genossame» ist nicht die Rede. Nun denkt aber Zwingli im ganzen Gutachten an die gemeinsame Herrschaft mehrerer Orte in den Gemeinen Herrschaften. Ihnen gegenüber bestehen die beiden Begriffe «genossame» und «regiment» zu vollem Recht. Die jeweils in einer Gemeinen Vogtei regierungsberechtigten Orte*

fry ist, jeman unverschamt sündet und das recht undertruckt und der
selbig nit gestraft wirt, so behafftet[1] die sünd die gantzen[2] gmeind,
also das man die ansprach[3] und klag an sy alle hatt, und strafft ouch
gott die gantzen gmeind darumm[4]. So nun ir, der 5 orten, wesen[5]
gotzlesterlich und verderplich ist einer loblichen Eydgnoschafft,   5
so müssend wir sehen, das sy gestrafft, oder[6] *[fol. 3278r] [wir]* mit inen
usgerütet werden; dann wir sind als[7] ire mitburger mithafften[8],
mitgsellen[9] und brůder[10].

Und so jeman sagen möcht, sy habend eigne recht, eignen gwalt
und eigne regiment[11], die můss man sy fueren lassen, und ob[12] sy   10
dann sölche glych missbruchend oder undertruckend, so habend wir
inen nützid[13] daryn ze reden, mag man dise antwurt geben: Es mag
ghein püntnus noch recht[14] wider die grechtigheyt gemacht werden
(contra iusticiam non est ius[15] etc.), also das gheine fürsten, völcker
noch stett der grechtigheyt halb usgenomen werdendt, ob man iro   15

---

2 behafftet] *danach gestrichen* i.*[?]*

---

*haben Anteil an den Einkünften, wie die Glieder einer Genossenschaft nutzungsberechtigt
sind, und sie leiten gemeinsam die Verwaltung, bilden also ein «regiment» (vgl. oben
S. 228, Anm. 9 und S. 232, Anm. 1). Aber auch der Begriff «statt» ist nicht unberechtigt, da
die mittelalterliche Stadtgemeinde keine abstrakte staatliche Einheit mit einheitlicher Verwaltung darstellt, sondern auch sie sich, wie die Eidgenossenschaft in ihre Glieder, in ihre
Wachten, ihre Gesellschaften und Zünfte aufteilt, ihre Verwaltung in den verschiedenen
«Ämtern», selbst die Finanzverwaltung, dezentralisiert führt (vgl. Hans Hüssy, Das Fi-
nanzwesen der Stadt Zürich im Zeitalter der Reformation, Diss. phil. Zürich, Affoltern
a. A. 1946 [Teildruck; vollständiges Typoskript in der Zentralbibliothek Zürich und im
Staatsarchiv Zürich]).*

[1] *macht haftbar, verantwortlich (SI II 1058; vgl. Z III 110_{23} mit Anm. 12).*
[2] *«gantzen»: entweder handelt es sich um einen Verschrieb oder um Plural.*
[3] *den rechtlichen Anspruch, die gerichtlich geltend gemachte Forderung (SI X 722 und
besonders 724 «clag und ansprach»).*
[4] *Vgl. Z III 11_{4-10} mit Anm. 7f.*
[5] *Betragen, Verhalten (Lexer III 801).*
[6] *andernfalls (SI I 197)*
[7] *so wie (SI I 197f).*
[8] *die Mithaftbaren (SI II 1057).*
[9] *Genosse in einem Rechtshandel, Teilhaber (SI VII 725).*
[10] *«mitgesel und bruoder» als Synonyma für Mitglieder einer Bruderschaft (SI V 414);
alle diese Ausdrücke umschreiben den genossenschaftlichen Charakter des Verbandes
(vgl. oben S. 233, Anm. 7).*
[11] *Was für die Stadt Luzern und die Länder völlig zutrifft (vgl. HSG I 413).*
[12] *«ob ... glych» = obgleich.*
[13] *nichts, gar nichts (SI IV 869 und 872).*
[14] *eine Rechtsordnung (SI VI 245–249).*
[15] *Gegen das Recht gibt es kein Recht (Wander III 1525, Recht Nr. 133; ohne Quellen-
angabe).*

glych in den püntnussen vergässe[1], also das nit uff ein sölche form usgetruckt: wir verbindent üns, das wir alle miteinander grechtigheyt fueren, schirmen und erhalten wellendt, und welcher teil das nit tůn, wurdind wir, die übrigen, den selben darzů wysen[2]. So ist demnach

3 fueren] *am Rand* – 4 wir] *danach gestrichen* den

---

[1] *obgleich man die Gerechtigkeit in den Bundesverträgen nicht erwähnt habe. Diese Sicht trifft nicht ganz zu. Abgesehen davon, daß die Gerechtigkeit auch stillschweigend vorausgesetzt sein kann, ist sie auch einigermaßen konkret umschrieben. Im Ewigen Bund der drei Waldstätte vom 9. Dezember 1315 und im Ewigen Bund der Stadt Luzern mit den drei Waldstätten vom 7. November 1332 heißt es fast gleichlautend – wir geben den zweiten Text: «... die sache die den lüten ze frid und ze nutz, ze gemach und ze eren ufgesetzet werdendt ...» (Nabholz/Kläui 8). Die Begriffe «ze frid und ze nutz, ze gemach und ze eren» dürfen wohl als Umschreibung dessen verstanden werden, was Zwingli hier unter «grechtigheyt» versteht. Im Zürcher-, Zuger-, Glarner- und Bernerbund fehlt dieser Ingreß. Sie beginnen aber alle mit: «In gottesnamen, amen», was natürlich auch einen Hinweis auf die «grechtigheyt» bedeutet, und geben dann nach Nennung der Vertragspartner allgemein den Willen kund, zu Nutzen und Frommen von Land und Leuten einander treu und ewig verbunden zu bleiben. Der Pfaffenbrief vom 7. Oktober 1370 und der Sempacherbrief vom 10. Juli 1393 berufen sich auf «unser aller nutz und notdurft fride und gemach» (Nabholz/Kläui 33 und 36). Im «Ewigen Burg- und Landrecht des Zehntens Goms (Ernen und Münster) mit Luzern, Uri und Unterwalden» vom 15. Dezember 1416 kehrt die Formel aus den beiden ersten eidgenössischen Bünden wieder (Nabholz/Kläui 47), ebenso in den folgenden Verträgen mit Walliser Zehnten (Nabholz/Kläui 51f). Im «Ewigen Burgrecht des Abtes von St. Gallen mit Zürich, Luzern, Schwyz und Glarus» vom 17. August 1451 heißt es: «... damit ünser gotzhus in wirden, eren und by sinen rechtungen belibe und wir und ünser nachkomen dem allmechtigen gott und den wirdigen himelfürsten sant Gallen und sant Othmarn dar inn dester volkomenlicher und andechtigklicher gedienen mögen; ...» (Nabholz/Kläui 53). Einen besonderen Ingreß hat nach Nennung der Kontrahenten das «Stanser Verkommnis» vom 22. Dezember 1481, worin die Wahrung des Friedens als Hauptzweck genannt wird (Nabholz/Kläui 62). Wieder anders und viel wortreicher lauten die Einleitungen des «Ewigen Bundes von Freiburg und Solothurn mit den acht Orten der Eidgenossenschaft» vom 22. Dezember 1481 (Nabholz/Kläui 66f), des «Ewigen Bundes der Stadt Basel mit den Eidgenossen» vom 9. Juni 1501, des «Ewigen Bundes der Stadt Schaffhausen mit den Eidgenossen» vom 10. August 1501 (Nabholz/Kläui 75f und 85f) und des «Ewigen Bundes der Appenzeller mit den 12 eidgenössischen Orten» vom 17. Dezember 1513 (Nabholz/Kläui 90f).*

[2] *Diese allgemeine Formel finden wir allerdings nicht ausdrücklich in den eidgenössischen Bundesverträgen, aber im Stanser Verkommnis vom 22. Dezember 1481 lautet Artikel 2: «Und ob yeman unnder unns den vorgenanten acht ortten gemeinlich oder insonnders, darvor gott ewigklichen sye, yeman dem anndern an dem sinen oder an den sinen oder an denen, wie dervor gelüttert ist, sölichs wie obstat zůfügte, fürneme oder darwider tätte, damit denn sölichs verkommen und unnser aller ewigen geswornen pünde krefftigklich beschirmpt werden und wir alle miteinanndern dest fürer in brüderlicher trüw, frid, rüw und gemach belibent; welhem ortt oder den sinen, als vorstat, denn ditz unnder unns ye begegnet, da söllent und wöllent wir übrigen ortt alle gemeinlich dasselbe ortt und die sinen, wie vorstat, so also genöttiget werdent, vor sölicher gewaltsammi und überbracht*

nütz dess[1] weniger recht und billich, das die haltenden[2] den übertrettenden straffind und zur grechtigheyt zwingind, wellend sy ächt[3] mit
einander hushalten und verbunden sin. Dann ghein gsellschaft[4] noch
püntnus mag wider schirm des rechten und straff des unrechten usne-
men[5]. Byspil: die zwölff stammen Israëls hattend eigne fürsten und   5
rechte. Do aber im stammen Benjamin dem leviten die schantlich
schmach zůgefueget und imm selben stammen nit gestraft und demnach ouch in den andren 11 stammen liederlich[6] zur sach geton ward,
do strafft sy gott also, dass er der 11 stammen züg[7] zwürend[8] schlahen liess von den Benjamiten, und komend in 40 tusend umm, und   10
demnach erschlůgend die selben 11 stammen 25 tusend uss dem züg
der Benjamiten *[vgl. Ri 20₁ff]*. Rhom und Carthago hattend ver-
komnussen[9] und püntnussen mit einander gemacht; nachdem aber
die Carthaginier brüchig wurdend[10] *[fol. 3278v]* und doch mit alen-
fantz[11] gesehen woltend sin[12], sam[13] sy die pündt hieltind und die   15
Rhömer brächind sy[14]; darus dann volget, das sy einander schuldi-
gotend[15], glych wie jetz in der Eydgnoschafft die 5 ort Zürich
und Bernn scheltend, sy sygind an inen brüchig, so doch menncklich
ougenschynlich jetz sicht[16] und do ze mal sach, wedrer[17] teil den andren getrungen[18]; do namend ze letst die Rhömer die sach[19] uff den   20

2 und] *danach gestrichen* zumm*[?]* – 5 zwölff] *danach gestrichen* g – 16 darus dann]
am Rand für im Text gestrichenes Wort: d..i.t*[?]* – 16f schuldigotend] *am Rand* – 19 teil]
am Rand – 19f andren] *danach gestrichen* teil

---

ungehindert aller sach mit gůtten trůwen schirmen, schützen und hanndthaben, on alle ge-
verde» (Nabholz/Kläui 63).

[1] *nichts desto (SI XIII 1984–1986).*
[2] *die Recht und Ordnung innehaltenden.*
[3] *wirklich (SI I 82).*
[4] *hier allgemein: Verbindung, Vereinigung (SI VII 732).*
[5] *gegen Schutz des Rechts und Strafe des Unrechts eine Ausnahme machen.*
[6] *nachlässig, leichtfertig (SI III 1099).*
[7] *Heereszug, Heer (Lexer III 1141f).*
[8] *zweifach, zweimal (Lexer III 1218).*
[9] *Verkommnisse, Vereinbarungen; zu verkommen = übereinkommen (SI III 277).*
[10] *die Verträge und Bündnisse gebrochen hatten.*
[11] *Hinterlist (SI I 171).*
[12] *dafür angesehen, dafür gehalten sein wollten.*
[13] *wie wenn, als ob (SI VII 902–904).*
[14] *während die Römer sie gebrochen haben sollten.*
[15] *an-, beschuldigten, auch: schalten, schmähten (SI VIII 665).*
[16] *sieht.*
[17] *welcher von beiden (Lexer III 722).*
[18] *bedrängt, verdrängt, genötigt (SI XIV 1107).*
[19] *das Odium des Vertragsbruchs (SI VI 782).*

ruggen[1] und bekriegten Carthaginem, bis sy die gantz und gar under sich brachtendt[2]. Also vermag ghein püntnus wider das recht, wider trüw und glouben brechen nützid[3].

3. Für das[4] der hochmůt in einen sölchen ufwachs[5] kumpt, als er
5 jetz by den 5 orten ist, lasst er nit nach, bis man inn gezämt mit der hand[6]; das zeigend all historien und byspil an. Desshalb nun sich erfindt, das sy mit der hand můssend recht ze tůn gewisen werden; dann sy sich nit endren noch gott ergeben wellend, so sy sin wort nit hören, sunder das[7] straffen etc. So sind nun drü ding[8] ze betrachten,
10 wie und wenn[9] man sy mit der hand, das ist tätlich, straffen welle.
Wenn.

Erstlich ist das best, das man sy zumm aller eesten[10] angryffe, us disen ursachen. Zů diser zyt stat inen Meiland übel ze weg[11]; der

10 das ist tätlich] *am Rand*

---

[1] *nahmen ... auf sich (SI VI 782).*
[2] *sich untertan machten (Lexer II 1778; Grimm II 390).*
[3] *Also kann kein Vertrag gegen das Recht Geltung haben oder Treu und Glauben aufheben (siehe oben S. 234, Anm. 15).*
[4] *da nun einmal (SI I 957).*
[5] *Zuwachs, Auftrieb, Wachstum, Vergrößerung (Lexer II 1707 und 1719; siehe auch oben S. 224, Anm. 14).*
[6] *tätlich, mit Gewalt (SI II 1385).*
[7] *nämlich: das Wort Gottes. Zwingli schrieb am 4. Juni 1531 an Johannes Oekolampad und Konrad Sam und andere (Z XI 460₅f): «Quinquepagici verbi praedicationem nolunt admittere». Quelle war eine Mitteilung der den Frieden vermittelnden französischen Gesandten.*
[8] *drei Möglichkeiten, durch die sie bestraft werden könnten; Schuler und Schultheß nennen S II/III 104, Anm. 2: «das Abstoßen von den Vogteyen, das Herausgeben der Bünde und das Überziehen mit Krieg».*
[9] *wann (Lexer III 667).*
[10] *so bald wie möglich (SI I 10).*
[11] *Zur Zeit steht ihnen Mailand nicht zur Seite. Die V Orte hatten sich nicht auf nähere Vereinbarungen mit dem Herzog von Mailand, Francesco II. Maria Sforza (1522–1535) (vgl. über ihn Z XI 462, Anm. 5) eingelassen (EA IV 1b 891f und 914); besonders zu Luzern am 3. Juni 1531 (a. a. O. 1025). Immerhin gingen die Verhandlungen weiter: am 13. Juli 1531 waren die V Orte erfreut über die ihnen von Mailand entgegengebrachte Gesinnung (EA IV 1b 1085 und 1103). Mailand hatte aber in den Krieg gegen den Kastellan von Musso eingegriffen (vgl. oben Nr. 173, Z VI/IV 82ff und EA IV 1b 919). Am 7. Mai 1531 kam eine «Verbindung der acht gegen den Kastellan von Musso vereinigten Orte [alle ausser die V innern Orte] und der III Bünde mit dem Herzog von Mailand behufs gemeinsamer Kriegsführung» zustande (EA IV 1b 977 und Beilage 18, S. 1563–1566). Damit rechnen die acht Orte auf dem Tag zu Aarau am 13. Mai (EA IV 1b 981). Nun verlautete gar, falls der Herzog gegen den Müsser Krieg führen werde, «wellend*

küng uss Franckrych [1] wil sich twedrer [2] part anhengig machen; der
keiser hatt sich imm Tütsch land in die hosen beton [3], und habend

---

die V Orte in von sinem herzogthum verjagen» (StABE, Ratsmanual, A II 107, 21. Mai
1531).

  Am 1.–3. Juni 1531 ratifizierten in Zürich die acht Orte die «Pacten und Gedinge» der
eidgenössischen Hauptleute mit dem Herzog von Mailand (EA IV 1b 1013f). Allerdings
klagten die III Bünde schon am 12. Juni in Bremgarten über die laue Kriegsführung des
Herzogs (EA IV 1b 1034f). Immerhin zahlte er dann Sold an eidgenössische Knechte (EA
IV 1b 1050). Die V Orte erfuhren diese Dinge (EA IV 1b 1057).

  Am 4. Juni 1531 war Zwingli der Auffassung: «Adparet regulum Mediolanensem, aut
saltem suos, fraude agere» (Z XI 461$_{15}$–462$_1$). Am 7. Juli 1531 schrieb Hans Wirz an
Zwingli: «Item unnd das best, hatt hertzog von Meyland den fünff ortten uff nächt pro-
bant unnd veilen kouff abgeschlagen unnd sind gar bestanden, unnd wussen nitt, wo si
dran wöllen, dann Ury besorgt, Bunter zuchint inn dz land, deßgelichen der hertzog ouch»
(Z XI 527$_{22}$–528$_2$).

  Am 3. September 1531 schlug dann Zwingli dem Herzog von Mailand ein Bündnis vor
(Z XI 604f; vgl. Zwa IV 1924, 225–231).

  [1] Franz I. (1515–1547). Zur Form «der küng uss Franckrych» = der König von
Frankreich vgl. Z XI 22$_1$ und 36$_{11}$.

  Am 20. September 1530 schrieb Zwingli dem Landgrafen Philipp von Hessen, der König von Frankreich «stat gantz still in aller handlung» (Z XI 145$_{17}$); die Abschiede zeigen
laufend die Vermittlung der französischen Gesandten zwischen den schweizerischen Glaubensparteien (vgl. Z XI 425 Anm. 3, 444–446, 556–560, bes. 559 Anm. 13).

  [2] keiner von beiden Parteien (Matthias Lexers mittelhochdeutsches Taschenwörter-
buch, 22. Aufl., Leipzig 1940, 30; Fischer II 185). Grundbedeutung ist: irgendeiner von beiden; in Verbindung mit negierendem Wort geht die Negation auf «deweder» über, ähnlich
wie bei «dehein»; in negativem Sinn häufig bei der Kombination «dwedre part».

  [3] in die Hosen gemacht (SI XIII 428 und 305f; vgl. Z XI 590$_{7-8}$).

  Im September 1530 schrieb Martin Bucer ausführlich über die Gefahren, die von kaiserlicher Seite drohten (Z XI 107$_{10-13}$ und 138$_{4-7}$). Davon ist immer wieder die Rede
(Z XI 161$_8$, 196$_8$, 224$_6$, 277ff). Deutlicher wollte Hans Wirz in Wädenswil am 3. April 1531
wissen, Mark Sittich von Ems rüste 18 000 Mann und der Kaiser komme nach Augsburg
(Z XI 394$_{17}$–395$_1$). Zwingli gab das falsche Gerücht am 5. April 1531 an Vadian weiter
(Z XI 403$_2$). Eine direkte Meldung über finanzielle Rüstungen des Kaisers gab Bucer am
20. April 1531 weiter (Z XI 415$_{6f}$). Am 28. April 1531 gaben Zürich und Zwingli dem
Landgrafen Philipp von Hessen zu, daß die Rüstungen des Emsers sich nicht direkt gegen
die Evangelischen richteten (Z XI 422$_3$ mit Anm. 3; vgl. oben Nrn. 176/177, Z VI/IV 136).

  Zwingli kennt am 27. Juni 1531 verschiedene Vermutungen über die Pläne des Kaisers
(Z XI 497$_{10ff}$).

  Am 4. Juli 1531 schreibt Capito an Zwingli: «Ante hos menses rumor fuit exercitus ingentis a cesare conscripti» (Z XI 505$_{10}$). Straßburg und Hessen korrespondierten über
diese Rüstungen (Z XI 505, Anm. 2). Es sei aber nichts Sicheres auszumachen.

  Capito bezweifelt aber am 16. August 1531, daß die Kaiserlichen die evangelischen
Städte bedrohen werden. Deshalb sei die Gelegenheit günstig, den V Orten entweder einen
sicheren Frieden oder einen offenen Krieg aufzuzwingen (Z XI 575$_{2-7}$).

  Am 13. Mai 1531 besprachen die Burgrechtsstädte auf dem Tag zu Aarau diese Frage
und man glaubte zuverlässig zu wissen, «daß der Kaiser in Brabant, Flandern, Holland,

ghein hilff weder von Eydgnossen noch frömden. Sy sind ouch mit
gschütz und andrer notturfft noch zů diser zyt nit gerüst[1], welches sy
mit der zyt bas[2] bekomen, und sind vil frommer lüten[3] under inen,
denen ir hertz bas[4] zů üns weder inen stat.

5   Wie.

Seeland, Picardie und anderswo bedeutende Summen Geldes zusammenbringt, aber noch
nicht erfahren kann, zu welchem ‹Spiel› er sich damit rüste» (EA IV 1b 981; vgl. S. 990).
In einem Schreiben aus Budweis vom 20. Juli 1531 versprach König Ferdinand den V Or-
ten kaiserliche Hilfe; der Kaiser habe einen Reichstag nach Speyer auf den September
ausgeschrieben, den er selber besuchen wolle (EA IV/1b 1102).

[1] *Die Mißachtung der Artillerie hängt – neben finanziellen Gründen – mit kriegerischer*
Überheblichkeit zusammen; darüber zahlreiche Belege bei Walter Schaufelberger, Zu ei-
ner Charakteriologie des altschweizerischen Kriegertums, in: Schweizerisches Archiv für
Volkskunde LVI, 1960, 67–81; vgl. auch Roland Rumpel, Der Krieg als Lebenselement in
der alten und spätmittelalterlichen Eidgenossenschaft, in: SZG XXXIII, 1983, 192–206.
Zum Fehlen der Artillerie vgl. Walter Schaufelberger, Der Alte Schweizer und sein Krieg,
Zürich 1952, 28–32 und 197, Anm. 37: «Die Länder kümmerten sich nicht sehr um die Ar-
tillerie. Die Sorge um fortschrittliche Ausrüstung blieb den Städten überlassen». In der
«Vereinung zwischen König Franz I. von Frankreich und den zwölf Orten (ohne Zürich),
nebst ihren Zugewandten» vom 5. Mai 1521 verpflichtete sich der König, den Eidgenossen,
falls sie Krieg führten, zu helfen mit «zwei hundert lanzen, sampt zwölf stuck büchsen,
namlich sechs großen und sechs mittelmässigen, in sinen costen mit aller notdurft und be-
warung» (EA IV 1a 1496).

[2] *«bas » = eher (SI IV 1652).*

[3] *Zwingli hat die Auffassung, in der Innerschweiz würden Leute zur Reformation hal-*
ten, wenn sie könnten, öfters geäußert: Am 27. Juni 1531 machte er in einem Brief an Ca-
pito (Z XI 497₅ff) bei den Fünförtischen (Quinquepagici) die Unterscheidung zwischen «ci-
ves» und «municipes»: «cives eorum hinc magis saeviunt, sed municipes, quique in agro
sunt, magis ad nos spectant». Meint er mit «cives» die Stadtbürger, also die führenden
Geschlechter in der Stadt Luzern, mit «municipes» die Bürger der Landstädte, also von
Sempach, Sursee, vielleicht auch der Flecken, wie Wolhusen und Willisau, und dann mit
«quique in agro sunt», die Landleute? Solche stillen Anhänger der Reformation sind bei
Willy Brändly (Geschichte des Protestantismus in Stadt und Land Luzern, Luzern 1956,
55 und 61) bezeugt. Um den Freund Vadians, Wolfgang Schatzmann, sind in Sempach
heftige Diskussionen ausgebrochen (a. a. O. 63f), in St. Urban wurden reformatorische
Schriften gelesen (a. a. O. 74–77), in Adligenswil wurde ein Bibelkreis entdeckt
(a. a. O. 81–83), Zwingli traf Innerschweizer auf der Berner Disputation 1528 (a. a. O. 84),
zwei Luzerner unterschrieben die Schlußreden, sie hatten aber die Heimat bereits verlas-
sen. Ob sie mündlich in Zwingli die Auffassung von den «municipes, quique in agro sunt»
begründeten? In Hitzkirch war der Komtur der Deutsch-Herren, Hans Albrecht von Müli-
nen, Anhänger der Reformation (a. a. O. 88ff), in einer Reihe von Gemeinden fanden sich
Evangelische, in manchen wurden sogar die Bilder verbrannt. Zeugnisse, «wie das Evan-
gelium durch die Dörfer wandert», liegen vor (a. a. O. 96). Nach der Verhängung der Pro-
viantsperre setzte scharfe Verfolgung ein; sie enthüllt, daß die Reformation im luzeri-
schen Gebiet nicht ungehört geblieben war (a. a. O. 98f).

[4] *«bas ... weder» = eher ... als (SI IV 1652).*

Als man sy jetz[1] mit abschlahen der provand angriffen, ist es nit gnůg und ouch üns nit fürderlich. Ursach: 1. Die ünseren, dero gwün und gwerb *[fol. 3279r]* under die 5 ort gat[2], werdend bald můd sin. 2. Die iren dörffend in der gmeind nützid reden[3]. Darum můss man sy mit abstossen von den vogtyen[4] oder mit harus geben der pündten[5] oder mit überziehen[6] ghorsam machen. So nun das überziehen vilen[7] wil ze schwer sin, so můss in dem wie der andren beden eintweders an die hand genomen werden[8]. Wil man die pündt von inen erfordren, můss teilung der dingen, so man mit einander hatt[9], mitlouffen und demnach artickel und capitel[10] gemacht werden, wie man nebendt einander blyben mög, glych wie man capitel gegen[11] andren anstössigen[12] herren hatt. So sy aber damit nützid an

2 gnůg] *danach gestrichen* dann *[?]* – 7 der andren beden] *am Rand*

---

[1] *Nach Ausbruch des Krieges gegen den Kastellan von Musso drängte Zürich auf einen präventiven Angriff gegen die V Orte, die den Bündnern die Hilfe versagt hatten (vgl. oben Nr. 173, Z VI/IV 86ff). Bern schlug demgegenüber die Proviantsperre gegen die V Orte vor (EA IV 1b 972f, 988). Sie wurde am 16. Mai 1531 in Zürich beschlossen. Bern schrieb Sonntag, den 21. Mai 1531, an die V Orte, auf Pfingsten den 28. Mai 1531, es werde ihnen «die profand, fryen merkt und feilen kauf hiemit abgestrickt, versperrt, versagt und verlegt» (EA IV 1b 1004). Zürich erklärte dasselbe am 27. Mai 1531 (EA IV 1b 1001–1003).*

[2] *Zürich war vor allem ein wichtiger Getreidemarkt für die Ostschweiz (vgl. Reinhold Bosch, Der Kornhandel der Nord-, Ost-, Innerschweiz und der ennetbirgischen Vogteien im 15. und 16. Jahrhundert, Diss. phil. I, Zürich 1913, 50ff). Die Innerschweiz versorgte sich aus dem eigenen Hinterland, ferner über Luzern, dieses aus dem Aargau, aus Basel, Schaffhausen, dem Oberelsaß (a. a. O. 92). Die Waldstätten kauften gelegentlich auch in Zürich (a. a. O. 163, Anm. 94).*

[3] *Die Landleute und Bürger der V Orte dürfen sich an der Landsgemeinde nicht mit dem Hinweis auf die lästige Proviantsperre für eine Verständigung mit Zürich und den Burgrechtsstädten aussprechen.*

[4] *mit dem Entzug ihres Anteils an der Mitherrschaft in den Gemeineidgenössischen Vogteien (vgl. oben S. 228, Anm. 8f).*

[5] *Herausgeben der alten eidgenössischen Bundesverträge (vgl. oben S. 228, Anm. 6 und S. 237, Anm. 9).*

[6] *Krieg, militärische Besetzung (Grimm XI/II 685; Lexer II 1683); eigentlich: überfallen (vgl. auch SI I 57).*

[7] *Den Krieg lehnten Bern, Basel und Schaffhausen, auch Freiburg und Solothurn, wie Konstanz und Straßburg, auch der Landgraf von Hessen ab (EA IV 1b 936, 964; besonders 971f, 981f); daraus folgte die oben Anm. 1 erwähnte Proviantsperre.*

[8] *so muß in dieser Sache eine von den beiden andern Möglichkeiten – Ausstoßen aus den Vogteien oder Herausgeben der Bünde – an die Hand genommen werden.*

[9] *Teilung der Herrschaftsrechte, die man gemeinsam hat.*

[10] *«artickel und capitel», hier synonym = Abschnitte, Einzelbestimmungen einer neuen Vereinbarung.*

[11] *gegenüber, mit (SI II 141).*

[12] *angrenzenden (SI IX 1631).*

der macht gemindrot[1], sunder als starck als ye wurdindt, desshalb von inen geteilt sin erst gfarlich wurd, das man täglichs anlouffens[2] von inen warten[3] müsst, so wäre ye ghein bessers weder sy usstossen us den gemeinen vogteyen, und so das ze tůn in den welschen vog-
5 tyen[4] nit fůglich, beschehe in denen hieussen[5]. Also hatt man die Abbenzeller ouch gestrafft ums Ryntal[6].
Wie.
Wie aber den andren orten, stett und lendren[7] hierinn ze tůn sye, müssend sich Zürich und Bernn umsehen. Die welschen vogtyen
10 werdend sy, die 5 ort, nit an sich ziehen[8]; dann sy truwends[9] nit on Z[ürich] und Bernn ze bhalten[10]. Nemendt nun die zwo stett die an-dren ort ouch zů inen, so volget vil verwirrung; dann die 5 ort wer-

1 der] am Rand – 2 sin] danach gestrichen s – 3 warten] zuerst wartend, dann der letzte Buchstabe gestrichen – 4f vogtyen] am Rand – 10 die 5 ort] am Rand

---

[1] vermindert (vgl. oben S. 228, Anm. 8).
[2] angreifen (SI III 1132).
[3] erwarten, gewärtigen (Grimm XIII 2149f; Lexer III 697f).
[4] Unter «welschen vogtyen» versteht hier Zwingli die Gemeineidgenössischen Herr-schaften im heutigen Kanton Tessin, auch «ennetbirgische» oder «italienische Vogteien» oder «Landvogteien im Welschland» genannt, an denen vier Zürich mit elf Orten beteiligt war, nämlich Lugano (Lauis), Locarno (Luggarus), Val Maggia (Maintal), Mendrisio (Mendris) (vgl. Oechsli, Benennungen I 225–229).
[5] hier außen, hier im äußern Teil der Schweiz im Unterschied des inneren, des Gebie-tes der V Orte, nämlich Stadt und Grafschaft Baden, Mellingen und Bremgarten, Freie Ämter im Aargau, Thurgau, Rheintal, Walenstadt, Sargans (vgl. Oechsli, Benennungen I 205–221), an denen Zürich beteiligt war.
[6] Die Appenzeller hatten 1460 ««die Herrschaft und vogtye Rinegk und das Rintal»» gekauft; «im Rorschacher Klosterbruchkrieg (Februar 1490) mußte Appenzell sein 30 Jahre lang besessenes Untertanenland zur Strafe und Kriegsentschädigung an die IV Schirmorte der Abtei St. Gallen abtreten, die Uri, Unterwalden und Zug sofort in die Ge-meinschaft eintreten ließen. Nach der schweren Probe des Schwabenkrieges stellten die VII Orte Appenzell zwar nicht, wie es verlangte, das entrissene Rheintal zurück, aber sie nahmen es am 14. November 1500 ⟨für einen achtenden teil⟩ in die Mitbeherrschung des-selben auf» (Oechsli, Benennungen I 219). Vgl. die einzelnen Herrschaften bei Adolf Gas-ser, Die territoriale Entwicklung der Schweizerischen Eidgenossenschaft 1291–1797, mit einer historischen Karte, bearbeitet von Adolf Gasser und Ernst Keller, Aarau 1932. Als Herrschaft «Rheintal» bezeichnete man die Landschaft zwischen Appenzeller Grenze und Rhein südlich bis und mit der Gemeinde Rüthi.
[7] nämlich vor allem Glarus, das mit Zürich und Bern und den V Orten Anteil an den Vogteien der VIII bzw. VII alten Orte (ohne Bern) hatte. Zwingli denkt aber offenbar auch an die später in den Kreis der XIII Orte getretenen Städte Freiburg, Solothurn, Ba-sel und Schaffhausen, und eben die Länder Glarus und Appenzell.
[8] nämlich allein regieren wollen.
[9] getrauen sich nicht, wagen es nicht (Lexer II 1553).
[10] nämlich gegen das Herzogtum Mailand zu behaupten.

dendt sich on underlass gegen den übrigen bewerben[1], und keme mit
der zyt darzů, das man mit den übrigen orten ze hatz liggen[2] müsst
wie jetz mit den fünfen. Darumm wirt das best sin, das die ort, so
miteinander im handel[3] sind, zů den vogtyen gryffind, doch mit vor-
behalten eim yeden ort, das ouch an den selben vogtyen hatt, sin   5
grechtigheyt[4].

4. Darumm söllend Z[ürich] und Bernn [fol. 3279v] hie har sehen[5], das, sittenmal ir macht zwen teil (so aller Eydgnossen macht
in drü geteilt) sind[6], ja als es jetz mit den vorlendren[7] stat, sind sy wol
sechs teil von sibnen[8], das sy inen den fürling[9] der maas in die hend   10
fassind, das sy nit müssind volgen[10], so die fünf ort etwas ze meren
understandint[11]. Das wirt aber also müssen zů gan[12], das die zwo stett
allweg einhällig sygind; so werdend sy an der Eydgnoschafft sin
glych wie zwen[13] ochsen vor dem wagen, die an einem joch ziehend;
dann es wirt ghein sach weder in der Eydgnoschafft noch dar vor   15
gon[14], die zwo stett sygind dann daran. Hie sind aber 3 ding eigenlich

3 die] *danach gestrichen* stett und

---

[1] *sich um die übrigen werbend bemühen (Lexer I 255).*
[2] *im Streite liegen (SI II 1830).*
[3] *in Unterhandlung, oder in der Sache tätig (SI II 1397).*
[4] *die Herrschaftsrechte, die jedes Ort an diesen Vogteien hat (vgl. oben S. 227, Anm. 12). Damit kann nur Glarus gemeint sein (vgl. oben S. 241, Anm. 7) und die Politik Zürichs in der Schirmherrschaft über die Abtei St. Gallen (vgl. oben Nrn. 152, 156, Z VI/II 611 ff und 648 ff, sowie Spillmann, St. Gallen, passim).*
[5] *darauf achten.*
[6] *gemeint ist: da Zürich und Bern zwei Drittel des Gebiets der dreizehn Orte umfaß-ten (ohne die Gemeinen Herrschaften).*
[7] *vorliegendes Land, meist die Gemeinen Herrschaften, allenfalls auch Zugewandte (SI III 1300f). Vgl. Z V 24, wo Zwingli den V Orten vorwirft, sie hätten die Zürcher, ohne sie zu den Vorberatungen zuzuziehen, aufgefordert, an die Disputation von Baden zu kommen, wie wenn sie «ein vorland» seien.*
[8] *Vergleicht man die Bodenfläche der V Orte, der heutigen Kantone Luzern, Uri, Schwyz, Unterwalden und Zug, nämlich 4482 km^2, mit derjenigen der heutigen Kantone Zürich, Bern, Glarus, Freiburg, Solothurn, Basel, Schaffhausen, Appenzell, St. Gallen, Graubünden, Aargau, Thurgau und Jura, nämlich 24 483 km^2, dann kommt man nahe an das von Zwingli angegebene Verhältnis heran; es ist aber auch möglich, daß er an die Be-völkerung denkt, über die wir für die Innerschweiz viel zu ungenau unterrichtet sind.*
[9] *Vorteil, Voranteil (SI I 969).*
[10] *gehorchen (SI I 811).*
[11] *durch eine Abstimmung, in der die Mehrheit entscheidet, herbeizuführen sich unter-stehen, versuchen (SI IV 371 und XI 620–625; vgl. auch oben S. 226, Anm. 3).*
[12] *vor sich gehen, geschehen (SI II 37).*
[13] *zwei.*
[14] *noch außerhalb derselben geschehen.*

ze trachten, wie man die an die hand nemen, damit sy bstand haben
mögend.

Das erst. Non bene conveniunt nec eadem sede morantur maiestas
et amor[1]. Das ist: bůlschafft und gwalt blybend nit eins[2]. Wie söllend
5 nun Zürich und Bernn eins blyben? Oder wie sol man sich schik-
ken[3], das die einigheyt nit mit eignem nutz[4] oder hochmůt zerrüttet
werde? Also: erstlich betrachten, das aller gwalt und macht von gott
dem herren ggeben wirt[5] zů enthaltung[6] des rechten[7], fridens und
wolfart aller menschen, und sol desshalb jetwedre statt gott und das
10 recht vor allen dingen achten, und so man das glychlich tůt, wirt allweg einhälligheyt funden. Zum andren: warnemen, das eigner nutz
ünd eer ein gifft sind aller frundschafft und gsellschafft, desshalb
man zů aller zyt gedencken, das der einen statt wolfart ouch der andren wollfart ist. Desshalb twedre gheinen ufwachs sůchen sol one
15 mitnemen und berueffen der andren und ob es dann der andren nit
gelegen sin wurde, sölle sy doch nütz des weniger verhelffen zů fürling und ufwachs der andren. Zum dritten: das nit hindersich griffen[8]
werde, also das, wo die ein statt uff den hüttigen tag etwas fürlings in
gemeinen oder besundren sachen hette, die ander nit welle hand yn-
20 schlahen[9], sunder das allein [fol. 3280r] uff künftigs[10] sölichs fürgeno-
men werd. Zum fierden: ob aber etwan ein vorteil der einen statt sun-
derlich gedienen möchte und aber der andren nit so notwendig und
denn die notturftig die undürftigen[11] anlangen wurd, das sy iro den
vorteil allein lassen, so sol dann die[12] gůtlich zůgeben; doch das all-
25 weg die yenig, dero zůgelassen wirt[13], diser, die zůgelassen hatt, ouch

16 sölle sy] *am Rand*

---

[1] *Ov. met. 3, 846f.*

[2] *einig (SI I 270).*

[3] *sich verhalten (SI VIII 506f).*

[4] *Eigennutz. Für Zwingli ist Selbstliebe neben Hochmut die Sünde (Locher, Reformation 215–217).*

[5] *Vgl. Röm 13, 1ff.*

[6] *zum Aufrechterhalten, zur Bewahrung (SI II 1229).*

[7] *des Rechtes.*

[8] *Vorbehalte gemacht werden. Nicht im SI; vgl. dazu die Bedeutungen von: hinter, SI
II 1413ff.*

[9] *die Hand dazu bieten (SI IX 391).*

[10] *künftighin (SI III 361).*

[11] *diejenige, die es nötig hat, die andere, die es nicht nötig hat.*

[12] *diejenige, die es nicht nötig hat.*

[13] *diejenige, welcher der Vorteil (Gewinn) überlassen wird.*

in glycher wys zůgebe, und allweg ein stuck umm das ander. Doch sol diser punct nit anderst krafft haben, denn so es mit guete beschehen mag[1]; wo nit[2], sol das irrend[3] ort zů disem ston mögen und gmein haben; wo es aber das ouch nit tůn wil, sol es denn nit mögen weren[4].

Sy söllend ouch sehen, das sy sich vast[5] gegen den usseren wolge-   5 legnen stetten[6] verbindind[7] und fründindt[8] one alle ort, usgenomen Basel und Costentz. Die zwo söllend sy für ander[9] nebend inen haryn lassen gon[10], doch das sy des hofes sygind[11], aber nit der herr, das sy an der hand gefuert und nit selbs gangind[12]. Und doch mit den selben frömden stetten nit hinder einander[13] verpüntnus machen,   10 sunder, wie vor in dem meren oder ufwachs bestimpt ist[14], miteinander handlen, und so es der einen statt gantz ungelegen, aber der andren nutzbar sin wurde, einander zů geben, doch frundschafft umm fründschafft, nachlassen umm nachlassen.

Zum dritten söllend sy in allen übrigen orten verstendig, vertruwt   15 lüt wol underrichten des grossen nachteils, den alle ort gegen denen

8 gon] *danach gestrichen* das d – 15 in] *über der Zeile eingesetzt*

---

[1] *geschehen (SI VIII 439), hier auch im Sinn von: durchgeführt werden.*
[2] *falls das nicht möglich sein sollte.*
[3] *das hindernde (SI I 408).*
[4] *nicht verwehren dürfen (Lexer III 790; Grimm XIV/I/I 235).*
[5] *fest, stark, schnell (SI I 1111).*
[6] *Bisher war das «Christliche Burgrecht der Städte Zürich, Bern und Basel mit Straßburg» vom 5. Januar 1530 abgeschlossen worden (EA IV 1b 498–501, 1488–1493). Außerdem hatte Zwingli immer wieder Bündnisse mit schwäbischen Städten angeregt, besonders mit Ulm, Biberach, Memmingen, Lindau, Kempten, Isny (vgl. Hauswirth 135f und 224).*
[7] *sich gegenüber ... verpflichten (SI IV 1353).*
[8] *einen Freundschaftsbund schließen (SI I 1306).*
[9] *vor anderen.*
[10] *in das Christliche Burgrecht eintreten lassen.*
[11] *zum Hofstaat gehören, «[also den tonangebenden Städten Gefolgschaft leisten]» (SI II 1023).*
[12] *nicht selbständig gehen, d. h. eigene Politik treiben sollten.*
[13] *ohne Wissen der andern, heimlich (SI II 1414).*
[14] *Das Burgrecht zwischen Zürich und Konstanz vom 25. Dezember 1527, dem Bern am 31. Januar 1528 beitrat, sah in Artikel 10 Eroberungen vor; Artikel 12 bestimmte dann: «[Item] es mögent auch wir baid tail sampt, oder jede party für sich selbs, doch mit gunst und willen der andern burger annemen, ...» (EA IV 1a 1512f). Die Berner Fassung bestimmte noch schärfer, ein Partner sei nicht verpflichtet, einem neuen Bündnispartner eines andern Partners Hilfe zu leisten, «welhe party on wissen und willen der andern also burger künftigklichen annimpt» (a. a. O. 1513, Anm. 4). Das Burgrecht zwischen Zürich und Bern vom 25. Juni 1528, dem dann Basel und Schaffhausen, St. Gallen, Biel und Mülhausen beitraten, traf entsprechende Bestimmungen in Artikel 11 (EA IV 1a 1524).*

fünfen habend, das sy herren der Eydgnoschafft sind mit irem zemenvallen[1] und zemenrunen, daheim und in frömden sachen. Darus wirt volgen, das die übrigen ort die fünfe ouch werdendt sincken lassen; dann ir macht ist nun hinfür[2], so alle krieg mit dem gschütz usgricht[3] werdendt, so klein, das man nit not[4] darff irothalb haben; dann die stett sind gerüster denn sy, und werdendt darnach ouch me gelten, so die 5 ort ab dem banck komendt[5] oder gemindret [fol. 3280v] werdendt.

5. Es ist ouch ir, der fünf orten, unkönnende[6] des regierens[7] ein notwendige ursach, das man von inen teilen müss; dann wo brueder mit einander hushaltendt und etlicher[8] under inen nit kan hushalten, sunder nun[9] vertůt[10], müssendt sy teilen und sich endren[11], oder aber der vertůnde[12] brächt sy alle zů armůt. Das aber sy nit könnind regieren, bewert[13] all ir handlung in tütschen und welschen vogtyen[14]. In welschen landen habend sy die vogtyen ze nüte gricht[15] mit geltnemen umm die urteilen und adpellationen[16], das es so schantlich zů

12 sunder nun vertůt] *am Rand*

---

[1] *sich verbünden (SI I 757).*

[2] *fortan, in Zukunft (SI I 963).*

[3] *durchgeführt (SI VI 419).*

[4] *drangvolle Lage, Bedrängnis (SI IV 855).*

[5] *herunter kommen (SI IV 1381f). Die Bank als Symbol für Regierung.*

[6] *Unfähigkeit (SI III 324).*

[7] *Vgl. oben S. 232, Anm. 1.*

[8] *irgendeiner, der eine oder andere (SI I 590).*

[9] *nur (SI IV 764).*

[10] *vergeudet (SI XIII 414).*

[11] *Hier wohl als Verdeutlichung zu «teilen» parallel gebraucht: sich verändern, die Stellung zueinander neu ordnen (SI I 309: sich verheiraten, den Zivilstand ändern; Lexer I 552: den Wohnort wechseln).*

[12] *der Verschwenderische.*

[13] *zeigt, beweist (Grimm I 1763; Lexer I 252).*

[14] *die «deutschen Vogteien» (vgl. oben S. 241, Anm. 5; die «welschen» oben S. 241, Anm. 4).*

[15] *zunichte gemacht, zugrunde gerichtet (SI IV 870 und VI 380).*

[16] *Über die Gerichtsverfassung, die Regierungsweise überhaupt in den ennetbirgischen Vogteien vgl. Ferdinand Meyer, Die evangelische Gemeinde in Locarno, ihre Auswanderung nach Zürich und ihre weitern Schicksale, Bd. I, Zürich 1836, 89ff, besonders 97–105; Otto Weiss, Die tessinischen Landvogteien der XII Orte im 18. Jahrhundert, Diss. phil. I Zürich, unveränderter Nachdruck der Ausgabe Zürich 1914, Ascona 1984 (Schweizer Studien zur Geschichtswissenschaft, Bd. VII, Heft 1); Giulio Rossi, Eligio Pometta, Storia del Cantone Ticino, 2. ed., Locarno 1986, 129–131; Gotthard Wielich, Das Locarnese im Altertum und Mittelalter, ein Beitrag zur Geschichte des Kantons Tessin, Bern 1970 (mit reichen Literaturangaben).*

gat, das ghein frommer on grossen schmertzen sehen und hören kan. In den tütschen vogtyen ist es ouch inn bruch komen[1]; zů dem tůnd sy in die vogtyen eintweders hochmuetig und gytig[2] oder můtwillig und uppig[3] vögt[4]. Jene rupfend[5], verschlahend[6], fuerend hin[7], gutzlend[8] und gylend[9], das der fünförtischen vögten menck- 5 lich[10] můd[11], und so man von den 5 orten ungeteilt blybt, volget mit der zyt, das ouch ein schühen ab der stetten vögten gehebt[12]; dann ouch dero etlich den fünförtischen glych farend[13]; doch ist es alles ursprünglich von den funforten angehebt[14]. Die můtwilligen suf- fend[15], spilend, hůrend etc., das aber ghein gunst[16] by gheinen bider- 10 ben[17] lüten sin kan.

6. So sy also blyben söltind in irem werd[18], blibind inen ouch die 5 stimmen; damit wurdind sy widrumm allen gwalt und anhang dero,

5 fünförtischen] *am Rand, statt des gestrichenen* eydnössischen – 8 ist] *über der Zeile geschrieben statt des gestrichenen* wirt – 9 funforten] *danach gestrichen* anzee

---

[1] *in Brauch gekommen (SI V 342–344).*
[2] *geizige (SI II 506).*
[3] *eitle, hochfahrende, mutwillige (Grimm XI/III 2339–2344; Lexer II 1998; nicht in SI).*
[4] *Listen der Vögte: EA IV 1a 1543f und EA IV 1b 1601f. Zu denken ist beispielsweise – damals gerade aktuell – an Sebastian Kretz von Nidwalden, Landvogt im Rheintal 1530–1532, der einen strikt antireformierten Kurs steuerte und dessen Lebenswandel zu wünschen übriglieβ (Theodor Frey, Das Rheintal zur Zeit der Glaubensspaltung, Diss. phil. Freiburg/Schweiz, Altstätten 1946, 149ff).*
[5] *reißen an sich, nutzen die Untertanen aus, schröpfen sie (SI VI 1208).*
[6] *Da ohne Objekt, sind verschiedene Bedeutungen möglich: verbieten (SI IX 437), be- sonders in bezug auf Kirchliches («das wort des heils mit gwalt verschlagen wirt»); ver- heimlichen, unterschlagen (SI IX 443f); vergeuden (SI IX 447, vgl. Z VI/I 421₃₂).*
[7] *unrechtmäßig auf die Seite schaffen (SI I 983).*
[8] *schmeicheln, schwatzen den Leuten etwas ab (SI II 583).*
[9] *betteln (SI II 212).*
[10] *jedermann (Grimm VI 1591–1593; Lexer I 2034 und Nachträge 309).*
[11] *überdrüssig (SI IV 91).*
[12] *daß sie auch Abscheu, Furcht vor den Vögten, welche die Städte stellen, haben wür- den (SI VIII 133f).*
[13] *verfahren, sich verhalten, handeln, sich benehmen, auftreten, leben (SI I 892).*
[14] *angefangen (SI II 899).*
[15] *saufen, unsinnig trinken (SI VII 348).*
[16] *Gewogenheit, Wohlwollen, Gefallen (SI II 377).*
[17] *tüchtigen, braven, biederen, loyalen (SI XIII 1412–1415); gemeint sind die Unterta- nen.*
[18] *in ihrer Geltung (Grimm XIV/I/II 461).*

die gottes wort widrig sind, an sich ziehen in den gemeinen vogtyen[1]. Dann sy wurdind ye vermögen alle ding ze verlyhen[2], urteilen, ussprechen und walten nach irem willen; damit wurde ein jeder sagen: «Ich sich[3] wol: der den 5 orten anhangt, der schafft das sin»[4], und
5 demnach sich zů inen halten. Es ist ouch ze gedencken, das sy allweg 10 jar an einander bevogtend[5], da wol ze gedencken ist, wie sy ir sachen vestnen[6]. Und da jeman dencken möcht, sy werdend nit mer zemen runen, sunder das recht vor ougen haben, sag ich, das es nit beschicht; dann das ist in allen byspilen erfunden, das nach dem
10 [fol. 3281r] der hass und hochmůt in den ufwachs kumpt, das er nümmen[7] nachlasst; desshalb ghein anders zů erwarten weder ir herr ald[8] der mechtiger sin[9], oder aber ir knecht und minder[10].

7. Wo nit von inen geteilt oder sy in ein sölche mindrung bracht werdendt, das sy die zwo stett Z[ürich] und Bernn fürchtindt, so wirt
15 gwüss in disen landen ein todschädlichs partyen[11], wie in dem Italien Guvelph und Gibelin[12] ist; dann die 5 ort werdendt nit

5–7 Es ist ... vestnen] *am Rand –* 11 ald] *korrigiert aus* dan[?] – 12 *minder] der Buchstabe* m *ist möglicherweise aus ein bis zwei anderen Buchstaben entstanden –* 15 landen] *danach gestrichen* w[?] – 15f Italien] *davor gestrichen* welschen

---

[1] *In den Gemeineidgenössischen Herrschaften der deutschen Schweiz haben die V Orte dort, wo VIII oder VII alte Orte regieren, immer die Mehrheit (vgl. oben S. 241, Anm. 5).*

[2] *alle Ämter und Lehen zu verleihen.*

[3] *sehe.*

[4] *verschafft sich das Seine, der kommt zu seiner Sache (SI VIII 314f).*

[5] *Die Reihenfolge, in der die regierenden Orte die Vögte stellten, war in der Grafschaft Baden: Bern, Zürich, Luzern, Uri, Schwyz, Unterwalden, Zug, Glarus; im Thurgau: Zürich, Luzern, Uri, Schwyz, Unterwalden, Zug, Glarus; die V Orte folgten einander ohne Unterbrechung, jedes für zwei Jahre, vgl. Vogtlisten (oben S. 246, Anm. 4).*

[6] *befestigen, in Rechtskraft stellen (SI I 1120).*

[7] *nicht mehr (SI IV 753f).*

[8] *oder (SI I 187f).*

[9] *der Mächtigere sein, mit größeren Vollmachten ausgestattet sein (SI IV 67).*

[10] *der Geringere, Unbedeutendere, Schwächere (SI IV 320).*

[11] *Entzweien, Zerfallen in Parteien (SI IV 1624).*

[12] *die bekannten italienischen Parteinamen Guelfen und Ghibellinen; eine direkte Quelle Zwinglis fand sich nicht. Die Namen waren seinerzeit geläufig. Valerius Anshelm berichtet in der «Berner Chronik» (hg. vom Historischen Verein des Kantons Bern, Bern 1884, I 25–28) ausführlich über den Ursprung beim Kampf um Weinsberg, 1140; in der Korrespondenz des Kardinals Matthäus Schiner von Sitten wurden sie zur Zeit seines Aufenthaltes in Zürich im Februar 1518 erwähnt (Korrespondenzen und Akten zur Geschichte des Kardinals Matth[äus] Schiner, hg. von Albert Büchi, Bd. II, Basel 1925,*

nachlassen, an sich ze hencken[1] in den vor landen, und party machen, ouch die selben ufnen.

Summa summarum: wer nit ein herr kan sin, ist billich, das er knecht sye[2].

Es sol ouch die zwo stett Z[ürich] und B[ern] ir macht[3] der biderben lüten beduren[4], das[5] die selb in sölcher gfar[6] stat, das, so offt die unglückmacher ein unglück anhebend, die zwo stett inen allweg mit so vil luten, gůt und kosten müssend beholffen sin.

Und ob glych yemann den fünforten fürschub ze tůn[7] darumm geneigt, das durch sy die pension[8] widrumm sölle ufgericht[9] werden, der sol gedencken, das, so man glych[10] pensionen heimlich nemen wölte[11], das man die den zwey stetten rychlicher geben wurde, so die 5 ort nit so vil gultind[12] oder abgeton oder ghorsam gemacht wärind.

QSG, Neue Folge, 3. Abt., Bd. VI, S. 262–264); der Herzog von Savoyen berichtet im August 1521 der Tagsatzung zu Luzern: «Es herrsche im Piemont ein Streit zwischen Guelfen und Ghibellinen ...,» (EA IV 1a 71).

[1] *sich einen Anhang zu schaffen (SI II 1456).*

[2] *Als Sprichwort nachgewiesen bei Wander II 575 (Herr Nr. 893), jedoch ohne Quellenangaben.*

[3] *Sowohl die konkrete Bedeutung: Menge, Heer aus rechtschaffenen Leuten, wie die übertragene Bedeutung: Befugnis über die rechtschaffenen Untertanen, spielen hier wohl mit (SI IV 65; Grimm VI 1400 und 1404).*

[4] *kostbar scheinen (SI XIII 1304), hier etwa: Zürich und Bern sollen erwägen, in Betracht ziehen.*

[5] *da, weil (SI XIII 1736).*

[6] *Gefahr, Risiko (SI I 879).*

[7] *«fürschub tůn» = Hilfe, Beistand leisten (SI VIII 85).*

[8] *d. h. die Annahme fremder privater Pensionen, die Zürich am 15. November 1522 (AZürcherRef, Nr. 293), Bern am 24. August 1528 (ABernerRef, Nr. 1847) verboten hatte, während sie die öffentlichen, die in die Staatskasse flossen, beibehielten (Escher, Glaubensparteien 211; Hüssy a. a. O. [Typoskript], 209–213).*

[9] *eingeführt (SI VI 402f).*

[10] *wenn man schon.*

[11] *Zwingli hatte am 23. Januar 1531 an Berchtold Haller und Kaspar Megander in Bern u. a. geschrieben: «Porro publicas pensiones aut pecuniam, quę pro pace servanda datur [damit sind wohl die Pensionen, zu denen sich der König von Frankreich im Ewigen Frieden zu Freiburg i. Ue. vom 29. November 1516 verpflichtet hatte, gemeint (EA III 2 1407f)], nulla ratione abolendas esse censeo...» (Z XI 319$_{2-3}$ und Escher, Glaubensparteien 211f).*

[12] *Geltung hätten (SI II 277).*

Diss alles ist ein ylende[1] trachtung[2], darinn man in den beden stetten ersehe, was in dem gegenwärtigen span ze trachten sye; nit das
nieman sye[3], der es ouch by im selbs betrachte, sunder das man die
sach dapferer ze hand und, welcher sy villicht nit also trachtet[4], für
5 sich neme, da mit beder stetten heil und fürling angeschickt[5] werd.

Den schryber sol nieman anzeigen, sunder, so es ye[6] muste angezeigt sin[7], sprechen etc.[8]

Gott geb gnad.
L. v. M.†/ H. St.

Anhang

10 ### *Beilage I*

Schultheiß, Räte und Burger von Bern an Burgermeister,
Räte und Burger von Zürich, 19. Juli 1531

Staatsarchiv Zürich, A 230.1, Nr. 208.
Regest: EA IV 1b 1082 5; vgl. Einleitung oben S. 204.

15 *Auf der Rückseite des Schreibens vermerkte Werner Beyel: «Schri-*
bend unnser eydtgnossen von Bernn, was sy irenn bottenn uff den tag
gan Brämgarten inn enpfelch gebenn habenn.»

Unnser früntlich willig diennst sampt was wir eerenn, liebs unnd gutts vermögent
zuvor; from, fürsichtig, ersam, wyß insonnders guttenn fründ, getrüwen, liebenn
20 Eydgnossenn unnd Christenlich mittburger!

3 es] *danach gestrichen* nie*[?]* – 6f Den schryber... sprechen] *unterstrichen (bedeutet*
gestrichen?)

---

[1] *eilig geschriebene, auch: dringliche; vgl. «1529 Sept. 30 (Michaelis), Zürich. Rat-*
schlag über die artikel, welche die Rheintaler und Gotteshausleute kürzlich vor den boten
von Glarus und Zürich eingelegt haben... 2. Wenn sie sich aber hiemit nicht zufrieden ge-
ben wollten, so würde man, da Lucern und Schwyz auch nach Wyl geladen sind, noch ei-
nige tage ... zuwarten; sofern sie dann ausblieben, schiene es geraten, ihnen einen andern
‹verzwickten ilenden› tag anzusetzen ...» (ASchweizerRef II, Nr. 847, S. 324).

[2] *Überlegung, Plan (SI XIV 316f; vgl. oben S. 222, Anm. 2 und oben Nrn. 173,*
Z VI/IV 93, Anm. 1, und Nr. 174, Z VI/IV 116, Anm. 1).

[3] *nicht daß ich meine, es sei sonst niemand.*

[4] *beurteilt (vgl. oben S. 222, Anm. 2).*

[5] *angeordnet (SI VIII 519).*

[6] *irgend einmal (Lexer I 1413).*

[7] *sc. wer der Schreiber sei, ...*

[8] *Zwingli bricht den Satz ab und vertraut dem Papier nicht an, was dann die Zürcher*
Vertreter den Bernern sagen sollen; denkbar wäre etwa: der Plan entspreche dem, was
Zürich, die Verordneten, der Kleine Rat selbst wolle.

Wir haben üwer zwyfach schribenn sampt ingelegtenn articklenn, demnach der schidpotten fürtrag hütt alles inhallts verstanndenn. Uff sollichs wir unns glich wie ir entslossen haben, die artickell der schidlüttenn anzenemmen, doch sölliches obbemeldten potten noch nitt erscheinen wellen, sonnders sy mitt der antwurtt abgevertigott, das wir durch unnser pottenn zů Bremgartten mitt antwurtt begegnen werden, dero wir getrüwenn glimpff unnd fůg ze habenn der profand halb, dieselbige ze offnen, woll unns 5 byß wir wüssenn, mitt was antwurtt unnser Eydgenossenn von den 5 Orttenn denn schidbotten begegnett, dheins wegs gemeint sin, sonnders lassens allso blybenn etc. Unnd alls ir unns pittlich ankerend, üch anhänngig zesin im dritten artickell, den ir fürgeschriben hand, wellend wir gernn mitt üch ein früntlich ansůchen thůn uff nechstem 10 tag zů Bremgarttenn an die schidpotten, wo derselbig artickell mag erhebt werdenn; wo es aber by denn schidlütten nit mag erhalltenn werdenn, öb wir denn ganntzen hanndell zerrüttenn lassenn, wellend wir ee darvon stan und by denn gestellten articklenn an allen anhang blybenn; dann es äben schimpfflich wäre, das ir unnd wir wytter anmůttenn sölltend, dann uf letstem tag zů Bremgarttenn zůgesagt ist. Darumb wir üch 15 des vorhin berichten wellend mitt früntlicher trungenlicher pitt, üwern pottenn glich bevelch ze gäbenn, damitt wir einmündig erfunden werden etc. unnd der glimpff uff unnser sitten blybe etc. Des söllennd ir aber vergwyst sin, das wir by dem vertrag, zwüschen den grichtsherren unnd den biderben landlüttenn im Turgouw uffgericht, ouch by den zůsagungen göttlichen wortts halb beschächen belybenn. Das wellennd 20 von unns bester meinung vermerckenn unnd unns hierinne, alls wir unns gentzlichenn versechenn, nützitt abzůchen.

Dattum in yl mittwuchen xix julii anno etc. xxxj°.

Schultheis, rätt und burger der statt Bernn.

Instruktion für Peter Im Hag und Jakob Wagner auf den Tag von Bremgarten, 20. August 1531

Staatsarchiv Bern, Instruktionen B, A IV 190, fol. 97v–101v. Teildruck: EA IV 1b 1115f 5.

[Fol. 97v] Instruction uff herren Petern Im Hag und Jacoben Wagner, was sy uff 30 dem tag zů Bremgarten uß bevelch m[iner] h[erren] räten und burgern handlen söllend.

Anfangs söllend ir den schidpotten anzöugen und trungenlich fürhallten, wie min herren höchst befrömbdens haben ab dem angehenckten 6ten artickel, dann derselbig den übrigen ganntz widerwertig, ouch dem landsfriden nachteilig und künfftigklich vyl mer irrungen, spänn und zwyträcht daruß erwachsen wurden dan vorhar, ir deß- 35 halb min herren denselben 6ten artickell dheins wegs annemmen könnend noch wellend, sonders die schidpotten zum aller fruntlichesten und ernstlichesten gepätten und vermant wellen habenn, minen herren und iren mitthafften nützit wyter anzemüten, sy by den ersten artickeln, die sy uff ir pitt von friden und rüwen wegen angenommen haben, belyben ze lassen in betrachtung, das sy, gedacht min herren, und ir, diser sach 40 verwandte, mer dann gnůg gethan und von gemeiner loblycher Eydgnosschafft [fol. 99v] wolfart, lob, nutz und eer willen die gestellten artickell angenommen haben, daby sy unverruckt blyben werden und damit gott wallten lassen, dann sollte der 6. zůgeschoben artickel zůgelassenn werden, die letste irrung vyl grosser und gefarlicher sin dann die erste und damit wenig und kleinfůg geachtet, das min herren und ir mitthafften sich allwegen aller billicheit beflissen, und wiewoll irer eeren schwärlich gefaren, söllichs doch unangesächen das best gethan, deßhalb sy, die schidpotten, sollichs

5 alls die hochverstänndigen woll betrachten und die erst gestelten artickell unbeschwecht lassen und darin nützit grüblen, dann min herren (wie obgesagt ist) gestrags daby blyben und den zůschub dheins wegs annemmen werden uß nachvollgenden ursachen:

Erstlich dwyl anfangs der christenheit alle ketzerien und irtumb dahar geflossen,

10 das ettlich uff den blosen bůchstaben der heilligen schrifft gehafftet, alls *[fol. 100r]* dann diser zyt die widertöuffer ouch thůnd, so mag uß dick angezognem 6ten artickell nützit anders vollgen, ist ouch dheins wegs ze verhoffen, das damit, wo er zůgelassen wurd, einiche bessrung, rův, einigkeitt noch frid gefürdert, sonders vyl mer zwitracht, durchächtung, unrův, unfrid, zanck und widerwertigkeitt erwachsen.

15 *[fol. 101v]* Zum andernn möcht göttliche geschrifft niemand dienstlich unnd zů underwyßung, trost und heill der seelen fruchtbar sin, dann je der rouw bůchstaben so unständig und streng, das er on sinen geist vermögen krafft und eigentlichenn inhallt allen christenn mer zů abfall und flůchen reichen wurde alls die blossenn wortt: wen dich din recht oug eergertt, so riß es uß *[Mk 9,47]*, der vatter ist grösser dann ich

20 *[Joh 14, 28]*, ich bin ein ware winräben *[Joh 15,1]*, ein jetlicher mentsch můss mit für gesaltzen werdenn *[Mk 9,49]* und derglichen vil, mitt denen niemand zů gotts eer und ewigem heill gehollffen, sunders vil mer verwirrt unnd verzagt gemacht, da aber alle gschrifft unns zů trost, strafft*[!]* unnd underwyßung gegeben, deßglichenn alls die geschrifft an vill ortten sich last ansechenn nach lossem bůchstabenn, als iren selbs wi-

25 derwertig, damitt sy argwönig verduncklet unnd inn zwyffell gestelt, wo nit der geist, sinn und warheitt nach dem richtschitt des gloubens unnd der liebe, ouch den artickeln unnsers alten gloubens inhalt der 12 artickellen abgemässenn sollte werdenn, dann je ann einem ort gschrifft bezüget *[fol. 102r]* einen einegen gott, an dem andern Moßes ein gott pharaonis nach heitterm bůchstaben genempt wirtt, der glichen ann vill orttenn

30 der geschrifft gefunden wirtt, brächty deßhalb der blosse bůchstab ein ingang aller irtumb, kätzerien, unglichen meinungen meer dann von jewellt an sind gsin. *[Dieser Abschnitt ist von anderer Hand beigefügt.]*

[fol. 100r] Harumb vylgemeldt min herren, rät und burger, sich des entlich entslossen (wie ob dick gesagt), by den ersten artickeln ze belyben, ob aber dem gegenteyll

35 sollichs nit anmůtig sin wurde, alldan abstrickung der profand so lang ze beharren, untzit der landsfriden baß dann bißhar ann imm gehallten, ir gloub fürter ungestrafft und ungevecht und die schantlichen zůreder nach irem verdienen gestrafft werdind.

Unnd ob sich fůgte, das die 5 Ort den bericht nit wurden annemmen, alldann sollend ir wie vor die manung thůn, wo sy, die 5 Ort, daruber ützit unfrüntlichs anfachen,

40 ein getrüw uffsechen ze haben und namlich in gestallten die manung thůn, wie ze Fryburg und Soloturn beschechen.

[fol. 100v] Ir hand ouch hieby den versygleten spruch, zů Baden über den landfriden uffgericht, den sollend ir den schidluten, wo es die nodturfft ervordert, anzöugen, das abzeleinen, das gesagt wirt, der landsfriden vermöge nit, das die 6 stett die profand den

45 5 Orten anders dann von des costen wegen abslachen mogind.

Unnd alls unnser eydgnossen und christenlich mittburger von Zurich minen herren geschriben des bůchlis halb, so sy wellten trucken lassen, desglichen dero von Baden halb ouch Luckern *[Leuggern]*, Clingnouw und Kobeltz *[Koblenz]* ze besetzen, will min herren von unnöten ze sin beduncken, diser zyt sollichs fürzenemmen, sonders also

50 lassen anstan, biß man sicht, wie sich die sachen schicken wellend, und ob sich nützit

anders dann kriegs ze versechen, hand ir gwallt mit den potten von Zürich und Glarus obbemeldt dry bletz ze besetzen und die far ze verleggen.

[fol. 101r] Dero von Baden halb, inen die profand abzuslachen, will min herren nit thůnlich ze sin beduncken, es wäre ouch wider den landsfriden, der da zůgibt, das man niemands predicanten uffstellen soll, wo das mer des nit begärt etc.   5

Glicher wyß stellen min herren diser zyt in růwen den truck, bis man sicht, wie es ein gstallt gewinnt umb den houpthandell, alldann demnach darüber sitzen etc.

Oberlutert meynung sollend ir den potten von Zürich anzöugen, dan min herren inen geschriben hand, wie ir, ir potten, uff disen tag miner herren entsluß endecken werdend.   10

Alls aber die von Zürich sich in irem schriben mercken lassen, wo die 5 Ort die er-sten artickell nit wellen annemmen, das sy allsdan verryten und keinen tag mer besůchen, söllend ir inen das ußreden und darvor sin, das sy nit allso gäch syend.

[fol. 101v] Uch, her Wagner, ist bevolchen, ins Thurgöuw ze ryten mit andern pot-ten, die closter vogt ze setzen etc., die sach werde gricht oder nit.   15

[fol. 98r] Üch ist ouch bevolchen Wellti Gerbers von Brientz handell, der im zug be-gegnet, truwlich und dapferlich darzethůnd und den schidluten trungenlich anzöu-gen, wie er selber woll reden kan, mit pitt, begär und vermanen, ime ersatzung und er-getzung siner schweren gefangenschafft, pinlicher gichtung und straff, ouch verlursts ze thůnd.   20

Es haben ouch min herren für gůtt angesechen, dwyl der tyrann von Müss den see verlassen und in beden plätzen legg und im sloss Müss ingezilet, zů dem das der herzog von Meyland die anzal Eydgnossen, namlich 1200, die er versollden sollt vermog uffge-richten verstands, nit mer hatt dann allein 500, darumb ouch nit von nödten, das so vyl Eydgnossen zů Dung *[Dongo]* belibend etc., das ir dise meynung doch in gheimbd den   25 potten von den 8 orten, pundtern und meylandischen anzöugend mit fürhallt, das min herren fur disen manot hin nit mer dann 100 *[fol. 98v]* man, nit mer Berner sind ouch noch da ze Dung, verlifern werdend, dann es inen ze schwär, die 100 und 12 man länn-ger ze versöllden etc.

Uff üwerm haruffrytenn sollend ir Jacobs im Graben von Arouw entslachnuß verti-   30 gen, wie min herren gan Arouw geschriben und die widerrüff, in geschrifft gstellt, wyst; ob er aber vyl lieber des vechten erwarten, wellends min herren beschechen lassen.

Des Franzosen halb ime ze urlouben, in Franckenrych ze ryten etc., lassends min herren by vordriger antwurt belyben, und das gmein eydgnossen dem kung früntlichen schriben, uß was ursachen sy im nit urlouben wellend etc.   35

[fol. 99r] Junker Hannß von Perroman von Fryburg berürend, dwyl min herren sich der pensionen entslagen, können sy sich des nützit beladen noch darumb raten.

Sodenne belangend den von Louwis söllend ir mit den französischen anwällten re-den, das sy die 400 kronen dem Louwisser gebind, dan es min herren billich beduncke, wo sys aber nit thůn wellend, alldann inen sagen, das ime recht gehallten werde lut des   40 fridens.

[fol. 101v] Actum 20. augusti 1531.

                                                                        Stattschriber

Beilage III

Bern an seine Boten zu Bremgarten, 21. August 1531.

Staatsarchiv Bern, Deutsch Missiven-Buch T, A III 22, fol. 54.
Druck: ABernerRef II, Nr. 3070.
5   *Ergänzung der Instruktion (oben Beilage II).*

Unnsern früntlichen grůß und alles gůtt zůvor; frommen, ersammen, wysen, getrüwen lieben miträt.

Demnach ir verritten, haben wir bedacht, ob gott fügte, das unnser Eydgnossen von den 5 Orten die 5 artickell annemmen wurden, das dann von nödten, inen die profand
10 und veillen kouff ze eroffnen; des wir üch volligen gewallt geben allso, wo sy die artickell annemmen lut üwer instruction und darumb versiglet abscheid uffgericht und demnach die rechten[?] houptbrieff fürderlich bester form under der schidpotten siglen uffzerichten zůgesagt werd, das ir alldann die straff und abstrickung der profand uffzethůnd gwalt habind; das haben wir üch in yl nachschriben wellen, wonach wüs-
15 sen ze hallten.

Datum mentag 21. augusti anno etc. 31.

Sch. u. R. z. B. *[Schultheiß und Rat zu Bern]*

H. St.

183

Ein Kalenderspruch für die im Christlichen Burgrecht Verbündeten

7. Oktober 1531

Seit Hermann Eschers Miszelle von 1925 gilt dieses Stück als «Zwinglis letztes Geisteserzeugnis» (so der Titel seines Aufsatzes, in: Zwa IV, 1925, 312–315). Als solches hat es eine gewisse Bedeutung: Es kündet vom eindeutigen politischen Willen Zwinglis kurz vor dessen Tod. Bis dieses Stück in Zwinglis Gesamtwerk richtig eingeordnet werden konnte, war allerdings ein recht verschlungener Weg zurückzulegen. Denn es war weitgehend vergessen.

Das Gedicht umfaßt 30 achtsilbige, paarweise gereimte Zeilen; es handelt sich also um Knittelverse, die Ende des 15. und im 16. Jahrhundert besonders beliebt waren und gerade in Kalendern oft verwendet wurden (vgl. Ursula Baurmeister, Einblattkalender aus der Offizin Froschauer in Zürich, Versuch einer Übersicht, in: Gutenberg-Jahrbuch 1975, 122–135, Beispiele in Abb. 1 und 2 sowie auf S. 126 und 128; Pierre L. Van der Haegen, Ein Kalendergedicht auf das Jahr 1471, ein Beitrag zur frühesten Basler Buchdruckergeschichte, in: Basler Zeitschrift für Geschichte und Altertumskunde 83, 1983, 183–191 passim). Auch der Einblattdruck zum Abschluß des Burgrechts zwischen Zürich, Bern und Konstanz enthält Knittelverse (vgl. Faksimile bei: Zwingli 1519–1919, Tafel 161).

Im Druck ist eine Stropheneinteilung angedeutet, indem die siebte und die siebzehnte Zeile eingerückt sind, während in der Abschrift die Zeilen 1–16 einen gemeinsamen Block bilden. Für den Kalenderdruck wurde der Text allerdings in fünf Gruppen aufgeteilt, die nebeneinander gesetzt wurden. Unter diese Reihe schlossen sich die Wappen von Zürich, Straßburg, Hessen, Konstanz und Bern an, die so die Kopfleiste des Kalenders bilden. Obwohl im Text alle im Christlichen Burgrecht

*Verbündeten angesprochen sind, fehlen die Wappen der Orte Basel,
Schaffhausen, St. Gallen, Biel und Mülhausen, die aber vielleicht am
unteren Rand des Kalenderblattes hätten berücksichtigt werden sollen,
wie das bei anderen, vollständig erhaltenen Wappenkalendern festzustellen ist (vgl. Beispiele in der Graphischen Sammlung der Zentralbibliothek Zürich).*

*In der ersten Strophe wird den Herren und Städten des Christlichen
Burgrechts geraten, vor allem auf zwei Dinge zu achten, um Bedrohun-
gen begegnen zu können: Sie sollten darauf achten, was Gott ihnen gegeben habe und warum er das getan habe. In der zweiten Strophe erläutert Zwingli Gottes Gabe: Es sei nämlich die größte Gnade, daß Gott,
im Gegensatz zu den weltlichen Herrschern, die Wahrheit ans klare
Licht gebracht habe. In der dritten Strophe führt er den Grund für Gottes Handeln aus: Weil er die Verbündeten zu seinem Werkzeug auser-
wählt habe, sollen sie mit ihrer ganzen Kraft Unrecht abwehren und
Recht schaffen, auch den bedrängten Glaubensgenossen helfen, um
Gottes Zorn zu stillen. So werden sie in Gottes Reich eingehen.*

*Gregor Mangolt (vgl. HBBW III 95f, Anm. 1) hat den gedruckten
Text des Spruchs untereinandergeklebt und dazu notiert, daß Zwingli
ihn für die «schwäbschen pundstet» verfaßt habe.*

*Johann Jakob Simmler (1716–1788; HBLS VI 372) hat diesen Zettel
in seine Sammlung aufgenommen (als Ausgabe B.3 bezeichnet), mit der
Bemerkung, daß der handschriftliche Zusatz von Mangolt stamme. Sowohl Mangolt wie Simmler führen mit ihren Angaben, daß der Spruch
für die «schwäbischen Städte» bzw. für den «Schwäbischen Bund und
Städte» bestimmt war, in die Irre. Schon Mangolt hatte offensichtlich
nur den Text ohne die Wappen vor sich. Denn hätte er Hessen einbe-
ziehen müssen, so hätte er wohl kaum nur von den Städten gesprochen.
Seine Angabe weckt aber auch sonst falsche Assoziationen: Die schwäbischen Städte waren zwar Ziel der zürcherischen und zwinglischen Bemühungen, aber außer Konstanz mit Zürich nicht verbündet, und der
Schwäbische Bund, an den man bei Mangolts Formulierung denken
könnte, und der bei Simmler ausdrücklich genannt ist, war damals, trotz
einiger evangelischer Mitglieder, keine reformatorisch gesinnte Gruppe,
sondern stand unter habsburgischem Einfluß (vgl. Ekkehart Fabian, Die
Beschlüsse der oberdeutschen Schmalkaldischen Städtetage, 3. Teil:
1533–1536, Tübingen 1960, SKRG XXI/XXIV, 20–22 und 30). In Betracht zu ziehen ist allenfalls, daß Mangolt, der eigentlich recht genau
informiert gewesen sein dürfte (vgl. unten S. 257), mit seiner Formulierung bewußt die Konstanzer Bemühungen in den dreißiger Jahren im
Auge gehabt haben könnte, schweizerische Städte für das Schmalkalde-
ner Bündnis zu gewinnen (vgl. Ekkehart Fabian, Quellen zur Geschichte*

der Reformationsbündnisse und der Konstanzer Reformationsprozesse,
1529–1548, Tübingen und Basel 1967, SKRG XXXIV, 24).

Dieses Blatt in der Simmlerschen Sammlung der Zentralbibliothek
Zürich war dann die Grundlage für die Edition bei Schuler und Schult-
heß, die den Text bei den poetischen Schriften unter dem Titel: «Zwing-
lis Spruch an den schwäbischen Bund und Städte» abdruckte. Das an-
dere Zürcher Exemplar (als Ausgabe B.2 bezeichnet) mit den Wappen
kannten die Herausgeber offenbar nicht, so daß sich auch keine von
Simmler abweichende Interpretation des Stücks aufdrängte.

Eine neue Dimension eröffnete sich erst anfangs unseres Jahrhun-
derts, als im British Museum von London (als Ausgabe B.1 bezeichnet)
der Spruch mitsamt den Wappen in der ursprünglichen Anordnung auf-
gefunden wurde und Hermann Escher zu seinem Bericht von 1913 ver-
anlaßte (Hermann Escher, Ein unterdrückter Wandkalender auf das
Jahr 1532, in: Zwa III, 1913, 19–24 und Faksimile). Der an sich be-
kannte Text ist in fünf Gruppen zu sechs Zeilen nebeneinandergereiht,
wobei unter jede Gruppe ein Wappen (v. l. n. r.: Zürich, Straßburg, Hes-
sen, Konstanz, Bern) gesetzt ist. Die beigefügte handschriftliche Notiz
bezeichnet das Stück als Kopf eines zensierten Wandkalenders. Somit
war der Zweck dieses politischen Gedichtes bekannt, ferner ließ sich
dank des Wappens von Hessen die Entstehungszeit abstecken.

Offen blieb noch eine Bestätigung, daß Zwingli der Autor war. Im
Rahmen von Erschließungsarbeiten fand dann 1922 Karl Schottenloher
in München die Abschrift (C), die mit ihren Zusätzen die Autorschaft
Zwinglis und auch noch das Entstehungsdatum überliefert.

Als Fragment ist das Stück undatiert.
Auf dem Blatt im British Museum (B.1) hat eine Hand wohl des
19. Jahrhunderts hingesetzt: «Partie supérieur d'un almanach suisse,
impr. par Andr. Geszner junior, ca. 1540». Wie schon Hermann Escher
(a. a. O. 22) festgestellt hat, «ist diese Datierung durch den historischen
Zusammenhang ohne weiteres ausgeschlossen», denn es ist völlig un-
denkbar, daß Zürich um 1540 die Idee des als Folge des Zweiten Kap-
pelerkrieges formell aufgelösten Christlichen Burgrechts aufgewärmt
hätte, auch wenn etwa die süddeutschen Städte gelegentlich an eine
Verbindung mit den schweizerischen dachten (vgl. Fabian, a. a. O. 24).

Die Edition von Schuler und Schultheß meint, der Kalenderspruch
sei «wahrscheinlich 1530 verfaßt» (S II/II 276). Sachliche Gründe ste-
hen dieser Datierung zwar zunächst nicht entgegen: Im November 1530
wurde das Bündnis zwischen Hessen sowie Zürich, Basel und Straßburg
geschlossen, so daß eine Propagandaschrift oder Lobpreisung zu diesem
Anlaß in der Form eines Kalenders für das kommende Jahr durchaus

passen würde. Für 1531 ist von Froschauer jedoch ein Kalender bekannt (vgl. Baurmeister, a. a. O. Nr. 2), was einen zweiten Kalender zwar keineswegs ausschließt, vor allem, wenn ein anderer Typ gewählt worden wäre (vgl. Baurmeister, a. a. O. 122), aber doch etwas unwahrscheinlicher macht.

Nun ist aber das Kalendarium nicht erhalten, und das ist offensichtlich kein Zufall. Beim Londoner Exemplar (vgl. unten Anhang I) ist von einem Zeitgenossen vermerkt, daß das Loblied auf die Bündnispolitik auf Intervention der V Orte vom eigentlichen Kalender abgetrennt werden mußte – das wäre eine Demütigung Zürichs, die Ende 1530, auf dem Höhepunkt von Zürichs Bündnispolitik, unmöglich scheint, zumal ja auch kein weiteres schriftliches Zeugnis davon berichtet.

Klarheit verschafft der Anhang in der Münchner Abschrift: Sie bestätigt, daß der Text aus einem Kalender stammt, und nennt sogar den Entstehungstag, nämlich den 7. Oktober 1531. Diese Datierung erscheint einleuchtend: Das Bündnis ist noch in Kraft, der beschwörende Unterton paßt zur Krisenzeit, und vor allem läßt sich nach der bald darauf eintretenden Katastrophe von Kappel der Einspruch der V Orte sehr wohl vorstellen (vgl. unten S. 258f).

Zwingli ist als Autor dieses politischen Gedichts nicht direkt überliefert. Immerhin bezeugen zwei zeitgenössische Notizen seine Urheberschaft. Die eine stammt von dem mit den Zürcher Verhältnissen bestens vertrauten Gregor Mangolt. Er hatte zeitweilig als Korrektor bei Froschauer gearbeitet, war von 1526 bis 1548 als Buchhändler in Konstanz und dann in Zürich tätig und dürfte daher Froschauers Produktion gekannt und vertrieben haben. Als Sohn des ehemaligen Zürcher Stadtschreibers Wolfgang Mangolt und durch seine Korrespondenz u. a. mit Zwingli kannte er wohl auch die politischen Zusammenhänge. Dieses Zeugnis wiegt ziemlich schwer, obwohl auch Mangolt nicht frei von Ungenauigkeit ist, wie wir oben (S. 255) gesehen haben. Die zweite Notiz enthält die Münchner Abschrift, die von einem Mann aus den Burgrechtsstädten stammen dürfte – diese Vermutung liegt deswegen nahe, weil im Band, der diese zweite Notiz enthält, zwei Zwingli-Drucke vereinigt sind, deren Vorworte den Burgrechtsstädten gewidmet sind. Diese Notiz hält fest, daß es sich um Zwinglis letztes Geisteserzeugnis handle.

Der Spruch paßt durchaus zum literarischen Schaffen des Reformators, besonders zu seiner Tätigkeit als politischer Kämpfer. Nicht nur am Anfang seiner Zürcher Zeit war er mit Kampfschriften an der täglichen politischen Auseinandersetzung beteiligt (vgl. Christine Göttler, Das älteste Zwingli-Bildnis? – Zwingli als Bild-Erfinder, der Titelholzschnitt zur «Beschribung der götlichen müly», in: Bilderstreit, Kulturwandel in Zwinglis Reformation, hg. von H.-D. Altendorf und Peter Jez-

ler, Zürich 1984, 19–39), sondern offensichtlich auch bis kurz vor seinem jähen Lebensende.

Hermann Escher ist 1913 auf die Frage eingegangen, ob der Druck überhaupt erschienen sei (a. a. O. 23f). Ausgehend von der Tatsache, daß keine schriftlichen Quellen über eine Intervention der V Orte zur Zensierung oder Unterdrückung des Kalenders bekannt sind, und von der Meinung, beim Londoner Exemplar handle es sich um einen Sonderabdruck des Kopfes, bezweifelte er, daß der Kalender überhaupt hergestellt wurde. Das Londoner Exemplar ist nun freilich nicht eindeutig ein Sonderdruck. Escher urteilte nach einer damaligen Fotografie, die ihm offenbar vorspiegelte, unterhalb der Wappenreihe sei noch viel unbedrucktes Papier, worauf die handschriftliche Notiz stehe. Der tatsächliche Befund ist jedoch anders: Das Blatt ist gleich unter der Wappenreihe abgeschnitten, wie übrigens auch beim Zürcher Exemplar (B.2), und die Notiz steht auf einem eigenen Stück Papier. Damit kann diese Kopfleiste sehr wohl von einem fertiggestellten Kalender weggeschnitten worden sein.

Der Schreiber der Notiz im Londoner Exemplar konnte nicht identifiziert werden. Er dürfte, entsprechend dem Schriftcharakter, durchaus ein Zeitgenosse gewesen sein. Die Vermutung, er könnte wegen der Schreibungen «Zürch» und «schneiden» aus Deutschland stammen (Escher, a. a. O. 24), ist nicht von der Hand zu weisen. Die Form «Zürch» ist dabei vielleicht eine rein orthographische Eigenheit, die nicht spezifisch sein muß und wenig aussagt. Hingegen weist der Lautstand des Verbs «schneiden» durchaus auf Deutschland (SI IX 1080ff kennt nur «schniden»). Ferner könnte die Schreibweise «ai/ay» ostschweizerisch-süddeutsche Eigenheit sein. Die übrige Orthographie weist keine Besonderheiten auf und entspricht Gepflogenheiten, wie sie auch in Zürich üblich waren. Der Schreiber ist daher wohl dem süddeutschen Raum zuzuweisen und könnte demnach durchaus etwa gleich gut informiert gewesen sein wie Gregor Mangolt, so daß seine Aussage, wonach der Kopf vom Kalendarium weggeschnitten worden sei, ziemlich glaubwürdig wirkt.

Allerdings gibt es gegen die Annahme, die V Orte hätten eine solche Zensierung des Kalenders und damit eine Demütigung Zürichs durchgesetzt, auch Bedenken. Dieses Ereignis ist nämlich weder in Akten und Briefen noch in Chroniken erwähnt, was doch einigermaßen erstaunt, weil gerade zu dieser Zeit manche weniger wichtige Einzelheiten sogar vielfach überliefert sind, und weil dies ein Thema gewesen wäre, das die Polemiker beider Seiten wohl gerne aufgegriffen hätten.

Letztlich ist diese so gestellte Frage jedoch müßig, weil eine andere Erklärung näherliegt: Wenn der Kalender erst nach dem 7. Oktober

*1531 in Produktion ging, so dürften vor dem 11. Oktober nur wenige Ex-
emplare gedruckt worden sein. Schon bald nach dem 11. Oktober, sicher
einige Zeit vor dem offiziellen Friedensschluß vom 16. November, an
dem die Burgrechtsverträge aufgehoben wurden (vgl. Meyer, Kappeler
Krieg 217), war ein Loblied auf die Burgrechtspolitik fehl am Platz, und
Froschauer hätte sich davon kein Geschäft versprechen können, so sicher sonst im allgemeinen dieses Kalendergeschäft war (vgl. Baurmeister, a. a. O. 122). Es kommt hinzu, daß Froschauer mit dem Loblied auf
die Burgrechtspolitik wohl in den traditionell auch belieferten katholischen Gebieten ohnehin mit einer Umsatzeinbuße hätte rechnen müssen.
Er könnte daher durchaus von sich aus den Druck ausgesetzt haben.
Von den schon gedruckten Exemplaren wären danach die nicht mehr
opportune Kopfleiste weggeschnitten und das Kalendarium, entweder
ohne Kopfleiste oder mit angeklebter, anderer Verzierung, noch verwendet worden, um einen allfälligen geschäftlichen Verlust in Grenzen zu
halten. Ist diese Annahme richtig, so fiel dieser Entschluß in eine Zeit
politischer Niedergeschlagenheit bei den Reformierten und des politischen Auftrumpfens der Katholiken. Daher mag diese allgemeine Zeit-
stimmung den die Notiz auf B.1 schreibenden Zeitgenossen dazu bewo-
gen haben, diesen Entschluß im nachhinein einer förmlichen politischen
Intervention der V Orte zuzuschreiben.*

*Wie oben dargelegt, finden sich überhaupt keine Spuren, die um die
Zeit des Entstehens von diesem Kalenderspruch berichten. Und kaum
war er entstanden, fiel er auch der Vergessenheit anheim. Nur gerade
Gregor Mangolt und das Vorbild des Kopisten des Münchner Exemplars
hielten fest, daß der Zürcher Reformator der Urheber dieses Gedichts
war.*

*Bei den Zwingli-Biographen und Reformationshistorikern des
19. Jahrhunderts ist der Kalenderspruch offenbar unbeachtet geblieben.
Auch in der Bibliographie Finslers ist er nicht aufgeführt. Das 20. Jahrhundert brachte dann die Wiederentdeckung und den mehrmaligen Abdruck, was aber in der Forschung kaum Niederschlag gefunden hat.
René Hauswirth erwähnt dieses «religiös-politische Lehrgedicht» kurz
und bewertet es als «ein Zeugnis eines wenigstens ideellen Festhaltens
an den Christlichen Burgrechten und am Christlichen Verständnis mit
Hessen» (Hauswirth 249; die Angabe, das Stück werde als Nr. 189 in
die Zwingli-Edition aufgenommen, beruht auf dem damals vorgesehe-
nen Editionsplan).*

*Oskar Farner druckt den Kalenderspruch im vierten Band seiner gro-
ßen Zwingli-Biographie (Zürich 1960, 481) ab und hebt hervor (S. 480),
daß «Zwingli die durch ihn in Fluss gebrachte Bewegung ... keineswegs
völlig aufgab», sondern «auf besonders eindrückliche Weise ... seine*

Mitarbeit für die Drucklegung eines Kalenders für das kommende Jahr 1532 zugesagt hatte».

Gottfried W. Locher erwähnt die Kalenderverse in seinem Werk «Die Zwinglische Reformation im Rahmen der europäischen Kirchengeschichte» (Göttingen 1979) auf S. 167, 505 und 530, ohne näher auf sie einzugehen. Dagegen zitiert er in seinem Aufsatz «Zwinglis Politik – Gründe und Ziele» (in: Theologische Zeitschrift XXXVI, 1980, 99f) einige Verse und hält fest: «Die Reime fassen die Motive seiner [Zwinglis] Außenpolitik ... zusammen. ... Was Zwingli in die Politik trieb, war die Furcht vor Gottes Zorn über der Verachtung seines Wortes, die Solidarität mit den bedrückten Glaubensbrüdern in den Herrschaften, die reformatorische Entdeckung der Gnade und die Pflicht, dieselbe weiter mitzuteilen.»

Zwinglis Kalenderspruch, obgleich wirkungslos geblieben, ist doch ein bezeichnendes Zeugnis seines Schaffens. Mitten in der Hochspannung vor dem Zweiten Kappelerkrieg verfaßte er ein kurzes, zwar hochpolitisches, aber inhaltlich eher triviales Gedicht für einen Wandkalender, und brachte es, als man in Zürich die Mobilmachung der V Orte bereits kannte (vgl. Meyer, Kappeler Krieg 144), wohl auch noch eigenhändig in die Druckerei. Er dachte also keineswegs daran, aufzugeben oder daß sein Werk gefährdet sein könnte. Vielmehr war er überzeugt, daß der geplante Wandkalender mindestens für das folgende Jahr unangefochten von seiner außenpolitischen Konzeption künden werde! Es waren zwar spannungsgeladene Tage, die aber durchaus Raum ließen, nicht nur an die drängende Aktualität zu denken, sondern auch an die weitere Zukunft und sogar eben an einen Kalenderspruch.

Literatur

Ursula Baurmeister, *Vier Wandkalender aus der Offizin Froschauer, in: Gutenberg-Jahrbuch 1974, 152–157.*

Ursula Baurmeister, *Einblattkalender aus der Offizin Froschauer in Zürich, Versuch einer Übersicht, in: Gutenberg-Jahrbuch 1975, 122–135.*

Thomas A. Brady, *Turning Swiss, Cities and Empire, 1450–1550, Cambridge 1985, Cambridge Studies in Early Modern History.*

Hermann Escher, *Ein unterdrückter Wandkalender auf das Jahr 1532, in: Zwa III, 1913, 19–24 und Faksimile.*

Hermann Escher, *Zwinglis letztes Geisteserzeugnis, in: Zwa IV, 1925, 312–315.*

Ekkehart Fabian, *Die Beschlüsse der oberdeutschen Schmalkaldischen Städtetage, 3. Teil: 1533–1536, Tübingen 1960, SKRG XXI/XXIV.*

Ekkehart Fabian, *Quellen zur Geschichte der Reformationsbündnisse und der Konstanzer Reformationsprozesse, 1529–1548, Tübingen und Basel 1967, SKRG XXXIV.*

Christine Göttler, Das älteste Zwingli-Bildnis? – Zwingli als Bild-Erfinder, der Titel-
holzschnitt zur «Beschribung der götlichen müly», in: Bilderstreit, Kulturwandel in Zwing-
lis Reformation, hg. von H.-D. Altendorf und Peter Jezler, Zürich 1984, 19–39.
    Hauswirth (Landgraf Philipp von Hessen und Zwingli).
    Locher, Reformation.
    Locher, Zwinglis Politik.
    Meyer, Kappeler Krieg.
    Martin Steinmann, Ein politisches Kalendergedicht auf das Jahr 1466 von Johannes
Erhart Düsch, in: Basler Zeitschrift für Geschichte und Altertumskunde LXX, 1970,
119–130.
    Pierre L. Van der Haegen, Ein Kalendergedicht auf das Jahr 1471, ein Beitrag zur
frühesten Basler Buchdruckergeschichte, in: Basler Zeitschrift für Geschichte und Alter-
tumskunde LXXXIII, 1983, 183–191.
    Zwingli 1519–1919.   *H. St.*

Zwinglis Autograph

A

Das Autograph Zwinglis scheint verloren gegangen zu sein.

Ausgaben

B

Vom Druck, der der Offizin Froschauer zugeschrieben wird (Ursula
Baurmeister, Einblattkalender..., Nr. 3), sind drei Exemplare bekannt.

B.1
Im British Museum in London (Signatur Case 296, German and
Swiss woodcuts before 1550, 1909.12.11.11) hat sich der Kalenderspruch
in seiner ursprünglichen Anordnung erhalten (40 × 15,1 cm Papierrand,
38,4 × 10,5 bedruckt). Er ist in fünf Gruppen zu sechs Zeilen aufgeteilt,
wobei unter jede Gruppe der Name eines der Verbündeten in rotem, et-
was größerem Druck und das entsprechende Wappen in schwarzem und
rotem Druck gesetzt ist. Die Gruppen sind, von links nach rechts, wie
folgt angeordnet: Zeilen 1–6 «Zürich», Z. 7–12 «Straßburg», Z. 13–18
«Landgraff zů Hessen», Z. 19–24 «Costentz» und Z. 25–30 «Bernn».
Dieser Druck ist auf ein größeres Stück Papier geklebt, auf dem seiner-
seits ein separater, zeitgenössischer Zettel angebracht ist. Ein Zeitge-
nosse berichtet, daß die Zürcher einen Kalender gedruckt hätten, von
den V Orten aber gezwungen worden seien, dessen Kopfleiste, eben den
Spruch und die Wappen, zu entfernen.

*Der Beginn einer neuen Strophe ist jeweils durch eine etwas einge-
rückte Zeile markiert.*

B.2
*Die Zentralbibliothek Zürich (Signatur: Zw 91.1–1d, früher Ms S 30,
Nr. 21) besitzt ein Exemplar, allerdings in fünf Teile zerschnitten, wobei
die Wappen von Zürich und Bern gelb koloriert sind. Warum Hermann
Escher (Ein unterdrückter Wandkalender..., 19) der Meinung war, die
fünf Holzschnitte stammten aus einem Leu'schen Wappenbuch, ist nicht
mehr ersichtlich. Jedenfalls waren sie, bevor sie in den heutigen Schuber
versetzt worden sind, im Sammelband Ms S 30 aufbewahrt worden.*

B.3
*In der Handschriftenabteilung der Zürcher Zentralbibliothek findet
sich ferner der Text allein, der ohne die Wappen und deren Titel senk-
recht untereinander angeordnet ist (Signatur: Ms S 30, Nr. 1a), mit darüber geschriebener Notiz von Gregor Mangolt von Konstanz, wonach
Zwingli diesen Spruch an die «schwäbschen pundstet» gerichtet habe.
Dieses so zusammengesetzte Blatt ist seinerseits auf eine Seite aufgeklebt, auf der J. J. Simmler vermerkt hat, daß Zwingli diesen Spruch für
die «Schwäbischen Pundt und Stett ... (teste Gregorio Mangoldo Con-
stantiense)» gemacht habe. Ein Schriftvergleich bestätigt die Angabe
Simmlers. Mangolts Briefe an Heinrich Bullinger vom 28. März 1533
(HBBW III 95) und vom 10. August 1535 (StAZ E II 364, fol. 91) weisen den gleichen Schriftcharakter auf.*

Abschrift

C

*Eine handschriftliche Kopie ist in der Bayerischen Staatsbibliothek
in München überliefert (Signatur: Rar. 656), auf dem letzten, leeren
Blatt des Beibandes, der an Zwinglis «Complanatio Isaie prophetae»
(Zürich, Froschauer 1529; den Burgrechtsstädten gewidmet, vgl. Z XIV,
Nr. 5) angebunden ist und bei dem es sich um Zwinglis «Complanationis
Ieremiae prophetae foetura prima ...» (Zürich, Froschauer 1531; Straßburg gewidmet, vgl. Z XIV, Nr. 6) handelt. Entgegen der Annahme
Walther Köhlers (Das Buch der Reformation Huldrych Zwinglis, München 1926, 364) handelt es es sich hier nicht um das «Original» (ge-
nauer: Zwinglis Autograph), sondern um eine wohl zeitgenössische Abschrift.*

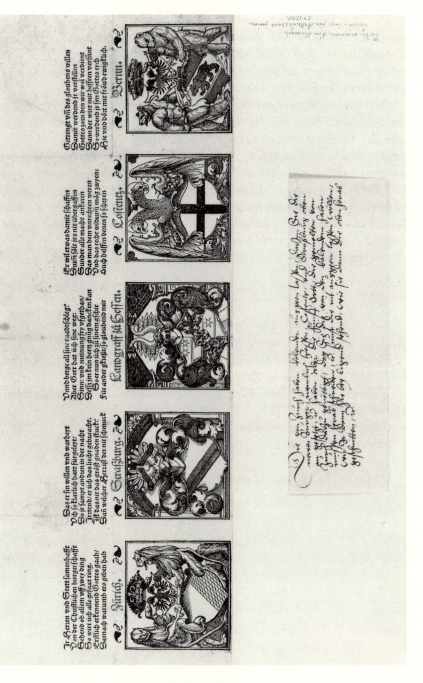

Huldrych Zwingli, Ein Kalenderspruch für die im Christlichen Burgrecht Verbündeten
(British Museum, London: Case 296, 1909.12.11.11)
(reproduced by courtesy of the Trustees of the British Museum)

Die Seite beginnt mit einer lateinischen Notiz über den Zweiten Kappelerkrieg und den Tod Zwinglis, worauf ein lateinischer Nachruf auf Zwingli unter dem Titel «Zwinglius ad viatorem» folgt. Der Satz «Zwinglii ultimum sui ingenii monumentum quod calendario prefixit Tiguri impresso anno 31», leitet zum Kalenderspruch über.

Der Text ist in zwei nebeneinander gesetzte Gruppen aufgeteilt, Zeilen 1–16 und 17–30, und ist von einem Anhang gefolgt. Bereits die Vorlage der Abschrift enthielt nebst dem Kalenderspruch auch den Anhang, da der Abschreiber zwischen Zwinglis Kalenderspruch und den Anhang notierte: «subscriptio cuiusdam». Seine Vorlage könnte demnach, ähnlich wie beim Londoner Exemplar, aus der Kopfleiste mit einer angehängten Notiz bestanden haben; jedenfalls hält der Kopist fest, daß der Spruch am Kopf eines gedruckten Kalenders gestanden sei und irgendjemand den Anhang (wohl handschriftlich) beigefügt habe.

Abdrucke

S II/II, 276f.

Karl Schottenloher, Ein Zwingli-Fund in der Münchner Staatsbibliothek, in: Münchner Neueste Nachrichten, Nr. 198, 10. Mai 1922.

Hermann Escher, Zwinglis letztes Geisteserzeugnis, in: Zwa IV, 1925, 314f (Abbildung in Zwa III, 1913, Nr. 1).

Walther Köhler, Das Buch der Reformation Huldrych Zwinglis, München 1926, Nr. 277, S. 351f und Tafel 57.

Oskar Frei, Zwingli-Lieder, Zürich 1931, 16.

Farner IV 481.

Unserer Ausgabe ist der Druck B.1 zugrunde gelegt.

H. St.

[Ein Kalenderspruch für die im christlichen Burgrecht Verbündeten]

Ir herren und stett samenhafft
von der christlichen burgerschafft[1],
sehend ob[2] allem uff zwey ding,
so wirt üch alle gefaar ring[3].

5   Erstlich erkennend gottes gaab,
darnach warumb ers geben hab.
Das er sin willen und warheyt
uch so klarlich hatt fürgeleyt,
do ir sampt andren in der nacht

10   irrtend, er üch das liecht gebraacht,
ist das nit das gröst gnaden stuck?
Dann welcher herr ist, der nit schmuck[4]
unnd berge[5] all sine raadtschleg?
Aber gott hat üch sine weg,

15   sinn und meinung fry ufgethan
dess im kein hertz gnug dancken kan.

1 Ir] *C* Yr – 1 stett] *C* stet – 3 uff] *C* auff – 3 zwey] *C* zway – 4 wirt] *C* wurt – 4 üch] *C* euch – 4 gefaar] *C* gfar – 6 warumb] *C Buchstabe* w *aus anderem Buchstaben verbessert* – 6 darnach ... hab] *B1, B2 darunter gesetzt in Rotdruck:* Zürich; *darunter das Zürcher Wappen* – 7 warheyt] *C* warhait – 8 uch] *C* euch – 8 hatt] *C* hot – 8 fürgeleyt] *C* furgelaytt – 10 irrtend] *C* yrtend – 10 üch] *C* euch – 10 das] *C* dz – 10 gebraacht] *C* gepracht – 12 herr] *C* her – 12 Dann ... schmuck] *B1, B2 darunter in Rotdruck:* Straßburg; *darunter das Straßburger Wappen* – 13 raadtschleg] *C* radschleg – 14 hat] *C* hot – 14 üch] *C* euch – 15 sinn] *C* sin – 15 meinung] *C* mainung – 15 ufgethan] *C* auffgethan – 16 dess] *C* des – 16 im] *C* ym – 16 kein] *C* khain – 16 kan] *C* khan –

---

[1] *Angesprochen sind die im Christlichen Burgrecht und im Christlichen Verständnis Verbündeten (vgl. Hauswirth, 2. und 3. Teil mit ausführlichen Anmerkungen; Thomas A. Brady, Turning Swiss, Cities and Empire, 1450–1550, Cambridge 1985, Cambridge Studies in Early Modern History, 202ff).*

[2] *vor (SI I 49).*

[3] *leicht (SI VI 1057–1062).*

[4] *verheimliche (SI IX 915).*

[5] *verberge, verhehle (SI IV 1571).*

So er nun üch zu sinem gschir[1]
für[2] ander gkießt[3], so gloubend mir,
er wil etwas damit schaffen,
drumm sölt irs nit übergaffen[4]   20
sunder alle macht ankeren[5],
das man dem unrechten weren[6]
und das recht widrumb mög zwyen[7],
ouch helffen denen, so schryen,
getrengt[8] umb des gloubens willen,   25
damit werdend ir verstillen[9]
gottes zorn, den wir wol verdient,
dann der[10] wirt mit bessren[11] versünt,
so werdend ir syn[12] gottes rych
hie und dört mit fröud ewigklich.   30

17 üch] C euch – 18 gkießt] C gkiest – 18 gloubend] C glauben – 18 für ... mir] B1, B2
darunter in Rotdruck: Landgraff zu Hessen; darunter das landgräfliche Wappen – 19 da-
mit] C darmit – 20 nit] C nitt – 24 ouch] C auch – 24 ouch] ... schryen] B1, B2 darunter in
Rotdruck: Costentz; darunter das Konstanzer Wappen – 25 gloubens] C glaubens –
26 werdend] C werden – 26 ir] C yr – 28 wirt] C wurt – 29 ir] C yr – 29 syn] C sin –
29 rych] C rich – 30 fröud] C fr..[?] – 30 hie ... ewigklich] B1, B2 darunter in Rotdruck:
Bernn; darunter das Berner Wappen.

---

[1] Werkzeug (SI VIII 1157f); nicht nur bei Zwingli, sondern auch bei anderen Theologen des 16.–18. Jahrhunderts häufig in diesem Sinn verwendet.
[2] vor (SI I 954f).
[3] erwählt (SI III 524).
[4] übersehen (SI II 127).
[5] vorkehren, anwenden (SI III 438).
[6] das Unrecht abwehren, sich gegen das Unrecht wehren (Grimm XIV/I/I 248ff).
[7] wachsen (zu zweigen; Grimm XVI 1049).
[8] bedrängt (SI XIV 1099).
[9] stillen, besänftigen (SI XI 263–267 und 269).
[10] nämlich Gottes Zorn.
[11] indem man sich bessert.
[12] wohl als Verb: sein, im Sinne von: ihr werdet sein Gottes Reich.

H. St.

Anhang

I

Der Zettel, auf den die oben als Ausgabe B.1 beschriebene Ausgabe geklebt ist, enthält folgende zeitgenössische Notiz:

«Die von Zürch haben kalender ausgeen lassen, darinn sie die newen burger, namlich Hessen, Costents und Straßburg oben an gesetzt etc., haben aber die fünff ortt die gemelten von Zürch darzu genöttigt, das sie die *[i. e. die Verse und Wappen]* von den kalendern haben müssen herab schneiden etc., sunst die nit ausgeen lassen wöllen, wir *[Verschrieb für: wie]* ir denn hie bey ligend sehend, wie sie dann die oben herab geschnitten etc. ...»

II

Die oben beschriebene Abschrift C enthält folgenden Anhang:

Subscriptio cuiusdam

Disen spruch hot Zwingli gmacht /
dar mit der christen wolfart btracht /
amm samstag, was der sibent tag /
octobers, ist wie ich euch sag /
des ain und drisigisten jars /
dar in vil boß volbracht der mars /
er *[i. e. Zwingli]* bracht yn selbs yn truckerey /
und hot damit beschlossen frey //
sin ler und gschrifft zur selben frist /
dan er hernach erschlagen ist /
[am Beginn der Zeile gestrichen: d*]* zu Cappel an der selben schlacht /
da er sin leben klain hot gacht /
da mit gots eer und dapferkait /
friden und ware ainigkait /
het mügen khon yn d'cristenhait.

H. St.

Nachträge zu den Werken

184

Das für diese Nummer vorgesehene Stück, eine Zeugendeposition Zwinglis betreffend eine Aussage des Schultheißen Hebolt von Solothurn, Staatsarchiv Zürich, E.I.3.1, Nr. 75, ist bereits im Briefwechsel, Band VIII, S. 733f unter der Nummer 535 erschienen.

J. St. †

185

Vorüberlegungen für die «Amica exegesis»

ca. November 1526 / Februar 1527

Unsere Ausgabe bringt in den Nrn. 185, 186 und 187 einen 1977 publizierten und zwei bisher unveröffentlichte, weitgehend unbeachtete Texte zum Abendmahlsstreit. Dabei handelt es sich um drei Autographen, die sich im Besitz des Staatsarchivs Zürich befinden und dort – offenbar vor langer Zeit – auch zusammengebunden worden sind, nicht nur wegen des ihnen gemeinsamen allgemeinen Inhalts, sondern auch wegen ihres gemeinsamen äußeren Charakters und ihrer Intention. So sehr die drei Nummern auch umfangmäßig und in bezug auf Entstehung und Form sich voneinander unterscheiden, handelt es sich in der Sache immer um dasselbe: Es sind Notizen, die sich Zwingli 1526 und 1527 bei der Vorbereitung von drei seiner großen Streitschriften zum Abendmahlsstreit gemacht hat. Als solche nehmen diese Notizen einerseits Bezug auf die vorausgehenden entsprechenden Luther-Schriften, anderseits enthalten sie Skizzen, mehr oder weniger detaillierte Pläne, häufig einzelne Sätze oder Ausdrücke für Zwinglis Antworten. Um dem Leser den Überblick zu erleichtern, geben wir im folgenden zuerst eine tabellarische Übersicht der in Betracht kommenden Stücke von Zwingli (Z) und Luther (L). Wir folgen darin grundsätzlich Locher (Reformation 307–318), ergänzen jedoch seine Angaben durch die Einfügung unserer neuen Nrn. 185–187.

Die großen Streitschriften 1526/1527

Z   23. Februar 1526: «Eine klare Unterrichtung vom Nachtmahl Christi» (Z IV, Nr. 75).

L   September/Oktober 1526: «Sermon von dem Sakrament des Leibes und Blutes Christi wider die Schwarmgeister» (WA XIX 474–523).

Z neu   Winter 1526/27: «*Vorüberlegungen für die ‹Amica exegesis›*»
          (*Z VI/V, Nr. 185*).

Z   28. Februar 1527: «*Amica exegesis, id est: Expositio euchari-*
          stiae negocii ad Martinum Lutherum» (*Z V, Nr. 104*).

Z neu   Winter 1526/27: «*Vorarbeiten zur Antwort auf Luthers Schrift*
          ‹Sermon wider die Schwarmgeister›» (*Z VI/V, Nr. 186*).

Z   28.–30. März 1527: «*Freundliche Verglimpfung über die Pre-*
          digt Luthers wider die Schwärmer» (*Z V, Nr. 106*).

L   April 1527: «*Daß diese Worte Christi ‹Das ist mein Leib› noch*
          fest stehen, wider die Schwärmgeister» (*WA XXIII 38–320,*
          759–761).

Z neu   April/Juni 1527: «*Notizen bei der Lektüre von Luthers Schrift*
          ‹Daß diese Worte Christi 'Das ist mein Leib' noch fest stehen› »
          (*Z VI/V, Nr. 187*).

Z   20. Juni 1527: «*Daß diese Worte: ‹Das ist mein Leib› etc. ewig-*
          lich den alten Sinn haben werden etc.» (*Z V, Nr. 107*).

Was den Inhalt dieser drei «neuen» Texte Zwinglis zum Abend-
mahlsstreit betrifft, bringen sie kaum Neues. Aus verständlichen Grün-
den bestätigen sie vielmehr den Eindruck, den auch die daraus erwach-
senen großen Abendmahlsschriften von 1526/27 hinterlassen: daß der
gegenseitige Schlagabtausch auf dem Höhepunkt des eigentlichen
Abendmahlsstreites zwischen Luther und Zwingli kaum mehr neue
sachliche Argumente zutage fördert, nicht zu einer Auflockerung, son-
dern eher zu einer Verhärtung der Fronten führt. Das heißt konkret: wie
die großen Abendmahlsschriften drehen sich auch Zwinglis Vorarbeiten
um das eine große, von Luther (und Rom!) gestellte Hauptthema der
leiblichen Realpräsenz Christi im Abendmahl: «man esse den lychnam
Christi in dem brot oder under dem brot, doch daß das brot brot blybe,
und sölle nieman fragen, wie man inn esse, sunder allein verjehen und
glouben, das man inn esse; dann Christus hab geredt: ‹Das ist min lych-
nam›» (*Z IV 793₁₈₋₂₂*). *Wie in den großen Abendmahlsschriften erhebt*
Zwingli auch in seinen Vorarbeiten seine (bekannten) Einwände gegen
diese These Luthers. Um nur das Wichtigste in Erinnerung zu rufen:
Luthers realistische Deutung der Einsetzungsworte «Das ist mein
Leib» (*Mt 26, 26*) *verbieten die grundsätzliche Unterscheidung von*
Fleisch und Geist (*Joh 6, 63*), *die Aussage des Apostolikums «aufgefah-*
ren gen Himmel, sitzend zur Rechten Gottes», das Verständnis des
Glaubens als «fiducia». Dabei stützt sich Zwingli natürlich immer auch
auf die Bedeutung der Tropen bei der Auslegung der Schrift und seine
Lehre von der «Alloeosis» der beiden Naturen Christi.
Die Bedeutung unserer «neuen» Texte Zwinglis zum Abendmahls-

*streit ist darum weniger in ihrem Inhalt zu suchen. Ihr Wert, um nicht
zu sagen: ihr besonderer Reiz liegt vielmehr darin, daß sie die Tür auf-
schließen zu Zwinglis Studierstube. Sie gewähren einzigartige Einblicke
in sein Schaffen, hier in den Entstehungsprozeß seiner großen Abendmahlsschriften. Als Vorstufen, Vorstudien zu diesen innert kurzen Fri-
sten geschriebenen, z. T. sehr umfangreichen Werken enthalten sie bald
in Form von Zitaten und/oder bloßen Bibelstellen, bald in Stichworten
oder knappen Sätzen Bemerkungen, Beobachtungen, Überlegungen,
mindestens vorläufige Antworten, die Zwingli einerseits bei der Lektüre
von Luthers Streitschriften, andererseits als Material für seine eigenen
Stellungnahmen zusammengestellt hat. Als Vorarbeiten in der Regel sicher rasch hingeworfen, mehrheitlich jedoch konsequent und diszipli-
niert geordnet, zeigen sie uns Zwingli in unmittelbarem, spontanem Um-
gang mit seinem grundsätzlich nach wie vor hoch verehrten Gegner, in
seiner Reaktion auf sehr gehässige, manchmal «teuflische» Angriffe auf
seine tiefsten Überzeugungen. Dies alles wird hier sichtbar nicht in allgemeinen, weit ausholenden gelehrten Abhandlungen, sondern en détail,
nicht so sehr in den eben erwähnten und hinlänglich bekannten und oft
wiederholten grossen Linien, sondern in zahlreichen Einzelaussagen polemischer Natur.*

*Ohne weiter auszuholen, sei hierzu nur noch auf zwei Folgerungen
hingewiesen. Zum einen verlocken Zwinglis Vorarbeiten zum Vergleich
mit artverwandten Texten. Dabei ist selbstverständlich zuerst an die
enge Verwandtschaft der drei Texte Nrn. 185–187 untereinander zu denken, darüber hinaus dann allerdings auch etwa an Zwinglis «Notizen
zur Berner Disputation» (Z VI/I, Nr. 112), an den «Entwurf zu einer
Entgegnung auf die Schrift der Täufer» (Z VI/I, Nr. 123), an die berühmten «Notae Zuinglii, Randbemerkungen Zwinglis zu den Marburger
Artikeln von 1529» (Z VI/II, Nr. 148), an seine Antwort auf Schwenck-
felds Fragen über die Taufe (Z VI/IV, Nr. 172), im weiter vielleicht
ganz generell an Zwinglis Randglossen (Z XII 1–400). Zum andern ver-
leiten Zwinglis Vorarbeiten zu Fragen psychohistorischer Natur: Wie
argumentiert Zwingli spontan, zuerst in den (kurzen) Vorarbeiten, nachher in seinen (ausführlichen) Antworten? Was läßt sich da in bezug auf
Aufbau, Arbeitsstil, Wortwahl, Sprache beobachten? Was ist Zwingli
wichtig? Wie drückt er seine Präferenzen aus?*

*Was schließlich unsere Wiedergabe von Zwinglis drei Vorarbeiten
zum Abendmahlsstreit betrifft, bezeichnen wir sie unter Abwägung ihrer
Gemeinsamkeiten und Verschiedenheiten nicht generell als «Notizen»,
sondern nun im speziellen als «Vorüberlegungen für die Amica exegesis» (Nr. 185), «Vorarbeiten zur Antwort auf Luthers Schrift ‹Sermon wider die Schwarmgeister›» (Nr. 186), «Notizen bei der Lektüre*

von Luthers Schrift ‹Daß diese Worte Christi› etc.» (Nr. 187). Text-
grundlage sind selbstverständlich Zwinglis Manuskripte. Diese werden
soweit als möglich auch ihrer ursprünglichen äußeren Anordnung ent-
sprechend reproduziert, d. h. in Übernahme von Zwinglis originaler Ein-
teilung (Untertitel, Numerierung etc.). Ihrer Mittelstellung zwischen
Luthers Angriffen und Zwinglis Verteidigung entsprechend weisen wir
in den Anmerkungen die Stellen in den Vorlagen Luthers (WA) und/
oder Zwinglis ausführlichen Antworten (Z) nach. Eindeutige Zitate wer-
den in Anführungszeichen gesetzt, auch wenn es sich um Übersetzungen
handelt. Im Sachkommentar beschränken wir uns auf absolut notwen-
dige Anmerkungen. Wir verweisen dafür wie auch für die Nachweise
weiterer Zitate und Anspielungen mit Nachdruck auf die Editionen der
großen Streitschriften Luthers und Zwinglis in den kritischen Ausgaben
(WA und Z) mit den dazugehörigen Einleitungen sowie natürlich auf
Walther Köhlers Werk «Zwingli und Luther».

Nach diesen allgemeinen Bemerkungen zu den Nrn. 185–187 wenden
wir uns Zwinglis «Vorüberlegungen für die ‹Amica exegesis›» zu. Diese
müssen zwischen November 1526 und Februar 1527 geschrieben worden
sein – wie Abbildungen und Beschrieb im textkritischen Apparat zeigen,
jedoch kaum in einem Zuge. Da sich nahezu alle Äusserungen Zwinglis
später in der «Amica exegesis» nachweisen lassen, erübrigt sich eine
ausführliche Einleitung. Für Einzelheiten verweisen wir bewußt auf Ein-
leitung und Kommentar zur «Amica exegesis» (Z V 548–758) und über-
lassen jede Interpretation dem geneigten Leser. Immerhin sei bemerkt,
daß schon in diesen «Vorüberlegungen» Zwinglis Quellen (siehe dazu
Z V 551) mindestens teilweise erwähnt werden und die spätere Disposi-
tion durchschimmert, vor allem aber, daß viele Formulierungen und Bi-
belstellen in ähnlicher Zusammenstellung und Anordnung in die
«Amica exegesis» übernommen wurden.

Bü

Zwinglis Autograph

Das Autograph Zwinglis ist erhalten und befindet sich im Zürcher
Staatsarchiv: Signatur E II 341, fol. 3319 und 3321. Es handelt sich um
ein einziges Doppelfaltblatt (fol. 3320 ist ein davon unabhängiges Blatt,
ist zwar ebenfalls ein Autograph Zwinglis, betrifft jedoch etwas völlig
anderes; vgl. unten unsere Nr. 188.21). Zwingli hat an diesem Manu-
skript mehrmals gearbeitet, wie die verschiedenen Tinten und Federn,
die zahlreichen Streichungen und Einschübe zeigen. Die erste Seite ent-
hält 29 Zeilen, die zweite 20 Zeilen, die dritte 25 Zeilen und die vierte

Huldrych Zwingli, Vorüberlegungen für die «Amica exegesis»:
Die erste Seite (Staatsarchiv Zürich, E II 341, fol. 3319r)

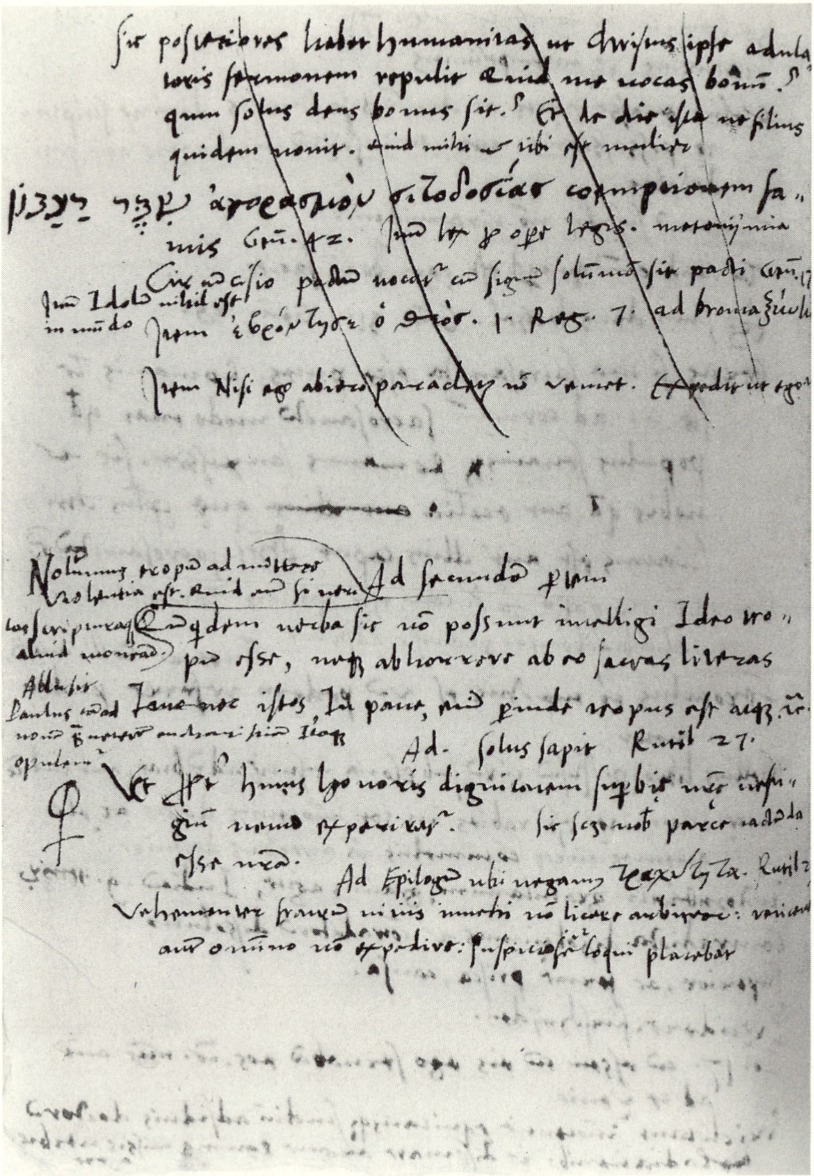

Die zweite Seite (StAZ, E II 341, fol. 3319v)

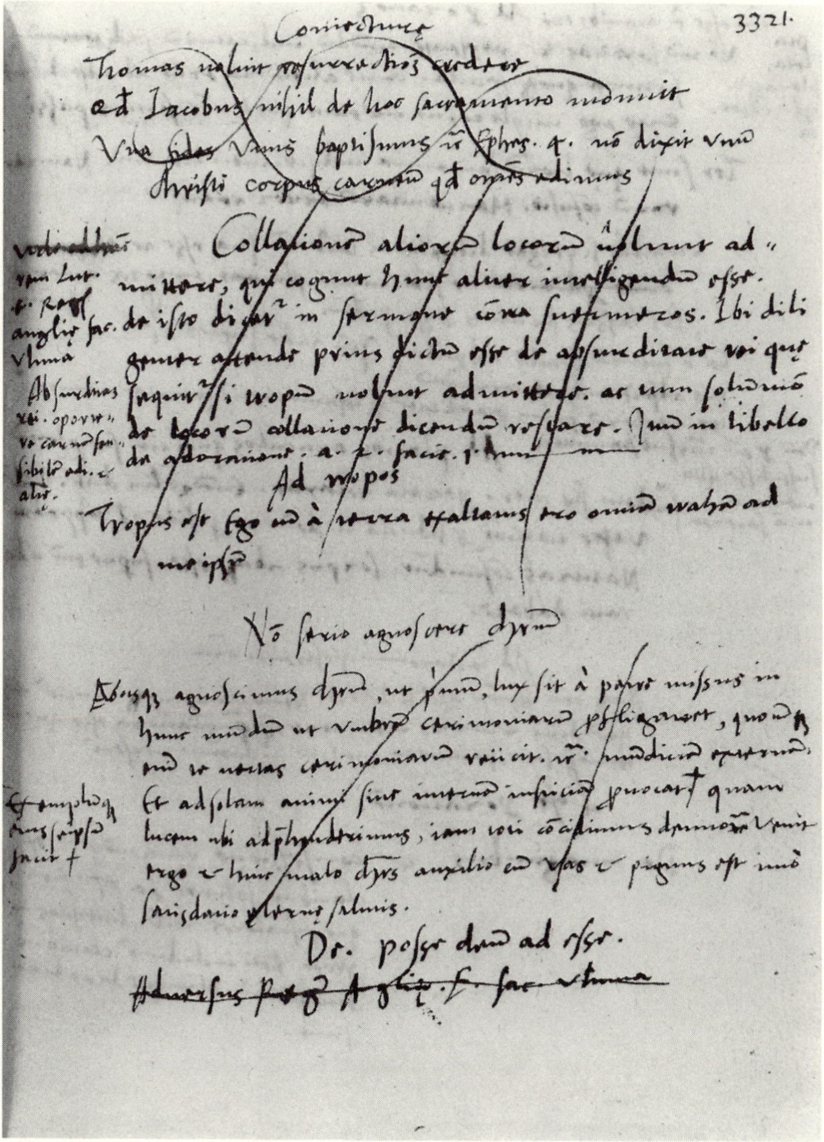

Die dritte Seite (StAZ, E II 341, fol. 3321r)

Die vierte Seite (StAZ, E II 341, fol. 3321v)
(alle vier Fotos: Staatsarchiv Zürich)

wiederum 29 Zeilen. Für weitere Einzelheiten des Manuskripts verweisen wir auf die entsprechenden Abbildungen (oben S. 273–276).

Unserer Ausgabe ist das oben beschriebene Autograph Zwinglis zugrunde gelegt, wobei die Anordnung des Textes weitgehend derjenigen der Vorlage entspricht.

H. St.

[Vorüberlegungen für die «Amica exegesis»]

[fol. 3319r] Ἐν ὑπερέτου καὶ προσθήκης μέρει[1]. 71 *[?]*.

Maturius pro intempestivius[2].

Velut ex esse hęres ac dominus factus sis divinę scripturę possessionis[3]: attamen insolitum nihil agere aut pati debebas[4].

Tyrannum sustulit non tyrannidem[5].

Tu illud omne, quicquid est, ęqui boni facito.

«Ego sum deus Bethel», Gen. 31 *[v. 13]*, Gen. 28 *[v. 10ff]*

Erras, si tua sacrosancta esse putes[6]. Romanis teste Cic*[erone]* ad Cornelium sacrosanctum modo erat, quod populus senatusque Romanus sanxisset[7]. Sic et nobis, quod aut ecclesia, quę populus Christianus est, aut illius caput Christus *[scil. sanxit]*, sacrosanctum est[8].

Ἀπλᾶ καὶ σαφὴ τὰ δίκαια esse oportere Demosthenes alicubi Solonem perhibuisse adseruit[9].

In...re. [?]. colli aut B[?].

Feroculus eo evectus es, unde pedem referre pudor vetet[10].

4 velut] *unterstrichen* – 11 ecclesia] *danach gestrichen* aut illius – 16 In..re] lv..r*[?]* d.... e....

---

[1] *Z V 627₁₃. Dem. XI 8 (Demosthenes, Antwort auf Philipps Brief) und III 31 (Dritte olyntische Rede).*

[2] *Z V 632₁₀.*

[3] *Z V 627₈₋₁₀.*

[4] *Z V 750₂₃f.*

[5] *Z V 563₁₂. Vgl. Cic. Att. 14, 14, 2: «sublato tyranno tyrannida manere video».*

[6] *Z V 596₈; 730₂₃.*

[7] *Cic. Balb. 35: «sacrosanctum enim nihil potest esse, nisi quod per populum plebemve sanctum est».*

[8] *Z V 625₂₁.*

[9] *Dem. XX 93 (Demosthenes, Rede gegen Leptines).*

[10] *Z V 707₁₃–708₈.*

Gellius libro 13 *[sic!]* iustum virum sub persona iusticię adumbrat aut indicit[1].

Quę enim hęc est rabies in tot innocentes doctos ac eloquentes viros contumeliis tam atrocibus desevire[2]?

5 Εὐλογηθείητε, gratulamini, gratias agite, Iudicum 9 *[v. 19]*, [שָׂמֵחוּ].
Contradicta[3] dissolvimus et contradictorum dissolutio.

Superior, ac ferme prisca, causa[4].

Pręcidere. Fürschnyden[5].

Io. 17 *[v. 12]*: «Cum essem cum eis, ego servabam eos», etc.[6]. «Nunc
10 autem ad te venio» *[Joh 17, 13][7]*.

Periclitantur innocentię[8] ęquitatisque studium[9] adsiduis doctorum digladiationibus[10] et disputare argute pergunt, qui missis verbis agere *[scil. volunt]*[11].

[fol. 3319v] Sic posteriores habet humanitas[12], ut Christus ipse adu-
15 latoris sermonem repulit: ‹Quid me vocas bonum? Qum solus deus bonus sit?› *[Mk 10, 18]*. Et de die ista ne filius quidem novit *[vgl. Mk 13, 32]*. «Quid mihi et tibi est, mulier?» *[Joh 2, 4]*.

[שֶׁבֶר בַּעֲבוּר], ἀγορασμὸν *[τῆς]* σιτοδοσίας, coemptionem famis,
Gen. 42 *[v. 19][13]*. Iterum lex pro opere legis[14]. Metonymia[15].
20 Circumcisio pactum vocatur, cum signum solummodo sit pacti,
Gen. 17 *[v. 14]*.

14–S. 280₄ Sic ... etc.] *mit vier von links oben nach rechts unten führenden Linien gestrichen*

---

[1] *Gell. XIV, 4, 1–3 (Gellius, Noctes Atticae): «Chrysippus ... os et oculos Iustitiae vultumque eius severis atque venerandis verborum coloribus depinxit. Facit quippe imaginem Iustitiae. ... Ex imaginis autem iustius significatione intellegi voluit, iudicem, qui Iustitiae antistes est, oportere esse gravem, sanctum, severum, incorruptum, inadulabilem contraque improbos nocentesque immisericordem atque inexorabilem erectumque et arduum ac potentem, vi et maiestate aequitatis veritatisque terrificum».*

[2] *Z V 595–597; 720₉–721₂.*

[3] *Z V 572₃₋₅; 603₂₈–604₇; 617f; 701–708 (de absurditate scripturae).*

[4] *Z V 619₁₂.₂₀.*

[5] *Z VI/II 214₂₁ff. SI IX 1115: am (höfischen) Mahl vorlegen.*

[6] *Z V 694₃₆.*

[7] *Z V 694₂₄.*

[8] *Z V 628₂₅.*

[9] *Z V 632₂.*

[10] *Z V 567₄ff.*

[11] *Luther unterlässt es, über Mt 26, 26 zu diskutieren.*

[12] *Z V 677₂₁f mit Anm. 3; 700₄f.*

[13] *Z V 736₁₅.*

[14] *Z V 736₇₋₉; 746₂₂.*

[15] *Z V 711₉f; 735₂₅ff.*

Iterum «idolum nihil est in mundo» *[vgl. 1 Kor 8, 4].*

Item «ἐβρόντησε ὅ θεός», 1. Reg. 7, *[1 Sam 7, 10]* ad bronta-
ξύνην[1].

Item «nisi ego abiero, paracletus non veniet. Expedit ut ego» etc.*[?]*
[vgl. Joh 16, 7].   5

Ad secundam partem[2].

Nolumus tropum admittere[3]. Violentia est[4]. Quid autem, si veritas scripturaque aliud moneant.

Qum quidem verba sic non possunt intelligi, ideo tropum esse neque
abhorrere ab eo[5] sacras literas. Alludit P a u l u s tam ad novam   10
quam veterem eucharistiam. Itaque opule *[...?]* istos *[scil. tropos]:*
«In pane» enim perinde tropus est[6] acque etc.

Ad: solus sapit, R u t i l. 2, 7[7].

Ut propter huius honoris dignitatem superbię vestrę vestigium nemo
experiretur, sic scilicet nobis parce; eadem *[?]* da esse vestra[8].   15

1 Iterum ... mundo] *teils am Rand, teils zwischen den Zeilen geschrieben –* 7f Nolumus ... moneant] *am Rande eingefügt –* 10f Alludit ... opule*[...?]*] *am Rand eingefügt –*
11 istos] *davor gestrichen* imo nec – 12 etc.] *gehört der Abschnitt von* Alludit *bis*
opule*[...?]* vielleicht hierher? – 13 2,7] 27b – 14f Ut ... vestra] *vor diesem Abschnitt das
Zeichen* φ, *vgl. unten Seite 283₁*

---

[1] *Vgl. Z V 635₁f mit Anm. 2; 646₁₉.*

[2] *Z V 729₁₉ff.*

[3] *Z V 648₁₃.*

[4] *Z V 580₂₁.*

[5] *Z V 621₁₅.*

[6] *Z V 627₂₆.*

[7] *Rut. Lup. 2, 7 (Publii Rutilii Lupi de figura sententiarum et elocutionis, Ed. ... by Ed-
ward Brooks, Jr., Leiden 1970, Mnemosyne, Bibliotheca classica Batava, Supplementum
undecimum, p. 32:* Χαρακτηρισμός). *Vgl. auch Stein-Witte, Artikel «Publius Rutilius Lu-
pus», in: Pauly-Wissowa, 2. Reihe, I 1268. 1521 erschien bei Froben in Basel eine Edition,
die Zwingli gekannt haben könnte (bei Walther Köhler, Huldrych Zwinglis Bibliothek,
Zürich 1921, Neujahrsblatt des Waisenhauses in Zürich LXXXIV, allerdings nicht verzeichnet). Der erste Satz der genannten Rutilius-Stelle lautet: «Quem ad modum pictor
coloribus figuras describit, sic orator hoc schemate aut vitia aut virtutes eorum, de quibus
loquitur, deformat». Zwingli will hier damit wohl sagen: Der Meinung Luthers, er sei der
einzige Wissende, ist Rut. Lup. 2, 7 entgegenzuhalten.*

[8] *Z V 566₆₋₈; 751₁₆₋₁₈.*

Ad epilogum ubi negamus τραχύτητα[1], Rutil. 2,9[2]
Vehementer fratrum vitiis invehi non licere arbitror[3]: variare autem
omnino non expedire[4]: suspiciose loqui placebat.

[fol. 3321r] Coniecturę[5].

5   Thomas noluit resurrectionem credere *[vgl. Joh 20, 24ff]*[6].

Quod Iacobus nihil de hoc sacramento monuit[7].

«Una fides, unus baptismus» etc., Ephes. 4 *[v. 5]*[8]. Non dixit unum
Christi corpus carneum, quod omnes edimus.

Collationem aliorum locorum nolunt admittere[9], qui cogunt hunc
10 *[scil. locum]* aliter intelligendum esse. De isto dicetur in «sermone
contra suermeros»[10]. Ibi diligenter attende prius dictum esse de
absurditate rei quę sequitur, si tropum nolunt admittere. Ac tum
solummodo de locorum collatione dicendum restare[11]. Iterum in
«libello de adoratione»[12] a. *[?] ... [?] facie id est ... [?].*

15   Ad tropos.

Tropus est: «Ego, cum a terra exaltatus ero, omnia traham ad me ipsum» *[Joh 12, 32].*

1 *2,9]* 29 – 5–8 Thomas ... edimus] *ganzer Abschnitt mit zwei wagerechten Wellenli-
nien gestrichen* – 9–16f Collationem ... ipsum] *Abschnitt mit drei von rechts oben nach
links unten führenden Linien gestrichen* – 9–12 Collationem ... quę] *Marginal:* Vide ad
hanc rem Lut*[heri]* R*[esponsio?]* regis Anglię fac*[ta?]* ultima *[= WA 23, 17–37: Auf des
Königs zu England Lästerschrift ... Antwort, nach 4. Feb., vor 11. März 1527] (Vgl. unten
S. 282, Anm. 3)* – 12–14 sequitur ... id est ...] *Marginal:* Absurditas rei: oportere carnem
sensibilem edi et alię *[scil. absurditates]*

---

[1] *Z V* 753[6–12].

[2] *Rut. Lup. 2, 9:* «Συνοικείωσις: *Hoc schema docet diversas res coniungere et com-
muni opinioni cum ratione adversari, et habet magnam vim vel ex laude vitium vel ex vitio
laude laudem exprimendi».*

[3] *Z V* 742[6f]; 751[18].

[4] *Z V* 666[6]; 707[3]; 742[6f].

[5] *Lausberg § § 99ff, 150ff u. a. Vgl. auch Z V 538, Anm. 15.*

[6] *Z V* 599[15].

[7] *Z V* 599[18–20].

[8] *Z V* 599[22].

[9] *Z V* 604[5]; 619[3ff]; 672[8]; 729[25ff].

[10] *Z V 658–679. Vgl. unten S. 284ff unsere Nr. 186 («Vorarbeiten zur Antwort auf Luthers Schrift ‹Sermon wider die Schwarmgeister›»).*

[11] *Z V* 701[20ff]; 708[14ff]; 729[25].

[12] *WA 11, 431–456. Es dürfte hier auf die deutsche Version (1523) angespielt sein, da
der Titel der lateinischen Übersetzung (1526) anders lautet. Vgl. Z V 647–658, besonders
648[15].*

Non serio agnoscere Christum[1].

Abusque agnoscimus Christum, ut primum lux sit a patre missus in
hunc mundum *[vgl. Joh 8, 12]*, ut umbram cerimoniarum profliga-
ret; quocumque enim te vertas; cerimoniarum reiicit etc. mundi-
ciam externam. Et ad solam animi sive internam iusticiam provo-   5
cat exemplumque eius seipsum fecit; quam lucem ubi adprehende-
rimus, iam toti concidimus denuo, etc. Venit ergo et huic malo
Christus auxilio, cum vas et pignus est, imo satisdatio ęternę
salutis.

De posse[2] deum ad esse   10

Adversus regem Anglię[3]. Est *[?]*: fac*[ta]* *[?]* ultima.

[fol. 3321v] Ad perorationem[4].

Omnia esse e manibus erepta tela pleraque in ipsum retorta[5].
Non enim Saxonas et pręsentem mundum iudicaturum, sed futura
quoque sęcula[6], quę alieniora erunt ab adfectibus[7]. Quę ego im-   15
ploro, ut videant, quid nunc simus passi[8].
Tot sunt, quę horum sententia in discrimen veniunt. Naturarum confusio[9]. Marcionitarum error redit[10]. Ἀπειλαί, si pergat diligentius lecturum sua esse ac ne sibi nimium placeat errores omnes
proditurum. «Bos lassus firmius figit pedem»[11].   20

2–9 Abusque ... salutis] *Abschnitt mit zwei von rechts oben nach links unten führenden
Linien gestrichen* – 6 exemplumque ... fecit] *am Rand eingefügt* – 11 Adversus ...ultima]
gestrichen – 11 Est *[?]*] E – 13 Omnia ... retorta] *teils über der zweiten Zeile, teils am Rand
geschrieben* – 14 sed] *danach gestrichen ein unleserliches Wort* – 17 Naturarum] natura-
rarum – 19 ne] *davor gestrichen – – –[unleserlich]* omnes proditurum

[1] *Zur zentralen Bedeutung dieser Stelle vgl.* Z V 627$_{4.28}$–629$_{24}$.
[2] Z V 669$_{2-11}$; 671$_{15}$.
[3] *Hier meint Zwingli wohl Luthers «Auf des Königs zu England Lästerschrift ... Antwort» (WA 23, 17–37; nach 4. Februar, vor 11. März 1527. Davon gibt es nur Drucke des
Jahres 1527, keine späteren!). Diese Schrift kommt in der schließlich ausgefertigten
«Amica exegesis» nicht zur Sprache, da sie offensichtlich nicht mehr hineingearbeitet werden konnte. Zu einer kurzen Bemerkung in diesen Notizen reichte es aber (vgl. auch die
Marginalie, oben S. 281$_9$).*
[4] Z V 749$_{1ff}$. Lausberg §§ 431–442.
[5] Z V 749$_{3-5}$.
[6] Z V 751$_{20-24}$.
[7] Z V 751$_{24-26}$.
[8] Z V 752$_{9-20}$.
[9] *Häufiger Vorwurf Zwinglis an Luther.*
[10] Z V 621$_{12}$.
[11] *Erasmus, Adagia, 1.1.47 (LB II 47).* Z V 753$_5$ *mit Anm. 1.*

Te o futurum sęculum adpello. Iterum vide superius[1].

Pręsentibus adfectionibus esse corruptum; verborum potius grandita-
tem quam testimoniorum gravitatem admiretur[2]. Deum per eum
tunc *[?]* substantiationem sustulisse, quo veritati viam face-
5 ret.
Ad planos articulos, quos citra scripturam[3]
[scil. afferunt:] fidem firmat[4]. Peccata relaxat[5]. Evangelium dat[6].
Fidem vafre varia variant pro fiducia in deum et pro fide, quod
corpus edatur[7]. Naturas confundunt: Corpus ubique esse; superne
10 eum adorari debere[8].

Ad lectorem postremo omnium.
Neque τοῦς ἡμῶν gloriari debere. Nemo vincit neque vincitur nisi
quem dominus vincit[9]. Meminerit etiam fieri nequire pugnaciora
esse, quę contentiosa sunt, pacatiora, quę solum in docendo ver-
15 sentur[10].
Post perorationem[11].
De imaginibus[12] et confessione[13]. Rationem evangelii ex clavibus
[vgl. Mt 16, 19; 18, 18][14]. Solutionem Jo 20 *[v. 23]*. Reti quo piscato-
res, ibidem *[Joh 21, 6ff]*. Diversitas in tropo. Reti includuntur. Cla-
20 vibus emittuntur. Alia quę de eo loco sunt.

1 superius] *hier folgt das Zeichen* φ *[als Versetzungszeichen], vgl. oben S.280₁₄f –*
2–4f Pręsentibus ... faceret] *teils wohl nachträglich in den Leerraum zwischen den Zeilen
eingefügt, ab* Deum *am Rand –* 2 verborum] *davor gestrichen* sed *[?] –* 13 fieri nequire]
über der Zeile eingefügt

---

[1] *Vgl. oben S.282₁₄f und Z V 752₉₋₂₀.*
[2] *Z V 751₂₆–752₂.*
[3] *Z V 571₄f; 587₂₄ff; 754₁₀₋₂₁.*
[4] *Z V 754₁₂f.*
[5] *Z V 754₁₄f.*
[6] *Z V 754₁₉₋₂₁.*
[7] *Z V 707₃ff; 708₄.*
[8] *Z V 651₈–657₆.*
[9] *Z V 750₃₀–751₇; 753₁₆f.*
[10] *Z V 754₁₋₉.*
[11] *Z V 754₁₀–758₁₅.*
[12] *Z V 754₂₂–757₂.*
[13] *Z V 758₁₋₁₅.*
[14] *Z V 715₁–720₂; 731₁₃; 758₁₁.*

Bü/H. St.

186

Vorarbeiten zur Antwort auf Luthers Schrift
«Sermon wider die Schwarmgeister»

Ende 1526

Die hier zu publizierenden Bemerkungen Zwinglis «In sermone adversus prestigiatores» wurden in der Zwingli-Forschung vor 1977 kaum beachtet, geschweige denn veröffentlicht. Immerhin hat Oskar Farner in seiner großen Zwingli-Biographie (Farner III 56) auf das Stück aufmerksam gemacht und dazu bemerkt: «Ebenso wenig ist Sicheres zu sagen über ein erst in jüngerer Zeit entdecktes vier Seiten füllendes Autograph Zwinglis, das in 37 Punkte gruppiert Überlegungen zur Abendmahlskontroverse festhält; diese Notizen werden in Band VI Abt. 2 der kritischen Zwingli-Ausgabe unter der Überschrift ‹Predigtschema, betitelt: In sermone adversus praestigiatores› erscheinen. Allem Anschein nach setzte sich Zwingli darin mit Angriffen Luthers oder eines seiner Anhänger auseinander; ob er seine Gegenargumente aber auf der Kanzel oder auf einem andern Wege zum Ausdruck zu bringen beabsichtigte, bleibt ungewiss.»

Es ist Ulrich Gäbler zu danken, daß er diesen Text im Rahmen eines Aufsatzes «Huldrych Zwinglis Lektüre von Martin Luthers ‹Sermon von dem Sakrament des Leibes und Blutes Christi, wider die Schwarmgeister›, 1526, Gerhard Ebeling zum 65. Geburtstag am 6. Juli 1977» veröffentlicht und kommentiert hat (in: Zwa XIV, 1977, 370–379). Wie Gäbler selber bemerkt, konnte er sich in der Wiedergabe auf Vorarbeiten von Joachim Staedtke(†) und Erland Herkenrath stützen (a. a. O. 379, Anm. 18).

Angesichts dieses Aufsatzes ist es nicht nötig, an dieser Stelle ausführlicher auf Entstehung, Inhalt und Bedeutung von Zwinglis Text einzutreten. Zum vornherein klar ist seine Entstehung: Anlass zu Zwinglis Notizen war die Lektüre von Luthers «Sermon Von dem Sacrament des leibs und bluts Christi, widder die Schwarmgeister» (WA 19, 474–523).

Diese Schrift umfasst drei in der Osterzeit 1526 gehaltene Abendmahls-predigten Luthers und ist ohne Luthers Zutun gegen Ende desselben Jahres erschienen (zur Entstehungsgeschichte siehe WA 19, 474–476). Zwingli muß sie kurz nach ihrem Erscheinen erhalten und gelesen haben, und er muß – im Zusammenhang mit dieser Lektüre – auch die Notizen gemacht haben, die wir im folgenden publizieren. Dieser Schluß legt sich nicht nur nahe, weil im letzten Quartal 1526 verschiedentlich von einer Gegenschrift Zwinglis die Rede ist (vgl. Capito an Zwingli, Z VIII, Nr. 551, 20. November 1526, S. 774₆; Zwingli an Oecolampad und die Straßburger, besonders Wolfgang Capito, Z VIII, Nr. 552, 29. November 1526, S. 782₂₀–₂₂; Zwingli an Johannes Haner, Z VIII, Nr. 555, 3. Dezember 1526, S. 791₁₃–₁₆), sondern vor allem, weil Zwingli diese Notizen dann tatsächlich nicht nur in einer, sondern sogar in zwei Gegenschriften verwertet hat: zunächst in der «Amica exegesis, id est: expositio eucharistiae negocii ad Martinum Lutherum» vom 28. Februar 1527 (Z V, Nr. 104, S. 548–758); sodann in der darin (Z V 748₁₆–₁₈ mit Anm. 1) angekündigten deutschen «Freundliche[n] Verglimpfung über die Predigt Luthers wider die Schwärmer» vom 28. bis 30. März 1527 (Z V, Nr. 106, S. 763–794). Für Stellung und Bedeutung dieser Schriften Luthers und Zwinglis in der Auseinandersetzung um das Abendmahl verweisen wir auf die einschlägigen Darstellungen bei W. Köhler und G. W. Locher sowie auf die entsprechenden Einleitungen in WA 19, 474–478, Z V 551–559 bzw. 764–768).

Was den Inhalt von Zwinglis Notizen betrifft, ergibt unser Text zunächst allgemein, dass Zwingli sich 38 Punkte bei Luther angestrichen hat. Davon betreffen die Punkte 1–36 das Abendmahl, der letzte Punkt die Beichte; Punkt 37 enthält eine allgemeine Bemerkung.

Sieht man sich die Liste etwas differenzierter an, so ist festzustellen, «daß der Zürcher Luthers erste Abendmahlspredigt am breitesten berücksichtigt hat. Zweiundzwanzig der insgesamt achtunddreißig Punkte sind ihr gewidmet, zur zweiten Predigt notierte er sich fünfzehn Punkte, beim Teil über die Beichte, den Zwingli ebenfalls behandeln wollte, findet sich schließlich nur noch eine einzige Anmerkung» (Gäbler, a. a. O. 375). Und weiter in qualitativer Hinsicht: «Die Auswahl läßt sich in zunehmendem Maße nicht mehr von der Gewichtung im Luther-text leiten, sondern wird anscheinend von andern Gesichtspunkten bestimmt oder ist sogar willkürlich. Überall ragen indes diejenigen Passagen heraus, in denen Luther die Zwinglianer direkt anspricht oder apostrophiert» (a. a. O. 375 mit Anm. 20). Dazu scheint bei Zwingli eine zunehmende Resignation gekommen zu sein, die sich auch in den an Umfang abnehmenden Bemerkungen und Entgegnungen niederschlägt (a. a. O. 376).

Wie schlägt sich Luthers «Sermon von dem Sakrament des Leibes und Blutes Christi, wider die Schwarmgeister» nun aber in Zwinglis eigenem Schrifttum nieder? Gäbler meint dazu, daß Zwingli die Schrift zwar schon zur Zeit der Abfassung des sog. Zweiten Sendbriefes an die Christen von Esslingen vom 16. Oktober 1526 (Z V, Nr. 100, S. 416–426) gekannt haben muß, daß sich aber weder in diesem Sendbrief noch in der «Antwort über Straußens Büchlein, das Nachtmahl Christi betreffend» von Anfang Januar 1527 (Z V, Nr. 103, S. 453–547) Bezüge auf unsere Notizen finden.

Das sollte sich rasch ändern: Sowohl die «Amica exegesis» wie die «Freundliche Verglimpfung» vom Frühjahr 1527 nehmen in ausführlicher und prominenter Weise Stellung zu Luthers Schrift «wider die Schwarmgeister», und beide folgen dabei über weite Strecken auch den Notizen Zwinglis «in sermone adversus prestigiatores». Was die «Amica exegesis» betrifft, so äußert sich Zwingli in einem eigenen Teil ausdrücklich «Ad ea, quae Lutherus in ‹sermone contra fanaticos› aut praestigiatores, quos et ipse suermeros vocat, scripsit» (Z V 658$_{24}$–679$_5$). Noch deutlicher ist der Bezug bei der deutsch abgefaßten «Verglimpfung», indem diese sich schon in ihrem vollen Titel ausdrücklich gegen Luthers Sermon richtet: «Früntlich verglimpfung [Verantwortung] und ableynung [Widerlegung] über die predig des treffenlichen Martini Luthers wider die schwermer, zů Wittemberg gethon unnd beschriben zů schirm des wåsenlichen lychnams und blůts Christi im sacrament. Zů gůter bewarung von Huldrychen Zuingli ylends und kurtz begriffen» (Z V 771$_{1-7}$).

Der Zusammenhang zwischen Luthers Schrift «wider die Schwarmgeister» und Zwinglis Notizen «in sermone adversus prestigiatores» wie ihrer Verwendung erschöpft sich nun allerdings nicht bloß in den Überschriften, sondern bestimmt auch Aufbau und Inhalt der genannten Schriften. Wie unser Text, d. h. einerseits die von Zwingli notierten Stellen bei Luther wie anderseits seine Bemerkungen, vor allem aber die von uns in Klammern beigefügten Verweise auf die entsprechenden Stellen in der «Amica exegesis» (Z V 659$_4$–728$_{17}$; 758$_{1-15}$) und der «Verglimpfung» (Z V 775$_4$–793$_{12}$) belegen, folgt Zwingli in beiden Schriften im wesentlichen seinen Notizen, und damit Luther. Mit der Einschränkung «im wesentlichen» meinen wir eine fast durchgehend fortlaufende Reihenfolge der 38 Punkte, die Bildung gewisser Schwerpunkte, aber auch die Freiheit, die Zwingli sich nahm, indem er einzelne Notizen später nicht aufgriff oder sich Einschübe erlaubte (in der «Amica exegesis» z. B. Z V 679$_6$–701$_{19}$ über die Alloiosis, 701$_{20}$–708$_{19}$ über die «absurditas scripturae», 712$_{20}$–724$_{24}$ das berühmte Selbstzeugnis über Luther).

Gerade zu dieser Freiheit gehören indes noch zwei weitere Aspekte, auf die Gäbler hinweist: eine zunehmende Resignation nicht nur bei der Lektüre der Lutherschrift, sondern auch bei deren Benutzung in der «Amica exegesis» und der «Verglimpfung», sowie beachtliche Unterschiede in der Formulierung der einander entsprechenden Stellen. «Allerdings» – meint Gäbler – «unterscheidet sich der Wortlaut der lateinischen Zusammenfassungen in der Amica exegesis von demjenigen in den ‹Notizen›. Zwingli hat sich also nicht sklavisch an die dort geleistete Arbeit gehalten, sondern Luthers Text ein zweites Mal gelesen und lateinische Inhaltsangaben formuliert. Dieselbe Freiheit zeigt Zwingli bei der inhaltlichen Benutzung seiner rasch niedergeworfenen Vorbereitungsnotizen für die Erwiderung» (a. a. O. 378).

Fragen wir zum Schluß kurz nach Bedeutung und Wert von Zwinglis Notizen «in sermone adversus prestigiatores», so drängt sich vor allem ein Gedanke auf: Wir gewinnen eine interessante Einsicht in Zwinglis Arbeitsmethode (vgl. auch unsere Nrn. 185 und 187!), d. h. konkret in die Art und Weise, wie er sich mit Gegnern und Problemen bis ins einzelne auseinandersetzt.

Bü

Literatur

Köhler, ZL I, 1924.

Walther Köhler, Einleitung zu: «Amica Exegesis», unsere Nr. 104, Z V 548–560.

Walther Köhler, Einleitung zu: «Freundliche Verglimpfung», unsere Nr. 106, Z V 763–768.

Ulrich Gäbler, Huldrych Zwinglis Lektüre von Martin Luthers «Sermon von dem Sakrament des Leibes und Blutes Christi, wider die Schwarmgeister», 1526, in: Zwa XIV, 1977, 370–379.

Locher, Reformation, 1979.

Ulrich Gäbler, Luthers Beziehungen zu den Schweizern und Oberdeutschen von 1526 bis 1530/31, in: Leben und Werk Martin Luthers von 1526 bis 1546, hg. von Helmar Junghans, Bd. 1, Göttingen 1983, 481–496.

W. Peter Stephens, The Theology of Huldrych Zwingli, Oxford 1986.

Zwinglis Autograph

Das Autograph Zwinglis ist erhalten im Staatsarchiv Zürich, Signatur E II 341, foll. 3322r–3323v. Es umfaßt zwei Blätter in quarto, die auf beiden Seiten beschrieben sind. Die Seiten 1 und 2 enthalten je 31 Zeilen, Seite 3 enthält 32 Zeilen, die 4. Seite 19 Zeilen. Das Manuskript ist in einem Zuge geschrieben. Streichungen und Korrekturen im Manuskript sind in den textkritischen Anmerkungen verzeichnet.

Abdruck

Ulrich Gäbler, Huldrych Zwinglis Lektüre von Martin Luthers «Sermon von dem Sakrament des Leibes und Blutes Christi, wider die Schwarmgeister», 1526, in: Zwa XIV, 1977, 372–375.

Unserer Ausgabe ist das oben beschriebene Autograph Zwinglis zugrunde gelegt, wobei die Anordnung des Textes weitgehend derjenigen der Vorlage entspricht.

J. St. † / H. St.

In sermone adversus prestigiatores

1. «Obiectum fidei» et fides; obiectum sacramentum est cum corpore et sanguine[1].
2. «Ab acutis istis cogitationibus temperandum esse monet»[2] quasi acumen illi desit, cum in pane corpus Christi corporaliter edi adserat[3].
3. «In errorem nos incidisse quod cogitationem secuti simus, que negaverit Christum in tot locis edi»[4].
4. «Qui fidem ex verbis haurit, is credit» ac fidit simplicibus verbis, nec «inde avelli potest»[5]. Contra fidem ex verbis ne posse quidem hauriri. Deinde fide verba esse interpraetanda, hinc enim sedentibus licet in ecclesia loqui omnibus indoctis etc.[6]
5. Verba esse clara, quis enim non intelligat cum ei: «Quis similam proponat et dicat: hec est simila?»[7] Concordat. Hoc naturali etiam intellectui facile est. Sed: hoc est cucurbita, alienissimum est[8].
6. Fundamenta nostra esse, non recipi. «Es schicke sich nit. 2. non esse necesse»[9], id est: non recipi perhibemus propter verbum dominicum, et non solum hoc, sed etiam nihil prodesse. Exempla non quadrant. Ex virgine[10] nasci fidelibus non est admirabile mentibus, sed carni. Est enim sacris dissertum carmini-

5 cum] *danach gestrichen* panem – 11f verba ... sedentibus] *vor dieser Zeile am Rand:* «Tu es Petrus et sup[*er hanc petram aedificabo ecclesiam meam]» [Mt 16,18]* – 18 id est] *über der Zeile eingefügt*

---

[1] *WA 19, 482₁₇₋₂₃. Z V 659₄–661₆.*
[2] *WA 19, 484₁ᶠ.*
[3] *Z V 661₇₋₁₅; 704₃ᶠ; 775₄–777₂₁.*
[4] *WA 19, 484₂₆₋₃₀. Z V 661₁₆–663₅; 780₁₃₋₁₇.*
[5] *WA 19, 485₆₋₁₁.*
[6] *Z V 663₆₋₂₉; 701₃₄ᶠ; 777₂₂–780₁₂; 780₁₈–781₂₀; 785₂₉–787₂.*
[7] *WA 19, 485₁₃₋₁₅.₂₀ᶠ.*
[8] *Z V 664₁–665₅; 701₃₄ᶠ.*
[9] *WA 19, 486₁₀₋₁₃.*
[10] *WA 19, 486₁₇.*

bus. De anima[1] non quadrat, sed si corpus esset in multis locis quadraret. De corpore Christi nobis sermo est. Anima in universo corpore potius vestigium est divinę naturę ubique pręsentis[2].

7. Similia omnia huc tendere, ut Christum intelligamus. Eundem in omnium cordibus totum credi, et, ut ipse ait, ad dexteram sedere omnium esse salutem etc.[3], nullam huc facere, ut simul caro sit carnaliter in animo[4].

[fol. 3322v] 8. «Ist nit das hertz subtiler dann das brot?»[5] Quid hęc, quęso, facis? An aliud quam argutaris? Atque id ineptius? Quis negat verbum cordibus inseri? De corpore nobis est quęstio, non quam rationis acumine pervestigemus, sed dei verbo, quorum nullum adferre potestis, quo doceatur etiam corpus cordi carnaliter inseri etc.[6]

9. «Cum hęc verba super pane dicuntur, iam vere adest ipse etc.»[7]

10. «Da kan ye nieman anderst sagen, quam quod vis ista per verbum veniat»[8]. Id est: de istis verbis «hoc est corpus meum» [Mt 26, 26] nusquam dictum est, [quod] corpus Christi fiet vi verborum istorum. Sed virgini dictum est: «Spiritus sanctus superveniet in te» [Lk 1, 35]. Is, inquam, erat qui virginem secundabat, non verbum ab angelo allatum, sed verbum ostendebat virgini, quid dominus esset facturus, non enim dicit: cum hęc dico, concipis, sed: concipies per spiritum scilicet sanctum[9].

XI. Christus «ascendit super omnes cęlos, ut adimpleret omnia» etc. [Eph 4, 10][10]. Id est: Ne hoc diceres iam olim per ἀνϑυποφοράν [?] caveramus [?] quod ubi ille est, isthic sunt et ministri eius [vgl. Joh 21, 26]. Mox de absurditate scripturę[11].

---

8 (car-)naliter in animo] *am rechten Rand nachgetragen* – 17 Id est] *über der Zeile eingefügt* – 17 verbis] *danach gestrichen* nusquam – 21 allatum] *danach gestrichen* nisi *und zwei nicht lesbare Wörter* (non -disti-?)

---

[1] WA 19, 487_{16–26}.

[2] Z V 665_6–669_{16}; 787_3–789_2; 790_{24}–791_6.

[3] WA 19, 489_{27f}.

[4] Z V 669_{17}–671_8; 791_{6–17}.

[5] WA 19, 490_{13}.

[6] Z V 671_{9–20}; 706_{18}–707_1.

[7] WA 19, 490_{20}. Z V 671_{21}–676_8; 792_{3–6}; 793_{9f}.

[8] WA 19, 490_{33f}.

[9] WA 19, 490_{35}. Z V 791_{17}–792_2.

[10] WA 19, 491_{17f}.

[11] Z V 676_9–679_5; 701_{20–33}; 789_3–790_{23}.

XII. Ut speculemur quomodo eum oporteat ascendere ac descendere veluti per gradus aut scalam[1].

13. «Verba ista nobis data esse, ut eum certe sciamus invenire»[2].

14. «In lapide Christus, in laqueo»[3], id est: corp[or]aliter? De spiritu[u]aliter enim praesentia atque ea, quę per fidem est nihil ambigitur, quin in carcere nobiscum sit. Sic variat[4].

15. «Celum et terra saccus eius est. Hunc implet sicut frumentum saccum implet»[5]. Cur tu nobis adfingis etiam similitudines quas numquam dedimus quomodo tanquam per scalam ascendat ac descendat, et deinde cum tam rustica similitudine prodis?[6]

[fol. 3323r] 16. Cacodęmona possedisse nos. Legisse modo Christum pro nobis esse mortuum, at huius nihil in corde sentire[7].

17. «Dicite igitur mihi quandoquidem sola fides iustificat, Christo ipso nihil opus esse»[8]. Id est: En tibi παραλογισμόν. Nos de cibo carnis loquimur, en de toto Christo carnem dicimus nihil prodesse [vgl. Joh 6,63], sed fidem in eum qui carne mortuus est. Tu ἀμφοτερίζεις, vide! Dic isthic de iustitia ac misericordia dei euangelii fonte.

18. Perpetuo inculcat paradoxum nobis videri quodque ratione metiamur omnia[9], qum iam dictum sit nos non ratione, sed expensione verbi dominici huc adductos. Nam si ratione speraremus aliquid obtineri posse, iam olim erat huic vię locus, cum liber domini sermonis esset clausus.

19. «Et in baptismo est spiritus sanctus»[10].

20. Se quoque aliquando fuisse miratum «cur deus nos pane pascat cum verbo possit» (videtur de pane corporeo loqui) et qui fiat, ut in tot frustulis tam ingens corpus Christi[11].

4 De] danach gestrichen corpore – 5 atque] danach gestrichen fide – 9 dedimus] unterstrichen – 24 liber] über durchgestrichenem sermo – 26 nos] danach gestrichen sacramento

[1] WA 19, 491_{26–29}; 492_{13f}. Z V 705_{12–16}.
[2] WA 19, 492_{16–18}. Z V 792_{7–10}.
[3] WA 19, 492_{19f}.
[4] Z V 792_{10–18}.
[5] WA 19, 493_{9f}.
[6] Z V 676_{9f}; 704_{10}–705_{11}; 709_{3}; 788_{24f}.
[7] WA 19, 494_{21–23}. Z V 792_{19–22}.
[8] WA 19, 495_{15f}.
[9] WA 19, 495_{29}–496_{11}.
[10] WA 19, 496_{21}. Z V 710_{25}–711_{28}.
[11] WA 19, 497_{16–19}.

21. «Archiswermer», «stulti», «indigni quibuscum manum conserat» [1].
22. «Nam totus cum sanguine et carne in cordibus fidelium est» [2]. Proba.
23. «In his verbis donatur nobis corpus et sanguis eius», Christi [3].
24. Prope putat esse diem ultimum [4].
25. Nos pręclarius (ait) pręedicavimus mortem Christi *[vgl. 1 Kor 11, 26]* quam ipsi unquam [5].
26. «Nisi a nobis haberent, nihil de ea scirent» [6].
27. Carnem porrigendo, donat corpus Christi et sanguinem, ut habeat accipiens remissionem peccatorum [7]. Inibi multa insana. Ign*[orant?]* quid sit mortem domini adnunciare *[vgl. 1 Kor 11, 26]*.
28. Consentimus quod *[...]* in *[?]* angulis nisi pressura ecclesię hoc requiret [8].
[fol. 3323v] 29. Negat opus esse [9], quod tamen effugere nequit si comedendo remittuntur peccata. Vide 32 et 33.
30. «Sic posset sus quoque accedere» [10].
31. Seipsum abducit cum comestioni tribuit, quod fidei est [11].
32. «Hic debet esse fructus, ut fidem tuam confirmes et conscientiam certam reddas, ut postmodum pręedicare possis» [12].
33. Summam in his stare, «quod hic remissio peccatorum comparet» et «quod postmodum pręedicemus atque adnunciemus» [13].

4 Proba] *über der Zeile nachgetragen* – 5 Christi] *über der Zeile nachgetragen* – 8 unquam] *über der Zeile nachgetragen* – 12 Ign[orant]] *ergänzter Text wegen verwischter Tinte nicht mehr lesbar* – 14 quod [...] in [?] angulis] *Der wegen verwischter Tinte unleserliche Text ist entsprechend dem Luther-Text (WA 19, 505₂₄₋₃₁) im Sinne von «daß das Abendmahl nicht in Winkeln gefeiert werden darf» zu ergänzen.*

[1] *WA 19, 498₁₉.₂₁.₂₈f. Z V 712₁₋₈.*
[2] *WA 19, 499₃₄f.*
[3] *WA 19, 503₁₅f.*
[4] *WA 19, 503₂₃f.*
[5] *WA 19, 504₁₅f. Z V 712₁₄f.*
[6] *WA 19, 504₁₆f. Z V 712₁₅f; 792₂₃₋₂₈.*
[7] *WA 19, 504₂₃₋₂₅. Z V 793₁₁f.*
[8] *WA 19, 505₂₅₋₃₁.*
[9] *WA 19, 506₁₉₋₂₁.*
[10] *WA 19, 507₂₆f.*
[11] *WA 19, 507₂₇₋₅₀₈₁₇. Z V 705₂₅₋₇₀₆₃.*
[12] *WA 19, 508₂₃f. Z V 793₆.*
[13] *WA 19, 508₃₀₋₃₂. Z V 706₄₋₁₁; 793₇f.*

34. «Hoc sacramentum vocatur cibus esurientium animarum»[1]. Iterum fallitur.

35. «Propter infirmos enim institutum esse»[2].

36. «Fructus: Communio». Ibidem: «Ut corpus Christi nos adiuvet ad remissionem peccatorum». «Semel (inquit) fecit, mortuus scilicet est, sed quotidie permittit nobis proponi» etc. At istud non est nisi commemoratio. «2. fructus charitas»[3].

37. Perinde loquitur ac si caritatem non doceamus, et tamen in superioribus quiddam nobis obprostravit de ea re dixitque non satis hoc esse.

De confessione

1. Absolutio. «Ea data est in os hominis»[4].

2 (fal-)litur] *über der Zeile nachgetragen*

---

[1] *WA 19, 509$_{16f}$. Z V 728$_{13f}$.*
[2] *WA 19, 509$_{27}$. Z V 728$_{16f}$.*
[3] *WA 19, 509$_{29}$–510$_{26}$.*
[4] *WA 19, 520$_{21f}$. Z V 758$_{1-15}$.*

Bü/H. St.

187

Notizen bei der Lektüre von Luthers Schrift «Daß diese Wort Christi ‹Das ist mein Leib› noch fest stehen»

April/Juni 1527

Bei den im folgenden erstmals gedruckten Notizen Zwinglis (im folgenden abgekürzt «Notizen») zu Luthers Schrift «Daß diese Wort Christi ‹Das ist mein Leib› noch fest stehen, wider die Schwärmgeister» 1527 handelt es sich um ein außerordentlich interessantes Dokument zur Geschichte des Abendmahlsstreites, im besondern natürlich zu Zwinglis Verhalten gegenüber Luther. Um das zu verstehen und damit die Bedeutung dieses Textes zu würdigen, soll im folgenden – allerdings nur in Kürze – auf den Ort dieser Notizen im Abendmahlsstreit und auf ihren Inhalt hingewiesen werden.

1. Anlaß war Luthers Schrift «Daß diese Wort Christi ‹Das ist mein Leib› noch fest stehen, wider die Schwärmgeister» (im folgenden abgekürzt: «Daß diese Wort Christi»; WA 23, 38–320, 759–761). Ende März 1527 vollendet und Anfang April zuerst bei Michael Lotther in Wittenberg herausgegeben, richtete sich diese dritte große Schrift Luthers gegen die sog. «Schwärmer», und zwar in erster Linie gegen Oekolampad, den bisherigen Wortführer der symbolisch-tropologischen Abendmahlsauffassung. Wie ihr Inhalt überdeutlich macht, richtete sie sich aber auch gegen Zwingli: aus Termingründen zwar noch nicht gegen dessen «Amica exegesis» (Z V 548–758; 28. Februar 1527) und «Freundliche Verglimpfung über die Predigt Luthers wider die Schwärmer» (Z V 763–794; 28.–30. März 1527), wohl aber gegen die verschiedenen vorausgegangenen Stellungnahmen Zwinglis in der Abendmahlsfrage (vgl. dazu die Aufstellung Z V 931, Anm. 12, sowie Nr. 185, oben S. 269f).

Nicht zuletzt auf entsprechende Wünsche hin hielt es Zwingli jedenfalls für dringlich, Luthers Angriff sofort zu parieren. Wie Walther Köh-

*ler (Z V 794–803; Köhler ZL I 545ff) dargelegt hat, veröffentlichte der
Zürcher bereits am 20. Juni 1527, also nicht einmal zwei Monate nach
der ersten Einsichtnahme in Luthers Buch, bei Froschauer «Daß diese
Worte: ‹Das ist mein Leib› etc. ... Huldrych Zwinglis christliche Antwort»
(im weitern abgekürzt: «Antwort»; Z V 795–977). Anhand des Brief-
wechsels läßt sich Anfang, Fortgang und Ende der Arbeit, dazu die Abstimmung mit Oekolampad («Das der miszverstand D. Martin Luthers
... Die ander billiche antwort», Basel 1527) verhältnismäßig genau bestimmen (vgl. die Briefe Z IX, Nrn. 607, 610f, 613–615, 617–620, 622,
624f, 627–629).*

*In diesen Zusammenhang – genau: in die Mitte zwischen die Lektüre
von Luthers Schrift und Zwinglis Antwort – gehören nun auch unsere
«Notizen». Zwingli muß sie mit größter Wahrscheinlichkeit unmittelbar
bei seiner Lektüre Luthers zusammengestellt haben. Um sie zu würdigen, ist darum auch von Luthers Schrift «Daß diese Wort Christi» auszugehen.*

*Wie Luther selber im Titel mit aller Deutlichkeit zu verstehen gibt,
besteht sein Hauptanliegen darin, den Schwärmern gegenüber die leibliche Gegenwart Christi im Abendmahl zu verteidigen, diese ein für alle
Male zu sichern, wie das W. Köhler (ZL I 492–514), G. W. Locher (Reformation 313f), U. Gäbler (Luthers Beziehungen zu den Schweizern
und Oberdeutschen von 1526 bis 1530/1531, in: Leben und Werk Martin Luthers von 1526 bis 1546, hg. von Helmar Junghans, Bd. I–II, Göttingen 1983, 481–496 und 885–891) sowie S. Hausammann (Realpräsenz in Luthers Abendmahlslehre, in: Studien zur Geschichte und Theologie der Reformation, Festschrift für Ernst Bizer, hg. von Luise Abra-
mowski und J. F. Gerhard Goeters, Neukirchen 1969, 157–173) referie-
ren. Wer wie Oekolampad, Zwingli und Karlstadt die Einsetzungsworte
«das ist mein Leib» (Mt 26, 26) tropisch versteht, ist vom Teufel; denn
«unser Text bleibt stehen wie ein Fels» (WA 23, 96₂₁f). Von da aus widerlegt Luther auch die dogmatischen und exegetischen Einwände seiner Gegner, d. h. ihren Hinweis auf die Aussage des Apostolikums vom
Sitzen Christi zur Rechten Hand Gottes und ihre Auslegung von Joh
6, 63.*

*Die «Rechte Gottes» versteht Luther nicht als «ein sonderlicher ort»,
sondern als «die allmechtige gewalt Gotts, wilche zü gleich nyrgeñt sein
kañ und doch an allen orten sein müs» (WA 23, 132₁₉₋₂₂). Da die beiden
Naturen in der Person Christi unauflöslich miteinander verbunden sind,
ergibt sich für ihn, daß Christus nicht nur geistlich, sondern auch leiblich
überall, vor allem gerade im Abendmahl, gegenwärtig ist. Ein Schluß,
den die Schweizer nie mitvollziehen konnten, der Luther aber dazu (ver-)
führte, zwar von einer besondern Art der leiblichen Gegenwart Christi*

im Abendmahl (WA 23, 150₂₅₋₃₅), konsequenterweise jedoch auch von der «manducatio impiorum» zu sprechen.

Auch den exegetischen Einwand der Schwärmer, d. h. ihre Auslegung von Joh 6, 63 («Das Fleisch ist nichts nütze»), läßt Luther nicht gelten. Im Gegenteil: seiner Meinung nach ist das nicht eine «eiserne», sondern eine «papierene» Mauer, insofern nur der ohne Glauben im Abendmahl empfangene Leib Christi nichts nützt. Recht verstanden helfen nämlich gerade die geistlich empfangenen äußeren Gnadengaben Brot und Wein wie das Wort Gottes dem Glauben. Im Abendmahl geht es um ein geistliches und leibliches Essen (WA 23, 184₁₋₆), dieses bringt als Früchte mit sich Vergebung der Sünden, Stärkung des Glaubens, nach 1 Kor 15, 44 auch und vor allem die Versicherung des ewigen Lebens. In diesem Zusammenhang befaßt sich Luther auch ausführlich mit den besonders von Oekolampad als Beleg zitierten Kirchenvätern Augustin, Tertullian und Irenäus.

2. Worum handelt es sich bei unsern «Notizen»?

a) Um mit ein paar eher ihr Äußeres betreffenden Bemerkungen zu beginnen: Wie schon W. Köhler (Huldrych Zwinglis Bibliothek, Zürich 1921, Neujahrsblatt des Waisenhauses in Zürich, LXXXIV, Nr. 214) und F. Blanke (Z V 868, Anm. 14) anhand vereinzelter Hinweise festgestellt haben, ist Luthers Schrift «Daß diese Wort Christi» Zwingli in der Form ihres Erstdrucks A zu Gesicht gekommen (Beschrieb siehe WA 23, 47f). Zwingli muß diese dann innert kürzester Zeit gelesen und beantwortet haben. Offensichtlich gerade um der von vielen Seiten gewünschten Antwort willen hat er schon im Zusammenhang mit seiner Lektüre Dutzende, ja Hunderte von Auszügen und Notizen gemacht und diese nach einem ebenso einfachen wie konsequenten Schema zusammengestellt: er sammelte sie zunächst, den Druckbogen seiner Vorlage folgend, nach den Buchstaben A–S, dann numerierte er sie innerhalb der so gewonnenen 18 Gruppen mit jeweils verschieden zahlreichen arabischen Ziffern. Auf diese Weise hielt er sich selber nicht nur streng an Luthers Gedankengang. Er erleichterte sich das Aufsuchen und Finden der entsprechenden Stellen bei Luther und gewann gleichzeitig eine hilfreiche Disposition für seine «Antwort». Schließlich lieferte er mit diesen «Notizen» indirekt einen ausführlichen Beweis dafür, daß er tatsächlich den erwähnten Erstdruck A von Luthers Schrift benützt hat, von dem sich ein allerdings kaum von Zwingli benutztes Exemplar in der Simmler-Sammlung der Zentralbibliothek Zürich befindet (ZBZ, Ms S 18₆).

Die Herausgeber der Kritischen Zwingli-Ausgabe haben die Existenz von Zwinglis Notizen zwar vermerkt (siehe Z V 804, Anm. 1), diese sel-

ber in der Edition aber nicht berücksichtigt. Sie kamen erst wieder bei der Vorbereitung für die Edition dieses Bandes ins Blickfeld. Zunächst hat E. Herkenrath um 1975 zuhanden des heutigen Bearbeiters eine vorläufige Transkription einschließlich zahlreichen Stellenverweisen hergestellt, dann hat U. Gäbler in zwei Anmerkungen auf sie hingewiesen (Huldrych Zwinglis Lektüre von Martin Luthers «Sermon von dem Sakrament des Leibes und Blutes Christi, wider die Schwarmgeister», 1526, in: Zwa XIV, 1977, 370, Anm. 4; ders., Luthers Beziehungen zu den Schweizern und Oberdeutschen von 1526 bis 1530/31, in: Leben und Werk Martin Luthers von 1526 bis 1546, hg. von Helmar Junghans, Bd. II, Göttingen 1983, S. 889, Anm. 101).

b) In jeder Beziehung viel wichtiger sind nun freilich Inhalt und Charakter von Zwinglis «Notizen». Wir bemerkten bereits, daß sie in der Mitte stehen zwischen Luthers «Daß diese Wort Christi» und Zwinglis «Antwort».

Was heißt zunächst «Notizen»? Wie zu erwarten ist und wie ein Blick in unseren Text sofort bestätigt, handelt es sich dabei zum einen Teil um direkte oder übersetzte Zitate, um Zusammenfassungen größerer und kleinerer Abschnitte, einzelner Überlegungen und Gedankengänge aus Luthers Schrift, zum andern Teil um Zwinglis Bemerkungen, Glossen, Kommentare, Antworten.

Aufs Ganze gesehen folgt Zwingli tatsächlich auch inhaltlich dem Ductus von Luthers Text; d. h. er behandelt der Reihe nach Luthers Hauptthema von der leiblichen Gegenwart Christi im Abendmahl (Buchstaben A–F), dann das Sitzen zur Rechten Gottes (Buchstaben F–H), Joh 6, 63 (Buchstaben I–M), unter Hinweis auf Oekolampad die Kirchenväter-Belege (Buchstaben M-P), um mit weiteren Hinweisen auf Nutzen und Notwendigkeit des Glaubens an die leibliche Gegenwart Christi im Abendmahl zu schließen (Buchstaben R–S).

Sieht man etwas genauer hin, zeigt sich allerdings schon in den «Notizen» das gleiche Bild, dem wir in Zwinglis «Antwort» dann noch sehr viel deutlicher begegnen. Zwingli greift nämlich Luthers Themen wohl auf, geht diese aber immer in der für ihn (ja auch schon früher) charakteristischen Weise an; d. h. er bringt kaum neue Gesichtspunkte ein, sondern wiederholt und unterstreicht als Hauptanliegen deutlich eine differenziertere Interpretation der Heiligen Schrift (Z V 853ff: «Von erwegen der gschrifften gegen einander»), sein von Luther sich deutlich abhebendes Verständnis von Natur und Art des christlichen Glaubens (Z V 895–904), seine Lehre «Von den beden naturen in Christo und irem gegenwechsel» (Z V 922–959), und «Von dem wort: ‹Das fleysch ist gar nit nütz› [Joh 6, 63]» (Z V 959ff). Dieser Befund wird – durch die Zuweisung der Behandlung der Kirchenväter-Belege an Oekolampad – bestä-

tigt (Z V 970–974). Für Einzelheiten verweisen wir nachdrücklich auf unsern Text samt Kommentar.

Bü

Zwinglis Autograph

Das Autograph Zwinglis ist erhalten: Staatsarchiv Zürich, Signatur E II 341, fol. 3311r–3317v (entgegen der Angabe in Z V 804, Anm. 1 ist fol. 3318 leer). Das Manuskript ist bis auf wenige Stellen sauber geschrieben und weist einige Streichungen und Einfügungen auf, die im textkritischen Apparat berücksichtigt sind.

Das Zürcher Exemplar von Luthers Erstausgabe (ZBZ, Ms S 18$_6$) enthält einige Marginalien und Unterstreichungen, die aber kaum von Zwingli stammen, zudem wenig besagen und teilweise auch andere Stellen als die hier von Zwingli benutzten betreffen, so daß sie unberücksichtigt bleiben.

Unserer Ausgabe ist das oben beschriebene Autograph zugrunde gelegt, wobei die Stellen aus Luthers Schrift und Zwinglis Antwort nachgewiesen sind. Die Textanordnung entspricht weitgehend derjenigen des Autographs.

H. St.

[Notizen bei der Lektüre von Luthers Schrift «Daß diese Wort Christi ‹Das ist mein Leib› noch fest stehen»]

A

5   *[1.]* A dẹmone incipit[1]. Quomodo arma pontemque Christianorum eripuerit dẹmon[2]. Nihil opus est erga nos, qui ad unum
hunc pontem recurrimus[3]. Attamen sibi ipsi respondet. Ventum esse in concordiam, sed contra dei verbum[4]. Nobis perpetuum bellum esse contra dẹmonem, Ephes. 6 *[v. 12]*[5]. Hoc nu-
10   mero vide 2.

Scripturam iactat; se postliminio reduxisse falsum dicit[6]. 3. Sed
humanis traditionibus bellum indixisse nemo negat[7]. Sed omnes hoc cavimus.

A tergo neminem esse ipsum adortum[8], sed amice monuerunt om-
15   nes, sed ipse noluit moneri.

4. «Nunquam schentlichere kätzery vidit, quẹ tot habuerit capita»[9].
Er überwortet seipsum[10]. 4. Baptismum et Christum et pec-

---

5 A dẹmone incipit] *über der ersten Zeile eingefügt* – 16 quẹ ... capita] *rechtsbündig*
über der Zeile – 17 Christum] *folgt gestrichen* nemo attingit*[?]*

---

[1] *WA 23, 64₆ff.*

[2] *WA 23, 64₃₀₋₃₂. Z V 813₂₃₋₂₄ mit Anm. 17.*

[3] *Z V 813₂₅₋₂₇.*

[4] *WA 23, 66₂₂₋₂₆ sowie 66₃₆–68₁. Z V 814₁₉–815₉.*

[5] *WA 23, 68₂f. Z V 815₁₀₋₁₂.*

[6] *WA 23, 68₁₀₋₁₄. Z V 815₁₈₋₁₉. «Luther prahlt mit der Schrift; er sagt fälschlicher-*
weise, daß er sie wieder neu entdeckt und zurückgeführt habe». Zwingli weist Luther dem-
gegenüber auf Erasmus, Valla, Reuchlin und Pellikan als «mittel und instrument der spra-
chen» hin, die Luther bei seinem Reformationswerk geholfen hätten: Z V 815₁₈–817₃.
Vgl. Helmar Junghans, Der junge Luther und die Humanisten, Göttingen 1985.

[7] *WA 23, 68₁₄. Vgl. Z V 818₇₋₁₀.*

[8] *WA 23, 68₁₉₋₂₀.*

[9] *WA 23, 68₂₅f. Z V 825₂₀–826₂ mit Anm. 19, 832₁₁.*

[10] *bezieht sich auf WA 23, 70₂₉f. Vgl. Z V 832₁₀ mit Anm. 12 [Gwalther]. «Er nimmt*
das Maul voll, übertreibt» (vgl. HBRG I 73 und SI I 57–79).

catum originale nemo dicit nihil esse[1]. Sed peccatum originale baptismo tolli non constat[2].

Multas sectas, rotten, esse orituras minime sed factis omnibus capita prescindi, «μυστήριον ἀνομίας ἐνεργεῖται» etc. *[2. Thess 2, 7]* operatum fuit et nunc cessabit[3].   5

5. «Si mundus diutius stabit»[4]; huc recurrit, qum scripturam non habeat; ante quadriennium[5] idem cornicatus est.

Si praeceptionibus aut interdictis succurratur concordię, successurum esse ut olim[6]. Cur ergo monet gladio rem geri oportere, cum neminem adhuc convicerit?   10

6. Ideo nos volumus continuum potius bellum cum demone ex arce scripture gerere quam nos dedere[7].

Nunquam sic ignoravimus demonem esse principem mundi, quin potiorem sciamus eum qui in nobis est[8]. Amabo[9] omnia diabolo imputes. Cupiditas nostra multa facit quę nos diabolo imputamus etc.[10]   15

Nemo incircumspectius scripsit Lutero.

7. Ad Carolstadium librum adhuc stare, neminem quicquam respondisse[11]. Dudum esse responsum ac nomini eius parsum[12].

«Agunt», nos scilicet, «tam infirma trepidaque conscientia»[13].   20
Obtulimus primo negocium hoc piorum omnium iudicio non

6–10 Si mundus ... convicerit] *Der Abschnitt bis* cornaticus est *war ursprünglich dem folgenden nachgestellt, durch Zusatz der Ziffern 1 und 2 über den beiden* si *wurde im nachhinein die Reihenfolge geändert.*

---

[1] *WA 23, 68₂₉f. Z V 827₁₇–828₉.*
[2] *Z V 828₆₋₈ mit Anm. 12; vgl. Pfister, Erbsünde 78–80.*
[3] *WA 23, 68₃₀₋₃₃.*
[4] *WA 23, 68₃₄.*
[5] *allgemeiner Verweis Zwinglis auf Luthers Haltung, der in dieser Form (vgl. die in der vorhergehenden Anmerkung genannte Stelle) nicht nachzuweisen ist. Vgl. auch WA 23, 66₈₋₁₁.*
[6] *WA 23, 68₃₅₋₃₇. Z V 828₁₂₋₁₄.*
[7] *WA 23, 70₁₁₋₁₄. Z V 829₈₋₁₁.*
[8] *WA 23, 70₆₋₈, 24₋₂₈. Z V 809₁₇₋₁₉, 830₁₁₋₁₄.*
[9] *bitte (als Floskel).*
[10] *wohl eine Luther in den Mund gelegte, hypothetische Antwort, wie Zwingli es gelegentlich braucht (vgl. Z V 830₁₄ mit Anm. 10).*
[11] *WA 23, 70₃₅ff; siehe auch 204₃₀f. Z V 812₁₈–813₄ mit Anm. 14; Z V 835₂₄–836₁; vgl. Z V 568, Anm. 3.*
[12] *Z V 842₁₁f.*
[13] *WA 23, 72₁₀f. Z V 835₂₀₋₂₂.*

metu. Sed ne pręscriberemus ecclesię[1]. Si fidem exigat iam certa loqui, scimus hoc verum et sacrosanctum esse et contra hypocrisi laborare qui contra sentire se simulant. Adfingit ductos esse poenitentia.

B

1. Germanię obprobrat novitatis studium[2]; si nemo obstat deserturos esse sua sponte[3]. Noli igitur obstare. *[fol. 3311v]*

2. «Numquam esse auditum quod qui autor fuerit erroris alicuius resipuit»[4]. Cur ergo ipso teste Carolst*[adius]* resipuit. Si non resipuit cur mendacium pro testimonio dixit?[5] Quod ex Isaia *[Jes 6, 9f]* iis competit qui verum vident neque cedunt[6].

3. Ut «Christus nullum ἀρχιερέα, hohenpriester, convertit»[7]. Sic metus est nec Luterum esse cessurum. Cedunt inferiores plurimi. Omnia quę isthic de vitro picto in eum torque. Nos enim tales esse videri non possumus; per scripturam enim videmus, non per adfectum glorię etc.[8]

4. Manus vult abluere a noxa seductorum qui tot animas seducunt et trucidant, ermürdend[9].

5. Scripturam nostram ais robur tuum esse. Lass sehen. Cor tuum est plenum gaudio sicut eius quem uxor in fenestra culinę percusserat qui caseum videbat[10].

6. Quis obprobrat tibi, spiritum abs te recessisse?[11] Quis iactat se quam sanctus sit?[12] Quę isthic nobis adfingit ipse dudum editis libris de se prędicavit[13].

8 alicuius] *folgt gestrichen* quod – 9 resipuit] *korrigiert aus* resipueit – 11 Isaia] *folgt gestrichen* sibi ac s...*[?]* – 12 hohenpriester] *über der Zeile eingefügt* – 17 seductorum] *folgt gestrichen* et latronum

---

[1] *Vgl. WA 23, 72₁₁₋₂₄. Z V 836₃₋₅, ₂₀.*

[2] *WA 23, 72₁₉₋₂₀. Z V 836₂₁f.*

[3] *WA 23, 72₂₁f. Z V 836₂₂f.*

[4] *WA 23, 72₃₃f. Z V 837₅f.*

[5] *WA 23, 70₃₅₋72₅. Z V 837₁₀₋₁₈ mit Anm. 11 und 13; Z V 842₁₂f mit Anm. 13.*

[6] *WA 23, 72₃₆₋74₂. Z V 838₅₋₇.*

[7] *WA 23, 74₃. Z V 837₁₉₋838₇.*

[8] *WA 23, 74₇₋₂₀. Z V 838₂₅₋839₇.*

[9] *WA 23, 74₂₇₋₂₉. Z V 839₈f.*

[10] *WA 23, 74₃₁f. Z V 839₁₃₋₂₀ mit Anm. 16.*

[11] *WA 23, 76₈₋₁₀.*

[12] *WA 23, 76₁₁₋₁₃(₂₁). Z V 840₁f. ₆f.*

[13] *WA 23, 76₁₁₋₂₇ und Anm. S. 286f. Z V 840₆₋₈ mit Anm. 12.*

7. Oecolampadius et Pirckeymer[1].

8. Nemo dicit eum esse plenum demonibus[2]. Fingit ut de tam grato autore loqui possit.

9. Scobs libenter vult esse[3]. Figmentum est qui iam tocies seipsum principem fecit[?].

10. Non tanti esse cur tantopere defendatur[4]. Que fratres Argentinenses dixerunt Christiano consilio fecisse quo tibi parcerent[5]. Nobis non idem videtur.

11. Mentiri nos perhibet et impudentes esse qui pacem obtendamus attamen bellum augeamus[6]. Ibidem: mitschwermen[7]. Ibidem: «Loquntur pacem cum proximo suo mala autem in cordibus eorum» [Ps 28, 3][8].

12. Luteranam plane monitionem adhibet[9]. Non esse metu factum sed pacis studio[10].

13. Ipse trucidat nobis mortem Christi[11]. Cuius est redimere. Ipse detrahit corpus Christi de coelo. Ecclesiam sua tyrannide premit etc.

14. Nemo predicat[12] Christum non dixisse «hoc est corpus meum» etc. Vide[13].

15. Fingit nos dicere aliubi nos credere nomen domini, non etiam isto loco[14].

3 (auto-)re loqui possit] *über der Zeile eingefügt –* 6 defendatur] *folgt gestrichen* etc.

---

[1] *WA 23, 78_2 und Anm. S. 287. Z V 840_9 mit Anm. 12 und 13. Die in Frage kommenden Schriften sind angegeben in WA 23, 43.*

[2] *WA 23, 78_{13–18}, bes. 78_{15} mit Anm. S. 287. Z V 840_{12}–841_1.*

[3] *WA 23, 78_{15f}.*

[4] *WA 23, 78_{19–24} mit Anm. S. 287f. Z V 841_{6f} mit Anm. 6.*

[5] *Vgl. WA 23, 287f zu S. 79_{19–24}.*

[6] *WA 23, 80_{3–6}. Beachte zu diesen Bemerkungen auch die Verwendung der Fabel von Wolf und Schaf WA 23, 78_{25–32}; Z V 842_7–843_{15}.*

[7] *WA 23, 80_{9f}. Z V 844_9.*

[8] *WA 23, 80_{15–17}.*

[9] *WA 23, 80_{18–22}. Z V 844_{14f}.*

[10] *WA 23, 80_{22–25}. Z V 844_{14}–845_4, bes. 845_{1–4}.*

[11] *WA 23, 82_{3f}.*

[12] *WA 23, 82_{10–30}, bes. 82_{18f}. Z V 845_{18}–846_{15}.*

[13] *Zwingli dachte vermutlich an einen Verweis auf WA 23, 82_{19–26}. Z V 846_{1f} mit Anm. 2, 847_{2–6}.*

[14] *WA 23, 82_{31–33}. Z V 846_{17–20}.*

C

1. «Qui animam suam amat plus quam me non est me dignus»[1] *[vgl.*
   Mt 10, 37–39]. Pacem externam vult nobiscum habere[2], habeat.
2. Quę pacis oblatione cum eo acta sunt, fraudi vertit[3]; hydρopi[4] laborat; omnem humorem vertit in *[?] [ignem?]*[5].
3. Verba sola ac pura capit[6]; eis visurum iactat[7]. Astus est.
4. Nunc dicit nos adseverare, quomodo certi simus[8], qui prius dixit
   nos vacillare et metuere[9].

   Ibidem iurat, «hęc verba tanquam stimulum, stefft[10], in corde nostro pungere»[11]. *[fol. 3312r]*
5. Quęcumque ipse facit, nobis obprobrat[12].
6. Similia vanissima. Calumniae merae. Quis enim unquam citra
   scripturę autoritatem tropum explicat et communem sensum
   fidelium?[13]
7. Quis διάλεκτος unquam dixit «corpus» pro «figura corporis» aut
   «est» pro «significat»?[14] Ibidem multa vanissima[15].
8. Dicit nos numquam probavisse quod «corpus» pro «signo corporis» capiatur et «Est» pro «significat»[16].
9. Similiter struthio[17] loquitur. Hęret simplicibus verbis[18]. Omnia bi-

5 omnem ... in] *über der Zeile eingefügt* – 12 vanissima] *folgt gestrichen* Quis unquam – 12 enim] *folgt gestrichen* si*[?]* – 19 Similiter ... loquitur] *am Rand eingefügt*

---

[1] *WA 23, 84_{25f}.*
[2] *WA 23, 84_{32f}.*
[3] *WA 23, 84_{28}–86_4.*
[4] *Vgl. Z VI/III 225, Anm. 8.*
[5] *WA 23, 86_{13–16}. Z V 847_{15–17} mit Anm. 14.*
[6] *WA 23, 86_{25–28}. Z V 846_{14f} mit Anm. 7.*
[7] *WA 23, 86_{34}.*
[8] *WA 23, 88_{2–4. 16} Z V 849_{1–6}.*
[9] *Hier ist an WA 23, 76_6–78_5 zu denken.*
[10] *Stift, Nagel (SI X 1464–1466).*
[11] *WA 23, 88_{8f}.*
[12] *Vgl. Z V 848_{30}–849_{20}; der Satz könnte sich indes auch auf WA 23, 88_{11–15} beziehen.*
[13] *Diese Bemerkungen dürften WA 23, 88_{1–31} betreffen; hier fügt Zwingli in Z V 849–857 viel Text ein.*
[14] *WA 23, 88_{32}–90_4, sowie die entsprechenden Anm. S. 290. Z V 857_{13–15}.*
[15] *WA 23, 90_{10–32}. Z V 858_7–859_{14}.*
[16] *WA 23, 92_{29f}.*
[17] *Z V 888_{11}, Anspielung auf Zwinglis «Antwort über Straussens Büchlein, das Nacht-mahl Christi betreffend» (Z V, Nr. 103).*
[18] *Dieser Satz könnte ironisch gemeint sein. WA 23, 144_{20–31}. Z V 859_{15}–860_{12}.*

blia monet non posse ostendere «hoc significat corpus meum»
etc.[1]

10. Concedit idem esse «hoc significat corpus meum» et «hoc est figura corporis mei». Non ergo sibi constat qui prius dixit non
idem esse[2].   5

D

1. Non satis esse ostendere quod «est» «significat» etc.[3] et [?] «corpus» «corporis figura» etiamsi ex M o s e[4], sed simul certos
reddi oportere qui incerti sunt ut etiam isto loco sic capi sit necesse.   10

2. P o m e r a n o[5] non ostenderim «est» pro «significat» accipi. Sed
cecinerim carmen de passione mea, non etiam, quod sic «est»
in coena capi oporteat[6].

3. Calumnia: Non dixi solummodo «petra significabat C h r i s t u m»,
sed «petra erat C h r i s t u s» [1 Kor 10, 4]. Positum esse pro   15
«petra significabat C h r i s t u m»[7]; ęquę de paessare [?][8].

4. Ineptum simile M a r i a est virgo ergo S a r a[9].

5. Idem dicit, me non posse significationem ex scriptura probare[10].

6. «C h r i s t u s est spiritualis petra»[11], et: «Ede carnem quia est dies
dominica»[12].   20

7. Ipse erat spiritualis vitis [vgl. Joh 15, 1]; iam resolvit tropum etc.:
Ego sum similis viti[13]. Infirmius esse nostrum «significat»
quam C a r o l s t a d i i τοῦτο[14].

8. Dicit se scire quod corporea petra C h r i s t u m significet[15].

11 accipi] letzter Buchstabe (e?) gestrichen

---

[1] WA 23, 94$_{17}$–96$_3$, bes. 94$_{31-35}$.

[2] WA 23, 96$_{10-13}$. Z V 879$_{6-10}$.

[3] WA 23, 96$_{23}$–98$_2$. Z V 865$_2$.

[4] WA 23, 96$_{34}$.

[5] Johannes Bugenhagen, vgl. unten Abschnitt S.8, S.320$_{12}$ mit Anm. 8.

[6] WA 23, 98$_{9-13}$ mit Anm. S.293. Z V 865$_{10-14}$.

[7] WA 23, 98$_{16f}$. Z V 864$_{20f}$, 866$_9$–869$_{10}$.

[8] WA 23, 98$_{19f}$. Z V 869$_{11}$–878$_{22}$; «paessare»: Zwingli spielt hier lautmalerisch mit
mlat. «passare», hebr. «passach», lat. «transitus», dt. «überschritt», «überhupfen».

[9] WA 23, 100$_{9-13}$. Vgl. Z V 911$_{1-17}$.

[10] WA 23, 100$_{18-20. 31-34}$. Z V 866$_{18f}$, 879$_{11-13}$ (–880$_9$).

[11] WA 23, 100$_{35}$–102$_5$, bes. 102$_1$. Z V 867$_1$ (–869$_{10}$).

[12] WA 23, 102$_{10f}$. Z V 869$_{17f}$, sowie 875$_{1-32}$, bes. 875$_2$, 878$_{17-19}$.

[13] WA 23, 102$_{15-20}$. Z V 878$_{26-28}$, 879$_{2f}$.

[14] WA 23, 102$_{28-30}$. Vgl. Z V 881$_{5-9}$.

[15] WA 23, 104$_{8-10}$. Z V 869$_{1-4}$.

9. Perpetuo dicemus nihil scripturarum adduci, quamdiu non improbatur carnem nihil prodesse; Christum non esse in mundo; «est» non poni pro «significat» (aut figura est, id est: similitudo est etc.); unum locum scripturę mundum sibi angustum reddere.

10. Quę de varietate huius sectę et figmento «meum»[1] agit, est hader[2]. Sequitur E.

E

1. Iactat sua esse firmiora his quę Oecolampadius etc.[3]

2. «Wo da, mein schöns lieb»[4]. Ibid. Descendit ad articulum[5] et «caro non prodest quicquam»[6] *[Joh 6, 63]*. Postea iterum mera calumnia[7].

3. «Quomodo reddimur autem certiores quod unum corpus non possit esse in coelo et in coena?»[8] Scriptura: «Relinquo mundum» etc. *[Joh 16, 28]*. Invertit nobis ordinem: primum de locis, deinde de «Est»[9]. *[fol. 3312v]*

4. Obiicit contraria rationi[10]. De qua contrarietate non sumus locuti, sed de contrarietate fidei et scripturę. Exegesis[11].

3 id est] *Auflösung für das Zeichen* ['] – 6f hader ... E] *über der Zeile eingefügt –* 13 non] *über der Zeile eingefügt –* 15f Invertit ... Est] *unter die letzte Zeile dieser Seite eingefügt*

---

[1] *Bei «meum» handelt es sich um das letzte Wort von «hoc est corpus meum». Vgl. WA 23, 108$_{11-14}$.*

[2] *WA 23, 106$_{19}$–108$_{17}$.*

[3] *WA 23, 108$_{24-26}$, 114$_{14-18}$. Z V 912$_{14}$–913$_7$.*

[4] *WA 23, 114$_{17f}$. Z V 912$_{15}$.*

[5] *WA 23, 114$_{20-22}$; gemeint ist der Artikel des Glaubensbekenntnisses: «Aufgefahren ist gen Himmel». Luther beginnt seine weiteren Ausführungen zu diesem Thema WA 23, 130$_{7ff}$, Zwingli: Z V 895$_{1ff}$ und 914$_{15ff}$.*

[6] *WA 23, 114$_{22f}$ und ausführlich 166$_{28ff}$. Z V 959$_{14ff}$.*

[7] *WA 23, 114$_{28}$–116$_{23}$.*

[8] *WA 23, 116$_{13-15}$.*

[9] *Im Gegensatz zur Reihenfolge in Zwinglis «Amica exegesis» (Z V, Nr. 104) und «Freundliche[r] Verglimpfung» (Z V, Nr. 106) hat Luther in «Daß diese Wort Christi» (WA 23, 38ff) die Reihenfolge der zwei Hauptthemen umgekehrt: Er behandelt zuerst die Einsetzungsworte, dann das Sitzen Christi zur Rechten Gottes. Vgl. unten Anm. 11*

[10] *WA 23, 118$_{11-29}$, 126$_{8f}$. Z V 885$_{19-21}$.*

[11] *Zwingli verweist hier auf seine «Amica exegesis», Z V 701ff. Vgl. Z V 880$_{10}$–881$_4$ mit Anm. 12.*

5. Oecolampadium pessime sentire[1]. Qur ergo superius dixit et
vero dixit equipollere nostrum «est» et eius «figuram corporis»?[2]

F

1. Etiam sunt calumnię adversus Oecolampadium[3]. Ibidem: in   5
scripturis esse quod deus verbum suum non vitiat[4].
2. Quomodo tradiderim me numquam credidisse corpus esse[5] etc.
R.[6] Discrimen feci inter fidem et opinionem etc.[7]
3. Coniecturas Oecolampadium taxans calumniis reiicit[8]: «Apostoli non adorarunt» etc.[9] Futurum ut Christum et deum ne-   10
gemus[10].
4. Oecolamp[adius] sępe dicit: «Videntur patres contra nos
esse»[11]. Hoc calumnio se torquet conscientia cogente dictum[12]. Ibidem: neminem dixisse, «es ist schlecht brot»[13]. Neque nos dicimus[14].   15
5. Puerilia adfingit nobis quomodo sentiamus de solio et dextera
dei[15]. R. Prophet. «Vidi dominum sedentem», Salomon,
3. Reg. 8 [1 Kön 8, 25; 22, 19]. «Tu exaudies in coelo dominum» [1 Kön 8, 32.39 et al.]. «In domo patris mei mansiones
multę sunt» [Joh 14, 2]. Expectans donec ponantur inimici eius   20
etc. Paul[us] [vgl. 1 Kor 15, 25]. «Sedere autem ad dexteram
et sinistram non est m[eum] d[are] v[obis]» [Mt 20, 23]. «De-
portatus est ab angelis in sinum Abrahę» [Lk 16, 22].

16 5.] davor am Rand pr. [?, qr. ?] – 19 patris] verändert aus patres – 21–23 Sedere ...
Abrahę] am Rand

---

[1] WA 23, 118₂₀₋₂₉.
[2] Vgl. oben Abschnitt C.10.
[3] WA 23, 122₁₁₋₂₇.
[4] WA 23, 122₂₁f.
[5] WA 23, 124₁₃₋₂₃. Z V 902₆₋₈; 906₂₂₋₂₅.
[6] «R.» dürfte hier und im folgenden für «Responsio» stehen.
[7] Z V 902₈f.
[8] WA 23, 124₂₆–126₂₆.
[9] WA 23, 126₁₂f.
[10] WA 23, 126₁₅₋₁₈.
[11] WA 23, 126₂₉₋₃₁.
[12] WA 23, 126₃₀₋₃₃.
[13] WA 23, 128₆ff. Gemeint ist: kein Kirchenvater hat derartiges gesagt.
[14] Z V 833₉–835₁₉.
[15] WA 23, 130₇₋₁₈. Z V 914₁₅–915₂; 917₁₋₃.

6. Calumnia est; tanquam unius Augustini verbo adducti simus, cum istum propter hostes modo et omnes alios adducamus[1].

7. De potentia dei recte sentit[2]. Vidę, quomodo de angelis dicat, deum non per angelos operari[3].

G

1. Potentia dei expensa, infert, num nequit deus modum invenire, quo corpus suum simul in multis locis sit[4].

2. Fingit «nos dicere: Credimus dei potestatem ubique esse, sed essentiam minus aut dexteram» etc.[5] Ibidem: «Eundem oportet esse deum post creationem qui ante fuit» etc.[6]

3. Christi humanitatem extendit ad mensuram divinitatis[7]. «Philippe, qui videt me, videt et patrem» *[Joh 14,9]*[8].

4. Sicut ergo est in virgine ita est ubique[9]. Amphobologizat, er zweyet, stultissime de divina et humana natura.

5. Impudenter quiritatur[10].

6. «Arbitror», inquit, «nos non loqui de rebus supervacaneis ut isti»[11].

7. Syllogismus[12]: «Dextera dei est ubique»; «Christus est ad dexteram dei, ergo Christi corpus est ubique»[13]. Equivoce dextera quatenus humanitas est ad dexteram, non est ubique sicut neque ostensio vultus eius. Sequenti articulo[14] errat de huma-

5 G] *davor gestrichen* D *(?)* – 10 deum] *folgt gestrichen* qui – 13 Amphobologizat] 1 *verändert aus* z

[1] *WA 23, 130₁₆₋₁₈ sowie 132₁₁₋₁₆. Luther bezieht sich hier auf Z V 655. Z V 917₁₋₁₀.*

[2] *WA 23, 132₁₉₋134₁₁. Z V 917₃₋₅.*

[3] *WA 23, 132₃₁₋₃₃.*

[4] *WA 23, 136₃₁₋138₂.*

[5] *WA 23, 138₄₋₆.*

[6] *WA 23, 138₁₄₋₁₇.*

[7] *WA 23, 138₂₅₋140₁₀. Z V 917₁₀₋918₇. Vgl. auch Z V 934₁₁₋₁₅, 955₂₄₋956₁₁.*

[8] *WA 23, 138₂₉f. Z V 919₂₃f.*

[9] *WA 23, 140₁₁₋₂₂. Z V 921₂f.*

[10] *Vgl. WA 23, 142₆₋₉.*

[11] *WA 23, 142₁₆₋₁₈.*

[12] *Glaubwürdigkeitsbeweis (Lausberg § 371).*

[13] *WA 23, 142₃₀₋₃₃. Z V 921₃, 930₂₃₋₂₅, 932₃₋₂₅.*

[14] *WA 23, 144₂₋₁₁. Z V 814₂f.*

nitate: Dextera perinde erat apud percutientem[1] atque percussorem, sed alius vincebatur, alius vincebat. Isto exemplo docebimus deum ubique esse prębsentem essentia, ex ębuo non autem operatum similiter vultu. *[fol. 3313r]*

8. Agnoscimus, ait, «Christum non esse in pane, auff die grobe   5
   sichtbarliche weyse»[2]. Permittit tropos in pane: «panis: ibi ubi
   est panis», sed hac lege, ne aliter intelligas quam quod non sit
   simplex panis[3].
9. Ponit rationes essendi «in» et dicit miracula esse etc.[4]
10. «Tam facile esse unum corpus in multis locis quam plura in uno   10
    loco»[5]. En philosophum. Perpetuo non videt nos non de possibilitate loqui, sed de absurditate scripturę.

H

1. «Nemo ascendit in coelum nisi» etc. *[Joh 3, 13][6]*. «Certum est»,
   inquit, «quod Christus secundum divinitatem neque descen-   15
   dit neque ascendit»[7].
2. Queritur impuros sermones[8]. Ea causa fuit, cur nos tam anxie caveremus, ne temere his occasionem daret.
3. «Ubique est Christus, sed non contingis eum»[9]. Quorsum ergo
   istud sentitur ne in coena? Si minus non est ergo aliter isthic   20
   quam in aliis rebus. Facit deum loquentem: «Hic me invenies»[10].
4. «Hic me adfigam verbo meo»[11]. Sic facit Christum loquentem.

1–4 Dextera ... vultu] *bis* docebimus *am Rand, Rest unter der letzten Zeile der Seite*

---

[1] *Es liegt nahe, hier an einen Fehler Zwinglis zu denken: Sinn hätte eine Gegenüberstellung* «apud *percussum* atque percussorem» *parallel zu* «vincebatur» *und* «vincebat». *Vgl. auch unten S. 322₅₋₈.*

[2] *WA 23, 144₂₀₋₂₃(₃₂). Z V 860₉₋₁₁.*

[3] *WA 23, 144₂₅₋₃₁.*

[4] *WA 23, 144₃₂−146₈.*

[5] *WA 23, 146₉f.*

[6] *WA 23, 146₂₈f. Z V 937₁₃f; vgl. Z V 855₁₂, 919₁₀, 923₂₆, 939₂; 940₁₋₄.*

[7] *WA 23, 148₆₋₁₁. Z V 937₂₈₋₃₀.*

[8] *WA 23, 148₂₂₋₂₆.*

[9] *WA 23, 150₁₀f.*

[10] *WA 23, 150₁₃₋₁₈.*

[11] *WA 23, 152₁.*

5. Exclamat quam pauci docti viderint hoc de Christo[1]. Probat Christi corpus esse in coena primo articulo fidei[2]. Spectat iterum de posse ad esse[3].

6. Torquet: «Stultam fecit deus sapientiam huius mundi» *[1 Kor 1, 27]*[4] ad miraculum coenę.

7. «Hoc pignore certos nos reddit» resurrectionis corporis[5]. Obmisit peccatorum remiss*[ionem]*, fid*[ei]* confir*[mationem]*[6].

8. Perhibet nos negare charitatem Christi qum negemus corpus eius edi[7]. R. Si charitatis opus est, utilitatem ostende postea in I.2.3[8].

9. «Apostoli non sunt admirati»[9]. Coniecturas[10] ibi tractabimus. Videtur ignorare quomodo Latini verbo admirandi utantur.

I

1. Prius idem dixit: «Es sye schwer ze glouben»[11]. R. Etiam fideli intellectui adiecimus semper: qur retices hoc?

4. De coniecturis loquitur tanquam eis pro fundamentis utantur[12].

5. Descendit ad «caro non prodest» *[Joh 6, 63]*[13]. Ibi de «possibili» ad «necessarium»[14].

6 Hoc ... corporis] *mit dem gleichen Strich teils durchgestrichen, teils unterstrichen, dazu am Rand das Zeichen ”, das auch vor dem Abschnitt I.1 gesetzt ist* – 6f Obmisit ... confirmationem] *über der Zeile eingefügt* – 9 ostende] *folgt großer Abstand* – 11f Videtur ... utantur] *gestrichen* – 14 Prius] *davor das Zeichen ”, wie vor Abschnitt H.7* – 16 4.] *korrigiert aus* 2

---

[1] *WA 23, 152₅f.*

[2] *WA 23, 152₁₀₋₁₅(₂₀)·*

[3] *WA 23, 152₁₅₋₂₀. Z V 862₉. Vgl. auch unten Abschnitt N. 3 (WA 23, 214₁₅ff).*

[4] *WA 23, 154₁₉₋₃₁·*

[5] *WA 23, 154₃₆–156₂. Z V 814₃f u. a.*

[6] *Vgl. Z V 814₁₋₄ mit Anm. 1f, 4f.*

[7] *WA 23, 158₉₋₁₁·*

[8] *Den Hinweis auf «I.2.3» dürfte Zwingli später beigefügt haben, da die entsprechenden Ziffern dort fehlen. Immerhin läßt sich ein Zusammenhang mit I.4 denken.*

[9] *WA 23, 158₂₁₋₂₄·*

[10] *WA 23, 158₂₄–160₃(₁₇)·*

[11] *WA 23, 160₂₀f.*

[12] *WA 23, 160₂₂–166₁₄·*

[13] *WA 23, 166₂₈f. Z V 959₁₄ff·*

[14] *WA 23, 168₁₋₄. Z V 862₈f mit Anm. 12.*

6. «Ein schweinin braten heissen posset caro si» etc.[1] Cur superius contra impuros sermones sic invexit? H. 2[2]. Ibidem obmittit articulum «ἡ σάρξ». «Fleisch», ait, «ist ghein nutz» *[Joh. 6, 63][3]*.
7. Calumniose adfingit nobis stulta quędam[4].
8. «Caro mea non prodest quicquam»[5].

K

1. «Caro non prodest quicquam, ergo nihil prode[s]t nata» etc.[6] Cruci adfixa. «Simeonis manibus excepta» etc.[7] *[fol. 3313v]*
2. Fingit nos dicturos quod dudum diximus: «Caro prodest cęsa, non ambesa»[8].
3. Cupit scire cur caro esa nihil prosit, et nata. Crucifixa in coena adposita non itidem nihil prosit[9]. R. Multę causę sunt. Nasciturum praedixerunt prophetę; ad templum venturum, passurum, at non devorandum esse etc. vide[10].
4. In coena volo Christi corpus edere cum spirituali manducatione[11]. «Hui nu», inquit, «antwortet doch mir»[12].
5. «Nonne sic docuimus duas res esse considerandas in hoc sacramento.» Verba ista: «H[oc] e[st] c[orpus] m[eum].» Et: «Sacramentum sive corporeum edere corporis Christi»[13].
6. «Caro nocet etiam, ideo adest maxime», loquitur ad «reus erit corporis et sanguinis» *[1 Kor 11, 27–29][14]*. Ibidem: «Minime probatum esse ‹carnem nihil prodesse›, ad coenam perti-

12 3.] *davor am Rand* Tr.*[?]*

---

[1] *WA 23, 168₁₀f. Z V 855f mit Anm. 16.*
[2] *Verweis auf Abschnitt H.2 (oben S. 308₁₇ mit Anm. 8).*
[3] *WA 23, 166₂₈f. Z V 808₈₋₁₀, 963₄–967₂₄.*
[4] *WA 23, 168₂₇–170₈.*
[5] *WA 23, 170₂₅₋₃₁. Z V 912₄₋₆; 960₁₅₋₂₄.*
[6] *WA 23, 172₂₇₋₃₁.*
[7] *WA 23, 174₄.*
[8] *WA 23, 176₁₅₋₁₉. Z V 895₍₂₆₋₎₃₂. Vgl. Z III 782₃₁; V 661₁₋₂.*
[9] *WA 23, 176₂₅₋₂₉. Z V 961₁₂₋₁₄.*
[10] *Vgl. den Abschnitt «Ad omissionem ...», unten S. 321₁₃ff.*
[11] *WA 23, 178₇₋₁₅.*
[12] *WA 23, 178₁₅f.*
[13] *WA 23, 178₂₄₋₂₇.*
[14] *WA 23, 178₃₂₋₃₄.*

nere»[1]. Ibidem: «Qum vero os cordis membrum est, ideo vivet imperpetuum quoque, quod ęternum cibum edit»[2].

7. «Quis», ait, «dęmon docuit vos os a corde separare»[3].

8. «In coena est spiritualis manducatio iuxta corporalem»[4]. Doce quid per corporalem intelligas. Contra papistas falso loquitur negare Christi manducationem corporalem[5]. Ibidem: «Tolle verbum, ubi erit deus?» «In principio creavit d[eus]c[oelum]et t[erram]» [Gen 1, 1][6]. R. Verbum nemo tollit, sed verborum intellectus adseritur.

9. «Coelum et terra prosunt corpori»[7]. «Cum autem accedit dei verbum, iam utitur, genüsst, spiritualiter cor, quo utitur corpus»[8]. R. Ergo spiritualis manducatio animum pascit, corporalis corpus?

10. Quid sit spir[itualis] manducatio[9]. Ibidem: Quomodo spiritualiter ediderit virgo et carnaliter concoeperit[10]. R. Ergo nos itidem Christum carnaliter concipiemus in corpore? Num pariemus quoque carnaliter? An non satis est matrem fieri voluntatem patris faciendo? Una et sola concepit corporaliter etc. Cum nobis dicitur: cum ederitis panem hunc, Christi corpus edetis etc. sicut virgini dictum est.

L

1. Pastores viderunt oculis, sed mente crediderunt salvatorem esse[11]. R. Sic neque, si corporaliter edemus, agnoscemus, sed fide.

3 ait] *über der Zeile anstelle eines wegen Papierschadens nicht mehr lesbaren, gestrichenen Wortes* – 5 intelligas] *folgt gestrichen* et ubi sce[?] – 11 genüsst] *korrigiert aus* geneüsst – 15 ediderit] *davor zwei gestrichene, unleserliche Buchstaben* – 16 in] *folgt gestrichen* corde, *gefolgt von nicht gestrichenem Fragezeichen* – 20 dictum] *Schlußbuchstaben wegen Tintenfleck nicht lesbar*

---

[1] *WA 23, 180₄₋₆.*
[2] *WA 23, 180₁₁₋₁₅.*
[3] *WA 23, 180₃₀f.*
[4] *WA 23, 182₅f.*
[5] *WA 23, 182₈₋₁₀.*
[6] *WA 23, 182₁₄₋₁₇.*
[7] *WA 23, 182₂₃₋₂₅.*
[8] *WA 23, 182₂₆₋₂₈.*
[9] *Vgl. WA 23, 182₃₄–184₆.*
[10] *Vgl. WA 23, 184₇₋₂₉.*
[11] *Vgl. WA 23, 184₃₀–186₁₀.*

Nisi docere velit nos quoque sensibiliter, ut istos, edere sicut
videre. *[fol. 3314r]*

2. Spiritualis tactus haemorroissę[1]. Qur non docet nos quoque tactu
corporis sanari etc.?[2] Frivolum est nostrum hoc.

3. Exemplum Abrahę *[Gen 12, 7]* pulcre quadrat contra hominem[3].
Ipse ergo ut spiritualiter solummodo adibat terrę promissę
hęreditatem nec tamen corporaliter, sic et nos Christum re
quem nunc fide possidebimus.

4. Quid, queso, agis? Num ut ostendas corpus nihil sapere aut sentire? Si istud, concordes sumus, si hoc, dissimile est, quod
agis; minime enim sentimus hic. Ista omnia experiebatur
Abr*[aham]* sensu*[aliter]*.

5. Sic, inquit, «spirituale est, quod in spiritu fit»[4]. R. Sic spirituale
est, cum credimus hoc factum esse.

6. «Deus distribuit animę verbum, corpori opus»[5]. R. Vis ergo cibum hunc corpus pascere? Hic variat de verbo promiss*[ionis]*,
iussionis etc.[6]

7. «Os comedit corpus Christi corporaliter»[7]. Huc tendit, ut
Christi corpus dicat edi, quo corpus nostrum ęternum vivat[8].
Ergo est cibus corp*[oris]*.

8. «Nos fidimus», inquit, «nostro deo, qui neque spiritualiter neque
corporaliter voluit a Maria comedi» etc.[9] Ibidem: Nos tantum habemus spiritualiter et corporaliter edendo quantum isti
pariendo lactando etc.[10] R. Hoc nobis Christus dixit evenire,
si impleamus voluntatem patris.

9. Sic: «Ut spiritus non possit nobiscum esse nisi in rebus corporali-
bus»[11].

1f ut ... videre] *unter die letzte Zeile eingefügt* – 11 minime] *folgt gestrichen* simile

[1] *Vgl. WA 23, 186_{11f}. Z V 961_{3-6}.*

[2] *Vgl. Z V 962_{2-9(15)}.*

[3] *Vgl. WA 23, 186_{23-33}(-188_7).*

[4] *Vgl. WA 23, 188_{11f}.*

[5] *Vgl. WA 23, 188_{23-37}.*

[6] *Vgl. WA 23, 188_{28-37}.*

[7] *WA 23, 190_{11f}.*

[8] *Vgl. WA 23, 190_{12-28} und Z V 899_{18}-900_2. Vgl. dazu die beidseitige Berufung auf*
Irenäus: Z V 898_{20f} und WA 23, 232_{21-30}, 254_{14-19}.

[9] *WA 23, 190_{35}-192_2.*

[10] *WA 23, 192_{4-11}. Z V 960_{24}-961_2.*

[11] *WA 23, 192_{31f}.*

10. «Ubicumque sibi mutuo componuntur, gegeneinander gehalten werdend geist und fleisch, ibi caro significat»[1]. R. «Verbum car[o] f[actum] est» *[Joh 1,14]*[2]. «Tres sunt, qui testimonium perhibent» *[1 Joh 5, 7]*[3]. Et si novimus Christum secundum carnem at nunc non cognovimus *[vgl. 2 Kor 5, 16]*.

11. Cum ergo hic canon verus sit[4]. R. Falsissimum esse; non enim constat eius veritas in omnibus particularibus.

M

1. «Me facit groben zimmerman»[5]. Ergo «dum edo panem, fio panis»[6] *[vgl. Joh 3, 6]* etc. Γνώμη ἐστί[7].

2. Dicit nos huc tendere, quod qum quidem «Christus ex carne natus sit, caro sit»[8] etc.

3. Probat nobis ex spiritu carnem Christi speciem esse et tamen cavet, ne nos in Marcionis dogma incidamus[9].

4. Ęquivocat iterum inter spiritualem et corporalem manducationem[10]. Ibidem: Cum corpus hanc escam spiritualem corporaliter edit etiam fit spirituale et ęternum[11]. Adulterat verbum Pauli 1 Cor. 15 *[v. 44]*[12]. Vide isthic simile[13].

5. «Mentiri opus habet multo sermone» etc.[14] *[fol. 3314v]*

7 constat] *am Schluß des Wortes etwa zwei Zeichen gestrichen* – 10 Γνώμη ἐστί] *teils unleserlich, da das Papier ein Loch aufweist (Tintenfraß?)* – 13f Probat ... Marcionis] *gestrichen*

---

[1] *WA 23, 194₁₄f: «daselbst gewislich das fleisch verdampt wird». Vgl. zum ganzen Gedankengang WA 23, 192₃₄–194₂₄. Z V 967₂₅–969₃₂.*

[2] *Z V 969₁₁f.*

[3] *Z V 969₁₉.*

[4] *WA 23, 194₁₇–₃₂. Vgl. dazu WA 23, 194₃₄–₃₇. Z V 964₂₅–965₂. Zwingli meint damit Luthers Grundüberzeugung, daß Joh 6, 63 nicht auf den Leib Christi im Abendmahl bezogen werden kann.*

[5] *WA 23, 198₆.*

[6] *WA 23, 198₂₆. Z V 959₄–₅.*

[7] *Z V 957₁₂ mit Anm. 14f: gemeingültiger Schluß. Dieser dürfte sich auf WA 23, 198₅f beziehen. Zwingli könnte hier auch an die weitere Bedeutung «Geistreichelei» gedacht haben (Lausberg § 877).*

[8] *WA 23, 200₃–₆. Z V 959₁f.*

[9] *WA 23, 200₂₅–202₂. Z V 958₄–₁₇.*

[10] *WA 23, 202₁₄–204₇.*

[11] *WA 23, 204₁₁–₁₆. Z V 814₃f.*

[12] *WA 23, 204₁₄–₁₇.*

[13] *WA 23, 204₁₇–₃₁.*

[14] *WA 23, 206₇.*

6. Pollicetur «se probe docturum in coena remitti peccata, animas confirmari et fidem»[1].

7. Contra Oecolampad*[ium]*: Quod mentes dixit occupari in coena magis quomodo Christi corpus edatur etc.[2] Verum dixit Oecolampadius[3]. De virgine nemo dubitat quia nusquam dixit nihil proderit partus virginis[4].

8. «Dum Oecolampadius quęrit num panis sit nobilior virgine calumniatur» et dicit ex nostra incertitudine fieri[5], quod in hoc factum est ut aliqua saltem ratione absurditatis adduceretur in cognitionem rei[6].

N

1. Ad autores veteres[7]. «Augustinus sacramentum adpellat invisibilis gratię visibilem formam»[8]. Signum ergo est panis et vinum praesentis corporis[9]. R. Sic Augustinus dixisset: domicilium est non signum; nemo enim, quo quid continetur, signum adpellat, sed continens etc. Ibidem vide[10].

2. August*[inus]* ad Ianuarium corpus domini adpellavit panem corporis dominici, significatio ab initio epistolae ponitur. Isthic et oblatio pro memoria oblationis[11].

3. Vide in psal. 33[12].

4. Incertos dicit nos reddere sermones patrum[13]. R. Id ab Oecolamp*[adio]* factum ne pertinaciter videretur pręiudicare ecclesiis.

18 dominici] *nach* -ici *folgt noch ein hochgestelltes, kleines Zeichen, ähnlich wie* c, e*[?]*

---

[1] *WA 23, 206$_{21-23}$. Z V 814$_{1f}$, 900$_{11-13}$.*

[2] *WA 23, 206$_{29-32}$.*

[3] *Vgl. die entsprechende Anmerkung WA 23, 310 (mit Oekolampad-Text).*

[4] *WA 23, 208$_{10-16}$. Z V 942$_{5-7}$.*

[5] *WA 23, 208$_{10f}$.*

[6] *WA 23, 208$_{16-27}$.*

[7] *WA 23, 208$_{28}$–244$_9$. Luther handelt von Augustin WA 23, 208$_{29}$–214$_5$, sowie 242$_{1-23}$.*

[8] *WA 23, 210$_{1f}$. Aug. quaest. hept. III 84 (CChr. XXXIII 227f).*

[9] *WA 23, 210$_{10-14}$.*

[10] *WA 23, 210$_{14}$–212$_2$.*

[11] *WA 23, 212$_{3-20}$. Z V 970$_3$–971$_9$. Aug. epist. LIV 1, 1 (MPL XXXIII 200).*

[12] *WA 23, 212$_{21}$–214$_5$. Aug. in psalm. 33, serm. I 10 (CChr. XXXVIII 280f).*

[13] *WA 23, 214$_{21}$–216$_3$.*

5. Tertullianum oportet probare quod «figuram corporis» acceperit pro «signo»[1].

6. Adserit, Tertullianum figuram «mathematice» accipere[2]. Ib[idem]: «Fecit panem corpus suum, id est, figuram corporis»[3]. Quiritatur, cur non adverterit in hanc vocem «corpus suum», non videns posterius esse expositionem eius, quidnam dixerit corpus[4].

7. Vide depravationem textus Tertullianici etc. infra[5]. Postremo dicit: «Hoc est sententia Tertulliani, das weiss ich fürwar»[6]. Idem in initio O.

O

1. Suermeri «zwackend alicunde ex textu aliquo verbum obscurum aut varium, wanckel» etc.[7] Vide: Ergo ipse est tan[quam][8].

2. Taxat Oecolampadium hallucinationis[9].

3. «Christus dicit se esse panem [vgl. Joh. 6,35], sed non dicit quod panis sit corpus suum»[10]. Hallucinatio.

4. Tertulliani contra Marc[ionem] lib[er] 3[11]. Et postea in libro de resurrectione[12].

5. Irenẹi verba tractat[13]. [fol. 3315r]

6. Quis unquam audivit, quod nostra gratiarum actio coelestis res sit? R. Tu paulo ante id dixisti: Id spirituale esse, quod etiam

9 dicit] *Wortanfang wegen Fleck kaum leserlich –* 10 Idem ... O] *unterhalb der Zeile eingefügt –* 18 resurrectione] *über der Zeile eingefügt –* 20 – S.316₂ Quis ... vocat] *am Rand mehrfach durchgestrichen* SYLVA AD *praesentem responsionem Luthero datam*

---

[1] *WA 23, 216₁₂f. Luther handelt von Tertullian WA 23, 216₃–228₂₀. Tert. adv. Marc. IV 40, 3 (CChr. I 656).*

[2] *WA 23, 218₂₂–₂₈. Z V 972₁₃–973₃.*

[3] *WA 23, 218₁₀.₁₄.*

[4] *WA 23, 220₂₃–₂₅.*

[5] *Verweis auf Abschnitte O.4 und P.1.*

[6] *WA 23, 222₁₅.*

[7] *WA 23, 224₃–₅.*

[8] *WA 23, 224₉–₁₁.*

[9] *WA 23, 224₁₁–₁₈; «alucinatio» = gedankenloses Reden, Träumerei, Faselei.*

[10] *WA 23, 224₃₀f.*

[11] *WA 23, 226₄–₃₁. Tert. adv. Marc. III 19, 3 (CChr. I 533). Vgl. auch Z V 973₃–₁₁.*

[12] *WA 23, 226₃₂–228₂₀.*

[13] *Luther beruft sich auf Irenäus WA 23, 228₂₁–236₇, 254₁₄–₂₉, 272₂₀–₂₄. Z V 898₂₀–899₂, 973₁₂–₂₀.*

carnale sit in speciem, dummodo a domino vel spiritu fiat. Ibidem de verbo vocat[1].

P

1. Excute abs te tractationem doctorum. Ita eum[2], ut ad Augustini et Tertulliani depravationem non nihil dicas. Omnia enim per metonymiam[3] dicunt aut per corpus et sanguinem edere intelligunt passionem domini, commendare coenę participatione.

Ad finem huius quaternionis obiicit his verbis nihil opus esse: «Hoc est corpus meum, quod pro vobis traditur» *[1 Kor 11, 24]*[4].

Q

1. Pius homo mox ut audit verbum dei compescit quęstiones[5]. R. Ergo tu numquam debuisti quęrere, quomodo Petrus non esset petra[6].

2. Admonet magistratum, quales doctores habeant teufellisch larven etc.[7]

4. Non videt Oecolampadium ideo quęrere, quid usui sit caro quia nos probavimus nulli[8]; esse usui ex Christi verbis, sed tantum verborum consumit, ne cogatur hos usus ostendere, quos dixit: fidem firmat, peccata remittit etc.[9] Quę iactat se aliquod dicturum.

5. Libenter ostenderet usum aliquem et pręstigio fingit, hoc est schwermt, si corpus in frusta divideretur, adhuc tamen prodesset, quia quisquam buccella sua caperet ęternum bonum etc.[10]

6. Summam Z*[uinglio]* et Oecolamp*[adio]* blasphemiam imputat quod dicamus Christi carnem nihil prodesse[11]. R. Nos

7 domini] *folgt gestrichen* confirmare – 7 commendare] *folgt gestrichen* sine praedi*[?]* – 18 nulli] nullo

---

[1] *WA 23, 230$_8$ und 232$_{16}$.*

[2] «Ita eum», *scil. Oecolampadium excute.*

[3] *Vgl. Z V 970, Anm. 6.*

[4] *Vgl. WA 23, 244$_{35}$–246$_6$.*

[5] *WA 23, 246$_{32-34}$.*

[6] *Vgl. WA 23, 98$_{16}$–102$_{14}$. Z V 864$_{20}$–869$_{10}$, sowie oben S. 304$_{14-16}$, Abschnitt D.3.*

[7] *WA 23, 248$_{13-15}$.*

[8] *WA 23, 246$_{16-18.26-29}$.*

[9] *Vgl. Z V 814$_{1-4}$.*

[10] *WA 23, 250$_{16}$–252$_4$.*

[11] *WA 23, 252$_{5-7(12)}$.*

non diximus hoc, sed Christus ipse *[vgl. Joh 6, 63]*. Ibidem: Futurum ut Christum negemus deum et hominem[1].

7. Usus primus: Ut superbi spiritenseri cęcentur et confundantur et humiles resurgant[2].

5   8. Secundus: *[Ut]* «corpus nostrum pascitur corpore Christi, ut fides et spes nostra firma sit, bestee»[3].

9. Tertius: Verbum dei habemus quod plurimum utilitatis adfert[4]. R. Quis negat? Nos idem habemus. Quęrimus de carnis manducatione.

10   10. Si solum corpus istic est, at in isto corpore deus est. Caro sancta[5]. Tetigit infirmos etc.[6] R. Cur non sancti facti Iudęi qui tetigerunt etc. Nemo sentit. Respondet se bene sentire[7]. Gratię. Sic dicunt catabaptistę[8]. *[fol. 3315v]*

R

15   1. «Ideo oportet corpus Christi utile esse per verbum. Etiamsi corpus Christi esset caro bovilla»[9]. Quid, quęso, intelligis «per verbum: Abraham iustificatus est quia credidit Isaac filium habiturum»[10] *[vgl. Röm 4, 3. 9. 22]*? R. Et nos credimus Iesum Christum Marię naturaliter filium nostrum quoque esse.

20   2. Dęmon, inferi etc. omnia fiunt utilia «wenn es in Gottes Wort gefasset uns fürgetragen und von uns gegleubt wirt»[11]. Sic tu quoque per verbum promissionis Christi carnem nobis adpone, ut dixerit, qum hęc verba *[Mt 16, 25]* dicetis etc., sicut

---

11f R. Cur ... tetigerunt etc.] *am Rand beigefügt* – 21 fürgetragen] *folgt gestrichen* wirt

---

[1] *WA 23, 252$_{23-26}$.*

[2] *Vgl. WA 23, 254$_{1-4}$.*

[3] *WA 23, 254$_{14-19}$. Z V 898$_{20}$–900$_2$, 904$_{15}$.*

[4] *Vgl. WA 23, 254$_{30}$–256$_{11}$.*

[5] *Vgl. WA 23, 256$_{20-23}$.*

[6] *Vgl. WA 23, 256$_{24-31}$.*

[7] *WA 23, 256$_{32}$–258$_5$.*

[8] *Zur Abendmahlslehre der Täufer vgl. Christof Windhorst, Das Gedächtnis des Leidens Christi und Pflichtzeichen brüderlicher Liebe, zum Verständnis des Abendmahls bei Balthasar Hubmaier, in: Umstrittenes Täufertum 1525–1975, hg. von Hans Jürgen Goertz, 2. Aufl., Göttingen 1975, 111–137, bes. 116 über Luthers Einfluß.*

[9] *WA 23, 258$_{14-16}$.*

[10] *WA 23, 258$_{17f}$.*

[11] *WA 23, 258$_{24-26}$.*

dixit: «Qui persecutionem patiuntur propter iust*[itiam]* beati»
etc. *[Mt 5, 10]*[1]. Ibidem: «Und mūss also der tod durchs wort
min seel triben» etc.[2] Invertit ordinem. Multa stulta isthic. Ibidem: Finaliter vide quomodo arguat a particulari ad universale: «Vos dicitis caro est ad edendum nihil utilis, ergo est   5
prorsus ad nihilum utilis»[3].

3. Superbia, inquit, efficit ut solummodo spectent corpoream manducationem non verbum dei[4]. R. Dudum auditum est *[nos]*
non a sensu nostro sed a scripturę veritate permensos esse
verba coenę. Alius canon. Ibidem: Sic in coena datur nobis   10
verbum, in quo Christi crucifixum corpus includitur ad remissionem peccatorum commanducatum. Sicut Isaac venire
oportuit etc.[5] R. Hoc est ei simile, quod virgo ipsum peperit
secundum promissionem[6]. Nunc autem, cum in pane non sit
promissus, non magis est in pane pręsens quam Isaac sit   15
praesens corpore, qum eum credimus Abrahę natum.

4. Tamen nos oportere in anima edere carnem et ossa[7]. Quid, quęso,
ait, discriminis est ore edere et mente?

5. «Externa res absque verbo dei nulli est usui»[8]. «Aber», inquit,
«weyl sy ins wort gfasset sind, oportuit Abraham fidem   20
suam adfigere in venturum Isaac»[9]. R. Ego arbitrabor fidem
fuisse verbo dei adfixam etc. Ibidem: Ingens calumnia de magistratu in verbum esse conditum etc.[10]

6. Quęrit unde sciamus sine verbo externo deum esse? Minime[11]. R.
Ubi manet ergo cognitio ex invisibilibus etc. Memineris hic   25
dialogi[12]. Ibi dicit, «nos *[non]* credere Christum esse pręsentem in verbo suo et rebus externis» etc.[13]

---

1 dixit] *folgt gestrichen* confidite ergo – 4–6 quomodo ... utilis] *am Rand beigefügt –*
8 Dudum] *davor gestrichen* non ex verbis

---

[1] *WA 23, 258₍₂₆₋₂₈₎. Z V 888₍₂₉f₎.*
[2] *WA 23, 258₍₂₈f₎.*
[3] *WA 23, 260₍₃f₎.*
[4] *WA 23, 260₍₅₋₈₎.*
[5] *WA 23, 260₍₁₉₋₂₃₎.*
[6] *WA 23, 260₍₂₅₋₃₂₎.*
[7] *WA 23, 260₍₃₂f₎.*
[8] *WA 23, 262₍₃₎.*
[9] *WA 23, 262₍₆f₎.*
[10] *WA 23, 262₍₁₇₋₁₉₎.*
[11] *WA 23, 260₍₅₋₈₎.*
[12] *Zwingli dürfte hier erinnern an Oekolampads Schrift «Apologetica ... de diginitate eucharistiae sermones duo» (1526). Vgl. auch WA 23, 316 unten.*
[13] *WA 23, 262₍₃₄f₎.*

7. «Quid opus est Christi corpus esse in pane?», facit nos dicere[1]. Respondet miris calumniis tamen prius etiam auditis[2].

8. Quid ni interrogemus, quid sit utilis ad edendum caro, cum Christus nihil tale promiserit, vos qui dicitis quicquid in buccam[3]. *[fol. 3316r]* Ibidem taxat me, quod dixerim: «Quam clara lux ergo est Christus, si non debemus ignorare, quomodo corpus ipsius in pane edatur?»[4]

9. Necessitates adnumerat, «cur corpus Christi sit in pane»[5]. «Prima necessitas»: «ut deus inveniatur verax»[6]. «Secunda est propter nostram fidem»[7]. Ibidem: «Etiam si isthic esset sine verbo, tamen necessario esset, qum vita et salus in eo sint»[8].

10. Calumnia, signum sive symbolum sicut mendici et Iudẹi[9]. Ibi: «Isthic nihil permittamus quam edere et bibere ut in tabernis»[10].

11. Cum interrogantur, inquit, quomodo probent «panegyrem» esse respondent: «Sufficit, quod nos dicimus»[11].

S

1. Non dicitur aut est «Christianorum coena», sed «gratiarum actio»: «coena domini»[12].

2. Fingit papistas nobis accedere mendacissime[13].

3. Pontificios in auxilium vocat[14].

4. Also lernns in gotznamen metonymice, «glych als wol corpus et

---

4 quicquid in buccam] *unterhalb der letzten Zeile eingefügt* – 14 ut] *über der Zeile eingefügt* – 19 aut est] *über der Zeile eingefügt*

---

[1] *WA 23, 264*₃₋₅.

[2] *WA 23, 264*₅₋₂₂.

[3] *WA 23, 264*₁₁f.

[4] *WA 23, 264*₂₇₋₃₂.

[5] *WA 23, 266*₇f.

[6] *WA 23, 266*₈.₁₁.

[7] *WA 23, 266*₁₉f.

[8] *WA 23, 266*₂₆₋₂₈.

[9] *WA 23, 268*₂₀₋₂₂.

[10] *WA 23, 268*₂₅f. *Z V 872*₇₋₁₆.

[11] *Vgl. WA 23, 268*₂₈₋₃₅. *Vgl. Z V 872*₇*–873*₃ *mit Anm. 20.*

[12] *Vgl. WA 23, 270*₈₋₁₉.

[13] *Vgl. WA 23, 270*₂₀₋₂₉.

[14] *WA 23, 272*₁₋₁₂.

sanguinem dici ut oblationem»[1]. Cur hoc pręteris apud Augustinum?[2]

5. Arte petit ad duos modo articulos responderi[3], quo reliquę calumnię, stulticie, mendacia, errores nihil attingantur.

6. Idem agit. Nos docemus eam fidem de Christo, quę soli fidit. 5 Solo spiritu consolationem adcipit, non corporis esu. Ibi: Monet, ut saltem maximam partem agamus de summa rei[4]. Dii boni, quantum ipse verborum absumpsit? Adime calumnias mendacia etc. Quid reliquum. Ibi: Certat minime facturos[5].

7. Quis quęso seipsum laudavit?[6]   10

8. Hic proditur impotentia. Bucerus laudavit nos apud illum[7]. Gnad herr Johann[8]. Lege Butzeri satisfactionem[9].

9. Iactat, fidem nostram servari non posse nisi Wittembergenses sustineant eam[10]. R. Vides nunc quibus fulcris nixa sit fides nostra. Cum ergo sic dicis, putas nec Christi verbum esse fir- 15 mum sine vestro consensu.

10. «Alti spiritus me non iacto» etc.[11] Admonet ibidem Argent[inenses] et Basilienses[12]. Ibi: «Qui spiritus Christi carnem solvit, ex deo non est»[13] [vgl. 1 Joh 4,3]. Depravatio est[14]. [fol. 3316v]   20

Ad canones suos. Quando tandem vis videre, quid sit docentes doctrinas et pręcepta hominum? Carneum accipitur in bonam partem duobus tantummodo locis Ezech. 11 [v. 19] et 36 [v. 26][15].

5 de Christo] *über der Zeile eingefügt anstelle von gestrichenem* quam situ [*oder:* si tu?] habens [*oder:* habeas?] nobiscum senties

---

[1] *WA 23, 272(20)25–31.*

[2] *WA 23, 272₃₀f. Z V 971₁₀–972₁₂. Aug. epist. XCVIII 9 (MPL XXXIII 363f).*

[3] *Vgl. WA 23, 272₃₄–274₂₉.*

[4] *WA 23, 272₃₄–37.*

[5] *WA 23, 272₃₄–37.*

[6] *WA 23, 274₃₀. Z V 975₁₈f.*

[7] *WA 23, 278₁–₃. Z V 975₁₈–976₄.*

[8] *WA 23, 278₃–₅. Z V 974₁₂–975₁₆.*

[9] *Vgl. Robert Stupperich, Bibliographia Bucerana, Gütersloh 1952, SVRG CLXIX, 47, Nr. 14.*

[10] *WA 23, 280₈–₁₁.*

[11] *WA 23, 280₃₂.*

[12] *Vgl. WA 23, 282₁–₄(₁₂). Z V 974₆–₁₁.*

[13] *WA 23, 282₁₂f.*

[14] *Die Entstellung sieht Zwingli in Luthers ungenauer Zitierung von 1 Joh 4,3: «Omnis spiritus qui solvit Iesum ex deo non est».*

[15] *Z V 881₂₈, 884₈.*

Ad hoc, quod dicit «corpore Christi corpus nostrum ad resurrectionem pasci»[1]: Ro. 8 *[Röm 8, 11]*: «Si autem spiritus eius, qui suscitavit Iesum a mortuis habitat in vobis, qui Christum excitavit, vivificabit et mortalia corpora» etc.[2] Ro. 6 *[Röm 6, 5]*: «Si conplantati facti sumus similitudini mortis eius: eque et resurrectionis erimus»[3]. 1. Cor. 5 *[v. 7]*: «Pasca nostrum immolatus est Christus» etc.[4]; item: «Spiritus est deus, et eos, qui adorant eum, in spiritu et veritate oportet adorare»[5], Io. 4 *[Joh 4, 24]*. Item: Non passe ipsum nobis esse familiariorem quam per inhabitantem spiritum *[vgl. Röm 8, 11]*; vide Io. 17 *[Joh 17, 11]*[6], item Philipp. 3 ad finem *[Phil 3, 20f]*[7]; Ro. 10 *[Röm 10, 8]*: «Hoc est verbum fidei»[8].

Ad obmissionem «quod pro nobis traditur»[9]. «Hic est, cui intinctum panem porrexero» *[Joh 13, 26]*[10]. «Noli timere accipere Mariam coniugem tuam accipere, quod enim in ea natum est de spiritu sancto» *[Mt 1, 20]*[11]. Et «nemo ascendit in coelum» *[Joh 3, 13]*[12]. Io. 4 *[Joh 4, 29]*: «Venite et videte hominem, qui dixit mihi omnia quecunque feci»[13]. Io. 6 *[Joh 6, 46]*: «Non quia patrem vidit quisquam: nisi is qui est a deo, hic vidit patrem»[14].

Ad extensionem corporis Christi secundum infinitatem divine nature[15]: Quomodo ergo editur humano ore? Item 3. Reg. 22

9 passe] *davor ein gestrichener Buchstabe. Lesart* passe *ist sicher,* pasca *ist unmöglich* – 12 verbum] *folgt gestrichen* quod praedicamus (= *Schluß von Röm 10,8*) – 13–19 Ad ... patrem] *am Rand eine unregelmäßige Wellenlinie* – 14f accipere] *irrtümliche Wiederholung* – 16 ascendit] *die ersten drei Buchstaben verbessert*

----

[1] *Vgl. oben Abschnitt K.4, S. 310₁₆f. WA 23, 178₇₋₁₆. Z V 814₂.*
[2] *Z V 899₂₋₅.*
[3] *Z V 898₁₈₋₂₀.*
[4] *Z V 909₂₁–910₁₀.*
[5] *Z V 895₉₋₁₁.*
[6] *Z V 948₂₂–949₇.*
[7] *Z V 899₁₂₋₁₇.*
[8] *Z V 904₃₋₁₅.*
[9] *Vgl. WA 23, 244₃₅–246₁₁. Z V 850ff, bes. 854₂₄₋₂₉, und oben S. 316₄₋₈, Abschnitt P.1, sowie oben S. 310₁₂₋₁₅, Abschnitt K.3.*
[10] *Z V 854₂₄f.*
[11] *Z V 854₂₉–855₂.*
[12] *Z V 855₁₀₋₁₂.*
[13] *Z V 855₁₅₋₁₇.*
[14] *Z V 855₂₀₋₂₂.*
[15] *Vgl. WA 23, 150ff. Z V 929₁₂ff, sowie oben S. 307₁₁f, Abschnitt G.3.*

[1 Kön 22], quomodo angeli finguntur adstare et in medium consultare[1]. Item: Assumptus est in coelum: quomodo potuit adsumi qui omnia impleo? «Coelum et terram ego impleo» *[Jer 23, 24]*[2]. Si est ubique, ergo apud foeminam sedens ad puteum *[vgl. Joh 4, 5–26]* ubique absidebat. Cum tunc sitiret, etiam *[?]* in coelo sitiebat, cum moreretur, pateretur, in coelo patiebatur ac moriebatur, etc.? Lancea militis eum quoque perforavit *[vgl. Joh 19, 34]*, qui iam in coelo erat? Cum ad allęosim ventum erit materia, quod eę sint memorię[3]: «Propter quod deus exaltavit eum et dedit» etc., **Philipp.** 2 *[v. 9]*. *[fol. 3317r]*

Contra: «In pane est corpus **Christi**»[4]. R. Tam non est in pane naturale **Christi** corpus quam non fuit in vento, igne, συσεισμῷ, 3. **Reg.** 19 *[vgl. 1 Kön 19, 11f]*.

Initium de alloeosibus[5]: Filium ęternę sapientię de in carnem induendo filio *[vgl. Joh 1, 14]*, qumquidem id miraculum erat futurum. Et est mirabile in oculis nostris. Ita servavit utrobique utriusque naturę proprietatem ut utramque in omnibus tum dictis, tum factis deprehendas[6] etc.

Ad dedicatoriam verbis pugnas non re, qua nihil poenitus potes[7]. Vide τοῦ Ἐράσμου supra scripta *[?]*[8].

11 R.] *über der Zeile eingefügt* – 14 Filium] *davor gestrichen* Post *[?]* – 15f futurum] *folgt gestrichen* non finisset miraculum naturam *[?]* – 18 tum] t *aus* c *korrigiert* – 18 deprehendas] deprehehendas – 20 supra scripta] sss

---

[1] *Z V* 938_{18–25}.

[2] *Vgl. WA* 23, 144_{12–31}. *Z V* 930_{2ff} *bzw.* 929_{18}–930_{25}, *sowie oben Abschnitt G.7, S.* 307_{18ff}.

[3] *Zwingli dürfte meinen:* «Wenn es zur Alleosis gekommen ist in der Materie, daß folgendes als Erinnerung sei». *Vgl. Z V* 922ff, *bes.* 922_{11-19}.

[4] *WA* 23, 144_{20–31}. *Z V* 860_{9–11}.

[5] *Vgl. Z V* 922_{3–11, bes. 7f}: «Und das wort (das ist der, der das ewig wort und wyßheyt, von dem von anfang geredt ist)...».

[6] *Z V* 923_{1-3}.

[7] *Offensichtlich plante Zwingli, in seiner – später an Kurfürst Johann von Sachsen gerichteten Widmungsvorrede – auf Luthers lange Einleitung über den Teufel als eigentlichen Verursacher des Abendmahlsstreites zu antworten. WA* 23, 64_{1}–78_{18}; *Z V* 805_{1}–809_{7}. *De facto führte er diese Gedanken indes auch auf den ersten paar Seiten seiner eigentlichen Antwort aus.*

[8] *Vgl. oben S. 299 mit Anm. 6.*

Item: Si Lut *[herus]* putat ecclesiam delectari aut capi posse tam
mordacibus scriptis, conscius sibi videtur, qualem habeat discipu-
lum, cum sese iactet ei evangelium propinavisse[1], si minus, annon
est veritus optimam causam infensam esse facturam amarulentia?
Sequitur ex desperatione scripsisse atque devotione. Iam en spiritum expandito. Quare non deploratam causam deseruit? Sed maluit impotentium foeminarum ritu maledicendo perire quam si-
lendo vivere. Cato maluit sua manu carnifice mori quam sub
Cęsare vivere, at sese non vindicabat iurgiis[2]. Hic iurgiis omnium patientiam tentat. Si fert*[ur][?]*, vicit; si minus, iam perditus
homo videri vult propter bonam causam occubuisse.

Pristinum corpus fuisse ostendit[3], quod se palpandum prębuit; nisi
enim idem corpus prębuisset, quomodo credidissent eum resurrexisse, cum alterius corporis noticiam nullam haberent. Ęqualis
patri secundum divinitatem, minor patre secundum humanitatem.
Non possum a me ipso facere quicquam. *[fol. 3317v]*

Ad perorationem[4]. Orare, ne tumultuentur ii, qui rem nondum intelligunt, sero enim pęnituros. Sinant cum tranquillitate negocium
expandi. Si ex deo est, nolite θεομαχεῖν *[vgl. Apg 5, 39]* etc.[5] Lutero cavendum, ne λούτριον[6] fiat.

Mendaciam sive errores ad perorationem. Christus ostendit se no-
bis ubi se invenire debeamus in isto sacramento.
Si delentur peccata, ergo est sacrificium.
Christi carnem esse spiritualem totam, etiam ut ex virgine est nata,
M.3[7].
Edere corpus nos ad resurrectionem, L.7[8].

5 devotione] *am Rand einige gestrichene, unleserliche Buchstaben* – 6 expandito] *e
korrigiert aus* s – 12–16 Pristinum ... quicquam] *über die ganze Seitenbreite reichend,
ohne linken Rand* – 21 sive errores] *über der Zeile* – 23 delentur] *korrigiert aus* deelentur
– 26 L.7] *hier brechen die Notizen mitten in der Seite ab*

[1] *WA 23, 68₁₀₋₁₅. Z V 815₁₈–817₃.*
[2] *Hinweis auf Catos Selbstmord (Lexikon der Alten Welt, Zürich 1965, 559).*
[3] *WA 23, 146₂₃–148₁₄. Vgl. auch die Abschnitte G–H.*
[4] *Z V 977. Zu «peroratio» vgl. Lausberg §§ 431–442.*
[5] *Vgl. Z V 977₁₁ᶠ.*
[6] *Z V 977₁₄.*
[7] *Verweis auf Abschnitt M.3, oben S.313₁₃ᶠ. Vgl. WA 23, 200₂₅.*
[8] *Verweis auf Abschnitt L.7, oben S.312₁₈₋₂₀.*   Bü / H. St.

188

Verschiedene Notizen und Fragmente

Unter dieser Nummer fassen wir verschiedene, z. T. sehr fragmentari-
sche Zwingli-Autographen zusammen. Da diese weder in eine chronolo-
gische Reihenfolge noch in eine thematisch zusammengehörige Ord-
nung gebracht werden können, ordnen wir sie ihren Standorten entspre-
chend.

Abweichend von den sonst in dieser Edition beachteten Grundsätzen
beschreiben wir die einzelnen Stücke zuerst gesamthaft; dann geben wir
eine Liste mit Standortangabe und, wo überhaupt möglich, mit einem
Stichwort Hinweise auf ihren Inhalt; schließlich folgt der Abdruck der
Texte, wobei weitgehend das äußere Erscheinungsbild berücksichtigt
wird.

Manuskripte

Staatsarchiv Zürich, E I 3.1, Nr. 76 und 77:
Bei beiden Nummern handelt es sich um Folioblätter (Nr. 76 einfach,
Nr. 77 doppelt, ca. 33 × 21 cm), auf die sechs bzw. zwölf kleinere und
größere, teils gefaltete Zettel aufgeklebt sind. Diese sind zwar von spä-
terer Hand foliiert, zeigen aber alle eindeutig die Handschrift Zwinglis.

Staatsarchiv Zürich, E I 3.1, Nr. 78:
Dieses Blatt von etwa 26 × 19 cm (spätere Foliierung: 573) enthält auf
der Vorderseite eine «Neue Zeitung» vom 10. Januar 1528. Auf der
Rückseite notierte eine dritte Hand: «Hanc schedam dedit ad me Gui-
lelmus de Zell, ea detur in manus Zuinglii etc.» Diese Notiz bezieht
sich auf die «Neue Zeitung» und belegt, wie Wilhelm von Zell Nach-
richten vermittelte (vgl. dazu Z IX 329$_{10}$). Auf die Rückseite ist ferner
ein Zettel von etwa 14 cm Breite und 10 cm Höhe aufgeklebt, der mit
der Nummer 574 versehen ist und zwölf in einem Zug geschriebene,
mit zwei Zusätzen versehene Zeilen von Zwinglis Hand enthält.

Da die bisher nicht gedruckte «Neue Zeitung» offenbar in Zwinglis Hände kam und (trotz unterschiedlicher Datierung) möglicherweise in Zusammenhang mit Zwinglis Notiz steht, wird sie als Regest dem Text vorangestellt.

Staatsarchiv Zürich, E II 341, fol. 3320r:
Diese Notiz (12,8 cm × 12,5 cm) ist wahllos bei weiteren Zwingli-Papieren eingefügt worden (vgl. oben Nr. 185, S. 272). Sie enthält siebzehn in einem Zug geschriebene Zeilen.

Krakow, Biblioteka Jagiellonska (früher: Preußische Staatsbibliothek, Berlin: Sammlung Radowitz Nr. 149):
Das autographe Fragment ist erhalten und wird seit dem Zweiten Weltkrieg in der Biblioteka Jagiellonska, Krakow (Polen), aufbewahrt. Vorher befand es sich in der Preußischen Staatsbibliothek, Berlin, Sammlung Radowitz Nr. 149, wo es als ein Fragment von Huldrych Zwingli bezeichnet wurde: «Aus seiner Schrift ‹de vero usu corporis Christi›» [!?].
Das Fragment ist 20,7–21,7 cm breit und 3,2–3,9 cm hoch. Die Vorderseite trägt den Stempel «Staatsbibliothek Berlin» sowie die handschriftliche Nummer 32. Beide Seiten enthalten je fünf Zeilen.

Genf, Bibliothèque publique et universitaire, Ms. lat. 328, fol. 27r:
Diese autographe Notiz (ca. 15 × 6 cm) ist erhalten im «Album amicorum» des Claude de Senarclens (vgl. HBLS VI 342) und enthält zwölf in einem Zug geschriebene Zeilen (freundlicher Hinweis von Kurt Jakob Rüetschi, kurz vor Druckbeginn).
Diese Notiz gehört wahrscheinlich zu Rudolf Gwalthers Eintrag vom 16. März 1548 (fol. 25v–26r); jedenfalls folgt sie diesem unmittelbar (ein sehr viel späterer Eintrag auf fol. 26v kann in unserem Zusammenhang übergangen werden) und trägt von Gwalthers Hand den Vermerk: «Chirographum Zuinglii Tigurinae ecclesiae antistitis».

Übersicht

---

[1] *Das Stück 188.17 ist von einem Kanzlisten mit fol. 215v bezeichnet worden, obwohl es auf der Rückseite von Nr. 188.10 steht. Da die beiden Texte aber offenbar nicht zusammenhängen, wurde die Foliierung (und damit die Reihenfolge) nicht verändert.*

H. St.

188.1

[Christliches Burgrecht, 1528–1530]

Civitas τῶν πόλεων.[1]
Τὸ χρήσιμ[ον].
5   Evangelium fovet
    τοῖς Ἑλβετ[ίοις][2] ἡμῶν τον
    χάλινον inserit.
Si ὁ βασιλεὺς καίσαρ[3]
    τὶ ἄρχη, subito esse
10   occasionem nocendi
    in Ἑγοῦ[4], Σουντγοῦ[5],
    Βρυσγοῦ[6] καὶ Αἰλσαῖς[7].
Publica libertas defenditur
    quam defensam oportet
15   etiam ab Ηελβετ[ίοις] [!].
Regi Francorum plurimum proderit
    namsi evang[elium] recipiat, vici-
    nę sunt hę urbes.
Urbes ipsas sub imperio me-
20   lius esse servaturas
    suos, quod non debet inter
    minima putari.

---

[1] *Gemeint ist vermutlich das «Christliche Burgrecht» der evangelischen Städte, noch vor dem Einbezug Hessens. Für die sachliche und zeitliche Einordnung und die entsprechende Literatur verweisen wir auf unsere Nrn. 158 («Anbringen»), 159 («Was von Venedig gekommen ist, in summa»), 160 («Notizen betr. die Vorteile des hessischen Bündnisses») und 161 (Zürich an Bern) in Z VI/II 669–751 mit den dazugehörigen Einleitungen und Kommentaren. Ein Zusammenhang mit Nr. 48 («Plan zu einem Feldzug»), Z III 539–583, ist wegen der von Zwingli selber angebrachten Überschrift auszuschliessen.*

[2] *Gemeint sind vermutlich die katholischen Eidgenossen.*

[3] *Kaiser (Karl V.), möglicherweise aber auch König Ferdinand I. und Kaiser Karl V.*

[4] *Hegau.*

[5] *Sundgau.*

[6] *Breisgau.*

[7] *Elsaß.*

188.2

[Geldfragen, falscher Prophet]

Contra[1] pecuniam: 10 scuta[2] secum tulit quidam. Dixit se unum
modo scutum atque hoc non satis ponderis habens secum abstu-
lisse. Dispeream, si in sex annis unquam habui decem scuta, de 5
quibus dicere potuissem me nihil debere.
Alexander Ψευδομάντης[3] Christianos et Epicureos noluit
interesse prostigiis suis.
Der gutzel[4].

188.3   10

[Abendmahlsverständnis (Luthers?)][5]

Das der herr etc.
In disem sacrament synen waren lyb und wares blůt warlich ze essen
und trincken gibt zů eynr spys irer selen und ewigen leben, das sie
in imm und er in inen plybe *[vgl. Joh 15, 4].*   15

188.4

[Beschneidung und Taufe][6]

Et circumcisio data est infantibus eorum, qui de ecclesia erant, sic et
baptismus.

4f abstulisse] -t- *unsicher* – 18 Et] *folgt gestrichen* baptismus

---

[1] *im Sinne von «gegenüber, betreffend».*
[2] *Der französische «écu d'or au soleil», meist als «Sonnenkrone», aber auch als
«Schild» (= scutum) bezeichnet (freundlicher Hinweis von PD Dr. Hans-Ulrich Geiger).*
[3] *Alexandros aus Abonuteichos (dazu ausführlich Z IV 209₆ mit Anm. 5).*
[4] *Bettel (SI II 583).*
[5] *Dieses Fragment ist weder zu lokalisieren noch zu datieren, weist indes inhaltlich auf
Luthers Abendmahlsverständnis.*
[6] *Zur Parallelisierung von Beschneidung und Taufe siehe Locher, Reformation 221 mit
Anm. 261, sowie Stephens 194ff.*

188.5

[Eidgenössisches, 1530?]

Εὐλογίου Σκαφουσάνου [1]
ῥῆμα καὶ τῶν monialium
τῶν ʿΡωτβυλείων [2] αἰτία
τῶν ε̄ πηγῶν [3] γράφαι [4]
πρὸς τοὺς ἁγίου Γάλλου [5]
οἰκέτας καὶ τοὺς ἐμοὺς
Δωγγενβυργίους [6]
τὴν τῶν Σβητείων [7]
καὶ ὅτι ου θέλουσι δοῦναι
τὸ αργύριον ἐκ συγκλήσεως Beckenriet [8]
Quid is attulerit a σημάφορῳ [9]
Βηρνείων.

3 Σκαφουσάνου] *das erste* α *über der Zeile eingefügt* – 12 ἐκ συγκλήσεως Becken-riet] *nachträglich eingefügt*

---

[1] *Schaffhauser(-isch).*

[2] *Rottweiler(-isch). Diese Bemerkung weist auf die Vertreibung der evangelischen Rott-weiler Mitte August 1529 (vgl. Locher, Reformation 436–438).*

[3] ε = 5; *bei* πηγή *(Quelle) klingt eventuell das Substantiv zu* πήγνυμι *(vgl. Areo-pag) mit, noch eher aber das lateinische und relativ häufig gebrauchte «pagus». Gemeint sind die V Orte.*

[4] *nicht näher bestimmte Briefe.*

[5] *St. Gallen.*

[6] *Toggenburger.*

[7] *vermutlich ein besonderer Brief der Schwyzer.*

[8] *Am 25. Juni 1530 meldeten die heimlichen Räte von Zürich nach Bern, daß die V Orte zu Beckenried beschlossen hätten, «uns an unseren zuo gesprochnen kosten nit ein haller» zu geben (EA IV 1b 677).*

[9] *Hier könnte auf den «starken Mann» in Bern, Niklaus Manuel, angespielt sein, der allerdings schon am 28. April starb (Jean-Paul Tardent, Niklaus Manuel als Staatsmann, Bern 1967, Archiv des Historischen Vereins des Kantons Bern, Bd. LI, 15 und 318ff). Zu denken ist aber eher noch an einen anderen Venner, nämlich Peter Im Hag, der minde-stens später ausgesprochen zürichfreundlich war (Lauterburg, Informationstätigkeit 207ff).*

188.6

[Notizen über ein Gespräch][1]

Ipse primum locum habuit loquendi.
Neque liceat ei contra me.
Protestatur, si non libere illi liceat etc.   5
Gröste ferfůrnus[2] und mangel[3] des einvaltigen christenlichen
  volckes.
Calumnia ist das scheltwort, quid opus fuit nomine Luteri[4].
Proposuit meam [esse?] falsam doctrinam,
quod Christus sit unicum caput ecclesię concessit.   10

188.7

[Täuferkonkordat 1527?][5]

Des toufs halb.
Ist erstlich wol ze betrachten des fürlegens[6] halb, das man dassel-
big tüege eynr sölchen gstalt, das man mercken mög, das es mee be-   15
schehe von gemeines fridens wegen weder von ünser allein wegen;
dann als die botten[7] unglych, möcht einer bald me schaden weder
nützen, so verr er hoffnung empfieng, es möchte das Evangelion gar
mit dem unrat des widertouffs nidergelegt werden.

7 volckes] *zwischen dieser und der folgenden Zeile ist ein Querstrich gezogen* – 9 doc-
trinam] *Buchstabe* o *könnte auch als* e *gelesen werden* – 10 ecclesię] *über der Zeile einge-*
fügt

---

[1] *Entsprechend dem Inhalt ist auf Notizen anläßlich eines Gesprächs zu schließen; da*
die einzelnen Aussagen aber zu allgemein gehalten sind, lassen sich weder Gesprächspart-
ner noch Ort und Zeit bestimmen.
[2] *Irreführung, Fehlleitung (SI I 982).*
[3] *Entweder wie neuhochdeutsch oder in der Bedeutung Fehler, Gebrechen, Laster*
(SI IV 326; Grimm VI 1540; Lexer I 2030).
[4] *vermutlich Martin Luther.*
[5] *Diese Notiz läßt sich eventuell mit dem sog. Täuferkonkordat vom 14. August 1527 in*
Verbindung bringen (Z VI/I 2f; vgl. Locher, Reformation 252).
[6] *Vorbringen, besonders vor Rat oder Gericht (SI III 1189).*
[7] *Gesandte. Es ist wohl an eine eidgenössische Tagsatzung zu denken.*

188.8

[Bemerkungen zu
Artikeln der Täufer, 1526/27][1]

Istos articulos ex omnibus adsignavisse[2], quare tacuerint, quod dixerim eos abhorrere a coetu fidelium[3].
Exhibere me scripturum esse contra articulos Grebelii[4].
Taceo contraria, quod me vitę perhibet metuere[5] et tamen dicit
omnia esse in manu mea.

188.9

[Aufhebung des Stifts St. Gallen?][6]

Ůlrich Lyner[7] zů Costentz.
Kilianus Köuffe[8] prefectus Wyle.

6 scripturum] *am Schluß des Wortes ein hochgezogener Bogen, der eigentlich eine Abkürzung nahelegt* – 7 perhibet] *am Schluß des Wortes zwei Buchstaben gestrichen* –
12 Köuffe] *unterstrichen (=gestrichen?)*

---

[1] *Die folgenden Bemerkungen Zwinglis gehören ohne Zweifel ins Umfeld seiner Auseinandersetzung mit den Täufern, mit größter Wahrscheinlichkeit in die Zeit der Abfassung des «Elenchus» vom Sommer 1527 (Z VI/I 1–196). Wie die folgenden Anmerkungen
zeigen, verweisen sie auf die im «Elenchus» erwähnten Quellen, d.h. einerseits auf die sog.
Schleitheimer-Artikel (QGTS II, Nr. 26, S. 26–36), anderseits auf Konrad Grebels «Tauf-
büchlein», das Zwingli als «libellus confutationis» bezeichnet.*

[2] *Vgl. Z VI/I 107₂₋₄.*

[3] *Vgl. Z VI/I 34₁–47₁₆, besonders 34, Anm. 1.*

[4] *Gemeint ist hier der «libellus confutationis» von Konrad Grebel (vgl. dazu Harold
S. Bender, Conrad Grebel, c. 1498–1526, the Founder of the Swiss Brethren Sometimes
Called Anabaptists, Goshen, Ind. 1950, Studies in Anabaptist and Mennonite History
VI/I, 186–191, sowie den Kommentar zum «Elenchus» von Fritz Blanke, bes. Z VI/I
101f mit Anm. 1).*

[5] *Vgl. Z VI/I 102₂f mit Anm. 1.*

[6] *Diese Notiz könnte im Zusammenhang stehen mit Zwinglis Plan über die Aufhebung
des Stiftes St. Gallen vom 15. April 1529 (Z VI/II, Nrn. 133, 135, bes. 136, S. 401₁₉₋₂₁).*

[7] *Zu Ulrich Lyner vgl. Z VI/II 358, Anm. 5 sowie Diethelm Heuschen, Reformation,
Schmalkaldischer Bund und Österreich in ihrer Bedeutung für die Finanzen der Stadt
Konstanz, 1499–1648, Tübingen 1969, SKRG XXXVI, 153f.*

[8] *Kilian German, genannt Köuffi, war 1528/29 Statthalter in Wil (Kanton St. Gallen);
vgl. Z VI/II 376, Anm. 4.*

188.10

[Überlegungen zum Ittinger Handel?][1]

Anlaass: Causam dedisse tumulti τοῦς Ἡλβητίους[2].
[1.] Isthic enim capiebant, ubi tum non habebant potestatem ca-
    piendi. Nondum enim aut coram iudice hoc ẹvicerant, aut 5
    sciebant se hanc habere potestatem.
2. Quod si nunc maxime eis hoc liceat, ante iudicium tamen non li-
    cebat. Vi ergo prius quam iure experti causam tumulti dede-
    runt. Mone nostros itidem cavere de capiendi potestate.
3. Causam non fuisse dignam, cur noctu tanta violentia uterentur. 10
    Vide causam noctu.
4. Nostram urbem hic esse prẹteritam, quẹ in primis debuit non
    ignorare, si quid et hẹc est potissima omnium.

188.11

[Verleumdung Zwinglis][3]   15

Summa querelẹ.
Ich gstande imm miner worten nit[4], die ich geredt hab.
Ich verkere mine wort.
Und was mir gevalle, das well ich geredt haben, und wens mir nit ge-
valle, so well ichs nit geredt haben.   20

    17 imm] *folgt gestrichen* s ... *[?]* – 18 wort] *folgt gestrichen* wie ich welle – 19 was] *folgt
gestrichen* ich welle

---

    [1] *Dieses Fragment könnte zur Geschichte des Ittinger Sturms 1524 gehören (vgl. Lo-
cher, Reformation 158f).*
    [2] *die Eidgenossen (der V Orte).*
    [3] *Ort und Zeit dieser Verleumdung Zwinglis sind unbestimmt.*
    [4] *Ich gestehe ihm meine Worte nicht zu (SI XI 691), ich bestreite, daß ich gesagt haben
soll.*

188.12

[Allgemeine politische Überlegungen][1]

Domi suspendere simultates[2]: iudicia: et si usus postulet, indicenda
pax publica Helvetica lege. Qui bello rem recte sint gesturi,
5   ἔπαινον, qui minus, τιμωρίαν.
Foris sollicitare hostium socios; extimulare amicos; πρέ[σ]βείαν ad
omnes.

188.13

[Zwei unbekannte Personen][3]

10   Fenniggin *[?]*.
In Hans Wyders hus Apolonia Fenniggin *[?]*.

188.14

[Eine rhetorische Sinnfigur:
Prosopopoiia]

15   Ps. 95 *[Ps 96, 11]:* «Letentur cęli et exultet terra, commoveatur mare et
eius». Debent omnia canere deo, quomodo ergo mare canet? So-
nitu suo. Προσωποποιία[4] ἐστί.
Filia Babylonis, o vastatrix. Urbes fęminas sicut Pindarus nym-
phas[5].

5 Nach dieser Zeile folgt ein großer Abstand zur nächsten Zeile. Am linken Rand
ein verwischtes F. – 11 Wyders] *Buchstabe* d *korrigiert aus* 1? – 18 Babylonis] *folgt un-*
terstrichen (= gestrichen) misera

---

[1] *Die hier aufgeführten innen- und außenpolitischen Überlegungen sind so allgemein*
gehalten, daß sie sich zeitlich nicht näher bestimmen lassen.
[2] *Rivalitäten in der Schwebe halten.*
[3] *Weder «Hans Wyder» noch «Apolonia Feniggin» ließen sich genauer bestimmen.*
[4] *«fictio personae», d. h. «die Einführung nichtpersonenhafter Dinge als sprechender ...*
Personen» (Lausberg § 826).
[5] *Zwingli verwendet dieses zweite Beispiel (Ps 137,8) auch in seiner «Praefatio und*
Epistola zu einer Pindar-Ausgabe», Z IV, Nr. 76, S. 877₁₅₋₁₇ mit Anm. 7–9.

188.15

[Bibelstellen zur Bilderfrage,
1524/1525][1]

Exodi 20 *[Ex 20, 4–6]*. Ibi: «Non facietis deos argenteos, nec deos
aureos facietis vobis» *[Ex 20, 23]*.   5

Exo. 34b: «Cave, ne unquam etc. Deos conflatiles non facies tibi»
[Ex 34, 12–17].

Levit. 19a: «Nolite converti ad idola» *[Lev 19, 4]*.

Levit. 26a *[Lev 26, 1]*.

Deut. 4c: «Non vidistis aliquam similitudinem» etc. *[Dtn 4, 15]*.   10
Paulo post d: «Cave» *[Dtn 4, 23]*.

Deut. 5a *[Dtn 5, 8–10]* est eadem sententia cum Exod. 20 *[Ex
20, 4–6]*.

Deut. 27c «Maledictus» etc. *[Dtn 27, 15]*.

Deut. 12a *[Dtn 12, 2–4]*.   15

Deut. 13a *[Dtn 13, 1–3]*.

Deut. 7a: «Quin potius hęc facietis eis» *[Dtn 7, 5]*.

Iudi. 10d *[Ri 10, 13–15]*.

Iosias 4.Re.23 idola et multa alia confregit, comminuit *[2 Kön 23]*.

Ezechias serpentum, 4. Re. 18a *[2 Kön 18, 4]*.   20

Manasses ex captivitate reversus «abstulit deos alienos et simulacra
de domo domini», Paralip. 2, cap. 33 *[2 Chr 33, 13–15]*.

Ps. 113: «Simulacra gentium argentum et aurum» *[Ps 115, 4]*.

Esa. 44b *[Jes 44, 9ff]*.

Hieremię 13b *[Jer 13, 27]*.   25

Abacuck 2d: «Quid prodest» *[Hab 2, 18f]*.

Iosue 24 *[Jos 24, 23]*.

4 nec] *nur zum Teil lesbar* – 6 Deos] *undeutlich, davor ein Wort nicht mehr lesbar –*
14 Maledictus etc.] *folgt auf neuer Zeile gestrichen* Abolitio – 19 Iosias] *davor am Rand* b;
Zeichen, um die Reihenfolge mit dem nächsten Abschnitt (mit a gekennzeichnet) zu ver-
tauschen? – 20 Ezechias] *davor am Rand* a,; *danach gestrichen* anguem

---

[1] *Die folgende Sammlung von Bibelstellen stimmt fast vollständig mit einer Liste in
Kapitel 29 des «Commentarius de vera et falsa religione» (Z III 903₂₋₁₇) überein; sie ist
möglicherweise als entsprechende Vorarbeit zu betrachten. Zur Bilderfrage vgl. A Zürcher-
Ref Nr. 543 und 546, sowie Zwinglis «Vorschlag wegen der Bilder und der Messe», Z III,
Nr. 35, S. 114–131; Locher, Reformation 131f, 143f.*

Ps. 69 *[Ps 97, 7]*, Ps. 113 *[Ps 115, 4]*, Ps. 105 *[Ps 106, 6ff]*.
Esa. 42 ibi. *[Jes 42, 8]*.
Hiere. 10 *[Jer 10, 8]*.
Mich. 1 *[Mi 1, 7]*.
5   Sap. 4 *[Weish 4, 18–20?]*.
1. Cor. 5 *[1 Kor 5, 10f]*. Ibi 10 *[1 Kor 10, 19]*.
1. Io. 5 *[1 Joh 5, 21]*.
2. Paralip. 31 *[2 Chron 31, 1]*.
Ezechiel 6a *[Ez 6, 3–6]*.
10   1. Thessal. 1 *[1 Thess 1, 9]*.
1. Cor. 12 *[1 Kor 12, 2]*.
Levit. 26 a *[Lev 26, 1]*.
Idola esse opera manuum vestrarum, Hiere 25b *[Jer 25, 7]*.

188.16

15
[Adresse an Johann Faber?,
30. April 1526][1]

Habes hic, versutissime Faber *[?]*, quo θυμόν temperes et, nisi
amice monitioni obtemperes, fieri nequit, quin mundo exponatur non
iam stulticia sed malicia tua[2]. Ocyssime ultima aprilis *[1526]*.

20
188.17

[Fragment unbestimmten Inhalts]

Ab isto solo iuste iudicari potest. Sed vertitur *[?]* hic nobis inexpli-
cabilis nedum *[?]* qui te putent a domino labi permissum esse, nisi me
totum fallo isti iudici tumorem verborum et simulationis tollere.

7 5] *folgt gestrichen* 7 *[?]* – 13 Idola ... 25b] *diese Zeilen mit großem Abstand zu den
vorhergehenden Zeilen* – 24 isti] t *aus* l *korrigiert?*

---

[1] *Bei diesem – vorsichtig als Adresse bezeichneten – Text könnte es sich um ein Be-
gleitschreiben handeln, das Zwingli Gregor Mangolt als dem Überbringer seiner «Über
den ungesandten Sendbrief Fabers Zwinglis Antwort» (Z V, Nr. 82, S. 34–94) für seinen
Gegner in Konstanz mitgegeben hat. Vgl. Gregor Mangolt an Zwingli, 5. Mai 1526,
Z VIII, Nr. 475, S. 581–584, bes. S. 581, Anm. 1.*
[2] *Vgl. als Beleg ein paar Sätze in Zwinglis Antwort, Z V 44₁₋₂₂, sowie Zwingli an Vadian, 29. April 1526, Z VIII, Nr. 474, S. 578–580.*

188.18

[Sprachverwandtschaft
des Hebräischen und Griechischen][1]

Εἰσ τὰ Πινδάρου.
Aversiones[2] in psalmis crebras.
Item sententiarum[3] cura. Ps. 105 ab initio sententia *[Ps 106, 1ff]*[4].
Iterum gloriam suam pro deo, eodem Ps. *[Ps 106, 20]*[5], ubi Ps. 143:
(אֲשֶׁר פִּיהֶם דִּבֶּר) *[Ps 144, 8]*, hic locus secundum grammatica[6] tractari
aut explicari potest?

188.19

[Zur Vertreibung
der evangelischen Rottweiler,
Dezember 1529]

Der Kaiser habe einen Barfüßermönch zum Papst nach Rom geschickt und sich
dem Papst unterworfen; die Truppen des Herzogs von Urbino und der Franzosen hätten mit Zerfall zu kämpfen; der Papst habe dem Kaiser die Einberufung eines Konzils
und die Unterdrückung der Evangelischen versprochen und wolle seinen Hof von Rom
nach Ancona verlegen; es wird beklagt, daß sich deutsche Führer (Rudolf Häll) dazu
hergeben, gegen Deutschland Truppen zu sammeln; gerüchteweise verlaute, man wolle
einen Reichstag nach Regensburg einberufen.

Item quod dynastę trans R h e n u m antea etc.
Prefectus S.[7] hęc dixit per literas antea et nunc aliud egit.

---

[1] *Wie oben in Nr. 188.14 will Zwingli auch hier auf die Sprachverwandtschaft des Hebräischen mit dem Griechischen Pindars hinweisen. Vgl. Zwinglis «Praefatio und Epistola
zu einer Pindar-Ausgabe», Z IV, Nr. 76, S. 863–879.*

[2] *rhetorischer Begriff: Abwendung vom Publikum, vom Gesprächspartner oder auch
von der Sache (Lausberg § 848; Z XIII 840).*

[3] *Sentenz, in einem Satz formulierter allgemein gültiger Gedanke (Z XIII 848).*

[4] *Vgl. Z XIII 728$_{21-27}$.*

[5] *Z IV 877$_{9-13}$; vgl. Z XIII 731$_{4f}$.*

[6] *Sprachwissenschaft.*

[7] *Es läßt sich nicht genauer bestimmen, wer gemeint ist.*

Ὁ Σχούδιος caligas et alia donavit etc. Explorationem commisi cuidam[1].

Ἐριθροπολι . . ν [?][2].

Primo sustinere, ne bona eorum sub corona veneant[3].

5   Deinde ut certus dies dicatur, quo isthic conveniant etc.

Ut omnino sit verax ipsos esse, cum quibus foedera habeamus, et severa contineat denique commoda, si consentiant ad reditum, incommoda, si negent. Quod nemo sic sęvierit.

Περὶ πόλεων τῶν πέρας τῆς λήμνης[4].

10   **188.20**

            [Offene Fragen betr. Zehnten]

            Kurtztag[5] angesetzt.
                Hatt zer gengt[6].
            Gott gibt sine gaben eim
15   frů, andrem spat.

            Meister Ůlrich ist still
                gstanden[7].
            In scriptura sua

6 ipsos ... habeamus] *über der Zeile eingefügt* – 8 Quod nemo sic sęvierit] *nachträglich eingefügt* – 12–S.338₂₀ Kurtztag ... kommen] *linke Textspalte* –14 sine] *korrigiert durch Streichen des letzten, unleserlichen Buchstabens*

---

[1] *Da sich die folgenden Bemerkungen mit größter Wahrscheinlichkeit auf die Rottweiler Angelegenheiten vom Jahr 1529 beziehen, dürfte mit Σχούδιος Peter Tschudi gemeint sein, der zu dieser Zeit in Zwinglis Auftrag Erkundigungen betr. Italien einzog (vgl. Z X, Nr. 949, Peter Tschudi an Zwingli, 27. Dezember 1529). Dagegen bleibt offen, wem («cuidam») Zwingli die «Kundschaft» anvertraut hat.*

[2] *wohl Rottweil.*

[3] *Die Frage der Versteigerung von Gütern der vertriebenen reformierten Rottweiler war im Dezember 1529 aktuell (EA IV 1b 475; Wolfgang Vater, Die Beziehungen Rottweils zur Schweizerischen Eidgenossenschaft im 16. Jahrhundert, in: 450 Jahre Ewiger Bund, Festschrift zum 450. Jahrestag des Abschlusses des Ewigen Bundes zwischen den XIII Orten der Schweizerischen Eidgenossenschaft und dem zugewandten Ort Rottweil, hg. vom Stadtarchiv Rottweil, Rottweil 1969, 33). Das Schreiben der reformierten Orte an Rottweil vom 22. Dezember 1529 spricht ausdrücklich von «Vergandtung» der Güter (Stadtarchiv Rottweil, I L 6 F3, Nr. 43).*

[4] *Damit dürften die Bodenseestädte gemeint sein.*

[5] *In dieser Zusammensetzung dem SI (XII 891ff) offenbar unbekannt. Es handelt sich um einen Gerichtstermin oder eine sonstige Versammlung, die entweder kurzfristig angesetzt war, kurze Zeit dauerte oder vor kurzem stattgefunden hatte (vgl. SI III 497).*

[6] *ausgerottet, verwüstet (SI II 357f).*

[7] *hat zugewartet, ist neutral geblieben (SI XI 730–738).*

uffs land schryben:
  Cur ergo promisit
  se.
Das zyt nit bestimmen,
  simile adducit   5
de probatione in homicidio.

Des zehenden halb einen
  schmutz[1] geben.
Man lass mich es wüssen
  von des gloubens wegen.   10
Etliche bůcher ze Rom,
  etliche von Franckfurt.

Zeigen, wo er sich nit
  erlich gehalten haben
Zehenden warmachen.   15
  Nüt dar wider können.
Ich hab nit warnungen.
  Zehenden nit löugne wie
  der Luchsinger[2].
Me lüt darzů kommen.   20
  Nit verkert,
me lüt dar zů kamen.

188.21

[Ein Fall vor Ehegericht][3]

Iuramentum decisorium non contradicit iuriiurando testium. Quod   25
  non quatuor testes.
Ex antiquis causis.

10 wegen] *folgt auf neuer Zeile gestrichen* wer – 12 Franckfurt] *unter dieser Zeile
folgt ein Querstrich* – 21f Nit ... kamen] *rechte Textspalte, oben beginnend* – 21 Nit ver-
kert] *von fremder Hand am rechten Rand beigefügt* manus Zuinglii

---

[1] *einen Hieb versetzen, treffende Bemerkung, Antwort geben (SI IX 1038).*
[2] *wohl kaum Konrad Luchsinger (Jacob, Führungsschicht 212ff), von dem keine Stellungnahme gegen Zehnten bekannt ist.*
[3] *Anhand der vorhandenen Literatur und Quellen zum Ehegericht ließ sich dieser Fall
nicht näher bestimmen. Vgl. aber immerhin die Zürcher Ehegerichtsordnung, Z IV, Nr. 55,
S. 176–187, sowie Locher, Reformation 154f.*

Pręfectus monuit. Deinde post 5 menses contraxit.

Z'essenmacherin[1] scivit, imo vidit ire ad ecclesiam.

Cogentur propediem immutare hanc sententiam. Casu si quis civis promittat etiam pręsentibus testibus scorto matrimonium, deinde
5   pater aliam ei det uxorem.

Absolutum esse huius causa eum, qui 3 uxores. Ergo cum pręcepto iudicio venerunt.

Zessenmacherin dixit primo accessu: Ich sprich inn nit an. Adpellavit. Et post omnia coram senatu postremo dixit: Ich ger sin nit[2], so
10   verr es mit gott sin mag. Quis ergo non videt esse calumniam?

188.22

[Abendmahlsverständnis]

... dividitur; iam dicimus ea*[?]* penetrare usque ad animum, sed quo vehiculo aut duce? Fide. Quemadmodum enim diximus: fidem
15   tolle, quę et verbum et symbola pro dei donis agnoscat, iam ut diximus: iocus ac risus sunt, quę et pręcicas et porrigis. Quo modo*[?]* ...

... a nobis. Cum autem edendi verbo addimus «vere» et dicimus vere editur, iam in re deberemus per hanc vocem vere intelligere naturaliter, virtute paragmeni[3]. Cum enim «verum» in hac oratione[4]:
20   «Christi verum corpus editur in coena», naturale significat corpus, hoc modo ...

6 Absolutum] *davor gestrichen* Liberatum*[?]* esse – 13 dividitur] *davor eine angeschnittene Zeile, nichts mehr zu entziffern* – 17 a nobis] *davor nicht lesbar wegen angeschnittener Zeile* – 17 a nobis. Cum] *Oberlängen sind weggeschnitten*

---

[1] «Zessenmacherin» *hat in diesem Zusammenhang wohl die Bedeutung von Kupplerin (Grimm XV 808; Lexer III 1098; die andere Bedeutung: Wettermacherin, Wetterhexe; fehlt bei SI).*

[2] *Ich begehre ihn nicht.*

[3] *Wortwiederholung, derivatio (Lausberg § 648).*

[4] *als rhetorischer Begriff: tropus (Lausberg §§ 565, 579, 582).*

188.23

[Gewichtiges Lehren]

Occasionem[1] graviter docendi accipit[2] a re nata[3].
Luc. 12: «Dic fratri meo ut dividat mecum hereditatem» *[Lk 12, 13].*
«Cavete ab omni avaricia» *[Lk 12, 15].*
Ma*[t]* 16: De panibus trans fretum omissis *[vgl. Mt 16, 5].* Praelege
eum.
Luc. 13: De his «quorum sanguinem Pilatus miscuit» etc. *[Lk
13, 1].* Poenitentiam egeritis *[vgl. Lk 13, 5]* et: «Arborem fici habe-
bat» villicus etc. *[Lk 13, 6].*
Io. 4: «Samaritis» *[Joh 4, 9].*

6 Ma*[t]*] *durch kleinen Riss verdorbener Text*

---

[1] *Gwalther zitiert in seinem Eintrag zuerst (fol. 25v) Joh 1, 29 [«Ecce agnus ille Dei tollit peccatum mundi»], führt darauf einige Betrachtungen dazu aus und schließt (fol. 26r)
mit dem Zitat von Apg 4, 11f [«Hic est lapis ille qui reiectus est a vobis aedificantibus ... in
quo oporteat nos salvos fieri»]. Anschließend fügt er (fol. 27r) Zwinglis Notiz über die Gelegenheit, entsprechend den Umständen gewichtig zu lehren, bei. Wenn man die Bedeutung der von ihm ausgewählten beiden Bibelstellen bedenkt, so darf man vermuten, daß
Gwalther Zwinglis Notiz mit Bedacht ausgesucht hat.*
[2] *Ähnliche Sätze formulierte Zwingli u. a. in seinen «Annotationes in evangelium
Marci» (S VI/I 525$_{20}$: «Simulat se esurientem, ut ab omnibus rebus docendi spiritualia
ansam capiat»; ZBZ, Ms Car II 181, fol. 162r: «Sic ansam doctrine sumit simulans se famis gratia accessisse [sc. ad ficum]», sowie fol. 164r: «Ut doceret ... non propter ficum, sed
volens docere fidem») (freundliche Hinweise von Dr. Max Lienhard).*
[3] *«a re nata = nach Beschaffenheit der Sache, der Umstände, der Zeit.*

Bü / H. St.

189–191

Die Lieder

Zwingli hat ein umfangmäßig zwar äußerst kleines, aber in mancher Hinsicht bedeutendes Œuvre an geistlichen Liedern hinterlassen. Drei Lieder sind uns mit Text und Weise als des Reformators Werke überliefert: das sogenannte Pestlied (Hilf, Herr Gott, hilf), eine Liedbearbeitung des 69. Psalms (Hilf Gott, das Wasser gaht) und – das bekannteste – das sogenannte Kappelerlied (Herr, nun heb den Wagen selb). Von den zugehörigen vierstimmigen Sätzen ist nur ein Fragment eines einzigen auf uns gekommen. Für vier weitere Melodien und zwei weitere Texte, die alle anonym überliefert sind, kann man Zwinglis Autorschaft mit mehr oder weniger Grund vermuten, jedoch nicht beweisen.

Bedeutung

Angesichts dieses Befundes könnte man sich leicht zur Feststellung veranlaßt fühlen, es handle sich hier um eine Sparte im Schaffen Zwinglis, der nur eine sehr untergeordnete Bedeutung zukomme. In diesem Urteil wird man sich bestärkt fühlen durch die Feststellung, daß es sich bei diesen Liedern nicht etwa um einen Beitrag des Zürcher Reformators zur Erneuerung des Gottesdienstes handelt wie bei Luther oder den Konstanzer Reformatoren, sondern um ein ganz «privates» Kunstschaffen. Im Rahmen des damaligen Bildungsideals ist es auch nichts Besonderes, wenn einer, der sonst nicht dichtet, einmal einen gereimten metrischen Text aufsetzt und ein Nichtmusiker Melodie und Satz dazu schreibt; fast jeder Humanist hat sich irgendwann einmal poetisch oder musikalisch betätigt.

Nun haben aber die Zeitgenossen diesem Teil von Zwinglis Werk in einem Maße Aufmerksamkeit geschenkt, das uns zum Bewußtsein bringt, daß hier doch wohl mehr vorliegt als eine Frucht humanistischer Freizeitbeschäftigung und der Tribut an eine zeitbedingte Mode. Johan-

nes Stumpf führt in seiner Reformationschronik nicht nur das Pest- und das Kappelerlied ausdrücklich an (Stumpf II 188 und 195), sondern er stellt vorweg grundsätzlich fest (II 187): «Fürnemlich was er (Zwingli) in der Musica gruntlich bericht uff allen instrumenten ... ein guter componist etc.» Und Bullinger nennt in seiner Reformationsgeschichte diese beiden Lieder nicht nur, sondern gibt sie mit dem vollen Text wieder (HBRG I 18; II 182). Mehr Verdienst um unsere Kenntnis vom Dichter und Komponisten Zwingli aber hat wohl ein dritter: Gregor Mangolt (geb. 1498), der Konstanzer Chronist, Sohn eines Zürcher Stadtschreibers, Freund Zwinglis und Bullingers, Buchhändler und Verleger, von 1548 an bis zu seinem Tode (nach 1583) in Zürich wohnhaft. Höchstwahrscheinlich hat er die nach 1548 erschienenen Ausgaben des einstigen Konstanzer Gesangbuchs betreut und ist er somit der Überlieferer der drei Lieder Zwinglis, von denen zwei seit etwa 1552 in diesem Gesangbuch stehen (eines war schon früher in dieses Repertoire aufgenommen worden). Ohne ihn kennten wir Zwinglis Bereimung des 69. Psalms überhaupt nicht. Aus zwei Briefen Wolfgang Capitos an Zwingli (Z XI 163$_{7-9}$ und 316$_{13-15}$) erfährt man von der hohen Wertschätzung, deren Zwinglis Liedkunst sich sogar in Straßburg erfreute. Dort finden wir denn auch das Kappelerlied zum ersten Mal im Ausland bezeugt (Str 1), ungefähr gleichzeitig mit der ersten schweizerischen Übernahme in ein Gesangbuch (Zü O).

Stil

Wir Heutige vermögen aus der zeitlichen Distanz das Besondere an Zwinglis Liedschaffen zu erkennen und zu würdigen. Wenn man Zwinglis Lieder literar- und musikhistorisch präzis einordnen will, hat man sie dem Typus der sogenannten Hofweise zuzuzählen. Es handelt sich hier um einen von Hans Joachim Moser umrißhaft erkannten, jedoch erst seit 1948 (Gudewill) klar herausgearbeiteten, aber im Grunde leicht zu erkennenden Liedtyp aus der Zeit zwischen 1450 und 1550. Der Terminus «Hofweise» (oder «Hoflied») ist – wie das in der wissenschaftlichen Terminologie immer wieder vorkommt – irreführend. Er ist gerechtfertigt, soweit damit der (tatsächlich vorhandene) Gegensatz zum «Volkslied» gemeint ist, will aber nicht besagen, daß es sich hier um eine speziell höfische Form von Dichtung und Musik handelt. Es geht hier vielmehr um die «deutsche Gebildetenlyrik der Zeit zwischen 1450 und 1550, in der verklingender Minnesang und junges Erlebnis des Humanismus sich begegnen» (Moser, Musiklexikon 113), also eine namentlich im Bürgertum beheimatete Kunstform (Seidel 150). Ihre Merkmale sind, kurz zusammengefaßt (vgl. Gudewill, Petzsch, Seidel): In-

haltlich herrscht eine abstrakt-begriffliche, gern Sprichwörter und Redensarten und eher die Allegorie als das poetische Bild verwendende, oft antikisierende, moralisierende Reflexion über Glück und Unglück, Liebe und Kunst vor. Im eigentlichen Sinne geistlich-religiöse Inhalte kommen nur ausnahmsweise zur Bearbeitung. Die durchwegs befolgte Übereinstimmung zwischen Wort- und Versakzent gibt diesen Texten im Vergleich mit solchen der Meistersinger oder der Volks- und Kirchenlieddichtung mit ihrer «freien Zeilenfüllung» einen «modernen» Anstrich. Die regelmäßige Verwendung von zweihebigen Kurzzeilen neben vierhebigen Langzeilen, von Reimkünsten wie Binnen- und Schlagreim, übergehendem und schweifendem Reim und von anderen Gestaltungselementen wie dem Akrostichon lassen bisweilen den Eindruck des Gekünstelten, der bloßen Formspielerei aufkommen. Die Strophengebilde sind häufig länger als beim Volkslied. Dreistrophigkeit ist beinahe die Regel. Musikalisch ist typisch die Initialbrevis, das Melisma auf der vorletzten Hebung einer männlich endenden Langzeile oder auf der Paenultima einer weiblich endenden Zeile, die Verwendung punktierter Rhythmen, synkopischer und sequenzierender Tonfolgen und die ausschließliche Verwendung des tempus imperfectum diminutum. Überschneidungen zwischen textlicher und musikalischer Struktur sind nicht selten.

Es ist, hat man diese poetisch-musikalische Form erst einmal erkannt, leicht festzustellen, daß alle drei Lieder Zwinglis (das Kappelerlied mit seiner ersten Melodie) ganz eindeutig diesem Typus zugehören. Wäre nicht völlig einwandfrei belegt, daß auch die Melodien von Zwingli stammen, so könnte man sie ebensogut etwa Ludwig Senfl zuschreiben. Was Zwinglis Lieder allein vom Normalfall der Hofweise unterscheidet, ist, daß sie konsequent eine geistliche Aussage zum Inhalt haben. Es gibt schon vor Zwingli (z. B. «Maria zart») und gleichzeitig (z. B. bei Herzog Albrecht von Preußen) vereinzelt geistliche Hofweisen, und es gibt geistliche Kontrafakturen weltlicher Hofweisen (z. B. bei Ambrosius Blarer). Zwinglis schöpferische Tat war es, diesen festgeprägten Liedstil konsequent auf das nun neu aufblühende geistliche Liedschaffen angewandt zu haben. Man darf es Zwingli nicht als Mangel an schöpferischer Potenz auslegen, daß er sich so treu an eine vorliegende, schon fest geprägte Form hielt. Man könnte von ihm im Gegenteil mit gleichem Recht das sagen, was Seidel (156) von Senfl sagt: «Seine Größe zeigt sich gerade darin, daß er den Gattungsstil meisterhaft beherrscht.» Zwingli war und blieb also auch hier der konsequente Humanist, indem er die modern-humanistische Liedform für seine geistlichen Liedschöpfungen verwendete.

Fragt man, woher er diesen Liedstil so genau kannte, so muß auf Zwinglis praktisch-musikalische Tätigkeit während seiner Studienjahre *in Wien und Basel hingewiesen werden. Das Liederbuch des Arnt von Aich (Köln nach 1511), eine der damals verbreitetsten und umfassendsten Sammlungen von Hofweisen, wird Zwingli ebenso bekannt gewesen sein wie Bullinger (der die Melodie für sein Hochzeitslied daraus entnahm, s. Blanke, Bullinger 175) oder Clemens Hör (dessen Orgeltabulatur fünf Stücke daraus enthält, s. Marx 52) oder Zwinglis Schwiegersohn Rudolf Gwalter (der ein Lied daraus geistlich kontrafiziert hat, s. Jenny, Verbreitung 323).*

Bestimmung

Aus dieser Feststellung ergibt sich, daß Zwinglis Lieder keine Kirchenlieder im engen Sinne dieses Wortes sind, wie z. B. der größere Teil derjenigen Luthers. Nicht weil Zwingli den Kirchengesang nach deutschem oder Basler Muster nicht eingeführt hat (zu diesem Problem vgl. Jenny, Stellung), sondern weil diese Lieder sich für den Gemeindegesang gar nicht geeignet hätten und diese Verwendung von ihrer Form her nicht beabsichtigt gewesen sein kann, handelt es sich bei Zwinglis Liedern nicht um einen Beitrag zum gottesdienstlichen evangelischen Lied. Es sind geistliche Sololieder. Nicht einmal als Chorlieder sind sie gedacht, denn sie gehören eindeutig noch jenem Typus der Hofweise an – das Satzfragment zum Psalmlied zeigt es –, bei dem nur der Tenor textiert ist und die übrigen Stimmen des Satzes instrumental ausgeführt werden müssen. Da das evangelische Gesangbuch von Anfang an nie nur als liturgisches Rollenbuch der Gemeinde verstanden wurde, sondern immer auch privates Erbauungsbuch war, bestand kein Hindernis, diese Lieder trotz ihres besonderen Charakters in die Gesangbücher aufzunehmen. (Vgl. zu diesem Problem im übrigen den Abschnitt «Bestimmung und Bedeutung der Lieder Zwinglis» bei Jenny, Lieder 92–99).

Echtheit

Daß die drei zunächst zur Rede stehenden Lieder von Zwinglis eigener Hand stammen, daran kann kein Zweifel bestehen, auch wenn ein Zeugnis aus Zwinglis eigener Feder dafür nicht nachgewiesen werden kann. Dem Zürcher Reformator Liedschöpfungen anderer zuzuschreiben, dazu hätte kein Anlaß bestanden. Und die Zeugen für Zwinglis Autorschaft sind so zahlreich, verläßlich und voneinander weitgehend unabhängig, daß wir uns auf ihre Angaben, mindestens was die Autorschaft betrifft, verlassen können. Stumpfs Zeugnis für Zwinglis Verfasserschaft am Pest- und Kappelerlied in seiner 1531 bis 1534 niederge-

schriebenen Reformationschronik (Stumpf II 188₁₅₋₁₇ und 195₁₁f) ist das
früheste. Davon ist gewiß unabhängig die ungefähr gleichzeitig erfolgte
signierte Niederschrift des Kappelerliedes in der Basler Handschrift
Is 1. Eigenes Gewicht kommt dem Zeugnis des kundigen Redaktors des
in Zürich gedruckten Konstanzer Gesangbuches zu, in welchem schon in
der spätestens 1537 anzusetzenden zweiten Ausgabe (Zü O) das Kappe-
lerlied unter Zwinglis Namen gestanden haben muß (s. Jenny, Lieder
64) und das in einer verschollenen Ausgabe von 1549 (Jenny, Geschichte
116–120 und Ergänzungen 134f) erstmals auch die beiden anderen Lie-
der unter Zwinglis Namen bringt; für das Pestlied ist das die früheste
vollständige Quelle, für das Psalmlied die früheste Quelle überhaupt.
Der Zweiliederdruck mit dem Pestlied, der in Z I 65 (unter H) mit der
Datierung c. 1530 aufgeführt ist, gehört in die zweite Hälfte des Jahr-
hunderts, ist aber von den Zürcher Gesangbuchdrucken unabhängig
und stellt daher ein eigenständiges Zeugnis für die Autorschaft dar.
Dem Zeugnis Bullingers hingegen kommt insofern ein geringerer Wert
zu, als Zwinglis Amtsnachfolger in diesen Angaben nachweislich auf
Stumpf fußt und zur Zeit der Niederschrift seiner Reformationschronik
(1567) bereits fünf Ausgaben des Froschauer-Gesangbuches mit den
signierten Zwingli-Liedern vorlagen. Immerhin hat Bullinger einen gegen-
über den Gesangbuchdrucken unabhängigen Text der Lieder, so daß
man nicht zur Annahme gezwungen ist, er habe seine Kenntnis nur aus
Stumpf und den Gesangbüchern. Durch Bullingers Bearbeitung des
Pestliedes, die in einem mit 1536 datierten Autograph vorliegt (Abdruck
bei Jenny, Verbreitung 320–322), ist bewiesen, daß Bullinger dieses Lied
schon in seinen ersten Zürcher Amtsjahren kannte. Keßlers Zeugnis für
das Kappelerlied ist keineswegs das früheste, wie lange angenommen
wurde (Jenny, Lieder 65, Anm. 3); die uns vorliegende Fassung der Sab-
bata ist möglicherweise erst nach 1556 niedergeschrieben.

An der Echtheit des 69. Psalms wurde eine Zeitlang gezweifelt (s. Jenny,
Lieder 70f, Anm. 13), doch besteht dazu nicht der geringste Anlaß. Hin-
gegen mag man sich fragen, ob der Name Zwinglis bei diesen Liedern
sich notgedrungenermaßen immer auf Text und Melodie beziehen
müsse. In der Tat bezeichnen die Autorangaben in den Gesangbüchern
jener Zeit normalerweise nur den Autor des Textes, während sie in den
mehrstimmigen Liederbüchern in der Regel den Symphonetes, den
Komponisten des mehrstimmigen Satzes, bezeichnen, der mit dem Pho-
nascus, dem Schöpfer der Melodie, sofern es sich um einen cantus prius
factus handelt, nicht identisch zu sein braucht. Zwar ist die Einheit zwi-
schen Textdichter und Melodist bei dieser Stilgattung der Normalfall
(Moser, Hofhaimer 71). Und es sind genügend Fälle bekannt, wo Dich-
ter, Phonascus und Symphonetes in einer Person vereinigt sind, so bei

Adam von Fulda und bei einigen der besten Lieder Ludwig Senfls. Bei Zwingli kommt noch das sehr eindeutige Zeugnis Bullingers (HBRG II 182) hinzu, das bestätigt wird durch allgemeine Zeugnisse über Zwinglis kompositorische Fähigkeit und Tätigkeit (s. Stumpf und den Briefwechsel mit Capito, oben S. 342).

Entstehung

Die übliche Darstellung läßt das Pestlied um die Wende 1519/20, während oder doch gleich nach Zwinglis Erkrankung, entstanden sein, setzt das Psalmlied zur Prophezei in Beziehung und datiert es «um 1525», während das Kappelerlied im Juni 1529 im Feldlager bei Kappel entstanden sein soll.

Die erste und dritte dieser Datierungen scheinen ohne Problem zu sein, kann man sich doch auf Bullinger berufen: «Der praest bestůnd ouch Zwingli selbs, imm Augsten. Und alls er deß praestens widerumm, durch Gottes hilff und gnad, uffkam, macht er nachvolgendts lied, welches zwaren [fürwahr] wärt ist, das es in dise Histori yngschriben werde» (HBRG I 28, Nr. 9). Und: «Zwingli marckt [merkte] zytlich in disem krieg grosse gefaar, dann es wurdent gebrucht geschwinde prattiken [listiges Vorgehen] und böse gesůch [Unternehmungen]. ... Dorumm in sömlicher sorg und angst macht er nachvolgend Liedli» (HBRG II 182, Nr. 309). Von Staehelin (Zwingli I 160ff; II 375) bis Farner (II 362ff; IV 322) wurden diese Angaben ohne Zögern übernommen. Und während Schuler und Schultheß (S II/II, 277) zum 69. Psalm noch schrieben: «Zeit und Veranlassung der Abfassung ist unbekannt», gilt seit Mörikofer (II 93–95) auch hier allgemein die Datierung «um 1525».

Bei kritischer Überprüfung tauchen jedoch sofort Fragezeichen auf. Zunächst ist festzustellen, daß Bullingers Angaben über Zwingli nicht unbedingt den Quellenwert haben, den man ihnen gerne geben möchte. Seit der Arbeit von J. Berchtold-Belart ist bekannt, daß Bullinger sich in seinem Zwingli-Bild weitgehend auf Stumpfs Reformationschronik stützt: «Zufügungen aus Stumpf sind manchmal nachträglich in den Text eingeflochten oder an den Rand gesetzt. ... In sehr vielen Fällen hat Stumpf ihm als Vermittler von Nachrichten gedient, die er dann nicht mehr weiter überprüft hat» (129). Genau dieser Fall liegt beim Abschnitt über das Kappelerlied vor, der auf einem besonderen Zettel steht; dieser wurde doch wohl erst nachträglich in das Manuskript eingefügt. Und die Angabe, Zwingli sei im August an der Pest erkrankt, ist tatsächlich ungeprüft aus Stumpf übernommen worden. Sie ist eindeutig falsch. Wohl ist die Seuche in Zürich im August ausgebrochen (Egli, Pest 377); aber Zwingli selbst ist erst von der zweiten und heftigsten

*Welle dieser Epidemie um den 12. September herum erfasst worden
(Farner II 353). Ganz unverändert hat Bulliner diese Angaben Stumpfs
allerdings doch nicht verwendet (vgl. zu Bullingers Kritik an Stumpf:
Weisz, Stumpf 11 und 168f mit Anm. 162). Stumpf schreibt nämlich zum
Jahr 1519 (Ms A 1 der ZB Zürich, Bl. 627v am unteren Rand nachgetragen): «Im ougsten diß 1519. jars ist er an der pestilentz schwerlich
kranck gelegen, in welcher kranckheit er componiret das liedlin Hilff
hergot hilff uß dißer nodt etc.» (Stumpf II 188₁₅₋₁₇). Und (Bl. 631r der
Handschrift): «Er hatt ouch im Läger zu Cappel das Liedli componirt
Her nun heb den wagen selb / schelb wirt sonst all unßer fart etc. Im
truck ußgangen» (Stumpf II 195₁₀₋₁₂). Bullinger stellt also die beiden
Lieder wohl in den von Stumpf behaupteten biographischen Zusammenhang, verknüpft sie aber nicht so eng mit dem zugrunde liegenden Ereignis. Das Pestlied läßt er erst nach der Genesung des Reformators (allerdings, wie die Stelle HBRG II 182 zeigt, doch noch im Jahre 1519) entstanden sein und das Kappelerlied ganz allgemein im Zusammenhang
mit der Not, die jene Ereignisse Zwingli bereiteten, was ja auch nach
der Heimkehr von Kappel noch der Fall war. Nur hat er offenbar keine
Kenntnis davon gehabt, daß Zwingli Ende 1519 noch nicht so weit ge-
nesen war, daß er imstande gewesen wäre, ein so anspruchsvolles Werk
wie das Pestlied zu verfassen. Die uns heute zugänglichen Briefe zeigen,
daß Zwinglis Rekonvaleszenzzeit noch weit ins Jahr 1520 hinein andau-
erte (Z VII 232₁; 246₃; 288₁).*

*Was sagen die anderen Quellen? Die Überschrift des Pestliedes, wie
der Redaktor von Zü 2 (um 1552) sie formulierte («gestelt durch H. Z.
als er mit pestilentz angriffen ward») stimmt mit Stumpf überein, während die jenes (Basler?) Zweiliederdrucks (L 1), der einen sehr guten
Text aufweist, wie Bullinger vorsichtiger formuliert («so ein frommer
Christ, genannt Huldrych Zwingli, vor etlichen jaren mit pestilentz angriffen, gemacht hat»). Für das Kappelerlied ist 1529 auf jeden Fall der
Terminus post quem non. Denn die auffallende, signierte und datierte
Niederschrift des Textes in der Basler Handschrift (Is 1) «V. Z. 1529»
kann sehr wohl direkt oder indirekt auf eine Urschrift des Autors zurückgehen; er hat sein Monogramm mitunter so geschrieben (vgl. Farner
I 61 mit Abbildung). Keßlers Überschrift («in obbeschribenem krieg gemacht») bestätigt den Zusammenhang mit den Auseinandersetzungen
jenes Jahres, ohne so präzise Angaben zu machen wie Stumpf. Der
Chronist Bernhard Wyß weiß zu berichten, daß im Lager bei Kappel zur
Aufrechterhaltung der Ordnung unter anderem gesungen wurde (Finsler, Wyß 128, 24). Vom Kappelerlied sagt er nichts. Laurentius Boßhart
aus Winterthur weiß in seiner Chronik nichts vom Singen im Lager, hingegen davon, daß gebetet wurde «um Frieden und Gnade, damit das*

Gotteswort seinen freien Fürgang hätte, das Blutvergießen vermieden und eine christliche Eidgenossenschaft wieder in göttlicher Liebe versammelt werde» (Hauser 146₄₋₁₀), was genau der 3. Strophe des Kappelerliedes entspricht. Es ist nach dem allem doch sehr wahrscheinlich, daß das Kappelerlied im Juni 1529 vor Kappel gesungen wurde. Es ist damit aber noch keineswegs bewiesen, daß es wirklich auch dort entstanden ist.

Für die Datierung des Psalmliedes schließlich ist nur ein einziger äußerer Anhaltspunkt vorhanden: Diese poetische Übertragung des 69. Psalms steht derjenigen in Prosa, die Zwingli 1525 als Grundlage für seine Psalmenpredigten (nicht für die Prophezei, wo die Psalmen erst 1529 an die Reihe kamen) ausarbeitete, auffallend nahe. Ob aber die metrische Übertragung vor oder nach der wörtlichen geschaffen ist, läßt sich nicht mit letzter Sicherheit sagen. Vor allem aber gibt uns die Feststellung einer Beziehung zur homiletischen Beschäftigung mit dem Psalter von 1525 noch keine Erklärung dafür, wieso Zwingli gerade diesen Psalm im Stil der Hofweise neugeformt hat.

So haben wir bei allen drei Liedern nach inneren Gründen für ihre Entstehung zu fragen, die dann neue Gesichtspunkte für eine zeitliche Fixierung der Entstehung ergeben könnten.

Für das Pestlied hat Rich uns den Weg gewiesen. Er bringt in einem längeren Exkurs (104–119) in Auseinandersetzung mit der früheren Literatur zu dieser Frage und unter Zuhilfenahme der brieflichen Äußerungen Zwinglis aus der fraglichen Zeit den Nachweis, daß das Lied Gedanken aufweist, die erst seit dem Brief an Myconius vom 24. Juli 1520 (Z VII Nr. 151) bei Zwingli auftauchen. Das Pestlied spricht Überzeugungen aus, die den neuen Erkenntnissen, welche Zwingli in diesem Brief ausspricht und die seine beginnende Loslösung vom erasmischen Humanismus anzeigen (Rich 96–104), so genau entsprechen, daß eine Entstehung des Liedes vor Mitte 1520 völlig ausgeschlossen ist. (Die Hauptstelle ist Z VII 344₁₅₋₁₇: «Ich bitte Christus nur um das eine, daß er mir verleihe, alles mit einem mannhaften Herzen zu tragen, und daß er mich, sein Geschirr, zerbreche oder festmache, wie es ihm gefällt.» Eine ganze Reihe weiterer Parallelen zwischen Brief und Lied kommt hinzu.) Mit Richs Feststellungen ist die Motivation der Entstehung des Pestliedes gegeben: Es geht im Grunde nicht um die poetische Darstellung eines persönlichen Erlebens, nicht primär um die Verarbeitung einer biographischen Episode durch deren künstlerische Darstellung; das Gedicht will nicht Auskunft geben über Zwinglis Gedanken während seiner Krankheit und Genesung. Zwingli stellt hier vielmehr – unter dem Bild des Durchgangs durch die Not und Prüfung einer Krankheit – den Kampf um seine Berufung zum Reformator dar, ähnlich wie Luther das in «*Nun freut euch, lieben Christen gmein*» *(im einzelnen freilich in ganz anderer Art) tut. Der Dichter, der sich in den beiden Fabelgedichten (Z I 11–22 und 53–60) schon als Meister der Allegorie gezeigt hatte, verwendet hier aufs neue und in einer noch sehr viel tieferen, differenzierteren und auch kunstvolleren Weise das Mittel der Allegorie. Der Kampf auf Leben und Tod in der Krankheit gibt das äußere Bild ab, unter dem er seinen Kampf um die Sache Christi darstellt. Die Stelle 2,17–24 ist überhaupt nur unter dieser Voraussetzung richtig zu verstehen. Bei einer Deutung des Liedes rein nur als Darstellung des Krankheitsablaufs bleibt die Bitte, Christus möge den Streit für den Sterbenden führen, eigentlich sinnlos; denn wenn er stirbt, ist der Kampf um sein Leben ja zu Ende, nicht aber der Kampf um die Erneuerung der Kirche.*

Für die Datierung ist mit Richs Feststellung erst ein Terminus a quo gewonnen (Künzli 17 gibt 1520 als Entstehungsjahr an), denn es läßt sich zeigen, daß die Mitte 1520 gewonnene Einsicht nun zum festen Bestandteil von Zwinglis Glaubensüberzeugung wird. Bis kurz vor sein Ende läßt diese Gewißheit der Abhängigkeit von Gott ihn nicht mehr los. Und immer wieder taucht das Bild vom Geschirr, sei es im Sinn von instrumentum, *sei es im Sinn von* vasculum *oder* figulinum, *in seinen Schriften auf (in zeitlicher Folge: Z VII 565$_{12f}$; Z II 180$_{1-13}$; Z III 91$_{34-38}$; S VI/I, 449; S VI/I, 341$_{39ff}$; S VI/II, 240$_{11f}$; oben unsere Nr. 183, S. 266$_1$).*

So betrachtet muß auffallen, wie nahe sich die drei Lieder Zwinglis inhaltlich stehen. Das Psalmlied erscheint nun geradezu als die Vorstufe zum Pestlied. Man fragt sich, ob Zwingli nicht zunächst den 69. Psalm als «seinen» Psalm verstehen gelernt und hier die poetische Form für eine Darstellung seines Weges zum Reformator, seines Kampfes und Sieges gesehen hat. Der 69. Psalm ist das Lied eines Angefochtenen. Weil er um das Haus des Herrn geeifert hat (V. 10), sind ihm gefährliche Feinde erwachsen, die ihn verhöhnen (V. 13), verleumden (V. 5) und sein Leben bedrohen (V. 22). Es ist anzunehmen, daß es sich bei dem Psalmdichter um einen jener Rückkehrer aus dem Exil handelt, die sich um den sofortigen Wiederaufbau des Tempels bemühten. In dieser Lage aber befand sich Zwingli damals um 1525. So überschreibt er denn auch seine Übersetzung dieses Psalms: Clarissimus typus est Christi et membrorum eius – ein hälle Figur Christi und siner Glidren *(Z XIII 627). Zwingli versteht den Psalm also nicht nur christologisch, sondern auch – was hier noch wichtiger ist – ekklesiologisch. Er fand darin die poetische Darstellung seines eigenen Ringens. Durch die Umformung des Psalms zur Hofweise eignete er sich dieselbe an. Dabei konnte ihm nicht entgehen, daß der Dichter seinen Kampf auch als den eines durch die Krankheit Angefochtenen darstellte. Es ist nicht ausgeschlossen, daß Zwingli erst jetzt auf den Gedanken kam, diesen selben Stoff ein zweites Mal ganz frei zu gestalten, und zwar einheitlich als den Weg eines Kranken durch die Bedrohung hindurch zu neuem Leben. Dem Umschwung des Psalms von V.31 an entspricht dort die 3. Strophe. Und der Vergleich von 6,9 im Psalmlied mit 3,9 im Pestlied läßt es als nahezu ausgeschlossen erscheinen, daß das Pestlied vor dem Psalmlied geschaffen wurde. Die prägnantere und gefülltere, zudem durch den Stabreim auch poetischere und näherliegende Fassung wäre wohl auch im Psalmlied gebraucht worden, wenn es jünger wäre, zumal der Psalmtext (31b: «ihn erheben mit Dank») dem Dichter auch für die im Pestlied dann gewählte Formulierung durchaus die Freiheit gegeben hätte.*

Noch geraffter, von seiner Person gelöst und ganz auf die Kirche bezogen, hat der Dichter dann – warum nicht um die gleiche Zeit? – in einer dritten Hofweise, im Akrostichon das Initium der beiden anderen aufnehmend, dieselbe Bitte, angereichert durch neue Bilder und Gedanken, ein drittes Mal formuliert. Zu dieser Vermutung – Entstehung des Kappelerliedes in zeitlicher Nähe zu den beiden anderen Hofweisen – kommen wir noch durch einen weiteren merkwürdigen Sachverhalt, der so seine einfachste Erklärung bekäme: Zum Kappelerlied sind zwei Melodien überliefert. Die eine – sie steht nur in jener Basler Handschrift (Is 1) – trägt alle Merkmale der Hofweise. Es ist schwer denkbar, daß sie nach der anderen, in diesem Falle doch sehr viel überzeugenderen entstanden ist. Da der Text dieses Liedes fast alle Merkmale des Hofweisenstils aufweist, liegt es mehr als nahe, daß Zwingli zunächst auch diesem Text eine Melodie vom Hofweisentypus gegeben hat. Anders die zweite Weise, mit der allein man heute das Kappelerlied kennt: Sie trägt die typischen Merkmale des Volkslied-Stils. Es ist kein Zufall, daß sich zwei Volksweisen gefunden haben, die mit der verbreiteten Weise des Kappelerliedes sehr nahe verwandt sind. Die eine hat Heinrich Isaac (†1517) in seiner unter Verwendung solcher Volksweisen geschriebenen Missa carminum für das zweite Kyrie verwendet (s. Heyden; dort S.4 auch der Hinweis H.J. Mosers auf diese Verwandtschaft). Die andere wird mit ihrem Anfang von Wolfgang Schmeltzl in einem Quodlibet (gedruckt 1544) zitiert und findet sich vollständig in einem 1549 gedruckten Satz Casar Othmayrs. Die beiden Weisen stehen sich untereinander in ihrem Aufbau zwar nahe, aber es ist durchaus nicht erwiesen, ob es sich wirklich um eine und dieselbe Weise handelt und man den Text der später überlieferten Weise ohne weiteres auch der von Isaac verwendeten unterlegen darf. Vollends zweifelhaft muß es bleiben, ob Zwingli die eine oder andere dieser Weisen gekannt hat. Dennoch stellen wir die drei Weisen zum besseren Vergleich hier synoptisch untereinander:

Isaac

Othmayr

Ich weiß mir ein Maid - lein hübsch   und fein –

Zwingli

Herr,   nun heb   den Wa - - - - - - - -

hüt   du dich!   Ich   weiß   mir ein Maid - lein
                                    kann   wohl falsch   und

- - - gen selb.   Schelb   wirt sust   all
                        das   brächt Lust   der

hübsch   und fein, sie
freund   lich sein._____   Hüt   du   dich!

un - ser Fahrt;_____
Wi - der - part, die   dich_____   ver-

Für wie nahe man immer die Verwandtschaft dieser beiden Volksweisen unter sich und zu derjenigen Zwinglis halten mag, sie sind auf jeden Fall so verschieden, daß man Zwinglis Lied nicht einfach als Kontrafaktur zu «Ich weiß mir ein Maidlein» ansprechen kann. Ja es ist nicht einmal so sicher, wie die Entdecker dieser Verwandtschaft (Nelle, Zwinglilied; Moser, Lutherfund 345, Anm. 3; Moser, Lutherlieder 14) zunächst glaubten, ob Zwingli dieses Lied überhaupt gekannt hat, und wenn doch, ob er es mit diesem immerhin erst nach seinem Tode bezeugten Text gekannt hat. Und selbst wenn er ihn gekannt, sein wiederholtes «Hüt du dich!» als Warnung an seine lieben Zürcher verstanden und die Worte «Sie kann wohl falsch und freundlich sein – sie narret dich» auf die Innerschweizer bezogen hätte – ein an sich ansprechender Gedanke! –, könnte man nicht von einer Kontrafaktur im üblichen Sinne sprechen, weil vom Text ja nicht das Geringste übernommen ist. Eins aber läßt uns die Verwandtschaft mit den beiden angeführten Volksweisen klar erkennen, nämlich in welchen Bereich das Lied hinüberwechselte, als es seine neue Weise bekam. Es wurde vom Gesellschafts- zum Volkslied, vom Kunstlied zum «Gemeinde»-Lied (in einem sehr weiten, beileibe nicht liturgischen Sinne verstanden). Es ist denn auch durchaus möglich, daß Zwingli dem Liede erst bei Kappel diese Melodie gegeben hat, um den Text für die Zürcher Soldaten singbar zu machen.

Daß Zwingli diese drei Strophen in der damaligen Lage für brauchbar hielt, versteht sich. Hingegen scheint es uns schwer denkbar, daß er das Gedicht in dieser Form in jenen Tagen aufgesetzt haben sollte. Wenn man die beiden Briefe liest, die Zwingli von Kappel aus an den Zürcher Rat richtete (Z X Nrn. 855 und 858), so kann man sich weit eher vorstellen, daß der Reformator «Hüt du dich – Sie narret dich» gesungen hat, als daß er gerade jetzt darauf gekommen wäre, die Sache, um die er kämpfte, mit dem Wagen zu vergleichen, dessen Fahrt man nur noch in Gottes Hand legen kann. Zwingli war in kämpferischer Stimmung. Er hielt einstweilen die Deichsel des Wagens fest in der

Hand. Noch war er nicht an dem Punkt, wo er sich wegen des Zögerns der evangelischen Orte zurückziehen und der ganzen Sache ihren Lauf lassen möchte. «Er stand damals auf der Höhe seines politischen und religiösen Einflusses» (Köhler, Zwingli 1943, 169). Dennoch: Das Kappelerlied ist genausowenig wie Luthers «Ein feste Burg» das Trutz- und Kampflied, als welches man es schon mißverstanden hat (s. Jenny, Verbreitung 332), freilich auch kein Lied der Verzagnis (Schmidt-Clausing, Zwingli 78), sondern ein echtes Vertrauenslied (vgl. Jenny, Comparison 59–61). Und als solches konnte es, einmal vorhanden, natürlich auch jetzt angestimmt werden, zumal es mit seiner 3. Strophe jetzt sein besonderes Gewicht und Gesicht bekam.

Es läßt sich somit über die Entstehung der drei Lieder Zwinglis nur negativ sagen, daß das Pest- und das Kappelerlied nicht zu der Zeit entstanden sein können, zu der die Tradition sie entstanden sein lassen möchte; im übrigen kann man die begründete Vermutung aussprechen, daß alle drei Lieder um 1525 entstanden sein könnten und das Kappelerlied seine endgültige neue Melodie vielleicht im Juni 1529 bei Kappel erhalten hat.

Überlieferung und Verbreitung

Die Überlieferung von Zwinglis Liedern ist begreiflicherweise nicht entfernt so reich wie etwa die von Luthers Liedern. Schlecht ist sie trotzdem nicht. In keinem Fall ist freilich ein Autograph oder eine Abschrift, die sich deutlich als solche aus einem Autograph zu erkennen gibt, erhalten. Ja, von keinem der drei Stücke ist ein völlig fehlerfreier Text überliefert; auch die Niederschrift des Kappelerliedes in Is 1, die Zwingli sehr nahe zu stehen scheint (s. oben S. 347), ist nicht ohne Fehler (vgl. den textkritischen Apparat). Eine Übersicht über die Verbreitung der Lieder Zwinglis während des Reformationsjahrhunderts vermittelt das Quellenverzeichnis S. 372–379.

Über die Schweiz hinaus hat sich nur das Kappelerlied verbreitet, und auch dieses kaum mehr nach 1600. Daran ist der Umstand schuld, daß das seit 1583 in Neustadt an der Hard gedruckte Kurpfälzer Gesangbuch, «von dem fast die gesamte Gesangbuchliteratur der reformierten Kirche Deutschlands im Ende des 16. und im 17. Jahrhundert abhängt» (Hollweg 43f), das Lied, welches in den ersten vier Ausgaben des Kurpfälzer Gesangbuches gestanden hatte, nicht übernahm. Zu Beginn des 19. Jahrhunderts verschwindet das letzte der Lieder Zwinglis, das sich im Zürcher Gesangbuch noch halten konnte, wiederum das Kappelerlied, aus dem Gesangbuch. Erst die Gesangbuchrestauration des späteren 19. und des 20. Jahrhunderts brachte das Pest- und das

*Kappelerlied wieder – wenn auch niemals in der ursprünglichen Form –
in die Gesangbücher, nun auch über den Raum der Schweiz hinaus.
(Vgl. zum Vorstehenden im einzelnen Jenny, Verbreitung.)*

Mehrstimmige Kompositionen

*Dass Zwingli seine Lieder selbst vierstimmig vertont hat, erfahren
wir von Bullinger (HBRG II 182): «Und wie er die modos oder das ge-
sang des sines ersten Liedts, das er hievor im 1519 jar machet uff die pe-
stelentz, also macht und componiert er ouch dises liedli» (das Kappelerlied) «mit vier stimmen». Der Begriff «modus» meint zunächst die Melodie; in der Mehrzahl auf ein einziges Lied angewendet, kann er nur
die verschiedenen Stimmen eines mehrstimmigen Satzes meinen. Mit
dem «wie – so auch» ist überdies klar gesagt, daß Zwingli auch das
Pestlied vierstimmig vertont hat. Woher Bullinger diese Nachricht hat,
wissen wir nicht; aber wir haben keinen Grund, an ihrer Richtigkeit zu
zweifeln. Einmal treten die Hofweisen in der Regel als Tenores von –
um diese Zeit – vierstimmigen Sätzen auf. Sodann ist die Handschrift
Is 1, die eine sehr frühe (die älteste!) und sehr gute Überlieferung des
Pestliedes enthält und in einer wenig späteren Schicht dann das Kappelerlied mit den beiden Melodien und dem vollen Text, signiert und datiert überliefert, das Tenor-Stimmbuch aus einem Satz von vier Stimmbüchern; leider sind die anderen drei Stimmbücher verlorengegangen.
Es steht jedoch außer jedem Zweifel, daß diese Handschrift einst die
vierstimmigen Sätze zu diesen drei Melodien enthielt. Von wem sollten
die stammen, wenn nicht von Zwingli? Wer sollte schon so bald nach ihrer Entstehung diese Weisen mehrstimmig gesetzt haben, wenn nicht der
Autor von Text und Melodie? Diese Handschrift war – später, als die
Stimmbücher der drei Begleitstimmen schon verloren waren – im Besitz
des jungen Ludwig Iselin, eines Neffen des Kunstsammlers Basilius
Amerbach. Von seiner Hand stammt auch eine ähnliche kleine Sammlung mehrstimmiger Sätze, die er aus größtenteils heute noch erhaltenen
Notenbüchern seines Onkels abschrieb (Is 2). In dieser Handschrift findet sich (unsigniert) Zwinglis 69. Psalm. Die Quelle, aus der Iselin diesen Satz schöpfte, ist nicht mehr nachzuweisen; aber daß sich in der
Nähe einer Quelle mit Zwinglis Pest- und Kappelerlied einst auch eine
solche mit seinem Psalmlied fand, ist nicht verwunderlich. Leider sind
von den Stimmheftchen dieser Iselinschen Abschrift (Is 2) ebenfalls zwei
verlorengegangen; außer dem Tenor-Heft ist nur noch der Alt erhalten.
Immerhin haben wir so von einem zweifellos echten Satz Zwinglis nun
zwei Stimmen, die für eine Ergänzung etwelche Anhaltspunkte geben, so*

daß man sich von einem Zwinglischen Liedsatz eine hinreichende Vorstellung machen kann.

Zunächst glaubte man, auch Zwinglis Satz zum Kappelerlied wiedergefunden zu haben, als nämlich Eduard Bernoulli 1919 in der damals neugegründeten Zürcher Zentralbibliothek eine Orgeltabulatur entdeckte, die zwei Sätze zu Zwinglis Kappelerlied enthielt (Bernoulli, Sätze und Kappelerlied). Als Besitzer und Schreiber dieser Orgeltabulatur wurde dann im Laufe späterer Forschungen der St. Galler Schulmeister und Musikfreund Clemens Hör ermittelt, offenbar ein Schüler des St. Galler Organisten und Chronisten Fridolin Sicher und mithin ein Enkelschüler des großen Paul Hofhaimer. Diese Tabulatur liegt heute in einer Edition vor (Marx). Der Begleittext dieser Edition nimmt leider keine Kenntnis von den Argumenten, die Jenny (Kompositionen 166–169) gegen Zwinglis Autorschaft an diesen Sätzen geltend macht, sondern schreibt die beiden Sätze, wenn auch mit Vorbehalt, Zwingli zu (Marx 52). Nun ist ja Zwinglis Satz zum Kappelerlied, wie Is 1 ihn einst enthielt, bestimmt ein vierstimmiger Satz gewesen, wie Bullinger es bezeugt. Die beiden Sätze der Hör-Tabulatur hingegen sind höchstwahrscheinlich dreistimmig gewesen und erst von Hör um eine vierte Stimme erweitert worden; beim zweiten Satz wurde die Ergänzung mitten in der zweiten Zeile abgebrochen und nicht zu Ende geführt. Schon deswegen kann es sich also bei keinem dieser beiden Sätze um Zwinglis Originalsatz handeln (vgl. Jenny, Lieder 83f; der dort wiedergegebene Satz stammt von Ludwig Senfl, dem Schöpfer der Weise).

Nicht anders dürfte es sich mit zwei Lautensätzen zum Kappelerlied verhalten, die neulich zum zweiten Mal entdeckt wurden (s. Jenny, Zwingli-Quelle). Bullinger behauptet (HBRG I 7), Zwingli sei ein berühmter Meister des Lautenspiels gewesen. Auch wenn das übertrieben sein sollte, so darf es doch als erwiesen gelten, daß unter den vielen Instrumenten, die der Reformator spielte (Z V 54₁₆ff; Finsler, Wyß 5–7), dieses schwierigste sein bevorzugtes war. Wir müssen uns auf jeden Fall vorstellen, daß Zwingli seine (und andere) Lieder zur Laute sang. Doch die beiden in der aus Brugg stammenden Lautentabulatur (s. S. 374 unter dem Sigel «Brugg») stehenden Sätze können wegen gravierender Abweichungen in der Melodiefassung jedenfalls nicht Übertragungen des Satzes aus Is 1 sein. Daß Zwingli nicht einen Lautensatz zu seinen Liedern aufgeschrieben haben könnte, der von dem Vokalsatz abweicht, darf man natürlich nicht behaupten. Aber ebenso leicht konnte ein anderer einen derartigen Satz anfertigen. So fügen wir auch diese beiden Sätze unserer Edition bei. Auch wenn es höchst unwahrscheinlich ist, daß sie von Zwingli stammen, zeugen sie doch von dem Gebrauch, den die Zeitgenossen von Zwinglis Liedern machten.

Verlorenes und Fragliches

Von einem verlorenen musikalischen Werk Zwinglis haben wir sichere Kunde. In einer heute auf der Zürcher Zentralbibliothek liegenden Ausgabe der Komödien des Aristophanes (Paris 1528) findet sich beim ersten und bekanntesten Stück, dem ΠΛΟΥΤΟΣ, der handschriftliche Eintrag: «Acta Tiguri Anno 1531. κλς Januarii. Egit Georgius Binderus Tigurinus. Modos fecit Huldrychus Zinglius, Doggius. etc.» Über diese Zürcher Aristophanes-Aufführung, bei der Zwingli Tränen gelacht haben soll (Jenny, Künste 96), sind wir auch sonst unterrichtet (vgl. Hug; Egli, Schauspiel). Von Zwinglis schöpferischem Anteil aber wissen wir nur aus dieser einen Quelle. Bei ihrer Interpretation ist es zu verschiedenen Mißverständnissen und Fehlinterpretationen gekommen (vgl. Jenny, Lieder 74f und Anm. 15). Mit «modos fecit» ist in diesem Fall einfach das Komponieren der erforderlichen Theatermusik gemeint. Da ausgerechnet in diesem Stück der Chor nur in der 1. Szene des 3. Aktes einen eigenen Text hat und an allen anderen Stellen, wo der Chor auftritt, kein Chorgesang vorgesehen ist, wissen wir nicht, ob Zwingli für diese letztgenannten Stellen das Auftreten des Chores instrumental begleitet hat oder – was einem Humanisten und Dichter nicht schwerfallen mußte – selbstgeschaffene Chortexte eingefügt hat. Soweit diese Theatermusik aus gesungenen Stücken bestand, dürfte es sich um vierstimmige, homophone Sätze in der Art der humanistischen Odenkompositionen von Tritonius, Senfl, Hofhaimer, Ducis gehandelt haben (vgl. MGG IX 1841–1846).

Daß Zwingli nur jene drei geistlichen Lieder im Hofweisenstil und die volksliedhafte neue Melodie zum Kappelerlied geschaffen hat, ist ja wenig wahrscheinlich. Bei aller enormen Beanspruchung, welche die «Herkulesarbeit» der Reformation bedeutete, kannte auch Zwingli Stunden der Muße. Die schon genannten beiden Briefe Capitos von 1530/31 (Z XI 163$_{7-9}$ und 316$_{13-15}$) lassen deutlich erkennen, daß man in Straßburg bereits über musikalische Werke des Zürcher Freundes verfügte; sie haben den Wunsch nach weiteren geweckt. Besonders wurden Lautenlieder erbeten; man denkt also an Hausmusik, nicht an Kirchenmusik.

Sieht man sich in der zeitgenössischen Liedliteratur nach anonymen Stücken um, die vielleicht verschollene Werke Zwinglis sein könnten, so stößt man zunächst auf drei Melodien in der zweiten Ausgabe des Konstanzer Gesangbuches (Zü O), die insofern völlig aus dem Rahmen fallen, als sie einen ganz anderen Melodietypus aufweisen als alle übrigen Weisen dieses Buches. Es ist der Typus der Hofweise, und zwar genau in der Art, wie wir ihn in Zwinglis Hofweisen vorfinden. Es handelt sich zudem um drei Psalmlieder, von denen zwei den Namen von Zwinglis Freund und Amtsbruder Leo Jud tragen, eines den des 1529 in Konstanz hingerichteten Spiritualisten Ludwig Hätzer. Man wird in der Kirchenlied-Produktion jener Zeit weit und breit nichts finden, was diesen drei Melodien auch nur annähernd so verwandt ist wie Zwinglis Hofweisen (die Nachweise im Einzelnen s. bei Jenny, Lieder 77f). Wollte man die Melodien dieser drei Psalmlieder den betreffenden Textautoren zuschreiben – was prinzipiell nicht unmöglich wäre –, so stünde man vor der schwierigen Aufgabe, zu erklären, wie es möglich ist, daß Jud und Hätzer Melodien von haargenau derselben Prägung verfertigen. Und selbst wenn man annähme, Leo Jud habe neben seinen eigenen Texten auch den Hätzers vertont (daß er musikbeflissen war, wissen wir von seinem Sohne [Geering 51]), bliebe zu erklären, wieso Jud so meisterhaft nach Zwinglis Art Hofweisen schreibt. Die drei Psalmtexte weisen nicht den Hofweisen-Stil auf. Es ist also keineswegs etwa so, daß nun Leo Jud für seinen Teil das nachgeahmt hätte, was Zwingli mit dem 69. Psalm gemacht hat. Der Melodieschöpfer aber hat das Kunststück fertiggebracht, den Melodien dennoch das unverwechselbare Gepräge von Hofweisen zu geben. Auch das weist doch wohl darauf hin, daß hier ein anderer die Texte vertont hat. Und das kann – so meinen wir – nur Zwingli gewesen sein.

Weiter weisen wir auf eine Hofweisen-Kontrafaktur hin, die von der Quellenlage wie vom Inhalt her ein Werk Zwinglis sein könnte. Wir finden sie im «Zürcher Anhang» (Jenny, Geschichte 111) von Zü 1 (1540), aber wahrscheinlich schon früher in einem undatierten und namenlosen Zweiliederdruck, der aber doch wohl nach Zürich gehört. Da das eine der beiden Exemplare der ZB Zürich (XVIII 399₆) Juds Übersetzung von Zwinglis Commentarius de vera et falsa religione von 1526 (Finsler, Zwingli-Bibliographie 45) neben vier anderen Flugschriften von 1531, ohne Jahr, 1533 und 1534 als letztes Stück beigebunden ist, darf angenommen werden, daß der Druck etwa in die Mitte der dreißiger Jahre fällt. Das erste Lied ist ein Mahnlied zu Ehren Zwinglis, das zweite, das hier zur Rede steht, eine Vorbereitung aufs Sterben: O Herr Gott hilf, zu dir ich gilf (Jy 202). Die Verwandtschaft mit dem Pestlied ist auffallend, sowohl in den sprachlichen Anklängen wie im Inhalt (vgl. die Nachweise bei Jenny, Lieder 79, unter 3 und 4). Dennoch ist die Verwandtschaft nicht von der Art, daß man von einer Nachahmung sprechen müßte, die gerade darum nicht von Zwinglis stammen könnte. Daß das Stück anonym erscheint, ist kein zwingender Beweis gegen Zwinglis Autorschaft, finden wir doch auch Bullingers Kappelerlied (Jy 217) in Zü 1 ohne den Namen des Verfassers. Zudem steht das Lied in dem

*Königsberger Gesangbuch von 1584, das auch Zwinglis Kappelerlied
enthält, unmittelbar vor diesem.*

*Wenn wir ein weiteres anonymes Stück aus Zü 1 hier mit unter die
Zwingliana incerta setzen, dann vor allem deshalb, weil es das einzige
anonyme Stück ist, das schon von der bisherigen Forschung über die
drei bekannten Lieder hinaus als mögliches Werk Zwinglis angesprochen wurde. Es ist eine poetische Vater-unser-Paraphrase im Hofweisen-Stil:* Vater unser, getreuer Gott. *Wackernagel hat diese Zuschrei-
bung noch als Frage formuliert (Wack Bibl S. 148 unter 5), M. Radlkofer
(Beiträge zur Bayrischen Kirchengeschichte VI, Erlangen 1900, 16)
schreibt das Lied ohne weiteres Zwingli zu. Die Anwendung des Hofweisen-Stils auf einen typischen Kirchenlied-Stoff könnte durchaus für
Zwingli sprechen. Die Überlieferung hingegen spricht hier stark gegen
ihn. Der Text taucht erstmals im Augsburger Gesangbuch von 1529 auf.
Erst 1540 übernimmt ihn das Konstanzer Gesangbuch von dort und
weist ihn einer fremden Melodie zu. Die Eigenweise taucht dann erst in
der Ausgabe des Augsburger Gesangbuchs von 1557 auf, ist aber bestimmt mit dem Text zusammen entstanden. Sie trägt wohl die Merkmale des Hofweisen-Stils an sich, ist auch der ersten Weise zum Kappelerlied in etwa verwandt. Aber sie ist doch längst nicht so geschickt geformt
wie die übrigen Weisen Zwinglis. Die Zuweisung kann zwar nicht rundweg
abgelehnt werden, aber es ist sehr wenig wahrscheinlich, daß sie richtig ist.*

*Schließlich ist noch auf ein weiteres Satzfragment in der Handschrift
Is 2 hinzuweisen. Während für alle übrigen Stücke dieser kleinen Liederhandschrift die Quelle, aus welcher der Lateinschüler sie abgeschrie-
ben hat, nachgewiesen werden kann, ist das nicht möglich bei dem hier
sich findenden 69. Psalm von Zwingli und bei einem weiteren Stück mit
der Textmarke* Hilff und errett uns, lieber gott. *Es ist naheliegend, anzunehmen, daß diese beiden in der Handschrift unmittelbar aufein-
anderfolgenden Stücke aus derselben Quelle stammen. Und damit ist
auch der Verdacht gegeben, dieses weitere Stück könnte ebenfalls von
Zwingli stammen. Es unterscheidet sich vom Satz zum Psalmlied insofern, als hier ein eigentlicher Cantus firmus fehlt oder nicht (bzw.
nur teilweise) im Tenor liegt. Im übrigen aber steht der Satz, soweit
man das beim Vergleich zweier Fragmente beurteilen kann, dem zum
Psalmlied Zwinglis recht nahe. Daß der Textanfang auf ein Gedicht hinweist, das inhaltlich den drei bekannten Zwingli-Liedern nahestehen
müßte, spricht für diese Zuweisung. Solange aber von dem Stück nur
dieses Satzfragment erreichbar ist, muß es bei dieser vagen Vermutung
bleiben und ist auch eine Ergänzung weder möglich noch sinnvoll.*

*Daß trotz der Beibringung weiterer drei oder vier Weisen und höch-
stens zweier Texte die Angabe von Hachmeister (82), Zwingli habe «ei-*

*nige wenige nicht sehr gefällige, doch wirkungsvolle Psalmnachdichtun-
gen» geschaffen, jeder Grundlage entbehrt, wird kaum weiterer Beweise
bedürfen. Diese Angabe ist ebenso oberflächlich wie die nichtssagende
Charakterisierung der Lieder Zwinglis, die an der gleichen Stelle geboten wird. Die präzise, aber ebenso unrichtige Angabe von Schmidt-Clausing (Liturgiker 83), Zwingli habe außer dem 69. auch den 129. Psalm
metrisch bearbeitet, zeigt, woher der Irrtum kommt: Bei Koch (II 44) ist
statt des 69. irrtümlich der 129. Psalm genannt. Die richtige mit der falschen Angabe zusammen ergab dann «einige wenige» Psalmnachdich-
tungen.*

Zu den einzelnen Liedern

*Es sind noch einige besondere Bemerkungen zu den drei sicher ech-
ten Liedern zu machen, die namentlich den vorliegenden Editionstext
begründen sollen.*

*Das Pestlied weist nicht «drei Teile» zu «vier Strophen mit je 6, 6, 8
und 6 Zeilen» auf (Farner II 363). Alle Quellen und vollends die Melodie lassen zweifelsfrei erkennen, daß es sich um drei – allerdings auffallend lange – Strophen handelt, wie das bei Hofweisen (s. oben S. 342f.)
üblich ist. Zwinglis 26zeilige Strophe wird an Länge nur noch übertrof-
fen von der berühmten Hofweise des Adam von Fulda († 1505) «Ach hilf
mich Leid und sehnlich Klag» (Arnt von Aich Nr. 21), die Zwinglis Ju-
gendfreund Glarean in seinem Dodekachordon von 1547 als «cantio
elegantissime composita ac per totam Germaniam cantatissima» bezeichnet (MGG I 79). Das Reimschema ist vergleichsweise einfach: Die
Zeilen reimen paarweise mit Endreim, und die beiden Stollen sind unter
sich durch den schweifenden Reim 1/7 und 6/12 verbunden. Sehr
kunstvoll sind die Überschneidungen zwischen den Reimbindungen und
den Zeilenverknüpfungen durch den syntaktischen Verlauf des Textes,
dem der melodische Ablauf entspricht (vgl. dazu Seidel 34).*

Inhalt und Melodie	{ Hilff, Herr Gott, hilff { in diser not.	→ *Reim mit V. 7*
Inhalt und Melodie	{ Ich mein, der tod { sig an der thür;	} *Reim*
Inhalt und Melodie	{ stand, Christe, für, { dann du jn überwunden hast.	} *Reim* → *Reim mit V. 12*

(vgl. das ausgeführte Schema bei Jenny, Gsang 306).
*Meisterhaft ist die Beziehung zwischen Form und Inhalt auch insofern
gehandhabt, als Zwingli in der 1. Strophe knappe, oft nur zwei Kurzzeilen umfassende Sätze bildet, Notrufe sozusagen, in der Mitte der
2. Strophe (2, 13–16), wo die Krankheit auf ihrem Höhepunkt ist, die*

Sprache in ein keuchendes Stammeln von einzelnen Kurzzeilen überge-
hen läßt, während in der Genesungsstrophe dann der große Atem des
neu aufblühenden Lebens in nur zwei weitgespannten Perioden dahin-
strömt. Es darf deshalb nach 3, 20 kein Semikolon gesetzt werden, wie
das in Z I 69₂₃ geschieht. Als Tonart wählt Zwingli das Äolische, also
einen der transponierten Modi, wie auch Senfl sie bevorzugt hat (Seidel
40). Es ist wie das Dorische eine typische Gebetstonart, empfahl sich
aber der hohen Lage wegen für den Notschrei wie für den Dankesjubel
noch mehr als das authentisch Dorische. Die drei Strophen sind unter
sich nicht durch das im Hoflied häufig verwendete Mittel des Akrosti-
chons verbunden, wohl aber durch einen dem Akrostichon verwandten
Kunstgriff: Die 1. Zeile ist in allen drei Strophen gleich gebaut, indem
jedesmal an derselben Stelle die Anrede Herr Gott *steht und davor und*
danach dasselbe einsilbige Wort, welches das Hauptanliegen der Stro-
phe zusammenfaßt: Hilf, Tröst, Gsund.

Zwei Einzelprobleme stellten sich bei der Festlegung des Editionstex-
tes der Melodie: Einmal ist in der Handschrift Is 1 in den Kadenzmelis-
men regelmäßig die Paenultima gespalten, was in der gedruckten Fas-
sung nur in der 16. und 19. Zeile der Fall ist. Es handelt sich hier um
eine Variante, die lediglich aufführungspraktisch von Belang ist. Wenn
die Liedweise instrumental ausgeführt wird – man hat oft Hofweisen als
instrumental-mehrstimmige sogenannte Carmina ausgeführt –, dann
wird im Interesse einer ruhigeren Schlußbewegung die Paenultima nach
einem bewegten Melisma nicht gespalten, während bei vokalem Vortrag
die Spaltung der Paenultima eine bessere Textunterlegung ermöglicht.
Es herrscht deshalb in den Drucken und Handschriften an diesen Stel-
len keine einheitliche Notationspraxis. Wir haben mit der Handschrift
einheitlich die gespaltene Schreibung gewählt. Zum andern ist darauf
hinzuweisen, daß die 24. Zeile in den bisherigen Abdrucken der Melodie
nie richtig wiedergegeben wurde, da G. Weber (24) die Fassung von Zü 4
gewählt hat, obwohl er Zü 7 als Quelle angibt. Der Notenschnitt von
Zü 2 (der u. a. auch für Zü 7 Verwendung fand) ist an dieser Stelle feh-
lerhaft, und der Redaktor von Zü 4 hat den Fehler beseitigt, ohne die
ursprüngliche Fassung zu kennen, wie sie uns in Is 1 erhalten ist. Wenn
man die Fassung von Is 1 kennt, versteht man auch den Fehler von
Zü 2: Bei der 2. und 3. Note dieser Zeile ist die Schwärzung weggeblie-
ben, die diesen beiden Noten zusammen den Wert einer Semibrevis gibt,
den sie unter sich im Verhältnis 1:2 zu teilen haben, was theoretisch
eine Triolenbewegung und praktisch einen punktierten Rhythmus ergibt.
An sich käme nun die Textunterlegung

thûst   dus — das   er   nit bö ser werd

in Frage. Der Zeilenwechsel nach der 3. Note dieser Liedzeile (vgl. die Abbildung bei Jenny, Lieder 102) legt aber die Silbenverteilung eindeutig in der im Editionstext gewählten Weise fest.

Die Liedbearbeitung des 69. Psalms wirkt als Ganzes – bei gleicher Gestaltungskraft im Einzelnen – bedeutend blasser als das Pestlied. Auch finden sich hier fünf Verstöße gegen die vom Stil her geforderte «Jambenglätte» (s. S. 343): 1, 16; 2, 13; 3, 14.17; 5, 2. Das mag zum Teil daran liegen, daß sich der Dichter eine möglichst treue Übertragung der Vorlage zur Aufgabe gemacht hat. Tatsächlich ist kaum ein Wort des Bibeltextes, geschweige denn irgendein Gedanke des Psalms unterschlagen. Weil keine Strophendisposition vorgenommen wurde (das Zusammenfallen eines Stropheneinschnittes im biblischen Text mit dem Ende der 1. Strophe bei Zwingli ist, wie der weitere Verlauf zeigt, Zufall), konnte das Prinzip der wörtlichen Paraphrase nicht ganz bis zum Schluß durchgehalten werden: Am Anfang der 7. Strophe mußte etwas freier übertragen werden, was etwas mehr Platz brauchte. Zum Ausgleich mußte dann der ganze Psalmvers 37 mit dem einen Wörtlein ewiglich *(7, 17) wiedergegeben werden. Gerade dieser Schluß des Liedes mit dem frei ausschwingenden Nachsatz* Das ist sheilig himmelrych *zeigt aber auch, was vielleicht aus dem Werk geworden wäre, wenn der Dichter freier übertragen hätte. Die beiden Stellen, wo er sich von seiner Vorlage löst und wenigstens zu glossieren wagt, springen sofort als die lebendigsten in die Augen: der erwähnte Schlußvers und der Schluß der vorangehenden Strophe. Im übrigen muß man diese Psalmparaphrase mit anderen Bereimungen dieses Psalms aus jener Zeit vergleichen (ein Beispiel ist bei Jenny, Lieder 95f abgedruckt), um zu erkennen, welch hohe Qualitäten auch dieses Werk Zwinglis trotz allem hat.*

Das kürzeste Lied Zwinglis, das Kappelerlied, *bietet dem Editor weitaus am meisten Probleme. Der Form nach ist es womöglich noch vollendeter als das Pestlied, was ihm denn auch die Qualifikation «eine recht gekünstelte Reimerei ohne besonderen Gehalt» (Christ 370) eingetragen hat. Hat Zwingli für die beiden erstgenannten Lieder die Barform gewählt, so macht er hier von der anderen Möglichkeit Gebrauch, die sich im Rahmen des Hofweisen-Stils bietet, und wählt eine einfache Strophe (Seidel 31). Die Strophe ist so kurz, daß man sie volksliedhaft nennen möchte, aber dennoch hat sie – zumal mit der ersten Melodie – alle Merkmale der Hofweise. Außer dem Endreim ist hier noch der übergehende Reim (Schlagreim), der das Ende der 1. mit dem Anfang der 2. Zeile verbindet, und der Binnenreim, der die 2. und 3. Zeile, die schon durch den Endreim verbunden sind, auch noch in der Mitte verbindet, zu finden. Schließlich werden die drei Strophen durch das Akrostichon* Herr Gott hilf *verbunden. Überdies ist durch die Dreistrophig-*

keit eine verborgene trinitarische Gliederung des Inhalts gegeben. Sie wird einem vollends bewußt, wenn man das Kappelerlied mit dem ebenfalls dreistrophigen, manifest trinitarischen Lutherlied «Erhalt uns, Herr, bei deinem Wort» vergleicht, das einen auffallend ähnlichen inhaltlichen Duktus aufweist (Jenny, Comparison 60f; Jenny, Lieder 97f). Ein typisches Hofweisen-Merkmal der Kappelerstrophe wird häufig verkannt: Die Strophe ist nicht vierzeilig (7778), sondern fünfzeilig mit einer nur zweisilbigen 4. Zeile (77726). Die beiden Schreiber in Is 1 sowie Keßler, die den Text in Verszeilen niederschreiben, behandeln ihn als fünfzeilig. Die ältere Melodie ist denn auch genau entsprechend angelegt. Weniger eindeutig ist das zunächst bei der zweiten Melodie. Will man die Frage beantworten, ob auch sie auf diesen Bau des Textes Rücksicht nimmt, muß zunächst beachtet werden, daß es für die 4./5. Zeile zwei Melodiefassungen gibt, eine mit dem heute allgemein verbreiteten Auftakt zur 4. Zeile auf b, die andere volltaktig auf a beginnend (vgl. den textkritischen Apparat). Ohne Auftakt notieren das Konstanzer und das auf dieser Überlieferung fußende Basler Gesangbuch. Fünf andere, voneinander unabhängige Überlieferungen hingegen haben den Auftakt, nämlich die drei Handschriften Is 1, Keßler und Hör, das Straßburger Gesangbuch und die Zürcher Überlieferung seit 1598, die auch sonst Verbesserungen an dem durch die früheren Zürcher Drucke überlieferten Text anzubringen weiß. Die auftaktlose Fassung macht den vierten Vers quasi trochäisch wie die beiden vorangehenden, während die besser bezeugte ihm die natürliche jambische Bedeutung läßt, die er auch mit der ersten Weise hat. Es ist schwer denkbar, daß der Auftakt nachträglich mit Absicht weggelassen wurde, und so müssen wir annehmen, daß der Komponist die Weise nachträglich in diesem Sinne verbessert hat oder die auftaktlose Fassung verderbt ist. Nun setzte sich, seit Spitta 1898 (Entdeckungen) das Kappelerlied mit seiner Eigenweise wieder zum Leben erweckt hat, die von ihm der Straßburger Überlieferung entnommene auftaktige Fassung mit folgender Textverteilung durch:

die dich/___ver-acht   so frä - - - ven - lich.

Das Straßburger Gesangbuch scheint tatsächlich diese Textverteilung im Auge gehabt zu haben, wie die große Lücke im Text zwischen fre *und* uelich *zeigt (vgl. die Abbildung bei Jenny, Geschichte 320, Abb. 31). Schon Zahn (1570) hatte 1889 diese Textierung gewählt. Trotzdem ist diese Unterlegung eindeutig falsch. Es kann keinem Zweifel unterliegen, daß nach dem Willen des Melodieschöpfers an der Stelle, wo die*

*natürliche Melodiezäsur liegt, nach dem e, auch die Zäsur zwischen den
Zeilen 4 und 5 liegen muß:*

die   dich/ _____   ver - acht ___ so frä - ven - lich.

Dafür gibt es mehrere Beweise. Es ist zunächst zu bedenken, daß die
damalige Notenschrift den Bindebogen, der u.a. die Zugehörigkeit
mehrerer Noten zu einer Textsilbe regelt, noch nicht kannte. Es gab in
der Mensuralnotation nur die Möglichkeit der Ligatur, d.h. der nach
bestimmten Regeln erfolgenden graphischen Verbindung mehrerer Noten, oder die in nur wenigen Drucken anzutreffende sogenannte Engstellung, bei der die Noten eines Melismas einfach sehr nahe zusammenge-
rückt werden (vgl. Jenny, Geschichte 117). Von dieser letzteren Möglichkeit macht der Formschneider, der die Notendruckstöcke für Zü 1 geschnitten hat, und noch deutlicher derjenige, der für die verschollene
Ausgabe von 1543 arbeitete, Gebrauch. Durch diese Maßnahme ist für
die auftaktlose Melodiefassung durch Engstellung der drei ersten Noten
der 4. Zeile eindeutig diese Unterlegung gefordert:

die _____ dich/   ver - acht ___ so frä - ven - lich.

Daß die in Zü 1 stehende Fassung so gesungen wurde, zeigt auch die la-
dinische Übersetzung von Duri Chiampell in seinem Engadiner Gesangbuch von 1562 (Ulrich 349), die in der 4. Zeile eine Silbe mehr hat, was
nur möglich war, weil hier mehrere Töne auf eine Silbe kamen. Wohl
deshalb, weil in dieser auftaktlosen Fassung das Relativpronomen (die)
eine zu starke Betonung bekommt, wurde diese Silbe auf den Auftakt
verlegt. Wenn aber in der auftaktlosen Fassung die Textzäsur mit der
Melodiezäsur zusammenfällt, dann natürlich auch in derjenigen mit
Auftakt. Im ersten offiziellen Zürcher Gesangbuch von 1598, das wahrscheinlich von dem hymnologisch kundigen Raphael Egli redigiert
wurde (Jenny, Zürcher Gesangbuch 123–125), erscheint diese Melodie
mit einem auffallend abgeänderten Schluß. Es ist nicht nur (s. oben) der
Auftakt zur 4. Zeile eingefügt worden, sondern die beiden letzten Zeilen
wurden auch sonst verändert: Die 4. Zeile endet nun nicht mehr auf dem
Subsemitonium modi (e), sondern auf der Tonika, und in der 5. Zeile ist
der punktierte Rhythmus auf eine Tonwiederholung gelegt worden, was
von der dritt- zur vorletzten Note einen Terzsprung ergibt, so daß die
letzte Zeile nun gleich endet wie die erste. Die Punktierung ist zudem
nicht mehr als Bindung zu singen, weil die letzte Zeile eine Silbe mehr

*erhalten hat. Diese Fassung hätte überhaupt nicht entstehen können,
wenn das Lied so gesungen worden wäre, wie Zahn und Spitta annahmen. Damit klärt sich aber auch das weitere Problem, ob in der letzten
Zeile zu unterlegen sei:*

ver-acht so frä - ven - lich,   *oder*   ver - acht __ so frä-ven - lich.

*Die Fassung von Zch 1598 beweist, daß die letztere Unterlegung die
richtige ist, auch wenn sie gegen die Minima-Regel verstößt, nach welcher eine Gruppe von auf eine Silbe zu singenden Tönen nicht mit einem
kurzen Ton aufhören darf. Diesen Anstoß hat ja Egli dann auch beseitigt, indem er auf das Achtel eine weitere Silbe einfügte. Es handelt sich
also weder hier am Ende der Melodie noch am Schluß der ersten Zeile
um den Kadenzrhythmus durch Hemiolenbildung, wenn die Abfolge von
langem und kurzem Wert an vorletzter Stelle plötzlich umgedreht wird
(vgl. Moser, Penultima), sondern um eine Synkopenbildung, welche vom
Text her bedingt ist: Im Ostschweizer Dialekt ist die erste Silbe von Wagen, Namen und frävenlich im Gegensatz zum Hochdeutschen und anderen Schweizer Dialekten kurz. (Bei den anderen auf diese beiden Stellen fallenden Wörtern ist die Silbe auch im Hochdeutschen kurz.) Nach
dem Prinzip der humanistischen Odenvertonung hat Zwingli hier eine
kurze Silbe mit einem kurzen Ton belegt.*

  *Hinsichtlich des Textes ist an den folgenden fünf Stellen eine Ent-
scheidung nötig gewesen: In 1,3 lesen die Handschriften und Str sunst.
Aber diese Angleichung an das Idiom der betreffenden Schreiber zeigt
bloß, daß sie den Binnenreim* lust – sust *(sprich:* luscht – suscht!) *nicht
erkannt haben, und muß somit als fehlerhaft gelten. – In derselben
Zeile haben die eben angeführten Zeugen den Indikativ* (bringt), *die
Konstanzer jedoch den Konjunktiv* (brächt). *Spitta möchte den Indikativ «als den kräftigeren und einfacheren Ausdruck» für den Urtext halten (Spitta, Kessler 199; danach Egli, Cappelerlied 253); dem Indikativ*
wirt *würde dann der Indikativ* bringt *entsprechen. Wir halten das gerade deswegen für eine schulmeisterliche lectio facilior und möchten für
die ganze Zeile am Konstanzer Text festhalten. Der Indikativ* wirt wird
konditional gemacht durch das Adverb sust. *In der folgenden Zeile
steht kein entsprechendes Adverb; dafür steht das Verbum im Conditionalis. – In 2,3 kontrahiert Zwingli* widrum, *wie es vom Dialekt her na-
heliegt. Der Sänger und Leser war damals imstande, solche (und noch
weit schwierigere) Kontraktionen selber vorzunehmen, wenn die Vorlage, wie das oft der Fall ist, die scriptio plena bot. So findet man in 2,3
(wie an verschiedenen anderen Stellen dieser Texte) denn auch bisweilen*

die plene-Schreibung *widerumb, ohne daß das Wort deswegen dreisil-*
big würde. Nur Keßler oder seine Vorlage ließ sich irreführen, las das
Wort dreisilbig und verkürzte dafür das erste Wort der Zeile (dín schaff
wíderúmb erwéck). *Damit ist aber der Binnenreim* schaff – straff *ver-*
dorben und diese Lesart somit fehlerhaft. – Wertvoll sind die Hand-
schriften dafür in 3, 2, *wo der Konstanzer Text den übergehenden Reim*
nicht rein wiedergibt: ... bitterkeit / schei - de ... *Die Handschriften le-*
sen nicht das Adverb ferr *(ferne), sondern das Substantiv mit Artikel*
dFerr *(die Ferne) und apostrophieren den Imperativ:* scheid in dFerr.
Nur so reimt -keit *korrekt auf* scheid. *– Schließlich stellt uns die Inter-*
punktion der 3. Strophe vor die Frage der Interpretation: Heißt es: Gott,
erhöch den Namen din / in der Straf der Bösen Böck! ... *oder:* Gott,
erhöch den Namen din! / In der Straf der bösen Böck / dine Schaf
widrum erweck, / die ...? *Die Quellen können uns hier nicht helfen,*
weil sie in jener Zeit – ob handschriftlich oder gedruckt – mit der Inter-
punktion, falls überhaupt eine solche da ist, sehr ungenau und willkür-
lich verfahren. Sänger und Hörer werden an unserer Stelle immer zur
zweitgenannten Interpunktion neigen, weil die Melodie mit der Rück-
kehr zur Tonika nach der ersten Zeile den stärkeren Einschnitt macht;
auch ist man diese Zäsursetzung von der ersten Strophe her gewöhnt.
Der Gedanke, daß der Vollzug des Gerichts an den «Böcken» die
«Schafe» zur Erweckung führen könnte, wäre so abwegig nicht. Die
Bitte, Gott möge seinen Namen groß machen, wäre dann nicht nur im
Blick auf das Gericht an den «Böcken», sondern ebensosehr im Blick
auf die Erweckung der «Schafe» gesagt. Dennoch haben wir der übli-
chen Interpunktion und Interpretation den Vorzug gegeben, nicht nur,
weil sie einfacher und darum näherliegend ist, sondern auch, weil sie
z. B. mit der jahwistischen Deutung der Schilfmeergeschichte in Ex 14
übereinstimmt, die Zwingli hier im Sinn gehabt haben könnte. In V.14
steht das berühmte Trostwort: «Der Herr wird für euch streiten, seid ihr
nur stille», das gut das Motto zum Kappelerlied sein könnte, und in
V.31 wird das Resultat als Sentenz gegeben: In der an Ägypten vollzo-
genen Strafe hat Gott den Glauben seines Volkes erweckt.

Daß auch dieses dritte Lied Zwinglis in Lobgesang ausmündet, wie
die beiden anderen, könnte man als merkwürdige Inkonsequenz be-
trachten im Blick auf die Tatsache, daß Zwingli nichts unternahm zur
Einführung des evangelischen Gemeindegesanges, den er nachweislich
kannte (vgl. dazu Jenny, Stellung). Richtiger aber dürfte sein, wenn wir
in dieser Tatsache einen Hinweis darauf sehen, wie wenig grundsätzlich
sein angebliches Nein zum Kirchengesang war und wie wichtig ihm das
Gotteslob der singenden Stimme gewesen sein muß.

Literatur

Die wichtigsten benützten Werke, die Vorarbeiten zu dieser Edition und die zitierten Bücher und Aufsätze werden im folgenden zusammengestellt. Was gesperrt gesetzt ist, bezeichnet die hier verwendeten Titelkürzungen. Arbeiten, in denen Zwinglis Lieder erwähnt oder behandelt sind, sind mit (!) gekennzeichnet; sie sind jedoch hier keineswegs vollzählig aufgenommen.

Arnet-Kasser = Edwin Arnet und Hans Kasser. Zürich. Das Buch einer Stadt. Zürich ²1959. (!)

Arnt von Aich = Das Liederbuch des Arnt von Aich. Erste Partitur-Ausgabe der 75 vierstimmigen Tonsätze von E. Bernoulli und H. J. Moser. Kassel 1930. Zitiert nach Nummern.

Benecke, Georg Friedrich, Mittelhochdeutsches Wörterbuch, mit Benützung des Nachlasses von Georg Friedrich Benecke ausgearbeitet von Wilhelm Müller und Friedrich Zarncke, 3 Bde., Leipzig 1854–1861.

Berchtold-Belart, Jakob, Das Zwinglibild der zürcherischen Reformationschroniken. Eine textkritische Untersuchung. Leipzig 1929.

Bernoulli, Eduard, Zwinglis Kappeler-Lied in zwei mehrstimmigen Sätzen, in: Die Schweiz. Illustrierte Monatsschrift, XXIII, Zürich 1919, 157–161. (!)

Bernoulli, Eduard, Zwei vierstimmige Sätze von Zwinglis Kappeler-Lied, in: Zwa III, 1919, 404–413. (!)

Blanke, Fritz, Der junge Bullinger, Zürich [1942], ZwingBü 22.

Blanke, Fritz, Zwinglis Urteile über sich selbst, in: Furche-Jahrbuch 1936, Berlin 1936, 31–39; auch in: Fritz Blanke, Aus der Welt der Reformation, Zürich 1960, 9–17. (!)

Bork, Gerhard, Die Melodien des Bonner Gesangbuches in seinen Ausgaben zwischen 1550 und 1630, Köln/Krefeld 1955, Beiträge zur Rheinischen Musikgeschichte 9. (!)

Bosshart, Laurentius, s. Hauser, Kaspar.

Bullinger, Heinrich, s. HBRG.

Burkhard, Werner, Schriftwerke deutscher Sprache. Ein literaturgeschichtliches Lesebuch, Bd. 1: Von den Anfängen bis ins Barockzeitalter, Aarau [1941]. (!)

Cherbuliez, Antoine-Elisée, Die Schweiz in der deutschen Musikgeschichte, Frauenfeld 1932. (!)

Christ, Lukas, Das evangelische Kirchenlied, in: ZZ III, 1925, 358–386. (!)

DKL = Das deutsche Kirchenlied. Kritische Gesamtausgabe der Melodien, hrsg. von Konrad Ameln, Markus Jenny und Walther Lipphart. Band I/Teil 1: Verzeichnis der Drucke. Kassel 1975.

Egli, Emil, Zwinglis Cappelerlied nach Johannes Keßlers Sabbata, in: Zwa I, 1902, 251–254. (!)

Egli, Emil, Die Pest von 1519 nach gleichzeitigen Berichten, in: Zwa I, 1903, 377–382. (!)

[Egli, Emil,] Ein griechisches Schauspiel an Zwinglis Schule, in: Zwa I, 1897, 11–13. (!)

Egli-Schoch = Johannes Keßlers Sabbata mit kleinern Schriften und Briefen. Unter Mitwirkung von Emil Egli und Rudolf Schoch hrsg. vom Historischen Verein des Kantons St. Gallen, St. Gallen 1902. (!)

Faesi = Anthologia Helvetica. Deutsche, französische, italienische, rätoromanische und lateinische Gedichte und Volkslieder, hrsg. von Robert Faesi, Leipzig 1921. (!)

Farner = Farner, Oskar, Huldrych Zwingli, 4 Bde., Zürich 1943–1960. (!)

Farner, Oskar, Gott ist Meister. Zwingli-Worte für unsere Zeit ausgewählt, ZwingBü 8, Zürich 1940. (!)

Farner, Oskar, Vorwort und Worterklärungen zu: Stern, Alfred, Zwingli-Lieder, Zürich 1942. (!)

Finsler = Finsler, Georg, Zwingli-Bibliographie, Verzeichnis der gedruckten Schriften von und über Zwingli, Zürich 1897 (zitiert nach Nummern). (!)

Finsler, Georg, Ulrich Zwingli. Festschrift, Zürich 1883. (!)

Finsler, Georg, Die Chronik des Bernhard Wyß, hrsg. von Georg Finsler, Basel 1901, QSRG I, Bd. 1. Basel 1901.

von Fischer, Kurt, Geistliche und weltliche Musik, in: Ref. VII, 1958, 654–671. (!)

Frei, Oskar, Zwingli-Lieder. Zwingli-Dichtungen aus vier Jahrhunderten, Zürich 1931. (!)

Garside, Charles jr., The literary Evidence for Zwinglis Musicianship, in: ARG XXXXVIII, 1957, 56–74. (!)

Geering, Arnold, Die Vokalmusik in der Schweiz zur Zeit der Reformation, Diss. phil. Basel, Aarau 1933. (!)

Gerstberger, Karl, Drei Zwingli Lieder für ein Tasteninstrument, Zürich 1946. (!)

Goetze, Alfred, Frühneuhochdeutsches Glossar, Berlin ⁵ 1956.

Goetzinger, Ernst, Johannes Keßler, in: MVG, NF IV, 1872, 127–140.

Goldschmid, Theodor, Ulrich Zwinglis Kappelerlied, in: KBRS LIV, 1898, 167f. (!)

Goldschmid, Theodor, Die Lieder Huldreich Zwinglis, in: Der evangelische Kirchenchor XII, Zürich 1917, 33–35.

Gudewill, Kurt, Zur Frage der Formstrukturen deutscher Liedtenores, in: Mf I, 1948, 112–121.

Hachmeister, Friedrich, Zur Entwicklung des Psalmengesangs in der evangelischen Kirche, in: MGKK XLV, 1940, 79–86. (!)

Hadorn, Wilhelm, Die Reformation in der deutschen Schweiz, Frauenfeld/Leipzig 1928. (!)

Hauser, Kaspar, Die Chronik des Laurentius Boßhart von Winterthur 1185–1532, hg. von Kaspar Hauser, Basel 1905, QSRG III.

HBRG = Heinrich Bullingers Reformationsgeschichte... (!)

HDEKM = Handbuch der deutschen evangelischen Kirchenmusik, hg. von Konrad Ameln, Christhard Mahrenholz und Wilhelm Thomas. Göttingen 1935ff. (!)

Heyden, Reinhold, Heinrich Isaac. Missa carminum, hg. von Reinhold Heyden. Das Chorwerk, Heft 7, Wolfenbüttel/Berlin 1930. (!)

Hollweg, Walter, Geschichte der evangelischen Gesangbücher vom Niederrhein im 16.–18. Jahrhundert, Gütersloh 1923, PGRGK XL. (!)

Hubert, Friedrich, Die Straßburger liturgischen Ordnungen im Zeitalter der Reformation, nebst einer Bibliographie der Straßburger Gesangbücher, Göttingen 1900 (zitiert nach Nummern der Bibliographie).

[Hürliman, Martin,] Musiker-Handschriften. Zeugnisse des Zürcher Musiklebens, Zürich [1969]. (!)

Hug, Arnold, Aufführung einer griechischen Komödie in Zürich am 1. Januar 1531, Zürich 1874. (!)

Isaac, Heinrich, Missa carminum, s. Heyden, Reinhold.

JLH = Jahrbuch für Liturgik und Hymnologie, Kassel 1955ff.

Jenny, Markus, The hymns of Zwingli and Luther. A comparison, in: Cantors at the crossroads. Essays in church music in honour of Walter E. Buszin, ed. E. Riedel, St. Louis, Missouri 1967, 45–63. (!)

Jenny, Markus, Ergänzungen zur Liste der Zürcher Gesangbuchdrucke im Reformationsjahrhundert in: Zwa XIII, 1969, 132–143.

Jenny, Markus, Die Geschichte des deutschschweizerischen evangelischen Gesangbuches im 16. Jahrhundert. Diss. theol. Basel, Basel 1962 (wird im Quellenverzeichnis nur mit «Jenny» zitiert). (!)

Jenny, Markus, Ein christenlich Gsang gestelt durch H.(uldrichen) Z.(wingli), als er mit Pestilentz angriffen ward, in: Schweizerisches evangelisches Schulblatt XVIII, Zürich 1946, 299–309. (!)

Jenny, Markus, Des Reformators Kampf und Sieg. Zur Datierung und Deutung von Zwinglis Pestlied, in: Neue Zürcher Zeitung, 6. November 1966, Bl. 5. (!)

Jenny, Markus, Das Zwingli-Lied in Königsberg, in: Zwa XIII, 1969, 144–146 und Abb. vor S. 97. (!)

Jenny, Markus, Zwinglis mehrstimmige Kompositionen. Ein Basler Zwingli-Fund, in: Zwa XI, 1960, 164–182. (!)

Jenny, Markus, Zwingli und die Künste, in: MGD XXXVIII, 1984, 93–97. (!)

Jenny, Markus, Die Lieder Zwinglis, in: JLH 14, 1970, 63–102. (!)

Jenny, Markus, Luther – Zwingli – Calvin in ihren Liedern, Zürich 1984. (!)

Jenny, Markus, Zwinglis Stellung zur Musik im Gottesdienst. Schriftenreihe des Arbeitskreises für evangelische Kirchenmusik, Heft 3, Zürich 1966. (!)

Jenny, Markus, Die älteste plane Fassung der Weise von «Ein feste Burg», in: JLH 3, 1957, 131f. (!)

Jenny, Markus, Geschichte und Verbreitung der Lieder Zwinglis, in: Kerygma und Melos. Festschrift für Christhard Mahrenholz, Kassel usw. 1970, 319–332. (!)

Jenny, Markus, Das erste offizielle Zürcher Gesangbuch von 1598, in: JLH 7, 1962, 123–133.

Jenny, Markus, Eine wiedergefundene musikalische Zwingli-Quelle, in: Zwa XIV, 1974, 17–21. (!)

Jy mit Ziffer bedeutet die Nummer eines Liedes im 3. Teil von Jenny, Geschichte.

Kessler, Johannes, Sabbata, s. Egli-Schoch.

Klusen, Ernst, Das Bonner Gesangbuch von 1550. Quellen und Studien zur Volkskunde, Bd. 6, Kamp-Lintfort 1965. (!)

Koch, Eduard Emil, Geschichte des Kirchenliedes und Kirchengesangs der christlichen, insbesondere der deutschen evangelischen Kirche, 8 Bde., Stuttgart ³1866–1877. (!)

Köhler, Walther, Das Buch der Reformation Huldrych Zwinglis, München 1931. (!)

Köhler, Walther, Huldrych Zwingli, Leipzig 1943, ²1954. (!)

Kulp, Johannes, Feldprediger und Kriegsleute als Kirchenliederdichter, Welt des Gesangbuches 23, Leipzig [1941]. (!)

Kümmerle, Salomon, Encyklopädie der evangelischen Kirchenmusik, 4 Bde., Gütersloh 1888–1895. (!)

Künzli, Edwin, Huldrych Zwingli. Auswahl seiner Schriften, hg. von Edwin Künzli, Zürich/Stuttgart 1962. (!)

Lexer, Matthias, Mittelhochdeutsches Wörterbuch, 3 Bde., Leipzig 1872.

Lohr, Ina, Vom Reichtum des Kirchenliedes, in: Volkslied und Hausmusik VII, Zürich 1940/41, 168–172; 179–182. (!)

Marx, Hans Joachim (Hrsg.), Tabulaturen des XVI. Jahrhunderts. Teil 2: Die Orgeltabulatur des Clemens Hör (Ms. Zürich, Zentralbibliothek, Z.XI.301), Schweizerische Musikdenkmäler, Bd. 7, Basel 1970.

Meier, Max, Das Liederbuch des Ludwig Iselin, Diss. phil. Basel, Basel 1913. (!)

MGG = Die Musik in Geschichte und Gegenwart. Allgemeine Enzyklopädie der Musik, hg. von Friedrich Blume, 17 Bde., Kassel usw. 1949/51–1986.

Mörikofer, Joh. Caspar, Ulrich Zwingli, 2 Teile, Leipzig 1867 und 1869. (!)

Moser, Hans Joachim, Paul Hofhaimer. Ein Lied- und Orgelmeister des deutschen Humanismus, Stuttgart/Berlin 1929.

Moser, Hans Joachim, Über das deutsche Kunstlied um 1500, in: Die Singgemeinde II, Kassel 1925/26, 63–70.

Moser, Hans Joachim, Musiklexikon, Ergänzungsband A–Z, Hamburg 1963.

Moser, Hans Joachim, Der Zerbster Lutherfund, in: AfMw II, 1920/21, 237.

Moser, Hans Joachim, Die Melodien der Lutherlieder, Welt des Gesangbuches Heft 4, Leipzig 1935. (!)

Moser, Hans Joachim, Das Schicksal der Penultima, in: JbP XLI, 1935, XLI, Leipzig 1935. (!)

Nelle, Wilhelm, Zum Zwingliliede, in: MGKK IX, 1904, 346. (!)

Odinga, Theodor, Das deutsche Kirchenlied der Schweiz im Reformationszeitalter, Diss. phil. Zürich, Zürich 1889. (!)

Petzsch, Christoph, «Hofweisen». Ein Beitrag zur Geschichte des deutschen Lieder-jahrhunderts, in: DVfLG XXXIII, 1959, 414–445.

Petzsch, Christoph, Die rhythmische Struktur der Liedtenores des Adam von Fulda, in: AfMw XV, 1958, 143–150.

Pollet, J. V., Huldrych Zwingli et la Réforme en Suisse d'après les recherches récentes, Paris 1963. (!)

Poppen, Hermann, Das erste Kurpfälzer Gesangbuch und seine Singweisen, Lahr in Baden 1938, WKGB 12. (!)

Pressel, Theodor, Ambrosius Blaurer's des schwäbischen Reformators Leben und Schriften, Stuttgart 1861.

Reimann, Hannes, Zwingli – der Musiker, in: AfMW XVII, 1960, 126–141 (volkstüm-liche Fassung dieser Abhandlung unter demselben Titel als 144. Neujahrsblatt der allge-meinen Musikgesellschaft Zürich, Zürich 1960). (!)

Rich, Arthur, Die Anfänge der Theologie Huldrych Zwinglis. Diss. theol. Zürich, Zü-rich 1949. (!)

Richter, Julius, Katalog der Musik-Sammlung auf der Universitätsbibliothek in Basel, verzeichnet und beschrieben im Jahr 1888, Leipzig 1892. (!)

S = Huldrici Zuinglii opera. Completa editio prima curantibus Melchiore Schulero et Io. Schulthessio. Huldreich Zwingli's Werke. Erste vollständige Ausgabe, Zürich 1828–1861. (!)

Schiess, Traugott, Johannes Kesslers Sabbata, St. Galler Reformationschronik 1523–1539, Leipzig 1911.

Schmidt-Clausing, Fritz, Zwingli als Liturgiker. Eine liturgiegeschichtliche Untersu-chung, Göttingen 1952. (!)

Schmidt-Clausing, Fritz, Zwingli, Berlin 1965, SG 1219 (vgl. die Kritik von E. G. Rüsch in Zwa XII, Zürich 1966, 371f). (!)

Seidel, Wilhelm, Die Lieder Ludwig Senfls, Bern/München 1969, Neue Heidelberger Studien zur Musikwissenschaft II.

SI = Schweizerisches Idiotikon... Frauenfeld 1881ff.

Sicher, Fridolin, Chronik, hg. von E. Götzinger, St. Gallen 1885, MVG NFX.

Spitta, Friedrich, Neue Entdeckungen zum Zwingli-Liede, in: MGKK III, 1898, 22f, 62. (!)

Spitta, Friedrich, «Hilf Gott!» in: MGKK XXV, Göttingen 1920, 1f. (!)

Spitta, Friedrich, Joh. Keßlers Überlieferung des Zwingli-Liedes, in: MGKK VII, 1902, 198–200. (!)

Spitta, Friedrich, Zwinglis Reformationslied, in: MGKK II, 1897/98, 196–199 und 131. (!)

Spitta, Friedrich, Das Zwingli-Lied, in: MGKK II, 1897/98, 320–322. (!)

Staehelin, Ernst, Huldreich Zwingli's Predigt an unser Schweizervolk und unsere Zeit, Basel 1884. (!)

Staehelin, Rudolf, Huldreich Zwingli. Sein Leben und Wirken, 2 Bde., Basel 1895 und 1897. (!)

Stern, Alfred, Huldrych Zwingli, in: Lied und Volk [I], Kassel 1931/32, 74f. (!)

Stickelberger, Emanuel, Zwingli. Roman, Zürich/Leipzig 1925. (!)

Stumpf, Johannes, s. Weisz, Leo.

Stumpf = Johannes Stumpfs Schweizer- und Reformationschronik, hg. von E. Gagliardi, H. Müller und F. Büsser, 2 Teile, Basel 1952 und 1955, QSG NF I/V und VI. (!)

Ulrich, J., Der engadinische Psalter des Chiampel, neu hg. von J. Ulrich, Gesellschaft für romanische Literatur, Bd. 9., Dresden 1909. (!)

Vögelin, Salomon, Ulrich Zwingli. Vortrag, Winterthur 1968. (!)

Wack = Wackernagel, Philipp, Das deutsche Kirchenlied von der ältesten Zeit bis zum Anfang des XVII. Jahrhunderts, 5 Bde., Leipzig 1864–1877. (!)

Wack Bibl = Wackernagel, Philipp, Bibliographie zur Geschichte des deutschen Kirchenliedes im XVI. Jahrhundert, Frankfurt a. M. 1855 (wenn nichts anderes angegeben, zitiert nach Nummern).

Wackernagel, Wilhelm, Proben der deutschen Poesie seit dem Jahre MD. (Deutsches Lesebuch, 2. Theil.), Basel² 1840, ³ 1876. (!)

Waldmann-Greyerz, = Alte historische Lieder zur Schweizergeschichte des XII. bis XVI. Jahrhunderts, hg. von Franz Waldmann, 2. Auflage besorgt von Otto Greyerz, Basel [1915]. (!)

Walther ab Hohlenstein, Zwingli's Pestilenzlied MDXIX [Kalligraphische Ausgabe des Pestliedes], o. O. 1942. (!)

Walther, Andreas, Zwinglis Pestlied. Ein Beitrag zur Dogmengeschichte der Reformationszeit, in: NKZ XII, 1901, 815–825. (!)

Weber, Gustav, H. Zwingli, Seine Stellung zur Musik und seine Lieder. Die Entwicklung des deutschen Kirchengesanges. Eine kunsthistorische Studie, Zürich 1884. (!)

Weber, Heinrich, Der Reformator Ulrich Zwingli in seinen Liedern, in: ThZS I, 1884, 53–61. (!)

Weisz, Leo, Johannes Stumpf, Chronica vom Leben und Wirken des Ulrich Zwingli [hg. von Leo Weisz], Zürich² 1932. (!)

Wolf, Johannes, Ein Lautenkodex der Staatsbibliothek Berlin, in: Festschrift Adolph Koczirz zum 60. Geburtstag, hg. von Robert Haas und Joseph Zuth, Wien/Prag/Leipzig [1930], 46–50. (!)

Wyß, Bernhard, s. Finsler, Georg.

Z = vorliegende Ausgabe der Werke Zwinglis.

ZA = Ulrich Zwingli, Eine Auswahl aus seinen Schriften..., hg. von Georg Finsler, Walther Köhler und Arnold Rüegg, Zürich 1918. (!)

Zahn, Johannes, Die Melodien der deutschen evangelischen Kirchenlieder, 6 Bde., Gütersloh 1889–1893 (zitiert nach Nummern der Melodien in Bd. 1–5). (!)

Zwa = Zwingliana (zitiert nach Band- und Seitenzahl).

M. J.

Zur Edition

Für die Wiedergabe des Editionstextes gelten die in Z I S. IVff fest-gelegten Grundsätze. Darüber hinaus ist folgendes zu bemerken:

1. Obwohl die späteren Drucke nur in wenigen Fällen Verbesserungen bringen, wurden (nach Grundsatz 4) die Quellen bis 1600 herangezogen. Die Veränderungen am Text und an den Noten, welche die späteren Ausgaben der Gesangbuchdrucke bringen, sind fast ausschließlich Druckfehler und Ungenauigkeiten oder Angleichungen ans Hochdeutsche. In besonders starkem Maße fließen letztere von etwa 1594 (Zü 8) an in den Text ein (und nicht, wie die Ausgabe in Z I, die Zü 8 noch nicht kannte, zu erkennen gibt, erst von 1598 an). Da das aber ganz planlos und zufällig geschah und man die Stellen, wo die Änderung, vor allem die Diphthongierung, vorgenommen wurde, sofort wahrnimmt, wird darauf verzichtet, den Apparat mit all diesen Lesarten zu belasten. Die Textform, mit der das Kappelerlied in den Straßburger, Bonner und Kurpfälzer Gesangbüchern auftaucht, wurde hingegen buchstabengetreu (nach den hier für den Abdruck geltenden Regeln) im Apparat verzeichnet, um allfällige Nachforschungen über die Herkunft einer bestimmten Textform zu erleichtern. Es hätte jedoch zu weit geführt, alle Auflagen der betreffenden Gesangbücher bis 1600 in dieser Weise zu berücksichtigen. Diese werden in der Quellenübersicht (S. 378) lediglich genannt und, soweit sie eingesehen werden konnten, nur bei bedeutenden Abweichungen berücksichtigt.

Abweichungen, die lediglich in der Groß- oder Kleinschreibung eines Anfangsbuchstabens bestehen, sind in der Regel nicht berücksichtigt. Auch aus den Handschriften sind nicht immer alle orthographischen Abweichungen im Apparat verzeichnet worden.

2. Die Gesangbuchdrucke enthalten sozusagen keine Interpunktion. Es stehen nur Schrägstriche am Ende einer Reimzeile, sofern der Text fortlaufend gesetzt ist. Da wir den Text in Reimzeilen absetzen, geraten sie in Wegfall. Darüber hinaus vorhandene Schrägstriche, die dann meist den Sinn von Interpunktionszeichen haben, wurden beibehalten. Im übrigen hat die Interpunktion nach dem Ermessen des Herausgebers zu erfolgen. Sie stellt uns an einigen Stellen vor die Frage der Interpretation. Über die schwierigsten Fälle wird in den Anmerkungen zum Text und oben S. 364f Rechenschaft gegeben.

3. In Abweichung von Grundsatz 10 in Z I wird j als Vokal dort beibehalten, wo er das gedehnte i meint. Die Präposition in ist z. B. allein so sofort vom Pronomen jn (= ihn, bisweilen auch Kontraktionsform von inen bzw. jnen = ihnen) zu unterscheiden.

4. Die Notentexte wurden in moderne Notation übertragen. Über die Art der Übertragung gibt der Vergleich mit dem in der Originalnotation beigesetzten Anfang Aufschluß. Zusätze des Herausgebers sind auch im Notentext durch eckige Klammern gekennzeichnet. Auf die Einfügung von Mensurstrichen wurde bei den einstimmigen Melodien verzichtet.

Die jeweils erste Strophe des Textes wurde der Melodie untergelegt. Um den Bau des Textes deutlich zu machen, wurde die Melodie entsprechend den Reimzeilen des Textes umbrochen. In wenigen Fällen fällt so das Ende einer melodischen Phrase nicht mit dem Ende der Druckzeile zusammen. Diese Stellen sind aber leicht zu erkennen.

Waagrechte eckige Klammern über den Noten zeigen die Ligaturen der Vorlage an, runde die Engstellung von Noten (vgl. oben S. 363). Um die Vorlage so treu als möglich wiederzugeben, sind die runden Bogen genau so weit gezogen, als die Engstellung reicht, auch wenn etwa eine Note zuviel oder zuwenig einbezogen wurde. Wo runde Bogen fehlen, sind die Noten in der angeführten Quelle gleichmäßig verteilt.

5. Die Textverteilung ist in den Gesangbüchern – trotz der Anwendung von Ligaturen und Engstellungen, manchmal auch, weil solche fehlen – oft nicht genau angegeben. In den Handschriften ist der Text meist überhaupt nicht untergelegt. So liegt die Entscheidung hierüber beim Herausgeber. Über schwierige und strittige Fälle wird oben S. 360–364 Aufschluß gegeben.

6. Im textkritischen Apparat folgen jeweils zuerst die Anmerkungen zur Weise, auf welche mit eingekreisten Ziffern verwiesen wird, dann diejenigen zum Text, nach Strophen- und Zeilenzahl.

7. Im folgenden Quellenverzeichnis werden die Quellen, für die eine genügende wissenschaftliche Beschreibung andernorts bereits vorliegt, nicht nochmals beschrieben.

8. Die Abdrucke und Übersetzungen der Lieder Zwinglis sind so zahlreich, daß deren Aufzählung den Rahmen dieser Edition gesprengt hätte. Wir beschränken uns darauf, im folgenden Quellenverzeichnis die Abdrucke nach einer bestimmten Quelle zu nennen.

Die Quellen

Handschriften

Is 1   Das sogenannte Liederbuch des Ludwig Iselin (früher auch Baseler Tenor genannt). Tenorstimmbuch aus einem im übrigen verlorenen Stimmbuch-Satz von wohl vier Stimmbüchern mit einer Liedersammlung aus Einträgen verschiedener Schreiber zwischen etwa 1525 und 1575.

Mscr. F X 21 der UB Basel.
Vgl. Meier.

*Pestlied (Melodie und Textfragment 1, 1–12) Bl. 62v/63v
(Nr. 54 nach der ursprünglichen Zählung). Niederschrift um
1530. Abdruck (nur Text): Meier 92; leicht verkleinerte Photographie der Melodie bei Hürlimann 11.*

Is 1a Kappelerlied, *zweite (endgültige) Melodie Bl. 65v, Text
Bl. 66r, signiert und datiert V. Z. 1529, in Reimzeilen abgesetzt und so niedergeschrieben, daß man zum Lesen des Textes das Büchlein hochstellen muß, was in der ganzen Handschrift nur an dieser Stelle der Fall ist; originalgroße Photographie Zwa XI (1960) vor 153, Jenny 336 und Jenny, Luther
183; leicht verkleinerte Photographie Hürlimann 11; erste
(ältere) Melodie (ohne Text) Bl. 66v (Nr. 56 und 57 nach der
ursprünglichen Zählung). Niederschrift um 1535. Abdruck
der Melodien: Spitta, Entdeckungen 23, des Textes: Wackernagel, Proben[2] 12, [3] 54 (von da bei Waldmann-Greyerz und
daraus – ungenau – bei Faesi 21) und Meier 95. Melodie
und Text: HDEKM III/1, 304, Jenny, Lieder 91 und Jenny,
Luther 207f.*

Is 1b Kappelerlied, *zweite Eintragung des Textes Bl. 105v durch
Onofrion Renoltt, signiert und datiert H. Z. 1544. Abdruck
der Varianten zu a bei Meier 121. Der Schreiber verdoppelt
sämtliche Schluß-t.*

Hör *Notizen zu einer Orgeltabulatur von Clemens Hör auf den einem Druck von 1532 beigebundenen leeren Blättern. Niederschrift um 1535–1545(?). Vgl. Marx.*
Mscr. Z XI 301 der ZB Zürich.

Kappelerlied *ohne Text in einem vierstimmigen und einem
dreistimmigen Satz, (letzterer mit teilweise ergänzter vierter
Stimme) Bl. 16v/17r. Verkleinernde Photographie von Bl. 16v
und Übertragung des ersten Satzes bei Bernoulli, Kappeler-
Lied 158f; Photographie beider Seiten Reimann Abb. 2; Übertragung beider Sätze Bernoulli, Sätze 409ff; Abbildung des
ersten Satzes Arnet-Kasser nach S. 36; neue (korrigierte)
Übertragung beider Sätze Jenny, Kompositionen 180ff und
Marx 30.*

Kess *Johannes Kessler, Sabbata. Originalhandschrift, Zeit der
Niederschrift ungewiß (nach 1557?). Vgl. Egli-Schoch.*
Mscr. 72 der StdB (Vadiana) St. Gallen.
Kappelerlied *mit Melodie Bl. 244v/245r, Text in Reimzeilen
abgesetzt. Abdruck: Die Ausgabe von Egli-Schoch druckt das*

Lied nicht ab, sondern verweist bloß auf den unzulänglichen, diese Niederschrift gar nicht berücksichtigenden Abdruck in S. Hingegen hat Egli, Cappelerlied 252 den Kesslerschen Text (mit der Melodie in Faksimile) abgedruckt; von da der Text bei Spitta, Kessler 199; ZA 738f; Frei 14 (mit einigen Ungenauigkeiten und einer offenbar von Frei erfundenen Überschrift). Verkleinernde Photographie der Melodie bei Cherbuliez, Schweiz Tafel 33; vollständige, verkleinernde Photographie der Niederschrift Keßlers (aus zwei Aufnahmen zusammengesetzt) bei Reimann Abb. 1.

Brugg Lautentabulatur, Brugg 1552.
Ms. mus. 40588 der Deutschen Staatsbibliothek, Preußischer Kulturbesitz, Berlin-Dahlem. Vgl. Wolf und Jenny, Zwingli-Quelle.
Kappelerlied (ohne Text) S. 7 und S. 25 in einem drei- und einem zweistimmigen Satz. Abdruck beider Sätze bei Jenny, Zwingli-Quelle 20.

Bull Heinrich Bullinger, Reformationsgeschichte. Originalhandschrift, niedergeschrieben 1567.
Mscr. A 16 der ZB Zürich.
Pestlied (ohne Melodie) S. 37f Abdruck HBRG I 28 (Nr. 9) und Köhler, Reformation 69 (Nr. 100).
Kappelerlied (ohne Melodie): Der Abschnitt Nr. 309, der dieses Lied enthält, ist auf einem besonderen Blättlein nach S. 823 nachträglich eingeklebt. Abdruck HBRG II 182 (Nr. 309); Vögelin 66; Köhler, Reformation 270 (Nr. 230); Farner IV 322; Reimann 135. Auslautendes d wird von Bullinger meist dt, auslautendes t als tt geschrieben.

Is 2 Liederhandschrift für Schulzwecke von der Hand des jungen Ludwig Iselin in vier Stimmheftchen, von denen nur Alt und Tenor erhalten sind. Basel um 1574.
Mscr. F X 25 und 26 der UB Basel.
69. Psalm, Fragment eines vierstimmigen Satzes (Alt und Tenor), Nr. 15 (Alt Bl. 4v, Tenor Bl. 7v), ohne Text. Übertragung und Ergänzung Jenny, Kompositionen 178–180 und (mit Verbesserungen) Jenny, Luther 194–197.

Drucke

Str 1 Straßburger Gesangbuch um 1536/37.
Beschreibung: Wack Bibl 364; Hubert 27; Zahn VI 48; DKL 1537[03].

Kappelerlied *mit Melodie Bl. 79v. Abdruck des Textes: Wack III 553, der Melodie Zahn 1570. Faksimile: Jenny 320, Abb. 31.*

Danach ebenso in den weiteren Ausgaben des Straßburger Gesangbuches von 1541, 1543, 1557 (Hubert 32, 34, 41), 1560, 1561, 1568 und 1569 sowie im Straßburger Nachdruck des Dachser'schen Psalters von 1539 (Hubert 30, vgl. Wack Bibl 380, wo unter Ziff. 4 das Vorkommen von Zwinglis Lied ausdrücklich erwähnt ist) und im Wormser Nachdruck des Straßburger Gesangbuches von 1559 (Hubert 44). Hingegen ist das Kappelerlied (entgegen der Angabe bei Bork 119f, Nr. 273 und 200, Anm. 2) im Straßburger Gesangbuch von 1533 noch nicht enthalten. Es steht auch später längst nicht in allen Ausgaben des Straßburger Gesangbuches, wie Bork behauptet.

Zü 0 *2. Ausgabe des Konstanzer Gesangbuches, Zürich um 1537. Beschreibung: Jenny 17 (dort weitere Literatur); DKL 1538[01]. Diese Ausgabe ist nur fragmentarisch erhalten; den zwingenden Beweis, daß Zwinglis Kappelerlied in dem verlorenen Teil stand, s. bei Jenny 102 und 320, Abb. 32.*

Zü 1 *3. Ausgabe des Konstanzer Gesangbuches, Zürich 1540. Beschreibung: Jenny 17 (dort weitere Literatur; ferner Jenny, Ergänzungen 133); DKL 1540[06].*

Kappelerlied *mit Melodie S. 223f. Abdruck: Wack 1841, 550; Wack III 553; von da Spitta, Reformationslied 169; Bernoulli, Kappeler-Lied 159; mit drei kleinen orthographischen Ungenauigkeiten auch Kulp 7. Reprint der ganzen Quelle Zürich 1946.*

Zü 2 *Vermutlich 2. Ausgabe des die Konstanzer Tradition ungebrochen fortsetzenden Zürcher Gesangbuches, Zürich um 1552. Beschreibung: Jenny 17f (dort weitere Literatur); DKL 1552[02].*

69. Psalm mit Melodie S. 276ff.

Pestlied mit Melodie S. 280ff.

Kappelerlied *mit Melodie S. 288f.*

Für den 69. Psalm ist dies die älteste, für das Pestlied die erste gedruckte Quelle, die erhalten ist. Verkleinertes Faksimile bei Jenny, Lieder 102 (Melodie und 1. Str.) und Jenny, Luther 179 (Melodie und ganzer Text). In dem Vorabdruck des vorliegenden Editionstextes bei Jenny, Lieder 86–90 wurde diese Quelle überhaupt zum ersten Mal berücksichtigt. Faksimile der 2. und 3. Strophe des Kappelerliedes aus Zü 2 im Anhang zum Reprint von Zü 1.

Die in dieser Ausgabe verwendeten Notendruckstöcke (Holzschnitt) sind für Zü 3 und 5 bis 9 weiter verwendet worden.
Nicht ganz zuverlässiger Abdruck der Melodien danach (verwendet wurde Zü 7) mit z. T. fehlerhaft untergelegtem Text
(beim Pestlied und beim 69. Psalm nur je die 1. Strophe) bei
G. Weber 24–28. Danach (ungenau) Kümmerle IV 638 und
Stern, Zwingli 75. Weber gibt die Vorlage möglichst treu wieder. Die Pausen (━, ━) wurden im Notensatz durch an die
entsprechende Stelle gesetzte Kommata wiedergegeben. Kümmerle und Stern versäumten es offenbar, die Quellen selber
einzusehen, und verstanden diese Kommata als Phrasierungs-
zeichen, wodurch in diesen Wiedergaben das rhythmische Bild
der Weisen natürlich vollständig entstellt wurde.

Zü 2a　　Vermutlich 3. Ausgabe des Zürcher Gesangbuches, Zürich um
1560. Beschreibung: Jenny, Ergänzungen 135f; DKL 1560[01].
In der Gestalt, die das Gesangbuch hier gewann, wird es noch
mindestens sechsmal nachgedruckt.
69. Psalm mit Melodie S. 356/60.
Pestlied mit Melodie S. 360/64.
Kappelerlied mit Melodie S. 372f.

Zü 3　　Erweiterte Neuausgabe von Zü 2a, Zürich um 1560/65.
Beschreibung: Jenny 18 (dort weitere Literatur); DKL 1561[02].
Alle drei Lieder auf denselben Seiten wie in Zü 2a.
Abdruck des Pestliedes nach dieser Ausgabe in Z I 67–69, da-
nach bei Walther ab Hohlenstein und Farner II 364–367.

Zü 3a　　Nachdruck der Ausgabe Zü 3 ohne Noten, Zürich um 1565.
Beschreibung: Jenny 18–20.
69. Psalm (ohne Melodie) S. 283/86.
Pestlied (ohne Melodie) S. 286/88.
Kappelerlied (ohne Melodie) S. 295/96.

Zü 4　　Erweiterte Neuausgabe von Zü 3, Zürich 1570.
Beschreibung: Jenny 20 (dort weitere Literatur); DKL 1570[13].
Alle drei Lieder auf denselben Seiten wie in Zü 2a. Die Melo-
dien sind in dieser Ausgabe mit beweglichen Lettern neu gesetzt.

Zü 5　　Unveränderter Neudruck der Ausgabe Zü 3, Zürich um 1569.
Beschreibung: Jenny 20f (dort weitere Literatur); DKL
1569[02].
Alle drei Lieder wie in Zü 2a. Abdruck des 69. Psalms und
des Pestliedes nach dieser Ausgabe Wack III 551f (nur Text).

Zü 5a　　Unveränderter Neudruck der Ausgabe Zü 5, Zürich 1574.
Beschreibung: Jenny 21 (dort weitere Literatur); DKL 1574[08].
Alle drei Lieder wie in Zü 2a.

Zü 6   *Unveränderter Neudruck der Ausgabe Zü 5a, Zürich 1580.*
         Beschreibung: Jenny 21 (dort weitere Literatur); DKL 1580[12].
         Alle drei Lieder *wie in Zü 2a.*

Zü 7   *Erweiterter Neudruck von Zü 6, Zürich 1588.*
         Beschreibung: Jenny 21 (dort weitere Literatur) und 298, DKL 1588[11].
         Alle drei Lieder *wie in Zü 2a.*

Zü 8   *Neuausgabe von Zü 7, Zürich um 1591/97.*
         Beschreibung: Jenny 22 und ders., Ergänzungen 136–138; DKL 1592[01].
         69. Psalm *mit Melodie S. 60/64 (erstmals im Psalmteil!).*
         Kappelerlied *(ohne Melodie) S. 374f.*
         Pestlied *mit Melodie S. 375/78.*

Zü 8a   *Erweiterte Neuausgabe von Zü 8, Zürich 1603.*
         Beschreibung: Jenny 298 und ders., Ergänzungen 138; DKL 1603[11].
         69. Psalm *mit Melodie S. 63/67.*
         Kappelerlied *(ohne Melodie) S. 385f.*
         Pestlied *mit Melodie S. 386/89.*

Zü 9   *Neudruck von Zü 8a, Zürich 1608.*
         Beschreibung: Jenny 22 (dort weitere Literatur) und ders., Ergänzungen 138f; DKL 1608[14]. Ein weiteres, vollständiges und sehr gut erhaltenes Exemplar befindet sich im Besitz von Lehrer Paul Stoecklin in Basel.
         Alle drei Lieder *wie in Zü 8a.*

Zch 1598 *Erstes offizielles Zürcher Gesangbuch, Zürich 1598.*
         Beschreibung: Jenny, Zürcher Gesangbuch 125–128 (dort weitere Literatur); DKL 1598[12]. Ein weiteres Exemplar (o. Tbl.) im Besitz des Bearbeiters vorliegender Ausgabe.
         69. Psalm *mit Melodie S. 54/58 (weiterhin im Psalmteil) Abbildung der Melodien und des Textes (bis 3,3) Jenny, Luther 181.*
         Kappelerlied *mit Melodie S. 207 (Nr. X der «Geistlichen Kirchenlieder, zur leer vnd ermanung»); Abbildung auf dem Titelblatt bei Gerstberger.*
         Pestlied *mit Melodie S. 222/23 (Nr. I der «besonderen Bått vnd Haußgesang»).*

Zch 1599 *Erweiterte Neuausgabe von Zch 1598, Zürich 1599.*
         Beschreibung: Jenny, Zürcher Gesangbuch 132f (dort weitere Literatur); DKL 1599[06].
         69. Psalm *mit Melodie S. 63/67.*
         Kappelerlied *mit Melodie S. 253f (nun Nr. XII in dieser Abteilung).*

Pestlied *mit Melodie S. 271/73.*

Ba   *Erstes Basler Gesangbuch, Basel 1581.*
              Beschreibung: Jenny 22 (dort weitere Literatur); DKL 1581[02].
              Kappelerlied *mit Melodie S. 264/65 (Melodie in Typensatz).*

Bo 1   *Zweite Ausgabe des Bonner Gesangbuchs, Bonn 1550 (die er-*
              ste Ausgabe von 1544 ist verschollen).
              Beschreibung: Hollweg 285–288; Bork 47–50; DKL 1550[05].
              Neudruck: Klusen.
              Kappelerlied *mit Melodie im 2. Teil Bl. 113v; Abdruck Klusen*
              219.
              In 30 weiteren Ausgaben dieses Gesangbuches zwischen 1561
              und 1630, von denen Bork seit dem Kriege 18 eingesehen hat,
              findet sich das Kappelerlied ebenfalls. Meistens ist nur der
              Text abgedruckt; Ausnahmen sind z. B. Frankfurt 1593 und
              Bonn 1612.

Heid 1   *Kurpfälzer Gesangbuch, Heidelberg 1567.*
              Beschreibung: Poppen 27–42 und 112–114; Bork 189–199;
              DKL 1567[04].
              Kappelerlied *mit Melodie S. 118.*
              Danach auch in den Ausgaben von 1569 (DKL 1569[11]), 1573
              (DKL 1573[01]) und 1575 (DKL 1575[07]).

Kbg   *Königsberger Gesangbuch, Königsberg 1584.*
              Beschreibung: Jenny, Königsberg.
              Kappelerlied *(ohne Melodie) Bl. 277v; Abbildung bei Jenny,*
              Königsberg 145.

L 1   *Zweiliederdruck, wahrscheinlich von Samuel Apiarius in Ba-*
              sel um 1575/80.
              Beschreibung: Z I 65 unter H (ZB Zürich, Zwingli 249).
              Pestlied *(ohne Melodie) auf der dritt- und vorletzten Seite.*

L 2   *Zweiliederdruck von Siegfried Apiarius, Bern 1563*
              «Der Geistlich ‖ Wagenman. ‖ Jst in dem thon / es wolt
              ein ‖ Fůrmann faren / wolt faren über ‖ Ryn / etc. Ein
              ander geist- ‖ lich lied / Herr nun heb den wa- ‖ gen selb /
              etc.» ‖ [Holzschnitt: Sonnenwagen] – 8 unpaginierte Seiten
              in Kl.-8[0] – Rückseite des Titelblattes leer, dann das Lied Be-
              nedict Glettings «Es fůr einmal ein wagenman» in 17 Stro-
              phen. Auf der vorletzten Seite das Kappelerlied (ohne Melo-
              die). Darunter: «Amen. ‖ Getruckt zů Bernn / by ‖ Sigfrid
              Apiario. ‖ 1563.» – letzte Seite leer. (UB Basel, Sammel-
              band Sar 151/71 [Bl. 286ff])

                                                              M. J.

189

Das Pestlied

Ein christenlich gsang gestelt
durch H. Z. als er mit pe-
stilenz angriffen ward.

[1.] Im anfang der kranckheit.

1   Hilff,   Herr Gott, hilff _____
7   Zů   dir   ich   gilff⁴. _____

Die Wiedergabe erfolgt nach dem ältesten erhaltenen Druck: Zü 2.

Überschrift: fehlt in Is 1 (unter den Noten nur die Textmarke: Hillff Her got Hillff
etc.*) und Bull; L 1 auf dem Titelblatt:* Ein ander Geistlich Lied/ ‖ so ein frommer
Christ, genannt Huld- ‖ rych Zwingli/ vor etlichen jaren ‖ mit pestilentz angriff-
fen/ ‖ gemacht hat ... *über dem Lied:* Ein anders H. Z. – *Zü 4 Druckfehler* H. P. *– Zch
1598 und 1599* In sterbens zeyten. H. Z.

Text: Strophe 1: 1 Gott] *Zü 9 setzt den Zeilentrenner schon hinter* gott.

_____

⁴ *ich rufe, schreie. Der Reim* hilff – gilff *o. ä. ist nicht so ungewöhnlich, wie man denken möchte; er findet sich in zeitgenössischen Gedichten süddeutscher Autoren nicht selten. Vgl. Wack III 87 (H. Sachs) 2, 9:* umb hilff/ ich gilff/ zů dir Christe; *MGKK XIII
(1908) 38 (Herzog Albrecht von Preußen, seiner Herkunft nach Süddeutscher) 2, 1.2:* mit
deiner Hilf,/ dornoch ich gilf *(so nach einer völlig überzeugenden Konjektur des Entdek-
kers dieses Liedes, P. Schwenke, a. a. O. 41, Anm. 24); Wack III 714 (nach Spittas wohlbe-
gründeter Hypothese ebenfalls von Herzog Albrecht) 1, 5.6:* meim gelffen/ thust nit helffen; *aus dem näheren Umkreis des Pestliedes: Wack III 562 (S. Pollio) 2, 1–4:* Geheylget
werd dein namm so groß,/ der uns allein zum hymel hilfft./ Er ist mechtig, sin gwalt
on moß:/ erhör dein gmein, die zů dir gilfft; *Wack IV 215 (anonym, schon in Zü 1, vielleicht ebenfalls von Zwingli, vgl. unten S. 412) 1, 1.2:* O Herr Gott hilff;/ zů dir ich gilff;
Jy 211 (P. Schär) 5, 7.8: Herr, yl, errett, bewyß mir hilff;/ nach diner barmhertzigkait
ich gilff; *Wack IV 217 (J. Vögelin) 5, 13.14:* Ach her, ich gilf/ zů dir; Her, hilf; *Arnt von
Aich 38 (Adam von Fulda) 2, 12.13:* um hilf/ ich gilf; *Wack III 662 (A. Blarer) 1, 9.10:* O
Gott, ich gilff/ zů dir umb hilff.

2 ⁸ in di - - ser not!
8 Ist es ⸺ din will,

3 ⁸ Ich mein¹, der tod
9 züch uß⁵ den pfyl,

4 ⁸ sig² an der thür;
10 der mich ver-wundt⁶,

5 ⁸ stand, Chri - ste, für³,
11 nit laßt ein stund

6 ⁸ dann du jn ü - ber-wun - - den hast!
12 mich ha - ben we - der růw⁷ ⸺ noch rast!

Melodie: Weder Is 1 noch Zü 2ff und 4 haben eine Taktvorzeichnung. – ① *die Pause fehlt Zü 4* – ② *Is 1* ♩♩ – ③ *Zü 2* ♩ *; oben nach Is 1 und Zch 1598ff, um eine bessere Textunterlegung zu ermöglichen; in Is 1 an dieser Stelle ein* ⸺ *radiert.*

Text: Strophe 1: 2 in] Is 1 uß (ebenso Stumpf, s. oben S. 347) – 4 sig] *so Is 1; L 1* sy; *Zü 2ff* sey – 6 dann] *Is 1* wan – 8 din] *so L 1, Is 1, Bull; Zü 2ff* dein – 9 züch] *Zü 4 Druckfehler* zůch *(statt* züch)* – 9 uß] *Bull (Fehler)* unß – 9 den] *ab Zü 7* din – 11 laßt] *Is 1 und ab Zü 7* laß – 12 rast] *hier bricht die Textunterlegung in Is 1 ab.*

---

¹ *mich dünkt (vgl. 3,2).*

² *sei*

³ *Da* vürstan *einfach «verteidigen, vertreten» bedeutet, braucht nicht abgewogen zu werden, ob «vor die Türe stehen» oder «vor mich treten» (so Rich 115) gemeint ist. Vgl. SI I 952.*

⁵ *zieh aus.*

⁶ *Z I 67, 14 setzt hier einen Punkt; wir folgen der einleuchtenderen Interpunktion Burkhards.*

⁷ *Ruhe.*

13 in Wilt du ___ dann glych[8]

tod[9] ha - - ben mich

15 in mitz[10] der ta - gen min,

so soll es wil - - - lig sin.

Thůn[11], wie du wilt;

mich nüt _____ be - filt[12].

Melodie: ④ *und* ⑤. *Diese beiden Pausen fehlen in Zü 2 usw.; in Zü 4 sind sie richtig ergänzt. Zch 1598 hat nur die erste; Zch 1599 setzt an Stelle der zweiten einen vereinzelten Zeilenschlußstrich ein.* ⑥ *Is 1 ursprünglich auch so, dann aber radiert und* ___ *überschrieben (instrumentale Zusammenziehung zweier gleichhoher Töne)*

Text: Strophe 1: 17 thůn] *ab Zü 3 und Bull* thů – 17 wilt] *Zü 7 und 8 Druckfehler* milt, *Zü 9 korrigiert.*

---

[8] dann glych = *dennoch, gleichwohl.*

[9] *tot (Adj.).*

[10] in mitz = *inmitten, mitten in (mhd. Adv. in mittez). Zur Zeit der Pesterkrankung war Zwingli 35 Jahre alt, zur Zeit der Abfassung dieses Liedes vielleicht um 40 (vgl. oben S. 353). Daß hier eine Anspielung auf die «Antiphona de morte», das berühmte «Media vita», das offenbar nach dominikanischem Ritus als Responsorium in der Komplet der Fastenzeit verwendet wird, vorliegt (Pollet 14, Anm. 5), ist unwahrscheinlich.*

[11] *Tu (Imp.).*

[12] mich nüt befilt = *nichts ist mir zu viel, nichts verdrießt mich, ich leide es gerne (deutlicher wäre die schon von Finsler, Festschrift 21, und Staehelin, Zwinglis Predigt 15, und dann wieder von Burkhard gegen die Quellen gewählte Schreibung* bevilt, *da der Stamm «viel» und nicht das Verbum «befehlen» zugrunde liegt.*

Melodie: ⑦ *in Zü 2 usw. ist diese Note doppelt vorhanden, dahinter etwas wie die Spur einer Minima-Pause –* ⑧ *Zü 2 hat* ▭▭▭*, was rhythmisch nicht in Ordnung ist. Der Vergleich mit Is 1 zeigt, daß einfach die Schwärzung weggelassen ist (*♢♢♢ *statt* ♦♦♢ *in der Originalnotation), die man als punktierten Rhythmus (oder mit* ♩ 3 ♩ ♪*) zu übertragen hat. Zü 4 vereinfacht:* ▭▭*. Erst Zch 1598 und 1599 notieren richtig, wie oben.*

Text: *Strophe 1: 19 haf] ab Zü hafft; Bull haaff – 21 nimst] ab Zü 3 nimpst, Zü 4 nimbst.*

---

[13] *Gefäß, Topf; vgl. Jes 45,9, Jer 18,1–6 und Röm 9,20–22, wo in der alten Zürcher Bibel zwar überall nicht haf, aber immerhin «hafner» (für Töpfer) steht (vgl. unsere Einleitung, S. 349). Die Lesart «hafft» (Gefangener) entspricht zwar nicht Zwinglis Meinung, ist aber nicht sinnlos; man wird an die paulinische Redeweise vom Sklaven Christi gedacht haben.*

[14] *oder; vgl. zu dieser wichtigen Zeile Jes 41,25 und die Ausführungen oben S. 348f.*

[15] *Denn, wenn du hinnimmst..., so tust du es, damit...; dann ist also hier nicht temporal zu verstehen (Zwingli schreibt oft dann für «denn» und umgekehrt, vgl. im Pestlied 1,6 und 3,17, ferner Burkhard 282₄ mit Anm.).*

25   ald[16] an - dren nit

be-fleck jr Lä - ben fromm_____ und sit[17].

[2.] In mitten der kranckheit.

     Tröst, Herr Gott, tröst!

     Die kranckheit wachßt[18];

     Wee und angst faßt

     min seel und lyb.

5   Darumb dich schyb[19]

     gen[19] mir, einiger trost, mit gnad,

Melodie: ⑨ *Zü 2 usw. und 4* ♩ *statt* ♩ ♩; *oben nach Is 1 und Zch 1598 und 1599 zugunsten der Textunterlegung.*

Text: Strophe 1: 25 andren] *Bull* anderen – 26 befleck] *ab Zü 6* befleckt.

Strophe 2: *5–8 fehlen in L 1* – 5 darumb] *Bull* dorumm – 5 schyb] *ab Zü 8* scheyb.

---

[16] *oder.*

[17] *noch andern ihr frommes Leben und ihre (fromme) Sitte beflecke. Wollte man (mit Köhler, Reformation 69; auch S und Z erwägen diese Deutung)* sit *als Adjektiv (sittsam, still, ehrbar) verstehen, so müßte man wohl «gsitt» oder «bsitt» konjizieren (beides SI VII 1467 in dieser Kurzform belegt). In Frage käme auch eine allerdings nicht belegte Kurzform von «sittig» (SI 1462f). Doch steht der näherliegenden Deutung von* sit *als Substantiv nichts im Wege. Die für unser Empfinden ungewohnte Wortstellung ist für einen humanistischen Dichter, der auch lateinisch zu denken gewohnt ist, nicht anstößig;* nec polluat eorum vitam piam ac mores. *Einen ganz analogen Fall haben wir in Luthers «Ach Gott vom Himmel sieh darein» 5, 6:* Da wirt seyn krafft erkand und scheyn, *wo ebenfalls manche (z. B. A. Leitzmann, Kleine Texte, Heft 24/25) deuten:* erkannt und offenbar, *wogegen die Umstellung der Wörter in der Straßburger Fassung («da wirt erkant sein krafft und scheyn») deutlich zeigt, daß die Zeitgenossen* scheyn *hier als Substantiv verstanden (vgl. MGKK XVI 49).* Sit, *masc., im Sinne von «Brauch», «Übung», steht in der Zürcher Bibel von 1530/31 in Ex 28, 43:* Das sol im und sinem somen nach im ein yemer währender sitt *[später:* brauch*] sein. Auch bei Zwingli selbst ist das Wort belegt (SI VII 1465):* Uf den ... klösteren *[ist]* der ernstlich sitt, ze lernen, mit dem göttlichen wort umzegon, ... abgangen. *In Ulrich Huttens berühmten Lied* Ich habs gewagt mit Sinnen *heißt es in 3, 5–7 (Burkhard 277):* daß man mich nit/ nach altem sit/ zur ghör hat kummen laßen. *Bei A. Blarer lesen wir (Wack III 648: 8, 14):* Mynr schwachait helffen is syn sitt. *An beiden Stellen steht* sit *genau wie bei Zwingli im Reim, und zwar als Substantiv. Für substantivische Bedeutung auch bei Zwingli treten ein: Farner (in allen Veröffentlichungen); Hadorn 48; Köhler, Zwingli 77; und vor allem Burkhard.*

[18] *wächst, nimmt zu.*

[19] *schiebe dich zu mir, nahe dich mir, komm zu mir.*

           die gwüß[20] erlößt

           ein yeden, der

           sin hertzlich bgär[21]

10   und hoffnung setzt

           in dich, verschetzt[22]

           darzů diß zyts[23] all nutz unnd schad[24].

             Nun ist es umb;

           min zung ist stumm,

15   mag sprechen nit ein wort;

           min sinn sind all verdort.

           Darumb ist zyt,

           das du min stryt

           fůrist fürhin[25],

20   so ich nit bin

           so starck, das ich

           mög dapfferlich

           thůn widerstand

           des Tüffels facht[27] und fräffner[28] hand.

25   Doch wirt min gmůt

           stät[29] blyben dir, wie er joch wůt[30].

10 setzt] *ab* Zü 6 *setz –* 11 verschetzt] *ab* Zü 5 *verschez –* 12 zyts] *so Bull und L 1;* Zü 2ff *zyt;* Zch 1599 *zeyt –* 16 verdort] *L 1 vertort –* 17 darumb ist] *Bull dorumm ists.* 20 ich nit] *Zch 1598 und 1599 (falsch)* ich Herr nit.

---

[20] *gewiß.*

[21] *Begehren, Verlangen.*

[22] *gering eingeschätzt, für nichts achtet.*

[23] diß zyts = *dieser Zeit (*zyt *als neutrum, wie lat.). Es ist wohl der neutestamentliche Begriff des* aion houtos *gemeint, der unsere gegenwärtige Welt und Zeit als eine mit der Wiederkunft Christi endende Zwischenzeit bezeichnet.*

[24] *Vorteil und Nachteil, Gutes wie Böses, Gewinn wie Verlust, die der* aion houtos *zu bieten hat, verlieren ihre Kraft und Gegensätzlichkeit angesichts der Erlösung, deren jeder für den* aion mellon *gewiß sein darf, wenn er alles auf die eine Karte, Christus, setzt; vgl. Röm 8,18 und Phil 3,7.8.*

[25] *fürderhin, von nun an.*

[26] *da; jetzt, wo.*

[27] *Netz, Schlinge, Fallstrick (so u. a. auch Rich 115), oder eher gleichbedeutend mit* fecht *(was mit Wackernagel, Proben³ 53 und Burkhard zu konjizieren nicht nötig sein dürfte): Feindschaft, Fehde (vgl. SI I 645 und hier 69. Psalm 1, 13). Anfechtung (so Z I 68, Anm. 5) kann hier höchstens im ursprünglichen Wortsinn, aber nicht als theologischer Begriff, der in die hier sehr gegenständliche Bildersprache (*stryt, widerstand, fråffne hand, wůten*) schlecht hineinpassen würde, gemeint sein.*

[28] *frevelhafter.*

[29] *treu.*

[30] wie er joch wůet = *wie (sehr) er auch wüten mag.*

[3.] In der Besserung.

    Gsund, Herr Gott, gsund!
  Ich mein[31], ich ker
  schon[32] widrumb här.
  Ja, wenn dich dunck[33],
5   der sünden funck[33a]
  werd nit mer bherrschen mich uff erd,
    so můß min mund
    din lob und leer
    ußsprechen mer,
10   dann vormals ye,
    wie es joch[34] gee,
  einfaltigklich[35] on alle gferd[36].
     [37] Wiewol ich můß
    des todes bůß
15   erlyden zwar ein mal,
    vilicht mit grösserm qual,

Strophe 3: 4 dunck] *Die gesamte uns zur Verfügung stehende Textüberlieferung liest* dunckt *(= wenn dich dünkt, wenn du meinst). Das ergibt aber einen bei Zwingli sonst nicht vorkommenden unreinen Reim. Wir konjizieren darum* dunck *(conj. statt ind.) mit Burkhard, der darauf hinweist, daß im Mittelhochdeutschen «swenne» häufig den cond. nach sich zieht (vgl. auch Benecke 3, 503ᵇf: das Wort streift mehrfach an das conditionale). Eine solche Konjektur dürfte berechtigt sein angesichts der Tatsache, daß der älteste erreichbare Text von etwa 1552 von der Urschrift zeitlich doch sehr weit entfernt ist. Mindestens eine gedruckte Fassung muß zwischen diesem Text und der Urschrift stehen, und es darf damit gerechnet werden, daß dieser den uns vorliegenden Text an einigen Stellen ebenso zu verbessern imstande wäre, wie der vorliegende den bisher geltenden immerhin an einer Stelle (3, 11) schon verbessert. – 6 mer] Bull* me *(mer dürfte aber richtig sein, da es in 3, 10 durch den Reim gedeckt ist) – 11 gee]* ab Zü 3 gen, Zü 7 korrigiert *geh,* Zü 8 wieder gen *– 12 on alle gferd]* L 1 *on all geferd – 13 wie wol]* Bull *wiewol – 15 erlyden]* so L 1, Bull und Zü 7; Zü 2–6.8.9 *erleyden – 16 vilicht]* Bull *filicht.*

---

[31] *mich dünkt, vgl. 1, 3.*

[32] *nicht adv. der Zeit, sondern adv. zu «schön», hier etwa im Sinn von «unversehrt».*

[33] *wenn dich dunk = wenn es dich dünkt, wenn du meinst, daß... (vgl. den textkrit. Apparat z. St.).*

[33a] *Feuer, Brand.*

[34] *auch.*

[35] *in Einfalt.*

[36] *on alle gferd = mhd. âne allez gevaerde = ohne jede Arglist, aus lauterem Herzen, ehrlich und aufrichtig (Benecke 3, 271ᵇ, 26 und 29); vgl. Wack III 136 (W. Dachstein) 3, 1.2: Wer seinem nächsten trewe leist,/ mit gferd nit thůt verfüren; Wack IV 224 (J. Füncklin) 7, 7–9: diewyl werdend wir ligen/ on alle gferd/ im bett der erd (so nach Hs 4° 58 der Stadtbibliothek Winterthur, vgl. Jy 232).*

[37] *Das folgende ist e i n Satz, der entsprechend zu interpungieren ist: Wiewohl ich muß..., so will ich doch...*

dann yetzund wer
geschähen, her,
so ich sust [38] bin

20   nach [38] gfaren hin,
so wil ich doch
den trutz und boch [39]
in diser wält
tragen frölich umb widergelt [40]

25   mit hilffe din,
on den nüt mag volkommen sin [41].

19 so] *L 1 vielleicht richtiger* do – 19 sust] *so wohl ursprünglich (vgl. Kappelerlied 1, 2, wo diese Form durch den Reim gedeckt ist), obwohl alle Quellen sunst lesen* – 20 gfaren] *Zch 1598 und 1599* gefaren – 26 volkommen] *Zü 3* volkummen.

---

[38] so ich sust bin nach gfahren hin = *da ich beinahe* (nach) *ohne das* (sust), *d. h. ohne diese größere Qual, hingegangen* (= *gestorben) wäre.*

[39] trutz und boch = *Widerstand und Gewalt; vgl. Wack IV 209 (Bereimung des 94. Psalms durch Th. Blarer, Jy 59) 1, 7.8:* Wie lang rûmpt sich der gottloß noch?/ Wie lang treybt er sin pracht und boch?; *Wack III 664 (Psalm 26 von Th. Blarer) 3, 1.2:* Wo ist nun der groß boch und zwang,/ den der ungloub geûbt hat lang?; *Wack III 831 (Bullingers Kappelerlied, Jy 217) 1, 1f:* O heilger Gott, erbarm dich doch,/ das din volck lydet zwang und boch; *Wack III 555 (J. Botzheims Schmähgedicht auf das Christliche Burgrecht von 1527) 4, 1:* Werden sie doch/ vom trutz und boch/ nit lon...; *Wack III 833 (72. Psalm von L. Jud, vielleicht von Zwingli vertont, s. unten S. 411f) 2, 14:* ... trutz, gwalt und boch zerstöret.

[40] umb widergelt = *weil ich weiß, daß mir alles, was ich hier leide, einmal vergolten wird (Röm 8, 28; vgl. oben 2, 7–12); vgl. Wack III 948 (Psalm 91 von W. Mösel) 3, 7:* zû widergelt der schnöden welt.

[41] *Joh 15, 5; Phil 2, 13.*   *M. J.*

190

Die Bereimung des 69. Psalms

Der LXIX. Psalm. Hebr. [1]
H. Z.

1 8   1. Hilff, Gott,   das was - ser gadt [2]
4   Ich bin   im tie - fen meer,

2 8 mir biß   an   dseel [3].   Im kat [4]
5   das gwill [5] zer - schlecht   mich seer,

3 8 steck ich   und find keins bo - dens grund.
6   vom gschrey   ist wor - den müd___ min mund.

Wiedergabe nach dem ältesten erhaltenen Druck in Zü 2, in der Melodie genau über-
einstimmend mit Is 2. Vom Text hat Is 2 nur die Marke: Hilff (im Alt: Hülff) gott :/:
Überschrift: fehlt in Is 2; das Hebr. fällt von Zü 8 an weg.
Melodie: ① Zü 4 irrtümlich doppelter Wert.
Text: Strophe 1: 6 vom] Zü 2.3.6–8 vō, die Auflösung der Abbreviatur nach Zü 9;
Zü 4 von.

---

[1] *d.h. nach der Zählung des hebräischen Textes und nicht nach derjenigen der Vul-*
gata, die in der Zürcher Bibel bis 1596 die Hauptzählung war, während man die Nummer
des betr. Psalms nach der Zählung des Masoretentextes mit dieser Bezeichnung Hebr. le-
diglich in kleineren Lettern beifügte.
[2] *geht.*
[3] *biß an dseel = bis an die Seele.*
[4] *Schlamm, Dreck.*
[5] *die Wellen.*

7 8   Ich heis - ren[6]   vast[7],

8   der ou - gen   glast[8]

8   nimpt ab, ____   so ich

10 8 stätz[9]   uf ____   dich sich[10]

8   und   hoff,   min Gott;

8   der hass - - - ren rott,

8   die mich on   ur - sach vöcht[11],

8   wol   ü - ber - tref - - - fen möcht

Strophe 1: 13 vöcht] *ab Zü 3 föcht; Zü 4 und ab Zü 6 falsch* förcht; *Zch 1598 und 1599 wieder richtig* vecht – 15 kopffs] *Zch 1598 und 1599* haupts. *Die Lesart «grind» bei Gerstberger 6f, die (vgl. sein Vorwort S. 3) eine angebliche Änderung Webers rückgängig*

---

[6] *ich bin heiser (die Lexikographen weisen das Verbum zwar nicht früher als bei Kleist nach; SI kennt es überhaupt nicht; dennoch besteht hier kein Zweifel über den Sinn und darüber, daß es schon zu Zwinglis Zeit umgangssprachlich war).*

[7] *sehr.*

[8] *der ougen glast = das Augenlicht.*

[9] *stets.*

[10] *sehe.*

[11] *befehdet; von vechen (fechen) = befehden, anfechten, hassen, verfolgen (SI I 644ff; vgl. Z IV 49₇f: mit was haß ich ... gevecht wird).*

15 die har mins kopffs; die fal - schen fynd

mir vil zestarck [12] wor - - - den sind;

das ich nit ge - nom - men hab,

müß ich al - les tra - - - gen ab.

[2.] Min thorheit ist, o Gott,
dir bkannt und missethat.
Nit laß zů schwachheit kommen, die
in dich vertruwend, Herr
5 noch den gschendt [13] werden/ der
dich sůcht, drumb das ich gsündt [14] hab hie.

Dann ich trag noch
nitt kleine schmoch [15]
umbd dich, o Gott
10 bin gantz schamrot.
Min brůder sind,
sam [16] sy nit kind

machen will, ist eine Konjektur Gerstbergers; der Bau der Strophe zeigt eindeutig, daß
hier keine Reimstelle ist. Was Gerstberger wohl im Auge hatte, wenn er glaubte, Weber
habe ein «anstößiges» Wort ersetzt, ist die Tatsache, daß seit Zch 1598 hier nicht mehr
kopffs, sondern haupts steht.

Strophe 2: 2 bkannt] ab Zü 4 und 5 plene bekannt – 5 gschent] ab Zü 6 plene ge-
schent – 7 trag] Zü 8 trach; Zü 9 tracht.

---

[12] vil zestarck = viel zu stark.
[13] geschändet.
[14] gesündigt.
[15] Schmach.
[16] (gleichsam) als ob.

<pre>
         sigend [17] der můter min,
         frömmd worden mir. Der grin [18]
15   und yfer [19] dines huß mich fraß;
         drumb din [20] schmäher uff mich [20] saß.
         Was min seel weint/ fastet/ btracht,
         ward mir als zů gspöt gemacht [21].

[3.]   So bald ich härin gwand [22]
         anlegt, ein sprüchwort fand
         min widerpart/ sy redtend fry [23]
            bin porten [24] wider mich;
5   und wo sy samlend sich
         bym wyn und praß [25], da singend sy
            ein lied von mir.
         Ach Herr, zů dir
            ich ernstlich bitt –
10   abschlach mirs nit –:
         durch all din gůt
         mir hilff und bhůt.
         Erlöß mich uß dem lätt [26],
         das mich schier versenckt hett;
15   das ich von minem fynd unnd waag [27]
         sdieffen wassers mich entsag [28],
</pre>

Strophe 2 – 13 sigend] *Zü 4 seyen* – 14 grin] *ab Zü 3 grim; ab Zü 7 grimm* – 17 was] *Zü 4 wann* – 17 weint] *ab Zü 3 wein, ab Zü 6 wieder richtig* weint – 17 btracht] *Zü 9 plene* betracht – 18 gemacht] *ab Zü 7 fälschlich kontrahiert zu* gmacht.
    Strophe 3: 1 härin] *Zü 7 häryn* – 3fry] *Zü 8 falsch* frye, *Zü 9* freye – 10 abschlach] *Zü 4 abschlag.*

---

[17] *seien.*
[18] *dasselbe wie «Grimm», aber doch wohl kein Druckfehler (SI II 745 verzeichnet allerdings nur das Adj. «grinn» = zornig).*
[19] *Eifer.*
[20] *Sperrungen vom Herausgeber: die Schmähung, die dir gilt, trifft mich, weil ich für deine Sache eifere.*
[21] *wurde mir alles zum Gespött gemacht, d. h.: wurde alles Anlaß zum Spott über mich.*
[22] *härenes Kleid (das Zeichen der Buße).*
[23] *ungehemmt und ungestraft.*
[24] *bei den Pforten, d. h. beim Stadttor.*
[25] *praß m. = das Prassen.*
[26] *Lehm, Schlamm.*
[27] *Woge.*
[28] *mich entsag = mich erwehre (SI VII 407, 2 a δ).*

dem gwill[29] und grůb so entflůch;
das nit ob mir zämmenzůch.

[4.]   Herr, der barmhertzig bist
und gůtig zaller frist[30],
wend dich gen[31] mir durch all din gnad.
        Verbirg din angsicht nit

5   vor dim knecht, den angst schütt[32].
Yl[33], das du mich verhörist grad[34].
        Näch[35] miner seel,
o Gott, du wel-
list[36] lösen sy,

10   das nit die kry[37]
mins fygends[38] bstand.
Du weist, was[39] schand
und schmaach ich lyd; vor dir
sind bkannt, die leids thůnd mir.

15   Jr unbill schwecht und bricht min hertz
niemand btrachtet minen schmertz.
Ich umbsach[40], ob neißwar[41] mit-
lidt[42], fand einen tröster nit.

*Strophe 4: 8/9 wel-/list] so (Zeilentrenner mitten im Wort) erst Zch 1598 und 1599;
alle älteren Quellen haben einfach wŏllist – 17/18 mit-/lidt] Erst seit Zch 1598 ist im
Druck kenntlich gemacht, daß die Reimstelle mitten in einem Wort liegt (vgl. 4,8/9).*

---

[29] *Vgl. oben Anm. 5 zu 1,5.*

[30] zaller frist = *zu aller Frist.*

[31] *zu.*

[32] *schüttelt (SI VIII 1539ff).*

[33] *eile.*

[34] verhörist grad = *gleich erhörest.*

[35] *Nahe dich.*

[36] *wollest.*

[37] *Schlachtruf, Feldgeschrei, Losungswort, Parole; vgl. Odinga 114 (J. C. von Ulm
1569) 2, 7.8: Wär bharret biß ans ende,/ wirdt sälig, ist min kry. Der vorliegenden Stelle
sachlich und zeitlich noch näher steht die SI III 778 zitierte Stelle aus F. Sichers Chronik
von 1531: Sy hettend ein heimlich kri oder verratery zesamen versprochen.*

[38] *meines Feindes.*

[39] was schand = *was für (und wieviel) Schande.*

[40] *ich sah mich um, schaute aus.*

[41] *jemand.*

[42] mit (mir) leide = *Mitleid habe (mit mir).*

[5.]   Sy hond[43] mit gallen mich
         gspyßt und trenckt mit essich.
         Den[44] tisch, o Herr, jn widergilt
             mit schwärem fall und strick.
5   Blend sy, das sy kein stick[45]
         sähend, zerknütsch[46] on alle milt[47]
             jr starck ruckbein[48].
         Bgüß sy all gmein[49]
         mit dinr ungnad;
10   dins zornes schad[50]
         streng[51] uff sy schlach.
         Jr wonung mach
         einöd/ jr hüser lär.
         Dann den du gschlagen schwär,
15   zerschlahends gar[52]; wo du mich ee[53]
         gwundt[54] hast, da verwundends mee.
         Spars jn alles zämen[55], heer,
         und begnad sy nimmermehr.

[6.]   Vertilck sy uß dem bůch
         der läbenden; nit sůch
         sy zů den frommen zschryben[56], heer!

Strophe 5: 1 hond] *ab Zü 3* hand – 3 Herr] *Zü 4 falsch* Herre – 6 zerknütsch] *ab Zü 7*
zerknütscht – 9 dinr] *Zü 9 plene* deiner – 17 heer] *Zü 4.8.9* Herr.
Strophe 6: 3 heer] *Zü 4.8.9* Herr – 3 den] *Zch 1598 und 1599* dem *(Druckfehler).*

[43] *Sie haben.*
[44] *Diesen (pron. dem.).*
[45] *Stück (Weges).*
[46] *zermalme.*
[47] *Milde.*
[48] *Rückgrat.*
[49] *Begieße sie alle zusammen.*
[50] *damnum (die Schädigung durch deinen Zorn); vgl. Wack IV 217 (J. Vögelin) 4,10:*
Verderpst diß lüt,/ mit schad und schand ußrüt/ sy von der erd.
[51] *unablässig und hart, unerbittlich.*
[52] *vollends.*
[53] *vorher schon.*
[54] *verwundet.*
[55] *zusammen.*
[56] *zu schreiben.*

Mich armen aber, Gott,
5   und krancken artzen[57] sott[58],
din hilff mir nimmer machen veer[59].
Wil[60] ich mit gsangk
und grossem danck
din lob und eer
10   stätz prysen[60] mer,
welchs dir vil bas[61]
gefelt, dann das
man dir die ochsen schlach[62]
und stier, die alls gemach[63]
15   mit horn und klawen habend schon[64],
ufgricht sind und wolgethon.
Das gfalt dir für alle vych[65],
wenn der mensch ufopffert sich[66].

[7.]   Das sähend an, jr, die
verkümmert werdend[67] hie;
erfröuwend üch unnd sůchend Gott!
Der wirdt eüch eüwer hertz
5   erquicken, wenden schmertz.
Er merckt uff aller menschen not,
die kummer trengt[68]
ald[69] gfängknuß ängt[70],

Strophe 6: 4 Gott] *Zü* 4 Gotr *(Druckfehler)* – – 5 krancken] *Zch 1598 und 1599 richtiger* krancknen – 11 welchs] *ab Zü 3 plene* welches – 16 ufgricht] *ab Zü 3 plene* ufgericht.
Strophe 7: 6 merckt] *ab Zü 3 plene* mercket – 8 ald] *ab Zü 5* old.

---

[57] *Verbum zu «Arzt», also: heilen, helfen.*
[58] *sollst.*
[59] *fern.*
[60] *Dieweil ich ... stets preise.*
[61] *besser.*
[62] *schlachte (wörtlich: schlage, was jedoch die Bedeutung «schlachte» hat).*
[63] alls gemach = *alles Gemächt, alle Glieder, alle Körperteile.*
[64] *schön (Adv.).*
[65] für alle vych = *besser als alle Tiere (für = vor).*
[66] *Vgl. Z III 128, 5: Niemand vermag etwas höheres aufzuopfern als sich selbst.*
[67] die verkümmert werdend = *die ihr mit Kummer beladen werdet.*
[68] *bedrängt; vgl. Wack III 833 (Psalm 72 von L. Jud, vielleicht von Zwingli vertont, s.* unten S. 410f) 2, 10: (din regent...) die trengten lößt.
[69] *oder.*
[70] *beengt.*

er schupfft[71] sy nit.

10   Das[72] lobind hütt

jn[73], himmel/ erd

unnd alles werd[74],

das sich im Meer bewegt.

Gott ist, der Zion tregt

15   unnd Juda stett erbuwt unnd halt,

das da wonind jung und alt

und sy bsitzind ewigklich.

Das ist sheilig himmelrych.

Strophe 7: 11 jn] In sämtlichen Vorlagen steht im; wir konjizieren mit S unter der Annahme eines naheliegenden Druckfehlers einen ursprünglichen Text in (meist jn geschrieben) = ihn (Gott). Die Konjektur hat den zugrunde liegenden Psalmtext für sich. Zu ihrer Rechtfertigung vgl. Anm. 74 (die dort vorgeschlagene Erklärung dieser schwierigen Stelle hat diese Konjektur zur Voraussetzung). – 18 sheilig] alle Zü lesen das heilig; den metrisch korrekten Text finden wir erst seit Zch 1598; wahrscheinlich hat man diese Zusammenziehung beim Singen auch dann vorgenommen, wenn der Artikel ausgeschrieben war.

[71] er schupfft sy nit = *er (ver)stößt sie nicht, läßt sie nicht im Stiche.*

[72] *des, dessen, deshalb, darum.*

[73] *ihn (Gott); vgl. den textkrit. Apparat z. St.*

[74] *Die naheliegende Annahme, werd sei ein Substantiv mit dem Attribut alles (so z. B. Farner bei Stern 12: alles Wertvolle), führt zu keiner befriedigenden Deutung der Stelle. Ebensogut läßt sich alles auf die folgende Zeile beziehen: alles, das sich im Meer bewegt (so auch der zugrunde liegende Psalmtext); werd kann dann nicht Substantiv sein. Es gibt aber im Mittelhochdeutschen ein Adverb «wërde» mit der Bedeutung «herrlich, zu Ehren, zu Freuden» (Lexer 3, 774; Benecke 3, 602[b]), das hier in der beim Dichter Zwingli häufigen apostrophierten Form verwendet sein dürfte. Die etwas ungewöhnliche Wortstellung dürfte durch den Reim bedingt sein, zeugt aber zugleich von dichterischem Können. Es ist nun, unter Berücksichtigung der Konjektur von S in V. 7, zu übersetzen: Darum loben ihn heute fröhlich Himmel und Erde und alles, was sich im Meer bewegt. – Wollte man ohne jene Konjektur auskommen, so müßte man entweder übersetzen: Das (nämlich die Tatsache, daß Gott sich der Niedrigen erbarmt) lobet (Imperativ) heute im Himmel, auf der Erde... (und dann kommt man nicht ohne empfindlichen syntaktischen Bruch weiter:) und das lobe(!) auch fröhlich alles, was sich im Meer bewegt! Dabei entsteht überdies eine Bedeutungs-Nuance von «loben» (Gegensatz zu tadeln, also = anerkennen), die, Gott gegenüber, eines christlichen Dichters nicht eben würdig ist. Will man diese Härte vermeiden, so müßte man zu einer anderen, bedeutend weniger einleuchtenden Konjektur greifen: «Das lobinds hüt...», durch die «loben» absolut gesetzt würde. Das Anakoluth wäre zwar gemildert, aber nicht beseitigt: Deswegen lobt man heute im Himmel, auf Erden und deswegen lobt(!) auch fröhlich, alles, was sich im Meer bewegt! Inhaltlich besteht kaum ein Unterschied zu der oben vorgeschlagenen Fassung, aber jene ist der Textvorlage, die Zwingli bearbeitete, näher und kommt mit einer leichteren Konjektur und ohne Annahme eines Anakoluths, zu dem in Zwinglis Liedern jede Parallele fehlen würde, aus.*

M. J.

191
Das Kappeler Lied

Ein geistlich lied umb hilff
und bystand Gottes in
Kriegs gfaar.

H. Z.

Die wahrscheinlich frühere Weise

1. Her, nun heb den wa-gen selb!

[Schelb wirt sust all un-ser fart;

das brächt lust der wi-der-part,

Wiedergabe des Textes und der zweiten Weise nach Zü 1. Die Hervorhebung des Akrostichons im Text und am Rand nach Kess und Bull. Zur Textgestaltung im einzelnen und zur Textunterlegung vgl. oben S. 361–364.
    Überschrift: Is 1a «V. Z. 1529». (= Ůlrich Zwingli, von Richter fälschlich «N. Z.» gelesen, was Eitner in MfMw XXXVII (1905) 74 als «Nicolaus Zangius» auflöste; wegen der Lebensdaten dieses Komponisten mußte er dann die Richtigkeit der Jahreszahl anzweifeln); Is 1b H. Z. 1544 (Datum der Niederschrift; das Monogramm lautet nicht H. L., wie Richter und Meier 7.11.121 lesen); Kess Ain Lied in obgeschribenem krieg gemacht durch Huldrich Zwingli; Bull keine; L 2 (auf dem Titelblatt) Ein ander geist- ‖ lich Lied/ Herr nun heb den wa- ‖ gen selb/ etc. (über dem Lied) Ein anders.; Zü 2 am Anfang der 2. Zeile uñ wiederholt, Kriegsgfaar in einem Wort; Zü 8.9 beystand ... gfahr; Ba ... kriegsgfahr. ‖ Huldrich Zwingli.; Heid nach Zü, aber hülff ... beystand Gottes/ ... gefahr. Huld. Z.; Str 1 Ein ander geystlich Kied [sic!]; Str 2ff ... geistlich Lied; seit Zch 1598 nur noch In kriegs gefahr. H. Z. Die Überschrift bei Frei 14 (Ein christenlich lied von Huldrych Zwingly gemacht, da man gen Cappell zog, 1529; übernommen von Farner, Gott ist Meister 32, und Lohr, Kirchenlied 180) findet sich in den Quellen nicht; sie ist offenbar von Frei erfunden.
    Melodie 1 nach der einzigen bekannten Niederschrift in Is 1. Vom Text dort nur der Anfang als Marke: Her nun heb den wagen selb. Aliud.

die dich

5 ver - acht   so frä - - - ven - lich.]

Die endgültige und verbreitete Weise

1. H e r r, nun heb[1] den wa - gen[2] selb![3]

Melodie 2: ① *Ba Schlüssel an der 1. Notenzeile verkehrt eingesetzt (* ⊟ *statt* ⊟ *) –* ② *Str 1ff, Bo 1ff, Heid 1ff fehlt die Taktvorzeichnung, Bo 1ff außerdem an der 1. Notenzeile das Vorzeichen –* ③ *Nur Zü 1 hat hier die korrekte Notierung mit geschwärzten Noten (♦ ⊨ in der Originalnotierung); in Zü 2 ist die Schwärzung nachträglich(!) weggestochen worden (das Fehlen der Schwärzung ändert hier am Rhythmus nichts).*

Text: Strophe 1:1 Herr] Is 1a, Is 1b, Str 1 und 3 Her; Zü 8 und 9 HERR – 1 wagen] Str 2 wagenn.

---

[1] *halte, vielleicht auch im Sinne von: führe, leite (aber nicht: hebe!).*

[2] *Wie kommt Zwingli zu diesem Bild? Burkhard denkt an 2. Kön 2, 12, was doch wohl eine allzu entlegene Beziehung ist, rechnet aber auch mit bäuerlich-volkstümlicher Herkunft des Bildes, womit er zweifellos das richtige trifft. Die sachliche biblische Entsprechung ist Mat 8, 24 = Luk 8, 25 (Ruf der Jünger in Seenot), von A. Blarer in seinem vergleichbaren Liede Wack III 663 («Wach auf, wach auf, es ist groß Zeit») verwendet. Wenn sich Zwingli, der einen Teil seiner Jugend an einem (bei Sturm als äußerst gefährlich bekannten!) See verbrachte und nun schon seit Jahren in einer Seestadt wohnte, nicht dieses doppelt naheliegende Bild vom Schiff in Seenot, sondern das vom Wagen, also ein rein ländliches, wählte, dann offenbar, weil er sich einer gängigen metaphorischen Redeweise bediente, die wir übrigens auch anderwärts antreffen. So heißt es in F. Sichers Chronik von 1531 (ed. Götzinger 57, 1f): Noch hebt Got der her den wagen, dem si lob in ewigkait! (Sicher als Mann der altgläubigen Partei steht außerhalb des Verdachts, hier bewußt oder unbewußt Zwingli zu zitieren, auch wenn die zweite Hälfte des Satzes auffällig mit dem Schluß von Zwinglis Lied übereinstimmt.) Und A. Blarer schreibt in der letzten Strophe seines Brautgedichtes von 1533 (Pressel 299) – gewiß ebenfalls ohne an Zwinglis Lied zu denken: Des wöl der lieb Got walten / und selb der mitler sin; / den wagen wöl er schalten, / so far ich frölich hin. Daß das entsprechende nautische Bild Zwingli an sich nicht fernelag, zeigt Z VII 565₃ff. Vgl. die französische Übersetzung des Kappelerliedes von Daniel Meylan 1930, die Zwinglis Bild in diesem Sinne ins biblische wendet: «Notre barque est en danger...»*

[3] *selbst.*

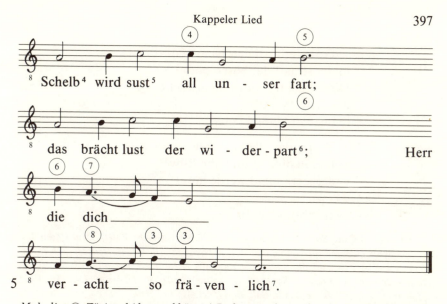

8 Schelb⁴ wird sust⁵ all un - ser fart;

das brächt lust der wi - der - part⁶; Herr

die dich

5 ver - acht so frä - ven - lich⁷.

Melodie: ④ *Zü 4 und (davon abhängig) Ba lesen a; da sie aber die Parallelstelle in der 3. Zeile nicht ändern, dürfte ein Druckfehler vorliegen, der in dem für diese beiden Ausgaben verwendeten Notensatz mit beweglichen Typen leicht passieren konnte. –* ⑤ *Kess, Zü 1, Zü 2ff, Zü 4 und Ba schreiben hier*  *–* ⑥ *oben nach Is 1a, Kess, Hör, Str 1ff, Bo 1ff und Heid 1ff. Zü 1ff und Ba lesen:*

Zü 1 und 2ff haben hinter der Brevis auf part *überflüssigerweise noch einen Punkt; in Zch 1598 und 1599 lauten die beiden letzten Zeilen:*

(vgl. dazu oben S. 362–364). ⑦ *Bo 1ff und Heid 1ff ohne Punktierung (Bo hat an der 2. Stelle allerdings noch den Punkt, aber die folgende Note ist nicht verkürzt) – Zch 1598 setzt nach der 1., 2. und 3. Zeile je einen Zeilenschlußstrich.*

Text: Strophe 1: 2 schelb] Bo 1ff. *schwelb – 2 wirt]* Bo 1ff. *würt – 2 sust]* Is 1a, Str 1ff, Kess, Bull, L 2, Zch 1598 *und* 1599 sunst; *Stumpf,* Bo 1ff, Heid 1ff *sonst – 2 all]* Is 1b *al – 2 fart]* Bull *farth – 3 das brächt]* Kess, Str 1ff, Bo 1ff, Heid 1ff, Is 1b *das bringt (Egli, Cappelerlied 253 und Spitta, Kessler 199 halten diese Lesart für die richtige; doch scheint uns hier der Conditionalis besser am Platz zu sein);* Is 1a *und* pringt; *Bull* plene *das brächte – 3 widerpart]* Bull *widerparth;* Is 1b *in zwei Wörtern – 5 veracht]* L 2, Zch 1598 *und* 1599 verachten *– 5 frävenlich]* Is 1b, Str 1ff, Bo 1ff *freuelich;* Heid 1ff *freuenlich;* Kess, Zü 8 *und* 9 *frefenlich;* Zü 3–7 *fräfenlich;* L 2 *fräffenlich.*

---

⁴ *schief, krumm wird, seitab geht. Für die Bedeutung «unnütz» (Staehelin II 375; Stikkelberger, Zwingli 402) ist in SI VIII 750ff kein Beleg zu finden. Die zuerst angegebene Bedeutung unterliegt um so weniger einem Zweifel, als das SI eine ganze Anzahl von Stellen aus Zwinglis Schriften als Belege anführen kann, am deutlichsten:* Luther ... irret so oft in diser sach, daß er ouch an andren orten schelb fart *(754).*

⁵ *sonst.*

⁶ *Gegenpartei.*

⁷ *frevelhaft.*

[2.]   Gott, erhöch den Namen din [8]
         in der straaff der bösen böck [9]! [8]
         Dine schaaff [9] widrumb erweck [10],   Gott
         die dich
5   liebhabend innigklich.

[3.]   Hilff, das alle bitterkeit
         scheid in dfer [11]/ und alte trüw [12]
         widerkeer/ unnd werde nüw [13],   Hilff
         das wir
5   ewig lobsingind dir.

Strophe 2: 1 Gott] *Str 2, Bo 1ff* Got – 1 erhöch] *Kess* erhoch; *Bo 1ff, Heid 1ff* erhöh –
1 Namen] *ab Zü 3 und Ba* nammen – 1 din] *L 2* dyn; *Str 2ff, Bo 1ff, Heid 1ff, Zch 1598ff
(reimstörend)* dein – 2 in] *Ba, Str 3* inn – 2 straaff] *Is 1a und b, L 2, ab Zü 3, Str 1ff, Ba*
straff – 2 bösen] *Is 1a* bössen; *Kess* bößen – 3 dine] *Str 1ff, Bo 1ff* deine; *Kess* din; *Heid
1ff* dein – 3 schaaff] *Is 1 a und b, Bull, Bo 1ff* schaff; *Ba, Heid* schaaf – 3 widrumb] *Is
1a* widrum; *Str 1ff, ab Zü 3, Ba, Bo 1ff, Heid 1ff plene* widerumb; *Bull* widerumm; *Zch
1598ff* wider – 3 erweck] *Str 1* erweek, *ab Str 2 korrigiert* – 5 liebhabend] *Is 1a und b in
zwei Worten; Str 1 und 3* lieb habend; *Str 2* lieb haben; *L 2* liebhabind – 5 innigklich] *Is
1a* innengklich; *Is 1b, Kess* innenklich; *Bull* inniklich; *L 2* so innenklich; *Zch 1598 und
1599* so innigklich; *Str 1* inigklich; *Str 3* innigklich; *Str 2* inniglich.

Strophe 3: 1 und 4 das] *Zü 3ff, Ba, Heid 1ff* daß – 1 bitterkeit] *Is 1b* bitterckeit; *Kess*
Bitterkait; *Bull* bitterkeidtt; *Str 1* bitterkeyt – scheid in dfer] *so Is 1a und b; die Richtigkeit dieses Textes bestätigen ferner: Kess* 2schaid in fer; *Bull* scheidt in ferr; *Str 1ff verderbt* scheyd/ neid/ ferr *(die Schrägstriche nur in Str 1); danach Bo 1ff* scheid neid ferr;
alle andern haben scheyde *(oder* scheide*) feer, ab Zü 5 und Heid 1ff* ferr; *L 2* fer – 2 und
alte] *Ba Druckfehler* unnd alt; *Bull* und allte; *Str 2* unnd – 3 und] *Ba* unnd – 3 wider-
keer] *Kess, Bo 1ff* widerker; *Bull* widerker; *Str 2 (falsch)* widerkert; *Is 1b* wider ker;
Heid 1f wider kehr – 2 und 3] *die Schrägstriche in den Drucken und Is 1a nur in dieser
Strophe; in Zü 2 fehlt derjenige in Zeile 3* – 2 und 3 trüw – nüw] *Str 1ff, Bo 1ff, Heid 1ff*
trew – new – 5 lobsingind] *Is 1a, Kess, Bull* lob singend; *Is 1b* lob syngend; *Str 1ff,
Heid 1ff* lob singen; *Bo 1ff* lobsingen; *ab Zch 1598* ewiges lob singind – 5] *L 2 unter
dem Lied* Amen.

[8] *Zur Interpunktion vgl. oben S. 365.*
[9] *Ez 34, 17; Mat 25, 32.33.*   [10] *Ez 34, 10.*
[11] scheid in dfer = *in die Ferne weiche, vgl. Epheser 4, 31. Der Straßburger Text dieser Stelle (s. den textkrit. Apparat z. St.) dürfte auf einer handschriftlichen Vorlage beru-
hen, die* scheyd ind ferr *lautete. Bei* ind *war der i-Punkt etwas nach rechts verschoben –
was bei raschem Schreiben leicht passiert, so daß man «nid» las und als «Neid» verstand
und für die Straßburger Leser entsprechend diphtongisierte. Der Sinn war dann die Bitte,
Gott möge den Neid von uns fernhalten oder entfernen.*
[12] *Treue. Es bleibt zunächst offen, wessen Treue zu wem gemeint ist. Die der Eidgenossen zueinander? Die der Eidgenossen zu Gott? Die Gottes zu ihnen? Der Sinnzusammen-
hang und die damalige politisch-kirchliche Lage lassen die erste Bedeutung vermuten,
Bullinger mag eher die dritte herausgehört haben, wenn er in* seinem *Kappelerlied (Wack
III 831; Jy 217) 5, 1 doch offenbar bewußt dasjenige Zwinglis zitiert:* Ach Gott, zeig uns
din alte trüw,/ din vätterlich lieb wider nüw *(erneuere)...*   [13] *neu.*   **M. J.**

Anhang zu 189–191

I

Zeitgenössische Sätze
zu Zwinglis Liedern

Das Satzfragment zum Lied über den 69. Psalm

ergänzt

ALTVS *(fol. 4ᵛ)*

Hülff gott :∥:

TENOR *(fol. 7ᵛ)*

[1.] Hilff gott, [das was- ser gadt mir
Ich bin im tief - fen meer, das

ergänzt

5

biß an dseel. Im kat steck
gwill zer- schlecht mich seer, vom

la

ich und find keins bo - dens grund.
gschrey ist wor - den müd min mund

Ich heis - ren vast, der ou - gen

glast nimpt ab __, so ich stätz uff __ dich

20

sich   und   hoff,   min Gott;   der

hass – – – – – – ren   rott,   die   mich on

25

ur-sach vöcht, wol ü – – ber-tref – – – – – fen möcht

ut

die har mins koppfs; die fal - - - schen fynd

30

mir vil ze-starck wor - - - - - - - - den sind;

35

das ich nit ge - nom - men hab,

Wiedergabe nach Is 2, Alt-Stimmheft Bl. 4v (untextiert; Textmarke: Hülff gott ://:)
und Tenor-Stimmheft Bl. 7v (untextiert; Textmarke: Hilff gott ://:)*; Diskant und Baß im
Stil der Zeit nach Maßgabe der vorhandenen Stimmen ergänzt.*

Die beiden Sätze
zum Kappeler Lied aus der Hör-Tabulatur

① *Die Hs hat hier deutlich ein kleines g (gegen Marx).*

② *Die Hs hat hier eine (überflüssige) Achtelpause.*

③ *Vor dem b im Tenor hat die Hs eine (überflüssige) Achtelpause, ebenso zu Beginn des nächsten Taktes, doch ist diese bei Eintrag des Alts durchgestrichen worden.*

Übertragung nach Hör, Bl. 16v und 16v/17r. Keine Textierung, nur Textmarken als Überschrift, beim ersten Satz Herr nū hebe den wagē, *beim zweiten* Ain anders Herr nū heb den wagen; *am Schluß beider Sätze:* Finis.

Beide Sätze sind mit einem Federstrich durchgestrichen. Beim zweiten ist der Alt nachträglich (mit anderer Tinte) von der gleichen Hand ergänzt. Die Ergänzung ist nur bis zur

Mitte der 2. Zeile gemacht; in unserer Übertragung ist sie bis zum Ende weitergeführt (in eckigen Klammern).

Da es sich offensichtlich um Intavolierungen von Vokalsätzen handelt, geben wir im folgenden eine Übertragung in Vokalnotation, wobei beim zweiten Satz die nachträglich eingefügte Altstimme ganz weggelassen ist. Auch beim ersten Satz ist der Alt sehr wahrscheinlich nachträglich eingefügt worden; er kann im praktischen Gebrauch ohne Schaden weggelassen werden.

dich _____ ver - acht __ so frä - ven-lich.

dich _____ ver - acht so frä-ven - lich.

dich _____ ver - acht __ so frä-ven - lich.

dich _____ ver - acht __ so frä-ven - lich.

Herr, nun heb den wa - gen selb! Schelb _____ wirt

Herr, nun heb den wa-gen selb! Schelb wirt

Herr, nun heb den wa-gen selb! Schelb _____ wirt

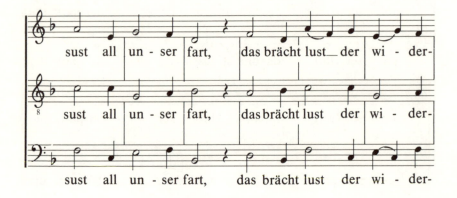

sust all un - ser fart, das brächt lust __ der wi - der-

sust all un - ser fart, das brächt lust der wi - der-

sust all un - ser fart, das brächt lust der wi - der-part, die dich _____ ver-acht _____ so frä-ven-lich.

part, die dich _____ ver-acht__ so frä-ven - lich.

part, die dich _____ ver-acht _____ so frä-ven -lich.

Die beiden Lautensätze
der Berliner Handschrift

G-Stimmung

ℐ ♪ ♪ ♪ ♪
c c n n 4
l̄ l̄ r r c

D-Stimmung

Wiedergabe nach der einzigen Überlieferung der beiden Sätze in Bln (Übertragung von Raymond Meylan). Als Titel in beiden Fällen der Textanfang: Herr *(beim 2. Satz:* Her*) nun heb den wagen selb.*

① *An diesen drei Stellen ist die Übertragung in Jenny, Zwingli-Quelle 20, fehlerhaft.*

M. J.

II

Incerta

Die Weise zu Leo Juds 9. Psalm

Der IX. Psalm.
Confitebor tibi domine in toto corde meo etc.
L. J.

[1.] Dir, o Herr, will ich sin - gen/
In fröu-den mich er-sprin - gen/

uß gan - zem Her - tzen mein:/:
zů lob dem na - men sein:/:

Dein wun - der-ta - ten ____ al - le/ wil ich mit fröud und

schal - le/ din Na-men frey/ wie hoch ____ der sey/

prey-sen von yetz in e - - - - wig - keit.

Die weiteren Strophen des Judschen Textes s. Wack III 832.

Wiedergabe nach Zü 1 (dieselben Notendruckstöcke waren schon in Zü 0 verwendet; im einzig erhaltenen Exemplar fehlt aber der Anfang mit diesem Lied).

① *Zü 2ff* ♩ *statt* ♪ *(Schnittfehler); Zü 4 ist dazu noch der Punkt, der hinter der 2. Note stehen sollte, vor dieselbe geraten (Satzfehler)* – ② *die letzte Zeile so Zü 2ff, danach Str 9; in Zü 1 ist irrtümlich die 2. Druckzeile von Juds 72. Psalm (in anderem Schnitt) eingesetzt:*

Daraus hat Bo Iff einen neuen Melodieschluß gemacht:

(Vgl. zu diesen Varianten Jy 10.) – ③ *fehlt Zü 4 (Druckfehler).*

Die Weise zu Leo Juds 72. Psalm

Der LXXII. Psalm
Deus iudicium tuum regni da etc.
L. J.

[1.] Dem kü - nig unnd re-gen - ten din/
Dem gib, o Gott, ver-stand und sinn/

den du zů gůt/ di-nem volck ver-ord - - - net hast:/:
hertz, krafft und můt/ si-nem sun, den er___ ver-laßt:/:

Das er er-ken - ne di ne - recht/

ein - falt __ und schlecht/

din volck all - zyt ver-walt - - - te/

mit grech - tig - keit und bil - lich - eit/

den treng - ten din wie es sol syn/

ge - richt und rech - te hal - te.

Wiedergabe nach Zü 0; dieselben Notendruckstöcke sind in Zü 1 verwendet.

① der Vorlage nur eine ♩, aber wahrscheinlich doppelt so lang zu lesen, damit die Melodie in der Mensur aufgeht (entsprechend allen anderen Zeilenschlüssen) – ② fehlt Zü 2 (offenbar der Versuch eines rhythmischen Ausgleichs, den wir durch Verlängerung des Schlußtones der 1. Zeile zu erreichen versuchten. Vgl. Jy 45.

Die Weise zu Ludwig Hätzers 37. Psalm

Der XXXVII. Psalm Heb.
Noli aemulari in malignantibus, etc.
L. H.

[1.] Er - zürn dich nit, o from - - mer Christ/
Ob schon der gott - loß ry - - cher ist/

vorm nyd＿＿ thůn dich be - hů - - ten:/:
so hilfft＿＿ doch nit sin＿ wů - - ten:/:

Mit bein＿ und hut/ glych wie＿ das krut/

wirdt er in kurtz ab - gho - wen.

Sin gwalt und rych/ ist e - ben glych/

dem graß uff grü-ner o - wen.

Die weiteren Strophen des Hätzerschen Textes s. Wack III 537.

Wiedergabe nach Zü 0; dieselben Notendruckstöcke sind in Zü 1 verwendet worden. In Zü 2 (neuer Notenschnitt) genau gleichlautend. – Vgl. Jy 31.

Das Sterbelied

Ein ander Lied vnd Ern-
stlichs bittenn vm̄ ein gůtte
stund des tods. Jm
thon/ Maria zart.

[1.]   O Herr got hilff,
    zů dir ich gilff[1],
    von mir soltu nit wichen
    am letsten end,
5   so sich behend
    der tod zů mir wirt schlichen,
    zů brieffen[2] mich,
    daß ich müg dich
    zerkennenn[3] minen Herrenn;
10   krangkheit sŏll mit nit weren
    zůr selben zyt.

---

[1] *Vgl. oben S. 379, Anm. 4.*
[2] *prüfen.*
[3] *(dich) zu erkennen (vermögen).*

Herr mit mir stryt,
so dann der todt
in aller not
15   mit mir thůt grülich ringen;
das crütz ist schwer,
truckt mich so seer.
Laß mir nit misselingen.

[2.]   O Jesu Christ,
syd[4] du nun bist
der weg, dwarheyt, das leben[5],
   hilff mir, daß ich
5   müg sicherlich
dir gantz und gar ergeben
   uff disem weg,
nit sy[6] so tråg,
nach dinem willen zwandlen
10   und al weg[7] gůtz zehandlen.
Thů wie ich well,
fleysch ist min gsel[8]
und wil nit dran,
wie ich dan man[9],
15   mit tragkeyt[10] überladen;
es ist ze grob
zů dinem lob.
Ach Herr, wendt du den schaden.

[3.]   O heylger geyst,
kum aller meyst,
so seel unnd lib můß scheyden
   uß diser zyt;
5   dann byß[11] nit wyt[12],
mit gnad das hertz thů weyden;

---

[4] *seit, weil.*
[5] *Joh 14, 6.*
[6] *sei.*
[7] *al weg = stets.*
[8] *Geselle, Begleiter.*
[9] *wie ich es auch ermahne*
[10] *Trägheit.*
[11] *sei.*
[12] *fern.*

so wird ich gsund
zůr selben stund,
in warem glauben zfaren
10 zů diner englen scharen.
Des ich beger,
darumm mich gwer[13]
und stand mir by,
das ich müg fry
15 von dir empfangen werden.
Ach vatter min,
din kind ich binn;
nim mich vonn diser erdenn.

Wiedergabe nach dem Zweiliederdruck o. O. und J. mit dem Titel: Ein Nüw Lied von dem ‖ thüren Helden Huldrychen ‖ Zwinglin. Jm thon/ ‖ Wie wol ich bin ein ‖ alter Gryß. ‖ Ein ander ... *[usw. wie oben].* ZB Zürich XVIII 399₆ *mit den Lesarten von Zü 1. In den Abdrucken Bo 1 und Kbg (unabhängig von Bo 1!) überall Diphtongierung* (weichen *statt* wichen *usw.*) *und andere Anpassungen ans Hochdeutsche* (nicht *statt* nit *usw.), die im Apparat nicht verzeichnet sind.*

Überschrift: so auf dem Titel; über dem Lied nur: Ein ander Lied. *Zü 1 hat die Überschrift so genau übernommen, daß man annehmen muß, der Zweiliederdruck habe für die Wiedergabe dort vorgelegen.*

Text: Strophe 1: soltu] *Kbg* wŏlstu – 5 sich] *Kbg* gar – 7 brieffen] *Zü 1* brüffen – 9 zerkennen] *Zü 1, Bo 1, Kbg* erkennen – 12 mit mir] *Kbg* für mich – 14 in] *Bo 1* mit – *Strophe 2:* 2 syd] *Zü 1* syt – 3 dwarheit, das] *Warheit und* – 5 müg] *Zü 1, Kbg* mög – 9] *Kbg* nach deim willen zu wandlen – 14] *Bo 1* wie ichs dann man; *Kbg* wie ichs verman – *Strophe 3:* 2 aller meyst] *Zü 1 Kbg* allermeist – 6 thů] *Bo 1* thun – 9] *Kbg* mit Glauben hinzufahren – 12] *Kbg* drumb mich gewer – 13 stand] *Bo 1* stehe *(falsch, statt: steh)* – 14 müg] *Zü 1, Kbg* mög.

---

[13] *gewähre es mir.*

Das Vaterunserlied

[1.] Vat - ter un - ser, ge - tre - wer Gott,
Du bist in hy- meln, wir auff erd,

groß ja - mers not
in al - le gferd[1]

uns zwingt unnd dringt,
ge - setzt, ver - letzt,

5   zů dir umb hilff __ zů __ bit - - - ten.
10   in to - des - band - en __ mit - - - ten[2].

Er hőr dein kind[3], die gschaf-fen sind

nach dei - nem bild; o vat - ter mildt,

15   thů un - ser not er - we - - - gen[4],

---

[1] *Gefahr (Gefährdung).*
[2] *mitten in den Banden des Todes.*
[3] *deine Kinder (eine Pluralform, die nur bei einem alemannischen Autor möglich ist).*
[4] *erwägen, zu Herzen nehmen.*

dann wir all - hye in angst und mye [5]

auch al - lem qual im jam - mer - tal

20   sonst kei -nes tro - stes_ pfle - - gen.

Wiedergabe der Melodie nach Augsburg 1557, des Textes nach Augsburg 1529 (Wack III 593).

[2.]   Gehailget werd dein nam, das wir
        nachfolgen dir,
        dein er
        und ler [6]
5   on underlaß ermelden.
        Die wir nach deiner art erkennt
        und werden gnennt,
        unns drumb
        zů kumm
10   dein reych mit allen selden [7],
         das du allain
        regierst dein gmain
        in gwissens still
        unnd gschech [8] dein will
15   durch dich in uns auf erden,
        als der verricht
        im hymmel gschicht,
        das wir für an
        dir underthan
20   und gantz gehorsam werden.

---

[5] *Mühe.*

[6] *deine Ehre und Lehre, vgl. Pestlied 3, 8.*

[7] *Seligkeiten.*

[8] *geschehe.*

[3.]   Gib uns heüt unnser täglich brot,
        das uns in not
        nun bald
        erhalt
5   dein wort der selen leben.
            Verzeych uns unnser schuld so groß,
        als wir auch loß
        on rach
        und sprach[9]
10   der brůder schuld vergeben.
            Und so wir nit
        anfechtens stritt
        frey mögen sein[10],
        fůr uns nit ein[11]
15   versuchung, durch dein namen,
        erlőß vil mer
        uns umb dein er[12]
        von übels layd,
        damit berayt[13]
20   dein reych werd ewig. Amen.

Fragment eines Liedsatzes mit verlorenem Text

ALTVS
(fol. 6ᵛ)
[Nr.] 15.
TENOR
(fol. 9ʳ)

5

---

[9] *Urteilsspruch.*

[10] *(11–13:) Und weil wir vom Kampfe der Anfechtung nicht freiwerden können, ...*

[11] *Diese Stelle zeigt, daß ein nicht diphtongierter Text zugrunde liegen muß, weil nur so (syn – in) an dieser Stelle der Reim zustande kommt.*

[12] *um deiner Ehre willen.*

[13] *bereitet.*

Wiedergabe in den originalen Notenwerten und Schlüsseln nach der Handschrift (Is 2). –
Unter den Noten die Textmarke: Hilff und errett uns, lieber [*im Tenor gestrichen:* Herre]
gott :/: – *Untextiert.*

M. J.

192

De moderatione et suavitate satis dictum est

undatiert

Autograph

Das Autograph Zwinglis befindet sich im Zürcher Staatsarchiv, Signatur: E II 341, fol. 3283r und umfaßt 38 Zeilen. Es ist in einem Zug sorgfältig geschrieben und weist eine einzige Korrektur auf.

Wir drucken dieses Autograph unter weitgehender Beachtung von dessen Textanordnung ab.

De moderatione
et suavitate satis dictum est

Post exordium[1]. Narra quibus causis omnes adducti simus ad prę-
dicandum paulo diligentius evangelium quam hactenus prędicatum
5 sit. Non enim esse curiositatem.

Prima quod per dei bonitatem viderimus rem nostrę religionis
longe aliter habere quam vulgo docerent pontificii[2].

Secunda. Quod viderimus externis cerimoniis, venalibus meritis, et
simulata sanctitate, factum esse ut ferme omnes religionem omnem[?]
10 conculcaverimus et ad vitiorum castra defecerimus, unde nobis vehe-
mens ira dei expectanda sit nisi resipiscamus, etc.

Hortari ergo vos[?] omnes mortales ad pietatem primum, deinde
verbi ministros, ut in hoc sint quo veritas et pietas magis ac magis
adolescant.

15 Intentanda eis divini iudicii damnationem[!] si quo pacto negle-
gentiores fuerint. Et quid dominus sit his ministris comminatus qui
desideant cum ębriosis et comministros suos vapulent[3] *[vgl. Mt
24,49]*.

Brevem hanc esse vitam, sed ęternam quae sequitur. Alla-
20 borandum ergo ut hanc foelices, non miseri agamus.

Sanguinem enim pere...ium[?] de manu[?] nostra requiri.

Postremo nostro omnium nomine orabis ut boni et ęqui consulant
omnia nos enim omnia indubie boni consulturos. Gratiam dei cum
omnibus nobis.

25 Quod si omnino voles ipse has vices[?] geram, sed pręstat te facere[?] mea sententia nisi O e c o l a m p a d[ius] aliud moneat.

6 dei] *korrigiert aus* deis, *auslautendes* s *gestrichen*

---

[1] *Lausberg §§ 263–288.*

[2] *Synonym zu papistae, Anhänger der römischen Kirche.*

[3] *«vapulare» hat eigentlich passiven Sinn: geschlagen werden, ist hier aber aktiv ver-*
wendet (Vulgata: percutere).

H. St.

193

Eine kurze gemeine Form, Kinder zu taufen…

1528

Der Weg von Zwinglis ersten Überlegungen zur Liturgie bis zur Zür-
cher Kirchenordnung, die dann für mehr als zweieinhalb Jahrhunderte
im wesentlichen unverändert in Kraft bleiben sollte (Jenny, Bullinger
219–221), läßt sich heute vollständiger dokumentieren, klarer datieren
und besser überblicken, als dies beim ersten Erscheinen seiner einzelnen
Bestandteile in vorliegender Ausgabe möglich war. Dieser Weg ist kurz
und verläuft geradlinig.

Vorläufer war (sicher nicht ohne Mitwissen Zwinglis) im Frühling
1523 Leo Jud mit einer kleinen Agende, die jene liturgischen Handlun-
gen betraf, bei denen schon bisher volkssprachliche Elemente Verwen-
dung fanden: Taufe, Predigtgottesdienst, Trauung (Abdruck Z IV
707–717 als Anhang zur Edition der endgültigen Zürcher Kirchen-
ordnung, in hochdeutscher Übertragung: Schmidt-Clausing, Formulare
11–21, obwohl es sich hier nicht um ein Werk Zwinglis, sondern nur um
eine später von Zwingli verwendete Vorarbeit handelt).

Zwischen Zwinglis liturgischer Erstlingsarbeit, dem Versuch einer la-
teinischen Bearbeitung des überlieferten Meßkanons vom Sommer 1523
(Z I 556–608, deutsch bei Schmidt-Clausing, Formulare 22–27), und
dem Nachtmahlsformular vom Frühling 1525 liegt die Einsicht, daß der
Gemeindegottesdienst deutsch sein muß. Und die erste liturgische Arbeit
Zwinglis in seiner Muttersprache wird ein Wurf, der den Nachgebore-
nen Respekt abnötigt und bis heute Bestand hat: «Aktion oder Brauch
des Nachtmahls» (Z IV 1–24, hochdeutsch Schmidt-Clausing, Formu-
lare 28–39, in moderner Bearbeitung in: Kirchenbuch, Hrsg.: Evange-
lisch-reformierte Landeskirche des Kantons Zürich, I, 1969, S. 174–183,
und, noch näher an Zwinglis Vorlage, in: Liturgie, hrsg. im Auftrag der
Liturgiekonferenz der Evangelisch-reformierten Kirchen in der deutsch-
sprachigen Schweiz, III, 1983, 171–179).

Das Ende dieses Weges liegt, wie man heute weiß (Jenny, Einheit 38; Fritz Schmidt-Clausing, Die Neudatierung der liturgischen Schriften Zwinglis, in: ThZ XXV, 1969, 252–265; Markus Jenny, Bullinger als Liturg, in: HBGesA I 209–230), im Jahre 1528 oder 1529, noch zu Zwinglis Lebzeiten also.

Auf dem Wege zwischen diesen beiden Daten liegt ein Druck, der zwar inhaltlich kaum Neues bringt, der aber erst anfangs der sechziger Jahre entdeckt wurde und darum in diesem Nachtrag noch ediert werden muß. Er stellt das letzte Glied in der Kette vor dem zusammenfassenden, fortan dann maßgebenden Liturgiedruck von 1528 oder 1529 dar. Nennen wir, ehe wir ihn vorstellen, aber erst noch der Reihe nach die Glieder, die davor liegen und auf denen er fußt.

Wenige Wochen nach der Einführung der neuen Nachtmahlsliturgie erscheint Zwinglis große Taufschrift (Z IV 188–337), der ein neues, sehr knappes Taufformular angefügt ist. Die Überschrift (Z IV 334$_{12ff}$) zeigt, daß dies nun die offizielle Zürcher Taufliturgie ist. Aus Juds Vorlage stammt im wesentlichen nur die erste Hälfte des sog. Sintflutgebets (Z IV 334$_{27}$–335$_8$ = Z IV 711$_{4-12}$; vgl. die Synopse bei Schmidt-Clausing, Die liturgietheologische Arbeit Zwinglis am Sintflutgebet des Taufformulars, in: Zwa XIII, 1972, 518f).

Im Jahr darauf wird die Abkündigung der Sterbefälle der jeweils vorangehenden Woche, der Ersatz für die früheren kirchlichen Begräbnisriten, geregelt; vom ersten Entwurf für dieses liturgische Stück haben wir noch das Autograph Zwinglis, wie er es (möglicherweise im Mai 1526) dem Rat vorlegte (Z V 250$_{1-19}$; vgl. AZürcherRef, Nr. 983, S. 466f; ein ähnlicher Text allerdings schon 1523 bei Leo Jud: Z IV 713$_{30}$–714$_{13}$).

Um die gleiche Zeit, am 30. Mai 1526, verlangen die drei Stadtzürcher Leutpriester vom Rat, daß eine Verordnung erlassen werde, die allen Pfarrern das Führen von Trau- und Taufregistern vorschreibt (AZürcherRef, Nr. 982, S. 466); der Rat gibt dem Begehren statt (HBRG I 381; Heinzpeter Stucki, Über die Anfänge der Zürcher Pfarrbücher; Datierung – Reinschrift – Vorbilder, in: Zwinglis Zürich 1484–1531, eine Publikation des Staatsarchivs Zürich, Zürich 1984, 52–55). Das hat zwar mit Liturgie nur indirekt zu tun, wird aber von Zwingli mit Recht zu den liturgischen Vorschriften gerechnet und bildet darum auch den letzten Teil des hier zu edierenden Druckes (4.).

Schon am 10. Mai hatte der Rat die berühmte Ehegerichtsordnung (Z IV 176–187; AZürcherRef Nr. 711, S. 326–329) erlassen. Ein gutes Jahr später, am 14. Juli 1526, erschien eine zweite Ausgabe davon beim selben ältesten Zürcher Buchdrucker Johannes Hager (unser Textzeuge B, in Z IV 180f nicht berücksichtigt), die dann von dem strebsamen und tüchtigen Christoffel Froschauer sofort nachgedruckt wurde (unser

Textzeuge C, in Z IV 180f ebenfalls nicht berücksichtigt). Hier finden wir über den Text der Ehegerichtsordnung, wie ihn die Erstausgabe bietet, hinaus erneut die Anweisung betreffend das Führen der Kirchenbücher, dazu aber auch eine Anordnung betreffend die Feiertage (das «Zürcher Kirchenjahr», siehe Jenny, Einheit 67), die schon am 28. März d. J. (Mittwoch vor Ostern) erlassen worden war (AZürcherRef, Nr. 946, S. 453f), und dann drei Stücke zum Predigtgottesdienst (hier 3.), nämlich 1. das Eingangsgebet, 2. die schon erwähnte Abkündigungsformel, deren Einführung anderthalb Monate zuvor beschlossen worden war, und 3. die Vergebungsbitte nach der Offenen Schuld (völlig abweichend von derjenigen in Juds Agende von 1523, Z IV 715$_{24-27}$).

Alle diese seit Frühling 1525 erschienenen Liturgien und Liturgieteile (mit Ausnahme der Nachtmahlsliturgie) finden wir nun in dem hier zur Rede stehenden, 1528 anonym bei Froschauer erschienenen Druck vereinigt, ergänzt durch ein vorher nicht in Erscheinung getretenes Trauformular (hier 2.). Das darin enthaltene Gebet ist allerdings wörtlich aus Leo Juds kleiner Agende von 1523 übernommen (Z IV 715$_{28}$–717$_9$); nur der Nebensatz 716$_{22}$ ist weggelassen und das «und zů verstan geben» (hier S. 430) eingefügt. Daß Jud dieses Gebet bei Zwinglis Trauung am 2. April 1524 verwendet hat, ist mehr als nur wahrscheinlich. Während aber Jud zur Trauung nichts anderes als dieses Gebet anbietet, bringt unser Druck von 1528 nun (wohl doch von Zwinglis Hand) ein eigentliches Formular, das auch die Trauhandlung selbst umfaßt.

Dieser fünfte Zürcher Liturgiedruck war bekannt, ehe die Nachricht von seiner Auffindung durch Joachim Staedtke (Fritz Schmidt-Clausing, Die Neudatierung der liturgischen Schriften Zwinglis, in: ThZ XXV, 1969, 252) in dem auf der Zürcher Zentralbibliothek deponierten Familien-Archiv Ott (Theke 11) an die Öffentlichkeit drang: M. Jenny hatte sein Vorhandensein schon vorher aus einem Berner Nachdruck erschlossen (Jenny, Einheit 39). Was nun vorhanden ist, dürfte allerdings selbst schon ein Nachdruck sein (deshalb wohl ist er anonym, genau wie der Froschauersche Nachdruck der Ehegerichtsordnung von 1526). Der Urdruck könnte schon 1527 erschienen sein, handelt es sich doch eindeutig um einen Ergänzungsdruck zu demjenigen der Nachtmahlsliturgie. Auf jeden Fall füllt er die letzte noch bestehende Lücke in der Reihe der zum ersten vollständigen Liturgiebuch der Zürcher Kirche von 1528 oder 1529 hinführenden Veröffentlichungen. Ob dann für das Erscheinen der Zürcher Kirchenordnung das gleiche Jahr 1528 angenommen werden darf, in dem dieser Ergänzungsdruck zur Nachtmahlsliturgie erschien (mit der Möglichkeit dieser Datierung rechnet Jenny, Bullinger als Liturg 218, weil sich diese Jahreszahl am Ende von Bullingers handschriftlicher Agende von 1532 findet) oder doch erst 1529 gelten kann,

hängt davon ab, ob man die Formulierung «mit dem gnadrychen was-
ser» in der endgültigen Formulierung der Taufliturgie (Z IV 680₂₅) – der
sich allerdings gerade n i c h t auf das Taufwasser, sondern auf das «in-
wendige» Geschehen der Taufe bezieht – mit Schmidt-Clausing (Neuda-
tierung 256–263) als Anleihe aus Luthers Kleinem Katechismus vom
16. März 1529 (3. Frage zur Taufe) betrachten will oder nicht. Auf jeden
Fall steht – entgegen früheren Annahmen – nach der Auffindung des
hier edierten Drucks fest, daß die Kirchenordnung nicht 1525 (so die für
den Abdruck in Z IV 671ff maßgebende Datierung), sondern frühestens
gegen Ende 1528 erschienen sein kann (weitere entscheidende Argu-
mente bei Jenny, Einheit 38f).

Auch wenn Zwinglis Name in dem vorliegenden Druck nicht genannt
wird, so besteht doch kein Zweifel daran, daß es sich im wesentlichen
um eine Frucht seiner liturgischen Arbeit handelt. So sind denn auch
alle die hier zum Abdruck gelangenden Liturgien und Liturgieteile, al-
lerdings nach späteren Textzeugen, in dieser Ausgabe an anderer Stelle
bereits zu finden. Diesen wichtigen Druck von 1528 als Werk Zwinglis
hier im Zusammenhang nachtragsweise noch zu edieren, war durch das
erstrebte Ziel der Vollständigkeit dieser Ausgabe dennoch geboten (vgl.
Jenny, Einheit 39). Der anonyme Druck ist aufgrund der verwendeten
Zierinitialen eindeutig Christoffel Froschauer zuzuweisen.

Literatur

Markus Jenny, Bullinger als Liturg, in: HBGesA I 209–230.
Fritz Schmidt-Clausing, Die Neudatierung der liturgischen Schriften Zwinglis, in: ThZ
XXV, 1969, 252–265.
Fritz Schmidt-Clausing, Die liturgietheologische Arbeit Zwinglis am Sintflutgebet des
Taufformulars. Ein weiterer Blick in Zwinglis liturgische Werkstatt, in: Zwa XIII, 1972,
516–543 und 1973, 591–615.
Heinzpeter Stucki, Über die Anfänge der Zürcher Pfarrbücher; Datierung – Rein-
schrift – Vorbilder, in: Zwinglis Zürich 1484–1531, eine Publikation des Staatsarchivs
Zürich, Zürich 1984, 49–59.
Ludwig Lavater, Die Gebräuche und Einrichtungen der Zürcher Kirche, erneut hg.
und erweitert von Johann Baptist Ott, übersetzt und erläutert von Gottfried Albert Keller,
Zürich 1987.

M. J.

Ausgaben

A

Ein kurtze gmei ‖ ne form/ kinder zetouffenn/ ‖ Die Ee zebeſtäten. Die Predig an = ‖ zeſahen vnd zů enden/ wie es ‖ zů Zürich gebrucht ‖ wirdt. ‖

([Zürich: Christoph Froschauer] M.D.XXVIII.)
8°. 7 Blätter. Marginalien. Custoden. Am Schluß: M.D.XXVIII.
Vorhanden: Zürich ZB

B

Ordnung *[O als Zierinitiale]* vnd erkantnuß ‖ eins Erſamen Radts der ſtatt Zürich ‖ betreffend den Gebruch, hůry, kuplery etc. ‖ Kindertouff, fyrtagen, gmein gebett für ein ‖ Chriſtenliche Kilch vnnd jre ‖ abgeſtorbnen. ‖ *[Holz-schnitt: Zürcher Wappen]* ‖ Getruckt zů Zürich durch ‖ Johanſen Hager.
[Bl. biij unten:] Datum Zürich am. riiij. ‖ tag Heümonats jm. ‖ M.D.rrvj.jahr. *[Rückseite leer]*

Vorhanden: Zürich ZB (Bl.bij ist herausgeschnitten; Ersatz dafür in C)

C

Genauer Nachdruck von B, nur mit kleinen orthographischen Abwei-chungen und unter dem (nachgeschnittenen) Wappen:
Außgangen zů Zürich. M.D.rrvj.

([Zürich: Christoffel Froschauer 1526])
Vorhanden: Zürich ZB

Abdruck
(in hochdeutscher Übertragung)

Schmidt-Clausing, Formulare 43–50

Unserer Ausgabe ist der oben beschriebene Druck, in den textkritischen Anmerkungen mit A bezeichnet, zugrunde ge-legt. In den textkritischen Anmerkungen wird auch der An-hang der Zürcher Ehegerichtsordnung (vgl. Einleitung oben S. 423f) vom 14. Juli 1526 berücksichtigt: Mit B wird der Hager-Druck bezeichnet, mit C der Froschauer-Druck.

H. St.

**Ein kurtze gmeine form, kinder ze touffenn, die ee ze bestäten, die
predig anzefahen und zů enden, wie es zů Zürich gebrucht wirdt**

[1. Ein kurtze gmeine form, kinder ze touffen.]

[S. 2] Erstlich schrybt der diener[1] den namen des kinds, so zum
touff bracht wirt, an, ouch die namen vatter und můter, des göttys
und der gotten.

Denn spricht der diener:

In gottes nammen, amen. Unser hilff stadt in dem herren, der himmel und erden geschaffen hat *[Ps 124, 8]*.

Der diener fragt:

Wellend ir, daß das kind getaufft werde in den touff unsers herren
Jesu Christi?

Antwurt des göttys und der gotten[2]:

Ja.

So spricht der diener:

Nemmend[3] das kind.

Und so sy es genennend, spricht der diener:

So wellend wir alle miteinander gott also bitten:

O allmechtiger ewiger gott, der du hast durch die sündflůt nach dinem strengen urteyl die unglöubige welt verdampt und den glöubigen
Noe selb acht uß diner grossenn er-*[S. 3]*bärmbd[4] erhaltenn, der du
den verstockten pharao mit allen den synen im Roten Meer er-
trenckt unnd din volck Israel trockens fůß hindurch gefůrt hast, in
welichem dises bad des touffs bezeychnet ist gsin, wir bittend dich
durch din grundlose[5] barmhertzikeit, du wellest gnädigklich ansehen
disen dinen diener N. und im das liecht des gloubens in sin hertz geben, damit er dinem sun yngelybt und mit im in den tod vergraben
werde, ouch in im ufferstond zů einem nüwen läben, in dem er sin

---

[1] *Pfarrer, gleichbedeutend mit «predicant» (siehe unten S. 432₁₈; SI XIII 201f).*

[2] *des Paten und der Patin (SI II 527–531 und 523–525).*

[3] *Nennet (Lexer II 54f).*

[4] *Erbarmen.*

[5] *unergründliche, unermeßliche (SI III 1429).*

crütz, im täglich nachfolgende, frölich trage, im anhange mit warem
glouben, styffer hoffnung und ynbrünstiger liebe, das er dises läben,
das nüt anders ist dann der tod, umb dinentwillen mannlich[1] verlassen möge und am jüngsten tag am gemeinen gericht dines suns uner-
schrockenlich erschynen, durch denselben unseren herren Jesum   5
Christum, dinen sun, der mit dir läbt und rychßnet[2] in eynigkeyt
des heyligen geysts, ein gott, in ewigkeit. Amen.

   [S. 4] Jetz spricht der diener:
Der herr sye mit üch.
   Antwurt: 10
Und mit dinem geyst.
   Der diener:
Das nachvolgend evangelium ist beschriben durch Marcum am
10. capitel *[v. 13–16]*.
   Antwurt: 15
Eer sye dem herren.
   [Der diener:]
Es begab sich uff ein zyt[3], das sy die kindly zů dem herren Jesu
brachtend, das er sine hend uff sy legte. Aber die junger beschalck-
tend[4] die, die sy zůhin brachtend. Do das Jesus sach, ward er erzür-   20
net und sprach zů inen: Lassend die kindlin zů mir kummen unnd
weerend inen nit, dann iren ist dz rych gottes. Warlich sag ich üch,
welcher das rych gottes nitt nimpt wie ein kind, der wirt nit daryn
kommen. Unnd als er sy in sine arm empfangen und die hend uff sy
geleyt, hatt er gůts über sy gesprochen und sy lassen gaan.   25
[S. 5] Gott sye lob, der welle uns durch sinen sun alle sünd verzyhen.
Amen[5].

   Hie ermant der diener die, so das kind zum touff hebend, das
   sy dz kind, so es zů verstand kumme und erwachß, in einem christenlichen läben berichtenn[6] wellind, wo es die not oder das kind   30
   erforderen wurde. Ouch heyßt er yedermann niderknüwen unnd
   ein yetlichs ein Pater noster unnd Ave Maria bätten[7].
   Demnach nimpt der diener das kind in sin hand und spricht:
Wellend ir, daß das kind getoufft werde?

---

[1] *tapfer, mannhaft, auch: munter (SI IV 292).*
[2] *herrscht (SI VI 197).*
[3] *in illo tempore...; die mittelalterliche Einleitungsformel für die Lesung berichtender*
Texte aus den Evangelien.
[4] *tadelten (SI VIII 688).*
[5] *per evangelica dicta deleantur nostra delicta; mittelalterliche Schlußformel zur Evan-*
gelienlesung.
[6] *unterrichten (SI VI 436f).*
[7] *1529 wird das Ave Maria ersetzt durch das Apostolicum (Z IV 682₁₂).*

Sy sprechend:

Ja.

[Der Diener:]

So nennend es.

5   ·   *[Die Taufzeugen:]*

N.

Alsdann spricht der diener:

Ich touffen dich in den nammen des vatters, des suns und des heyligen geysts.

10   Zů dem hembdly[1] spricht er:

Gott verlich dir, dz du, wie du yetz mit dem wyssen kleyd lyplich
angezogen wirst, das du also am jüngsten tag mit reiner unvermaßge-
ter conscientz[2] vor im erschynest. Amen.

[S. 6] [2.] Wie man die bezogne ee offenlich
15   vor der kilchen bestätet.

Der diener keert sich gegen dem volck und redt also:

Lieben brůder und schwöstern, üch sye ze wüssen, dz dise zwo personen, N. unnd N., sich eelichen miteinander verpflichten und die
bzogne[3] ee vor üch als christenlichen zügen bestätenn wellend.

20   Darumb sind alle ermant umb brůderlicher trüw willen, gott den herren ze bitten umb einen gůten christenlichen anfang, das sy miteinander nach dem willen gottes in rechtgeschaffner liebe läbind und
nit alleyn kinder des fleyschs, sunder des geists, zügind[4], das sy nach
disem ellenden läben das ewig bsitzen mögind. Ob ouch yeman under
25   üch wäre, der hindernuß oder irrung inn sölicher ee wüßte, der welle
das offenbaren.

So nun der diener sy bede gefraget hatt, ob sy einander zů der
ee be-*[S. 7]*gärind unnd sy: Ja sprechend, sol er sy mit den henden
zesamen geben mit nachvolgenden worten:

30   Darumb solt du, mann, din mitgsellin schützenn, schirmen unnd
lieben glychermaß wie Christus sin kilchen *[vgl. Eph 5, 25]*, der sich
für sy in alle not, ouch des todts ggeben hat; du, wyb, aber solt dinen
mann, din houpt und meyster, lieben, im gehorsam sin und in als din
schützer und schirmer erkennen. Und ir bede söllend söliche trüw

31 todts] *A Marginal* Ephes 5 *[v. 2]*

---

[1] *beim Anziehen des Taufhemdes.*
[2] *mit unbeflecktem Gewissen (SI IV 437).*
[3] *vollzogene (Schmidt-Clausing, Formulare, S. 85, Anm. 76).*
[4] *zeugen.*

und liebe aneinander halten, als Christus gegen siner kilchen unnd
die kilch zů Christo hat. Unnd wie ein unzertrennte liebe ist zwüschend Christo und siner gspons, der christenen kilchen, also sye
es ouch zwüschen üch, im nammen des vatters, des suns und des heyligen geysts [vgl. Eph 5, 22–25].   5
    Nach dem bätte der diener diß gebätt über sy:
    O allmechtiger gott, der du in anfang diner wer-[S. 8]cken einen
mann von erden geschaffen [vgl. Gen 2, 7] und uß dem ripp siner syten ein wyb gestaltet, die du im zů hilff zůggeben hast, dz sy zwey, ein
fleysch [vgl. Gen 2, 22f], unzertrenlich einander lieben unnd anhangen 10
soltend, in welichem du ungezwyflet zů verstan hast wellen geben,
das der mann nitt alleyn, sunder by dem wyb als by einem behilff und
trost wonen sol [vgl. Gen 2, 18], uff das er alle bschwärde unnd arbeyt
dises zyts dester bas unnd ringer[1] tragen, ouch mittel und artzny der
blödigkeit[2] und unrůw sines fleyschs finden möge. O herr, der du   15
durch din ewig wort zů inen gesprochen hast: Wachsend und frucht-
barend[3] üch und füllend das erdtrich [Gen 1, 28], in welichem du dem
menschlichen geschlächt eyn form und ußgetruckt bild des eelichen
läbens yngewurtzlet hast, deß sich von anfang Adam, Abraham,
Isaac unnd Jacob, alle heiligen vätter, dine geliebten fründ gehal-   20
ten in dem unuflößlichen band der eelichen pflicht geläbt hannd. O
herr, der du durch dinen geyst in [S. 9]beden testamenten die heylige
unnd unbefleckte ee so hoch prysest, dargegen die unreyne unküsch-
heyt so ernstlich verwirffst und straffst [vgl. Hebr 13, 4], das wir nit
zwyflen mögend, die ordnung und satzung dines worts gefalle dir   25
wol. O herr, der du durch sölich band der ee uns ein überträfflich[4]
unnd fast[5] heymlich[6] band diner unußsprächlichen und vätterlichen
liebe hast wellen anzeygen und zů verstan geben, so du in eelicher
pflicht, warer trüw unnd glouben unsere seelen dir als einem waaren
gsponß unnd gmahel hast wellen vermählen. Wir bittend dich von   30
hertzenn, das du dise zwey menschen, die sich in diner forcht und
glouben dines ewigen worts eelichen verknüpfft unnd verbunden
hand, gnädigklich ansehen wöllest, dann du in allen dingen der an-

7 anfang] *A Marginal* Gene 1 *[v. 1]* – 8 geschaffen] *A Marginal* Gene 2 *[v. 7]* –
22 testamenten] *A Marginal* Ebre 13 *[v. 4]* – 30 gmahel] *A Marginal* Ephes 5 *[v. 23]*

---

[1] *desto besser und leichter.*
[2] *Schwäche (SI V 28).*
[3] *mehret euch (SI I 1273).*
[4] *vortreffliches (SI XIV 375).*
[5] *sehr (SI I 1111).*
[6] *inniges (SI II 1280 und 1287).*

fang, das mittel und end sin solt. Verlych inen din gnad, das uß sölichem saamen, den du in ire hertzen gepflantzet hast, ein heylige unnd dir wolgefellige frucht erwachse. Verbind sy in einträchtig-*[S. 10]*keit unnd unzertrenter liebe, damit din band, das du zesamenn gehefftet

5 hast, niemants uflöse noch zerstöre. Gib dinen sägen, den du dinen geliebten fründen Abraham, Isaac und Jacob geben hast. Verkeer inen das ungeschmack[1] wasser aller trübsalen in den süssen wyn dines gnadrychen trosts[2] das sy in warem glouben und unuflößlicher liebe allen kumber und eeliche bschwärd gedultigklich tragen und dir

10 also fürhin säligklich läben mögind, biß an den tag, so du sy, warer unnd ewiger brütgam, in din schlaafkamer unnd heymligkeit[3] ynfürest. Amen.

[3.] Ein form des bittens nach der leer Pauli, 1. Timoth. 2 *[v.1–7]*, die man yetz Zürich brucht im anfang der predi-

15 gen[4].

Lassend unns gott ernstlich bittenn, das er sin heylig ewig wort uns armen *[S. 11]* menschen gnädigklich offnen welle und in erkantnuß sines willens ynfüren, ouch alle, so an sinem wort yrrend, wider an den rechten wäg wyse, damit wir nach sinem göttlichen willen läbind.

20 Demnach lassend unns gott bitten für alle christenliche regenten, für ein ersame oberkeyt gemeyner Eydgnoschafft, insunders für die frommen burgermeister, rädt und gantze gemeynd diser statt und lands Zürich, das sy gott alle nach sinem willen wysen[5] unnd leyten welle, das wir miteinander ein gottsförchtig, fridsam und christen-

25 lich läben füren mögind und nach disem ellenden läben ewige rüw bsitzen.

Das er ouch allen denen, so umb sines worts willen geengstiget unnd genötiget werdend, gnad und bstand[6] verlychen welle, das sy vest und styff in sinem verjähen[7] blybind, und uns uß siner barmhert-

30 zigkeit gnädiklich zůdienen welle alle notturfft zů lyb und seel.

13–S. 432₂ Ein form ... Vatter unnser] *in C enthalten, in B fehlt diese Seite* – 29 blybind] *in C folgt eine neue Zeile* – 29 uß] *fehlt C*

---

[1] *fade, geruchlose, auch: widerwärtige (SI IX 879).*
[2] *Vgl. Joh 2, 1–11.*
[3] *Heimstatt, Zuhause (SI II 1289).*
[4] *am Anfang des Predigtgottesdienstes.*
[5] *weisen.*
[6] *Bestand, Beständigkeit; allenfalls auch Druckfehler für: bystand, Beistand?*
[7] *sagen, bejahen, bekennen (SI III 6).*

Sprechend:

Vatter unser.

[S. 12] Nach der predig[1], ist yemand die wuchen verscheyden, verkündet man in uff den sontag[2] uff söliche form:

Sidmal den menschen nüt mer sin selbs ermanet dann der tod, so   5
ist gůt, das man die vor uns offne[3], die uß unser gemeynd in warem
christenem glouben verscheyden sind, damit wir uns allweg rüstind
unnd nach der warnung des herren zů aller zyt wachind. Und sind
diß die brůder unnd schwösteren, die in diser wuchen von gott uß disem zyt berůfft sind, namlich: N.   10

Hie lassend uns gott loben und dancken, das er dise unsere
mitbrůder und schwestern in warem glouben unnd hoffnung uß disem ellend genommen, alles jamers und arbeyt entladen unnd in
ewige fröd gesetzt hat. Damit bittend ouch gott, das er unns verlihe,
unser läben also ze fůren, das ouch wir in warem glou-[S. 13]ben und   15
siner gnad uß disem jamertal in die ewigen geselschafft siner ußer-
welten gefůrt werdind. Amen.

Am end der predig[4], nach der offnen schuld[5], spricht der predicant:

Almechtiger ewiger gott, verzych uns unser sünd und für uns zum
ewigen läben durch Jesum Christum, unseren herren. Amen.   20

[4. Führen von Tauf- und Ehebüchern.]

Der getoufften kinden namen verzeychnet man in eyn bůch, das
man allweg bey der kilchen behalt, damit man wüsse, wär getoufft sye

2 unser] C folgt etc. – 5–17 Sidmal ... Amen] in B, C enthalten – 7 christenem] C
christenlichem – 19f Almechtiger ... Amen] in B, C enthalten

---

[1] Predigt hier im engeren Sinn.
[2] am darauffolgenden Sonntag.
[3] öffentlich bekanntgebe (SI I 114).
[4] Predigtgottesdienst.
[5] Der Text der Offenen Schuld (öffentliches Schuldbekenntnis, Gemeindebeichte) wird
als bekannt vorausgesetzt. Er lautet bei Johann Ulrich Surgant, Manuale curatorum
1503, Lib. 2, Cons. VI, in der kürzeren Form: Ich armer sundiger mensch gib mich schuldig
got dem allmechtigen, Marien der wirdigen mutter gottes, allen heiligen und euch priester,
aller der sund, so ich mich schuldig weiß und ich begangen hab mit thun oder lassen biß
auff dise stund, es sey tötlich, teglich, wissen oder un wissen, so rewet es mich und ist mir
leid und beger gnad. Dann folgt bei Surgant: Neygent euch zu got und begerent, was ich
euch wunsch mit worten, das es war werde. Misereatur etc. Indulgentiam etc. Ich hab euch
gewunscht gnad und abloß ewer sunden und das ewig leben: das verleych euch und mir
got vatter, gott sun, got heiliger geist. Amen. Bittent got fur mich, das wil ich auch thun
fur euch in dem ampt der heiligen meß.

oder nit, dem yrsal der toufflöugneren[1] und widertöuffern zů für-
kummen. Ouch findt man das alter der kinden allweg in disem bůch,
das inn der eebeziehung[2] gar nützlich ist: Man findt ouch allweg hie,
wär eelich oder uneelich geboren ist, ouch verzeych-[S. 14]net man in
5 das selb bůch deren namen, die die ee beziehend, das man wüsse, wär
eelich oder uneelich byeinander sitze, unnd das man inen, so sy an-
derstwo kundschafft notturfft sind, zügnuß ires eelichen stands gebenn möge.

Anno M.D.XXVIII.

---

[1] *Leute, die die Kindertaufe ablehnen (vgl. Z IV 225₁f).*
[2] *Eheschließung.*

M. J./H. St.

Nachtrag zu Z II, Nr. 21, S. 506–514

Von göttlicher und menschlicher Gerechtigkeit

Autographes Fragment

Es hat sich ein autographes Fragment erhalten in der Zentralbibliothek Zürich, Signatur: Ms F 96 (2), es betrifft den in Z II 506$_9$–514$_{27}$ gedruckten Teil. Obwohl es dort in der Edition nicht berücksichtigt ist, lohnt ein eigenständiger Abdruck nicht, da die Abweichungen gering sind.

Nachtrag zu Z III, Nr. 50, S. 866–873

De vera et falsa religione commentarius

Autographes Fragment

Ein autographes Fragment befindet sich in der Zentralbibliothek Zürich, Signatur: Ms F 96 (5), es umfaßt den in Z III 866$_{12}$–873$_9$ edierten Text. Obwohl es dort unberücksichtigt blieb, erübrigt sich eine zusätzliche Edition, da die Abweichungen gering sind.

Nachtrag zu Z V, Nr. 94, S. 290–300

Dritte Schrift wider Johann Faber

Autographes Fragment

Die Zentralbibliothek Zürich bewahrt unter der Signatur Ms L 87 ein Fragment des Druckmanuskripts auf, das die in Z V 290$_1$–297$_4$ und 300$_{5-8}$ edierten Teile umfaßt. Es war zwar bei der Edition noch nicht bekannt, eine nachträgliche Edition drängt sich aber nicht auf, da die Abweichungen zum Erstdruck minim sind (vgl. Oskar Farner, Ein wiedergefundenes Autograph Zwinglis, in: Zwa VI, 1937, 457f).

Nachtrag zu Z VI/I, Nr. 113, S. 256–260
Votum Zwinglis an der Berner Disputation

Autograph

Die Lutherhalle Wittenberg bewahrt unter der Signatur I/9 156/74 Zwinglis Autograph seines ersten Votums an der Berner Disputation auf. Da es im Vergleich zum Druck nur geringfügige Abweichungen aufweist, wird hier auf eine erneute Edition verzichtet.

Abdruck: Ernst Koch, Ein unbekanntes Autograph Zwinglis zur Berner Disputation, in: Zwa XIV, 1978, 578–580.

Nachtrag zu Z VI/I, Nr. 116, S. 493–498
Die zweite Predigt Zwinglis in Bern

Abschrift

Die Zentralbibliothek Zürich besitzt unter der Signatur: Ms B 196 (3) eine Abschrift der zweiten Predigt, die vermutlich aus dem 17. Jahrhundert stammt.

Nachträge zum Briefwechsel

Nachtrag zu Nr. 7

Zwingli an Vadian

Glarus, 4. Oktober 1512

Das Autograph befindet sich heute in der Zentralbibliothek Zürich, Signatur: Ms Z XI 313$_2$. Die Abweichungen sind gering, so daß eine Neuedition sich erübrigt.

Abdruck: Z VII 16f

Nachtrag zu Nr. 1105
Zwingli an Konrad Sam

Zürich, 26. September 1530

Seit 1932 ist die bei der Edition des Briefes vermißte untere Hälfte des Autographs wieder vorhanden (Zentralbibliothek Zürich, Signatur: Ms F 47). Da die Textabweichungen aber gering sind, wird auf einen erneuten Abdruck verzichtet.

Abdruck: Z XI 156f

1294 (= vor 1)[1]

Heinrich Glarean an Zwingli

[Köln, zweite Jahreshälfte 1507][2]

Viro erudito Vldrico Zwingli Henricus Glareanus[3] sa*[lu-*
tem] d*[icit]* p*[lurimam].*

Habes, vir excellentissime, divę Vrsulę historiam, non quidem ut
eam nullis indebit*[is]* tuis haberes, sed ut alia quam plurima adderem,
quę vel vidissem vel ab aliis ita esse perceperim. Sed quia me roga-
veras[4] reliquias sanctorum Agrippinę[5] quiescentes literis manife-
starem, quum nullum libellum, ubi continerentur, acquirere possem,
tum etiam quia ea non omnia viderim, non potui morem gerere. Quę

4–S. 439₃ Viro ... fecit] *auf der Titelseite am unteren Rand*

St. Gallen, Stiftsbibliothek: Inkunabel Nr. 1445, BB L IV 18 (Historia undecim milium
virginum breviori atque faciliori modo pulcerrime collecta, cum nonnullis additionibus que
in prima defuerunt, de diva Ursula exastichon), S. 1 und 3.

Abdrucke: Emil Spieß, Ein Zeuge mittelalterlicher Mystik in der Schweiz, Rorschach
1935, S. 108, Anm. 1 (S. 108–110 deutsche Übersetzung, Tafeln XXVIII und XXIX Faksimile). Leonhard von Muralt, Ein unbekannter Brief Glareans an Zwingli, in: Zwa VI,
1936, 337–339.

---

[1] *Die hier nachgetragenen Briefe erhalten Nummern, die an diejenige von Z XI an-
schliessen. Die Numerierung in Klammern weist auf den Ort, wo die Briefe in der chrono-
logischen Reihe der Bände Z VII–XI stehen müssten.*

[2] *Zur Datierung vgl. J. F. Gerhard Goeters, Zwinglis Werdegang als Erasmianer, in:
Reformation und Humanismus, Robert Stupperich zum 65. Geburtstag, hg. von Martin
Greschat und J. F. G. Goeters, Witten 1969, 260, Anm. 31.*

[3] *Der Humanist Heinrich Loriti, genannt Glarean, 1488–1563, Beiträge zu seinem Leben und Werk, verfaßt von Rudolf Aschmann, Jürg Davatz, Arthur Dürst u.a., hg. vom
Ortsmuseum Mollis, Mollis 1983; Fritz Büsser, Artikel «Henricus Glareanus of Glarus»,
in: Contemporaries of Erasmus, Bd. II, Toronto 1986, 105–108.*

[4] *Zwingli erkundigte sich allgemein über die Kölner Heiligen, unter denen die hl. Ursula wohl am meisten interessierte, hatte die Glarner Kirche doch auch Reliquien der elf-
tausend Jungfrauen (J. F. G. Goeters, a. a. O. 260).*

[5] *Köln.*

enim potui, in marginibus addere volui. Nec enim cures, si parum elegantię in eo contineatur, quinimmo potius veritati quam elegantię stu-
deo; itidemque forsitan et libelli auctor fecit.

   Vita autem virginis[1] Agrippin*[ę]* tam artificiose, tam concin*[ne]*,
5 tam denique exculte depicta est, ut nec Praxitelis ne*[c]* Apellis
opera similia dicam in cęnobio fratrum divi Joannis Baptistę[2].
Nec autem eiusdem ędes[3] sacra summa est, sed Trium Regum[4],
quę (si completa esset) Wiennę divi S*[te]*phani[5] excederet templum. Habentur autem regum corpora maxima in custodia.

10   At (r*[es]* nova) est itidem nobiscum organum tanta industria con-
structum, ut chelym, sambucam, cytharam, tympana omneque genus
sonorum[6] audire se putat. De quo si ad te veniam, alia plura d*[icam]*.

   Fuit Agrippinę tempore (si bene memini) autumni grandis theologorum contra doctor*[em]* quendam iurisperitum disputatio[7]. Is

4–12 Vita ... dicam] *auf der Titelseite am mittleren rechten Rand –* 13–S. 440₁₂ Fuit ...
mecęnas] *auf S. 3 am unteren Rand*

---

   [1] *Gemeint ist wohl die hl. Ursula.*
   [2] *St. Johann Baptist in Köln, Filialpfarrkirche des Stifts St. Severin. Gemälde mit dem*
Leben der hl. Ursula befanden sich schon vor den Zerstörungen des Zweiten Weltkriegs
nicht mehr dort (Georg Dehio, Handbuch der deutschen Kunstdenkmäler, Neubearbei-
tung, Bd. IV/I: Rheinland, bearbeitet von Ruth Schmitz-Ehmke, München 1967, 342f).
   Das Titelblatt der übersandten Ursula-Legende enthält ferner ein Bild der hl. Ursula,
zu dem Glarean am Rand beifügte: «Illa inquam pictura diva Ursula depingitur. Corrupte
autem nostris in oris: nam sunt multę alię sacrę virgines, qui telis vitam finiere».
   [3] *St. Ursula, ehemaliges Frauenkloster, gotisch erweiterte und umgebaute Kirche, in*
welcher der romanische Kernbau einen beachtenswerten Bestandteil bildet (Karen Künst-
ler, St. Ursula, der Kirchenbau des 12. Jahrhunderts und seine Ausgestaltung bis zum
Zweiten Weltkrieg, in: Köln, die Romanischen Kirchen, von den Anfängen bis zum Zwei-
ten Weltkrieg, hg. von Hiltrud Kier und Ulrich Krings, Köln 1984, Stadtspuren – Denk-
mäler in Köln, Bd. I, 523–545).
   [4] *Die Gebeine der hl. Drei Könige wurden 1164 nach der Einnahme Mailands durch*
Friedrich Barbarossa nach Köln gebracht und in der St.-Peters-Kirche (Dom) beigesetzt.
«Trium Regum ... templum» ist also der Kölner Dom in seiner damaligen unvollendeten
Gestalt.
   [5] *Der Stephansdom in Wien war Zwingli von seinem dortigen Aufenthalt her bekannt.*
   [6] *Zwar lassen die Bezeichnungen der Musikinstrumente an die Namen der Orgelregi-*
ster denken (vgl. Hans Klotz, Über die Orgelkunst der Gotik, der Renaissance und des
Barock; Musik, Disposition, Mixturen, Mensuren, Registrierung, Gebrauch der Klaviere,
Kassel 1975), hier will Glarean jedoch nur auf die Klangmöglichkeiten der Orgel hin-
weisen.
   [7] *Der Jurist Petrus Tomasi von Ravenna, der seit Sommer 1506 in Köln lehrte, be-*
hauptete im Sommer 1507, «daß die Obrigkeiten deutscher Staaten, welche die Leich-
name der zum Tode verurteilten Missetäter am Galgen hängen ließen, gegen natürliches
und göttliches Recht handelten, daß dieselben eine Todsünde begingen» (Nikolaus Pau-

namque cunctos Germanię principes mittentes damnatorum sive
malefactorum corpora in necropoli mortale peccatum committere
contendebat fortiter quidem probans, quum eloquens erat, natione
Italus, patria Ravennatis apprimeque eruditus et argumenta (ut
aiunt neoterici[1]). Achilleica[2] adduxit non admodum pauca. Altera   5
vero die theologi quęstionem deducentes coram non apparuit. Ita
contrarium conclusum fuerat. Et eumipsum supremus theologorum
doctor potius iudaiza*[re]* (ut quidem eo loquar) quam christianizare
palam dixit. Sermones ante hac venustos facere solitus erat, ac posthac penitus obmutuit. De qua re tu itidem iudices. Si olim ad Glarea -   10
nos tecum conveniam, singula dicam adamussius.

Vale mecęnas.

---

lus, Die deutschen Dominikaner im Kampf gegen Luther [1518–1563], Freiburg i. Br.
1903, Erläuterungen und Ergänzungen zu Janssens Geschichte des deutschen Volkes, IV,
1. und 2. Heft, S. 89; die Fortsetzung des Streits bis 1509 auf S. 90–92).

    [1] *die Anhänger der via moderna, auch Terministen genannt.*

    [2] *schlagende, nicht zu überwindende Argumente (Erasmus, Adagia, 1, 7, 41, LB II*
278).

1295 (= 344a)

Zwingli an Martin Herlin, Niklaus Kniebs und Daniel Mieg[1]

Zürich, 28. September 1524

5   Gnad und frid von gott, insunders geliebten in gott, unverzagte stryter im evangelio Christi, ersame, wyse herren.

Als ungezwyfelt[2] jetz zů üch geschrifft und botschafft von gemeinen Eydgnossen komen, welche nit one anschlag Pherdinandi råhten[3] zů üch gesandt sind, hatt mich flyss, allen gotzfyenden[4] zů widerstan, ouch gunst[5] üwer frommen statt, darumm das sy[6] ouch im evangelio Christi trostlich haryn tritt, bezwungen[7], üch zů ze schryben. Dann ich wol hab mögen gedencken[8], das sölch bottschafft dahin reychen[9] sölte, sam[10] ein Eydgnoschafft mit dem kaiser hållete[11], welchs demnach[12] üwer statt zů nachteil dienen möcht, darus ouch die, so by üch dem wort widersprechend, schräcken und tröwen ziehen understüendend[13], ja solche meinung zů ze schryben, das üwer

Straßburg, Stadtarchiv: Archiv St. Thomas, Bd. 176, foll. 523f, Abschrift (18. Jh.?).
Abdruck: Oskar Farner, Ein unveröffentlichter Zwinglibrief, in: Zwa IX, 1950, 248.

---

[1] *Zu den Adressaten vgl. Z VIII 213, Anm. 1, sowie 282, Anm. 14 und 16.*
[2] *nachdem ohne Zweifel.*
[3] *nicht ohne Anregung der Räte Ferdinands (des Erzherzogs von Österreich).*
[4] *Gottesfeinden.*
[5] *Gewogenheit, Liebe zu.*
[6] *weil sie.*
[7] *d. h. hat mich die Absicht ... dazu veranlaßt.*
[8] *Denn ich konnte mir wohl vorstellen.*
[9] *darauf abzielen.*
[10] *als ob.*
[11] *übereinstimmte.*
[12] *hierauf, in der Folge.*
[13] *es wagten, Schrecken und Drohen zu verbreiten.*

ersam w*[ysheit]* sich unser[1] tröwen nit irren[2] lasse, wo es ienen wider
billichs[3] reichen wurd[4]; denn eine fromme gemeine Eydgnoschafft wirt darhinder nit gebracht, das sy sich weder den keiser[5]
noch ieman me lasse in solche gevarlicheit fůren. Darumm u*[wer]*
w*[ysheit]* gantz und gar unerschrocken blyben und im evangelio fürfaren sol, alles geböch unangesehen[6]. Dann sicher, wie ir bishar die
warheit habend gesehen sigen, allso werdend ir ouch, so die tyrannen
je das schwert bruchen[7] wollend, sehen, das die hand gottes stercker
ist weder[8] sy und die völcker zerwerffen[9] wirt, die nur krieg haben
wellend; sind[10] vest, ir werdend die glory gottes sehen. Herr Capito[11], min lieber brůder, wirt u*[wer]* w*[ysheit]* wyter berichten[12];
sind[13] hiemit gott bevolhen, vernemend min ylende geschrifft im besten[14], die nit allein us minem kopf und raht beschehen ist.

Geben Zürich 28. tags septembris M.D.XXIIII.

U*[wer]* ers*[amen]* w*[ysheit]*   15

Huldrych Zwingli allzyt williger.

[Adresse:] Den fürnemen, wysen, g*[nädigen]* herr*[en]* Mar*[tin]*
Herlin, Niclausen Kniebs, Danielen Müghen, sinen gnädi-
gen, günstigen Herren. Gen Straßburg.

---

[1] *wir ergänzen: durch unser.*
[2] *beirren.*
[3] *unbilliger Weise.*
[4] *würde.*
[5] *wir sagen: weder durch den Kaiser.*
[6] *ohne auf alles Gepolter Rücksicht zu nehmen.*
[7] *brauchen.*
[8] *als.*
[9] *zu Boden werfen.*
[10] *seid.*
[11] *Wolfgang Fabritius Capito (1478–1531), seit Mai 1523 in Straßburg, dessen Haupt-
reformator er neben Bucer wurde.*
[12] *unterrichten, auf dem laufenden halten.*
[13] *seid.*
[14] *d. h. nehmt meinen in der Eile hingeworfenen Brief aufs beste auf.*

1296 (= 670a)

Zwingli an Johannes Eck

Zürich, 30. November 1527

«Ulricus Zuinglius Joanni Eckio, apud Ingolstadium
5 theologiam profitenti, viro acerrimo.

Gratiam et pacem a domino, ut veritatem aut recipias aut non op-
pugnes, ut senatum illustrissimum apud Bernam vestrę disputatio-
nis pigeat, quod ne quicquam vobis prędicebamus, et (quod dicitur)
calculum omnino reducere velit, eo quod videat et se et suos παραλο-
10 γισθῆναι cum largitione quorundam tum tua praecipue adversarium
involvendi promtitudine, ne dicam versutia. Tu ergo, si pietatem in
pectore foves, si veritatis studio flagras, ad eam congressionem accin-
gere, in qua tecum congredietur in arena libera et secura Zuinglius
iste, cum quo nuper nescio quam vehementem pugnandi ardorem
15 habere mundo sive vere sive ficte probabas. Et congredietur non in
fossa, ne rursus verum factum esse proverbium (cauteriatus in fossa)
quis iure calumniari possit: sed in capaci ac plano campo, Bernę
scilicet, urbe apud Helvetios post unam et alteram facile principe,
si splendorem et amplitudinem spectes, si vero maiestatem atque fi-
20 dem, nulli secunda. Hec est inclita Berna, ad quam a balneis istis
fumosis provocabam, ne scilicet infirmam ad contuendam veritatem
humani visus aciem densę nebulę verborum ac munerum obruerent.
Pertrahere eo tum non potui. Quid enim possit homo? Sed deus ipse
non oblitus nostri neque insolentię vestrę nunc ad eum locum transtu-
25 lit negotium. Per eum ergo te obtestor, per eius filii sanguinem, quo te
redemit, per summam iustitiam, qua mundum iudicat, ut adsis atque

15 habere] *folgt gestrichen* fine m; *am Rand:* ite[?]

*München, Bayerisches Hauptstaatsarchiv: Staatsverwaltung 2729 (früher: Religions
Acta des Römischen Reichs, Ulm und Regensburg, Tom. I), fol. 13r, Abschrift.*

*Abdruck: Johann Lippert, Die Einladung Zwinglis an Johann Eck zum Berner Reli-
gionsgespräch, in: Zwa VI, 1938, 586f (mit deutscher Übersetzung und ausführlicher Einleitung).*

ea lege adsis, ut Tigurum praetereundo invisas, si modo senatus nostri munificentiam experiri placeat. Nos enim, quo te nihil remoretur,
de nostro, de nostro inquam, omnem sumptum, quem ad hoc iter facies, restituemus, etiam si ministro uno atque altero comitatus eris.
Cogita quoque, quam non famę tuę consulturus esses, si iam ęquam   5
pugnam detractares.

Vale et deo gloriam da, ut venias.

Tiguri, 30ma die novembris MDXXVII.»

1297 (= 814a)

Schultheiß und Rat zu Lichtensteig an Zwingli

Lichtensteig, 18. Februar 1529

5   Unser willig dienst etc. zůvor, wirdiger, hochgelerter, früntlicher, lieber maister Ůrich[1].

Es sind diß baid personen[2] von Liechtenstaig gegen ainander in ansprach[3] der e halb, darumb wir sy für üwer gricht mit ir baider willen beschaiden[4]. Darumb wellen inen hilflich[5] und rättlich[6] sin, 10 damit sy gevertigot[7] werden. Und unß ouch inallweg wie untzhar[8] als

8 gricht] *davor ein Tintenfleck, der aber keinesfalls die Lesung «Egricht» erlaubt, obwohl dieses gemeint ist*

Staatsarchiv Zürich: A 265.6, Nr. 6.
Abdruck: Kurt Jakob Rüetschi, Ein Zürcher Ehegerichtsentscheid in der Folge eines bisher unbekannten Briefleins aus Lichtensteig an Zwingli vom 18. Februar 1529, in: Zwa XVI, 1984, 302f.

---

[1] *gebräuchliche Nebenform von Ůlrich/Uodalrich, mit Ausstoßung des «l» statt des «r» wie in Ueli (SI I 183f).*
[2] *nämlich die Überbringer dieses Briefes, Peter Ruggenspergger von St. Gallen und Elß am Bül aus Steintal bei Wattwil.*
[3] *rechtlicher Anspruch, Forderungsklage (SI X 722–724).*
[4] *weisen, gewiesen (SI VIII 216f).*
[5] *behilflich (SI II 1197).*
[6] *Rat schaffend, (be)ratend (SI VI 1617).*
[7] *gerichtlich abgeurteilt, bedient (SI I 1005–1008).*
[8] *immer, in allen Belangen wie bisher.*

üwer lantlüt laßen bevolhon[1] sin, und das best tůn, wellen wir ouch alweg, wo sich begibt[2], verdienen[3].

Datum donstag nach invocavit[4] anno 29.

Schulthaiß und ratt zů Liechtenstaig.

[Adresse auf der Rückseite:] Dem wirdigen, hochgelerten maister 5 Ůrichen Zwingli, predicant zů Zurich, unserem früntlichen heren und trüwen lantman.

[Daneben Bemerkungen von alter Hand:] Praesentibus am 20 hornung im 29 iar. Statt im bůch vom 29. iar am 90. blatt[5].

6 unserem] *Buchstabe -s- korrigiert aus* f[?] – 6 früntlichen] *die Buchstaben -rü- sind stark verwischt und nur teilweise leserlich* – 9 am] *verbessert aus* im

---

[1] *empfohlen (SI I 799).*
[2] *überall, wo sich eine Gelegenheit dazu ergibt.*
[3] *vergelten, einen Dienst erwidern (SI XIII 169–171).*
[4] *Der Sonntag Invocavit fiel im Jahr 1529 auf den 14. Februar, der Donnerstag danach auf den 18. Februar 1529.*
[5] *StAZ YY 1.3, fol. 90v (Ehegerichtliche Handlungen).*

1298 (= 1050a)

Rudolf Ammann an Zwingli

(Knonau), 26. Juni 1530

S.D. Lieber min meister Huldrich.

5 Hie senden ich zů uch zwen thür cristann man¹, welche solichs
mit der that zů Baßel, Schwitz und Lutzern bezugt, darumm sy
dann by uns gehaßt und vervolgt werden und namlich jetzund von
des sabaths wegen, das sy mir uff einen suntag nach der predig ge-
holffen hant, nach vermög des gotzwort und innhalt miner herrenn
10 mandat², höwenn³, darumm sy uber alles erpieten zum rechten in die
gschrifft. Und fur min herrenn⁴ nüt hat mögen schirmen⁵, sunder
inen us nid und haß einen rechttag verkunt und wellen sy můtwillens
wider göttlich und menschlich gebott straffen. Harumm so ist unßer
ernstlich bitt umm Cristus willenn an uch (nit von der bůß wegen,

5 cristann] *Buchstabe -a- aus einem andern Buchstaben korrigiert* – 10 darumm] *folgt*
gestrichen man

Staatsarchiv Zürich: A 128.1.
Abdruck: Ulrich Gäbler, Ein übersehenes Stück aus Zwinglis Korrespondenz, in: Zwa
XIII, 1970, 227f. Regest: AZürcherRef, Nr. 1682, S. 718.

---

¹ *Der eine ist der Schuhmacher Hans Wagner, der u. a. wegen Sonntagsarbeit ange-*
klagt war (AZürcherRef, Nr. 1682, S. 718f). Nach dem Bericht des Untervogts von Knonau
hatte Pfarrer Ammann insgesamt vier Leute mit Heuarbeiten am Sonntag beschäftigt und
sein Vorgehen in zwei Sonntagspredigten gerechtfertigt (AZürcherRef, Nr. 1684, S. 719f).
Wie aus einem auf Ammanns Brief angebrachten Vermerk (wohl von Unterschreiber
Burkhard Wirz) hervorgeht, lehnte der Rat einen Eingriff ins Verfahren ab und verwies
auf die Möglichkeit, nachher zu appellieren. Tatsächlich erfolgte eine Appellation, die je-
doch abgelehnt wurde (AZürcherRef, Nr. 1684, S. 720).
² *AZürcherRef, Nr. 1656.*
³ *heuen.*
⁴ *hier nicht der Rat von Zürich, sondern als dessen Repräsentant das Gericht der*
Landvogtei Knonau.
⁵ *Nichts konnte sie vor dem Gericht in Knonau schützen.*

sunder das es dem euangelion nachteilig wer, wo inen gelungen) ir
wellint raten und helffenn, damit die sach fur min herrenn bracht und
sy hie ussenn[1] geheissen still stan, diewil sy doch sächer[2], darzů zum
teil ungloubig und nit zum tisch gottes gangen, mögent wir ir urteil nit
erliden, zůdem wellint sy mir den fromen xellenn[3] vertriben, der sich
schwarlich mit schůmachen ernert und dieselben je zů ziten am suntag an andre ortt ze merckt treit, vermeinent er soll all suntag in siner
pfar bliben, nach innhalt miner herrenn mandat, welches nit us liebe,
sunder us haß beschicht, dann er flissig 2 oder 3 mal in der wuchen
das gotzwortt hört, mer dan die andernn all etc.

Hiemit sy gott mit uns allen.

Datum suntag post Johannem Baptiste anno *[15]*30.

Tuus Růdolffus Amann,[4] pastor animarum Knonow.

[Adresse:] Dem euangelischen und getrüwen hirten meister Huldrich Zwingly zů Zurich, sinem günstigen herrenn.

---

[1] *nämlich in Knonau.*
[2] *Gegner vor Gericht (SI VII 127f).*
[3] *der oben genannte Hans Wagner.*
[4] *Zürcher Pfarrbuch 50.179f. HBBW III 211f.*

1299 (= 1081a)

Zwingli, Heinrich Engelhart und Leo Jud an Schultheiß und Rat von Bern

(Zürich), 24. August 1530

5 Standhafften und festen glouben von gott unserem vatter durch
Jesum Christum wünschend wir üch, mit erbietung unserer diensten und gůtwillikeyt, ersamen, frommen, fürsichtigen, wisen herren.
Es langt uns an der ersam herr Caspar Richenaader¹, das wir
imm gegen üwer ersamen wyßheyt mit unser zügnüß beholfen und
10 fürderlich sin wöllynd, dann sölichs imm als von üwer ersamen wiß-
heyt belehneten uf die pfarr Egrichingen² not sye. Uf das (dwil
kuntschafft der waarheyt dem begärenden nit sol verseyt werden) sagend wir fry by unseren gůten trüwen und bekennends ouch mit diser gschrifft, das diser Caspar Richenaader vor jaarsfrist zů uns
15 alhar zu unser statt kommen ist, uns braacht von den predicanten zů
Augspurg, Lindow, Costantz gschrifftliche fürmündung³ und si-

11 not sye] *am Rand –* 16 gschrifftliche] *zwischen den Buchstaben* t *und* l *ein Buchstabe gestrichen? –* 16 fürmündung] *das* u *in der Endung* -ung *ist mit Trema geschrieben;
da der Umlaut für* u *in diesem Brief konsequent mit einem kleinen Bogen gekennzeichnet
wird und sonst die Endung* -ung *ohne Zeichen geschrieben ist, wird hier mit einfachem* u
transkribiert

New York, The Pierpont Morgan Library. Siegelspur. Handschrift von Leo Jud.
*Abdruck: Ulrich Gäbler, Ein wiederaufgefundenes Stück aus Zwinglis Korrespondenz,
in: Zwa XIV, 1974, 54f.*

¹ *Das Wenige, das von ihm bekannt ist, siehe bei U. Gäbler, Ein wiederaufgefundenes
Stück aus Zwinglis Korrespondenz, in: Zwa XIV, 1974, 54. In den Publikationen über
Augsburg, Lindau und Konstanz ist Richenader nicht faßbar.*
² *Egerkingen (Kanton Solothurn). Bern hatte damals das Kollaturrecht inne (HBLS II
784).*
³ *Fürsprache (Lexer III 476; vgl. auch SI IV 324).*

ner fromkeyt zügnüß von anderen vilen eeren lüten, uf wöliches wir
inn gütiklich empfangen und beherberget habend. Er hatt sich ouch
das jaar har by uns (so vil uns zewissen) eerlich und fromklich gehalten mit wis[1], worten, handel und thaat, das wir keynen fäl an sinem
leben nit wissend, hatt darneben grossen flys und ernst tag und nacht   5
den letzgen[2], so by uns geläsen werden, angewendt, das wir in hof-
nung sind, er habe etwas nutz darvon braacht. Söliche unsere zügnüß
hatt einer under uns in unser aller nammen versiglet, die geben ist
ufen mitwoch Bartholomei 1530[3].

M. Ulrich Zwingly   10
D. Engelhard
Leo Jud
diener des worts zů Zürich,
üwer altzyt willige.

[Adresse:] Den edlen, vesten, frommen, fürsichtigen, wisen schul-   15
teß und raat der statt Bern, unsern insünders günstigen herren.

---

[1] *Art und Weise (Lexer III 938).*

[2] *von lat. «lectio», die Vorlesung in der Prophezei (Jacques Figi, Die innere Reorgani-
sation des Großmünsterstifts in Zürich von 1519 bis 1531, Zürich 1951, Zürcher Beiträge
zur Geschichtswissenschaft IX, 81ff; Hans Rudolf Lavater, Die Froschauer Bibel, das
Buch der Zürcher Kirche, in: Die Zürcher Bibel von 1531, Zürich 1983, 1383f).*

[3] *Die Formulierung «ufen mitwoch Bartholomei» meint den Bartholomäustag selber,
nicht den darauffolgenden Mittwoch (SI I 118, Lexer II 1687). Die irrtümliche Datierung
auf den 31. August (so noch bei U. Gäbler, a. a. O. 53) stammt aus dem «Verzeichnis von
Autographen aus dem Nachlaß des Grafen Victor Wimpffen» (1901), denn dort wird als
Datierungsformel angegeben: «Mittwoch nach Bartholomäi 1530» (Emil Egli, Ein Autograph Zwinglis und ein Brief Leo Juds, in: Zwa I, 1901, 223).*

1300 (= 1085a)

Zwingli an (Martin Bucer)

(Zürich), 31. August 1530

Gratiam et pacem a domino.

5 Grata sunt quae scribis[1], et, quod ad me attinet (non dubito quod ad Oecolampadium quoque), negotium omne mihi transactum esset. Nam ante biennium, si revocare in memoriam potes, ad te scripsi[2], locutiones et formulas nihil morari, dummodo liceat earum sensum et servare et exponere: Christum in coena vere adesse, non

10 in pane, non unitum pani, non naturaliter aut corporaliter, sed nudae, divinae ac purae menti, fidei contemplatione et sacramentaliter[3]. Hanc summulam ferri posse et Lutheranis et nobis autumo, si modo Philippus[4] haec verba agnoscit, quae tu per epistolam significas[5].

Straßburg, Stadtbibliothek: Ms 644 (509a), Nr. XCV, foll. 114r–116r. Abschrift von Andreas Jung, um 1829/30.

Abdruck: Hans Georg Rott, Martin Bucer und die Schweiz: Drei unbekannte Briefe von Zwingli, Bucer und Vadian (1530, 1531, 1536), in: Zwa XIV, 1978, 471–477.

---

[1] *Bucer an Zwingli, Augsburg, etwa 24./25. August 1530, Z XI, Nr. 1082, S. 82–89.*

[2] *verlorener Brief, wahrscheinlich vom Sommer 1528, als Zwingli seine Entgegnung auf Luthers «Großes Bekenntnis vom Abendmahl» abfaßte (Z VI/II 1–248).*

[3] *Diese Stelle findet sich wörtlich im Brief Zwinglis an Capito vom gleichen Tag wieder (Z XI, Nr. 1085, S. 99₄₋₆), ebenso, nur mit einigen Varianten, im Gutachten Zwinglis vom 3. September 1530 über die von Bucer an Luther und die Schweizer gesandten Artikel vom 25. August (Z XI, Nr. 1090, S. 119₈₋₁₂) und nochmals, aber etwas verschieden, in Zwinglis Brief an Vadian vom 12. September 1530 (Z XI, Nr. 1093, S. 124₇₋₁₂); dieses letztere Schreiben ist der Text des Abendmahlsbekenntnisses der Kirchen von Zürich, Basel, Bern und Straßburg, den Capito von Zürich aus an Bucer am 4. September 1530 schickte.*

[4] *Melanchthon, mit dem Bucer in Augsburg am 22. oder 23. und am 24. August zwei entscheidende Unterredungen gehabt hatte (vgl. Köhler ZL II 222).*

[5] *Vgl. Z XI, Nr. 1082, S. 87₉₋₁₁. ₁₇₋₂₀. Das Zitat aus Cyrill von Alexandrien, das Bucer bei Oekolampad, Quid de eucharistia, Anfang Juli 1530, fol. [h 7]r gefunden hat, stammt nicht aus «Ad objectiones Theodoreti», sondern aus dem «Apologeticus pro XII capitibus*

Et profecto nos nunquam fuimus in hac sententia, ut in coena non agnosceremus Christum praesenten, sed in pura ac religiosa mente. Quod autem papistae opprobrant nobis pistorium panem, frivolum et calumniosum. Nam posteaquam in hoc cum Luthero consensimus, ut panis in coena maneat panis, ad materiam nudam respeximus, non   5 ad sacramentum. Scis enim, ut sophistae quoque inquirant de materia sacramenti seorsim, et seorsim de forma. Cum ergo panem utrique agnovimus, quod ad materiam pertinet, manere secundum substantiam panem nec transire in substantiam corporis, adhuc nunquam fuimus in hac sententia, ut panis non transiret in mysticum corpus   10 Christi. Quomodo enim fieret sacramentum, nisi cum verbum accessit ad elementum, elementum autem cum secundum substantiam maneat in sacramentis? Ut enim aqua in baptismo manet aqua secundum substantiam, nihilo tamen minus cum sacris verbis fit sacramentum, sic in eucharistia manet elementi natura, sed non manet dignitas   15 aut existimatio, verum alia fit.

Et sic nonnunquam veteribus[1] quoque dictum arbitror, naturam esse mutatam, pro mutata existimatione, nomine et magnitudine, ut qui iam panis fuerat, etiam pistorius, quantumvis papistae suum escent, iam non sit pistorius, sed divinus, mysticus, sacramentalis, sacer,   20 imo Christi corpus, sed mysticum, ut eum *[fol. 114v]* nemo ultra pistorium vocet, pistorium quem appellaverat ante consecrationem. Nolo autem consecrationem intelligi pro transitione in substantiam corporis Christi, sed pro transitione in sacramentum et mysticum illud corpus.   25

His iunge, quod veteres, quantum ego apud ipsos vidi, iam intellexerant, Christum in coena, cum diceret: «Hoc est corpus meum» *[Mt 26, 26]*, non nudum panem, neque etiam naturale corpus ad edendum praebuisse, sed symbolum sui ipsius tori donati et in mortem pro nobis iamiam euntis, ut, quemadmodum panis et vinum   30 praeberentur, sic ipse praebiturus esset se ipsum. Unde panem hunc, tam grandis rei symbolum, corpus suum appellavit, imo fecit mysti-

4 calumniosum] *ergänze* est – 11f accessit] *verbessere* accesserit? – 12f maneat] *ergänze* elementum; *verbessere* maneret? – 20 sit] sic. – 26 iam] cum; *am Anfang des übernächsten Satzes wird* iam *wiederholt* – 29 tori] *entweder im Sinne von Muskel (Fleisch) oder verbessere* morti *bzw.* cruci?

contra orientales» XI (MPG LXXVI 376). *Die beiden Zitate aus Chrysostomus, deren erstes schon in Melanchthons Sententiae veterum, März 1530, vorkam (CR XXIII 719) und die Oekolampad, Quid de eucharistia, foll. [c 6]v und [l 6]v angeführt hat, stehen in «De sacerdotio» III, 4, und VI, 4 (MPG XLVIII 642, 681).*
[1] *die Kirchenväter.*

cum, non substantiale corpus suum. Iam, inquam, veteres magnitudinem rei contemplati, contenti fuerunt nominibus istis, corpus aut panis, sanguis aut poculum, quibus apostolum viderunt usum esse *[1 Kor 11, 24ff]*, ut corporis nomine rei ipsius granditas, quae alia voce inedicibilis est – perinde ac יהוה voce fit «adonai», effertur, cum aliud etymon et sonum etiam alium habeat – significaretur. Symbolum etiam tantum appellasse humilius erat quam ut amplitudinem rei complecteretur. Tantae igitur rei symbolum non potuerunt rectius quam illo nomine, quo auctor[1] ipse appellaverat, vocare, quamvis agnoverint aliud esse naturale corpus C h r i s t i, aliud vero mysticum. Quo et factum est, ut deinde sensum suum his vocibus: signum, symbolum, mysterium, sacramentum corporis C h r i s t i, satis exposuerint, his quoque verbis: significat, repraesentat, fertur et similibus, quibus tamen ad elementi substantiam et significationem non aliter respexerunt quam et P a u l u s, cum panem vocat *[vgl. 1 Kor 10, 17; 11, 28 etc.]*.

Et sane symbolum est omnium symbolorum, quod nobis C h r i s t i pro nobis in mortem traditionem sic repraesentat, quasi cum discipulis praesentem videamus, quemadmodum de annulo diximus in responsoria ad principes epistola[2], qui maritum uxori repraesentat. Unde augustius merito fit credentibus quam ullum symbolum, imo tam augustum ut corpus C h r i s t i vocetur, eo quod nobis vice illius sit. Apostoli enim corpus naturale habuerunt praesens, nos naturale corporis symbolum: at fides utrobique eadem. Attamen haec omnia quomodo aliter fiunt quam fidei contemplatione, quae iam in coena non tantopere convertit ad hoc quod sensibus offertur, quantopere ad hoc quod dudum in pectore praesens habuit? Imo quod offertur sensibile est, quo et sensus fiunt obtemperantiores, et illud sensibile sola fides tanti facit ac aestimat. Haec etiam ubi abest, iam nihili penditur C h r i s t i corpus, tam naturaliter quod *[fol. 115r]* sursum est, quam mysticum quod hic in mente est et simul symbolum est.

Huc egressus sum, frater, ut videas in nobis moram esse nullam propter formulas veterum. Lotior enim C h r i s t u s est, qui hoc mysterium corpus suum appellavit propter arduitatem symboli, quod nobis omnimodam C h r i s t i traditionem, qua se totum nobis dedidit, repraesentat ac pollicetur. Modo quod est mysterium? Hoc est sacrosancta significatio: est enim μυστήριον vox augustior G r a e c i s quam sacra-

5 יהוה] יהוא – 9f agnoverint] agnoverit

---

[1] *Christus.*

[2] *Zwinglis «De convitiis Eckii» (Z VI/III 231ff) am 27. August abgeschlossen. Über die betreffende Stelle siehe Z VI/III 241 und 245.*

mentum Latinis, et Latinis augustior est sacramenti vox voce symboli, qua fere Germani cogimur uti: wahrzeichen. Nam in ea voce sanctitas omittitur, quae in mysterio et sacramento continetur. Mysterium, inquam, sinamus esse mysterium. Et forte factum est, ut, cum Germanica voce usi sumus: wahrzeichen, adversarii crediderint nos   5
sanctimoniam mysteriis abiecisse, quod nunquam fecimus. Atque utinam licuisset Marpurgi[1] familiarius de illis aliisque rebus per quorundam[2] impatientiam disserere; sed crudius erat vulnus quam ut huiusmodi malagmata reciperet.

Proinde, charissime frater, si quid nunc potes, vires ad consilian-   10
dum concordiam exercere, imo ne patitor Philippum, Brentium, Osiandrum et quotquot istic sunt Lutherani, imo Christiani et orthodoxi, si sic sentiunt quomodo exempla tua capio, abire, ni contentionis istud glaucoma detraxeris. Nam apud nos adeo nulla est cuiusquam petulantiae, qua nos asperserunt memoria, ut, si veritatem   15
ex aequo agnoscamus, iam simus non aliter quam frater fratrem debeat, agnituri.

Viam vero ad concordiam hanc puto fore compendiosissimam, ut tu, posteaquam Lutheri responsionem acceperis et expenderis, si nihil aliud quam Philippus in tua epistola sentit, nempe quod Christus   20
sit in coena quomodo dictum est: «Christum habitare in vobis» [vgl. Eph 3, 17], «ero in medio illorum» [Mt 18, 20], «mansionem apud eum faciemus» [Joh 14, 23], iam mundo exponas quam paucissimis atque clarissimis fieri potest, tentationem fuisse ut neutri alios intellexerint: hanc deo sic placuisse, ne quemquam sua magnitudo, quae   25
satis magna creverit per fratrum candorem, sic efferret, ut Icari in modum decideret; haec vera esse ingenuitatis symbola et divini spiritus praesentiam testari, cum utraque pars luci ac vero candide cedat; ipsos[3] veritos esse, ne conculcaremus sacramenta, nos vero, ne nimium illis tribuendo, gratiam et liberalitatem dei alligarent et absurda   30
corporis Christi manducatione papisticos errores reducerent; hac enim ratione factum esse, ut scripturae, tum sacrae, tum veterum, utrique parti sint perspectiores factae, [fol. 115v] cautiusque in illis na-

3 omittitur] obmittitur – 11 exercere] excercere – 14f cuiusquam] cuiusque – 16 fratrem] fratrum – 21 habitare in vobis] habitat in nobis – 24 clarissimis] clarissimi; ergänze verbis – 26 Icari] Icaci – 28 testari] tntari? oder tutari? – 33 perspectiores] perpectiores

---

[1] auf dem Marburger Religionsgespräch im Oktober 1529.
[2] Luther und die Seinen; vgl. Oekolampads Klage in dem an Melanchthon gerichteten Vorwort seines «Quid de eucharistia», zitiert von Köhler ZL II 204.
[3] die Lutheraner.

vigandum praebitum, tam praesentibus quam posteris exemplum, etc.

Quod si in Lutheri responsione illam summan, quam in principio posui[1], non invenias, deinde reliquis quoque, quae ad sententiae no-
5 strae expositionem, non esse conformia aut aequabilia quae respondebit, iam suadeo mittendum esse conciliandi studium. Nolumus enim ecclesiis denuo tumultuandi occasionem obscuris placitis vel articulis praebere[2].

Si vero aequabilia erunt, iam concordiae formulam exprimas,
10 quam ad utramque partem, priusquam excudatur, inspiciendam transmittas, postmodum vulges. Hoc autem praestaret, ut Lutheri expositionem, nostram quoque nostris verbis excuderes. Sed de hac re non est cur tantopere sollicitus sim: si enim deus volet hoc venenum eiici, consilium quoque suppeditabit et occasionem quo expur-
15 getur. Agnosco enim, plane agnosco, quod dissidium hoc τῷ ῥωμαίκῳ βασιλεῖ[3] viam adperit, perinde ac mylvio quondam mus et rana digladiantes[4], etc.

Scripsissem ipse ad Melanchthonem amice, nisi immaturum esse vererer. Debet enim calumniarum quoque oblivio, etiamsi nos
20 istis magis simus obruti ab eis quam ipsi a nobis, induci et diserte conduci. Quae vero nuncias, quam male nos cum Bernatibus audiamus super bonis monasteriorum[5], tam vere de nobis quam alia mendacia narrantur: nam – de Bernatibus nihil possum dicere – at Tigurini ne unum quidem monasterium in aerarium publicum, ut
25 relatum[6]. Adde quod hac annonae angustia, qua laborare non cessabimus quandiu c(aesar) erit in Germania – causam dicam aliquando – omnibus monasteriorum curatoribus mandatum est, ut quacunque via prospiciant, quo bonis ecclesiasticis laborantibus subveniatur[7]. Minari nunquam fuimus soliti, sed minacibus resistere ac pe-

---

5 expositionem] *ergänze* faciunt – 11 praestaret] praestare

---

[1] *im ersten Absatz dieses Briefes.*

[2] *Dieser Wunsch nach Klarheit wird im Kollektivschreiben an Bucer vom 4. September 1530 wiederholt, Z XI, Nr. 1089, S. 115₄ᶠ.*

[3] *Kaiser Karl V., Römischer König.*

[4] *Äsop, Fabel 244:* Μῦς καὶ βάτραχος.

[5] *Vgl. Bucer an Zwingli, 24./25. August 1530, Z XI, Nr. 1082, S. 83₁₂₋₁₉.*

[6] *Vgl. Paul Schweizer, Die Behandlung der zürcherischen Klostergüter in der Reformationszeit, in: Theologische Zeitschrift aus der Schweiz II, 1885, 161–188; Martin Körner, Réforme et sécularisation des biens ecclésiastiques, in: SZG XXIV, 1974, 205–224.*

[7] *vielleicht Anspielung auf § 5 des Zürcher Ratsmandats vom 26. März 1530, AZürcherRef, Nr. 1636, S. 706f. Vermutete eventuell Zwingli in dem anhaltenden Lebensmittelmangel ein Druckmittel des Kaisers auf die Städte? Vgl. seinen Brief an Konrad Sam vom 26. September 1530, Z XI, Nr. 1105, S. 156f.*

dem opponere[1]. Quae de regis coniuge[2] deque A(ndrea) Doria[3]
nunciavi, ex Gallorum legatis nunciata acceperam 12[4], ni qui retule-
runt, non fideliter reddiderint mandata. Idem nunc fit de Floren-
tiae liberatione[5], quod in rebus omnibus parum veri narratur. At in
his omnibus credo pauca, nec credulitate quicquam peccabo.   5

Sed iam fortis vale et memineris in deum fiduciae certius esse signum constantiam quam trepidationem. Libenter video epistolas
quae periculorum magnitudinem intrepide nunciant, male libenter
cum res sunt dubiae et epistolae timidiores. At deo *[fol. 116r]* gloria,
quod a nobis metus omnibus abest. Ipsa enim animi magnitudo ad   10
res difficiles non aliter acuitur quam falx ad cotem. Idcirco omnia intrepido excipienda sunt animo. Comites[6] et collegae salvi sint in perpetuum. Amen. Ultima augusti.

Epistola quam hic mittimus[7], scripta erat priusquam tuam istam[8]
acciperem, et pagina prima excusa; attamen in fine quaedam pro tuo   15

12 collegae] collegas

---

[1] *Antwort auf die Bemerkungen in Bucers Brief vom 24./25. August 1530, Z XI, Nr. 1082, S. 83₃f.*

[2] *Aufgrund des Damenfriedens von Cambrai, 5. August 1529, hatte Franz I. die Schwester Karls V., Eleonore, geheiratet. Anfang September 1530 kursierte das Gerücht, daß sie schwanger sei, Z XI, Nr. 1087, S. 105, Anm. 9 (der Schreiber dieses Berichtes ist laut Meyer, Kappeler Krieg 346, Anm. 87, Anton Travers). Zwingli scheint auf den fehlenden Schlußabsatz von Bucers Brief vom 24./25. August 1530 zu antworten (vgl. auch Z XI, Nr. 1094, S. 126, Anm. 2) oder auf einen vorhergehenden, verlorenen Brief Bucers.*

[3] *Siehe schon Z XI, Nr. 1061, S. 21, Anm. 6.*

[4] *Der ständige Gesandte Louis Dangerant, Seigneur de Boisrigaut, und der außerordentliche Botschafter Lambert Meigret (siehe Edouard Rott, Histoire de la représentation diplomatique de la France auprès des cantons suisses, Bd. I, 1430–1559, Bern/Paris 1900, 305 und 380).*

[5] *Trotz gegenteiliger Gerüchte hatte soeben am 12. August Florenz kapituliert, das seit 1529 von päpstlichen und kaiserlichen Truppen, zwecks Wiederherstellung der Medici, belagert worden war. In seinem Brief an Zwingli vom Anfang September 1530 kam Bucer darauf zurück und auf das falsche Gerücht, daß Franz I. dem Damenfrieden nicht Folge leiste, um zu zeigen, daß die Befürchtungen der Protestanten auf dem Reichstag nicht so unbegründet waren, wie Zwingli es glauben machen wollte, und daß kein Grund vorlag, sie der Kleinmütigkeit zu zeihen, Z XI, Nr. 1087a, S. 107₁₁₋₁₃.*

[6] *die Straßburger Gesandten auf dem Reichstag, Jakob Sturm und Mathis Pfarrer. die Kollegen sind wohl nicht nur die Augsburger Prediger, sondern auch die dort anwesenden lutherischen Reformatoren, Melanchthon, Brenz, Osiander und andere, mit denen Bucer ermuntert wird, die ersehnte Konkordie zu schließen, da er sich für ihre «Rechtgläubigkeit» verbürgt.*

[7] *die Antwort an Eck, siehe oben Anm. 8.*

[8] *Bucers Brief vom 24./25. August 1530, Z XI, Nr. 1082, S. 82–89.*

voto mutavi[1], alias nihil prorsum quam ad risum furore hominis motus. Citius excudi non potuit propter alia quae praela occupaverant. Successivis horis opellam istam suffurati sumus: urgebant enim nundinae Franckfordinae[2]. Vale iterum. 1530.

3 sumus] simus.

Tuus etc.[3]

---

[1] *wahrscheinlich der in Z XI, Nr. 1087a, S. 110, Anm. 17 wiedergegebene Passus, wobei Bucer fand, daß Zwingli noch ausführlicher hätte sein sollen; kurz darauf kritisierte er auch noch die die Lutheraner betreffende Stelle am Anfang der Antwort an Eck, Z XI, Nr. 1099, S. 139, Anm. 5.*

[2] *die Anfang September zu Frankfurt stattfindende Messe.*

[3] *Auf diesen Brief und einen andern von Zwingli vom 15. August, der verspätet in Augsburg ankam und jetzt verschollen ist, antwortete Bucer Anfang September durch ein Schreiben, dessen Schluß nicht erhalten ist, Z XI, Nr. 1087a, S. 107–110.*

1301 (= 1089a)

[Wolfgang] Capito an Bucer,
zugleich im Namen Zwinglis, Oekolampads
und Kaspar Meganders

Zürich, 4. September 1530   5

Capitos brief an Butzern uß befelch und bewilligung der prediger
zu Zurich, Bern und Basel[1].

Gnad und frid zuvor, myn fast geliebter bruder.

Das die luterischen, wie du an Zwingly geschriben, alle ursach
und matery des zancks willig underlassen und fur genug achten wol-   10
len, das wir mit in[en] bekennen, Christum im nachtmal sacramentlich zugegen dem blossen gemůt etc., gefalhet fast[2] wol dem Zwingly mit den furnemsten dienern der gemeind zu Zurich, Joani Oecolampadio von Basel, Casparn Megandro von Bern und mir
sampt unsern mitarbeitern im wort zu Straßburg. Dann unß nichts   15

6 brief] *verbessert aus* briefs – 13 der] *folgt gestrichen* kirchen – 14 Casparn] Capsparn –
14 von Bern] *über der Zeile eingefügt* – 15 im wort] *über der Zeile eingefügt*

Straßburg, Stadtarchiv: AA 425a, foll. 12–14; Brief mit A bezeichnet, Anhang mit B

---

[1] *Bei diesem Brief handelt es sich um die bisher ungedruckte, deutsche Version des in
Z XI, Nr. 1089 bereits edierten und kommentierten lateinischen Briefes. Er ist als Stück A
dem Bericht Capitos über seine Mission bei den reformierten Schweizern (PC I, Nr. 788,
S. 493–495) beigefügt. Wie die äußere Form des Briefs und auch die Aufbewahrungsart im
Stadtarchiv Straßburg (der Brief ist umgeben von weiteren Papieren Capitos) nahelegen,
dürfte dieses Stück A als Notiz bei den Akten Capitos zum ganzen Fragenkomplex verblie-
ben sein; das tatsächlich an Bucer (damals in Augsburg weilend) abgesandte Exemplar ist
nicht aufgefunden worden.
Köhler (ZL II 232) kannte die deutsche Fassung. Als Joachim Staedtke (Ein wiedergefundenes Original aus dem Briefwechsel Zwinglis, in: Zwa XII, 1964, 78) das Autograph
der lateinischen Version vorstellte, verwies er auch auf die deutsche Fassung.*
[2] *sehr.*

onnützes bald zuston mochte als gegen sollichen lieben brudern, die
den einigen Christum mit unß bezugen, weder ein sicherer frid und
ungeferbte einhelligkeit. Wiewol nach der versamlong, zu Marpurg
gehalten, manigerley reden außgossen syn[1], und vil anders und uff
5 andre wiß furgeben ist, weder doselbst beschlossen wardt, welches
wir doch mit aller vorgangner handlong dem heren willig ergeben
und gern nymmer gedencken wollen, allein das furter[2] ein teil das ander früntlich uffneme, dem andern syn wort und schrifften uffs besse-
rest düthe und jedes teil den andern für gelidder[3] des einigen[4] Chri-
10 sti helte, so lang als durch helle mutmassen[5] und uß den früchten
beider seit glaub an den selbigen einigen Christum vermerckt wurt,
das wir ze tun willig und hie mit, so ferr unser vermogen sich strecket,
wollen zugesagt und versprochen haben. Dann wir wollen gern dar-
fürhaben, das von unsern heren und brudern, den luterischen, biß-
15 her uß unsern schrifften und predigen nit verstanden sig, das wir
Christum auch bekennen im nachtmal warlich zugegen und das er
durchs wort syn lib und blut warhafftig ußteile in der heimnyß[6], welche gaben die glaubige seel allein annemen mag (eigentlich ze reden),
sampt andern puncten, die den artikeln, so Philippus angenomen
20 und Luthern uberschickt syn, eingelibet syn, wo sy anders mit gutem verstandt angesehen und bedacht werden, dann sy syn etwas vor[7]
dunckel gesetzt und nit wol wider arge nochred und geferlich ußzug[8]
verwaret, so ferr wir sy anders recht verston. Welches anzenemen[?]
nit allein uß den furgebenen stymmen unser christlichen mitburger
25 [von] Zurich, Bern und Baseler predicanten, so in geschrifft ver-

1 bald] *über der Zeile eingefügt* – 1 die] *davor gestrichen* ein sicherer frid und –
2 weder] *am Rand* – 4 reden] *danach gestrichen* getriben – 4 und] *statt des gestrichenen*
die – 5 ist] *über der Zeile eingefügt* – 8 dem andern] *am Rand eingefügt* – 8 syn] *über der*
Zeile – 8 und] *folgt gestrichen* strip[?] – 9 und] *folgt gestrichen* unß – 10 helle] *folgt ge-*
strichen fruchten und – 10 uß den] *über der Zeile eingefügt* – 10 früchten] *folgt gestri-*
chen zu[?] – 14 von] *davor gestrichen* das; *ebenso gestrichen* das *über der Zeile einge-*
fügte aber – 15 sig] *davor gestrichen* syg – 18 die] *verbessert aus* der[?] – 18 glaubige]
verbessert aus glaubigen – 19 die] *folgt gestrichen* so in – 23 recht] *über der Zeile einge-*
fügt – 23 anzenemen] abzenemen, *wobei die Buchstaben* b *und* z *ineinander geschrieben*
sind – 24 nit allein] *über der Zeile eingefügt* – 24f unser ... predicanten] *am Rand*

---

[1] *sind.*
[2] *künftig.*
[3] *Glieder.*
[4] *einzigen.*
[5] *Abschätzen (Lexer I 2246).*
[6] *Geheimnis, mysterium.*
[7] *für.*
[8] *falsche (auch: böswillige) Auslegungen.*

fasset, hie mit dir uberschickt syn, sunder es ist offenlich bezüget, so
durch unsere usgangne bucher, so durch unser gemeinden, die by unser dinstbarkeit vom h[eiligen] geist des heiligen nachtmals warhaffti-
gen und heilsammen verstandt haben.

Darum, lieber B u t z e r, kere moglichen fliß an, das du [die] ange-   5
fangen werck zu glicklichem end bringest. By unß sol kein hindernyß
und kein angenomen glißnerey[1] gespüret werden, sunder es sol unge-
mant by unß immer brüfen mogen, einigen unwillen uberig pliben
syn von aller vergangner spaltung[2], dann wir syn gesynnet, mit be-
sunderm ernst, fleiß, mühe und arbeit iren, der l u t e r i s c h e n lauff im   10
wort gottes getrulich ze fürdern, und verhoffen dagegen, das sy unß
auch werden behilflich syn, und joch[3] gutz gynnen[4], wo nit bereyte
ursach syn wirt unß guts ze tun.

Vale.

Geben zu Z u r i c h uß Z u i n g l i i huß, 4. decembris[!].   15

Und so P h i l i p p s und andern ir gefallen will uff benannte artikel
der vereinigung zwischen uns ze setzen, wie wol unß bedücht, das die
früntschafft am bestendigsten ist, so ungefangen und uff dem fryen
geist gottes alleyn beruht, so hastu hye by ein zedel[5], darin zwey mittel der rechtung[6] angezeigt, die ein ist wittlaifig, die ander etwas kurt-   20
zer. Habe die wal und nym an, das du den l u t e r i s c h e n am gemessi-
sten achtest. Wo aber etwas in worten oder verstant von fur-
gebener form zu verenderen syn wurde, so solte du sollichs mit eigner
bottschafft Z w i n g l y ze wissen tun, uff das mit einheiliger bewilligung beschlossen werde, damit der vertrag in zukunfft dester kreffti-   25
ger syn und pliben möge, dann unser geliebte prüder synt gewarsamm
und besorgen der einfalt verletzung, sunst were in[en] nit so hoch

1 dir] *über der Zeile eingefügt* – 7 sunder] *über der Zeile statt des gestrichenen* Ja[?] –
8 immer] *über der Zeile eingefügt* – 8 unwillen] *folgt gestrichen* uß – 9 dann] *verbessert
aus* Ja[?] – 13 ursach] *folgt gestrichen* s[?] – 16 benannte] *verbessert aus* benannten –
19 beruht] berugt – 19 so] *über der Zeile statt des gestrichenen* hie by ...[?] – 19 hye by]
über der Zeile eingefügt – 21 die] die die – 21 du] *folgt gestrichen* jenen – 25 zukunfft]
folgt gestrichen sovil

---

[1] *Heuchelei.*

[2] *Es möge bei uns unangekündigt und jederzeit geprüft werden, ob noch Widerstand
übriggeblieben sei von der vorhergegangenen Trennung her.*

[3] *auch (SI I 6).*

[4] *gönnen.*

[5] *Vgl. den Anhang zu diesem Brief.*

[6] *Vergleich, Abmachung (SI VI 316).*

drann gelegen, obschon viel unnützer reden wider sy uffstund, dergleichen sy vil geduldet haben sitt der margpurgischen handlong.

  Capito in namen und uß befelch Zwinglii, Oecolampadii, Caspars Megandri und syn selbs.

5 *[Anhang:]*[1]

  Der kirchen zu Zurich, Bern, Basel und Straßburg glaub
  von des herren nachtmal, wie er Martin Butzern von Zurich gon Augspurg uberschickt ist am 4. tag septembris
  anno 1530.

10   Wir glauben, das S*[ankt]* Pauls und der evangelisten wort vom
nachtmal war und einfaltig, wie sy der h*[eilig]* geist geredt und gedü-
tet haben will, anzenemen und zu verston syn, deßhalb so bekennen
wir Christum im nachtmal warhafftig zugegen, wie dann auch zugesagt ist, «wo zwen oder dry in mym namen versamlet syn, do bin ich
15 mitten under inen» *[Mt 18, 20]*, doch ist er nit im brott und hatt das
brot nit angenomen oder in sich verwandlet, ja er ist weder naturlich
noch liplich dem brot vereinbaret, sunder ist zugegen dem gotts-
for*[ch]*tigen, blossen, reynen und ernewerten gemiet[2], und das sacramentlich oder in der geheymnuß.

20   Die andere meinung, doch gliches inhalts vom sacrament, in
  welche Philippus bewilligt, wie Butzer geschriben hat im
  brief an Ulrich Zwingly[3].

  Wir bekennen, das Christus im nachtmal warhafftig und sacramentlich zugegen sey, der blossen seel und dem reinen gemiett, wie
25 Chrysostomus pflegt zu redden, aber nit im brot noch dem brot
vereinbaret.

1 unnützer] *folgt gestrichen* w*[?]* – 2 sitt] *folgt gestrichen* des – 11 war] *folgt gestrichen* syn – 13 auch] *folgt gestrichen* ge.d*[?]* – 21 bewilligt] *folgt gestrichen* hatt – 23 im]
folgt gestrichen fer...*[?]*

---

 [1] *Dieser Anhang ist als Stück B dem erwähnten Bericht Capitos beigefügt. Capito
schreibt in seinem Bericht (PC I 494f): Der «brief an Butzern und die artikel sin mit A und
B verzeichnet», woraus sich ergibt, daß das Stück B dem im Brief erwähnten «zedel» entspricht. Das Stück B ist bisher ungedruckt; PC I 494, Anm. 5, bringt lediglich den Schluß-
abschnitt. Die lateinische Version dieser «Artikel» ist nicht aufgefunden worden, ihr Inhalt
ist aber enthalten im Brief Zwinglis an Vadian vom 12. September 1530 (Z XI, Nr. 1093).
Köhler (ZL II 232, Anm. 3) hat auch die deutsche Version beachtet; Staedtke (a. a. O.) erwähnt sie dagegen nicht.*

 [2] *Gemüt, mens.*

 [3] *Z XI, Nr. 1082, S. 82–89, dort S. 87, Anm. 13 Hinweis auf Chrysostomus und Nachweis bei Melanchthon.*

Die dritt meinung.

Uber das, so syn wir willig und erbietig[1], mit Luthern und synen
gemeinden das capitel vom nachtmal, wie es vom concilio zu Nicẹa
gehalten, gesetzt und jungst durch Oecolampadio im truck ist ußgangen[2], anzenemen, und tragen kein beschwerd, das selbige capitel
unsern kirchen bestendiglich furzetragen, so ferr nur frey gelassen
und nachgeben wurt, das jeder nach maß enpfangner gaben, wie es
jeder zeit der gegenwertigen kirchen besserlich[?] ist, mit mynder
oder mehr worten sollichen machthab zeerkleren, dann wo man wolte
mit forsatz im heiligen glauben finster und verdunkelt wort geprau-
chen und die underlasse ußzelegen, das were gar nit uffbawlich,
auch ist es vom h[eiligen] Paulo verboten, drumb so soll dise eigent-
schafft hell darzu gesetzt werden, woanders sollich Nicenum concilium fur[3] mittel der vereinigong solle angenommen werden.

Zůletst, so sagen wir, das die artikel, so Luthern uberschickt und
von Philippo angenommen, unserm glauben gar nit zewider syn, allein irret uns, das sy nit genugsam gedutet, ußgelegt und wider geferl-
lich ußzug verwaret syn, dann wir zwar liecht und nit finsternuß be-
geren zu aller warheit gottes, so gemeiner einfalt furzetragen ist, davon witer in der epistel.

5

10

15

20

2 Uber] *am Rand* III – 3 nachtmal] *folgt gestrichen* ze.sten[?] – 5 anzenemen] *am
Rand* – 5 selbige] *verbessert aus* selbigen – 5 capitel] *über der Zeile statt des zweimal am
Rand stehenden und gestrichenen* artikel – 6 nur] nurt[?] – 6 gelassen] *über der Zeile
eingefügt* – 9 sollichen machthab] *am Rand* – 11 die] *folgt gestrichen* nit – 11 das] *über
der Zeile eingefügt* – 12 auch ist es] *über der Zeile statt des gestrichenen* und ist[?]

---

[1] *Wir bieten an.*

[2] *Johannes Oecolampad, Quid de eucharistia veteres tum Graeci, tum Latini senserint
dialogus…, Basel 1530, foll. f1v–f2r (IDC EPBU-385).*

[3] *als.*

1302 (= 1283a)

Zwingli an Wolfgang Joner

Zürich, 28. September 1531

Da Helmut Meyer die Echtheit dieses Briefes zwingend verneinen kann, wird auf den erneuten Abdruck verzichtet.

Einsiedeln, Stiftsbibliothek: Ms 382, S. 581–583 (Abschrift in Johannes Künzis Chronicon).

Abdruck: Helmut Meyer, Der letzte Brief Zwinglis?, in: Zwa XV, 1981, 437f.

Bü/H. St.